"어~ 그림만 보면
성경이 저절로 기억 되네!"

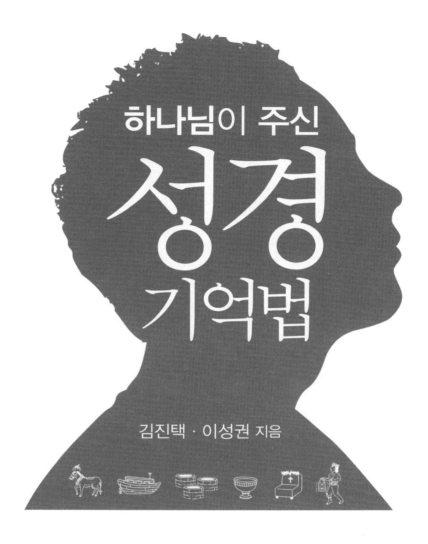

하나님이 주신
성경
기억법

김진택 · 이성권 지음

출애굽기 31장, 35장에 브살렐과 오홀리압에게

신약편

하나님의 신을 충만케 하여 지혜와 총명과 지식으로 성막의 여러 가지를 만든 것처럼
필자에게도 성령을 부어주시고 감동케 하심으로 아무 자료도 없는 상태에서
성경기억법이 만들어지는 것이었습니다. - 머리말 중에서 -

출판사
누가

하나님이 주신 성경기억법

추천사

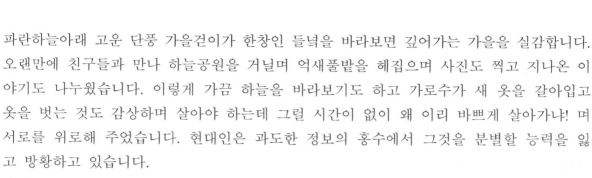

파란하늘아래 고운 단풍 가을걷이가 한창인 들녘을 바라보면 깊어가는 가을을 실감합니다. 오랜만에 친구들과 만나 하늘공원을 거닐며 억새풀밭을 헤집으며 사진도 찍고 지나온 이야기도 나누었습니다. 이렇게 가끔 하늘을 바라보기도 하고 가로수가 새 옷을 갈아입고 옷을 벗는 것도 감상하며 살아야 하는데 그럴 시간이 없이 왜 이리 바쁘게 살아가냐! 며 서로를 위로해 주었습니다. 현대인은 과도한 정보의 홍수에서 그것을 분별할 능력을 잃고 방황하고 있습니다.

아침에 눈을 뜨면서 저녁 잠자리에 들 때까지 끝없이 컴퓨터란 괴물 앞에서 때로는 핸드폰을 들여다보면서 살아가고 있습니다. TV도 컴퓨터도 우리 일생을 행복하게 해줄 수 없다는 것을 알면서도 습관처럼 그곳에 눈을 돌리는 불쌍한 모습이 우리들의 모습입니다. 문명이 발달하고 문화인이라고 자부를 하면서도 점점 현대인은 고독하게 살아갑니다. 왜 그럴까요? 바로 진리를 발견하지 못하기 때문입니다.

사도바울은 진리 되신 예수 그리스도를 발견한 후 빌 3:8절에서 이렇게 고백합니다. "또한 모든 것을 해로 여김은 내 주 그리스도 예수를 아는 지식이 가장 고상하기 때문이라 내가 그를 위하여 모든 것을 잃어버리고 배설물로 여김은 그리스도를 얻고 그 안에서 발견되려 함이라" 그는 예수 그리스도를 만나기전에 가졌던 부귀영화를 진리 되신 예수님을 만난 후에 배설물처럼 여기게 되었습니다. 왜냐하면 예수 그리스도 한분으로 그는 만족했기 때문입니다.

오늘을 살아가는 우리도 진리 되시는 예수님을 사도바울처럼 확실하게 만날 때 진정한 행복을 얻게 될 것입니다. 그런 의미에서 우리에게 하나님의 말씀인 성경을 그림 연상법을 통해 이해하기 쉽게 기록한 본서는 진리이신 예수 그리스도께 다가갈 수 있도록 안내하는 좋은 길라잡이가 아닐까 생각합니다. 책을 읽고 그림을 자세히 들여다보면 마태복음이 한눈에 들어옵니다. 마가복음이 즉시 이해됩니다. 신약성경 27권을 이렇게 그림으로 잘 제작한 책은 처음 봅니다. 이 책이 세상에 나오기까지 김진택 목사님의 연상법과 이성권 집사님의 헌신이 아름답게 조화를 이루었기에 가능했습니다.

이성권 집사님은 늘 기도하면서 이 땅에서 하나님 나라 건설을 위해 무엇을 해야 할까를 고민하던 중 구약성경기억법이란 책을 출간하셨습니다. 구약성경을 그림 몇 장으로 다 이해할 수 있도록 그 책은 수많은 독자들에게 성경말씀을 쉽게 이해하고 접근하는데 길잡이가 되었습니다. 많은 독자들이 신약성경도 기억법을 만들어 달라는 주문이 쇄도하여 이번에 김진택 목사님과 이성권 집사님께서 뜻을 합해 공동저술작업에 들어갔고 각고의 노력 끝에 드디어 신약성경기억법이란 책이 탄생한 것입니다.

사랑하는 독자 여러분 본서를 통해 이 시대에 고독과 싸우고 계시는 여러분이 주 예수 그리스도를 반드시 만날 수 있기를 소원하면서 적극적으로 일독을 권합니다.

2015년 깊어가는 가을에
원당반석교회 서재에서 최재권 목사

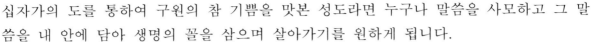

머리말

십자가의 도를 통하여 구원의 참 기쁨을 맛본 성도라면 누구나 말씀을 사모하고 그 말씀을 내 안에 담아 생명의 꼴을 삼으며 살아가기를 원하게 됩니다.

그런 소망을 나누고자 "JT 성경기억법"을 출간(1987년 김진택 저, 당시 장로, 후에 목사가 되어 섬기다가 지금은 목회일선에서 은퇴하신 후 필리핀에 가서서 선교사역을 감당하고 계십니다)한 이래 수많은 강의와 교육 간증 집회 등으로 신학대학을 비롯하여 교회, 평신도 모임, 목회자 그룹에서 만나고 함께 했던 일들을 회상하며 감사를 드리고 하나님께 영광을 올립니다.

이 책은 그간 사랑받았던 "JT 성경기억법(신약편)"을 모체로 하여 이성권 원장(원당 반석교회)이 소제목을 붙여서 더욱 실용성을 높이고 미진했던 부분을 함께 연구한 결과를 보완함으로서 새롭게 여러분 앞에 내어 놓게 되었습니다.

목회자, 신학도, 수험준비생에게 도움을 주고 말씀강좌 교재 등으로 보다 폭넓게 사랑받는 책이 되리라 기대합니다. 또한 생명수 말씀을 날마다 마시기를 원하는 성도들에게는 가까이서 그 물을 퍼 올리는 작은 물바가지 역할을 해낼 것입니다.

끝으로 이 책의 출간에 최재권 목사님(원당반석교회 담임목사)의 많은 관심과 도움이 있었음을 알리고 감사드립니다.

또한 좀 더 가치 있는 양서로 만들기 위해 최선을 다해 출판해 주신 누가출판사 대표 정종현 목사님께도 깊은 감사의 마음을 전합니다.

언제나 말씀으로 새 힘을 얻으시고 승리의 삶을 살아가시기 바랍니다.

2015년 12월 김진택 이성권

목차

숫자기억법

성경의 장, 절수를 정확히 기억하기 위해서는 숫자기억법을 아는 게 대단히 중요하다. 그러나 숫자기억법은 1부터 10(0)까지의 숫자만 알면 누구나 할 수 있으므로 부담을 가질 필요는 없다. 지금부터 숫자기억법에 대해 알아보자. 숫자는 1 2 3 4 5 6 7 8 9 0의 10개가 있으며 아래와 같이 한글의 자음으로 바꾸어주면 된다.

1	2	3	4	5	6	7	8	9	0
ㄱ	ㄴ	ㄷ	ㄹ	ㅁ	ㅂ	ㅅ	ㅇ	ㅈ	ㅊ
(ㄲ)		(ㄸ)			(ㅃ)	(ㅆ)		(ㅉ)	
(ㅋ)		(ㅌ)	(ㅎ)		(ㅍ)				

1. 2. 3. 4. 5 → ㄱ ㄴ ㄷ ㄹ ㅁ의 순서대로 외우면 된다.

6 - ㅂ에서 오른쪽 작대기를 짧게 하면 ㅂ가 되어 6자와 모양이 같다.

7 - ㅅ에 작대기를 하나만 붙이면 7이 된다. ⟩

8 - ㅇ에 동그라미를 하나만 더 붙이면 8이 된다. 8

9 - ㅈ의 왼쪽에 작대기 하나만 붙이면 9가 된다. 굿

0 - 0과 ㅊ은 맨 마지막 숫자이므로 쉽게 암기할 수 있다.

단 저자의 성경기억법에서는 중요요절의 장은 숫자기억법을 사용하지 않아도 된다. 왜냐하면 중요요절의 내용이 영상화면에 포함되어 몇 장인지 알 수 있기 때문이다. 따라서 절만 알면 되는데 절은 두 음절만 사용하는 것을 원칙으로 한다. 예를 들어서 두더지는 숫자기억법으로 33이 되며 마지막 '지'는 사용하지 않는다.

성경기억법을 공부할 때 주의할 점

첫째 - 그림을 외우도록 노력한다. 그림만 기억하면 성경은 저절로 알게 된다.
둘째 - 배우가 대본을 외울 때 머리가 좋아서 잘 외우는 것이 아니라 자기가 맡은 배역을 이해하기 때문에 잘 외우는 것이다. 마찬가지로 성경기억법의 그림도 억지로 외울 것이 아니라 그림의 배경을 이해해야 쉽게 암기할 수 있다(그래서 그림배경설명을 첨부했다).

마태복음 28장

* **배경** : 마태복음은 마 태워 복음으로 바꾼다. 마 태워 보내려면 마부·말·마차가 있어야 하므로 마태복음은 마부·말·마차를 배경으로 하며 마부·말·마차에 각각 9장씩 27장과 나머지 1개는 마차의 뒷부분에 따로 결부시켜 총 28장으로 한다.

* **주제 암기방법** : 마태복음은 마 태워 복음이 되며 말에 태우려면 귀하신 분을 태워야 하는데 귀하신 분은 왕 밖에 없으므로 주제는 '왕으로 오신 예수 그리스도'가 된다.

* **특징** : ① 마태복음은 유태인을 대상으로 썼다.
　　　　　② 마태복음은 구약을 마구(가장 많이) 인용했다.
　　　　　③ 마태복음은 행함을 강조 - 말을 타고 가다(행하다).
　　　　　④ 교회를 언급(마 16:18, 18:17) - 천국열쇠(마 16장)만이 교회의 문을 열 수 있다.

마태복음 (28장)

저　　자 : 마태

　　　　알패오의 아들인 마태(레위라고도 함)는 로마 정부를 위해 가버나움에서 세금을 거두는 세리였다. 세리 마태는 의심할 여지없이 동료 유대인들에게 미움을 받았을 것이다. 예수가 그를 제자로 부르셨을 때 그는 즉각적으로 받아 들였는데 아마도 그것은 예수의 가르침에 이미 감동해 있었기 때문일지도 모른다. 그는 자기 동료들이 예수를 만날 수 있도록 예수를 위해 큰 잔치를 베풀었다. 그는 예수의 12제자 중 하나로 선택되었으며 그의 이름은 행 1:13에서 마지막으로 언급된다. 그 이후의 생애는 알려져 있지 않다.

제　　목 : '마태에 의해 기록되어진 기쁜 소식'이라는 의미에서 '마태복음'이라는 명칭 붙임

주　　제 : 왕(메시야)으로 오신 예수 그리스도

기록연대 : A.D. 65-70년경

요　　절 : 1:1, 16:16-19, 28:18-20

기록목적 : 예수가 구약에 약속된 이스라엘의 왕, 곧 메시야임을 증명하기 위해 기록하였다.

개　　요

1. 왕의 탄생(1:1-4:25)
2. 왕의 설교(5:1-7:29) - 산상 설교
3. 왕의 증거(8:1-9:38)
4. 왕의 계획(10:1-16:12)
5. 왕의 교훈(16:13-20:28)
6. 왕의 현현(20:29-23:39)
7. 왕의 예언(24:1-25:46)
8. 왕의 수난(26:1-27:66)
9. 왕의 권세(28:1-20) - "모든 권세를 내게 주셨으니" 28:18

신약시대의 팔레스틴

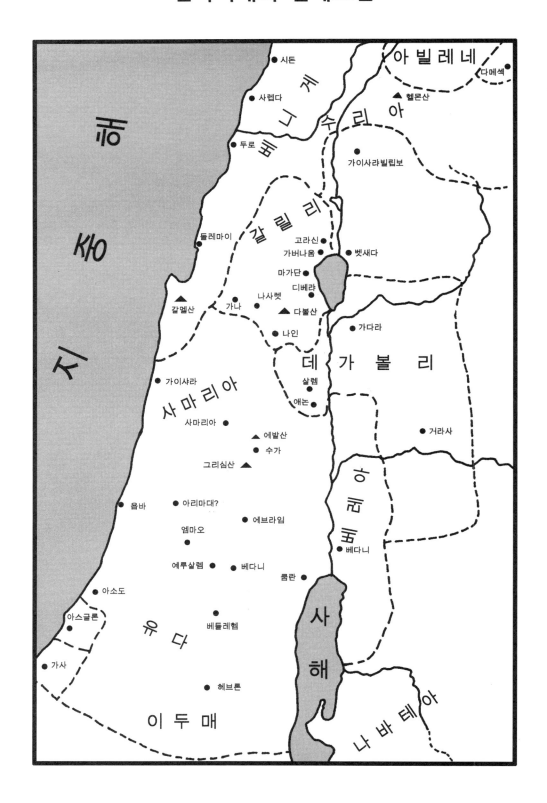

예수의 12사도

이름	특징 및 성격	후일의 활동 내역
베드로	갈릴리 벳새다 출신의 어부로서, 별칭은 '시몬' 혹은 '게바'(반석). 적극적이며 다혈질적인 성격의 소유자로서, 예수님의 수석 제자로 활약함, 후일 베드로 전·후서를 집필함.	예루살렘 교회의 지도자로서, 주로 유대인들에게 복음을 전파함. 후일 로마에서 순교했다고 전해짐
안드레	베드로의 형제로서, 갈릴리 벳새다 출신의 어부	헬라, 소아시아에서 선교함
야고보	세베대의 아들 야고보. 갈릴리 벳새다 출신의 어부로서, 별칭은 "보아너게"(우레의 아들)	예루살렘과 유대에서 선교함. 사도중 최초의 순교자
요한	야고보의 형제로서, 갈릴리 벳새다 출신의 어부. 예수님 사후에 모친 마리아를 돌봄. 예수의 사랑받는 제자로, 요한복음과 요한 1,2,3서를 집필함	소아시아(특히 에베소)에서 선교. 기독교 박해 때 밧모섬으로 유배당함
빌립	갈릴리 벳새다 출신의 어부. 진리에 관심 있는 진지한 성격의 소유자	브루기아 등지에서 선교하다 히에라볼리에서 순교함
바돌로매	갈릴리 가나 출신으로 일명 '나다나엘'로 불림. 신중하고 진솔한 성격의 소유자	아르메니아에서 선교 활동을 하던 중에 순교함
도마	갈릴리 출신으로 '디두모'로도 불림, 의심은 많은 편이지만, 정직하고 용감함.	파사, 인도등지에서 선교활동을 하던 중에 순교함
마태	가버나움 출신의 세리로서, 일명 '레위'로도 불림. 강한 결단력과 진취성을 겸비한 자	에티오피아에서 선교활동을 하다가 그곳에서 순교함
야고보	알패오의 아들 야고보(작은 야고보)	애굽에서 선교하다 순교함
다대오	갈릴리 출신으로 '유다'라고도 불림	파사에서 선교하다 순교함
시몬	갈릴리 출신의 가나안 사람으로 '열심당원' 임	선교하다 십자가형을 당함
유다	유대의 가룟 출신으로 '가룟 유다'로 불림. 탐욕스런 인물로, 예수를 은(銀) 30에 팔아넘긴 자. 그래서 예수님께 태어나지 않았으면 좋을 뻔했다(마 26:24)'는 평가를 받은 인물	예수를 배신한 직후에 양심의 가책을 받아 목을 매어 자살함. 그의 사도직은 '맛디아'에게 계승됨

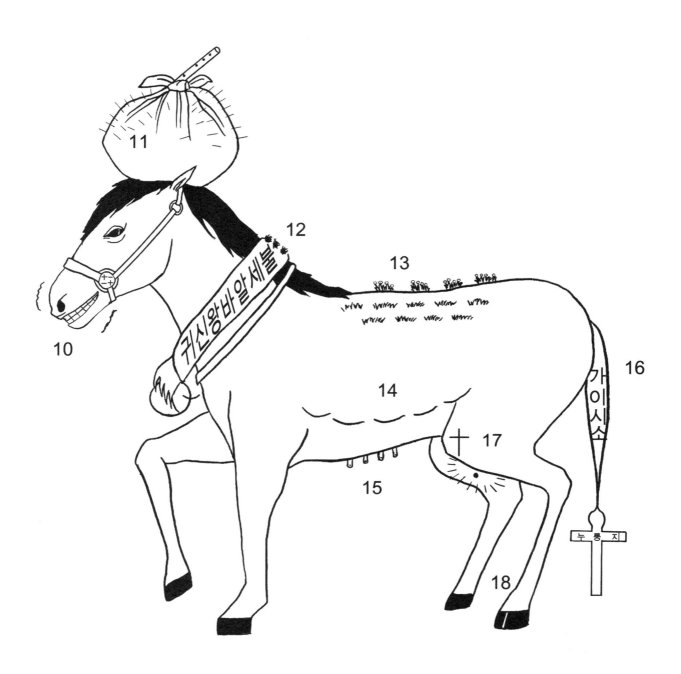

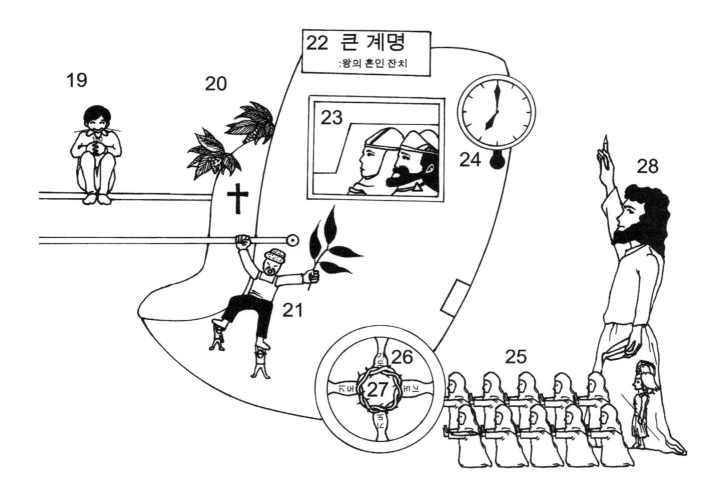

22 큰 계명
:왕의 혼인 잔치

	마태복음 1장	
배 경	마부의 머리	
대제목	말구유	

📖 본문은 그분이야말로 약속된 유대인의 왕이요 참 메시야임을 보여 주는 예수 그리스도의 족보와 더불어 인류 구원을 위해 오신 예수 그리스도의 동정녀 탄생 과정을 묘사한 장면이다.
누가 마부 아니랄까봐 머리에 말구유(말의 먹이를 담아 주는 그릇)를 이고 있구나! 참고로 예수님은 말구유에서 태어나셨기 때문에 말구유하면 예수님의 탄생이 된다.

1. 말구유(18-25) = 예수님의 탄생 - 눅 2장
   • 예수 그리스도의 나심은 이러하니라 그의 어머니 마리아가 요셉과 약혼하고 동거하기 전에 성령으로 잉태된 것이 나타났더니(18)
   • 그의 남편 요셉은 의로운 사람이라 그를 드러내지 아니하고 가만히 끊고자 하여(19)
   • 이 일을 생각할 때에 **주의 사자(1차)**가 현몽하여 이르되 <u>다윗의 자손</u> 요셉아 네 아내 마리아 데려오기를 무서워하지 말라 그에게 잉태된 자는 <u>성령</u>으로 된 것이라(20)
   • 아들을 낳으리니 이름을 예수라 하라 이는 그가 자기 백성을 그들의 죄에서 구원할 자이심이라(21)
   • 이 모든 일이 된 것은 주께서 선지자로 하신 말씀을 이루려 하심이니 이르시되(22)
   • 보라 처녀가 잉태하여 아들을 낳을 것이요 그의 이름은 임마누엘이라 하리라 하셨으니 이를 번역한 즉 하나님이 우리와 함께 계시다 함이라(23, 사 7:14)
   • 요셉이 잠에서 깨어 일어나 주의 사자의 분부대로 행하여 그의 아내를 데려왔으나(24)
   • 아들을 낳기까지 동침하지 아니하더니 낳으매 이름을 예수라 하니라(25)
   말구유에는 '임마누엘 예수'라 써 있다.

2. 임마누엘(23) - 보라 처녀가 잉태하여 아들을 낳을 것이요 그의 이름은 임마누엘이라 하리라 하셨으니 이를 번역한 즉 하나님이 우리와 함께 계시다 함이라(23, 사 7:14)

3. 예수(21) - 아들을 낳으리니 이름을 예수라 하라 이는 그가 자기 백성을 그들의 죄에서 구원할 자이심이라(21)
   예수님은 이불이 준비되어 있지 않아서 말구유에 족보책을 깔고 그 위에서 탄생하셨다.

4. 족보(1-17) - 눅 3장
   • 아브라함과 다윗의 자손 예수 그리스도의 계보라(1) - 아브라함으로 시작해서 예수님으로 끝난다
   • 아브라함부터 다윗까지 14代(아브라함 - 이삭 - 야곱 - 유다 - 베레스(유다와 다말의 쌍둥이 아들) → 헤스론 → 람 → 암미나답 → 나손 → 살몬 → 보아스 → 오벳 - 이새 - 다윗[보오이다])
   • 다윗부터 바벨론으로 사로잡혀 갈 때까지 14代(다윗~ 여고냐) - 요람과 웃시야 사이에 아하시야, 요아스, 아마샤가 생략돼 있다(8, 성경기억법 대하 21-26장 참조)
   • 바벨론으로 사로잡혀 간 후부터 그리스도까지 14代(여고냐 - 스알디엘 - 스룹바벨 …… 맛단 - 야곱 - 요셉[맛야요] - 예수 그리스도)
   ※ 예수 그리스도의 계보에서 여인은 5명이 나오고 여인의 이름은 4명이 나온다 - 다말(야곱의 아들 유다의 며느리, 창 38장), 라합(수 2장), 룻, 우리야의 아내(밧세바이나 이름 안 나옴, 삼하 11장), 마리아

마태복음 2장		
배　경	마부의 코	
대제목	동방박사	

📖 예수 그리스도의 유아 시절에 관한 언급으로서 동방 박사들의 경배 장면, 헤롯의 핍박과 유아 학살 장면, 그리고 헤롯 사후에 예수님께서 갈릴리 나사렛에 정착하시는 장면이다.

마부의 코가 아톰에 나오는 박사의 코 같이 유난히 크므로 큰 코는 박사를 나타낸다.

1. 동방박사(1-12) - 예수님을 유대인의 왕으로 알고 찾아와 아기 예수에게 경배함.
   - 아기께 경배하고 보배합을 열어 황금과 유향과 몰약을 예물로 드리니라(11) - 동방박사들은 방(집)에 들어가 아기 예수께 경배했고 목자들은 유목민이므로 구유에 누운 아기 예수께 경배했다.
   ※ 헤롯 왕이 유대인의 왕 소식을 듣고 그리스도의 탄생에 대해 물어본 사람 - 대제사장과 서기관들
   - 그리스도가 탄생했음을 각 매체마다 대서특필로 다루었다.
   마부의 코가 유난히 큰 것처럼 콧구멍도 특이해서 나사를 끼울 구멍처럼 나선식으로 생겼다.　나사 → 나사렛

2. 나사렛 예수(23) - 나사렛이란 동네에 가서 사니 이는 선지자로 하신 말씀에 나사렛 사람이라 칭하리라 하심을 이루려 함이러라(23)
   마부의 콧등이 굽어 있다.　굽 → 애굽,　굽은 성경기억법에서 애굽으로 약속한다.

3. 애굽으로 피신하다(13-15)
   - 주의 사자(2차)가 요셉에게 현몽하여 이르되 헤롯이 아기를 찾아 죽이려 하니 일어나 아기와 그의 어머니를 데리고 애굽으로 피하여 내가 네게 이르기까지 거기 있으라 하시니(13)
   - 애굽으로부터 내 아들을 불렀다 함을 이루려 하심이라(15, 호세아 11:1)

4. 애굽에서 돌아오다(19-23)
   - 헤롯이 죽은 후에 주의 사자(3차)가 애굽에서 요셉에게 현몽하여 이르되 일어나 아기와 그의 어머니를 데리고 이스라엘 땅으로 가라 아기의 목숨을 찾던 자들이 죽었느니라 하시니 요셉이 일어나 아기와 그의 어머니를 데리고 이스라엘 땅으로 들어가니라 그러나 아켈라오(헤롯의 세 아들 중 하나로 유대와 사마리아를 다스렸다)가 그의 아버지 헤롯을 이어 유대의 임금 됨을 듣고 거기로 가기를 무서워하더니 꿈에 지시하심을 받아 갈릴리 지방으로 떠나가 나사렛이란 동네에 가서 사니 이는 선지자로 하신 말씀에 나사렛 사람이라 칭하리라 하심을 이루려 함이러라(19-23)
   콧등이 굽은 사람은 왠지 잔인해 보인다(기억법을 만들기 위해 사용했으며 실제로는 그렇지 않다).　잔인해 → 잔인한 헤롯

5. 잔인한 헤롯(16-18) - 이에 헤롯이 박사들에게 속은 줄을 알고 심히 노하여 사람을 보내어 베들레헴과 그 모든 지경 안에 있는 사내아이를 박사들에게 자세히 알아본 그 때를 기준하여 두 살부터 그 아래로 다 죽이니 이에 선지자 예레미야를 통하여 말씀하신바 라마에서 슬퍼하며 크게 통곡하는 소리가 들리니 라헬이 그 자식을 위하여 애곡하는 것이라 그가 자식이 없으므로 위로 받기를 거절하였도다 함이 이루어졌느니라(16-18, 렘 31:15) - 슬픔과 관계된 선지자는 예레미야
   ※ 헤롯 - 예루살렘 성전을 재건한 왕으로 헤롯 왕가의 창시자이며 헤롯대왕이라 부른다.

마태복음 3장	
배 경	마부의 입
대제목	세례요한의 세례와 전도

📖 구약 성경의 예언대로(사 40:3-5) 메시야 예수의 길을 예비하는 세례 요한의 광야 외침 장면과 예수님께서 공생애 시작 전에 요단강에서 세례 요한에게 세례를 받으시는 장면이다. 마부가 입으로 세례 요한이 줄 세례수를 잔뜩 머금고 있다. 그래서 마부의 볼이 불룩 튀어나와 있는 것이다. 참고로 세례 요한이 세례를 줄 때 '회개하라 천국이 가까이 왔느니라'고 외쳤으므로 세례와 전도는 항상 같이 나온다.

1. 세례 요한의 세례와 전도(1-12) - 막 1장, 눅 3장
   - 그 때에 세례 요한이 이르러 유대 광야에서 전파하여 말하되 **회개하라 천국이 가까이 왔느니라** 하였으니 그는 선지자 이사야를 통하여 말씀하신 자라 일렀으되 광야에 외치는 자의 소리가 있어 이르되 너희는 주의 길을 준비하라 그가 오실 길을 곧게 하라 하였느니라(1-3, 사 40:3)
   - 이 요한은 낙타털 옷을 입고 허리에 가죽 띠를 띠고 음식은 메뚜기와 석청이었더라(4)
   - 요한이 많은 바리새인과 사두개인들이 세례 베푸는 데로 오는 것을 보고 이르되 독사의 자식들아 누가 너희를 가르쳐 임박한 진노를 피하라 하더냐(7) - 독사=사(蛇)두개인이며 사두개인이 나오면 바리새인도 같이 따라 나온다.
   - 그러므로 회개에 합당한 열매를 맺고~ 하나님이 능히 이 돌들로도 아브라함의 자손이 되게 하시리라 이미 도끼가 나무뿌리에 놓였으니 좋은 열매를 맺지 아니하는 나무마다 찍혀 불에 던져지리라(8-10)
   - 나는~ 물로 세례를 베풀거니와 내 뒤에 오시는 이는 나보다 능력이 많으시니 나는 그의 신을 들기도 감당하지 못하겠노라 그는 성령과 불로 너희에게 세례를 베푸실 것이요 손에 키를 들고 자기의 타작마당을 정하게 하사 알곡은 모아 곳간에 들이고 쭉정이는 꺼지지 않는 불에 태우시리라(11-12) 세례 요한의 세례가 나오면 반드시 '세례 요한에게 세례 받으시는 예수님'이 나온다.

2. 세례 요한에게 세례 받으시는 예수님(13-17) - 막 1장, 눅 3장
   - 이때에 예수께서 갈릴리로부터 요단강에 이르러 요한에게 세례를 받으려 하시니 요한이 말려 이르되 내가 당신에게서 세례를 받아야 할 터인데 당신이 내게로 오시나이까 예수께서 대답하여 이르시되 이제 허락하라 우리가 이와 같이 하여 모든 의를 이루는 것이 합당하니라 하시니 이에 요한이 허락하는지라 예수께서 세례를 받으시고 곧 물에서 올라오실새 하늘이 열리고 하나님의 성령이 비둘기같이 내려 자기 위에 임하심을 보시더니 하늘로부터 소리가 있어 말씀하시되 이는 내 사랑하는 아들이요 내 기뻐하는 자라 하시니라(13-17)

   ※ 세례 요한과 관련된 소제목
   ① 세례 요한의 세례와 전도(마 3장, 막 1장, 눅 3장)
   ② 세례 요한에게 세례 받으시는 예수님(마 3장, 막 1장, 눅 3장)
   ③ 세례 요한의 죽음(마 14장, 막 6장)   ④ 세례 요한에 대한 예수님의 증언(마 11장, 눅 7장)
   ⑤ 세례 요한 자신에 대한 증언(요 1장) ⑥ 예수님에 대한 세례 요한의 증언(요 1장, 요 3장)
   ⑦ 세례 요한의 질문(마 11장, 눅 7장)   ⑧ 세례 요한과 엘리야(마 17장, 막 9장)
   ⑨ 세례 요한의 탄생예고(눅 1장) ⑩ 세례 요한의 탄생(눅 1장) ⑪ 세례 요한의 투옥(눅 3장)

마태복음 4장	
배 경	마부의 젖꼭지
대제목	사탄의 시험

📖 본문은 예수님께서 40일 광야 금식 후에 사탄의 유혹을 이기시는 장면과 이후에 본격적인 공생애의 시작으로서 갈릴리 사역과 더불어 제자들을 부르시는 장면이 소개된 부분이다.

마부의 젖꼭지를 사탄이 간지르며 유혹하고 있다.

1. 사탄의 시험(1-11) - 세례를 받으신 후 사탄에게 시험을 받으심 - 막 1장, 눅 4장
   • 네가 만일 하나님의 아들이어든 명하여 이 돌들로 **떡**덩이가 되게 하라(3) - 사람이 **떡**으로만 살 것이 아니요 하나님의 입으로부터 나오는 모든 말씀으로 살 것이라 하였느니라(4, 신 8:3)
   • 이에 마귀가 예수를 **성전** 꼭대기에 세우고 이르되 네가 만일 하나님의 아들이어든 뛰어내리라 기록되었으되 그가 너를 위하여 그의 사자들을 명하시리니 그들이 손으로 너를 받들어 발이 돌에 부딪치지 않게 하리로다 하였느니라(5-6, 시 91:11-12) - 주 너의 하나님을 시험하지 말라(7, 신 6:16)
   • 내게 **경배**하면 이 모든 것을 네게 주리라(9) - 주 너의 θ께 경배하고 다만 그를 섬기라(10, 신 6:13)

   사탄의 시험 후 사탄이 또 찾아와 귀찮게 할까봐 <u>나사렛던 나사렛</u>에서 <u>가버나움</u>으로 이 사를 <u>가버</u>렸으며 이때부터 비로소 갈릴리 사역을 시작하신다.

2. 가버나움에 거하신 예수님(12-16) - 세례 요한이 잡힌 후 나사렛 → 가버나움으로 사역시작
   • <u>나사렛</u>을 떠나 스불론과 납달리 지경 해변에 있는 <u>가버나움</u>(갈릴리)에 가서 사시니(13, 사 9:1-2)
   ※ 나사렛을 떠난 이유는 눅 4:16-30에 나와 있으며 고향(나사렛)에서 배척당하셨기 때문이다.

   마부의 가슴이 **떡** 벌어져 있다.

3. 사람이 **떡**으로만 살 것이 아니요 하나님의 입으로부터 나오는 모든 말씀으로 살 것이라(4, 신 8:3)

   마부의 젖꼭지를 자세히 보면 납닥(작)하게 생겼다.   납닥 → 납달리

4. 스불론 땅과 납달리 땅과 요단강 저편 해변 길과 이방의 갈릴리여 흑암에 앉은 백성이 **큰 빛**을 보았고 사망의 땅과 그늘에 앉은 자들에게 빛이 비치었도다 하였느니라(15-16, 사 9:1)

   마부의 젖꼭지가 물고기 입같이 생겼다. 물고기는 어부로 바꿀 수 있으며 4장이므로 4명의 어부가 된다.

5. 4명의 어부를 부르시다(18-22) - 막 1장, 눅 5장
   ※ 4어부(베드로, 안드레, 요한, 야고보)의 출신지 - 갈릴리(베드로와 안드레가, 요한과 야고보가 형제)
   물고기가 입을 벌려 뻐끔뻐끔 하는 것이 전도하는 것 같다(구체적으로 상상할 것).

6. 전도(12-17, 23-25) - 막 1장, 눅 4장
   • **첫 번째 갈릴리 전도**(12-17) - 예수께서 비로소 전파하여 이르시되 **회개하라 천국이 가까이 왔느니라**(처음 전파하신 말씀으로 세례 요한과 같다) 하시더라(17)
   • **두 번째 갈릴리 전도**(23-25) - 예수께서 온 <u>갈릴리</u>에 두루 다니사~ 회당에서 <u>가르치시며</u> 천국 복음을 <u>전파하시며</u>~ 모든 병과 모든 약한 것을 <u>고치시니</u> 그의 소문이 온 <u>수리아</u>에 퍼진지라(23-24)
   ※ 예수께서 다니실 때 많은 무리가 따랐던 5지방 - 갈릴리, 데가볼리, 예루살렘, 유대, 요단강 건너편
   - 예수님을 향한 마음이 노랫말 갈대에 순정과 잘 어울린다(갈대에 순정을 갈대에 유요로 바꾼다)

마태복음 5장		
배　경	마부의 손	
대제목	빛과 소금	

📖　본문은 산상수훈(5-7장)중 초반부로서 팔복(3-12절)을 비롯하여 천국 시민 된 하나님의 백성이 갖추어야 할 성도의 바른 삶과 율법의 근본 목적 등이 언급되었다.

　　마부의 손에는 밤길을 갈 때 쓸 등불이 들려있는데 등불에 소금이라 써 있고 빛이 나온다.

1.　등불(15) - 막 4장, 눅 8장
   - 사람이 등불을 켜서 말(곡식의 양을 재는 되와 같은 도량형 나무 그릇) 아래 두지 아니하고 등경(촛대, 등잔걸이) 위에 두나니 이러므로 집안 모든 사람에게 비치느니라(15)
   ※ 마 5장은 그리스도인의 사회적 책임과 자세를 나타내며 막 4장, 눅 8장의 등불과 내용이 다르다.

2.　빛(14-16) - 너희는 세상의 빛이라 산 위에 있는 동네가 숨겨지지 못할 것이요(14)
   - 이같이 너희 빛이 사람 앞에 비치게 하여 그들로 너희 착한 행실을 보고 하늘에 계신 너희 아버지께 영광을 돌리게 하라(16) - 빛은 숫자로 1이 되고 이 빛이 사람 앞에 비(6)치게 한다고 했으므로 이 구절은 16절이 된다.

3.　소금(13) - 막 9장, 눅 14장
   - 너희는 세상의 소금이니 소금이 만일 그 맛을 잃으면 무엇으로 짜게 하리요 후에는 아무 쓸데없어 다만 밖에 버려져 사람에게 밟힐 뿐이니라(13)
   　마부의 손에 있는 등불을 이용해서 여러 가지 소제목을 만들어보자.　우측 그림 참조
   　등불을 8복 주머니에 넣었더니

4.　8복(2-12) - **심 · 애 · 온 · 의 · 긍 · 마 · 화 · 의**, 앞글자만 따옴.
   - 심령이 가난한 자는 복이 있나니 천국이 그들의 것임이요(3) - 심청이
   애통하는 자는 복이 있나니 그들이 위로를 받을 것임이요(4)
   온유한 자는 복이 있나니 그들이 땅을 기업으로 받을 것임이요(5) - 온 땅이여
   의에 주리고 목마른 자는 복이 있나니 그들이 배부를 것임이요(6)
   긍휼히 여기는 자는 복이 있나니 그들이 긍휼히 여김을 받을 것임이요(7)
   마음이 청결한 자는 복이 있나니 그들이 하나님을 볼 것임이요(8) - 마하(속력을 나타내는 단위)
   화평하게 하는 자는 복이 있나니 그들이 하나님의 아들이라 일컬음을 받을 것임이요(9) - 화=하+아
   의를 위하여 박해를 받는 자는 복이 있나니 천국이 그들의 것임이라(10) - 의천도룡기
   - 나로 말미암아 너희를 욕하고 박해하고 거짓으로 너희를 거슬러 모든 악한 말을 할 때에는 너희에게 복이 있나니(11)
   ※ 심이 삼(3)과 비슷하므로 3절이 되며 차례대로 애는 4…… 의는 10절이 된다.
   　율법책이 불타고 있다.　불완전한 율법책이 불타는 것은 율법의 완성을 뜻한다.

5.　율법의 완성(17-20) - 내가 율법이나 선지자를 폐하러 온 줄로 생각하지 말라 폐하러 온 것이 아니요 완전하게 하려 함이라 진실로 너희에게 이르노니 천지가 없어지기 전에는 율법의 일점 일획도 결코 없어지지 아니하고 다 이루리라(17-18) - 폐는 가슴(17)에 있다.
   - 너희 의가 서기관과 바리새인 보다 더 낫지 못하면 결코 천국에 들어가지 못하리라(20) - 바르게

(의 - 정사각형의 네모반듯한 것이나 바른 것은 의로 약속한다) 써봐(서기관, 바리새인)

율법책에는 계명들이 지극히 작은 글씨로 써 있다.

6. 계명(19) - 그러므로 누구든지 이 계명 중에 지극히 작은 것 하나라도 버리고 또 그같이 사람을 가르치는 자는 천국에서 지극히 작다 일컬음을 받을 것이요 누구든지 이를 행하며 가르치는 자는 천국에서 크다 일컬음을 받으리라(19)

불타는 율법책을 보며 **화**가 난 **간음**한 여인에게

7. 화내지 말라(21-22) - 살인하지 말라 누구든지 살인하면 심판을 받게 되리라 하였다는 것을 너희가 들었으나 나는 너희에게 이르노니 형제에게 노하는 자마다 심판을 받게 되고 형제에 대하여 라가라 하는 자는 공회에 잡혀가게 되고 미련한 놈이라 하는 자는 지옥 불에 들어가게 되리라(21-22)

8. 간음하지 말라(27-30) - 또 간음하지 말라 하였다는 것을 너희가 들었으나 나는 너희에게 이르노니 음욕을 품고 여자를 보고 자마다 마음에 이미 간음 하였느니라 만일 네 오른눈이 너로 실족하게 하거든 빼어 내버리라 네 백체 중 하나가 없어지고 온몸이 지옥에 던져지지 않는 것이 유익하며(27-29)

남편이 다가와 **이혼·맹세**한 것 취소할 테니 **보복**하지 말고 서로 **사랑**하며 하나님의 온전하심같이 온전하며 **화목**하게 살자고 말한다. 참고로 이혼을 맹세할 정도로 원수지간이었으므로 여기에서의 사랑은 '원수를 사랑하라'가 된다.

9. 이혼하지 말라(31-32) - 마 19장, 막 10장

10. 맹세하지 말라(33-37) - 하늘로도 하지 말라 이는 하나님의 보좌임이요 땅으로도 하지 말라 이는 하나님의 발등상임이요 예루살렘으로도 하지 말라 아는 큰 임금의 성임이요(34-35)

11. 보복하지 말라(38-42) = 악한 자를 대적하지 말라
   • 악한 자를 대적하지 말라 누구든지 네 오른편 뺨을 치거든 왼편도 돌려 대며(39)

12. 원수를 사랑하라(43-48) - 눅 6장
   • 너희 원수를 사랑하며 너희를 박해하는 자를 위하여 기도하라(44) - 원수를 사랑하는 것은 4랑에 4랑이 있어야만 가능하다.
   • 너희가 너희를 사랑하는 자를 사랑하면 무슨 상이 있으리요 세리도 이같이 아니하느냐 또 너희가 너희 형제에게만 문안하면 남보다 더 하는 것이 무엇이냐 이방인들도 이같이 아니하느냐(46-47)

13. 하늘에 계신 너희 아버지의 온전하심과 같이 너희도 온전하라(48) - 로얄제리(48)는 완전식품이다.

14. 화목하라(23-26) - 눅 12장

※ 마태복음 5장에서 예수님의 반대명제(~하지 말라) 6개 - 살인, 간음, 이혼, 맹세, 대적, 원수

마태복음 6장		
배 경	마부의 허리	주기도문
대제목	주기도문	

📖　산상수훈(5-7장)중 중반부로서 예수님께서 종교 지도자들의 외식적인 태도를 지적하신 후에 올바른 신앙에 기초한 기도의 방법과 금식 및 경제관 등에 대해 말씀하신 부분이다. 마부의 허리띠에는 주기도문이라고 써 있다.

1. 주기도문(9-13) - 눅 11장
   주기도문 허리띠를 이용해서 여러 가지 소제목을 만들어보자. 우측 그림 참조
   돈에 **눈**이 먼 **두 주인**이 마부가 집세가 밀려 나가라 하자 이에 마부가 주기도문 허리띠를 차고 **골방**에 들어가 **금식·기도**에 들어간다. 결심이 대단하다. 이 모습을 본 두 주인이 결국 **용서**하고 **구제**해 주기로 한다.

2. 돈(19-24) = 재물에 관한 교훈 - 눅 12장
   • 너희를 위하여 보물을 땅에 쌓아두지 말라 거기는 좀과 동록이 해하며 도둑이 구멍을 뚫고 도둑질 하느니라 오직 너희를 위하여 보물을 하늘에 쌓아 두라 거기는 좀이나 동록이 해하지 못하며 도둑 이 구멍을 뚫지도 못하고 도둑질도 못하느니라 네 보물 있는 그 곳에는 네 마음도 있느니라(19-21)

3. 눈은 몸의 등불(22-23) - 눅 11장
   • 눈(양심)은 몸의 등불이니 그러므로 네 눈이 성하면 온 몸이 밝을 것이요 눈이 나쁘면 온 몸이 어두 울 것이니 그러므로 네게 있는 빛이 어두우면 그 어두움이 얼마나 더하겠느냐(22-23)

4. 두 주인(24) - 눅 16장　　　※ 두 주인 = 하나님과 재물
   • 한 사람이 두 주인을 섬기지 못할 것이니~ 하나님과 재물을 겸하여 섬기지 못하느니라(24) - 한 사람이 두 주인을 섬기지 못하므로 두 주인 중 한 명은 이사(24)를 가야한다.

5. 금식(16-18)
   • 금식할 때에 너희는 외식하는 자들과 같이 슬픈 기색을 보이지 말라 그들은 금식하는 것을 사람 에게 보이려고 얼굴을 흉하게 하느니라 내가 진실로 너희에게 이르노니 그들은 자기 상을 이미 받았느니라 너는 금식할 때에 머리에 기름을 바르고 얼굴을 씻으라 이는 금식하는 자로 사람에게 보이지 않고 오직 은밀한 중에 계신 네 아버지께 보이게 하려 함이라 은밀한 중에 보시는 네 아 버지께서 갚으시리라(16-18)

6. 기도(5-8) - 소제목 7번과 8번이 포함됨.
   • 너희는 기도할 때에 외식하는 자와 같이 하지 말라 그들은 사람에게 보이려고 회당과 큰거리 어귀에 서서 기도하기를 좋아하느니라 내가 진실로 너희에게 이르노니 그들은 자기 상을 이미 받았느니라(5)
   • 기도할 때에 이방인과 같이 중언부언하지 말라 그들은 말을 많이 하여야 들으실 줄 생각하느니라(6)

7. 골방(6) - 너는 기도할 때에 네 골방에 들어가 문을 닫고 은밀한 중에 계신 네 아버지께 기도 하라 은밀한 중에 보시는 네 아버지께서 갚으시리라(6) - 6자를 천천히 써보면 처음에는 직선으 로 가다 나중에는 빙글빙글 돌아 **골방**으로 들어간다.

중얼중얼(그림참조),　중얼중얼 → 중언부언

8. **중언부언 하지 말라**(7)
   - 기도할 때에 이방인과 같이 중언부언하지 말라 그들은 말을 많이 하여야 들으실 줄 생각하느니라(7)

9. **용서**(14-15)
   - 너희가 사람의 <u>잘못</u>을 <u>용서</u>하면 너희 하늘 아버지께서도 너희 잘못을 용서하시려니와 너희가 사람의 잘못을 용서하지 아니하면 너희 아버지께서도 너희 잘못을 용서하지 아니하시리라(14-15) - 집세가 밀린 것은 전적으로 마부의 잘못이므로 용서와 잘못을 연결해 준다.

   ※ 주기도문 말미에 용서에 관해 나오므로 주기도문 다음에 용서에 대해서 나온다.

10. **구제**(1-4)
   - 사람에게 보이려고 그들 앞에서 너희 의를 행하지 않도록 주의하라 그리하지 아니하면 하늘에 계신 너희 아버지께 상을 받지 못하느니라 그러므로 구제할 때에 외식하는 자가 사람에게서 영광을 받으려고 회당과 거리에서 하는 것같이 너희 앞에 나팔을 불지 말라 진실로 너희에게 이르노니 그들은 자기 상을 이미 받았느니라 너는 <u>구제</u>할 때에 <u>오른손</u>이 하는 것을 <u>왼손</u>이 모르게 하여 네 구제함을 은밀하게 하라 은밀한 중에 보시는 너의 아버지께서 갚으시리라(1-4) - 그림에서 오른손이 하는 것을 왼손이 모르게 하기 위해서 오른손으로 왼손을 가리고 있다.

   ※ 은밀하게 하라고 한 3가지 - 기도, 금식, 구제

11. **의식주 염려**(25-34) - 눅 12장(아래 그림참조)
   - 무엇을 먹을까 무엇을 마실까 몸을 위하여 무엇을 입을까 염려하지 말라(25) - 6.25때는 무엇을 먹을까 무엇을 마실까 무엇을 입을까를 걱정해야만 했다.
   - <u>공중의 새</u>(누가복음에서는 까마귀로 나온다)를 보라 심지도 않고 거두지도 않고 창고에 모아들이지도 아니하되 너희 하늘 아버지께서 기르시나니 너희는 이것들보다 귀하지 아니하냐(26)
   - 너희 중에 누가 염려함으로 그 키를 한자나 더할 수 있느냐(27)
   - <u>들의 백합화</u>가 어떻게 자라는가 생각하여 보라 수고도 아니하고 길쌈도 아니하느니라 그러나 내가 너희에게 말하노니 솔로몬의 모든 영광으로도 입은 것이 이 꽃 하나만 같지 못하였느니라(28-29)
   - 너희는 먼저 그의 나라와 그의 의를 구하라 그리하면 이 모든 것을 너희에게 더하시리라(33) - 더하시리라를 강조해서 쓰면 '이 모든 것을 너희에게 더(3)하고 더(3)하시리라'가 된다.
   - 그러므로 내일 일을 위하여 염려하지 말라 내일 일은 내일 염려할 것이요 한 날의 괴로움은 그 날로 족하니라(34) - 내일 염려는 쌈 싸(34)서 던져 버려라. 한 날 괴로움은 그 날에 족하니라.

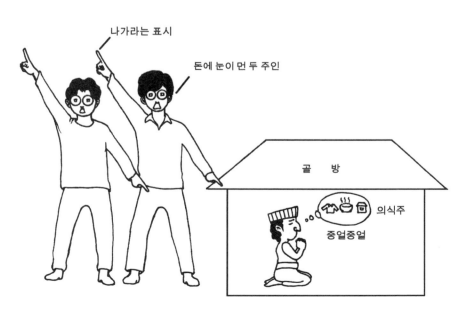

	마태복음 7장	
배 경	마부의 무릎	
대제목	두드리라	

📖 본문은 산상수훈(5-7장)중 후반부로서 하나님의 백성된 자로서의 올바른 삶의 자세 곧 비판, 기도, 좁은 문 및 말씀의 실천 등에 관한 교훈들이 언급된 부분이다.

마부는 성미가 급해서 항상 무릎으로 문을 두드린다. 그래서 마부의 무릎이 많이 헤어져있다.

1. 두드리라(7-11) = 기도에 힘쓰라 - 눅 11장
   - 구하라 그리하면 너희에게 주실 것이요 찾으라 그리하면 찾아낼 것이요 문을 두드리라 그리하면 너희에게 열릴 것이니(7) - 7이라는 숫자는 행운의 숫자로서 럭키세븐이라고 한다. 그런데 무엇이나 구하면 주신다고 하니 이거야 말로 행운의 숫자가 겹쳐야 마땅하다. 따라서 7장 7절이 된다.
   - 너희 중에 누가 아들이 떡을 달라 하는데 돌을 주며 생선을 달라 하는데 뱀을 줄 사람이 있겠느냐(9-10)
   - 너희가 악한 자라도 좋은 것으로 자식에게 줄 줄 알거든 하물며 하늘에 계신 너희 아버지께서 구하는 자에게 좋은 것으로 주시지 않겠느냐(11)
   ※ 눅 11장에는 나무의 구멍이 영 모양이므로 '좋은 것' 대신 성령으로 나온다.
   마부가 무릎으로 문을 두드리는 것을 이용해서 여러가지 소제목을 만들어보자. 우측 그림참조
   마부가 무릎으로 문을 두드리니 **티**가 하나도 없는 **황금** 길이 나오고 그 끝에는 **좁은 길**과 **넓은 길**이 있는데 그 중간에 **거짓 선지자**가 **열매**를 깔고 앉아서 **주여 주여** 외치며 사람들을 넓은 길로 미혹하고 있다.　황금 → 황금율,　좁은 길 → 좁은 문

2. 티(허물)(1-6) = 비판하지 말라 - 눅 6장
   - 비판을 받지 아니하려거든 비판하지 말라 너희의 비판하는 그 비판으로 너희가 비판을 받을 것이요 너희가 헤아리는 그 헤아림으로 너희가 헤아림을 받을 것이니라 어찌하여 형제의 눈 속에 있는 티는 보고 네 눈 속에 있는 들보(대들보)는 깨닫지 못하느냐 보라 네 눈 속에 들보(대들보, 통나무를 가리키며 여기서는 큰 허물을 의미한다)가 있는데 어찌하여 형제에게 말하기를 나로 네 눈 속에 있는 티를 빼게 하라 하겠느냐 외식하는 자여 먼저 네 눈 속에서 들보를 빼어라 그 후에야 밝히 보고 형제의 눈 속에서 티를 빼리라 거룩한 것을 개에게 주지 말며 너희 진주를 돼지 앞에 던지지 말라 그들이 그것을 발로 밟고 돌이켜 너희를 찢어 상하게 할까 염려하라(1-6)

3. 황금율(12) - 눅 6장, 미 6장(구약의 황금율)
   - 무엇이든지 남에게 대접을 받고자 하는 대로 너희도 남을 대접하라 이것이 율법이요 선지자니라(12) - 정 대접할 것이 없으면 강냉이죽(12) 이라도 대접해야 한다.

4. 좁은 문(13-14) - 눅 13장
   - 좁은 문으로 들어가라 멸망으로 인도하는 문은 크고 그 길이 넓어 그리고 들어가는 자가 많고 생명으로 인도하는 문은 좁고 길이 협착하여 찾는 자가 적음이니라(13-14)

5. 거짓 선지자(15-20)
   - 거짓 선지자들을 삼가라 양의 옷을 입고 너희에게 나아오나 속에는 노략질하는 이리라(15)

6. <mark>열매</mark>(15-20) - 마 12장, 눅 6장
   - 그들(거짓 선지자들)의 열매로 그들을 알지니 <u>가시나무</u>에서 <u>포도</u>를, 또는 <u>엉겅퀴</u>에서 <u>무화과</u>를 따겠느냐 이와 같이 좋은 나무마다 아름다운 열매를 맺고 못된 나무가 나쁜 열매를 맺나니 좋은 나무가 나쁜 열매를 맺을 수 없고 못된 나무가 아름다운 열매를 맺을 수 없느니라 아름다운 열매를 맺지 아니하는 나무마다 찍혀 불에 던져지느니라 이러므로 그들의 열매로 그들을 알리라 (16-20) - 포도는 까서 먹는 열매이므로 가시나무와 포도를 짝지어 준다.
   ※ 거짓 선지자가 열매를 깔고 앉아 있으므로 열매에 관한 말씀은 거짓 선지자에 관한 교훈이다.
7. <mark>주여 주여</mark>(21) - 나더러 주여 주여 하는 자마다 천국에 다 들어갈 것이 아니요 다만 하늘에 계신 내 아버지의 뜻대로 행하는 자라야 들어가리라(21)
   좁은 길은 반석으로 돼 있고 넓은 길은 모래로 되어있다.
8. <mark>반석과 모래</mark>(24-27) - 눅 6장
   - 그러므로 누구든지 나의 이 말을 듣고 행하는 자는 그 집을 반석위에 지은 지혜로운 사람 같으리니 비가 내리고 창수가 나고 바람이 불어 그 집에 부딪히되 무너지지 아니하나니 이는 주초를 반석 위에 놓은 까닭이요 나의 이 말을 듣고 행하지 아니하는 자는 그 집을 모래 위에 지은 어리석은 사람 같으리니 비가 내리고 창수가 나고 바람이 불어 그 집에 부딪히매 무너져 그 무너짐이 심하니라(24-27)
   ※ 반석 : 말씀을 듣고 행하는 자(24-25),   모래 : 말씀을 듣고 행하지 아니하는 자(26-27)
   마부가 성미가 급해서 항상 무릎으로 문을 두드리는데 급기야 무릎에 **무리**가 오고 말았다.
9. <mark>무리들이 가르치심(산상수훈)에 놀라다</mark>(28-29)
   - 예수께서 이 말씀을 마치시매 무리들이 그의 가르치심에 놀라니(28)
   마부는 주여 주여 외치는 사람이 거짓 선지자라는 것을 알지 못한다.
10. <mark>나는 너희를 알지 못한다</mark>(22-23) - 눅 13장
    - 그 날에 많은 사람이 나더러 이르되 주여 주여 우리가 주의 이름으로 선지자 노릇하며 주의 이름으로 귀신을 쫓아내며 주의 이름으로 많은 권능을 행하지 아니하였나이까 하리니 그 때에 내가 그들에게 밝히 말하되 내가 너희를 도무지 알지 못하니 불법을 행하는 자들아 내게서 떠나가라 하리라(22-23)

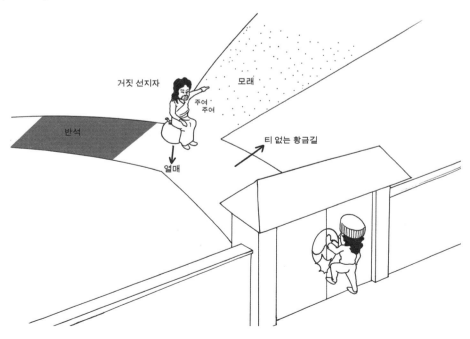

마태복음 8장		
배 경	마부의 종아리	
대제목	나병 고치심	

📖 본문은 인간의 육체적, 정신적 질병을 치료하시고 또한 풍랑을 잠잠케 하는 등 자연을 주관하시는 메시야로서의 예수 그리스도의 이적적인 권능에 대해 묘사한 부분이다.

마부. 그는 많이 걸어야 하는 직업인데 하필 종아리에 나병이 걸리다니… 가엽구나!

나**병** ⇒ **백**부**장** ⇒ **장**모 열병   (받침을 한 단계씩 떨어뜨린다)
　　(끝말잇기)　　　　　　　　↓
　　　　　　　　　　　　연약한 것을 친히 담당하시고 병을 짊어지셨도다
　　　　　　　　　　　　↓
　　　　　　　　　　　　여우굴, 시체, 풍랑 거라사 귀신

1. 나병을 고치시다(1-4) - 막 1장, 눅 5장 - 마태복음에서 첫 이적 사건
   • 예수께서 손을 내밀어 그에게 대시며 이르시되 내가 원하노니 깨끗함을 받으라 하시니 즉시 그의 나병이 깨끗하여진지라(3) - 깨끗함과 관련된 병은 나병 밖에 없다.
2. 백부장의 하인을 고치시다(5-13) - 눅 7장
   ※ 예수님께 믿음으로 칭찬 받은 사람들 - 백부장, 수로보니게 가나안 여인, 혈루증 앓는 여인
3. 베드로의 장모 열병을 고치시다(14-15) - 막 1장, 눅 4장
   눅 4장 4번에서 학자가 온갖 병을 모아놓았는데 개수를 세어보니 열병이나 되므로 온갖 병과 (장모)열병은 항상 같이 나온다.
4. 온갖 병자들을 고치시다(16-17) - 막 1장, 눅 4장
   • 저물매 사람들이 귀신 들린 자를 많이 데리고 예수께 오거늘 예수께서 말씀으로 귀신들을 쫓아내시고 병든 자들을 다 고치시니(16)
5. 연약한 것을 친히 담당하시고 병을 짊어지셨도다(17, 사 53:4)
   여우굴 안에 시체가 있고 풍랑 거라사 귀신이 시체 옆에 앉아있다(구체적으로 상상하자).
   참고로 거라사 귀신 이름이 풍랑이므로 풍랑과 거라사 귀신은 항상 같이 나온다.
6. 여우(18-20) - 눅 9장
   • 한 서기관이 나아와 예수께 아뢰되 선생님이여 어디로 가시든지 저는 따르리이다 예수께서 이르시되 여우도 굴이 있고 공중의 새도 거처가 있으되 인자는 머리 둘 곳이 없다 하시더라(19-20) - 중국 여우(여배우) 서기. 따라서 여우가 나오는 구절과 서기관이 관계가 있다.
7. 시체(21-22) - 죽은 자를 말한다 - 눅 9장
   • 제자 중에 또 한 사람이 이르되 주여 내가 먼저 가서 내 아버지를 장사하게 허락하옵소서 예수께서 이르시되 죽은 자들이 그들의 죽은 자들을 장사하게 하고 너는 나를 따르라 하시니라(21-22)
8. 풍랑을 잠잠하게 하신 예수님(23-27) - 막 4장, 눅 8장
   • 곧 일어나사 바람과 바다를 꾸짖으시니 아주 잔잔하게 되거늘(26)
9. 거라사 귀신(28-34) = 가다라 지방의 귀신들린 자를 고치시다 - 막 5장, 눅 8장
   ※ 마 - 가다라 지방의 귀신들린 자 2명(가나다라마),   막, 눅 - 거라사 지방(군대)

마태복음 9장		
배 경	마부의 발	
대제목	금식	

📖 중풍병자와 맹인을 고치시고 죽은 자를 살리는 등 각종 질병은 물론 사망까지 다스리시는 메시야 예수의 권능이 묘사되었고 특히 예수께서 세상에 오신 목적이 소개되었다(12-13). 마부가 발로 밥그릇을 **풍**(중풍)하고 세게 차고 있다. **금식**할 결심이 대단하다. 밥그릇을 찰 때 옆에 있는 **막대**(마태)까지 날아갔으며 너무 세게 차서 발에서 피가 흘러(**혈루**) **의사**를 불렀더니 덤으로 **귀병**까지 치료해주었다. 밥그릇에는 '**야이로**의 것' 이라 써 있고 **바퀴**가 달려있다. 이 밥은 **추수할 일꾼들**이 일 끝나고 와서 먹을 것인데 쏟는 바람에 굶게 생겼다.
귀병 → **귀**신들려 **병**어리 된 자,   바퀴가 맹인 안경처럼 생겼고 2개다 → 두 맹인

1. 중풍병자를 고치시다(1-8) - 막 2장, 눅 5장 - 죄(≒중) 사함 받은 사람은 중풍병자
   - 침상에 누운 중풍병자를 사람들이 데리고 오거늘 예수께서 그들의 믿음을 보시고 중풍병자에게 이르시되 작은 자야 안심하라 네 죄 사함을 받았느니라 어떤 서기관들이 속으로 이르되 이 사람이 신성을 모독하도다 예수께서 그 생각을 아시고 이르시되 너희가 어찌하여 마음에 악한 생각을 하느냐 네 죄 사함을 받았느니라 하는 말과 일어나 걸어가라 하는 말 중에 어느 것이 쉽겠느냐 그러나 인자가 세상에서 죄를 사하는 권능이 있는 줄을 너희로 알게 하려 하노라 하시고 중풍병자에게 말씀하시되 일어나 네 침상을 가지고 집으로 가라 하시니 그가 일어나 집으로 돌아가거늘(2-7) - 죄 사(≒서)함을 선포하실 때 이를 신성(≒서) 모독이라고 말한 사람은 서기관이다.
2. 금식(14-17) - 막 2장, 눅 5장 - 마 6장의 금식은 산상수훈에 나오는 금식이므로 내용이 다르다
   - 혼인집 손님들이 신랑과 함께 있을 동안에 슬퍼할 수 있느냐 그러나 신랑을 빼앗길 날이 이르리니 그 때에는 금식할 것이니라(15) - '생베조각과 낡은 옷, 새 포도주는 새 부대에'를 예로 듦
3. 세리 마태를 부르시다(9-13) - 막 2장, 눅 5장
4. 혈루증 앓는 여자를 고치시다(20-22) - 막 5장, 눅 8장
   - 예수의 뒤로 와서 그 겉옷 가를 만지니 이는 제 마음에 그 겉옷만 만져도 구원을 받겠다 함이라~ **딸아 안심하라 네 믿음이 너를 구원하였다** 하시니 여자가 그 즉시 구원을 받으니라(22)
5. 의사(12-13) - 막 2장, 눅 5장
   - 건강한 자에게는 의사가 쓸 데 없고 병든 자에게라야 쓸 데 있느니라(12)
   - 너희는 가서 내가 긍휼을 원하고 제사를 원하지 아니하노라 하신 뜻이 무엇인지 배우라 나는 의인을 부르러 온 것이 아니요 죄인을 부르러 왔노라(13, 호 6:6) - **마태의 집에서 세리와 죄인들과 같이 식사하실 때 하신 말씀.** 의사와 의인이 글자가 비슷하므로 의사가 나오면 의인도 같이 따라 나온다.
6. 귀신들려 벙어리 된 자를 고치시다(32-35) - 귀신의 왕을 의지하여 귀신을 쫓아낸다고 말한 사건으로 덤으로 귀병을 치료해 주었으므로 마태복음에만 나온다.
7. 야이로의 딸을 살리시다(18-26) - 막 5장, 눅 8장
8. 두 맹인을 고치시다(27-31) - 마 20장 '여리고의 두 맹인'이 아니며 마태복음에만 나온다.
9. 추수할 일꾼들(36-38) - 눅 10장

마태복음 10장	
배 경	말의 입
대제목	12 제자

📖 예수님께서 자신과 함께 복음 전파의 역할을 감당할 12제자를 부르고 가르치고 능력을 부여하여 파송하는 장면이다. 또한 파송하시면서 세상의 박해에 관해 교훈하시는 부분이다. 말의 이빨이 모두 **12개**이며 이빨에 각각 12제자의 이름이 써 있고 이빨에 **껌**이 붙어있다. 말이 12장의 독이 든 열매 때문에 **두려워**하고 있으며 너무 두려운 나머지 입이 바싹 타서 **냉수**를 벌컥벌컥 들이 키고 있다. 말의 콧구멍에는 **시인**이 **숨어있으며** 콧구멍에서 **나비**와 **참새**가 나오고 있다.   껌 → 검

1. <u>12제자의 이름</u>(1-4) - 막 3장, 눅 6장, 행 1장
   • 12사도의 이름은 이러하니 베드로라 하는 시몬을 비롯하여 그의 형제 안드레와 세베대의 아들 야고보와 그의 형제 요한, 빌립과 바돌로매, 도마와 세리 마태, 알패오의 아들 야고보와 다대오, 가나안인 <u>시몬</u>(열심당원 - 시몬의 시와 열심당원의 심이 비슷)과 및 가룟 유다 곧 예수를 판자라(2-4)
   ※ 예수님의 12제자 중 야고보와 유다가 각각 2명이라는 것을 꼭 기억하자 - 요한의 형제 야고보와 알패오의 아들 야고보, 야고보의 아들 유<u>다</u>(<u>다대오</u>)와 가룟 유다, 바돌로매=나다나엘
   말이 이빨로 **파**를 씹어 먹다가 이빨에서 **피**가 나고 있다.   파 → 파송,   피 → 핍박

2. <u>12제자의 파송</u>(5-15) - 막 6장, 눅 9장
   • 열둘을 내보내시며 명하여 이르시되 <u>이</u>방인의 <u>길</u>로도 가지 말고 <u>사</u>마리아인의 <u>고</u>을에도 들어가지 말고 오히려 <u>이</u>스라엘 집의 잃어버린 <u>양</u>에게로 가라(5-6) - 이 길에서 이스라엘의 양이 사고가 났다.
   • 가면서 **전파하여 말하되 천국이 가까이 왔다** 하고 <u>병</u>든 자를 고치며 <u>죽</u>은 자를 살리며 <u>나</u>병환자를 깨끗하게 하며 <u>귀</u>신을 쫓아내되 너희가 거저 받았으니 거저주라(7-8) - 파를 먹고 병들어 죽은 나귀
   • 너희 전대에 금이나 은이나 동을 가지지 말고 여행을 위하여 배낭이나 두 벌 옷이나 신이나 지팡이를 가지지 말라 이는 일꾼이 자기의 먹을 것 받는 것이 마땅함이라(9-10) - 마태복음이나 누가복음에는 지팡이나 신을 가지지 말라고 나오나 마가복음만 지팡이나 신을 가지라고 나오는데 그 이유는 지팡이는 <u>막</u>대가 되고 신은 나<u>막</u>신이 되기 때문이다.
   • 어떤 성이나 마을에 들어가든지 그 중에 합당한 자를 찾아내어 너희가 떠나기까지 거기서 머물라 또 그 집에 들어가면서 <u>평</u>안하기를 빌라(11-12)
   • 누구든지 너희를 영접하지도 아니하고 너희 말을 듣지도 아니하거든 그 집이나 성에서 나가 너희 <u>발</u>의 <u>먼</u>지를 떨어 버리라(14)

3. <u>12제자에 대한 핍박 경고</u>(16-23) - 막 13장, 눅 21장
   • 보라 내가 너희를 보냄이 양을 이리 가운데 보냄과 같도다 그러므로 너희는 뱀 같이 지혜롭고 비<u>둘기</u> 같이 순결하라 사람들을 삼가라 그들이 너희를 공회에 넘겨주겠고 그들의 회당에서 채찍질 하리라 또 너희가 나로 말미암아 총독들과 임금들 앞에 끌려가리니 이는 그들과 이방인들에게 증거가 되게 하려 하심이라(16-18)

- 너희를 넘겨줄 때에 어떻게 또는 무엇을 말할까 염려하지 말라 그 때에 너희에게 할 말을 주시리니 말하는 이는 너희가 아니라 너희 속에서 말씀하시는 이 곧 너희 아버지의 <u>성령</u>이시니라(19-20)
- 또 너희가 내 이름으로 말미암아 모든 사람에게 미움을 받을 것이나 끝까지 견디는 자는 구원을 얻으리라 이 동네에서 너희를 박해하거든 저 동네로 피하라 내가 진실로 너희에게 이르노니 이스라엘의 모든 동네를 다 다니지 못하여서 인자가 오리라(22-23)

4. <mark>검</mark>(34-39) = 분쟁을 일으키러 왔다 - 눅 12장, 미가 7:6
- 내가 세상에 <u>화평</u>을 주러 온 줄로 생각하지 말라 화평이 아니요 검을 주러 왔노라 내가 온 것은 사람이 그 아버지와, 딸이 어머니와, 며느리가 시어머니와 불화하게 하려 함이니 사람의 원수가 자기 집안 식구리라(34-36)

5. <mark>하나님만 두려워하라</mark>(26-30) - 눅 12장
- 몸은 죽여도 영혼은 능히 죽이지 못하는 자들을 두려워하지 말고 오직 몸과 영혼을 능히 <u>지옥</u>에 멸하실 수 있는 이를 두려워하라(28)

6. <mark>냉수</mark>(42) - 막 9장
- 또 누구든지 제자의 이름으로 이 작은 자(보잘 것 없는 사람)중 하나에게 <u>냉수 한 그릇</u>이라도 주는 자는 내가 진실로 너희에게 이르노니 그 사람이 결단코 상을 잃지 아니하리라 하시니라(42)

7. <mark>시인</mark>(32-33) = 예수님을 부끄러워 말라 - 눅 12장
- 누구든지 사람 앞에서 나를 시인하면 나도 하늘에 계신 내 아버지 앞에서 그를 시인할 것이요 누구든지 사람 앞에서 나를 부인하면 나도 하늘에 계신 내 아버지 앞에서 그를 부인하리라(32-33)
나비 → 접(蝶, 나비 접) → 영접,   따라서 나비는 영접으로 약속한다.

8. <mark>영접</mark>(40) - 마 18장, 막 9장, 눅 9장
- 너희를 영접하는 자는 나를 영접하는 것이요 나를 영접하는 자는 <u>나를 보내신 이</u>를 영접하는 것이니라(40)

9. <mark>참새</mark>(29-31)
- 참새 두 마리가 <u>한 앗사리온</u>에 팔리지 않느냐 그러나 너희 아버지께서 허락하지 아니하시면 그 하나도 땅에 떨어지지 아니하리라 너희에게는 머리털까지 다 세신 바 되었나니 두려워하지 말라 너희는 많은 참새보다 귀하니라(29-31)
참새와 나비가 말의 콧구멍에서 나오고 있<u>으므로</u> 말이 놀라서 "꺼져 꺼져"를 연발하고 있다.   꺼져 꺼져 → 거져 거져

10. 너희가 **거져** 받았으니 **거저** 주라(8)   ⟩

11. 그런즉 그들을 두려워하지 말라 감추인 것이 드러나지 않을 것이 없고 숨은 것이 알려지지 않을 것이 없느니라(26) - 제자들이 오해를 받고 멸시 받는다 할지라도 때가 되면 그들의 무죄함과 성실함이 드러나게 된다는 뜻.
말의 입이 부등호(≧) 같다.   부등호 양쪽에 선생과 제자를 넣으면(선생≧제자) '제자는 선생보다 작거나 같다'가 된다.

12. <mark>제자는 선생보다 작거나 같다</mark>(24-25) - 눅 6장, 요 13장
- 제자가 그 선생보다, 또는 종이 그 상전보다 높지 못하나니 제자가 그 선생 같고 종이 그 상전 같으면 족하도다(더 바랄 것이 없다). 집주인을 바알세불이라 하였거든 하물며 그 집 사람들이랴(24-25)
- 선생에게 바알세불이라 하였으니 선생이 받은 박해와 능욕이 제자들에게는 더 할 것이라는 말씀이다.
말의 고삐 : + -, -+

13. 자기 목숨을 얻는 자는(+) 잃을 것이요(-) 나를 위하여 자기 목숨을 잃는 자는(-) 얻으리라(+, 39)
- '+ -, -+'가 써 있는 말고삐의 끈이 3개이고 링을 한자로 구(球, 9)라고 하므로 39절이 된다.

	마태복음 11장	
배 경	말의 머리	
대제목	무거운 짐	

📖 본문에는 세례 요한과 예수님과의 문답, 복음을 배척하는 자들에 대한 경고 및 복음을 영접하는 자들에 대한 축복이 언급되었다.

말의 머리위에 무거운 짐 보따리가 올려져 있다. **세례 요한**과 세례 요한의 제자들이 **메시야 증표**를 가지고 짐 속에 **숨어 있으니** 무거운 것은 당연하다.

1. 무거운 짐(28-30) = 안식에의 초대
   • 수고하고 무거운 짐 진 자(노예, 28)들아 다 내게로 오라 내가 너희를 쉬게 하리라(28)
   • 나는 마음이 온유하고 겸손하니 나의 멍에를 메고 내게 배우라 그리하면 너희 마음이 쉼을 얻으리니(29) 세례 요한이 제자들을 시켜 예수님이 오실 그분이 맞는지 메시야 증표를 보여 달라고 질문했으며 제자들이 간 뒤에 예수님께서 세례 요한에 대해 증언하셨다. 따라서 메시야 증표·세례 요한의 질문·세례 요한에 대한 예수님의 증언은 항상 같이 나온다.

2. 메시야 증표(5) - 눅 7장
   • **소**경(맹인)이 보며 **앉**은뱅이(못 걷는 사람)가 걸으며 **문**둥이(나병환자)가 깨끗함을 받으며 **귀**머거리(못 듣는 자)가 들으며 **죽**은 자가 살아나며 **가**난한 자에게 복음이 전파된다 하라 누구든지 나로 말미암아 실족하지 아니하는 자는 복이 있도다 하시니라(5-6) - 소·앉·문·귀·죽·가

3. 세례 요한의 질문(2-6) - 이 당시 세례 요한은 옥에 갇힌 상태였다 - 눅 7장

4. 세례 요한에 대한 예수님의 증언(7-15) - 눅 7장
   • 보라 내가 내 사자를 네 앞에 보내노니 그가 네 길을 네 앞에 준비하리라 하신 것이 이 사람(세례 요한)에 대한 말씀이니라(10, 말 3:1) - 말라기의 뜻은 나의 사자이므로 이 요절은 말라기에 나온다.
   • 여자가 낳은 자 중에 세례 요한보다 큰 이가 일어남이 없도다 그러나 천국에서는 극히 작은 자라도 그보다 크니라(11) - 이 구절은 세례 요한에 대해서 예수님이 증언하실 때 하신 말씀이다.
   • 모든 선지자와 율법이 예언한 것은 요한까지니~ 오리라 한 엘리야가 곧 이 사람이니라(13-14)

5. 천지의 주재이신 아버지여 이것을 지혜롭고 슬기있는 자들에게는 숨기시고, 어린 아이들에게는 나타내심을 감사하나이다 옳소이다 이렇게 된 것이 아버지의 뜻이니이다(25-26) - 눅 10장
   ※ 마 10장 '숨어있다' 와 내용이 다르며 마 11장은 피리 부는 아이가 나오므로 어린 아이와 관련이 있다. 짐에는 천개의 침이 꽂혀있으며 피리가 삐져나와 있다. 천개의 침 → **천**국 **침**노

6. 천국 침노(12) - 눅 16장
   • 세례 요한의 때부터 지금까지 천국은 침노를 당하나니 침노하는 자는 빼앗느니라(12)

7. 피리 부는 아이(16-19) = 세인(世人)들에 대한 예수님의 평가 - 눅 7장
   • 요한이 와서 먹지도 않고 마시지도 아니하매 그들이 말하기를 귀신이 들렸다 하더니 인자는 와서 먹고 마시매 말하기를 보라 먹기를 탐하고 포도주를 즐기는 사람이요 세리와 죄인의 친구로다 하니(18-19) 세례 요한과 제자들이 짐 속에 숨어서 회계(회개) 장부를 보며 앞으로의 일을 의논하고 있다.

8. 회개하지 않는 마을(20-24) - 눅 10장
   ※ 고라신과 벳새다와 비교한 지역 - 두로와 시돈, 가버나움과 비교한 지역 - 소돔(움≒돔)

마태복음 12장		
배　경	말의 목	
대제목	손 마른자 고치심	

📖　본문에는 안식일 성수의 올바른 해석과 적용을 비롯하여 바알세불과 성령, 요나의 표적, 그리고 예수님의 거룩한 새 가족 등에 관한 가르침이 언급된 부분이다.

　　귀신 왕 바알세불이 **밀가루**가 묻은 **마른 손**으로 말에게 **열매**를 먹이려 하고 있으며 팔에는 **큰 이가 3개** 있다. 참고로 ① 귀신 왕 바알세불의 죄명은 ② 성령모독죄이다. 귀신 왕 바알세불 밑에는 반드시 ③ 7귀신 호위병이 있고 그들의 이름은 ④ 모친·형제·자매 귀신 등으로 불리는데 그 이유는 귀신들린 사람에게 누구냐고 물었을 때 '나는 귀신들린 사람의 형 또는 모친, 자매가 된다'고 말하기 때문이다. 따라서 ①②③④는 항상 같이 나온다.

1. <u>손 마른 자를 고치시다</u>(9-21) - 막 3장, 눅 8장 - **예수님 살해모의 계기가 됨**(손≒살)
   * 보라~ 내가 사랑하는 자로다 내가 내 <u>영</u>을 그에게 줄 터이니 그가 <u>심판</u>을 이방에 알게 하리라(18)
   * 상한 갈대를 꺾지 아니하며 꺼져가는 심지를 <u>끄</u>지 아니하기를 심판하여 이길 때까지 하리니(20)
   ※ 양 1마리가 안식일에 구덩이에 빠졌으면 끌어내지 않겠느냐(11)고 하신 말씀은 손 마른 자를 고치신 사건과 관련이 있다(마른 손으로 구덩이에 빠진 양 1마리를 끌어낸다고 생각하자)
2. <u>밀 이삭 사건</u>(1-8) = 인자는 안식일의 주인 - 막 2장, 눅 6장
   * 그 때에 예수께서 안식일에 밀밭 사이로 가실새 제자들이 시장하여 이삭을 잘라 먹으니(1)
   * 인자는 안식일의 주인이니라(8) - 제자들이 밀 이삭을 (**안주삼아**) 잘라 먹었다.　안주 → **안**식일의 **주**인. 따라서 밀 이삭 사건에 '인자는 안식일의 주인'이라는 말이 나온다.
   ※ 밀 이삭 사건에서 예수님과 논쟁을 벌인 자들 - 바리새인 - 바리(여자 밥그릇)에 이삭을 주어 담다.
3. <u>열매</u>(33-37) - 마 7장, 눅 6장 - 독사의 자식들아 너희는 악하니 어떻게 <u>선한 말</u>을 할 수 있느냐 이는 <u>마음</u>에 가득한 것을 입으로 말함이라(34)
4. <u>귀신 왕 바알세불</u>(22-29) = 귀신들려 눈 멀고 말 못하는 자 고치심 - 막 3장, 눅 11장
   * 이(예수)가 귀신의 왕 바알세불을 힘입지 않고는 귀신을 쫓아내지 못하느니라 하거늘 예수께서 그들의 생각을 아시고 이르시되 스스로 분쟁하는 나라마다 황폐하여질 것이요 스스로 분쟁하는 동네나 집마다 서지 못하리라 만일 사탄이 사탄을 쫓아내면 스스로 분쟁하는 것이니 그리하고야 어떻게 그의 나라가 서겠느냐~ 그러나 내가 하나님의 <u>성령</u>을 힘입어 귀신을 쫓아내는 것이면 하나님의 나라가 이미 너희에게 임하였느니라(24-28)
5. <u>성령모독죄</u>(30-32) = 용서받지 못하는 죄 - 막 3장, 눅 12장
   * 누구든지 말로 <u>인자</u>를 거역하면 사하심을 얻되~ <u>성령</u>을 거역하면~ 사하심을 얻지 못하리라(32)
6. <u>7귀신</u>(43-45) - 눅 11장
7. <u>참된 모친·형제·자매</u>(46-50) - 막 3장, 눅 8장
   * 누구든지 하늘에 계신 내 아버지의 뜻대로 하는 자가 내 형제요 자매요 어머니이니라(50)
8. <u>큰 이가 3개</u>(3-42) - 눅 11장　① 성전보다 더 큰 이(3-6) - <u>밀</u> 이삭 사건 때 하신 말씀(밀가루로 전을 부쳐 먹다) ② 요나보다 더 큰 이(38-41) ③ 솔로몬보다 더 큰 이(42)
   ※ 예수님께 표적 보여주시기를 구했던 사람들 - <u>서기관과 바리새인</u> - 말(마태) 타면서 표적 <u>쏴바</u>

배 경	말의 등	
대제목	心田 비유	

마태복음 13장

📖 본문은 천국에 관한 예수 그리스도의 일곱 비유가 나타난 부분이다(천국 비유장). 즉 ① 씨 뿌리는 자 ② 가라지 ③ 겨자씨 ④ 누룩 ⑤ 밭에 감추인 보물 ⑥ 진주 ⑦ 그물과 물고기
말의 등에 씨를 뿌리고 비료(비유)를 주었더니 싹이 나오고 싹 위에 간신히(겨우) 진주가 맺혔다. 이 말을 조금 더 풀어 쓰면 다음과 같다. 말의 등에 씨를 뿌리고 비료를 주었더니 자라서 **씨·가·겨·우·보·물**인 **진주**가 되었다.   비료 → 비유

1. 씨 뿌리는 자의 비유(1-9, 18-23) = 심전 비유 - 막 4장, 눅 8장
2. 가라지(24-30, 36-43) - 천국비유로서 좋은 씨가 뿌려지고 가라지가 자라는 현재적 사실과 추수 때에 심판하여 가린다는 미래적 측면. 마태복음에만 나온다.
3. 겨자씨(31-32) - 막 4장, 눅 13장 - 천국비유로서 이 비유의 초점은 성장에 있지 않고 대조에 있다.
   • 천국은 마치~ 자기 밭에 갖다 심(≒3)은 겨자씨 한 알 같으니(31) - 마가복음의 겨자씨도 31절
4. 누룩(33) - 겨자씨의 비유와 같다(눅 13장).
5. 밭에 감추인 보화(44) - 천국비유로서 보화를 발견했다는 현재의 사실에 치중하면서 천국을 얻기 위해 소중한 것을 포기하는 미래적 측면.
6. 그물과 물고기(47-50) - 교회내의 천국 비유
7. 좋은 진주를 구하는 장사(45-46) - 밭에 감추인 보화와 같다.
   비유란 어떤 사물을 설명하기 위해서 그와 비슷한 다른 사물을 빌어 표현하는 방법이다. 참고로 말의 등(마 13장)에 비료(비유)를 주었으므로 마 13장을 '비유의 장'이라 부른다.
8. 비유(10-17, 34-35)
   비유로 말씀하신 목적(10-17) - 보아도 보지 못하며 들어도 듣지 못하며 깨닫지 못해서(13, 사 6장)
   • 무릇 있는 자는 받아 넉넉하게 되되 없는 자는 그 있는 것도 빼앗기리라(12) - 믿음으로 받는 자는 복음이 더 잘 이해되어 더욱 깊은 진리에 도달하나 불신하는 자는 도리어 딱딱한 것이 되어 더욱 모호해진다.
   • 많은 선지자와 의인이 너희가 보는 것들을 보고자 하여도 보지 못하였고~ (17)
   비유로만 말씀하심(34-35)
   먼저 난 싹은 옛것이, 나중에 난 싹은 새것이 되며 싹은 고향의 전원을 생각나게 한다.
9. 새것과 옛것(52) = 제자의 도리 - 천국의 제자된 서기관마다 마치 새것과 옛것을 그 곳간에서 내오는 집주인과 같으니라(52) - 주의 제자들은 신구약을 포함하는 하나님 나라와 관련된 비밀들을 심령 깊숙한 곳에서부터 끄집어내어 사람들에게 제공하고 그 의미를 깨우쳐 주어야 한다.
10. 고향에서 배척당하신 예수님(53-58) - 두 번째 배척 - 막 6장, 눅 4장(첫 번째 배척)
    • 선지자가 자기 고향과 자기 집 외에서는 존경을 받지 않음이 없느니라 하시고(58)
    ※ 예수님의 형제가 나오는 복음서 - 마 13장, 막 6장(눅은 첫 번째 배척이므로 생략) - 고향에 가면 형제들을 만날 수 있으므로 고향이 나오면 예수님의 형제도 나온다. 형제 중 2명은 아버지(요셉)와 수제자의 이름(시몬)과 같으며 야고보와 유다는 서신서를 통해 예수님의 동생이라는 것을 알 수 있다.

	마태복음 14장	
배 경	말의 배	
대제목	오병이어의 기적	

📖 먼저 세례 요한의 죽음이 언급된 후에 예수님의 이적이 묘사되었다.

말의 **배**속에는 **5000명**이 먹을 수 있는 주먹밥이 들어있다. 이 5000명분의 주먹밥은 **세례 요한의 목숨** 값이다(유괴범들이 사람의 목숨을 돈과 바꾸는 것과 같다). 참고로 배의 불룩한 표시는 주먹밥이 들어있는 것을 뜻하며 불룩한 것 1개당 1000명분이 들어 있다.

1. 5000명을 먹이신 기적(13-21) = 오병이어의 기적 - 막 6장, 눅 9장, 요 6장
   - 무리를 명하여 잔디 위에 앉히시고 떡 5개와 물고기 2마리를 가지사 하늘을 우러러 축사하시고 떡을 떼어 제자들에게 주시매 제자들이 무리에게 주니 다 배불리 먹고 남은 조각을 12바구니에 차게 거두었으며 먹은 사람은 여자와 어린이 외에 오천 명이나 되었더라(19-21)
   - ※ 말의 뱃속에 들어있는 주먹밥을 새어보니 5000명분이 되므로 오병이어의 장소는 벳새다가 된다. 나중에 세례요한과 맞바꿀 때는 이 주먹밥을 다 게워내야 한다. **게워내다 → 게네**사렛

2. 게네사렛에서 병을 고치시다(34-36) - 막 6장(반드시 볼 것)
   - 다만 예수의 옷자락에라도 손을 대게 하시기를 간구하니 손을 대는 자는 다 나음을 얻으니라(36)
   - ※ 5000명분의 주먹밥을 게워내다(게네사렛) 옷자락에 묻고 말았다. 따라서 게네사렛에서 병을 고치실 때 옷자락에 손을 대는 자는 다 나음을 입었다고 나온다. 참고로 5000명(오병이어, 벳새다)분의 주먹밥을 위에서 게워내므로(게네사렛) 오병이어(벳새다) → 바다 위로 걸으심 → 게네사렛이 된다.

3. 세례 요한의 죽음(1-12) - 막 6장, 눅 9장
   - 전에 헤롯이 그 동생 빌립의 아내 헤로디아의 일로 요한을 잡아 결박하여 옥에 가두었으니 이는 요한이 헤롯에게 말하되 당신이 그 여자를 차지한 것이 옳지 않다 하였음이라 헤롯이 요한을 죽이려 하되 무리가 그를 선지자로 여기므로 그들을 두려워하더니 마침 헤롯의 생일이 되어 헤로디아의 딸이 연석 가운데서 춤을 추어 헤롯을 기쁘게 하니 헤롯이 맹세로 그에게 무엇이든지 달라는 대로 주겠다고 약속하거늘 그가 제 어머니의 시킴을 듣고 이르되 세례 요한의 머리를 소반에 담아 여기서 내게 주소서 하니 왕이 근심하나 자기가 맹세한 것과 그 함께 앉은 사람들 때문에 주라 명하고 사람을 보내어 옥에서 요한의 목을 베어 그 머리를 소반에 얹어서 그 소녀에게 주니(3-11) 말의 **배**가 배경이므로 소제목은 '(바다 위에서) **배**로 걸어오시는 예수님'이 된다.

4. 바다 위로 걸어오시는 예수님(22-33) - 막 6장, 요 6장
   - 밤 사경(새벽3-6)에 예수께서 바다 위로 걸어서 제자들에게 오시니 제자들이~ 놀라 유령이라 하며~ 소리 지르거늘 예수께서 즉시 이르시되 안심하라 나니 두려워하지 말라 베드로가 대답하여 이르되 주여 만일 주님이시거든 나를 명하사 물 위로 오라 하소서 하니 오라 하시니 베드로가 배에서 내려 물 위로 걸어서 예수께로 가되 **바람을 보고 무서워 빠져 가는지라**~ 예수께서 즉시 손을 내밀어 그를 붙잡으시며 이르시되 **믿음이 작은 자여 왜 의심하였느냐** 하시고 배에 함께 오르매 바람이 그치는 지라 배에 있는 사람들이 예수께 절하며 이르되 **진실로 하나님의 아들이로소이다** 하더라(25-33)
   - ※ 베드로가 물 위로 걸어간 것과 '진실로 하나님의 아들이로소이다'라는 말은 마태복음에만 나온다. (암기방법) 적어도 하나님의 아들이라면 물 위는 걸어가 줘야 한다. 말(마태복음)로만 하지 말고.

마태복음 15장	
배 경	말의 젖꼭지
대제목	4000명을 먹이신 기적

📖 본문에는 크게 세 가지 사건이 나타나 있다. 첫째, 장로들의 전통에 관한 논쟁 사건. 둘째, 가나안 여자의 딸을 고치신 사건. 셋째, 칠병이어로 사천 명을 먹이신 사건.

말의 젖꼭지는 4개인데 1개당 1000명을 먹일 수 있는 젖이 나오니 도합 4000명을 먹일 수 있는 젖이 저장 되어있다. 그리고 이 젖은 만병통치약이기도 하다.   만병 → 많은 병자

1. <u>4000명을 먹이신 기적</u>(32-39) = 칠병이어의 기적 - 막 8장
- 떡 7개와 그 생선을 가지사 축사하시고 떼어 제자들에게 주시니 제자들이 무리에게 주매 다 배불리 먹고 남은 조각을 7광주리에 차게 거두었으며 먹은 자는 여자와 어린이 외에 4천명이었더라(36-38)
- ※ 오병이어 - 벳새다 들판(푸른 잔디가 있는 풀밭, 막 6:39), 유대인을 대상, 남은 조각 12바구니
  칠병이어 - 데가볼리 광야(<u>칠데가</u> 어디 있다고), 이방인을 대상, 남은 조각 7광주리(바구니보다 큼)
  칠병이어 사건 후 예수님이 가신 지역 - <u>마가단</u>(달마누다) - 칠병이어를 먹은 후 달마가 눕다.

2. <u>많은 병자를 고치다</u>(29-31) - 갈릴리 호숫가에서 많은 병자를 고치시는 장면이 나온다.
  말의 젖꼭지가 수도꼭지(수로보니게)처럼 생겼는데 이는 유전병이다.   유전 → 장로들의 유전

3. <u>수로보니게 가나안 여인의 귀신들린 딸을 고치시다</u>(21-28) - 막 7장
- 예수께서 거기서 나가사 <u>두로와 시돈</u> 지방으로 들어가시니 가나안 여자 하나가 그 지경에서 나와서 소리 질러 이르되 주 다윗의 자손이여 나를 불쌍히 여기소서 내 딸이 흉악하게 귀신 들렸나이다 하되 예수는 한 말씀도 대답하지 아니하시니 제자들이 와서 청하여 말하되 그 여자가 우리 뒤에서 소리를 지르오니 그를 보내소서 예수께서 대답하여 이르시되 **나는 이스라엘 집의 잃어버린 양 외에는 다른 데로 보내심을 받지 아니하였노라** 하시니 여자가 와서 예수께 절하며 이르되 주여 저를 도우소서 대답하여 이르시되 자녀의 떡을 취하여 개들에게 던짐이 마땅하지 아니하니라 여자가 이르되 주여 옳소이다마는 개들도 제 주인의 상에서 떨어지는 부스러기를 먹나이다 하니~ **여자여 네 믿음이 크도다** 네 소원대로 되리라 하시니 그 때로부터 그의 딸이 나으니라(21-28)

4. <u>장로들의 유전</u>(1-20) - 막 7장
- 당신의 제자들이 어찌하여 장로들의 유전(전통)을 범하나이까 떡 먹을 때에 손을 씻지 아니하나이다 대답하여 이르시되 너희는 어찌하여 너희 유전으로 하나님의 계명을 범하느냐 하나님이 이르셨으되 네 부모를 공경하라 하시고 또 아버지나 어머니를 비방하는 자는 반드시 죽임을 당하리라 하셨거늘 너희는 이르되 누구든지 아버지에게나 어머니에게 말하기를 내가 드려 유익하게 할 것이 하나님께 드림이 되었다고 하기만 하면 그 부모를 공경할 것이 없다 하여 너희의 유전으로 하나님의 말씀을 폐하는도다 외식하는 자들아 <u>이사야</u>가 너희에 관하여 잘 예언하였도다 일렀으되 **이 백성이 입술로는 나를 공경하되 마음은 내게서 멀도다 사람의 계명으로 교훈을 삼아 가르치니 나를 헛되이 경배하는도다** 하였느니라(사 29:13) 하시고 무리를 불러 이르시되 듣고 깨달으라 입으로 들어가는 것이 사람을 더럽게 하는 것이 아니라 입에서 나오는 그것이 사람을 더럽게 하는 것이니라(2-11)
- <u>입</u>에서 나오는 것들은 <u>마음</u>에서 나오나니 이것이야말로 사람을 더럽게 하느니라(18)
- ※ 장로들의 유전 - 과거에 존경받던 랍비들이 전해준 교훈과 명령. 먹기 전에 반드시 손을 씻었다.

마태복음 16장		
배 경	말의 꼬리	
대제목	천국 열쇠	

📖 본문의 내용은 표적에 관한 교훈, 바리새인과 사두개인의 교리에 대한 경고, 베드로의 신앙 고백, 십자가 수난에 대한 예고, 진정 예수님의 제자가 되는 길 등으로 구성되었다.

말의 꼬리가 흔들릴 때마다 천국 열쇠가 반짝반짝 빛을 내고 있다. 천국 열쇠는 십자가 모양으로 생겼으며 누룽지라 써 있다.   누룽지 → 누룩,   참고로 4복음서에서 십자가 그림은 십자가를 짊어지고 가시는 주님의 수난을 예고하는 것으로 약속한다.

1. 천국 열쇠(19) - 열쇠의 기능은 잠그고 여는데 있다.
   • 내가 천국 열쇠를 네게 주리니 네가 땅에서 무엇이든지 매면 하늘에서도 매일 것이요 네가 땅에서 무엇이든지 풀면 하늘에서도 풀리리라(19) - 열쇠를 묶어두는 막대기가 1, 열쇠가 9자 모양이므로 이 요절은 19절이 된다.
2. 1차 수난예고(21-28) - 막 8장, 눅 9장 - 베드로의 신앙고백 직후에 예고하심
   • 인자가 아버지의 영광으로 그 천사들과 함께 오리니 그때에 각 사람이 행한 대로 갚으리라(27)
   • 여기 서 있는 사람 중에 죽기 전에 인자가 그 왕권을 가지고 오는 것을 볼 자들도 있느니라(28)
3. 누룩(5-12) - 삼가 바리새인들과 사두개인들의 누룩(교훈)을 주의하라(6) - 막 8장, 눅 12장
   천국열쇠가 말의 꼬리에 달려있으므로 꼬리表(물건에 달아매는 표) 역할도 한다.   표 → 표적
4. 표적을 요구하는 바리새인들(1-4) - 막 8장, 눅 11장
   • 악하고 음란한 세대가 표적을 구하나 요나의 표적밖에는 보여 줄 표적이 없느니라(4) - 요나의 표적은 요나가 3일 동안 물고기 뱃속에 있다 나왔듯이 주님도 죽은 지 3일 만에 부활하실 것을 나타낸다. 꼬리에는 '가이시소' 라고 써 있는데 가이시소 → 가이사랴 빌립보가 되며 가이시소가 나오면 가이사랴 빌립보에서의 베드로의 신앙고백과 위선·십자가·온 천하가 항상 같이 나온다.
5. 가이사랴 빌립보에서의 베드로의 신앙고백과 위선(13-23) - 막 8장, 눅 9장
   • 주는 그리스도시요 살아 계신 하나님의 아들이시니이다(16) - 베드로의 고백(16)
   • 너는 베드로라 내가 이 반석 위에 내 교회를 세우리니 음부의 권세가 이기지 못하리라(18)
   • 베드로가 예수를 붙들고 항변하여 이르되 주여 그리 마옵소서 이 일이 결코 주께 미치지 아니하리이다 예수께서 돌이키시며 베드로에게 이르시되 사탄아 내 뒤로 물러가라 너는 나를 넘어지게 하는 자로다. 네가 하나님의 일을 생각하지 아니하고 도리어 사람의 일을 생각하는도다(22-23)
   ※ 사람들이 인자를 누구라 하느냐 - 세례 요한, 엘리야, 예레미야, 선지자 중의 하나
6. 십자가(24) - 막 8장, 눅 9장
   • 누구든지 나를 따라오려거든 자기를 부인하고 자기 십자가를 지고 나를 따를 것이니라(24) - ① 부인들은 노란(24) 십자가 목걸이를 많이 하고 다닌다. ② 십자가에 누룽지(24) 라고 써 있다.
7. 온 천하(26) - 막 8장, 눅 9장
   • 누구든지 제 목숨을 구원하고자 하면 잃을 것이요 누구든지 나를 위하여 제 목숨을 잃으면 찾으리라 사람이 만일 온 천하를 얻고도 제 목숨을 잃으면 무엇이 유익하리요 사람이 무엇을 주고 제 목숨과 바꾸겠느냐(26) - 사람이 만일 온 천하를 얻고도 제 목숨을 잃으면 나빠(26)

	마태복음 17장	
배 경	말의 정강이	
대제목	변화산	

📖 예수님의 모습이 영광스럽게 변모되는 사건을 중심으로 귀신에 사로잡힌 아이를 고치고 성전세를 지불하시는 모습이 묘사되었다. 아울러 두 번째 십자가 수난이 예고 되었다.

말의 정강이에서 눈이 부실 정도의 빛이 나오고 있다(변화산).

1. <mark>변화산</mark>(1-8) - 막 9장, 눅 9장, 벧후 1장
   - 엿새 후에 예수께서 베드로와 야고보와 그 형제 요한을 데리시고 따로 높은 산에 올라가셨더니 그들 앞에서 변형되사 그 얼굴이 해 같이 빛나며 옷이 빛과 같이 희어졌더라 그 때에 모세와 엘리야가 예수로 더불어 말하는 것이 그들에게 보이거늘 베드로가 예수께 여쭈어 이르되 주여 우리가 여기 있는 것이 좋사오니 만일 주께서 원하시면 내가 여기서 초막 셋을 짓되 하나는 <u>주님</u>을 위하여, 하나는 <u>모세</u>를 위하여, 하나는 <u>엘리야</u>를 위하여 하리이다 말할 때에 홀연히 빛난 구름이 그들을 덮으며 구름 속에서 소리가 나서 이르시되 이는 내 사랑하는 아들이요 내 기뻐하는 자니 너희는 그의 말을 들으라 하시는지라 제자들이 듣고 엎드리어 심히 두려워하니 예수께서 나아와 그들에게 손을 대시며 이르시되 일어나라 두려워하지 말라 하시니 제자들이 눈을 들고 보매 오직 예수 외에는 아무도 보이지 아니하더라(1-8)

   ※ 누가복음에만 기도하러 <u>변화산</u>에 올라가셨으며 <u>기도</u>하실 때에 <u>용모(얼굴)</u>가 변화되었다고 나온다.
   - 누가 변기에 얼굴을 씻었냐? 변기 → 변화산 기도
   마가복음에서는 옷이 광채가 나는 것을 빨래에 비유한다 - 빨래 끝(끝은 막차 할 때의 막과 같다)
   마태, 마가에서는 변화산에서 일어난 사건을 함구하라고 나온다 - 망태(마태)로 입을 막아(막=마가)

   ※ 예수님이 '베드로와 야고보와 요한' 만 데리고 가신 곳 - 번게야시장
   ① **변**화산
   ② **겟**세마네 동산(마 26:37)
   ③ **야**이로의 집(막 5:37)
   ④ **시**몬의 **장**모의 집(막 1:29)

   ※ 이는 내 사랑하는 아들이요 내 기뻐하는 자니 너희는 그의 말을 들으라 이 말씀은 마태복음 3장 세례 받으실 때와 17장 변화산에서 2번 나온다.

   변화산에서 엘리야가 등장하므로 변화산 뒤에는 반드시 엘리야 이야기가 나온다.

2. <mark>세례 요한과 엘리야</mark>(9-13) - 막 9장
   - 그들이 산에서 내려올 때에 예수께서 명하여 이르시되 인자가 죽은 자 가운데서 살아나기 전에는 본 것을 아무에게도 이르지 말라 하시니 제자들이 물어 이르되 그러면 어찌하여 서기관들이 엘리야가 먼저 와야 하리라 하나이까 예수께서 대답하여 이르시되 엘리야가 과연 먼저 와서 모든 일을 회복하리라 내가 너희에게 말하노니 엘리야가 이미 왔으되 사람들이 알지 못하고 임의로 대우하였도다 인자도 이와 같이 그들에게 고난을 받으리라 하시니 그제야 제자들이 예수께서 말씀하신 것이 세례 요한인 줄을 깨달으니라(9-13)

말의 X(불○ → **불신앙**)가 겨자씨 한 알(•) 만하다. 그런데 겨자씨 한 알만한 말의 X(**불신앙**)를 간질병귀신에 사로잡힌 아이가 잡고 있으므로 '겨자씨 한 알만한 믿음 = 제자들의 불신앙 = 간질병귀신에 사로잡힌 아이'가 된다. 참고로 예수님이 변화산에서 내려오시자마자 하신 일은 간질병귀신에 사로잡힌 아이를 치료하신 사건이다.

3. <u>귀신에 사로잡힌 아이</u>(14-21) = 겨자씨 한 알만한 믿음 = 제자들의 불신앙 - 막 9장, 눅 9장
   - 그들이 무리에게 이르매 한 사람이 예수께 와서 꿇어 엎드리어 이르되 주여 내 아들을 불쌍히 여기소서 그가 <u>간질</u>로 심히 고생하여 자주 <u>불</u>에도 넘어지며 <u>물</u>에도 넘어지는지라 내가 주의 제자들에게 데리고 왔으니 능히 고치지 못하더이다 예수께서 대답하여 이르시되 믿음이 없고 패역한 세대여 내가 얼마나 너희와 함께 있으며 얼마나 너희에게 참으리요 그를 이리로 데려오라 하시니라 이에 예수께서 꾸짖으시니 귀신이 나가고 아이가 그 때부터 나으니라 이때에 제자들이 조용히 예수께 나아와 이르되 우리는 어찌하여 쫓아 내지 못하였나이까 이르시되 너희 믿음이 작은 까닭이니라 진실로 너희에게 이르노니 만일 너희에게 믿음이 겨자한 알 만큼만 있어도 이 산을 명하여 여기서 저기로 옮겨지라 하면 옮겨질 것이요 또 너희가 못 할 것이 없으리라 기도와 금식이 아니면 이런 유가 나가지 아니 하느니라(14-21)
   - ※ 마 17장이 막 9장, 눅 9장과 내용이 같아도 실제 겨자씨 한 알만한 믿음만 있으면 산을 옮길 수 있다고 말씀하신 것은 마태복음에만 나오며 마가복음, 누가복음에는 나오지 않는다. 그 이유는 겨자씨 한 알만한 믿음은 말(마태복음)을 통해서 만들었기 때문이다.

말의 X가 겨자씨 한 알(•) 만한 줄 알았는데 자세히 보니 **반**도 안되네!   반 → 반 세겔
4. <u>반 세겔</u>(24-27) = 성전세를 내시다 - 마태복음에만 나온다.
   - **가버나움**에 이르니 반 세겔 받는 자들이 베드로에게 나아와 이르되 너의 선생은 반 세겔을 내지 아니하느냐 이르되 내신다 하고 집에 들어가니 예수께서 먼저 이르시되 시몬아 네 생각은 어떠하냐 세상 임금들이 누구에게 관세와 국세를 받느냐 자기 아들에게냐 타인에게냐 베드로가 이르되 타인에게니이다 예수께서 이르시되 그렇다면 아들들은 세를 면하리라 그러나 우리가 그들이 실족하지 않게 하기 위하여 네가 바다에 가서 낚시를 던져 먼저 오르는 고기를 가져 입을 열면 돈 한 세겔을 얻을 것이니 가져다가 나와 너를 위하여 주라 하시니라(24-27) - 예수님은 성전의 주인이신 하나님의 아들이시므로 세금을 내지 않아도 되지만 타인들에게 나쁜 본 보기를 보이지 않기 위해 성전세를 내게 하신다. 예수님이 의무를 소홀히 하면 다른 사람들도 덩달아 의무를 저버리기가 아주 쉽기 때문이다.
   - ※ 반 세겔은 한 세겔을 반으로 **나눈** 것이므로 성전 납세문제는 가버**나움**에서 일어났다.

말의 정강이 부분의 십자인대가 파열되었다.   십자인대 그림이 수난예고를 나타내며 2번째 십자가 그림이므로 2차 수난예고가 된다.
5. <u>2차 수난예고</u>(22-23) - 막 9장, 눅 9장 - 변화산에서 하산한 이후 예고하심
   - 갈릴리에 모일 때에 예수께서 제자들에게 이르시되 인자가 장차 사람들의 손에 넘겨져 죽임을 당하고 제 3일에 살아나리라 하시니 제자들이 매우 근심하더라(22-23)
   - ※ 마태복음에서 '슬피 울며 이를 갈게 되리라'는 구절 6개
     ① 백부장의 하인 고치심(8장) ② 그물과 물고기(13장) ③ <u>가</u>라지(13장) ④ 왕의 혼인잔치(22장)
     ⑤ 충성된 종과 악한 종(24장) ⑥ 달란트(25장)
     (암기방법) 혼인잔치에 갔더니 달랑(달란트) 가물치(가라지, 그물과 물고기) 1마리 밖에 안주다니, 쉐프 <u>백종원</u> 이가 갈린다.

마태복음 18장	
배 경	말의 발굽
대제목	길 잃은 양

📖 겸손과 권징과 용서라는 주제하에 천국에서 큰 자에 대한 교훈, 실족하게 하는 일에 대한 경고와 죄 범한 형제에 대한 대책 및 무자비한 종에 대한 비유가 언급되었다.

말의 **쪽**에는 **길 잃은 양**이 **채인**에 **매여 용서**해 달라며 울고 있다. 아마도 양의 주인에게 뭔가 크게 잘못한 게 있나보다. 쪽 → 실족, 채인 → 채인(債人, 빛이 있는 사람=채무자) 참고로 족은 구약에서는 족보로 약속하나 신약에서는 실족으로 약속한다.

1. 실족(6-10) - 막 9장, 눅 17장
   • 누구든지 나를 믿는 이 작은 자(어린 아이같이 미미한자) 중 하나를 실족하게 하면 차라리 연자 맷돌이 그 목에 달려서 깊은 바다에 빠뜨려지는 것이 나으니라 실족하게 하는 일들이 있음으로 말미암아 세상에 화가 있도다 실족하게 하는 일이 없을 수는 없으나 실족하게 하는 그 사람에게는 화가 있도다 만일 네 손이나 네 발이 너를 범죄하게 하거든 찍어 내버리라 장애인이나 다리 저는 자로 영생에 들어가는 것이 두 손과 두 발을 가지고 영원한 불에 던져지는 것보다 나으니라 만일 네 눈이 너를 범죄하게 하거든 빼어 내버리라 한 눈으로 영생에 들어가는 것이 두 눈을 가지고 지옥 불에 던져지는 것보다 나으니라 삼가 이 작은 자 중에 하나도 업신여기지 말라 너희에게 말하노니 그들의 천사들이 하늘에서 하늘에 계신 내 아버지의 얼굴을 항상 뵈옵느니라(6-10)
   ※ 실족에 관한 말씀은 천국에서 큰 자(누가 크냐)에 관해 교훈 하실 때 말씀하셨다. 어린 아이와 같이 자기를 낮추는 사람이 천국에서 큰 자라고 말씀하셨으므로 천국에서 큰 자와 관련한 교훈은 어린 아이와 관계가 있다는 것을 꼭 기억하자(실족에 관한 말씀도 어린 아이와 관계가 있다).

2. 잃은 양의 비유(12-14) - 눅 15장
   • 만일 어떤 사람이 양 백 마리가 있는데 그 중의 하나가 길을 잃었으면 그 아흔아홉 마리를 산에 두고 가서 길 잃은 양을 찾지 않겠느냐 진실로 너희에게 이르노니 만일 찾으면 길을 잃지 아니한 아흔아홉 마리보다 이것을 더 기뻐하리라 이와 같이 이 작은 자 중의 하나라도 잃는 것은 하늘에 계신 너희 아버지의 뜻이 아니니라(12-14)

   채인(債人, 빛이 있는 사람 = 채무자)과 용서를 짝지어 준다.

3. 용서할 줄 모르는 채무자(23-35) - 만 달란트 빚진 자와 100 데나리온 빚진 자의 비유
   • 그러므로 천국은 그 종들과 결산하려 하던 어떤 임금과 같으니 결산할 때에 만 달란트 빚진 자 하나를 데려오매 갚을 것이 없는지라 주인이 명하여 그 몸과 아내와 자식들과 모든 소유를 다 팔아 갚게 하라 하니 그 종이 엎드려 절하며 이르되 내게 참으소서 다 갚으리이다 하거늘 그 종의 주인 이 불쌍히 여겨 놓아 보내며 그 빚을 탕감하여 주었더니 그 종이 나가서 자기에게 백 데나리온 빚진 동료 한 사람을 만나 붙들어 목을 잡고 이르되 빚을 갚으라 하매 그 동료가 엎드려 간구하여 이르되 나에게 참아 주소서 갚으리이다 하되 허락하지 아니하고 이에 가서 그가 빚을 갚도록 옥에 가두거늘 그 동료들이 그것을 보고 몹시 딱하게 여겨 주인에게 가서 그 일을 다 알리니 이

에 주인이 그를 불러다가 말하되 악한 종아 네가 빌기에 내가 네 빚을 전부 탕감하여 주었거늘 내가 너를 불쌍히 여김과 같이 너도 네 동료를 불쌍히 여김이 마땅하지 아니하냐 하고 주인이 노하여 그 빚을 다 갚도록 그를 옥졸들에게 넘기니라 너희가 각각 <u>마음</u>으로부터 형제를 <u>용서</u>하지 아니하면 나의 하늘 아버지께서도 너희에게 이와 같이 하시리라(23-35)

※ 1 달란트 = 6000 데나리온, 만 달란트 = 6천만 데나리온(100 데나리온의 60만 배)

4. 진실로 너희에게 이르노니 무엇이든지 너희가 땅에서 **매면** 하늘에서도 매일 것이요 무엇이든지 땅에서 풀면 하늘에서도 풀리리라(18)

5. <mark>용서</mark>(21-22) - 눅 17장
   - 그 때에 베드로가 나아와 이르되 주여 형제가 내게 죄를 범하면 몇 번이나 용서하여 주리이까 일곱 번까지 하오리이까 예수께서 이르시되 네게 이르노니 일곱 번뿐 아니라 일곱 번을 일흔 번까지라도 할지니라(21-22)
   ※ 눈물을 흘리고 있는 것을 잘 이용할 것.   눈물이 애처로워 7번씩 70번이라도 용서하겠다.

   말의 족이 나비 모양이며 두세 쪽으로 갈라져있다.   나비 → 접(蝶, 나비 접) → 영접
   따라서 나비는 영접으로 약속한다.   두세 쪽 → 두세 사람,   갈라져있다 ↔ 모여 있다

6. <mark>영접</mark>(5) - 마 10장, 막 9장, 눅 9장
   - 누구든지 내 이름으로 이런 어린 아이 하나를 영접하면 곧 나를 영접함이니(5) - 어린 양이 나오므로 영접과 어린 아이를 연결한다.

7. 두세 사람이 내 이름으로 모인 곳에는 나도 그들 중에 있느니라(20) - 두세 사람 또는 그 이상이 모인 곳 = 노총(20),   노총 - 노동조합의 총연합

   말의 족이 두세 쪽으로 갈라져있다.   두세 쪽 → 두세 증인

8. <mark>형제가 죄를 범하거든</mark>(15-20)
   - 네 형제가 죄를 범하거든 가서 너와 그 사람과만 상대하여 권고하라 만일 들으면 네가 네 형제를 얻은 것이요 만일 듣지 않거든 한두 사람을 데리고 가서 <u>두세 증인</u>의 입으로 말마다 확증하게 하라 만일 그 말도 듣지 않거든 **교회**에 말하고 **교회**의 말도 듣지 않거든 이방인과 세리와 같이 여기라(15-17)
   ※ 형제가 죄를 범하였을 때 대처하는 순서 - 1:1, 두세 증인, 교회, 이방인과 세리와 같이 여김

   말과 양중 누가 크냐.

9. <mark>누가 크냐</mark>(1-5) = <mark>가</mark>버나움 논쟁 - 막 9장, 눅 9장, 눅 22장(가버나움×, 예루살렘)
   - 그 때에 제자들이 예수께 나아와 이르되 천국에서는 누가 크니이까 예수께서 한 <u>어린 아이</u>를 불러 그들 가운데 세우시고 이르시되 진실로 너희에게 이르노니 너희가 돌이켜 <u>어린 아이</u>들과 같이 되지 아니하면 결단코 천국에 들어가지 못하리라(1-3)
   - 그러므로 누구든지 이 <u>어린 아이</u>와 같이 자기를 낮추는 사람이 천국에서 **큰 자**니라(4) - 천국에는 엄청나게 큰 자가 있는데 4자 모양이다. 따라서 천국에서 큰 자가 나오는 이 구절은 4절이 된다. 어린 아이가 4자 모양의 큰 자에 걸터앉아 있다고 생각하자.
   ※ 소제목 '누가 크냐'에서 중심되는 단어가 각 복음서마다 다른데 여기서는 어린 아이가 중심단어가 된다. 그 이유는 그림에 <u>어린 양</u>이 나오기 때문이다.

마태복음 19장	
배 경	마차의 오른쪽 대
대제목	어린아이에게 안수하시다

📖 갈릴리를 떠나 유대 지방에서 사역하시는 예수님의 모습이 그려져 있다. 예수님은 이혼에 관한 바리새인들의 질문과 부자 청년의 질문을 받고 잘못된 개념들을 바로잡아 주신다.

✱ 마 19-20장은 **베레아 전도**가 된다. 베다니의 나사로를 살리신 후 3개월간 베레아에 가셨다가 다시 베다니에 들어오신다. 이때에 향유 사건이 일어났으며 그 다음날(주일) 고난을 받으시기 위해 예루살렘에 입성하신다. 마 19장+20장 = 막 10장과 내용이 같다.
마차의 오른쪽 대에는 어린 아이가 장난스럽게 올라 앉아있다. 머리를 쓰다듬어 주고 싶다.

1. 어린 아이에게 안수하시다(13-15) - 막 10장, 눅 18장
   • 어린 아이들을 용납하고 내게 오는 것을 금하지 말라 천국이 이런 자의 것이니라(14)
   어린 아이가 **선** 하나를 입에 물고 있다.

2. 어찌하여 선한 일을 내게 묻느냐 선한 이는 오직 한분이시니라(17)
   어린 아이의 목의 카라(그림 참조) → **영**이 **세**게 → 영생

3. 영생(16-26) = 부자 청년의 질문 - 막 10장, 눅 18장
   • 어떤 사람이 주께 와서 이르되 선생님이여 내가 무슨 선한 일을 하여야 영생을 얻으리이까(16)
   이 어린 아이는 곱추다.　곱추 → 낙타

4. 낙타(24) - 막 10장, 눅 18장　※ 2, 3, 4번은 서로 연결되어 있다.
   • 낙타가 바늘귀로 들어가는 것이 부자가 하나님의 나라에 들어가는 것보다 쉬우니라(24)
   • 사람으로는 할 수 없으나 하나님으로서는 다 하실 수 있느니라(26)
   어린 아이가 100점 맞은 것을 자랑하려고 옷에 100 이라고 써 놓았다.

5. 100배의 상(27-30) - 막 10장, 눅 18장 - 내용은 누가복음 18장에 써 놓았다.
   어린 아이가 깍지를 끼고 있다. 참고로 깍지를 어떻게 끼느냐에 따라서 먼저-나중, 나중-먼저가 된다. 예를 들어 오른손 엄지를 왼손엄지에 올려놓고 깍지 끼다가 왼손 엄지를 오른손 엄지위에 놓고 깍지를 끼게 되면 오른손 엄지는 위에 있다가 아래로 내려갔으므로 먼저-나중이 되며 왼손 엄지는 아래에 있다가 위로 올라갔으므로 나중-먼저가 된다.

6. 먼저-나중, 나중-먼저(30) - 막 10장, 눅 13장
   • 그러나 먼저 된 자로서 나중 되고 나중 된 자로서 먼저 될 자가 많으니라(30)
   어린 아이가 다리를 오므리고 앉아 있는 것은 고자인 것을 감추기 위해서다.

7. 고자(10-12) - 어머니의 태로부터 된 고자도 있고 사람이 만든 고자도 있고 천국을 위하여 스스로 된 고자도 있도다 이 말을 받을만한 자는 받을지어다(12)
   어린 아이의 부모는 이혼했다. 그래서 혼자 있는 것이다.

8. 이혼(1-12) - 막 10장　※ 모세의 이혼 증서 - 신 24장
   • 아내에게 합하여 그 둘이 한 몸이 될지니라(5) - 창 2, 막 10, 고전 6(몸이 나오므로), 엡 5
   • 모세가 너희 마음의 완악함 때문에 아내 버림을 허락하였거니와 본래는 그렇지 아니하니라(8)

마태복음 20장		
배 경	마부가 앉을 의자	
대제목	섬기는 자	

📖 본문에는 예수님이 행하신 비유와 예언과 교훈과 이적이 나타나 있다. 곧 포도원 품꾼 비유, 십자가 수난 예언, 섬김의 도에 관한 교훈 그리고 여리고의 두 맹인을 고치신 이적.
마차의 중앙에는 '섬기는 자'가 앉아야 할 마부의 의자가 있고 의자 위에는 포도넝쿨(포도원의 품꾼들)이 자라고 있다. 참고로 4 복음서에서 의자는 '섬기는 자'로 약속한다.

1. 섬기는 자(20-28) - 막 10장
   • 인자가 온 것은 섬김을 받으려 함이 아니라 도리어 섬기려 하고 자기 목숨을 많은 사람의 대속물로 주려 함이니라(28) - 섬기는 자 = 노예(28)이므로 섬기는 자가 나오는 이 요절은 28절이 된다.
   ※ 신약에서 예수님이 대속물이 되셨다고 나오는 곳 - 마 20장, 막 10장, 딤전 2장

2. 포도원의 품꾼들(1-16) - 품꾼들을 모집한 시간대는 3시, 6시, 9시, 11시
   • 천국은 마치 품꾼을 얻어 포도원에 들여보내려고 이른 아침에 나간 집주인과 같으니 그가 하루 한 데나리온씩 품꾼들과 약속하여 포도원에 들여보내고 또 제 삼시에 나가 보니~ 너희도 포도원에 들어가라 내가 너희에게 상당하게 주리라 하니 그들이 가고~ 제 십일시에도 나가 보니~ 너희도 포도원에 들어가라 하니라 저물매 포도원 주인이 청지기에게 이르되 품꾼들을 불러 나중 온 자로부터 시작하여 먼저 온 자까지 삯을 주라 하니 제 십일시에 온 자들이 와서 한 데나리온씩을 받거늘 먼저온 자들이 와서 더 받을 줄 알았더니 그들도 한 데나리온 씩 받은지라 받은 후 집 주인을 원망하여 이르되 나중 온 이 사람들은 한 시간밖에 일하지 아니하였거늘 그들을 종일 수고하며 더위를 견딘 우리와 같게 하였나이다 주인이 그 중의 한 사람에게 대답하여 이르되 친구여 내가 네게 잘못한 것이 없노라 네가 나와 한 데나리온의 약속을 하지 아니하였느냐 네 것이나 가지고 가라 나중 온이 사람에게 너와 같이 주는 것이 내 뜻이니라 내 것을 가지고 내 뜻대로 할 것이 아니냐 내가 선하므로 네가 악하게 보느냐 이와 같이 **나중 된 자로서 먼저 되고 먼저 된 자로서 나중 되리라**(1-16)
   마부의 의자는 조금 넉넉해서 좌측에 1명, 우측에 1명씩 더 앉을 공간이 있다.

3. 야고보와 요한의 어머니의 요구(20-28) = 섬김의 도에 관한 교훈 - 막 10장
   • 세베대의 아들의 어미가 그 아들들(야고보와 요한)을 데리고 예수께 와서 절하며~ 이르되 나의 이 두 아들을 주의 나라에서 하나는 주의 우편에, 하나는 주의 좌편에 앉게 명하소서(20-21)
   • 너희 중에 누구든지 크고자 하는 자는 너희를 섬기는 자가 되고 너희 중에 누구든지 으뜸이 되고자 하는 자는 너희의 종이 되어야 하리라(26-27) - 뜸들이고 말하다 예수님께 한소리 듣고 쫑 됐다.
   세 번째 십자가 그림

4. 3차 수난예고(17-19) - 막 10장, 눅 18장 - 예루살렘으로 올라가는 길에서 말씀하심.
   ●● 2개의 의자 바퀴, 바퀴가 맹인들이 쓰는 안경처럼 까마므로 안경 2개는 맹인 2명을 나타내며 이 의자를 여리고 여린 사람들만 앉는 의자라 하여 여리고 의자라 부른다.

5. 여리고의 두 맹인을 고치시다(29-34) - 막 10장, 눅 18장
   ※ 맹인들의 공통점 - 예수님을 다윗의 자손이라 부름.

마태복음 21장		
배 경	마차의 왼쪽 대	
대제목	쫓겨나는 상인	

📖 예루살렘 입성과 함께 시작되는 고난주간의 처음 3일(일, 월, 화)에 관한 내용이다.

＊ 마태복음 21-25장(예루살렘 입성부터 최후의 만찬 전장까지)은 고난주간의 처음 3일(일, 월, 화)을 다루고 있는데 예수님이 예루살렘에 입성하신 날은 고난주간의 첫날인 주일이고 저주받은 무화과나무와 성전정화가 월요일, 그 나머지는 다 화요일이다.

＊ 마지막 한 주간 순서 외우는 방법 : 예루살렘 입성(주일)하신 후 그 다음날 시장하셔서 무화과나무의 열매를 드시려 하셨으나 열매가 없자 화가 나서 무화과나무를 저주하시고(월) 곧바로 그 화풀이로 성전에서 매매하는 상인들을 쫓아내셨다(월). '곧바로'가 저주받은 무화과나무와 성전에서 쫓겨나는 상인들(성전정화)이 같은 날에 이루어졌다는 것을 말해준다.

마차의 왼쪽 장대에는 상인이 편승하고 있다가 쫓겨나고 있다.

1. 성전에서 쫓겨나는 상인들(12-17) = 성전정화(두 번째, 첫 번째는 요 2장) - 고난주간(월요일)
   - 막 11장, 눅 19장, 요 2장
   • 내 집은 기도(13)하는 집이라 일컬음을 받으리라 하였거늘 너희는 강도의 소굴을 만드는도다(13)
   ※ 성전정화 때 예수님이 쫓아 낸 3부류의 사람 - 매매하는 사람, 돈 바꾸는 사람, 비둘기파는 사람
   상인의 발에는 두 아들이 아버지처럼 매달려있는데 아이러니하게도 두 아들은 성전환자이다.

2. 두 아들의 비유(28-32) - 어떤 사람에게 두 아들이 있는데 맏아들에게 가서 이르되 얘 오늘 포도원에 가서 일하라 하니 대답하여 이르되 아버지 가겠나이다 하더니 가지 아니하고 둘째 아들에게 가서 또 그와 같이 말하니 대답하여 이르되 싫소이다 하였다가 그 후에 뉘우치고 갔으니 그 둘 중의 누가 아버지의 뜻대로 하였느냐 이르되 둘째 아들이니이다 예수께서 그들에게 이르시되 내가 진실로 너희에게 이르노니 세리들과 창녀들이 너희보다 먼저 하나님의 나라에 들어가리라 요한이 의의 도로 너희(맏아들)에게 왔거늘 너희는 그를 믿지 아니하였으되 세리와 창녀(둘째 아들)는 믿었으며 너희는 이것을 보고도 끝내 뉘우쳐 믿지 아니하였도다(28-31)

3. 성전에서 환자(병자)들을 고치시다(14) - 맹인과 저는 자들을 고쳤으며 마태복음에만 나온다.
   쓰고 있는 모자를 보고 두 아들이 농부임을 알 수 있으며 아버지를 닮아 악하다.

4. 악한 농부의 비유(33-46) - 막 12장, 눅 20장
   • 한 집 주인이 포도원을 만들어 산울타리로 두르고 거기에 즙 짜는 틀을 만들고 망대를 짓고 농부들에게 세로 주고 타국에 갔더니 열매 거둘 때가 가까우매 그 열매를 받으려고 자기 종들을 농부들에게 보내니 농부들이 종들을 잡아 하나는 심히 때리고 하나는 죽이고 하나는 돌로 쳤거늘 다시 다른 종들을 처음보다 많이 보내니 그들에게도 그렇게 하였는지라 후에 자기 아들을 보내며 이르되 그들이 내 아들들은 존대하리라 하였더니 농부들이 그 아들을 보고 서로 말하되 이는 상속자니 자 죽이고 그의 유산을 차지하자 하고 이에 잡아 포도원 밖에 내쫓아 죽였느니라 그러면 포도원 주인이 올 때에 그 농부들을 어떻게 하겠느냐 그들이 말하되 그 악한 자들을 진멸하고 포

도원은 제때에 열매를 바칠만한 <u>다른 농부</u>들에게 세로 줄지니이다~ 그러므로 내가 너희에게 이르
노니 **하나님의 나라를 너희는 빼앗기고 그 나라의 열매 맺는 백성이 받으리라**(33-43)

상인이 **머리**에 **돌** 모자를 쓰고 있다.

5. <mark>머릿돌</mark>(42-46) - 막 12장, 눅 20장
    - 건축자들이 버린 돌이 모퉁이의 <u>머릿돌</u>이 되었나니(42, 시 118:22)
    - 이 돌 위에 떨어지는 자는 깨지겠고 이 돌이 사람 위에 떨어지면 그를 가루로 만들어 흩으리라(44)
    ※ 마 21장 상인만 돌 모자(막 12장, 눅 20장에 돌이 나오므로 막 11장, 눅 19장 상인은 돌 모자 아님)

＊ 성경 자세히 이해하기 - 모퉁이의 머릿돌

모퉁이돌이란 2개의 벽이 직각으로 마주치는 곳에 놓여서 그 벽을 지탱해주는 돌을 말하며 모퉁이의
머릿돌은 모퉁이돌들 중 기초석이 되는 큰 돌들 중 하나를 가리킨다. 이 표현은 이방나라들로부터 멸
시받으며 버려진 돌같이 취급받던 이스라엘이 하나님의 은혜로 머릿돌과 같은 영광을 얻게 된다는
것을 말하며 나아가 유대인과 이방인을 연결시켜 교회를 이루는 모퉁이돌이 되신 예수님을 예표한다.

손에는 저주받은 무화과나무가지와 종려나무가지가 들려 있으며
두 나뭇가지는 항상 같이 나온다. 참고로 나귀새끼 타고 입성하실
때 군중들이 종려나무가지를 흔들며 주님을 맞이했기 때문에 종려
나무가지 = 나귀새끼 타고 예루살렘에 입성하시는 예수님과 같다.

무화과나무잎과 종려나무잎

6. <mark>저주받은 무화과나무</mark>(18-22) = 기도에 대한 교훈 - 고난주간(월요일) - 막 11장
    - 이른 아침에 성으로 들어오실 때에 시장하신지라 길 가에서 한 무화과나무를 보시고 그리로 가사
      잎사귀 밖에 아무 것도 찾지 못하시고 나무에게 이르시되 이제부터 영원토록 네가 <u>열매</u>가 맺지
      못하리라 하시니 무화과나무가 곧 마른 지라~ 내가 진실로 너희에게 이르노니 만일 너희가 믿음
      이 있고 의심하지 아니하면 이 무화과나무에게 된 이런 일만 할 뿐 아니라 이 산더러 들려 바다
      에 던져지라 하여도 될 것이요(18-21)
    - 너희가 기도할 때에 무엇이든지 믿고 구하는 것은 다 받으리라 하시니라(22) - 위의 말씀처럼 믿
      고 구했는데도 다 받지 못했다고 툴툴(22) 거리는 성도들이 꼭 있다.
      (암기방법) 열매가 각각 ?(무엇이든지), ♪(믿고 - <u>음</u>표는 믿<u>음</u>으로 약속한다), 9(구하는 것은) 모
      양이며 무화과 나뭇잎은 손처럼 생겼고 두개를 합쳐 놓으면 마치 기도하는 손 같다.
    ※ 무화과나무의 저주 - 당시의 생명 없는 종교, 성전정화 - 하나님을 배제한 종교시설의 무익함

7. <mark>나귀 새끼를 타고 예루살렘에 입성하시는 예수님</mark>(1-11) = 종려나무가지 - 고난주간의 시
    작(주일) - 막 11장, 눅 19장, 요 12장
    ※ 예수님은 고난주간 동안 베다니에서 머무셨으며 베다니와 감람산 벳바게 사
    이에서 제자들에게 나귀새끼를 끌고 오라고 말씀하셨다. 제자들은 벳바게에
    서 나귀새끼를 끌고 왔으며 예수님은 벳바게에서 예루살렘으로 입성하셨다.
    무화과나무가 저주를 받은 것은 예수님의 권세로 그렇게 된 것이다.

저주받은 무화과나무

8. <mark>예수님의 권세</mark>(23-27) - 막 11장, 눅 20장
    - 예수께서 성전에 들어가 가르치실새 대제사장들과 백성의 장로들이 나아와 이르되 네가 무슨 권
      위로 이런 일을 하느냐~ 너희가 대답하면 나도 무슨 권위로 이런 일을 하는지 이르리라 요한의
      세례가 어디로부터 왔느냐 하늘로부터냐 사람으로부터냐 그들이 서로 의논하여 이르되 만일 <u>하늘</u>
      로부터라 하면 어찌하여 그를 믿지 아니하였느냐 할 것이요 만일 <u>사람</u>으로부터라 하면 모든 사람
      이 요한을 선지자로 여기니 백성이 무섭다 하여 예수께 대답하여 이르되 우리가 알지 못하노라 하
      니 예수께서 이르시되 나도 무슨 권세로 이런 일을 하는지 너희에게 이르지 아니하리라(23-27)
    ※ 무슨 권세로 이런 일을 하느냐고 말한 사람 - **대**제사장과 **장**로들(**마대장**의 권세로 이런 일을 한
      다) - 마가복음과 누가복음에는 서기관이 추가된다.

마태복음 22장		
배　경	마차의 지붕	
대제목	큰 계명	

📖　고난 주간의 셋째 날에 일어난 사건으로 곧 혼인 잔치의 비유, 납세와 부활에 관한 종교지
　　도자의 질문, 그리고 가장 큰 계명과 그리스도의 자손에 관한 교훈 등이 소개되었다.
　　마차의 지붕에 '큰 계명 : 왕의 혼인잔치' 라고 써 있다. 그런데 이 왕은 가이사이며 가이
　　사는 뱀대가리(사두)처럼 생겼다. 또한 혼인잔치의 하객은 다윗의 자손들이다.

1.　큰 계명(34-40) - 막 12장
　• 첫째 - 네 마음을 다하고 목숨을 다하고 뜻을 다하여 주 너의 하나님을 사랑하라(37, 신 6:5)
　• 둘째 - 네 이웃을 네 자신 같이 사랑하라(39, 레 19장, 롬 13장, 갈 5장, 약 2장)
　• 이 두 계명이 온 율법과 선지자의 강령이니라(40)　　※ 큰 계명에 대해서 물어 본 자 - 율법사

2.　왕의 혼인잔치(1-14) - 눅 14장
　• 천국은 마치 자기 아들을 위하여 혼인 잔치를 베푼 어떤 임금과 같으니 그 종들을 보내어 그 청한
　　사람들을 혼인 잔치에 오라 하였더니~ 한 사람은 자기 밭으로, 한 사람은 자기 사업하러 가고 그
　　남은 자들은 종들을 잡아 모욕하고 죽이니 임금이 노하여~ 그 살인한 자들을 진멸하고~ 이에 종들
　　에게 이르되~ 사람을 만나는 대로 혼인 잔치에 청하여 오라 한 대~ 임금이 손님들을 보러 들어 올
　　새 거기서 예복을 입지 않은 한 사람을 보고~ 어찌하여 예복을 입지 않고 여기 들어왔느냐 하니 그
　　가 아무 말도 못하거늘 임금이 사환들에게 말하되 그 손발을 묶어 바깥 어두운 데에 내던지라 거기
　　서 슬피 울며 이를 갈게 되리라 하니라 청함을 받은 자는 많되 택함을 입은 자는 적으니라(2-14)

3.　가이사(15-22) = 납세 문제에 관한 질문과 답변 - 막 12장, 눅 20장
　• 가이사의 것은 가이사에게 하나님의 것은 하나님께 바치라 하시니(21) - 위에 있는 권세도 하나님
　　이 주신 것이기 때문에 하나님과 국가에 대해 갖는 의무와 책임을 마땅히 다해야 한다는 것을 의미.
　※ 가이사의 세금 문제로 질문한 자 - 바리새인과 헤롯당원 - 돈(세금)을 좋아하는 자들은 바리새인
　　이며(눅 16:14) 헤롯당원은 헤롯왕조의 추종자들이므로 가이사가 나오는 곳에 헤롯당원이 나온다.

4.　사두개인(23-33) = 부활에 관한 논쟁 - 막 12장, 눅 20장
　• 부활이 없다 하는 사두개인들이 그 날에 예수께 와서 물어 이르되(23)
　• 계대법(후사 없이 죽은 자의 대를 잇기 위해 동생이 형수를 취함)으로 예수님을 시험함(24-27)
　• 그런즉 그들이 다 그를 취하였으니 부활 때에 일곱 중의 누구의 아내가 되리이까(28)
　• 예수께서 대답하여 이르시되 너희가 성경도, 하나님의 능력도 알지 못하는 고로 오해 하였도다 부
　　활 때에는 장가도 아니 가고 시집도 아니 가고 하늘에 있는 천사들과 같으니라(29-30)
　• 나는 아브라함의 하나님이요 이삭의 하나님이요 야곱의 하나님이로라(출 3:6) 하신 것을 읽어 보지
　　못하였느냐 하나님은 죽은 자의 하나님이 아니요 살아 있는 자의 하나님이시니라(32) - 아브라함과
　　이삭과 야곱은 과거에 죽은 사람들인데 아브라함과 이삭과 야곱의 하나님이라고 하신 것은 그들이
　　죽지 않고 살아 있음을 말해주며 이 말씀을 인용하신 것은 사두개인들에게 부활이 있음을 말해주려
　　하심이다 - 불타는 떨기나무(출 3:6) 주위를 아브라함과 이삭과 야곱이 춤을 추며 빙글빙글 돌고 있다.

5.　다윗의 자손(41-46) - 막 12장, 눅 20장

마태복음 23장	
배경	마차의 창문
대제목	위선자

📖 유대 종교 지도자들의 음모에 맞서 예수님도 종교 지도자들의 위선에 대해 엄히 책망하시는 모습이다. 예수님은 그들에 대해 7가지 화(2. 3. 4. 5. 6. 7번-6번은 2개)를 선포하신다. 마차에는 눈을 지그시 감고 목에 힘을 주고 있는 위선자(이들은 지도자들이다)가 앉아 있다. 참고로 위선은 이삼(23)과 발음이 비슷하므로 위선자는 23장에 나온다.

1. 위선자(1-36) = 서기관들과 바리새인들의 위선을 책망하시다 - 눅 11장
   • 서기관들과 바리새인들이 모세의 자리에 앉았으니 그러므로 무엇이든지 그들이 말하는 바는 행하고 지키되 그들이 하는 행위는 본받지 말라 그들은 말만 하고 행하지 아니하며~ 잔치의 윗자리와 회당의 높은 자리와 시장에서 문안 받는 것과 사람에게 랍비라 칭함을 받는 것을 좋아하느니라 그러나 너희는 랍비라 칭함을 받지 말라 너희 선생은 하나요 너희는 다 형제니라 땅에 있는 자를 아버지라 하지 말라 너희의 아버지는 한 분이시니 곧 하늘에 계신이시니라 또한 지도자라 칭함을 받지 말라 너희의 지도자는 한 분이시니 곧 그리스도시니라 너희 중에 큰 자는 너희를 섬기는 자가 되어야 하리라(2-11)
   위선자와 관련된 소제목 7개를 알아보자. 위선자들아 **천·지**로 **맹세**하니 **10일·안**에 **선지자의 흘린 피·꼭**(꼬꼬댁, 암닭) 갚겠다 - 위선자들이 선지자의 피를 흘렸다고 생각하자.

2. 천국(13) - 화 있을진저 외식하는 서기관들과 바리새인들이여 너희는 천국 문을 사람들 앞에서 닫고 너희도 들어가지 않고 들어가려 하는 자도 들어가지 못하게 하는도다(13)

3. 지옥(15) - 화 있을진저 외식하는 서기관들과 바리새인들이여 너희는 교인 한 사람을 얻기 위하여 바다와 육지를 두루 다니다가 생기면 너희보다 배나 더 지옥 자식이 되게 하는도다(15)

4. 맹세(16-22) - 누구든지 성전(제단)으로 맹세하면 아무 일 없거니와 성전의 금(그 위에 있는 예물)으로 맹세하면 지킬지라 하는도다~ 어느 것이 크냐 그 금(예물)이냐 금을 거룩하게 하는 성전(제단)이냐

5. 10일조(23-24) - 너희가 박하와 회향과 근채의 10일조를 드리되 율법의 더 중한 바 의(정의)와 인(긍휼)과 신(믿음)을 버렸도다 그러나 이것도 행하고 저것도 버리지 말아야 할지니라(23)
   • 맹인 된 인도자여 하루살이는 걸러 내고 낙타는 삼키는도다(24)

6. 안과 밖(25-28) - ① 잔과 대접의 겉은 깨끗이 하되 그 안에는 탐욕과 방탕으로 가득하도다 ② 회칠한 무덤 같으니 겉으로는 아름답게 보이나 그 안에는 죽은 사람의 뼈와 모든 더러운 것이 가득하도다

7. 선지자의 흘린 피(29-36) - 뱀들아 독사의 새끼들아 너희가 어떻게 지옥의 판결을 피하겠느냐(33) - 마 3:7에도 비슷한 요절이 나오나 지옥이라는 말이 나오므로 이 요절은 마 23장이 된다.
   • 의인 아벨의 피로부터~ 사가랴의 피까지 땅위에서 흘린 의로운 피가 다 너희에게 돌아가리라(35)

8. 암닭(37-39) = 예루살렘에 대한 탄식 - 눅 13장
   • 예루살렘아 예루살렘아 선지자들을 죽이고 네게 파송된 자들을 돌로 치는 자여 암닭이 그 새끼를 날개 아래에 모음같이 내가 네 자녀를 모으려 한 일이 몇 번이더냐 그러나 너희가 원하지 아니하였도다(37)
   숨은 그림 찾기 - 시이소(남자의 목), 참고로 시이소는 높아졌다 낮아졌다 하는 기구이다.

9. 누구든지 자기를 높이는 자는 낮아지고 누구든지 자기를 낮추는 자는 높아지리라(12) - 높아졌다 낮아졌다 하는 것은 시이소며 시이소의 발음이 십이소와 비슷하므로 이 구절은 12절이 된다.

	마태복음 24장	
배 경	마차의 후면	
대제목	그 날과 그 때	

📖 본문은 세상 종말에 관한 내용이다. 예수님은 예루살렘 성전의 파괴를 예언하면서 세상 끝날의 종말적 사건들과 표징들과 환난을 경고한 후에 깨어 준비할 것을 훈계하신다.

마차의 후면에는 그 날과 그 때를 알리는 시계가 걸려있는데 시계는 24시로 돼 있으므로 시계는 24장에 나온다. 참고로 마 24-25장을 '감람산 강화(종말에 대해 가르침)' 라고 한다.

1. 그 날과 그 때(36-44) - 막 13장
   • 그 날과 그 때는 아무도 모르나니 하늘의 천사들도, 아들도 모르고 오직 아버지만 아시느니라(36)
   • 노아의 때와 같이 인자의 임함도 그러하리라(37)
   시계가 7시를 가리키므로 7년 대환난이 된다.

2. 대환난(15-28) - 막 13장, 눅 21장
   • 선지자 다니엘이 말한바 멸망의 가증한 것이 거룩한 곳에 선 것을 보거든~ 산으로 도망할지어다(15)
   대환난이 오면 ① 성전이 파괴되고 ② 제자들이 핍박받으며 ③ 심판하시러 예수님께서 재림하신다. 이 3개는 항상 같이 나온다.

3. 성전파괴(1-2) - 막 13장, 눅 19장, 눅 21장

4. 제자들의 핍박(9-14) - 마 10장, 막 13장, 눅 21장

5. 예수님의 재림(29-31) - 막 13장, 눅 21장
   시계가 시간이 되면 **징 징 징** 하고 울린다.   징 → 징조

6. 대환난의 징조(3-14) - 막 13장, 눅 21장   ※ 대환난의 징조에 대해 물어본 장소 - 감람산
   ※ 대환난의 징조 - 미그기, 거사끝, 나미난민 - 미혹 받지 않도록 주의, 나는 그리스도라 하여 미혹, 긔근과 지진, 거짓선지자가 많은 사람을 미혹, 불법이 성하므로 사랑이 식어지리라(마태에만 나옴), 끝까지 견디는 자는 구원, 나라가 나라를, 내 이름 때문에 미움을 받음, 난리와 난리, 민족이 민족을
   시계의 재질은 무화과나무로 만들었으며 종이 달려있다.   종 → 충성된 종과 악한 종

7. 무화과나무의 비유(32-35) = 재림의 날과 때에 관한 비유 - 막 13장, 눅 21장
   • 무화과나무의 비유를 배우라 그 가지고 연하여지고 잎사귀를 내면 여름이 가까운 줄을 아나니 이와 같이 너희도 이 모든 일을 보거든 인자가 가까이 곧 문 앞에 이른 줄 알라(32-33)
   • 천지는 없어질지언정 내 말은 없어지지 아니하리라(35)
   ※ 눅 13장 열매 맺지 못하는 무화과나무의 비유(하나님의 오래 참으심을 나타냄)와 다르다.

8. 충성된 종과 악한 종(45-51) = 재림의 날과 때에 관한 비유 - 눅 12장
   • 충성되고 지혜 있는 종이 되어 주인에게 그 집 사람들을 맡아 때를 따라 양식을 나눠줄 자가 누구냐 **주인이 올 때에** 그 종의 이렇게 하는 것을 보면 그 종이 복이 있으리로다~ 주인이 그의 모든 소유를 그에게 맡기리라 만일 그 악한 종이 마음에 생각하기를 주인이 더디 오리라 하여 동료들을 때리며 술친구들과 더불어 먹고 마시게 되면 **생각하지 않은 날 알지 못하는 시각에** 그 종의 주인이 이르러 엄히 때리고 외식하는 자가 받는 벌에 처하리니 거기서 슬피 울며 이를 갈리라(45-51)

마태복음 25장		
배 경	마차바퀴 둘레	
대제목	10처녀	

📖 종말과 재림에 관한 내용으로 3가지 비유 곧 처녀 비유, 달란트 비유, 양과 염소의 비유를 통해 말세를 살아가는 성도들에게 올바른 신앙자세를 가르쳐 주고 있다.

열 처녀가 청팀 백팀 하듯이 양팀, 염소팀으로 나뉘어 마차를 밀고 있다.

열 처녀(신부의 친구들로서 신자들을 상징)들은 탈렌트 출신이다.   탈렌트 → 달란트

1. 열 처녀 비유(1-13) - 그 때에 천국은 마치 등을 들고 신랑을 맞으러 나간 열 처녀와 같다 하리니 그 중의 다섯은 미련하고 다섯은 슬기 있는자라 미련한 자들은 등을 가지되 기름을 가지지 아니하고 슬기 있는 자들은 그릇에 기름을 담아 등과 함께 가져갔더니 신랑이 더디 오므로 다 졸며 잘새 밤중에 소리가 나되 보라 신랑이로다 맞으러 나오라 하매 이에 그 처녀들이 다 일어나 등을 준비할새 미련한 자들이 슬기 있는 자들에게 이르되 우리 등불이 꺼져가니 너희 기름을 좀 나눠달라 하거늘 슬기 있는 자들이 대답하여 이르되 우리와 너희가 쓰기에 다 부족할까 하노니 차라리 파는 자들에게 가서 너희 쓸 것을 사라 하니 그들이 사러 간 사이에 신랑이 오므로 준비하였던 자들은 함께 혼인 잔치에 들어가고 문은 닫힌지라 그 후에 남은 처녀들이 와서 이르되 주여 주여 우리에게 열어 주소서 대답하여 이르되 진실로 너희에게 이르노니 내가 너희를 알지 못하노라 하였느니라 그런즉 깨어 있으라 너희는 그 날과 그 때를 알지 못하느니라(1-13)

2. 달란트 비유(14-30) - 주께 충성할 것을 가르쳐 준다 - 눅 19장(열 므나 비유)

• 5달란트 받은 자는 바로 가서 그것으로 장사하여 또 5달란트를 남기고 2달란트 받은 자도 그같이 하여 또 2달란트를 남겼으되 1달란트 받은 자는 가서 땅을 파고 그 주인의 돈을 감추어 두었더니~ 주여 당신은 굳은 사람이라 심지 않은 데서 거두고 헤치지 않은 데서 모으는 줄을 내가 알았으므로 두려워 하여 나가서 당신의 달란트를 땅에 감추어 두었었나이다~ 그에게서 그 1달란트를 빼앗아 10달란트 가진 자에게 주라 무릇 있는 자는 받아 풍족하게 되고 없는 자는 그 있는 것까지 빼앗기리라(16-29)

※ 마태복음에서는 굳은 사람으로 나오고 누가복음에서는 엄한 사람으로 나온다. 마굿간으로 외울것.

3. 양과 염소 비유(31-46) - 양과 염소의 심판은 최후의 심판으로서 믿는 자들 중에서 옳은 자와 그릇된 자에 대한 심판이며 이웃에게 선을 베풀기에 힘써야 함을 가르쳐 준다(잠 3:27-35).

• 인자가 자기 영광으로 모든 천사와 함께 올 때에~ 모든 민족을 그 앞에 모으고 각각 구분하기를 목자가 양과 염소를 구분하는 것 같이 하여 양은 그 오른 편에 염소는 왼편에 두리라 그 때에 임금이 그 오른편에 있는 자들에게 이르시되~ 내가 주릴 때에 너희가 먹을 것을 주었고 목마를 때에 마시게 하였고 나그네 되었을 때에 영접하였고 헐벗었을 때에 옷을 입혔고 병들었을 때에 돌보았고 옥에 갇혔을 때에 와서 보았느니라 이에 의인들이 대답하여 이르되 주여 우리가 어느 때에 주께서 주리신 것을 보고 음식을 대접하였으며 목마르신 것을 보고 마시게 하였나이까~ 너희가 여기 내 형제 중에 지극히 작은 자 하나에게 한 것이 곧 내게 한 것이니라 하시고(31-40)

• 또 왼편에 있는 자들에게 이르시되 저주를 받은 자들아 나를 떠나 마귀와 그 사자들을 위하여 예비된 영원한 불에 들어가라~ 이 지극히 작은 자 하나에게 하지 아니한 것이 곧 내게 하지 아니한 것이니라 그들은 영벌에, 의인은 영생에 들어가리라 하시니라(41-46)

마태복음 26장		
배 경	마차바퀴의 살	꼬끼오 기 도 최후의 만찬
대제목	향유	

📖 십자가 수난을 준비하는 예수님 모습(향유 사건, 유다의 배반, 최후의 만찬, 겟세마네 기도)과 십자가 수난을 당하는 예수님 모습(배반당하고 체포되어 심문 당함)이 그려져 있다. 마차의 바퀴살은 향유병 모양이다. 향유병에는 기도라 써 있고 향유병에서 꼬끼오하고 닭의 울음소리가 나온다. 향유병 밑에는 구름 모양의 받침대가 있고 최후의 만찬이라 써 있다.   기도 → 겟세마네 기도,   참고로 향유병은 구름 모양의 받침대 우편에 있다.

1. 향유(6-13) - 베다니 나병환자 시몬의 집에서 마리아가 예수님께 향유를 부음 - 막 14장, 요 12장
   • 이 여자가 내 몸에 이 향유를 부은 것은 내 장례를 위하여 함이니라 내가 진실로 너희에게 이르노니 온 천하에 어디서든지 이 복음이 전파되는 곳에서는 이 여자가 행한 일도 말하여 그를 기억하리라(13) - 누가복음(바리새인의 집, 죄인인 한 여자), 요한복음(베다니 나사로의 집, 마리아)
   ※ 향유사건이 일어난 시점을 보면 베다니의 나사로를 살리신 후 3개월간 베레아에 가셨다가 3개월 후 베레아에서 여리고를 거쳐(이때 삭개오를 만나신다. 눅 19:1-10) 다시 베다니에 들어오신다. 이때에 향유사건(토)이 일어났으며 그 다음 날(주일) 고난을 받으시기 위해 예루살렘에 입성하신다.

2. 겟세마네 기도(36-46) - 고난주간(겟세마네 동산이므로 木요일이 된다) - 막 14장, 눅 22장
   • 이에 예수께서 제자들과 함께 겟세마네라 하는 곳에 이르러 제자들에게 이르시되 내가 저기 가서 기도할 동안에 너희는 여기 앉아 있으라 하시고 베드로와 세베대의 두 아들을 데리고 가실새 고민하고 슬퍼하사 이에 말씀하시되 내 마음이 매우 고민하여 죽게 되었으니 너희는 여기 머물러 나와 함께 깨어 있으라 하시고 조금 나아가사 얼굴을 땅에 대시고 엎드려 기도하여 이르시되 내 아버지여 만일 할 만하시거든 이 잔을 내게서 지나가게 하옵소서 그러나 나의 원대로 마시옵고 아버지의 원대로 하옵소서 하시고 제자들에게 오사 그 자는 것을 보시고 베드로에게 말씀하시되 너희가 나와 함께 한 시간도 이렇게 깨어 있을 수 없더냐 시험에 들지 않게 깨어 기도하라 마음에는 원이로되 육신이 약하도다 하시고 다시 두 번째 나아가 기도하여 이르시되 내 아버지여 만일 내가 마시지 않고는 이 잔이 내게서 지나갈 수 없거든 아버지의 원대로 되기를 원하나이다 하시고 다시 오사 보신즉 그들이 자니 이는 그들의 눈이 피곤함일러라 또 그들을 두시고 나아가 세 번째 같은 말씀으로 기도하신 후 이에 제자들에게 오사 이르시되 이제는 자고 쉬라 보라 때가 가까이 왔으니 인자가 죄인의 손에 팔리느니라 일어나라 함께 가자 보라 나를 파는 자가 가까이 왔느니라(36-46)
   예수님께서 닭이 2번 울기 전에 베드로가 부인할 것을 말씀하셨으므로 닭의 울음인 꼬끼오는 베드로의 부인이 된다.

3. 베드로의 부인(31-35, 69-75) - 고난주간(금요일) - 막 14장, 눅 22장, 요 18장
   • 그 때에 예수께서 제자들에게 이르시되 오늘 밤에 너희가 다 나를 버리리라 기록된바 내가 목자를 치리니 양의 떼가 흩어지리라 하였느니라 그러나 내가 살아난 후에 너희보다 먼저 갈릴리로 가리라 베드로가 대답하여 이르되 모두 주를 버릴지라도 나는 결코 버리지 않겠나이다 예수께서 이르시되 내가 진실로 네게 이르노니 오늘밤 닭 울기 전에 네가 세 번 나를 부인하리라(31-34)

- 그가 저주하며 맹세하여 이르되 나는 그 사람을 알지 못하노라 하니 곧 닭이 울더라 이에 베드로가 예수의 말씀에 닭 울기 전에 네가 세 번 나를 부인하리라 하심이 생각나서 밖에 나가서 심히 통곡하니라(74-75) - 베드로가 한 행위의 순서 ① 부인 ② 저주 ③ 맹세

※ 베드로가 예수님을 부인한 때 - 예수님이 대제사장 가야바 앞에서 심문 받으실 때
  향유병은 구름 모양의 받침대 우편에 있다.

4. 이후에 인자가 권능의 <u>우편</u>에 앉아 있는 것과 하늘 <u>구름</u>을 타고 오는 것을 너희가 보리라(64) - 이 말씀을 듣고 대제사장 가야바가 자기의 옷을 찢는다 - 막 14장

5. <mark>최후의 만찬</mark>(17-30) - 고난주간(목요일) - 막 14장, 눅 22장, 요 13장
   - 예수를 파는 유다가 대답하여 이르되 랍비여 <u>나는 아니지요</u> 대답하시되 네가 말하였도다 하시니라(25)

   ※ 최후의 만찬 때 가룟 유다가 참석했음을 정확하게 기록하고 있는 복음서는 마태복음인데 그 이유는 마태는 세리로 돈을 만졌던 사람이므로 누구보다도 돈을 좋아했던 가룟 유다에 대해서 관심이 많았기 때문이다.

   - 그들이 먹을 때에 예수께서 <u>떡</u>을 가지사 축복하시고 떼어 제자들에게 주시며 이르시되 받아서 먹으라 이것은 내 <u>몸</u>이니라 하시고(26)

   - 또 <u>잔</u>을 가지사 감사 기도 하시고 그들에게 주시며 이르시되 너희가 다 이것을 마시라 이것은 죄 사함을 얻게 하려고 많은 사람을 위하여 흘리는바 나의 <u>피</u> 곧 <u>언약의 피</u>니라(27)

   ※ 최후의 만찬을 한 절기 - 무교절 첫날(만찬의 만이 무와 비슷하고 찬이 첫과 비슷하다)
   최후의 만찬을 마치시고 제자들과 가신 곳 - 감람산, 그 후 겟세마네(감람산 중턱쯤에 있음)에 이름
   최후의 만찬⌣⌣에서 〰〰는 음모를 나타낸다.   음모(陰毛) → 음모(陰謀)

6. <mark>예수님을 죽일 음모</mark>(1-5) - 고난주간(수요일) - 막 14장, 눅 22장, 요 11장
   - 그 때에 대제사장들과 백성의 장로들이 가야바라 하는 대제사장의 관정에 모여(3)
   - 예수를 흉계로 잡아 죽이려고 의논하되 말하기를 <u>민란</u>이 날까 하노니 <u>명절</u>에는 하지말자 하더라(4-5)

   ※ 대제사장과 장로들이 예수님을 죽이기로 의논한 곳 - 대제사장 가야바의 관정
   향유병을 자기라 하며 화살표부분을 **자**기의 **목**(목자)이라 한다.
   자기의 목(목자)을 수도로 내려친다고 상상해보자.

   ← 자기의 목

7. 그 때에 예수께서 제자들에게 이르시되 오늘 밤에 너희가 다 나를 버리리라 기록된바 내가 목자를 치리니 양의 떼가 흩어지리라 하였느니라(31, 슥 13:7) - 만찬 직후에 하신 말씀
   겟세마네 기도 나오면 예수님의 체포·대제사장 가야바의 심문이 항상 같이 나온다. 왜냐하면 겟세마네 기도 후 예수님이 체포되고 대제사장 가야바에게 심문받으시기 때문이다.

8. <mark>예수님의 체포</mark>(47-56) - 고난주간(금요일) - 막 14장, 눅 22장, 요 18장
   - 말씀하실 때에 열둘 중의 하나인 <u>유다</u>가 왔는데 대제사장들과 백성의 장로들에게서 파송된 큰 무리가 <u>칼</u>과 <u>몽치</u>를 가지고 그와 함께 하였더라(47)
   - 예수와 함께 있던 자 중의 하나가 손을 펴 <u>칼</u>을 빼어 대제사장의 종을 쳐 그 <u>귀</u>를 떨어뜨리니 이에 예수께서 이르시되 네 칼을 도로 칼집에 꽂으라 칼을 가지는 자는 다 칼로 망하느니라(51-52)
   - 내가 날마다 성전에 앉아 가르쳤으되 너희가 나를 잡지 아니하였도다 그러나 이렇게 된 것은 다 <u>선지자들의 글</u>(마가복음에는 성경으로 나옴)을 이루려 함이니라 하시니라(55-56)

9. <mark>대제사장 가야바의 심문</mark>(57-68) - 고난주간(금요일) - 막 14장, 눅 22장, 요 18장
   - 이에 예수의 얼굴에 침 뱉으며 주먹으로 치고 어떤 사람은 손바닥으로 때리며 이르되 그리스도야 우리에게 <u>선지자</u> 노릇을 하라 너를 친 자가 누구냐 하더라(67-68)

마태복음 27장		
배 경	마차바퀴 중심	
대제목	가시관	

📖 예수님의 십자가 수난과 죽음에 관한 내용이다. 빌라도 앞에서 심문 받고 군사들에게 조롱 당하고 마침내 십자가에 못 박혀 죽으신 후 아리마대 요셉의 무덤에 장사되는 장면이다. 마차의 바퀴 중심에는 수많은 가시가 돋아나 가시관 모양으로 되어 있으며 가시관에 빙 둘려있는 모양이 마치 살벌한 빌라도 법정 같다. 참고로 가시관 울타리는 가시**밭**처럼 보이며 가시관 곳곳에 **피**가 묻어 있으므로 피밭이 된다.

1. 가시관(27-56) = 십자가 대속 - 막 15장, 눅 23장, 요 19장
   - 이에 총독의 군병들이 예수를 데리고 관정 안으로 들어가서 온 군대를 그에게로 모으고 그의 옷을 벗기고 홍포를 입히며 가시관을 엮어 그 머리에 씌우고 갈대를 그 오른손에 들리고(27-29)
   - 희롱을 다한 후~ 십자가에 못 박으려고 끌고~ 나가다가 시몬이란 구레네 사람을 만나매 그에게 예수의 십자가를 억지로 지워가게 하였더라 **골고다 즉 해골의 곳**이라는 곳에 이르러 쓸개 탄 포도주를 예수께 주어 마시게 하려 하였더니 예수께서 맛보시고 마시고자 하지 아니하시더라(시 69:21) 그들이 예수를 십자가에 못 박은 후에 그 옷을 제비뽑아 나누고(시 22:18) 거기 앉아 지키더라(31-36)
   - ※ 자기 머리를 흔들며 예수님을 모욕한 자들 - 지나가는 자들(머리를 흔들며 지나간다고 생각하자), 지금 십자가에서 내려오면 믿겠다고 한 자들 - 대제사장과 서기관과 장로들
     예수님을 보고 진실로 하나님의 아들이었다고 고백한 자들 - 백부장 및 함께 예수를 지키던 자들
     예수님께서 십자가에 달리신 시간 - 제 6시(마가복음에는 제 3시로 기록), 운명하신 시간 - 제 9시
2. 빌라도 법정(11-26) - 막 15장, 눅 23장, 요 18장
   - 총독이 재판석에 앉았을 때에 그의 아내가 사람을 보내어 이르되 저 옳은 사람에게 아무 상관도 하지 마옵소서 오늘 꿈에 내가 그 사람으로 인하여 애를 **많**이 태웠나이다(19) - **마태**복음에만 나옴
   - 빌라도가 아무 성과도 없이 도리어 민란이 나려는 것을 보고 물을 가져다가 무리 앞에서 손을 씻으며 이르되 이 사람의 피에 대하여 나는 무죄하니 너희가 당하라 백성이 다 대답하여 이르되 그 피를 우리와 우리 자손에게 돌릴지어다 하거늘 이에 바라바는 그들에게 놓아 주고(24-26)
   - ※ 대제사장은 예수님을 빌라도에게 넘겨주고 빌라도는 예수님을 백성에게 넘겨준다.
3. 피밭(1-10) = 유다의 죽음 - 행 1장   ※ 유다의 죽음은 마태복음과 사도행전에만 나온다.
   - 유다가 은을 성소에 던져 넣고 물러가서~ 목매어 죽은지라 대제사장들이 그 은을 거두며 이르되 이것은 핏값이라 성전고에 넣어 둠이 옳지 않다 하고 의논한 후 이것으로 **토기장이의 밭을 사서 나그네의 묘지를 삼았으니** 그러므로 오늘날까지 그 밭을 피밭(아겔다마, 행 1:19)이라 일컫느니라(5-8)
   - ※ 토기장이의 밭을 사서 나그네의 묘지로 삼는 내용을 예언한 선지자 - 예레미야(렘 32장 참조)
     예수님은 십자가에 대속하신 후 무덤에 묻히신다.
4. 무덤에 묻히신 예수님(57-66) - 막 15장, 눅 23장, 요 19장
   - ※ 예수님의 영혼이 떠나시고 일어난 5가지 사건 - 휘, 땅, 바, 무, 자(후딱 밥 묵자) - 성소의 휘장이 찢어짐, 땅이 진동함, 바위가 터짐, 무덤들이 열림, 자던 성도의 몸이 많이 일어남

마태복음 28장	
배 경	마차 뒤편	
대제목	부활하신 예수님	

📖 예수님의 부활 장면이다. 이미 예언하신 대로 죽은 지 사흘 만에 무덤에서 부활하신 예수님은 무덤을 찾아온 여인들에게 나타나신 후 제자들에게 지상 대명령을 내리신다.

마차의 뒤편에는 부활하신 예수님께서 길에 나타나 마차를 멈추라는 듯 손짓하고 계신다.

1. 부활하신 예수님(1-10) - 막 16장, 눅 24장, 요 20장
   • 안식일이 다 지나고 안식 후 첫날이 되려는 새벽에 막달라 마리아와 다른 마리아가 무덤을 보려고 갔더니 큰 지진이 나며 주의 천사가 하늘로부터 내려와 돌을 굴려 내고 그 위에 앉았는데 그 형상이 번개 같고 그 옷은 눈 같이 희거늘 지키던 자들이 그를 무서워하여 떨며 죽은 사람과 같이 되었더라 천사가 여자들에게 말하여 이르되 너희는 무서워하지 말라 십자가에 못 박히신 예수를 너희가 찾는 줄을 내가 아노라 그가 여기 계시지 않고 그의 말씀 하시던 대로 살아나셨느니라 와서 그가 누우셨던 곳을 보라 또 빨리 가서 그의 제자들에게 이르되 그가 죽은 자 가운데서 살아나셨고 너희보다 먼저 갈릴리로 가시나니 거기서 너희가 뵈오리라 하라 보라 내가 너희에게 일렀느니라 하거늘 그 여자들이 무서움과 큰 기쁨으로 빨리 무덤을 떠나 제자들에게 알리려고 달음질할새 예수께서 그들을 만나 이르시되 **평안하냐**(부활하신 후 예수님이 처음으로 하신 말씀) 하시거늘 여자들이 나아가 그 발을 붙잡고 경배하니 이에 예수께서 이르시되 무서워하지 말라 가서 내 형제들에게 갈릴리로 가라 하라 거기서 나를 보리라 하시니라(1-10)

   ※ 예수님의 부활을 여인들에게 알려준 자 - 주의 천사
   빈 무덤을 가장 먼저 찾은 자 - 막달라 마리아와 다른 마리아
   예수님이 오른손은 하늘, 왼손은 땅을 가리키고 있다.

2. 예수께서 나아와 말씀하여 이르시되 하늘과 땅의 모든 권세를 내게 주셨으니(18)
   예수님이 왼손에는 물그릇(세례수)을, 오른손에는 연필(가르치는 도구)을 쥐고 계신다.

3. 그러므로 너희는 가서 모든 민족을 제자로 삼아 아버지와 아들과 성령의 이름으로 세례를 베풀고 내가 너희에게 분부한 모든 것을 가르쳐 지키게 하라(19-20) - 예수님이 연필로 허공에다 19-20 이라 쓰고 계신다.

   ※ 삼위일체 - 마 28:19(세례), 고후 3:13(축도), 엡 2:22(손가락 하나가 삼위일체를 나타낸다)
   예수님의 하의에는 군인의 어깨위에 매가 앉아있는 그림이 그려져 있다.   매 → 매수

4. 군인들이 매수되다(11-15) - 그들이 장로들과 함께 모여 의논하고 군인들에게 돈을 많이 주며 이르되 너희는 말하기를 그의 제자들이 밤에 와서 우리가 잘 때에 그를 도둑질하여 갔다 하라 만일 이 말이 총독에게 들리면 우리가 권하여 너희로 근심하지 않게 하리라 하니 군인들이 돈을 받고 가르친 대로 하였으니 이 말이 오늘날까지 유대인 가운데 두루 퍼지니라(12-15)
   예수님의 볼에 **끝**이라고 써 있다(끝이라고 써 있으므로 이 구절은 마태복음의 **마지막 구절**이 됨).

5. **볼**지어다 내가 세상 **끝**날까지 너희와 항상 함께 있으리라(20) - 나침반(20)으로 볼 끝을 툭툭쳤다.

마가복음 16장

* **배경** : 마가복음은 막아내는 복음으로 바꾼다. 막아내려면 육·해·공군이 필요하므로 마가복음은 육군·해군·공군을 배경으로 하며 육군·해군·공군에 각각 5장씩 15장과 나머지 1개는 맨 끝의 공군 후면에 따로 결부시켜 총 16장으로 한다.

* **주제 암기방법** : 마가복음은 줄여서 막이라 하며 막은 막노동 할 때의 막이 되므로 마가복음의 주제는 '종으로 오신 예수 그리스도'가 된다.

* **특징** : ① 마가복음은 이제 막 시작한 복음이므로 '하나님의 아들 예수 그리스도의 복음의 시작이라(1:1)'로 시작되며 복음이라는 용어를 독립적으로 사용하였다(1:15).
　② 그림에 나오는 비행기로 로마여행을 가므로 마가복음은 로마인을 대상으로 썼다.
　③ 비행기로 여행을 가므로 예수님의 여행기사가 가장 많다.
　④ 막 16장 예수님의 옷에 표적을 그릴 정도로 마가복음은 기적에 가장 관심이 많다.
　⑤ 아람어를 많이 사용(보아너게, 달리다굼, 에바다, 고르반)하고 족보는 나오지 않는다.
　⑥ 마가는 입을 마가이므로 축귀나 치병 이후 예수님이 함구령을 내린 내용이 많다. 나병환자(환과 함이 비슷하므로 함구령), 야이로의 딸(야이로의 딸이 한마디도 하지 않으므로 함구령), 귀 먹고 말 더듬는 자(말을 더듬으므로 함구령), 벳새다 소경(뱁새눈 함장이므로 함구령), 1차 수난 예고(일수 찍고 있는 것을 아무에게도 말하지 않았으므로 함구령), 변화산(변화산의 화가 함과 비슷하므로 함구령)

마가복음 (16장)

저　　자 : 마가
　마가의 이름은 요한 또는 요한 마가로도 불린다. 요한은 히브리식 이름이고 마가는 로마식 이름이다. 그는 어머니 마리아와 함께 예루살렘에 살았으며 그의 집은 유명한 '마가의 다락방'으로서 예수님이 최후의 만찬을 잡수신 곳이며 오순절 때 성령님이 강림하신 장소이기도 하다. 마가는 베드로의 제자로 베드로는 그를 아들이라고 불렀다(벧전 5:13). 바울과 바나바는 그를 안디옥으로 데려와서(행 12:25) 제 1차 전도여행을 함께 했는데(행 13:5) 마가는 도중에 전도를 그만두고 예루살렘으로 돌아가 버렸다(행 13:13). 이에 바울은 그를 못마땅하게 여겨 제 2차 전도여행 때 그의 동행을 허락하지 않았다. 그러자 바나바는 마가를 데리고 구브로 섬으로 가서 전도했다(행 15: 37-39). 그러나 후에 바울이 로마 감옥에 갇혀 있을 때 마가는 바울 곁에 있었다(골 4:10, 몬 24).

제　　목 : 기록자의 이름을 따라 붙임(**4복음서중 가장 먼저 기록**).

주　　제 : 섬기는 종으로 오신 예수 그리스도

기록연대 : A.D. 65-70년경

요　　절 : 8:34-37, 10:43-45

기록목적 : 예수님을 믿는 사람들에게 예수님께서 하신 일(사역)을 증거 하기 위해 기록하였다.

개　　요 : 1. 종의 봉사(1:1-10:52)　2. 종의 희생(11:1-15:47)　3. 종의 승리(16:1-20)

마가복음 1장	
배 경	육군의 철모
대제목	4명의 어부를 부르시다

📖 본문은 여러 가지 사건들로 구성되었는데 곧 세례 요한의 선구자적 사명, 수세(受洗)와 시험 받음, 예수님께서 4제자들을 부르시고 각종 질병을 고치신 이적 등이 묘사되었다.
급할 때는 어부로 변장하려고 물고기가 그려진 철모를 4개나 쓰고 있다. 물고기 → 어부로 바꾸며 물고기(어부)가 4마리이므로 4명의 어부가 된다.

1. 4명의 어부를 부르시다(16-20) - 마 4장, 눅 5장
   철모에는 세·장·전·문이라 써 있으며 철모를 합쳐 놓은 것이 새장 같다.

2. 세례 요한의 세례와 전도(1-8) - 마 3장, 눅 3장
   • 세례 요한이 광야에 이르러 죄 사함을 받게 하는 회개의 세례를 전파하니(4)
   ※ 하나님의 아들이라 기록된 곳 - 세례(1:11), 거라사 귀신(5:7), 변화산(9:7), 백부장의 독백(15:39)
   세례 요한의 세례가 나오면 반드시 '세례 요한에게 세례 받으시는 예수님'이 나온다.

3. 세례 요한에게 세례 받으시는 예수님(9-11) - 마 3장, 눅 3장

4. 베드로의 장모 열병을 고치시다(29-31) - 마 8장, 눅 4장
   눅 4장에서 학자가 온갖 병을 모아 놓았는데 숫자를 세어보니 열병이나 되므로 온갖 병과 (장모)열병은 항상 같이 나온다.

5. 온갖 병자들을 고치시다(32-34) - 마 8장, 눅 4장

6. 전도(14-15, 35-39) - 마 4장, 눅 4장
   첫번째 갈릴리 전도(14-15)
   • 이르시되 때가 찼고 하나님의 나라가 가까이 왔으니 회개하고 복음을 믿으라 하시더라(15)
   두번째 갈릴리 전도(35-39)
   • 새벽 아직도 밝기 전에 예수께서 일어나 나가 한적한 곳으로 가사 거기서 기도하시더니(35)

7. 문둥병자(나병환자)를 고치시다(40-45) - 마 8장, 눅 5장
   철모에 사선이 사라지듯 그어있으므로 사탄의 시험이 잠깐 나온다.

8. 사탄의 시험(12-13) - 마 4장, 눅 4장
   • 성령이 곧 예수를 광야로 몰아내신지라 광야에서 40일을 계시면서 사탄에게 시험을 받으시며 들짐승과 함께 계시니 천사들이 수종들더라(13) - 막은 '거친'의 뜻을 가지는 접두사이므로(예 - 막노동) 들짐승과 함께 계셨다고 기록된 복음서는 마가복음이 된다.
   육군의 더럽게 큰 귀, 귀 → 귀신이 되므로 더럽게 큰 귀는 더러운 귀신이 된다.

9. 더러운 귀신들린 사람을 고치시다(21-28) - 눅 4장 - **마가복음에서 첫 이적 사건**
   ※ 더러운의 반대는 거룩한이므로 더러운 귀신들린 사람이 예수님께 '하나님의 거룩한 자'라고 고백을 하며 귀신을 내쫓을 때 나가버리라고 명하므로 장소는 가버나움의 회당이 된다. 그리고 예수님이 더러운 귀신에게 명한즉 순종하여 나온 것을 두고 '(더럽게) 권위 있는 새 교훈'이라고 말한다.

새장

마가복음 2장	
배 경 육군의 오른손	
대제목 중풍병자 고치심	

📖 중풍병자를 고치신 이적을 시작으로 세리 마태를 부르사 죄인들과 친구가 되시고 금식과 안식일의 진정한 의미에 관한 교훈을 가르치시는 예수님의 모습이 묘사되었다.

육군의 오른손은 총을 쏘는 손으로 전쟁 시 중풍에 걸리면 대단히 위험한데 손을 떨고 있다. 아무래도 **의가사**제대(예정보다 일찍 제대하는 것)를 해야 할 것 같다.

1. 중풍병자를 고치시다(1-12) - 마 9장, 눅 5장
   • 사람들이 한 중풍병자를 4사람에게 메워 가지고 예수께로 올새~ 예수께서 그들(중풍병자와 4사람)의 믿음을 보시고 중풍병자에게 이르시되 **작은 자야 네 죄 사함을 받았느니라** 하시니(3-5)
   ※ 중풍병자를 고친 장소는 가버나움이 되는데 그 이유는 예수님께서 중풍병자에게 '일어나 네 (침)상을 가지고 집으로 **가라**' 하셨고 이에 중풍병자가 말씀대로 (침)상을 가지고 집으로 **가버**렸기 때문이다.

2. 의사(17) - 마 9장, 눅 5장 - 건강한 자에게는 의사가 쓸 데 없고 병든 자에게 라야 쓸 데 있느니라 나는 의인을 부르러 온 것이 아니요 죄인을 부르러 왔노라 하시니라(17)
   오른손에 막대를 들고 돼지 떼를 치려하고 있다. 막대 → 마태

3. 세리 마태를 부르시다(13-17) - 마 9장, 눅 5장
   • 알패오의 아들 레위(마태)가 세관에 앉아 있는 것을 보시고~ 나를 따르라 하시니~ 따르니라(14)
   오른손에 밀가루(밀 이삭 사건)가 묻어 있고 손을 떨므로 밀가루가 아래로 떨어지고 있다.

4. 밀 이삭 사건(23-28) = 인자는 안식일의 주인 - 마 12장, 눅 6장
   • 안식일에 예수께서 밀밭 사이로 지나 가실새 그의 제자들이 길을 열며 이삭을 자르니 바리새인들이 예수께 말하되 보시오 저들이 어찌하여 안식일에 하지 못할 일을 하나이까 예수께서 이르시되 다윗이 자기와 및 함께 한 자들이 먹을 것이 없어 시장할 때에 한 일을 읽지 못하였느냐 그가 아비아달 대제사장 때에 하나님의 전에 들어가서 제사장 외에는 먹어서는 안 되는 진설병을 먹고 함께한 자들에게도 주지 아니하였느냐(삼상 21장) 또 이르시되 안식일이 사람을 위하여 있는 것이요 사람이 안식일을 위하여 있는 것이 아니니 이러므로 인자는 안식일에도 주인이니라(23-28)
   이 병사의 이름은 나 금식이다.

5. 금식(18-22) - 마 9장, 눅 5장
   • 요한의 제자들과 바리새인들이 금식하고 있는지라 사람들이 예수께 와서 말하되 요한의 제자들과 바리새인의 제자들은 금식하는데 어찌하여 당신의 제자들은 금식하지 아니하나이까 예수께서 그들에게 이르시되 혼인 집 손님들이 신랑과 함께 있을 때에 금식할 수 있느냐 신랑과 함께 있을 동안에는 금식할 수 없느니라 그러나 신랑을 빼앗길 날이 이르리니 그 날에는 금식할 것이니라 생베 조각을 낡은 옷에 붙이는 자가 없나니 만일 그렇게 하면 기운 새것이 낡은 그것을 당기어 헤어짐이 더하게 되느니라 새 포도주(예수님의 교훈)를 낡은 가죽 부대(유대교의 낡은 방식)에 넣는 자가 없나니 만일 그렇게 하면 새 포도주가 부대를 터트려 포도주와 부대를 버리게 되느니라 오직 새 포도주는 새 부대에 넣느니라 하시니라(18-22)

	마가복음 3장	
배 경	육군의 왼손	
대제목	손 마른 자를 고치시다	

📖 본문에는 안식일에 손 마른 사람을 고치신 이적을 시작으로 12제자를 세우시고 바알세불과 성령 훼방죄 및 거룩한 가족 관계에 대하여 교훈하시는 예수님의 사역이 소개되었다.
　육군의 왼손은 바싹 말라 있다.

1. <u>손 마른 자를 고치시다</u>(1-6) - 마 12장, 눅 6장 - **예수님 살해모의 계기가 됨**
   - 예수께서 다시 <u>회당</u>에 들어가시니 한편 손 마른 사람이 거기 있는지라 사람들이 예수를 고발하려 하여 <u>안식일</u>에 그 사람을 고치시는가 주시하고 있거늘 예수께서 손 마른 사람에게 이르시되 한 가운데에 일어서라 하시고 그들에게 이르시되 안식일에 **선**을 행하는 것과 악을 행하는 것, 생명을 구하는 것과 죽이는 것, 어느 것이 옳으냐 하시니(선이 **손**과 비슷하므로 이 말씀은 손 마른 자를 고치실 때 하셨다) 그들이 잠잠하거늘 그들의 마음이 완악함을 탄식하사 노하심으로 그들을 둘러보시고 그 사람에게 이르시되 네 손을 내밀라 하시니 내밀매 그 손이 회복되었더라(1-5)
   ※ 안식일에 병을 고치시는 예수님을 죽이려고 바리새인과 모의한 자 - 헤롯당
   　육군의 총은 새로 개발된 성령총이다.　발발(바알세불) 떨게 하는 성령(성령모독죄)총
   　참고로 귀신 왕 바알세불하면 성령모독죄·7귀신·모친 형제 자매 귀신이 나와야 되나 개별적으로 나오면 나온 것만 소제목으로 삼는다.　마 12장 꼭 참조할 것.

2. <u>성령모독죄</u>(28-30) = 용서받지 못하는 죄 - 마 12장, 눅 12장
   - 내가 진실로 너희에게 이르노니 사람의 모든 죄와 모든 모독하는 일은 사하심을 얻되 누구든지 성령을 모독하는 자는 영원히 사하심을 얻지 못하고 영원한 죄가 되느니라 하시니(28-29)

3. <u>귀신 왕 바알세불</u>(20-27) = 귀신들려 눈 멀고 말 못하는 자 고치심 - 마 12장, 눅 11장
   - 예수의 친족들이 듣고 그를 붙들러 나오니 이는 그가 <u>미쳤다</u> 함일러라(21)
   　<u>母</u>자 형태의 총의 멜빵

4. <u>참된 모친·형제·자매</u>(31-35) - 마 12장, 눅 8장
   - 무리가 예수를 둘러 앉았다가 여짜오되 보소서 당신의 어머니와 동생들과 누이들이 밖에서 찾나이다 대답하시되 누가 내 어머니이며 동생들이냐 하시고 둘러앉은 자들을 둘러보시며 이르시되 내 어머니와 내 동생들을 보라 **누구든지 하나님의 뜻대로 행하는 자가 내 형제요 자매요 어머니이니라**(32-35)
   　탄창에는 12발의 총알이 들어있으며 총알 하나마다 제자 이름을 새겨 넣었다. 탄창을 총신에 집어넣기 위해 탄창을 '탁' 칠 때 우뢰와 같은 소리가 난다.

5. <u>12제자 이름</u>(13-19) - 마 10장, 눅 6장, 행 1장
   - 가나안인 시몬·베드로·요한·안드레·빌립·바돌로매·마태·도마·다대오·가룟 유다·알패오의 아들 야고보·세배대의 아들 야고보(16-19) - 산에서 자기가 원하는 자들을 부르시고 열둘을 세우심
   ※ 12제자를 세우신 목적 - ① 자기와 함께 있게 하시고 ② 전도도 하며 ③ 귀신을 내쫓는 권능을 주려고

6. <u>우뢰의 아들</u>(17) - 눅 9:54 참조
   - 세배대의 아들 야고보와 요한이니 이 둘에게는 <u>보아너게</u> 곧 우뢰의 아들이란 이름을 더하셨으며(17)

마가복음 4장		
배 경	육군의 수류탄	
대제목	겨자씨 비유	

📖 본문은 주로 예수님의 비유로 구성되었다. 곧 씨 뿌리는 자, 등불, 은밀히 자라는 씨, 그리고 겨자씨 비유가 언급되었다. 이어서 큰 광풍을 잠잠하게 하신 놀라운 이적이 소개되었다.

수류탄이 겨자씨처럼 생겼다.

1. 겨자씨 비유(30-32) - 마 13장, 눅 13장 - 천국비유
   • 우리가 하나님의 나라를 어떻게 비교하며 또 무슨 비유로 나타낼까 겨자씨 한 알과 같으니 땅에 심길 때에는 땅 위의 모든 씨보다 작은 것이로되 심긴 후에는 자라서 모든 풀보다 커지며 큰 가지를 내니 공중의 새들이 그 그늘에 깃들일 만큼 되느니라(30-32)

혁대에 풍랑이 그려져 있다.

2. 풍랑을 잠잠하게 하신 예수님(34-44) - 마 8장, 눅 8장
   • 큰 광풍이 일어나며 물결이 배에 부딪쳐 들어와 배에 가득하게 되었더라 예수께서는 고물(배의 뒷부분)에서 베개를 베고 주무시더니~ 예수께서 깨어 바람을 꾸짖으시며 바다더러 이르시되 잠잠하라 고요하라 하시니 바람이 그치고 아주 잔잔하여지더라(37-39)

바클 - 밭전(田) 자 모양,   전(田) → 심전(心田)

3. 심전 비유(1-20) = 씨 뿌리는 자의 비유 - 마 13장, 눅 8장
   ※ 예수님이 심전 비유를 가르치신 곳 - 바닷가 - 심 밧다

혁대에 꽂아둔 손전등(등불)은 야간 순찰 때 필요하다.

4. 등불 비유(21-25) - 마 5장, 눅 8장
   • 또 그들에게 이르시되 사람이 등불을 가져오는 것은 말 아래에나 평상 아래에 두려 함이냐 등경 위에 두려 함이 아니냐 드러내려 하지 않고는 숨긴 것이 없고 나타내려 하지 않고는 감추인 것이 없느니라 들을 귀 있는 자는 들으라 또 이르시되 너희가 무엇을 듣는가 스스로 삼가라 너희의 헤아리는 그 헤아림(수를 헤아리다, 세다의 뜻이나 여기서는 말씀에 관심을 가지고 깊이 연구하는 것을 말함)으로 너희가 헤아림을 받을 것이며 더 받으리니 있는 자는 받을 것이요 없는 자는 그 있는 것까지 빼앗기리라(21-25) - 여기서의 등불은 '비유' 또는 '복음의 비밀'을 말하며 복음을 받아들이는 정도에 따라 더 많은 복음을 또다시 받아들일 수 있다는 뜻을 지니고 있다. 복음에 접하면 할수록 복음을 더 잘 이해하게 되고, 더 깊은 진리에 도달할 수 있다는 말이다.

바클에 은밀히 숨겨져 있는 씨

5. 은밀히 자라는 씨(26-29) - 마가복음에만 나옴.
   • 또 이르시되 하나님의 나라는 사람이 씨를 땅에 뿌림과 같으니 그가 밤낮 자고 깨고 하는 중에 씨가 나서 자라되 어떻게 된 것을 알지 못하느니라 땅이 스스로 열매를 맺되 처음에는 싹이요 다음에는 이삭이요 그 다음에는 이삭에 충실한 곡식이라 열매가 익으면 곧 낫을 대나니 이는 추수 때가 이르렀음이니라(26-29) - 하나님의 말씀이 좋은 밭에 뿌려지면 저절로 성장하여 풍성한 열매를 맺게 된다는 사실을 보여 주고 있다.

마가복음 5장	
배　경	육군의 군화
대제목	거라사 귀신과 돼지 떼

📖　질병을 치유하신 예수님의 3가지 이적으로 구성되었다. 곧 ① 귀신들린 거라사 광인을 치유하심 ② 혈루증 앓는 여인을 고치심 ③ 회당장 야이로의 딸을 살리심

군인이 군화로 돼지 떼를 차고 있다.

1.　거라사 귀신과 돼지 떼(1-20) = 귀신들린 거라사인을 고치시다 - 마 8장, 눅 8장
　　• 예수께서 바다 건너편 거라사인의 지방에 이르러 배에서 나오시매 곧 더러운 귀신 들린 사람이 무덤 사이에서 나와 예수를 만나니라 그 사람은 무덤 사이에 거처하는데~ 밤낮 무덤 사이에서나 산에서나 늘 소리 지르며 돌로 자기의 몸을 해치고 있었더라 그가 멀리서 예수를 보고 달려와 절하며 큰 소리로 부르짖어 이르되 지극히 높으신 하나님의 아들 예수여 나와 당신이 무슨 상관이 있나이까 원하건대 하나님 앞에 맹세하고 나를 괴롭히지 마옵소서 하니 이는 예수께서 이미 그에게 이르시기를 더러운 귀신아 그 사람에게서 나오라 하셨음이라 이에 물으시되 네 이름이 무엇이냐 이르되 내 이름은 군대니 우리가 많음이니이다 하고 자기를 그 지방에서 내보내지 마시기를 간구하더니 마침 거기 돼지의 큰 떼가 산 곁에서 먹고 있는지라 이에 간구하여 이르되 우리를 돼지에게로 보내어 들어가게 하소서 하니 허락하신대 더러운 귀신들이 나와서 돼지에게로 들어가매 거의 2000마리 되는 떼가 바다를 향하여 비탈로 내리달아 바다에서 몰사하거늘(1-13)
　　※ 돼지대가리라고 외우면 귀신들렸던 사람이 데가볼리(갈릴리 호수 동편과 요단 강가에 인접한 10개의 연맹도시로 거라사는 그 중 한 도시)에 가서 예수님이 행한 큰일을 전파했다는 것을 알 수 있으며 군대는 많다는 뜻이므로 군대와 돼지 떼는 잘 어울린다.
　　돼지의 붉은 색 → 혈루증을 나타낸다.　　※ 혈루증 - 출혈성 자궁 내막염이나 자궁암

2.　혈루증 앓는 여자를 고치시다(25-34) - 마 9장, 눅 8장
　　• 12해를 혈루증으로 앓아 온 한 여자가 있어 많은 의사에게 많은 괴로움을 받았고 가진 것도 다 허비하였으되 아무 효험이 없고 도리어 더 중하여졌던 차에 예수의 소문을 듣고 무리 가운데 끼어 뒤로 와서 그의 옷에 손을 대니 이는 내가 그의 옷에만 손을 대어도 구원을 받으리라 생각함일러라 이에 그의 혈루 근원이 곧 마르매 병이 나은 줄을 몸에 깨달으니라 예수께서 그 능력이 자기에게서 나간 줄을 곧 스스로 아시고 무리 가운데서 돌이켜 말씀하시되 누가 내게 옷에 손을 대었느냐 하시니(25-30)
　　• 예수께서 가라사대 딸아 네 믿음이 너를 구원하였으니 평안히 가라 네 병에서 놓여 건강할지어다(34)
　　돼지 떼 중 한 마리가 일어서 있다. '소녀야 일어나라'는 아람어로 달리다굼이라 한다.

3.　야이로의 딸을 살리시다(21-43) = 달리다굼 - 마 9장, 눅 8장
　　• 회당장 중 하나인 야이로라 하는 이가 와서 예수를 보고 발 아래 엎드리어 많이 간구하여 이르되 내 어린 딸이 죽게 되었사오니 오셔서 그 위에 손을 얹으사 그로 구원을 받아 살게 하소서 하거늘(22-23)
　　• 두려워하지 말고 믿기만 하라(36) - 사람들이 회당장의 딸이 죽었다고 했을 때 회당장에게 하신 말씀
　　• 그 아이의 손을 잡고 이르시되 달리다굼 하시니 번역하면 곧 내가 네게 말하노니 소녀야 일어나라 하심이라 소녀가 곧 일어나서 걸으니 나이 12살이라~ 사람들이 곧 크게 놀라고 놀라거늘~ 이에 소녀에게 먹을 것을 주라 하시니라(41-43) - 소녀야 달리다 굽은 다리를 펴고 일어나라

마가복음 6장	
배 경	함정의 갑판
대제목	세례 요한의 죽음

📖 고향에서 배척당하신 일로 인해 예수님의 제 3차 갈릴리 사역이 시작되는 부분으로 12 제자의 파송, 세례 요한의 순교, 오병이어의 기적 및 물 위로 걸으신 이적이 소개된다.

함정의 갑판위에 세례 요한의 목이 있다.

1. 세례 요한의 죽음(14-30) - 마 14장, 눅 9장
   • 헤롯이 요한을 의롭고 거룩한 사람으로 알고 두려워하여 보호하며 또 그의 말을 들을 때에 크게 번민을 하면서도 달갑게 들음이러라(20)~ 요한의 제자들이 듣고 와서 시체를 가져다가 장사하니라(29)
   ※ 이곳에 나오는 헤롯은 예루살렘 성전을 재건한 헤롯대왕(마 2:1)의 아들 헤롯 안디바를 가리킨다.
   오징어가 고향(바다)을 떠나서 배위로 걸어오고 있다.　오징어 → 오병이어

2. 오병이어의 기적(30-44) - 마 14장, 눅 9장, 요 6장
   • 너희가 먹을 것을 주라 하시니 여짜오되 우리가 가서 200 데나리온의 떡을 사다 먹이리이까(37)
   • 제자들에게 명하사 그 모든 사람으로 떼를 지어 푸른 잔디 위에 앉게 하시니(39) - 마가복음의 배경이 푸른 바다이므로 푸른 잔디 위에 앉게 했다는 기록은 마가복음에 나온다.
   ※ 오징어가 배위로 걸어오므로 오병이어의 장소는 벳새다가 되며 베다니와 혼동되기도 하는데 44절에 '숫자를 세어보니 떡을 먹은 남자는 5000명이었더라'고 했으므로 벳새다가 맞다.
   ※ 5번에 12제자를 둘씩 둘씩 짝지어 보냈다고 했으므로 '100명씩 또는 50명씩 짝을 지어 앉았다'고 나오는 복음서는 마가복음이다.
   ※ 오병이어 - 벳새다 들판(푸른 잔디가 있는 풀밭, 막 6:39), 유대인을 대상, 남은 조각 12바구니
   　칠병이어 - 데가볼리 광야(칠데가 어디 있다고), 이방인을 대상, 남은 조각 7광주리(바구니보다 큼)

3. 고향에서 배척당하신 예수님(1-6) - 마 13장, 눅 4장
   • 선지자가 자기 고향과 자기 친척과 자기 집 외에서는 존경을 받지 못함이 없느니라(4)

4. 바다 위로 걸어오시는 예수님(22-33) - 마 14장, 요 6장
   오징어 다리가 12개(12제자를 나타냄)이며 둘씩 둘씩 짝지어 있다. 오징어가 걸어가므로 파송이 되며 12제자의 이름은 3장에서 나왔으므로 여기서는 나오지 않는다.

5. 12제자 파송(7-13) - 마 10장, 눅 9장
   • 12제자를 부르사 둘씩 둘씩 보내시며 더러운 귀신을 제어하는 권능을 주시고(7)
   • 제자들이 나가서 회개하라 전파하고 많은 귀신을 쫓아내며 많은 병자에게 기름을 발라 고치더라(12-13)
   ※ 게가 들고 있는 병은 기름병이므로 마가복음에 병자에게 기름을 발라 고쳤다고 나온다.
   ※ 마가복음에만 예수님이 제자를 파송하실 때 지팡이와 신을 가져가라고 기록 - 막대(지팡이), 나막신
   　게 한 마리가 오징어를 따라 나오고 있으며 손(집게)으로 병을 들고 있다.　게 → 게네사렛

6. 게네사렛에서 병을 고치시다(53-56) - 마 14장
   • 예수께 그의 옷 가에라도 손을 대게 하시기를 간구하니 손을 대는 자는 다 성함을 얻으니라(56)
   ※ 오병이어의 기적(벳새다) → 갈릴리 바다 위를 걸으심 → 벳새다 건너편 게네사렛에서 병을 고치심

마가복음 7장		
배 경	함정의 대포사수	
대제목	귀 먹고 말 더듬는 사람을 고치시다	

📖 장로들의 유전(전통)에 관한 유대 종교 지도자들과 예수님의 논쟁을 중심으로 수로보니게 여인의 귀신들린 딸을 고치고 귀 먹고 말 더듬는 자를 고치신 이적으로 구성되었다.

함정의 대포사수는 그림에서 보듯이 대포소리가 너무 커서 손으로 **귀**를 막고 있으며(귀 머거리) **입**은 너무 꽉 다물고 있어서 혀가 어눌해졌다.

1. <u>귀 먹고 말 더듬는 사람을 고치시다</u>(31-37) - 데가볼리(대포소리가 커서 대가리가 다 흔들린다)
   • 예수께서 다시 <u>두로</u> 지방에서 나와 <u>시돈</u>을 지나고 <u>데가볼리</u> 지방을 통과하여 <u>갈릴리</u> 호수에 이르 시매 사람들이 귀 먹고 말 더듬는 자를 데리고 예수께 나아와 안수하여 주시기를 간구하거늘 예 수께서 그 사람을 따로 데리고 무리를 떠나사 손가락을 그의 양 귀에 넣고 침을 뱉어 그의 혀에 손을 대시며 하늘을 우러러 탄식하시며 그에게 이르시되 에바다 하시니 이는 열리라는 뜻이라 그 의 귀가 열리고 혀의 맺힌 것이 곧 풀려 말이 분명하여졌더라(31-35) - 홍**에바다야 열리라**
   포신위에 수도꼭지가 달려있다.   **수도**꼭지 → **수로**보니게

2. <u>수로보니게 가나안 여인의 귀신들린 딸을 고치시다</u>(24-30) - 마 15장
   • 이에 더러운 귀신 들린 어린 딸을 둔 한 여자가 예수의 소문을 듣고 곧 와서 그 발아래에 엎드리 니 그 여자는 <u>헬라인</u>이요 수로보니게 족속이라 자기 딸에게서 귀신 쫓아내 주시기를 간구하거늘 예수께서 이르시되 자녀로 먼저 배불리 먹게 할지니 자녀의 떡을 취하여 개들에게 던짐이 마땅치 아니하니라 여자가 대답하여 이르되 주여 옳소이다마는 상 아래 <u>개</u>들도 아이들의 먹던 <u>부스러기</u> 를 먹나이다 예수께서 이르시되 이 말을 하였으니 돌아가라 귀신이 네 딸에게서 나갔느니라 하시 매(25-29) - 그림에 진짜 수도꼭지가 나오므로 마가복음에는 수로보니게 여인으로 나오며(마태복 음에는 가나안 여자로 나온다) 예수님이 **수로**보니게 여인을 만난 지방은 **두로**가 된다.
   장로들의 유전(전통)을 지켜 먹기 전에는 반드시 손을 씻어야 하므로 대포의 수도꼭지를 틀어 손을 씻고 있다.   참고로 대포의 바퀴 윗부분이 사람으로 말하면 골반에 해당하며 실제 생김새도 골반같이 생겼다.   골반 → 고르반(하나님께 드림이 되었다. 마가복음에만 나옴)

3. <u>장로들의 유전</u>(1-23) - 마 15장(고르반이 나오므로 마태복음보다 마가복음이 더 자세히 서술)
   • 바리새인들과 서기관들이 예수께 묻되 어찌하여 당신의 제자들은 장로들의 전통을 준행하지 아니하고 부정한 손으로 떡을 먹나이까 이르시되 이사야가 너희 외식하는 자에 대하여 잘 예언하였도다~ 이 백 성이 입술로는 나를 공경하되 마음은 내게서 멀도다 사람의 계명으로 교훈을 삼아 가르치니 나를 헛 되이 경배하는도다 하였느니라 너희가 하나님의 <u>계명</u>은 버리고 사람의 <u>전통</u>을 지키느니라~ 너희는 이 르되 사람이 아버지에게나 어머니에게나 말하기를 내가 드려 유익하게 할 것이 **고르반** 곧 하나님께 드림이 되었다고 하기만 하면 그만이라 하고 자기 아버지나 어머니에게 다시 아무것도 하여 드리기를 허락하지 아니하여 너희가 전한 전통으로 하나님의 말씀을 폐하며~ 무엇이든지 밖에서 사람에게로 들 어가는 것은 능히 사람을 더럽게 하지 못하되 사람 안에서 나오는 것이 사람을 더럽게 하는 것이니 라~ 곧 사람의 마음에서 나오는 것은 음란과 도둑질과 살인과 간음과 탐욕과 악독과 속임과 음탕과 질투와 비방과 교만과 우매함이니 이 모든 악한 것이 다 속에서 나와서 사람을 더럽게 하느니라(2-23)

	마가복음 8장	
배 경	함장	
대제목	1차 수난예고	

📖 칠병이어로 4000명을 먹이신 이적을 시작으로 바리새인과 헤롯당의 누룩에 대한 경고, 벳새다 맹인을 고치신 이적, 베드로의 신앙 고백 및 올바른 제자도에 대한 교훈이 소개되었다.
함장의 모자에 십자가 뺏지가 4개 있다.　　십자가 → 수난예고,　　4 → 4000명

1. 1차 수난예고(31) - 마 16장, 눅 9장
2. 4000명을 먹이신 기적(1-10) = 칠병이어의 기적 - 마 15장
   ※ 7병이어의 장소와 먹고 남은 조각 - 데가볼리(칠데가 어디 있다고), 7광주리(오병이어는 12바구니) 물에 빠진 사람들을 구하기 위해 함장이 손가락을 앞으로 가리키며 '이쪽으로 가이시소' 라고 말하며 사람들을 구조하고 있다. 참고로 가이시소 → 가이사랴 빌립보가 되며 가이시소 나오면 가이사랴 빌립보에서의 베드로의 신앙고백과 위선·십자가·온 천하가 같이 나온다.
3. 가이사랴 빌립보에서의 베드로의 신앙고백과 위선(27-33) - 마 16장, 눅 9장
4. 십자가(34) - 마 16장, 눅 9장
   • 누구든지 나를 따라오려거든 자기를 부인하고 자기 십자가를 지고 나를 따를 것이니라(34)
5. 온 천하(35-36) - 마 16장, 눅 9장
   • 누구든지 자기 목숨을 구원하고자 하면 잃을 것이요 누구든지 나와 복음을 위하여 자기 목숨을 잃으면 구원하리라 사람이 만일 온 천하를 얻고도 자기 목숨을 잃으면 무엇이 유익하리요(35-36)
   함장이 뱁새눈을 감추려고 선글라스를 쓰고 있다.　　선글라스 → 맹인,　　뱁새 → 벳새다
6. 벳새다 맹인을 고치시다(22-26) - 벳새다에 이르매 사람들이 맹인 한사람을 데리고 예수께 나아와 손대시기를 구하거늘 예수께서 맹인의 손을 붙잡으시고 마을 밖으로 데리고 나가사 눈에 침을 뱉으시며 그에게 안수하시고 무엇이 보이느냐 물으시니~ 나무 같은 것들이 걸어가는 것을 보나이다 하거늘 이에 그 눈에 다시 안수하시매 그가 주목하여 보더니 나아서 모든 것을 밝히 보는지라(22-25) - 뱁새눈이라 작아서 사람이 나무가 걸어가는 것 같이 보이며 2번 안수하심.
   ※ 뱁새눈 → 눈에 침을 뱉다, 따라서 벳새다 맹인을 고치실 때 눈에 침을 뱉는다.
   뱁새눈을 감추기 위한 것도 있지만 진짜는 부끄러움을 많이 타서 선글라스를 쓰고 있다.
7. 누구든지 이 음란하고 죄 많은 세대에서 나와 내 말을 부끄러워하면 인자도 아버지의 영광으로 거룩한 천사들과 함께 올 때에 그 사람을 부끄러워하리라(38)
   함장의 이름표(적)에는 누룽지라 써 있다.　　누룽지 → 누룩
8. 표적을 요구하는 바리새인들(11-13) - 마 16장, 눅 11장
   ※ 예수님의 이동경로 - 7병이어(데가볼리)를 먹고 달마가 눕자(달마누다 - 달마가 눕자 표적이 일어나므로 달마누다에서 바리새인들이 표적구함) 뱁새(벳새다 맹인)가 와서 쪼므로 달마가 가라고 (가이사랴) 소리친다.
9. 누룩(14-21) - 삼가 바리새인들의 누룩과 헤롯의 누룩(교훈)을 주의하라(15) - 마 16장, 눅 12장
   ※ 누룩을 넣으면 배나 부풀어 오르므로 바리새인들과 헤롯의 누룩 즉 교훈은 배에서 말씀하셨다.

마가복음 9장	
배 경 **함정의 측면**	
대제목 **실족**	구더기

📖 예수님의 영광스런 변모 사건을 시작으로 귀신에 사로잡힌 아이의 치유 사건, 십자가 수난 예고와 겸손에 관한 교훈, 그리고 범죄에 대한 단호한 처신 등의 내용으로 구성되었다.
사람들이 갑판에서 실족하여 바다에 빠졌다.

1. <mark>실족</mark>(42-50) - 마 18장, 눅 17장
   • 또 누구든지 나를 믿는 이 작은 자(힘이 없고 미약한 자)들 중 하나라도 실족하게 하면 차라리 <u>연자맷돌</u>(나귀에게 매어 돌리는 큰 맷돌)이 그 목에 매여 바다에 던져지는 것이 나으리라(42)
   바다에 빠진 사람들의 옷에 그려진 십자가, 2번째 십자가이므로 2차 수난예고가 된다.

2. <mark>2차 수난예고</mark>(30-32) - 마 17장, 눅 9장
   • 그곳을 떠나 갈릴리 가운데로 지날새 예수께서 아무에게도 알리고자 아니하시니 이는 제자들을 가르치시며 또 인자가 사람들의 손에 넘겨져 죽임을 당하고 죽은 지 삼 일만에 살아나리라는 것을 말씀하셨기 때문이더라 그러나 제자들은 이 말씀을 깨닫지 못하고 묻기도 두려워하더라(30-32)
   바다에 빠진 사람들이 변화산 깃발을 흔들며 살려 달라고 외치고 있으며 이들은 지금 **죽기** 일보직**전**이다. 다른 손에는 누가바를 들고 있다. 누가바 → 누가 크냐

3. <mark>변화산</mark>(2-8) - 마 17장, 눅 9장, 벧후 1장
   • 예수께서 베드로와 야고보와 요한을 데리시고 따로 높은 산에 올라가셨더니 그들 앞에서 변형되사 그 옷이 광채가 나며 세상에서 빨래하는 자가 그렇게 희게 할 수 없을 만큼 매우 희어졌더라(2-3)
   ※ 마가복음에서는 옷이 광채가 나는 것을 빨래에 비유한다 - 빨래 끝(끝은 막차 할 때의 막과 같다)
   마태, 마가에서는 <u>변</u>화산에서 일어난 <u>사건</u>을 함구하라고 나온다 - 망태(마태)로 <u>변</u>사의 입을 마가
   ※ 가이사랴 다음이 변화산이고(가이시소 어디로 변화산으로), 변화산 직전이 1차, 직후가 2차 수난예고가 된다. 가이사랴 빌립보에서 베드로의 신앙고백과 위선 → 1차 수난예고 → 변화산 → 간질병 귀신들린 아이 고치심(변화산에서 내려오시자마자 고치셨으므로 2차보다 앞선다) → 2차 수난예고

4. 또 그들에게 이르시되 내가 진실로 너희에게 이르노니 여기 서 있는 사람 중에는 <u>죽기 전</u>에 하나님의 나라가 권능으로 임하는 것을 볼 자들도 있느니라 하시니라(1) - 눅 9장

5. <mark>누가 크냐</mark>(33-37) = **가**버나움 논쟁 - 마 18장, 눅 9장, 눅 22장(가버나움×, 예루살렘)
   • 가버나움에 이르러 집에 계실새 제자들에게 물으시되 너희가 길에서 서로 토론한 것이 무엇이냐 하시되 그들이 잠잠하니 이는 길에서 서로 누가 크냐 하고 쟁론하였음이라 예수께서 앉으사 열두 제자를 불러서 이르시되 누구든지 <u>첫째</u>가 되고자 하면 뭇 사람의 <u>끝</u>이 되며 뭇 사람을 섬기는 자가 되어야 하리라 하시고(33-35) - 누가바를 들고 있는 사람이 <u>첫째</u>이고 맨 오른쪽이 끝(막내)이다.
   ※ 논쟁은 길에서 일어났고 예수님은 <u>집</u>에서 논쟁에 대해 물어보셨다.
   변화산 깃발의 작은 점 • 참고로 예수님이 변화산에서 내려오시자마자 하신 일은 간질병 귀신에 사로잡힌 아이를 치료하신 사건이다. 마 17장 참고란 꼭 볼 것

6. <mark>귀신에 사로잡힌 아이</mark>(14-29) = 겨자씨 한 알만한 믿음 = 제자들의 불신앙 - 마 17장, 눅 9장

- 무리 중의 하나가 대답하되 선생님 말 못하게 귀신 들린 내 아들을 선생님께 데려왔나이다 귀신이 어디서든지 저를 잡으면 거꾸러져 거품을 흘리며 이를 갈며 그리고 파리해지는지라 내가 선생의 제자들에게 내쫓아 달라 하였으나 그들이 능히 하지 못하더이다 대답하여 이르시되 믿음이 없는 세대여 내가 얼마나 너희와 함께 있으며 얼마나 너희에게 참으리요 그를 내게로 데려오라 하시매 이에 데리고 오니 귀신이 예수를 보고 곧 그 아이로 심히 경련을 일으키게 하는지라 그가 땅에 엎드러져 구르며 거품을 흘리더라 예수께서 그 아버지에게 물으시되 언제부터 이렇게 되었느냐 하시니 이르되 어릴 때부터니이다 귀신이 그를 죽이려고 불과 물에 자주 던졌나이다 그러나 무엇을 하실 수 있거든 우리를 불쌍히 여기사 도와주옵소서(17-22)
- 예수께서 이르시되 할 수 있거든이 무슨 말이냐 믿는 자에게는 능히 하지 못할 일이 없느니라 하시니(23) - 귀신에 사로잡힌 아이의 아버지가 하는 말 "아까 한 말은 농담(23)이었습니다." 참 어이가 없네. 막 가도 한참 막 가는구만. 여기에서 '막'이 이 구절이 마가복음임을 알려준다.
- 곧 그 아이의 아버지가 소리를 질러 이르되 내가 믿나이다 나의 믿음 없는 것을 도와주소서(24) 변화산에서 엘리야가 등장하므로 변화산 뒤에는 반드시 엘리야 이야기가 나온다.

7. 세례요한과 엘리야(9-13) - 마 17장
   - 그들이 산에서 내려올 때에 예수께서 경고하시되 인자가 죽은 자 가운데서 살아날 때까지는 본 것을 아무에게도 이르지 말라 하시니 그들이 이 말씀을 마음에 두며 서로 문의하되 죽은 자 가운데서 살아나는 것이 무엇일까 하고 이에 예수께 묻자와 이르되 어찌하여 서기관들이 엘리야가 먼저 와야 하리라 하나이까 이르시되 엘리야가 과연 먼저 와서 모든 것을 회복하거니와 어찌 인자에 대하여 기록하기를 많은 고난을 받고 멸시를 당하리라 하였느냐 그러나 내가 너희에게 이르노니 엘리야가 왔으되 기록된 바와 같이 사람들이 함부로 대우하였느니라 하시니라(9-13) 바다에 빠진 사람들은 우리 편이며 **물 한**가운데에 있다.

8. 반대하지 않는 자는 우리 편(38-40) - 눅 9장
   - 요한이 예수께 여짜오되 선생님 우리를 따르지 않는 어떤 자가 주의 이름으로 귀신을 내쫓는 것을 우리가 보고 우리를 따르지 아니하므로 금하였나이다 예수께서 이르시되 금하지 말라 내 이름을 의탁하여 능한 일을 행하고 즉시로 나를 비방할 자가 없느니라 우리를 반대하지 않는 자는 우리를 위하는 자니라(38-40) - 눅 9장을 보면 왜 반대란 단어가 나오는지 알 수 있다.

9. 누구든지 너희가 그리스도에게 속한 자라 하여 **물 한** 그릇이라도 주면 내가 진실로 너희에게 이르노니 그가 결단코 상을 잃지 않으리라(41) - 마 10장 바다위에 구더기가 떠다닌다. 전쟁 중에 바다에서 죽은 시체에서 나온 구더기인가 보다.

10. 거기에서는 구더기도 죽지 않고 불도 꺼지지 아니하느니라(48, 사 66:24) 구더기를 죽이는 방법은 그 위에 소금을 뿌리면 된다.

11. 소금(49-50) - 마 5장, 눅 14장
    - 사람마다 불로써 소금 치듯 함을 받으리라(49) - 소금에 절여지듯 불로 절여질 것이라는 뜻으로 그만큼 고통스럽다는 뜻이다.
    - 소금은 좋은 것이로되 만일 소금이 그 맛을 잃으면 무엇으로 이를 짜게 하리요 너희 속에 소금을 두고 서로 화목하라 하시니라(50) 저 나비는 옆에 있는 구더기에서 번데기의 과정을 거쳐 성충이 된 나비이다. 나비 → 접(蝶, 나비 접) → 영접, 따라서 나비는 영접으로 약속한다.

12. 영접(36-37) - 마 10장, 마 18장, 눅 9장
    - 어린 아이 하나를 데려다가 그들 가운데 세우시고 안으시며 제자들에게 이르시되 누구든지 내 이름으로 이런 어린 아이 하나를 영접하면 곧 나를 영접함이요 누구든지 나를 영접하면 나를 영접함이 아니요 나를 보내신 이를 영접함이니라(36-37)

마가복음 10장	
배 경	함정의 뒷편
대제목	어린 아이에게 안수하시다

📖 본문은 예수님이 갈릴리 사역을 마무리 짓고 예루살렘으로 올라가는 도중에 발생한 일련의 사건들이다. 즉 이혼과 재물과 겸손에 대한 가르침 및 맹인 바디매오의 치유 사건이다.

＊ 베레아 전도(막 10장) - 10장은 배아래 있으므로 베레아 전도가 된다.   배아래 → 베레아

※ 막 10장 베레아 = 유대 지경,   행 17장 베뢰아 = 마게도냐 지경

함정의 뒤편에는 어린 아이가 **선** 하나를 물고 섬기는 자가 앉아야할 의자에 앉아 있다.

1. 어린 아이에게 안수하시다(13-16) - 마 19장, 눅 18장

2. 네가 어찌하여 나를 **선**하다 일컫느냐 하나님 한 분 외에는 선한 이가 없느니라(18)

3. 섬기는 자(35-45) - 마 20장

• 인자가 온 것은 섬김을 받으려 함이 아니라 도리어 섬기려 하고 자기 목숨을 많은 사람의 대속물로 주려 함이니라(45) - 섬기는 자가 앉아야 할 의자가 4, 어린 아이가 5자 모양이므로 45절이 된다.
어린 아이가 앉은 의자는 조금 넉넉해서 좌측에 1명, 우측에 1명씩 더 앉을 공간이 있다.

4. 야고보와 요한의 요구(20-28) = 섬김의 도에 관한 교훈 - 마 20장

• 주의 영광중에서 우리를 하나는 주의 우편에, 하나는 좌편에 앉게 하여 주옵소서(37)
어린 아이의 목의 카라(그림 참조) → **영**이 **세**게 → 영생

5. 영생(17-28) = 부자청년의 질문 - 마 19장, 눅 18장
어린 아이가 100점 맞은 것을 자랑하려고 옷에 100 이라고 써 놓았다.

6. 100배의 상(28-31) - 마 19장, 눅 18장 - 내용은 눅 18장에 써 놓았다.
이 어린 아이는 곱추다.   곱추 → 낙타

7. 낙타(25) - 마 19장, 눅 18장
이 아이의 부모는 이혼했다. 그래서 혼자 있는 것이다.

8. 이혼(1-12) - 마 19장

• 이러므로 사람이 그 부모를 떠나서 그 둘이 한 몸이 될지니라(7-8) - 창 2, 마 19, 고전 6, 엡 5
• 그러므로 하나님이 짝지어 주신 것을 <u>사람</u>이 나누지 못할지니라 하시더라(9)
의자의 십자가 그림,   3번째 나온 십자가이므로 3차 수난예고가 된다.

9. 3차 수난예고(32-34) - 마 20장, 눅 18장
이 의자를 여리고 여린 아이들만 앉는 의자라 하여 여리고 의자라 하며 바퀴하나 (●)는 맹인 한명을 뜻한다. 참고로 여기는 **바다**이므로 마가복음에는 **바디**매오란 이름이 나온다.

10. 여리고의 맹인거지 바디매오를 고치시다(46-52) - 마 20장, 눅 18장

※ 바디매오의 아버지 - 디매오, 겉옷을 내버렸다고 나오는 맹인 - 바디매오(겉옷은 바디에 입으므로)
어린 아이의 깍지 낀 손, 깍지 낀 손이 먼저-나중, 나중-먼저 되는 것은 마 19장 참조

11. 먼저-나중, 나중-먼저(31) - 마 19장, 눅 13장

※ 마 19장과 달리 고자가 아니기 때문에 다리를 펴고 앉아 있으므로 막 10장은 '고자' 가 나오지 않는다.

마가복음 11장	
배 경	**비행기 프로펠러**
대제목	**저주받은 무화과나무**

📖 **예수님의 예루살렘 입성과 함께 시작되는 고난주간의 처음 3일(일,월,화)을 다루고 있다.**

    ＊ 마가복음 11-13장(예루살렘 입성부터 최후의 만찬 전장까지)은 고난주간의 처음 3일 (일, 월, 화)을 다루고 있는데 예수님이 예루살렘에 입성하신 날은 고난주간의 첫날인 주일이고 저주받은 무화과나무와 성전정화가 월요일, 그 나머지는 다 화요일이다.

    화요일 : ① 세금논쟁 ②부활논쟁 ③ 예수님의 권세에 대한 논쟁 - 논쟁은 다투는 것이므로 화가 날 때의 화요일과 관계가 있다. ④ 화통하게 과부가 자신의 전 재산인 두 렙돈을 헌금으로 낸다. ⑤ 화가 나셔서 위선자들을 책망하신다. ⑥ 이스라엘에 화가 미치는 성전파괴와 종말 예언

    ＊ **마지막 한 주간 순서 외우는 방법 :** 예루살렘 입성(주일)하신 후 그 다음날 시장하셔서 무화과나무의 열매를 드시려 하셨으나 열매가 없자 화가 나서 무화과나무를 저주하시고(월) 곧바로 그 화풀이로 성전에서 매매하는 상인들을 쫓아내셨다(월).

    프로펠러의 날개는 3개이며 서있는 용·나귀새끼·무화과나무와 종려나무가지를 든 상인이 그려져 있다. 서있는 용 → '서서 기도할 때 용서'가 되며 용은 용서로 약속한다.

1. 용서(25) - 서서 기도할 때에 아무에게나 혐의가 있거든 용서하라 그리하여야 하늘에 계신 너희 아버지께서도 너희 허물을 사하여 주시리라(25) - 이 말씀은 저주받은 무화과나무와 연관이 있다.

2. 나귀 새끼를 타고 예루살렘에 입성하시는 예수님(1-11) - 주일 - 마 21장, 눅 19장, 요 12장
   - 찬송하리로다 오는 우리 조상 다윗의 나라여 가장 높은 곳에서 호산나 하더라(10, 시 118편) - 호~ 이 머릿돌을 산나. 머릿돌 - 시 118편
   ※ 예수님이 제자들에게 나귀새끼를 끌어오라고 말씀하신 곳 - 베다니와 감람산 벳바게 사이
   나귀새끼를 끌고 오도록 제자들을 보낸 곳 - 감람산 벳바게, 고난주간 동안 머무신 곳 - 베다니

3. 성전에서 쫓겨나는 상인들(15-18) = 성전정화 - 고난주간(월요일) - 마 21장, 눅 19장, 요 2장
   - 내 집은 만민이 기도하는 집이라(사 65:7) 칭함을 받으리라고 하지 아니하였느냐 너희는 강도의 소굴(렘 7:11)을 만들었도다(17)
   상인의 손에는 저주받은 무화과나무와 종려나무가지가 들려있다.

4. 저주받은 무화과나무(12-14, 20-25) = 기도에 대한 교훈 - 고난주간(월요일) - 마 21장
   - 그들이 아침에 지나갈 때에 무화과나무가 뿌리째 마른 것을 보고 베드로가 생각이 나서 여짜오되 랍비여 보소서 저주하신 무화과나무가 말랐나이다 예수께서 그들에게 대답하여 이르시되 하나님을 믿으라 내가 진실로 너희에게 이르노니 누구든지 이 산더러 들리어 바다에 던져지라 하며 그 말하는 것이 이루어질 줄 믿고 마음에 의심하지 아니하면 그대로 되리라 그러므로 내가 너희에게 말하노니 무엇이든지 기도하고 구하는 것은 받은 줄로 믿으라 그리하면 너희에게 그대로 되리라(20-24)
   무화과나무가 저주를 받은 것은 예수님의 권세로 그렇게 된 것이다.

5. 예수님의 권세(27-33) - 마 21장, 눅 20장

마가복음 12장		
배 경	비행기 조종석	
대제목	악한 농부들	

📖 악한 농부의 비유를 통해 예수님은 자신이 메시야임을 밝히지만 종교 지도자들은 세금과 부활 논쟁을 통해 예수님을 옭아매려 든다. 이어 가장 큰 계명에 대한 교훈과 가난한 과부의 헌금에 대한 칭찬이 소개되었다.

비행기 조종석에 탄 농부는 오른손으로는 동전을, 왼손으로는 금화를 마구 뿌려 낭비하므로 악한 농부이다. 여기서 동전은 가난을, 금화는 부자를 나타낸다.

1. 악한 농부의 비유(1-12) - 마 21장, 눅 20장
2. 부자와 가난한 과부의 헌금(41-44) - 눅 21장 - **성전에서 보신 마지막 사건**
   • 예수께서 헌금함을 대하여 앉으사 무리가 어떻게 헌금함에 돈 넣는가를 보실새 여러 부자는 많이 넣는데 한 가난한 과부는 와서 두 렙돈(로마의 가장 작은 화폐 단위) 곧 한 고드란트를 넣는지라 예수께서 제자들을 불러다가 이르시되 내가 진실로 너희에게 이르노니 이 가난한 과부는 헌금함에 넣는 모든 사람보다 많이 넣었도다 그들은 다 그 풍족한 중에서 넣었거니와 이 과부는 그 가난한 중에서 자기 모든 소유 곧 생활비 전부를 넣었느니라(41-44) - 마가복음에는 동전 그림이 나오므로 렙돈, 고드란트와 같이 동전의 명칭을 자세히 설명하고 있는 것은 마가복음이다.
   ※ 성전에서 나가기 직전과 직후에 있었던 사건 - 부자와 가난한 과부의 헌금, 성전파괴 예언
   악한 농부의 머리 위(上)에 돌(石) - ① 머릿돌 ② 上石(상석) → 上席(상석)
3. 머릿돌(10-11) - 마 21장, 눅 20장
   • 건축자들이 버린 돌이 모퉁이의 머릿돌이 되었나니(10, 시 118편) - 악한 농부의 머리위에 돌이 있으므로 머릿돌에 관한 말씀은 악한 농부의 비유와 관련이 있다.
4. 상석에 앉기를 좋아하는 서기관들을 삼가라(38-40) = 서기관들의 외식을 삼가라 - 눅 20장
   • 회당의 높은 자리와 잔치의 윗자리를 원하는 서기관들을 삼가라(39) - 상석과 서기관에서 석≒서
   • 그들은 과부의 가산을 삼키며 외식으로 길게 기도하는 자니 그 받는 판결이 더욱 중하리라(40) - 삼키고(식도)와 기도(공기가 지나가는 길)가 기관(氣管)이므로 이 구절은 서기관과 관계가 있다.
   금화에는 로마황제 가이사의 화상이 그려져 있다.
5. 가이사(13-17) = 납세문제에 관한 질문과 답변 - 마 22장, 눅 20장
   ※ 가이사의 세금 문제로 질문한 자 - 바리새인과 헤롯당원 - 돈(세금)을 좋아하는 자들은 바리새인이며(눅 16:14) 헤롯당원은 헤롯왕조의 추종자들이므로 가이사가 나오는 곳에 헤롯당원이 나온다. 가이사의 생긴 것은 뱀대가리(사두)처럼 생겼다. ※ 사두개인은 부활·영·천사를 믿지 않는다.
6. 사두개인(18-27) = 부활에 관한 논쟁 - 마 22장, 눅 20장
   옷에는 큰 계명이라 써 있다.
7. 큰 계명(28-34) - 마 22장, 눅 10장
   비행기에는 '다윗의 자손'이란 현수막이 걸려있다. 참 뻔뻔하다.
8. 다윗의 자손(35-37) - 마 22장, 눅 20장

	마가복음 13장	
배　경	조종석 아래	
대제목	재난	

📖　본문은 세상 종말에 대한 예수님의 여러 예언과 교훈으로서, 즉 성전 파괴와 종말과 대
　　환난과 재림에 대한 예언을 말씀하신 후에 종말에 깨어 있을 것을 경고하는 부분이다.
　　조종석 아래에는 그 날과 그 때를 알리는 시계폭탄 즉 시한폭탄이 장착돼 있다.

1.　그 날과 그 때(32-33) - 마 24장
　　시계가 7시를 가리키므로 7년 대환난이 된다.

2.　대환난(14-23) - 마 24장, 눅 21장
　※ 멸망의 가증한 것이 선 것을 보거든 - 산, 지, 밭, 아, 안, 겨 - 산, 지붕, 밭, 아이 밴, 안식일, 겨울
　　대환난이 오면 ① 성전이 파괴되고 ② 제자들이 핍박받으며 ③ 심판하시러 예수님께서
　　재림하신다. 이 3개는 항상 같이 나온다.

3.　성전파괴(1-2) - 마 24장, 눅 19장, 눅 21장
　•　네가 이 큰 건물들을 보느냐 돌 하나도 돌 위에 남지 않고 다 무너뜨려지리라 하시니라(2)
　※ 성전에서 나오시기 직전에 가난한 과부의 헌금에 대해 말씀하시고 성전에서 나오시면서 성전파괴
　　를 예언하셨으며 감람산에 가셔서 성전을 마주 대하여 앉으셨을 때 종말에 대해 말씀하셨다.

4.　제자들의 핍박(9-13) - 마 10장, 마 24장, 눅 21장

5.　예수님의 재림(24-27) - 마 24장, 눅 21장
　※ 환난 후에 있을 6가지 징조 - 해, 달, 별, 구, 천, 하 - 이 우주는 해도 달도 별도 구(球 공 구)
　　천하 - 해가 어두워짐, 달이 빛을 내지 아니함, 별들이 하늘에서 떨어짐, 인자가 구름을 타고 오는
　　것을 사람들이 봄, 천사들을 보내어 택하신 자들을 사방에서 모음, 하늘에 있는 권능들이 흔들림
　　시계가 시간이 되면 **징 징 징** 하고 울린다.　　징 → 징조

6.　대환난의 징조(3-13) - 마 24장, 눅 21장
　•　예수께서 감람산에서 성전을 마주 대하여 앉으셨을 때에 베드로와 야고보와 요한과 안드레가 조
　　용히 묻되~ ① 어느 때에 이런 일이 있겠사오며~ ② 무슨 징조가 있사오리이까(3-4)
　　시계의 재질은 무화과나무로 만들었다.

7.　무화과나무의 비유(28-31) = 재림의 날과 때에 관한 비유 - 마 24장, 눅 21장
　•　무화과나무의 비유를 배우라 그 가지고 연하여지고 잎사귀를 내면 여름이 가까운 줄 아나니 이와
　　같이 너희가 이런 일이 일어나는 것을 보거든 인자가 가까이 곧 문 앞에 이른 줄 알라(28-29)
　　시계 밑에는 종이 있는데 조금 깨져있다.

8.　깨어있는 종(34-37) - 눅 12장
　•　가령 사람이 집을 떠나 타국으로 갈 때에 그 종들에게 권한을 주어 각각 사무를 맡기며 문지기에
　　게 깨어 있으라 명함과 같으니 그러므로 깨어 있으라 집 주인이 언제 올는지 혹 저물 때일는지,
　　밤중일는지, 닭 울 때일는지, 새벽일는지 너희가 알지 못함이라(34-35)
　•　※ 무화과나무의 비유와 깨어있는 종의 비유가 주는 교훈 - 깨어 있으라

마가복음 14장		
배　경	비행기 앞날개	
대제목	겟세마네 기도	

📖　십자가 수난을 준비하시는 예수님 모습(향유 사건, 최후의 만찬, 겟세마네 기도)과 십자가 수난을 당하시는 예수님의 모습(배반당하고 체포되어 심문 당함)이 언급되어 있다.

　　비행기 앞날개에는 기도라 써 있고 그 안에는 기름 즉 향유가 가득 들어있다. 참고로 비행기 앞날개에는 그림에는 없지만 에어버스의 약자인 ABBA(아바)라 써 있다.

1.　겟세마네 기도(32-42) - 고난주간(겟세마네 동산이므로 木요일이 된다) - 마 26장, 눅 22장
　• 아바 아버지여 아버지께는 모든 것이 가능하오니 이 잔을 내게서 옮기시옵소서 그러나 나의 원대로 마시옵고 아버지의 원대로 하옵소서 하시고(36) - **아바 아버지** : 막 14장, 롬 8장, 갈 4장

2.　향유(3-9) - 마 26장, 요 12장
　• 예수께서 베다니 나병환자 시몬의 집에서 식사하실 때에 한 여자(베다니 마리아)가 매우 값진 향유 곧 순전한 나드 한 옥합을 가지고 와서 그 옥합을 깨뜨려 예수의 머리에 부으니(3)
　• 이 향유를 300데나리온에 팔아 가난한 자들에게 줄 수 있었겠도다 하며 그 여자를 책망하는지라(5)
　• 그는 힘을 다하여 내 몸에 향유를 부어 내 장례를 미리 준비하였느니라(8)
　※ 향유사건이 일어난 시점을 보면 베다니의 나사로를 살리신 후 3개월간 베레아에 가셨다가 3개월 후 베레아에서 여리고를 거쳐(이때 삭개오를 만나신다. 눅 19:1-10) 다시 베다니에 들어오신다. 이때에 향유사건(토)이 일어났으며 그 다음 날(주일) 고난을 받으시기 위해 예루살렘에 입성하신다.

3.　최후의 만찬(12-26) - 고난주간(목요일) - 마 26장, 눅 22장, 요 13장
　※ 최후의 만찬 후 예수님과 제자들은 감람산으로 가셨고 그 후 겟세마네(감람산 중턱쯤에 있다)에 이름.
　　최후의 만찬 〰 에서 〰 이것은 음모(陰毛, 생식기 주위에 난 털)를 나타낸다.

4.　예수님을 죽일 음모(1-2) - 고난주간(수요일) - 마 26장, 눅 22장, 요 11장
　• 이틀이 지나면 유월절과 무교절이라 대제사장들과 서기관들이 예수를 흉계로 잡아 죽일 방도를 구하며(1) - 연달아 있는 절기는 유월절(1.14일 저녁)과 무교절(1.15일부터 7일간) 밖에 없다.
　　비행기가 움직이면서 날개에 가득한 향유가 출렁거리는데 이때 향유의 일부가 흩어지고 있다.

5.　예수께서 제자들에게 이르시되 너희가 다 나를 버리리라 이는 기록된바 내가 목자를 치리니 양들이 흩어지리라 하였음이니라(27, 슥 13:7)
　　비행기의 날개가 닭 날개 모양이며 이는 닭이 2번 울 때 베드로가 부인하는 것을 나타낸다.

6.　베드로의 부인(27-31, 66-72) - 고난주간(금요일) - 마 26장, 눅 22장, 요 18장
　　비행기의 **우편** 날개는 **구름**에 가려 보이지 않는다.

7.　인자가 권능자의 우편에 앉은 것과 하늘 구름을 타고 오는 것을 너희가 보리라(62) - 마 26장
　　겟세마네 기도 나오면 예수님의 체포 · 대제사장 가야바의 심문이 항상 같이 나온다.

8.　예수님의 체포(43-52) - 고난주간(금요일) - 마 26장, 눅 22장, 요 18장
　※ 한 청년(마가)이 베 홑이불을 버리고 벗은 몸으로 도망간 사건은 마가복음에만 나온다(51-52).

9.　대제사장 가야바의 심문(53-65) - 고난주간(금요일) - 마 26장, 눅 22장, 요 18장

마가복음 15장		
배 경	비행기 뒷날개	
대제목	가시관	

📖 예수님의 십자가 수난에 대한 내용으로 빌라도에게 십자가형을 언도받은 예수님이 골고다에서 못 박혀 처형당하신 후 그 시신이 아리마대 요셉의 무덤에 장사되는 장면이다.

비행기 뒷날개에 가시관이 씌어져 있다. 참고로 가시관과 십자가 대속은 같다. 눅 23장 참조

1. **가시관**(16-41) = 십자가 대속 - 마 27장, 눅 23장, 요 19장

   ※ 군인들이 예수님을 끌고 가서 희롱한 뜰 이름 - **브라이도리온**(마가복음에만 나온다)

   비행기 뒷날개가 꼭 무덤같이 생겼다.

2. **무덤에 묻히신 예수님**(42-47) - 마 27장, 눅 23장, 요 19장

   • 이 날은 준비일 곧 안식일 전날이므로 저물었을 때에 아리마대 사람 요셉이 와서 당돌히 빌라도에게 들어가 예수의 시체를 달라 하니 이 사람은 존경받는 공회원이요 하나님의 나라를 기다리는 자라 빌라도는 예수께서 벌써 죽었을까 하고 이상히 여겨 백부장을 불러 죽은 지가 오래냐 묻고 백부장에게 알아 본 후에 요셉에게 시체를 내주는지라 요셉이 세마포를 사서 예수를 내려다가 그것으로 싸서 바위 속에 판 무덤에 넣어 두고 돌을 굴려 무덤 문에 놓으매 막달라 마리아와 요셉의 어머니 마리아가 예수 둔 곳을 보더라(42-47)

   가시관에 빙 둘려있는 모양이 마치 살벌한 빌라도 법정 같다. 마 27장 참조

3. **빌라도 법정**(1-15) - 마 27장, 눅 23장, 요 18장

   • 새벽에 대제사장들이 즉시 장로들과 서기관들 곧 온 공회와 더불어 의논하고 예수를 결박하여 끌고 가서 빌라도에게 넘겨주니 빌라도가 묻되 네가 유대인의 왕이냐 예수께서 대답하여 이르시되 네 말이 옳도다 하시매 대제사장들이 여러 가지로 고발하는지라 빌라도가 또 물어 이르되 아무 대답도 없느냐 그들이 얼마나 많은 것으로 너를 고발하는가 보라 하되 예수께서 다시 아무 말씀으로도 대답하지 아니하시니 빌라도가 놀랍게 여기더라 명절을 되면 백성의 요구하는 대로 죄수 한 사람을 놓아 주는 전례가 있더니 **민란을 꾸미고 그 민란중에 살인하고 체포된 자** 중에 **바라바**라 하는 자가 있는지라 무리가 나아가서 전례대로 하여 주기를 요구한대 빌라도가 대답하여 이르되 너희는 내가 유대인의 왕을 너희에게 놓아 주기를 원하느냐 하니 이는 그가 대제사장들이 시기로 예수를 넘겨준 줄 앎이러라 그러나 대제사장들이 무리를 충동하여 도리어 바라바를 놓아 달라 하게 하니 빌라도가 또 대답하여 이르되 그러면 너희가 유대인의 왕이라 하는 이를 내가 어떻게 하랴 그들이 다시 소리 지르되 그를 십자가에 못 박게 하소서 빌라도가 이르되 어찜이냐 무슨 악한 일을 하였느냐 하니 더욱 소리 지르되 십자가에 못 박게 하소서 하는지라 빌라도가 무리에게 만족을 주고자 하여 바라바는 놓아 주고 예수는 채찍질 하고 십자가에 못 박히게 넘겨 주니라(1-15)

   ※ 유다의 죽음은 마태복음과 사도행전에만 나온다.

   뒷날개의 무덤같이 생긴 곳 가장자리가 구레나룻을 연상하게 한다. 구레나룻 → 구레네

4. 마침 **알렉산더**와 루포의 아버지인 **구레네 사람 시몬**이 시골로부터 와서 지나가는데 그들이 그를 억지로 같이 가게 하여 예수의 십자가를 지우고(21)

마가복음 16장	
배 경 비행기 위	
대제목 예수님의 부활 · 승천	

📖 본문은 예수님의 부활, 승천에 관한 내용으로 약속대로 사흘 만에 부활하신 예수님은 자신의 부활을 여러 사람에게 입증하신 후에 지상 대명령과 함께 승천하시는 장면이다.

비행기 위 하늘에서는 부활·승천하신 예수님이 손가락으로 승리의 V자를 그리고 계신다.

1. 부활(1-8) - 마 28장, 눅 24장, 요 20장

   ※ 부활 후 예수님께서 가장 먼저 가신 곳 - 갈릴리

2. 승천(19-20) - 눅 24장

   • 주 예수께서 말씀을 마치신 후에 **하늘로 올려지사** 하나님 우편에 앉으시니라(19)
   승리의 V는 영적으로는 주님께서 부활하여 사망권세를 깨뜨리고 승리하셨다는 뜻이며 본문에서 나타내고자 하는 뜻은 단순히 둘을 지칭하며 또한 2개의 손가락을 따라 선을 그리면 M이 되는데 M은 엠마오를 나타내므로 2개의 손가락은 '엠마오 도상의 두 제자'가 된다.

3. 엠마오 도상의 두 제자(12-13) - 눅 24장

   • 그 후에 그들 중 두 사람이 걸어서 시골로 갈 때에 예수께서 다른 모양으로 그들에게 나타나시니 두 사람이 가서 남은 제자들에게 알리었으되 역시 믿지 아니하니라(12-13)
   예수님께서 입으신 옷에는 표적이 그려져 있고 그 가운데에는 $(달라) 로고가 새겨져 있다.
   $(달라) → 막달라 마리아, 참고로 막 16장의 표적은 마 16장, 막 8장, 눅 11장의 표적과 내용이 다르다.

4. 표적(17-18) = 믿는 자들에게 나타나는 표적

   • 믿는 자들에게는 이런 표적이 따르리니 곧 그들이 내 이름으로 ① 귀신을 쫓아내며 ② 새 방언을 말하며 ③ 뱀을 집어 올리며 무슨 독을 마실지라도 해를 받지 아니하며 ④ 병든 사람에게 손을 얹은즉 나으리라 하시더라(15-18) - 귀, 방, 독, 병 - 귀방망이를 때렸더니 독이 올라 병이 났다.
   • 제자들이 나가 두루 전파할새~ 그 따르는 표적으로 말씀을 확실히 증언하시니라(20) - **마지막 구절**

5. 막달라 마리아에게 나타나시다(9-11) - 요 20장

   • 예수께서 안식 후 첫날 이른 아침에 살아나신 후 전에 7귀신을 쫓아내어 주신 막달라 마리아에게 먼저 보이시니(9) - 2번째로 예수님을 본 사람은 엠마오 도상의 2제자(2제자가 2번째를 나타냄). 예수님의 옷에 그려진 표적에서 온 천하 만민을 향해 전파가 발사되고 있다.
   • **너희는 온 천하에 다니며 만민에게 복음을 전파하라**(15) - 만민의 만≒막이므로 마가복음에 나옴
   • 믿고 세례를 받는 사람은 구원을 얻을 것이요 믿지 않는 사람은 정죄를 받으리라(16) 예수님의 옷 어깨끈에는 弟자가 써 있다. 弟 - 제자 제

6. 제자들에게 나타나시다(14-16) - 요 20장

   • 그 후에 열한 제자가 음식 먹을 때에 예수께서 그들에게 나타나사 그들의 믿음 없는 것과 마음이 완악한 것을 꾸짖으시니 이는 자기가 살아난 것을 본 자들의 말을 믿지 아니함일러라(14)

누가복음 24장

* **배경** : 누가복음은 누각복음으로 바꾼다. 누각은 경치 좋은 곳에 있어야 하므로 누각 주위로는 산이 있고 그 아래에는 강이 있다. 따라서 누가복음은 누각·산·강을 배경으로 하며 누각·산·강에 각각 8장씩 총 24장으로 한다.

* **주제 암기방법** : 누가는 '누가 했나' 할 때의 누가이므로 사람(인자)을 지칭한다. 따라서 누가복음의 주제는 '인자이신 예수 그리스도'가 된다.

* **특징** : ① 4복음서중 예수님의 생애를 가장 완벽하게 묘사(인자이신 예수 그리스도이므로).
   ② 소외계층을 위한 복음서(누가는 의사이므로 소외계층에 의료봉사를 했다고 생각하자)
   ③ 다른 복음서에는 없는 단독 자료가 가장 많다.
   ④ 세례 요한의 출생을 유일하게 기록.
   ⑤ 누가복음은 헬라인을 대상으로 했다 - 누가 했나(헬라)

누가복음 (24장)

저   자 : 누가
   누가복음과 사도행전의 서문(눅 1:1-4,행 1:1-5)을 보면 이 두 책이 모두 데오빌로에게 보낸 글이라는 것이 확실해진다. 사도행전은 누가복음을 요약하여 결론을 맺은 후에 계속해서 이야기를 전개한 것이며 문체와 용어에 있어서도 두 책이 매우 비슷하다. 누가복음은 본래 사도행전까지 포함한 방대한 책으로 누가복음을 전편, 사도행전을 후편이라 할 수 있다. 사도행전의 '우리'라는 표현으로 시작되는 구절들은 저자가 바울의 동역자이며 함께 전도여행을 다녔음을 나타내 준다. 누가는 바울이 로마의 옥에 처음 갇혀 있을 때 바울과 함께 있었으며 바울은 그를 '사랑을 받는 의원 누가'(골 4:14)라고 일컬었다. 바울은 로마에서 2번째 투옥되었을 때, 누가만 나와 함께 있느니라(딤후 4:11)고 하면서 극심한 위험에 직면해 있는 사도 바울에게 누가가 충성을 다했음을 증거하고 있다.

제   목 : 기록자의 이름을 따라 붙임.

주   제 : 인자이신 예수 그리스도

기록연대 : A.D. 61-63년경

요   절 : 1:3-4, 19:10

기록목적 : 예수님은 하나님임과 동시에 온전한 사람으로서 인류의 구주가 되신다는 것을 증거하기 위해 기록하였다.

개요
1. 인자에 대한 소개(1:1-4:13)
2. 인자의 사역(4:14-9:50)
3. 배척당하신 인자(9:51-19:27)
4. 인자의 수난(19:28-23:56)
5. 인자의 부활과 승천(24:1-53)

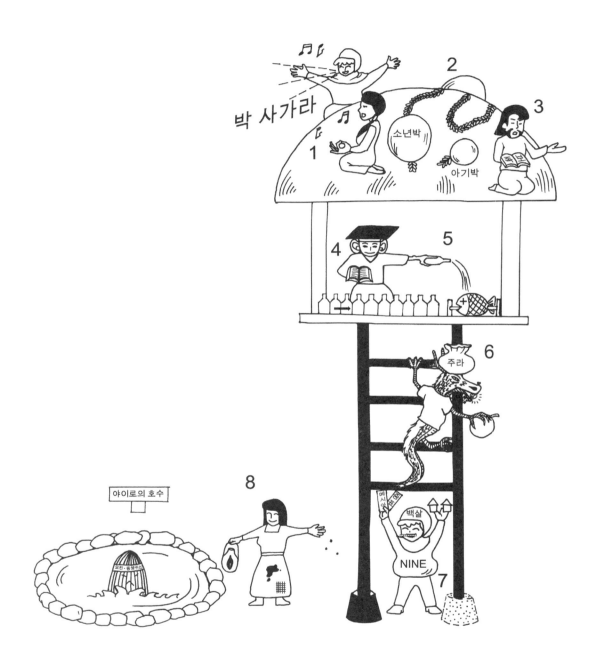

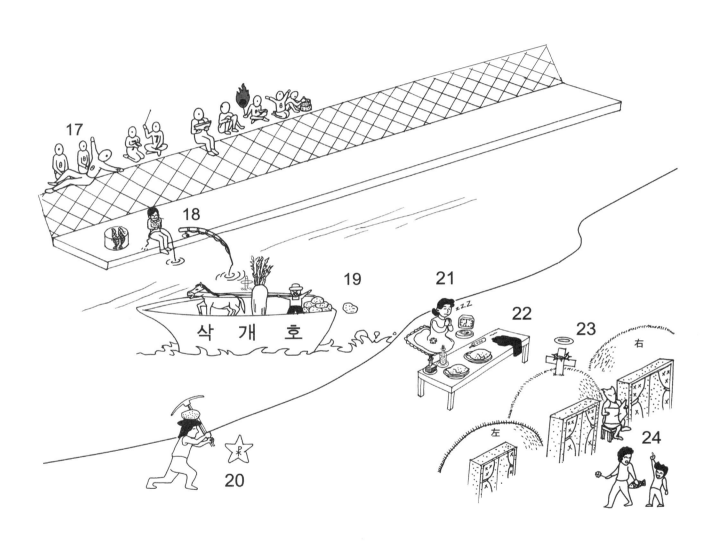

삭 개 호

右

左

누가복음 1장		
배 경	누각의 꼭대기	
대제목	마리아의 노래	

📖 **본문엔 세례 요한의 출생과 예수님의 탄생 예언이 주어진다. 또한 세례 요한의 모친 엘리사벳과 마리아의 만남과 세례 요한의 출생, 그 부친인 사가랴의 찬송으로 구성되었다.**

누각의 지붕에서 마리아와 엘리사벳이 "박 사가라(사가랴)"고 외치며 노래를 하고 있다.

1. 마리아의 노래(46-56) - 내 영혼이 주를 찬양하며 내 마음이 하나님 내 구주를 기뻐하였음은 그의 여종의 비천함을 돌보셨음이라 보라 이제 후로는 만세에 나를 복이 있다 일컬으리로다(46-48)
   • 주리는(아베고파) 자를 좋은 것으로 배불리셨으며 부자는 빈손으로 보내셨도다(53) - 아베 마리아 고백

2. 엘리사벳의 노래(39-45) - 엘리사벳이 마리아가 문안함을 들으매 아이가 복중에서 뛰노는지라 엘리사벳이 성령의 충만함을 받아~이르되 여자 중에 네가 복이 있으며 네 태중의 아이도 복이 있도다(41)
   ※ 엘리사벳의 임신기간 - 5달 동안 숨어 지내고 6째 달에 마리아 잉태, 6개월부터 3달 동안 마리아와 동거 - 엘리사벳의 OK 표시가 6자 모양이므로 엘리사벳이 마리아보다 임신기간이 6개월 앞선다.

3. 사가랴의 노래(67-80) = 사가랴의 예언
   • 우리를 위하여 구원의 뿔을 그 종 다윗의 집에 일으키셨으니(69) - 구원의 뿔을 사가라(사가랴)
   • (세례 요한이) 죄 사함으로 말미암는 구원을 알게 하리니 이는 우리 하나님의 긍휼로 인함이라(77-78)
   ※ 사가랴 - 엘리사벳(아론 자손)의 남편으로 아비야 반열의 제사장, 세례 요한을 낳을 때까지 말 못함. 마리아와 엘리사벳이 임신복을 입고 있으므로 **임신 중**이라는 것을 알 수 있으며 엘리사벳은 손으로 OK하고 있다. 임신 중이라는 것은 아직 낳지 않았으므로 예고가 되며 엘리사벳이 손으로 OK 한 것은 임신 중이던 엘리사벳이 세례 요한을 낳았다는 표시이다.

4. 예수님 탄생 예고(26-38) - (엘리사벳 잉태) 6째 달에 **천사 가브리엘**이~ 나사렛이란 동네에 가서~ 요셉이라 하는 사람과 약혼한 처녀에게 이르니 그 처녀의 이름은 마리아라~ 천사가 이르되 마리아여 무서워하지 말라 네가 하나님께 은혜를 입었느니라 보라 네가 잉태하여 아들을 낳으리니 그 이름을 예수라 하라 그가 큰 자가 되고 지극히 높으신 이의 아들이라 일컬어질 것이요 주 하나님께서 그 조상 다윗의 왕위를 그에게 주시리니 영원히 야곱의 집을 왕으로 다스리실 것이며 그 나라가 무궁하리라 마리아가 천사에게 말하되 나는 남자를 알지 못하니 어찌 이 일이 있으리이까 천사가 대답하여 이르되 성령이 네게 임하시고 지극히 높으신 이의 능력이 너를 덮으시리니 이러므로 나실 바 거룩한 이는 하나님의 아들이라 일컬어지리라~ 대저 하나님의 모든 말씀은 능하지 못하심이 없느니라 마리아가 이르되 주의 여종이오니 말씀대로 내게 이루어지이다 하매 천사가 떠나가니라(26-38)

5. 세례 요한의 탄생 예고(1-25) - 세례 요한은 레위 출신이며 이름은 천사 가브리엘이 붙여주었다.
   • 사가랴와 엘리사벳 이 두 사람이 Θ 앞에 의인이니 주의 모든 계명과 규례대로 흠이 없이 행하더라(6)
   • 그가 주 앞에 큰 자가 되며 포도주나 독한 술을 마시지 않으며 모태로부터 성령의 충만함을 받아(15)
   ※ 누가복음의 수신자와 기록목적 - 데오빌로 각하가 **알고 있는 바를 더 확실하게 하려고 기록함.**

6. 세례 요한의 탄생(57-66)
   • 아이가 자라며 심령이 강하여지며 이스라엘에게 나타나는 날까지 빈 들에 있으니라(80)
   ※ **본문의 특징** - 본문의 모든 사건이 천사 가브리엘(단 8, 9장)이 왕래하며 하나님의 메시지를 전달

	누가복음 2장	
배 경	누각의 박 넝쿨	소년박
대제목	예수님의 소년시절	아기박

📖 예수님의 탄생과 유아 및 소년 시절에 관한 내용으로 난 지 팔 일 만에 행하신 예수님의 정결 예식과 12살 소년 시절에 성전에서 선생들과 토론한 예수님의 모습이 묘사되었다.

(박 사가라) 너무 외쳤더니 **목**이 **시어서** 소리가 **안나**,　목 → 목자,　시어서 → 시므온

1.　목자(8-20) - 목자들이 밤에 밖에서 자기 양 떼를 지키더니 주의 사자가 곁에 서고 주의 영광이 그들을 두루 비추매 크게 무서워하는지라 천사가 이르되~ 내가 온 백성에게 미칠 큰 기쁨의 좋은 소식을 너희에게 전하노라 오늘 **다윗의 동네**(베들레헴)에 너희를 위하여 구주가 나셨으니 곧 그리스도 주시니라 너희가 가서 강보에 싸여 구유에 뉘어 있는 아기를 보리니 이것이 너희에게 표적이니라(8-12)

　　※ 목자는 유목민이므로 구유에서 아기 예수를 보았고 동방박사는 방(집)에서 아기 예수를 보았다.

　　목하면 기린이며 기린의 긴 목과 관련된 그림을 이용해서 중요요절을 만들면 다음과 같다.

2.　지극히 높은 곳에서는 하나님께 영광이요 땅에서는 하나님이 기뻐하신 사람들 중에 평화로다 하니라(14) - 기린(14)의 **목**이 하도 길어서 지극히 높은 곳까지 올라가 있고 다리는 땅에 닿아 있다. 시어서(시므온)는 목소리와 관계가 있으므로 찬송과 연관 짓는다.　시므온 : 바울의 스승 가말리엘의 아버지

　　지극히 높은 곳
　　기뻐하는 사람들
　　기린(14)　　땅

3.　시므온의 찬송(21-39) - 예루살렘에 시므온이라 하는 사람이 있으니 이 사람은 의롭고 경건하여 이스라엘의 위로를 기다리는 자라 성령이 그 위에 계시더라 그가 주의 그리스도를 보기 전에는 죽지 아니하리라 하는 성령의 지시를 받았더니~ 시므온이 아기를 안고 하나님을 찬송하여 이르되 주재여 이제는 말씀하신 대로 종을 평안히 놓아 주시는도다 내 눈이 주의 구원을 보았사오니 이는 만민 앞에 예비하신 것이요 이방을 비추는 빛이요 주의 백성 이스라엘의 영광이니이다(25-32)

　　※ 아기 예수의 정결예식 예물 - 산비둘기 한 쌍이나 어린 집비둘기 둘(비둘기는 가난한 자가 드림)

4.　안나(36-38) - 아셀 지파 바누엘의 딸 안나라 하는 선지자가 있어 나이가 매우 많았더라 그가 결혼한 후 7해 동안 남편과 함께 살다가 과부가 되고 84세가 되었더라 이 사람이 성전을 떠나지 아니하고 주야에 금식하며 기도함으로 섬기더니 마침 이 때에 나아와서 하나님께 감사하고 예루살렘의 속량을 바라는 모든 사람에게 그에 대하여 말하니라(36-38) - 소리가 안나이므로 안나는 대사 없음

　　왼쪽의 중간 크기의 박을 **소년박**이라고 부르며 오른쪽의 작은 박은 **아기박**이라고 부른다.

5.　아기 예수의 탄생(1-7) - 요셉도~ 나사렛 동네에서~ 베들레헴이라 하는 다윗의 동네로 이미 약혼한 마리아와 함께 호적하러 올라가니 마리아가 이미 잉태하였더라 거기 있을 그 때에 해산할 날이 차서 첫아들을 낳아 강보로 싸서 구유에 뉘였으니 이는 여관에 있을 곳이 없음이러라(4-7)

　　※ 그리스도께서 아기 때 로마 황제는 아구스도(호적명함), 유대 왕은 헤롯, 수리아 총독은 구레뇨

6.　예수님의 소년시절(40-52) - 처음 유월절을 지키기 위해 예루살렘으로 올라가실 때 나이는 12세

　• 아기가 자라며 강하여지고 지혜가 충만하며 하나님의 은혜가 그의 위에 있더라(40)

　• 예수는 지혜와 키가 자라가며 하나님과 사람에게 더욱 사랑스러워 가시더라(52)

　　※ 어린 예수님을 잃어버린 요셉과 마리아는 3일 후 성전에서 예수님을 만난다.

누가복음 3장	
배　　경	누각의 처마
대제목	세례 요한의 세례와 전도

📖 본문은 메시야의 길을 예비하는 선구자 세례 요한의 사역과 세례 요한에게 세례 받으시는 예수님의 모습, 그리고 예수 그리스도의 계보가 소개된 부분이다.

세례 요한이 처마 위에서 무릎을 꿇고 성경을 가지고 전도하고 있다. 참고로 처마 위는 불편하므로 십분(신분) 이상 설교할 수 없다. 따라서 누가복음에 세례 요한의 신분설교가 나온다.

1. <u>세례 요한의 세례와 전도</u>(1-17) - 마 3장, 막 1장
   - 하나님의 말씀이 빈들에서 사가랴의 아들 <u>요한</u>에게 임한지라 요한이 <u>요단강 부근</u> 각처에 와서 죄 사함을 받게 하는 회개의 세례를 전파하니 선지자 <u>이사야</u>의 책에 쓴 바 광야에서 외치는 자의 소리가 있어 이르되 너희는 주의 길을 준비하라 그의 오실 길을 곧게 하라 모든 골짜기가 메워지고 모든 산과 작은 산이 낮아지고 굽은 것이 곧아지고 험한 길이 평탄하여 질 것이요 모든 육체가 하나님의 구원하심을 보리라 함과 같으니라(사 40:4) 요한이 세례 받으러 나아오는 <u>무리</u>에게 이르되 독사의 자식들아 누가 너희에게 일러 장차 올 진노를 피하라 하더냐 그러므로 ① 회개에 합당한 열매를 맺고 ② 속으로 아브라함이 우리 조상이라 말하지 말라 내가 너희에게 이르노니 하나님이 능히 이 돌들로도 아브라함의 자손이 되게 하시리라 ③ 이미 도끼가 나무뿌리에 놓였으니 좋은 열매 맺지 아니하는 나무마다 찍혀 불에 던져지리라 **무리**가 물어 이르되 그러면 우리가 무엇을 하리이까 대답하여 이르되 옷 두 벌 있는 자는 옷 없는 자에게 나눠줄 것이요 먹을 것이 있는 자도 그렇게 할 것이니라 하고 **세리들**도 세례를 받고자 하여 와서 이르되 선생이여 우리는 무엇을 하리이까 하매 이르되 부가된 것 외에는 거두지 말라 하고 **군인들**도 물어 이르되 우리는 무엇을 하리이까 하매 이르되 사람에게서 강탈하지 말며 거짓으로 고발하지 말고 받는 급료를 족한 줄로 알라 하니라(1-14) - **고딕체는 세례 요한의 신분설교**

   ※ 하나님의 말씀이 세례요한에게 임했다고 나오는 복음서 - 누가복음(세례요한이 말씀을 듣고 있으므로) 세례 요한의 세례가 나오면 반드시 '세례 요한에게 세례 받으시는 예수님'이 나온다.

2. <u>세례 요한에게 세례 받으시는 예수님</u>(21-22) - 마 3장, 막 1장
   - 예수도 <u>세례</u>를 받으시고 <u>기도</u>하실 때에 하늘이 열리며 성령이 비둘기 같은 형체로 그의 위에 강림하시더니 하늘로부터 소리가 나기를 너는 내 사랑하는 아들이라 내가 너를 기뻐하노라 하시니라(21-22) 세례 요한이 무릎을 꿇고 있는 것은 세례 요한이 감옥에 갇힌 것을 뜻한다.

3. <u>세례 요한의 투옥</u>(18-20) - 분봉 왕 헤롯은 그의 동생의 아내 헤로디아의 일과 또 자기가 행한 모든 악한 일로 말미암아 요한에게 책망을 받고 그 위에 한 가지 악을 더하여 요한을 옥에 가두니라(19-20) 성경책에 족보라고 써 있다.

4. <u>족보</u>(23-38) - 마 1장
   - 예수께서 가르치심을 시작하실 때에 <u>30세</u>쯤 되시니라(23)
   - 사람들이 아는 대로는 요셉의 아들(예수님)이니 요셉의 위는 헬리요~ 그 위는 야곱이요 그 위는 이삭이요 그 위는 아브라함이요~ 그 위는 아담이요 그 위는 하나님이시니라(23-38) - 마태복음의 족보는 하향식이고 누가복음의 족보는 상향식인데 누각(누가)은 높기 때문에 누가복음이 상향식이 된다.

   ※ 세례 요한 사역 당시 로마 황제는 디베료(즉위 15년), 갈릴리 분봉왕은 헤롯(동생은 빌립)이다.

누가복음 4장		
배 경	정자 왼쪽	
대제목	고향에서 배척당하신 예수님	

📖 공생애 시작 전 마귀에게 시험 받으시는 예수님과 고향 나사렛에서 배척당하시는 예수님, 그리고 놀라운 이적으로 온갖 질병을 고치시는 예수님의 모습이 언급된 부분이다.

학자가 사시 공부를 하고 있다.   사시 → **사**탄의 **시**험

1. 사탄의 시험(1-13) - 마 4장, 막 1장
   - 예수께서 성령의 충만함을 입어 요단강에서 돌아오사 광야에서 40일 동안 성령에게 이끌리시며 마귀에게 시험을 받으시더라~ 마귀가 모든 시험을 다 한 후에 얼마 동안 떠나니라(1-2, 13)

   학자의 더럽게 큰 귀,   귀 → 귀신이 되므로 더럽게 큰 귀는 더러운 귀신이 된다.

2. 더러운 귀신들린 사람을 고치시다(31-37) - 막 1장 - **누가복음에서 첫 이적 사건**
   - 회당에 더러운 귀신 들린 사람이 있어 크게 소리 질러 이르되 아 나사렛 예수여 우리가 당신과 무슨 상관이 있나이까 우리를 멸하러 왔나이까 나는 당신이 누구인줄 아노니 하나님의 거룩한 자니이다 예수께서 꾸짖어 이르시되 잠잠하고 그 사람에게서 나오라 하시니 귀신이 그 사람을 무리 중에 넘어뜨리고 나오되 그 사람은 상하지 아니한지라 다 놀라 서로 말하여 이르되 이 어떠한 말씀인고 권위와 능력으로 더러운 귀신을 명하매 나가는도다 하더라(33-36)

   책을 펴 놓은 모양이 거꾸로 된 출(出)자 같다.   出(나가다) → 고향에서 나가다(배척당하다)

3. 고향에서 배척당하신 예수님(16-30) - 마 13장, 막 6장 - 첫 번째 배척
   - 예수께서 그 자라나신 곳 나사렛에 이르사 안식일에 늘 하시던 대로 회당에 들어가사 성경을 읽으려고 서시매 선지자 이사야의 글(61:1)을 드리거늘 책을 펴서 이렇게 기록된 데를 찾으시니 곧 주의 성령이 내게 임하셨으니 이는 가난한 자에게 복음을 전하게 하시려고 내게 기름을 부으시고 나를 보내사 포로 된 자에게 자유를, 눈 먼 자에게 다시 보게 함을 전파하며 눌린 자를 자유롭게 하고 주의 은혜의 해를 전파하게 하려 하심이라 하였더라~ 이 글이 오늘 너희 귀에 응하였느니라 하시니(16-21)
   - 이 말씀은 **나사렛 회당설교**로 고향사람들에게 선포하신 것이며 누가복음에만 나오는데 그 이유는 그림에 기름을 붓는 장면이 나오고 구절에도 '내게 기름을 부으시고' 라는 구절이 나오기 때문이다.
   ※ 4, 6, 13중 4가 가장 앞에 숫자이므로 눅 4장이 1번째 배척, 마 13장, 막 6장이 2번째 배척이 된다.
   나사렛 회당설교 때 언급하신 구약의 4인 - 엘리야 - 사렙다 과부, 엘리사 - 나아만(수리아 사람)

   학자가 온갖 병을 모아 놓았는데 숫자를 세어보니 열병이나 된다.

4. 온갖 병자들을 고치시다(40-41) - 마 8장, 막 1장
5. 베드로의 장모 열병을 고치시다(38-39) - 마 8장, 막 1장

   ➡ 전도를 뜻함. 전도(열 또는 전기가 그 물체 속을 이동하는 현상) → 전도(종교를 널리 전함)

6. 전도(14-15, 42-44) - 마 4장, 눅 4장

   첫번째 갈릴리 전도(14-15) - 친히 그 여러 회당에서 가르치시매 뭇사람에게 칭송을 받으시더라(15)

   두번째 갈릴리 전도(42-44) - 예수께서 이르시되 내가 다른 동네들에서도 하나님의 나라 복음을 전하여야 하리니 나는 이 일을 위해 보내심을 받았노라 하시고 갈릴리 여러 회당에서 전도하시더라(43-44)

누가복음 5장		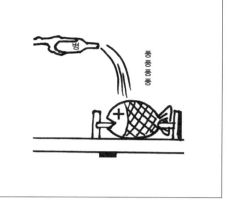
배 경	정자 오른쪽	
대제목	큰 물고기 떼를 잡은 기적	

📖 예수님이 갈릴리 어부들(베드로, 야고보, 요한)과 세리 마태를 제자로 부르시는 장면과 메시야의 권능으로 문둥병자와 중풍병자를 치유하시는 장면이다.

    금식해서 손에 뼈만 남았고 그래서 큰 물고기로 배를 채우려한다. 큰 물고기를 구워먹기 위해서 그 위에 기름을 붓는데 기름을 부을 때 '풍 풍 풍 풍' 소리가 난다.   풍 → 중풍

1. 금식(33-39) - 마 9장, 막 2장
   - 요한의 제자는 자주 금식하며 기도하고 바리새인의 제자들도 또한 그리하되 당신의 제자들은 먹고 마시나이다 예수께서 그들에게 이르시되 혼인집 손님들이 신랑과 함께 있을 때에 너희가 그 손님으로 금식하게 할 수 있느냐 그러나 그 날에 이르러 그들이 신랑을 빼앗기리니 그 날에는 금식할 것이니라(34-35)
   - ※ 뼈만 남은 손을 보고 손 마른 자로 혼동할 수도 있는데 금식해서 손에 뼈만 남은 것이다. 손 마른 자는 눅 6장 용의 손이므로 혼동하지 않기 바란다.

2. 중풍병자를 고치시다(16-26) - 마 9장, 막 2장
   - 한 중풍병자를 사람들이 침상에 메고 와서 예수 앞에 들여놓고자 하였으나 무리 때문에 메고 들어갈 길을 얻지 못한지라 지붕에 올라가 기와를 벗기고 병자를 침상째 무리 가운데로 예수 앞에 달아 내리니 예수께서 그들의 믿음을 보시고 이르시되 이 사람아 네 죄 사함을 받았느니라 하시니(18-20)
   - ※ 마태 - 지붕 이야기 안 나옴, 마가 - 지붕을 뜯어 구멍을 냄(구멍을 마가), 누가 - 눅 3장에 세례 요한이 지붕에 올라가 전도하고 있으므로 '지붕에 올라가' 라고 되어 있는 곳은 누가복음이다.

       큰 물고기가 막대에 꽂혀있다. 참고로 큰 물고기 1마리 = 보통 물고기 4마리(4어부)와 같으므로 '큰 물고기 떼를 잡은 기적'은 '4명의 어부를 부르시다'와 소제목이 같다.   막대 → 마태

3. 큰 물고기 떼를 잡은 기적(1-11) = 4명의 어부를 부르시다 - 마 4장, 막 1장
   - 말씀을 마치시고 시몬에게 이르시되 깊은 데로 가서 그물을 내려 고기를 잡으라 시몬이 대답하여 이르되 선생님 우리들이 밤이 새도록 수고하였으되 잡은 것이 없지마는 말씀에 의지하여 내가 그물을 내리리이다 하고 그렇게 하니 고기를 잡은 것이 심히 많아 그물이 찢어지는지라(4-6)
   - 예수께서 시몬에게 이르시되 무서워하지 말라 이제 후로는 네가 사람을 취하리라 하시니 그들이 배들을 육지에 대고 모든 것을 버려두고 예수를 따르니라(10-11)

4. 세리 마태를 부르시다(27-32) - 마 9장, 막 2장
   - 그 후에 예수께서 나가사 레위(마태)라 하는 세리가 세관에 앉아 있는 것을 보시고 나를 따르라 하시니 그가 모든 것을 버리고 일어나 따르니라(27-28)

       병, 병 하면 나병으로 약속한다.

5. 나병환자를 고치시다(12-15) - 마 8장, 막 1장

       물고기의 눈 - 의원 마크

6. 의사(31-32) - 마 9장, 막 2장
   - ※ 갈릴리 바다 - 신약(게네사렛 호수, 디베랴 바다), 구(舊→久 오랠 구)약(긴네렛 바다, 긴네롯 바다)

누가복음 6장	
배 경	사다리
대제목	열매

📖 안식일의 진정한 의미를 비롯하여 여러 가지 율법의 참된 의미를 일깨워 주는 예수님의 가르침이 나타난 부분이다. 또한 12제자를 사도로 세우시는 장면도 언급되었다.

사다리를 잡고 있는 용의 손이 말랐으며 손에 밀가루가 묻어 하얗다.　용 → 용서

1. 밀 이삭 사건(1-5) = 인자는 안식일의 주인 - 마 12장, 막 2장
   - 안식일에 예수께서 밀밭 사이로 지나가실새 제자들이 이삭을 잘라 손으로 비비어 먹으니 어떤 바리새인들이 말하되 어찌하여 안식일에 하지 못할 일을 하느냐 예수께서 대답하여 이르시되 다윗이 자기 및 자기와 함께 한 자들이 시장할 때에 한 일을 읽지 못하였느냐 그가 하나님의 전에 들어가서 다만 제사장 외에는 먹어서는 안 되는 진설병을 먹고 함께 한 자들에게도 주지 아니하였느냐 또 이르시되 인자는 안식일의 주인이니라 하시더라(1-5, 삼상 21장) - 제자들이 밀 이삭을 (**안주**삼아) 잘라 먹었다.　안주 → **안**식일의 **주**인. 따라서 밀 이삭 사건에 '인자는 안식일의 주인' 이라는 말이 나온다.

2. 손 마른 자를 고치시다(6-11) - 마 12장, 막 3장
   - 안식일에 예수께서 회당에 들어가사 가르치실새 거기 오른손 마른 사람이 있는지라 바리새인들이 예수를 고발할 증거를 찾으려 하여 안식일에 병을 고치시는가 엿보니 예수께서 그들의 생각을 아시고 손 마른 사람에게 이르시되 일어나 한가운데 서라 하시니 그가 일어나 서거늘 예수께서 그들에게 이르시되~ 안식일에 **선**을 행하는 것과 악을 행하는 것, 생명을 구하는 것과 죽이는 것, 어느 것이 옳으냐(이 구절은 손이 선과 비슷하므로 손 마른 자를 치유한 사건과 관계가 있다) 하시며 무리를 둘러보시고 그 사람에게 이르시되 네 손을 내밀라 하시니 그가 그리하매 그 손이 회복된지라(6-10)
   - ※ 누가에만 오른손 마른 자라고 나오는데 그 이유는 용이 마른손으로 사다리를 잡고 오르기 때문이다.

3. 용서(37) - 용서하라 그리하면 너희가 용서를 받을 것이요(37)
   용의 머리에 있는 복주머니.　복주머니는 2개이며(8복 = 4복+4화) 소가죽으로 만들었다.
   소가죽 = 가죽우피(**가**난한 자 · **주**린 자 · **우**는 자 · **핍**박받는 자)

4. 4복(20-23) - 가 · 죽 · 우 · 피
   - 너희 **가**난한 자는 복이 있나니 하나님의 나라가 너희 것임이요 지금 **주**린 자는 복이 있나니 너희가 배부름을 얻을 것이요 지금 **우**는 자는 복이 있나니 너희가 웃을 것이요 인자로 말미암아 사람들이 너희를 미워하며 멀리하고 욕하고 너희 이름을 악하다 하여 버릴 때에는 너희에게 복이 있도다(20-22)

5. 4화(24-26) - 4복과 반대(부요한 자, 배부른 자, 웃는 자, 칭찬받는 자)
   - 화 있을진저 너희 부요한 자여 너희는 너희의 위로를 이미 받았도다 화 있을진저 너희 지금 배부른 자여 너희는 주리리로다 화 있을진저 너희 지금 웃는 자여 너희가 애통하며 울리로다 모든 사람이 너희를 칭찬하면 화가 있도다 그들의 조상들이 거짓 선지자들에게 이와 같이 하였느니라(24-26)
   용이 입고 있는 티,　티(옷) → 티(허물)

6. 티(허물)(37) = 비판하지 말라 - 마 7장
   - 비판하지 말라 그리하면 너희가 비판을 받지 않을 것이요(37)
   - 어찌하여 형제의 눈 속에 있는 티는 보고 네 눈 속에 있는 들보는 깨닫지 못하느냐(41)

복주머니에 '주라' 라고 써 있다.

7. 주라(38)
    - 주라 그리하면 너희에게 줄 것이니 곧 후히 되어(최대한으로) 누르고(↓) 흔들어(↔) 넘치도록(↑)
      하여 너희에게 안겨 주리라(38) – 주라, 돈을(38) 주라. 또는 화투에서 38광땡 좀 주라.
      용의 코 - ♡(사랑)

8. 원수를 사랑하라(27-36) - 마 5장
    - 너희 원수를 사랑하며 너희를 미워하는 자를 선대하며 너희를 저주하는 자를 위하여 축복하며 너희
      를 모욕하는 자를 위하여 기도하라(미선, 저축, 모기) 너의 이 뺨을 치는 자에게 저 뺨도 돌려대며 네
      겉옷을 빼앗는 자에게 속옷도 거절하지 말라 네게 구하는 자에게 주며 네 것을 가져가는 자에게 다
      시 달라하지 말며 남에게 대접을 받고자 하는 대로 너희도 남을 대접하라 너희가 만일 너희를 사랑
      하는 자 만을 사랑하면 칭찬 받을 것이 무엇이냐 죄인들도 사랑하는 자는 사랑하느니라 너희가 만일
      선대하는 자만을 선대하면 칭찬 받을 것이 무엇이냐 죄인들도 이렇게 하느니라 너희가 받기를 바라
      고 사람들에게 꾸어 주면 칭찬 받을 것이 무엇이냐 죄인들도 그만큼 받고자 하여 죄인에게 꾸어 주
      느니라 오직 너희는 원수를 사랑하고 선대하며 아무것도 바라지 말고 꾸어 주라 그리하면 너희 상이
      클 것이요 또 지극히 높으신 이의 아들이 되리니 그는 은혜를 모르는 자와 악한 자들에게도 인자하
      시니라 너희 아버지의 자비로우심 같이 너희도 자비로운 자가 되라(27-36)
      용의 이빨 → 12개,   이빨마다 12제자들의 이름을 새겨 넣었다

9. 12제자 이름(12-19) - 마 10장, 막 3장, 행 1장
    ※ 누가복음에만 12제자를 선택하기 전에 철야 기도했다고 나온다. 그 이유는 용의 이빨답게 12개가
      철로 되어 있기 때문이다.   철 → 철야기도
      용의 입 → ☺ 황금

10. 황금율(31) - 마 7장, 미 6장(구약의 황금률)
    - 남에게 대접을 받고자 하는 대로 너희도 남을 대접하라(31) - 황금이 꼭 당구공(31) 처럼 생겼다.
      용의 입이 부등호(≧) 같다.   부등호 양쪽에 선생과 제자를 넣으면(선생≧제자) '제자는
      선생보다 작거나 같다' 가 된다.

11. 제자는 선생보다 작거나 같다(39-40) - 마 10장, 요 13장
    - 제자가 그 선생보다 높지 못하나 무릇 온전하게 된 자는 그 선생과 같으리라(40) - 제자들이 스
      승인 자신(예수님)과 같이 온전하게 되기를 요구하신다는 뜻.
      용의 손 - ◔ 열매

12. 열매(43-45) - 마 7장, 마 12장
    - 못된 열매 맺는 좋은 나무가 없고 또 좋은 열매 맺는 못된 나무가 없느니라 나무는 각각 그 열매로 아
      나니 가시나무에서 무화과를, 또는 찔레에서 포도를 따지 못하느니라 선한 사람은 마음의 쌓은 선에서
      선을 내고 악한 자는 그 쌓은 악에서 악을 내나니 이는 마음에 가득한 것을 입으로 말함이니라(43-45)
      머리에 복주머니를 이고 있는 용, 어째 맹맹해 보인다.   맹맹 → 맹인이 맹인을

13. 맹인이 맹인을 인도할 수 있느냐 둘이 다 구덩이에 빠지지 아니하겠느냐(39)
    사다리 좌측 받침대 - 반석,   사다리 우측 받침대 - 모래

14. 반석과 모래(46-49) - 마 7장
    - 내게 나아와 내 말을 듣고 행하는 자마다 누구와 같은 것을 너희에게 보이리라 집을 짓되 깊이 파고
      주초를 반석 위에 놓은 사람과 같으니 큰 물이 나서 탁류가 그 집에 부딪히되 잘 지었기 때문에 능히
      요동하지 못하게 하였거니와 듣고 행하지 아니하는 자는 주초 없이 흙 위에 집 지은 사람과 같으니
      탁류가 부딪치매 집이 곧 무너져 파괴됨이 심하니라 하시니라(47-49)
    ※ 용(6장)이 사다리를 잡고 있으므로 사다리는 6장에 포함된다.

누가복음 7장		
배 경	사닥다리 아래	
대제목	살아난 나인성 과부의 아들	

📖 가버나움에서 백부장의 종을, 나인성에서 과부의 죽은 아들을 살리신 예수님의 이적과 세례 요한의 물음에 대한 예수님의 답변 및 바리새인 집에서의 향유 사건을 다룬 장면이다. **메시야 증표**를 가진, **백** 살에 아이를 **밴 마리아**가 **두 채**의 집에 당첨되자 **피리**를 불며 기뻐하고 있다. 옷에는 **Nine**이라는 상표가 붙어있다.

1. 메시야 증표(22) - 마 11장
   - **소**경(맹인)이 보며 **앉**은뱅이(못 걷는 사람)가 걸으며 **문**둥이(나병환자)가 깨끗함을 받으며 **귀**먹은 사람이 들으며 **죽**은 자가 살아나며 **가**난한 자에게 복음이 전파된다 하라 누구든지 나로 말미암아 실족하지 아니하는 자는 복이 있도다 하시니라(22-23) - 소·앉·문·귀·죽·가

   세례 요한이 제자들을 시켜 예수님이 오실 그분이 맞는지 메시야 증표를 보여 달라고 질문했으며 제자들이 간 뒤에 예수님께서 세례 요한에 대해 증언하셨다. 따라서 메시야 증표가 나오면 세례 요한의 질문·세례 요한에 대한 예수님의 증언이 같이 나온다. 마 11장 참조.

2. 세례 요한의 질문(18-23) - 마 11장
   - 그들이 예수께 나아가 이르되 세례 요한이 우리를 보내어 당신께 여쭈어 보라고 하기를 오실 그 이가 당신이오니이까 우리가 다른 이를 기다리오리이까 하더이다(20) - 이 당시 세례 요한은 옥에 갇혀 있었다.

3. 세례 요한에 대한 예수님의 증언(24-30) - 마 11장
   백살 → 백부장의 하인 고치심. ※ 백부장 - 100명의 군병을 지휘하는 사람

4. 백부장의 하인을 고치시다(1-10) - 마 8장
   - 어떤 백부장의 사랑하는 종이 병들어 죽게 되었더니 예수의 소문을 듣고 유대인의 장로 몇 사람을 예수께 보내어 오셔서 그 종을 구해주시기를 청한지라 이에 그들이 예수께 나아와 간절히 구하여 이르되 이 일을 하시는 것이 이 사람에게는 합당하니이다 그가 우리 민족을 사랑하고 또한 우리를 위하여 회당을 지었나이다 하니 예수께서 함께 가실새 이에 그 집이 멀지 아니하여 백부장이 벗들을 보내어 이르되 주여 수고하시지 마옵소서 내 집에 들어오심을 나는 감당하지 못하겠나이다 그러므로 내가 주께 나아가기도 감당하지 못할 줄을 알았나이다 말씀만 하사 내 하인을 낫게 하소서 나도 남의 수하에 든 사람이요 내 아래에도 병사가 있으니 이더러 가라 하면 가고 저더러 오라 하면 오고 내 종더러 이것을 하라 하면 하나이다(이더러 **가라**하면 **가**고에서 가 → 가버나움이므로 백부장의 하인을 고친 장소는 가버나움이 된다) 예수께서 들으시고 그를 놀랍게 여겨 돌이키사 따르는 무리에게 이르시되 내가 너희에게 이르노니 **이스라엘 중에서도 이만한 믿음은 만나보지 못하였노라** 하시더라 보내었던 사람들이 집으로 돌아가 보매 종이 이미 나아 있었더라(2-10)
   밴 마리아 → 베다니 마리아가 되며 베다니 마리아 하면 예수님의 발에 부은 향유가 생각난다.

5. 향유(36-50) = 용서받은 여자
   - 그 동네에 죄를 지은 한 여자가 있어 예수께서 바리새인의 집에 앉아 계심을 알고 향유 담은 옥합을 가지고 와서 예수의 뒤로 그 발 곁에 서서 울며 눈물로 그 발을 적시고 자기 머리털로 닦고 그

발에 입 맞추고 향유를 부으니 예수를 청한 바리새인이 그것을 보고 마음에 이르되 이 사람이 만일 선지자라면 자기를 만지는 이 여자가 누구며 어떠한 자 곧 죄인인 줄을 알았으리라 하거늘 예수께서 대답하여 이르시되 시몬아 내가 네게 이를 말이 있다 하시니 그가 이르되 선생님 말씀하소서 이르시되 빚 주는 사람에게 빚진 자가 둘이 있어 하나는 오백 데나리온을 졌고 하나는 오십 데나리온을 졌는데 갚을 것이 없으므로 둘 다 탕감하여 주었으니 둘 중에 누가 그를 더 사랑하겠느냐 시몬이 대답하여 이르되 내 생각에는 많이 탕감함을 받은 자니이다 이르시되 네 판단이 옳다 하시고 그 여자를 돌아보시며 시몬에게 이르시되 이 여자를 보느냐 내가 네 집에 들어올 때 너는 내게 발 씻을 물도 주지 아니하였으되 이 여자는 눈물로 내 발을 적시고 그 머리털로 닦았으며 너는 내게 입맞추지 아니하였으되 그는 내가 들어올 때로부터 내 발에 입맞추기를 그치지 아니하였으며 너는 내 머리에 **감람유**도 붓지 아니하였으되 그는 **향유**를 내 발에 부었느니라 이러므로 내가 네게 말하노니 그의 많은 죄가 사하여졌도다 이는 그의 사랑함이 많음이라 사함을 받은 일이 적은 자는 적게 사랑하느니라 이에 여자에게 이르시되 네 죄 사함을 받았느니라 하시니 함께 앉아 있는 자들이 속으로 말하되 이가 누구이기에 죄도 사하는가 하더라 예수께서 여자에게 이르시되 **네 믿음이 너를 구원하였으니** 평안히 가라 하시니라(37-50)

※ 마 26장, 막 14장, 요 12장의 베다니 마리아가 아나나 소제목 향유를 끌어내기 위해서 사용했다. 이 마리아는 100살 먹은 마리아이기 때문에 젊은 베다니 마리아가 아니라고 외우면 암기하는데 도움이 될 것이다. 전통적으로 막달라 마리아(8:2)라고 알려져 있으나 그 근거가 희박하다.

두 채 → 두 채무자(향유사건 때 말씀하심)

6. **두 채무자**(41-43) - 500데나리온 빚진 자와 50데나리온 빚진 자
   • 이르시되 빚 주는 사람에게 빚진 자가 둘이 있어 하나는 <u>오백</u> 데나리온을 졌고 하나는 <u>오십</u> 데나리온을 졌는데 갚을 것이 없으므로 둘 다 탕감하여 주었으니 둘 중에 누가 그를 더 사랑하겠느냐 시몬이 대답하여 이르되 내 생각에는 많이 탕감함을 받은 자니이다 이르시되 네 판단이 옳다 하시고(41-43)

7. **피리 부는 아이**(31-35) = 세인(世人)들에 대한 예수님의 평가 - 마 11장
   • 또 이르시되 이 세대의 사람을 무엇으로 비유할까 무엇과 같은가 비유하건대 아이들이 장터에 앉아 서로 불러 이르되 우리가 너희를 향하여 <u>피리</u>를 불어도 너희가 춤추지 않고 우리가 <u>곡</u> 하여도 너희가 울지 아니하였다 함과 같도다 세례 요한이 와서 <u>떡</u>도 먹지 아니하며 <u>포도주</u>도 마시지 아니하매 너희 말이 <u>귀신</u>이 들렸다 하더니 인자는 와서 먹고 마시매 너희 말이 보라 <u>먹기</u>를 탐하고 <u>포도주</u>를 즐기는 사람이요 <u>세리</u>와 <u>죄인</u>의 친구로다 하니 <u>지혜</u>는 자기의 모든 자녀로 인하여 옳다 함을 얻느니라(31-35) - 당시 아이들이 즐겼던 혼례와 장례의 유희를 말한다. 두 편으로 나뉘어져 먼저 혼례의 흉내를 내어 한 편이 피리를 불면 다른 편이 거기에 맞추어 춤을 추게 되고, 한편이 장례의 흉내를 내어 울면 상대편도 거기에 맞추어 가슴을 치면서 애곡해야 했다. 이것이 제대로 되지 않을 때 아이들은 서로 상대편을 탓하게 되고 결국 싸움으로 끝이 난다. 예수께서는 요한과 자신을 배척하며 '자기 의'를 내세우는 자들을, 이런 부조화를 연출하는 아이들로 비유하셨다.

   Nine(나인) → 나인성 과부의 아들 살리심

8. **나인성 과부의 아들을 살리시다**(11-18)
   • 그 후에 예수께서 나인이란 성으로 가실새 제자와 많은 무리가 동행하더니 성문에 가까이 이르실 때에 사람들이 한 죽은 자를 메고 나오니 이는 한 어머니의 독자요 그의 어머니는 과부라 그 성의 많은 사람도 그와 함께 나오거늘 주께서 과부를 보시고 불쌍히 여기사 울지 말라 하시고 가까이 가서 그 관에 손을 대시니 멘 자들이 서는지라 예수께서 이르시되 청년아 내가 네게 말하노니 일어나라 하시매 죽었던 자가 일어나 앉고 말도 하거늘 예수께서 그를 어머니에게 주시니 모든 사람이 두려워하며 하나님께 영광을 돌려 이르되 **큰 선지자가 우리 가운데 일어나셨다** 하고 또 하나님께서 자기 백성을 **돌보셨다** 하더라 예수께 대한 이 소문이 온 유대와 사방에 퍼지니라(11-17)

누가복음 8장		
배 경	호수	
대제목	풍랑	

📖 제2차 갈릴리 사역을 다룬 장면으로 비유로서 가르치고, 권능으로 풍랑을 잠잠하게 하시고, 이적으로 귀신을 쫓아내고 혈루증 여인을 고치며 야이로의 죽은 딸을 살리신 내용이다.

호숫가에는 한 여자가 오른손에 등불을 들고 왼손으로는 씨를 뿌리고 있다.

1. 등불의 비유(16-18) - 마 5장, 막 4장
   • 누구든지 등불을 켜서 그릇으로 덮거나 평상 아래 두지 아니하고 등경 위에 두나니 이는 들어가는 자들로 그 빛을 보게 하려 함이라 숨은 것이 장차 드러나지 아니할 것이 없고 감추인 것이 장차 알려지고 나타나지 않을 것이 없느니라 그러므로 너희가 어떻게 들을까 스스로 삼가라 누구든지 있는 자는 받겠고 없는 자는 그 있는 줄로 아는 것까지도 빼앗기리라 하시니라(16-18) - 여기서 등불은 '비유' 또는 복음의 비밀을 말하며 복음을 받아들이는 정도에 따라 더 많은 복음을 또다시 받아들일 수 있다는 뜻을 지니고 있다. 복음에 접하면 할수록 복음을 더 잘 이해하게 되고, 더 깊은 진리에 도달할 수 있다는 말이다.

2. 씨 뿌리는 자의 비유(4-15) = 심전 비유 - 마 13장, 막 4장
   • 길가에 뿌린 씨(5, 12) - 천국 말씀을 듣고 깨닫지 못하는 자
   • 바위에 뿌린 씨(6, 13) - 말씀을 듣고 즉시 기쁨으로 받되 뿌리가 없어 환난이나 핍박 때 넘어지는 자
   • 가시떨기에 뿌린 씨(7, 14) - 말씀을 들으나 세상의 염려와 재리의 유혹에 말씀이 결실하지 못하는 자
   • 좋은 땅에 뿌린 씨(8, 15) - 말씀을 듣고 깨달아 100배의 결실을 하는 자
   ※ 누가복음에서는 돌밭 대신 바위로 나오며(눅 15장 탕자가 앉아 있는 바위를 생각하자) 좋은 땅에 떨어진 씨가 30배, 60배, 100배가 아니라 100배의 결실을 맺는다고만 나온다(그림에서 여자가 뿌린 씨를 자세히 세어보면 100개가 된다는 것을 알 수 있다)
   여자의 옷이 성겨있으므로 소제목은 '예수님을 섬기는 여자들'이 된다.   성기다 → 섬기다
   성기다 : 간격이나 사이가 배지 않고 뜨다.   반대말 : 배다 - 빈틈없다. 촘촘하다

3. 예수님을 섬기는 여자들(1-3)
   • 또한 악귀를 쫓아내심과 병 고침을 받은 어떤 여자들 곧 일곱 귀신이 나간 자 말달라인이라 하는 마리아와 헤롯의 청지기 구사의 아내 요안나와 수산나와 다른 여러 여자가 함께 하여 자기들의 소유로 그들을 섬기더라(2-3) - 막, 수, 다, 요(여자들은 막 수다를 떤다)
   여자의 치마에 피가 묻어있다.   피(血) → 혈루증(출혈성 자궁 내막염이나 자궁암)

4. 혈루증 앓는 여자를 고치시다(43-48) - 마 9장, 막 5장
   • 이에 열 두해를 혈루증으로 앓는 중에 아무에게도 고침을 받지 못하던 여자가 예수의 뒤로 와서 그의 옷 가에 손을 대니 혈루증이 즉시 그쳤더라 예수께서 이르시되 내게 손을 댄 자가 누구냐 하시니 다 아니라 할 때에 베드로가 이르되 주여 무리가 밀려들어 미나이다 예수께서 이르시되 내게 손을 댄 자가 있도다 이는 내게서 능력이 나간 줄 앎이로다 하신대 여자가 스스로 숨기지 못할 줄을 알고 떨며 나아와 엎드리어 그 손 댄 이유와 곧 나은 것을 모든 사람 앞에서 말하니 예수께서 이르시되 **딸아 네 믿음이 너를 구원하였으니 평안이 가라 하시더라**(43-48)

호수에는 거라사 귀신이 모친·형제·자매라고 쓴 띠를 머리에 두르고 있다. 아마도 모친·형제·자매귀신을 찾아 달라고 시위하나 보다.

5. 거라사 귀신(26-39) = 귀신들린 거라사인을 고치시다 - 마 8장, 막 5장
    - 그들이 갈릴리 맞은편 거라사인의 땅에 이르러 육지에 내리시매 그 도시 사람으로서 귀신들린 자 하나가 예수를 만나니 그 사람은 오래 옷을 입지 아니하며 집에 거하지도 아니하고 무덤 사이에 거하는 자라 예수를 보고 부르짖으며 그 앞에 엎드리어 큰 소리로 불러 이르되 **지극히 높으신 하나님의 아들 예수여** 당신이 나와 무슨 상관이 있나이까 당신께 고하노니 나를 괴롭게 마옵소서 하니 이는 예수께서 이미 더러운 귀신을 명하사 그 사람에게서 나오라 하셨음이라(귀신이 가끔 그 사람을 붙잡으므로 그를 쇠사슬과 고랑에 매어 지켰으되 그 맨 것을 끊고 귀신에게 몰려 광야로 나갔더라) 예수께서 네 이름이 무엇이냐 물으신즉 이르되 군대라 하니 이는 많은 귀신이 들렸음이라 무저갱으로 들어가라 하지 마시기를 간구하더니 마침 그곳에 많은 돼지 떼가 산에서 먹고 있는지라 귀신들이 그 돼지에게로 들어가게 허락하심을 간구하니 이에 허락하시니 귀신들이 그 사람에게서 나와 돼지에게로 들어가니 그 떼가 비탈로 내리달아 호수에 들어가 몰살하거늘 치던 자들이 그 이루어진 것을 보고 도망하여 성내와 마을에 알리니 사람들이 그 이루어진 일을 보러 나와서 예수께 이르러 귀신 나간 사람이 옷을 입고 정신이 온전하여 예수의 발치에 앉아 있는 것을 보고 두려워하거늘 귀신 들렸던 자가 어떻게 구원 받았는지를 본 자들이 그들에게 이르매 거라사인의 땅 근방 모든 백성이 크게 두려워하여 예수께 떠나가시기를 구하더라 예수께서 배에 올라 돌아가실 새 귀신 나간 사람이 함께 있기를 구하였으나 예수께서 그를 보내시며 이르시되 집으로 돌아가 하나님이 네게 어떻게 큰 일을 행하셨는지를 말하라 하시니 그가 가서 예수께서 자기에게 어떻게 큰 일을 행하셨는지를 온 성내에 전파하니라(26-39)
    ※ 군대 - 6천명으로 구성된 로마군의 1개 군단을 가리키는 말로 여기서는 귀신의 난폭함과 그 수가 많음을 의미한다.

6. 참된 모친·형제·자매(19-21) - 마 12장, 막 3장
    - 내 어머니와 내 동생들은 곧 하나님의 말씀을 듣고 행하는 이 사람들이라 하시니라(21)
      팻말에 '야이로의 호수'라고 써 있다.

7. 야이로의 딸을 살리시다(40-56) - 마 9장, 막 5장
    - 이에 회당장인 야이로라 하는 사람이 와서 예수의 발 아래 엎드려 자기 집에 오시기를 간구하니 이는 자기에게 열두 살 된 외딸이 있어 죽어감이러라 예수께서 가실 때에 무리가 밀려들더라(41-42) - 야이로의 간구로 그의 딸을 살리기 위해 야이로의 집으로 **가**셨으므로 장소는 **가**버나움이 된다.
    - 아직 말씀하실 때에 회당장의 집에서 사람이 와서 말하되 당신의 딸이 죽었나이다 선생님을 더 괴롭게 하지 마소서 하거늘 예수께서 들으시고 이르시되 두려워하지 말고 믿기만 하라 그리하면 딸이 구원을 얻으리라 하시고 그 집에 이르러 베드로와 요한과 야고보와 및 아이의 부모 외에는 함께 들어가기를 허락하지 아니하시니라 모든 사람이 아이를 위하여 울며 통곡하매 예수께서 이르시되 울지 말라 죽은 것이 아니라 <u>잔다</u> 하시니 그들이 그 죽은 것을 아는 고로 비웃더라 예수께서 아이의 손을 잡고 불러 이르시되 아이야 일어나라 하시니 그 영이 돌아와 아이가 곧 일어나거늘 예수께서 먹을 것을 주라 명하시니(49-55)
      호수에 풍랑이 거세게 일고 있다.

8. 풍랑을 잠잠하게 하신 예수님(22-25) - 마 8장, 막 4장
    - 하루는 제자들과 함께 배에 오르사 그들에게 이르시되 호수 저편으로 건너가자 하시매 이에 떠나 행선할 때에 예수께서 잠이 드셨더니 마침 광풍이 호수로 내리치매 배에 물이 가득하게 되어 위태한지라 제자들이 나아와 깨워 이르되 주여 주여 우리가 죽겠나이다 한대 예수께서 잠을 깨사 바람과 물결을 꾸짖으시니 이에 그쳐 잔잔하여지더라 제자들에게 이르시되 너희 믿음이 어디 있느냐 하시니 그들이 두려워하고 놀랍게 여겨 서로 말하되 그가 누구이기에 바람과 물을 명하매 순종하는가 하더라(22-25)

누가복음 9장	
배　경	나무 왼쪽 위
대제목	불안에 싸인 헤롯

📖　갈릴리 사역 말기의 여러 사건들이 소개된다. 즉 12제자 파송, 오병이어의 기적, 베드로의 신앙 고백, 예수님의 변모 사건, 귀신들린 아이를 치유함, 겸손과 제자도에 관한 교훈 등. 나무에 나비가 앉아있다.　나비 → 접(蝶, 나비 접) → 영접,　나비는 영접으로 약속한다.

1.　영접(48) - 마 10장, 마 18장, 막 9장
 • 누구든지 내 이름으로 이런 어린 아이를 영접하면 곧 나를 영접함이요 또 누구든지 나를 영접하면 곧 나를 보내신 이를 영접함이라(48)
 나무에는 손에 **누가바**를 든 **네 마리**의 **여우 시체**가 매달려 있다.　아이 **불쌍해**.
 네 마리 → 사마리,　누가바 → 누가 크냐,　불쌍해 → **불안에 싸인 헤롯**

2.　사마리아의 냉대(51-56) - 예수께서 승천하실 기약이 차가매 예루살렘을 향하여 올라가기로 굳게 결심하시고 사자들을 앞서 보내시매 그들이 가서 예수를 위하여 준비하려고 사마리아인의 한 마을에 들어갔더니 예수께서 예루살렘을 향하여 가시기 때문에 그들이 받아들이지 아니하는지라 제자 야고보와 요한이 이를 보고 이르되 주여 우리가 불을 명하여 하늘로부터 내려 저들을 멸하라 하기를 원하시나이까(51-54) - 여기서 야고보와 요한의 별명이 왜 우뢰의 아들(막 3:17)이 되었는지 짐작할 수 있다.
 ※ 여우 네 마리(사마리)가 차가운 누가바를 들고 있으므로 사마리아의 냉대가 된다.

3.　여우(57-58) - 마 8장
 • 여우도 굴이 있고 공중의 새도 집이 있으되 인자는 머리 둘 곳이 없도다(58)

4.　시체(59-60) - 영적으로 죽은 자를 말한다 - 마 8장
 • 죽은 자들로 자기의 죽은 자들을 장사하게 하고 너는 가서 하나님의 나라를 전파하라(60)
 • 손에 쟁기를 잡고 뒤를 돌아보는 자는 하나님의 나라에 합당하지 아니하니라(62) - 여우가 손에 누가바 대신 쟁기를 잡고 있다고 생각하자.

5.　불안에 싸인 헤롯(6-9) = 세례 요한의 죽음 - 마 14장, 막 6장
 • 분봉왕 헤롯이 이 모든 일을 듣고 심히 당황하니 이는 어떤 사람은 요한이 죽은 자 가운데서 살아났다고도 하며 어떤 사람은 엘리야가 나타났다고도 하며 어떤 사람은 옛 선지자 한 사람이 다시 살아났다고도 함이라 헤롯이 이르되 요한은 내가 목을 베었거늘 이제 이런 일이 들리니 이 사람이 누군가 하며 그를 보고자 하더라(7-9)

6.　누가 크냐(46-48) = 가버나움 논쟁 - 마 18장, 막 9장, 눅 22장(가버나움×, 예루살렘)
 • 제자 중에서 누가 크냐 하는 변론이 일어나니(46)
 • 너희 모든 사람 중에 가장 작은 그가 큰 자니라(48)
 변화산 깃발이 반대로 되어있다.

7.　변화산(28-36) - 마 17장, 막 9장, 벧후 1장
 ※ 변화산에서 엘리야 나오나 변화산 깃발이 반대(부정의 뜻)로 달려있고 ⌞자 모양이므로 소제목 '세례 요한과 엘(L)리야'는 나오지 않는다.

변화산 깃발의 작은 점 • 참고로 예수님이 변화산에서 내려오시자마자 하신 일은 간질병 귀신에 사로잡힌 아이를 치료하신 사건이다. 마 17장 참고란 꼭 볼 것

8. 귀신에 사로잡힌 아이(37-42) = 겨자씨 한 알만한 믿음 = 제자들의 불신앙 - 마 17장, 막 9장
   • 무리 중의 한 사람이 소리 질러 이르되~ 이는 내 외아들이니이다 귀신이 그를 잡아 갑자기 부르짖게 하고 경련을 일으켜 거품을 흘리게 하며 몹시 상하게 하고야 겨우 떠나 가나이다 당신의 제자들에게 내쫓아 주기를 구하였으나 그들이 능히 못하더이다 예수께서 대답하여 이르시되 믿음이 없고 패역한 세대여 내가 얼마나 너희와 함께 있으며 너희에게 참으리요 네 아들을 이리로 데리고 오라 하시니 올 때에 귀신이 그를 거꾸러뜨리고 심한 경련을 일으키게 하는지라 예수께서 더러운 귀신을 꾸짖으시고 아이를 낫게 하사 그 아버지에게 도로 주시니 사람들이 다 하나님의 위엄에 놀라니라(38-43)
   가이시소 팻말이 반대로 달려 있다. 참고로 가이시소 → 가이사랴 빌립보가 되며 가이시소 나오면 가이사랴 빌립보에서의 베드로의 신앙고백과 위선·십자가·온 천하가 같이 나온다. 이때 주의할 것은 변화산은 깃발이 반대이므로 엘리야가 나오지 않듯 '가이시소'에서도 팻말이 반대 방향이고 베드로의 위선에서 위선이 반대와 같은 부정의 뜻이 있으므로 베드로의 위선은 나오지 않는다.

9. 가이사랴 빌립보에서의 베드로의 신앙고백(18-21) - 마 16장, 막 8장
   • 예수께서 이르시되 너희는 나를 누구라 하느냐 베드로가 대답하여 이르되 하나님의 그리스도시니이다(20)

10. 십자가(23) - 마 16장, 막 8장
    • 아무든지 나를 따라오려거든 자기를 부인하고 날마다 제 십자가를 지고 나를 따를 것이니라(23)

11. 온 천하(24-25) - 마 16장, 막 8장
    • 누구든지 제 목숨을 구원하고자 하면 잃을 것이요 누구든지 나를 위하여 제 목숨을 잃으면 구원하리라 사람이 만일 온 천하를 얻고도 자기를 잃든지 빼앗기든지 하면 무엇이 유익하리요(24-25)
    변화산 깃발과 가이시소 팻말의 공통점은 반대로 돼 있다는 것이다.

12. 반대하지 않는 자는 우리 편(49-50) - 막 9장
    • 요한이 여짜오되 주여 어떤 사람이 주의 이름으로 귀신을 내쫓는 것을 우리가 보고 우리와 함께 따르지 아니하므로 금하였나이다~ 금하지 말라 너희를 반대하지 않는 자는 너희를 위하는 자니라(49-50)
    십자매 2마리가 자기보다 훨씬 큰 오징어를 물고 부끄러워하고 있다. 오징어 → 오병이어 십자매의 십자는 수난을, 2마리는 수난이 2개임을 나타낸다.

13. 1차 수난예고(22) - 마 16장, 막 8장

14. 2차 수난예고(43-45) - 마 17장, 막 9장
    ※ 가이사랴 다음이 변화산(가이시소 어디로 변화산으로), 변화산 직전이 1차, 직후가 2차 수난예고가 된다.

15. 오병이어의 기적(10-17) - 마 14장, 막 6장, 요 6장

16. 누구든지 나와 내 말을 부끄러워하면 인자도 자기와 아버지와 거룩한 천사들의 영광으로 올 때에 그 사람을 부끄러워하리라(26) - 막 8장
    십자매 2마리가 오징어를 하도 쪼아서 오징어가 많이 파손되었다. 오징어가 죽기 일보직전이다. 참고로 오징어 다리 12개는 12제자를 나타내고 파손 → 파송이 된다.

17. 12제자의 파송(1-5) - 마 10장, 막 6장
    • 예수께서 12제자를 불러 모으사 ① 모든 귀신을 제어하며 ② 병을 고치는 능력과 ③ 권위를 주시고(1)

18. 여기 서 있는 사람 중에 죽기 전에 하나님의 나라를 볼 자들도 있느니라(27) - 막 9장
    ※ 눅 6장 용의 이빨에서 12제자의 이름이 나왔으므로 여기서는 파송만 나온다.
    ※ 9-12장까지 그림순서 외우는 방법 : 9장을 시작으로 10장 11장 12장의 순으로 선을 연결하면 조로표시인 Z가 된다. 외워야 하는 이유는 시간이 지나면 9장부터 12장까지의 위치가 혼동되기 때문이다.

	누가복음 10장	
배 경	나무 오른쪽 위	
대제목	선한 사마리아인	

📖 본문은 크게 3가지의 내용으로 이루어졌다. ① 70인의 전도대 파송과 그들의 성공적인 귀환 ② 선한 사마리아 사람의 비유 ③ 마르다와 마리아 자매를 통한 교훈.
큰 원숭이는 선한 사마리아인 같이 착해 보인다.

1. 선한 사마리아인(25-37)
   - 예수께서 대답하여 이르시되 어떤 사람이 예루살렘에서 여리고로 내려가다가 강도를 만나매 강도들이 그 옷을 벗기고 때려 거의 죽은 것을 버리고 갔더라(30)
   - 제사장 – 마침 한 제사장이 그 길로 내려가다가 그를 보고 피하여 지나가고(31)
   - 레위인 – 또 이와 같이 한 레위인도 그곳에 이르러 그를 보고 피하여 지나가되(32)
   - 어떤 사마리아 사람은 여행하는 중 거기 이르러 그를 보고 불쌍히 여겨 가까이 가서 기름과 포도주를 그 상처에 붓고 싸매고 자기 짐승에 태워 주막으로 데리고 가서 돌보아 주니라 그 이튿날 그가 주막 주인에게 데나리온 둘(선한 사마리아인은 정이 많은 사람이라 데나리온을 1개가 아닌 2개를 준다)을 내어 주며 이르되 이 사람을 돌보아 주라 비용이 더 들면 내가 돌아올 때에 갚으리라 하였으니 네 생각에는 이 세 사람 중에 누가 강도 만난 자의 이웃이 되겠느냐 이르되 자비를 베푼 자니이다 예수께서 이르시되 **가서 너도 이와 같이 하라** 하시니라(33-37) – 강도를 만나 다 죽게 된 사람을 제사장과 레위인은 피하여 지나가나 선한 사마리아인은 불쌍히 여겨 보살펴 준다는 내용으로 참된 이웃 사랑의 본질을 가르쳐 준다.
   큰 원숭이의 머리카락이 볏단처럼 생겼다. 볏단은 추수한 후 벼를 메어 묶은 단을 말한다. 따라서 볏단은 추수할 일꾼을 연상하게 한다.

2. 추수할 일꾼(2) – 마 9장
   - 추수할 것은 많되 일꾼이 적으니~ 추수하는 주인에게 청하여 추수할 일꾼들을 보내어 주소서 하라(2)
   큰 원숭이의 얼굴 (◠ˌ。) 이 숫자 70과 같다. 참고로 70인의 많은 제자들이 우르르 나갔다가(파송) 우르르 들어와 보고한다고 생각하자.

3. 70인 제자의 파송과 보고(1-12, 17-24) – 70인의 전도단을 세우신 일은 12사도를 파견한 사건(눅 9장)의 후속 작업이라 할 수 있다. 주님은 이제 사도들만이 아닌 다른 제자들까지 복음 전도자로 세우심으로 천국 사업을 점차로 확대시키셨다.
   - 그 후에 주께서 따로 70인을 세우사 친히 가시려는 각 동네와 각 지역으로 둘씩 앞서 보내시며 이르시되 추수할 것은 많되 일꾼이 적으니 그러므로 추수하는 주인에게 청하여 추수할 일꾼들을 보내주소서 하라 갈지어다 내가 너희를 보냄이 어린 양을 이리 가운데로 보냄과 같도다 전대나 배낭이나 신발을 가지지 말며 길에서 아무에게도 문안하지 말며 어느 집에 들어가든지 먼저 말하되 이 집이 평안할지어다 하라 만일 평안을 받을 사람이 거기 있으면 너희의 평안이 그에게 머물 것이요 그렇지 않으면 너희에게로 돌아오리라 그 집에 유하며 주는 것을 먹고 마시라 일꾼이 그 삯을 받는 것이 마땅하니라 이 집에서 저 집으로 옮기지 말라 어느 동네에 들어가든지 너희를 영접하거든 너희 앞에

차려놓는 것을 먹고 거기 있는 병자들을 고치고 또 말하기를 하나님의 나라가 너희에게 가까이 왔다 하라 어느 동네에 들어가든지 너희를 영접하지 아니하거든 그 거리로 나와서 말하되 너희 동네에서 우리 발에 묻은 먼지도 너희에게 떨어버리노라 그러나 하나님의 나라가 가까이 온 줄을 알라 하라 내가 너희에게 말하노니 그 날에 소돔이 그 동네보다 견디기 쉬우리라(1-12) - 파송

- 70인이 기뻐하며 돌아와 이르되 주여 주의 이름으로 귀신들도 우리에게 항복하더이다(17) - 보고
- 예수께서 이르시되 사탄이 하늘로부터 번개같이 떨어지는 것을 내가 보았노라(18)
- 내가 너희에게 뱀과 전갈을 밟으며 원수의 모든 능력을 제어할 권능을 주었으니 너희를 해칠 자가 결코 없으리라(19) - 70인의 제자가 우르르 몰려 나가서 뱀과 전갈을 밟는다고 생각하자.
- 귀신들이 너희에게 항복하는 것으로 기뻐하지 말고 너희 이름이 하늘에 기록된 것으로 기뻐하라(17-20)
- 너희가 보는 것(70인 제자들이 주의 이름으로 귀신을 굴복시킨 것)을 보는 눈은 복이 있도다 내가 너희에게 말하노니 많은 선지자와 임금이 너희가 보는 바를 보고자 하였으되 보지 못하였으며 너희가 듣는 바를 듣고자 하였으되 듣지 못하였느니라(23-24) - 이 구절은 70인 제자 파송과 관련 있다.
- ※ 누가복음에서 제자들을 파송한 횟수 - 2번(눅 9장 - 12제자 파송, 눅 10장 - 70인의 제자 파송)
큰 원숭이의 입(⌄)이 강퍅해 보인다.

4. 회개하지 않는 마을(13-16) - 마 11장
- 화 있을진저 고라신아, 화 있을진저 벳새다야, 너희에게서 행한 모든 권능을 두로와 시돈에서 행하였더라면 그들이 벌써 베옷을 입고 재에 앉아 회개하였으리라 심판 때에 두로와 시돈이 너희보다 견디기 쉬우리라(13-14)
- 가버나움아 네가 하늘에까지 높아지겠느냐 음부에까지 낮아지리라(13-15)
- ※ 마태복음 11장에서는 가버나움과 소돔을 비교하였다 - 가버나움의 움과 소돔의 돔이 비슷하다.
큰 원숭이가 큰 게가 다가오므로 어린 새끼(어린 아이)를 숨기고 있다.   큰 게 → 큰 계명

5. 큰 계명(27) - 마 22장, 막 12장
- 첫째 - 네 마음을 다하며 목숨을 다하며 힘을 다하며 뜻을 다하여 주 너의 하나님을 사랑하라(27, 신6:5)
- 둘째 - 네 이웃을 네 자신 같이 사랑하라(27, 레 19:18)

6. 천지의 주재이신 아버지여 이것을 지혜롭고 슬기 있는 자들에게는 숨기시고, 어린 아이들에게는 나타내심을 감사하나이다. 옳소이다. 이렇게 된 것이 아버지의 뜻이니이다(21) - 마 11장
큰 원숭이가 어린 새끼를 숨길 때 꼭꼭 숨기려고 저버서 숨기고 있다.   저버서 → 저버리는

7. 너희 말을 듣는 자는 곧 내 말을 듣는 것이요 너희를 저버리는 자는 곧 나를 저버리는 것이요 나를 저버리는 자는 나 보내신 이를 저버리는 것이라 하시니라(16)
맨 아래 장난꾸러기 원숭이의 꼬리가 꼬불꼬불 말리어(마리아) 있으며 또한 말러(마르다) 있다.   말리어 → 마리아,   말러 → 마르다

8. 마르다와 마리아(38-42)
- 그들이 길 갈 때에 예수께서 한 마을에 들어가시매 마르다라 이름하는 한 여자가 자기 집으로 영접하더라 그에게 마리아라 하는 동생이 있어 주의 발치에 앉아 그의 말씀을 듣더니 마르다는 준비하는 일이 많아 마음이 분주한지라 예수께 나아가 이르되 주여 내 동생이 나 혼자 일하게 두는 것을 생각하지 아니하시나이까 그를 명하사 나를 도와주라 하소서 주께서 대답하여 이르시되 마르다야 마르다야 네가 많은 일로 염려하고 근심하나 몇 가지만 하든지 혹은 한 가지만이라도 족하니라 마리아는 이 좋은 편(예수님의 말씀)을 택하였으니 빼앗기지 아니하리라 하시니라(38-42) - 마르다는 책망을 받고(주님이 꾸짖으신 것은 그녀의 섬김 자체가 아니라 일에 대한 지나친 염려 때문이었다) 마리아는 칭찬을 받았는데 마르다는 육체적인 배고픔을 해소해 줄 먹을거리 보다는 영혼을 배부르게 하는 생명양식인 하나님의 말씀이 더 소중하고 필요하다는 사실을 알아야했다. 예수님을 섬기는 가장 적절한 방법은 필요 이상으로 지나친 물질로써가 아니라 그분의 말씀에 동참함으로써 섬기는 것이다.

누가복음 11장	
배　경	나무 왼쪽 아래
대제목	표적

📖 기도의 원리와 자세에 대한 가르침, 바알세불에 관한 논쟁, 요나의 표적, 그리고 유대의 종교 지도자들에 대한 예수님의 책망 등의 내용으로 구성된 부분이다.

밤, 위에서 아래로 해석 할 것.

1. 밤중에 찾아온 친구(5-8)
   - 또 이르시되 너희 중에 누가 벗이 있는데 밤중에 그에게 가서 말하기를 벗이여 떡 3덩이(그림에 밤이 3개라는 것을 기억하자)를 내게 꾸어 달라 내 벗이 여행 중에 내게 왔으나 내가 먹일 것이 없노라 하면 그가 안에서 대답하여 이르되 나를 괴롭게 하지 말라 문이 이미 닫혔고 아이들이 나와 함께 침실에 누웠으니 일어나 네게 줄 수가 없노라 하겠느냐 내가 너희에게 말하노니 비록 벗됨으로 인하여서는 일어나서 주지 아니할지라도 그 강청함을 인하여 일어나 그 요구대로 주리라(5-8)

   안대를 하여 한쪽 **눈**을 가리고 있는 것이 뭔가 감추고 있는 위선자 같다.

2. 눈은 몸의 등불(33-36) - 마 6장　　※ 눈 = 양심
   - 누구든지 등불을 켜서 움 속에나 말 아래에 두지 아니하고 등경(등잔걸이, 촛대) 위에 두나니 이는 들어가는 자로 그 빛을 보게 하려 함이라 네 몸의 등불은 눈이라 네 눈이 성하면 온 몸이 밝을 것이요 만일 나쁘면 네 몸도 어두우리라 그러므로 네 속에 있는 빛이 어둡지 아니한가 보라 네 온 몸이 밝아 조금도 어두운 데가 없으면 등불의 빛이 너를 비출 때와 같이 온전히 밝으리라 하시니라(33-36)

3. 위선자(37-54) = 서기관들과 바리새인들의 위선을 책망하시다 - 마 23장
   마 23장 위선자와 같으나 '위선자들아 **천·지**로 **맹세**하니 **10일** 안에 **선지자의 흘린 피 꼭** 갚겠다'에서 맹·꼭·지만 빠진다. 맹·꼭·지 → 맨 꼴찌로 외울 것. 참고로 누가복음에서 예수님이 바리새인과 율법사에게 책망한 화는 6가지이다(6화). 마태복음은 7화

4. 천국(52) - 화 있을진저 너희 율법교사여 너희가 지식의 열쇠를 가져가서 너희도 들어가지 않고 또 들어가고자 하는 자도 막았느니라 하시니라(52)

5. 10일조(42) - 화 있을진저 너희 바리새인이여 너희가 박하와 운향과 모든 채소의 십일조는 드리되 공의와 하나님께 대한 사랑은 버리는도다 그러나 이것도 행하고 저것도 버리지 말아야 할지니라(42)

6. 안과 밖(39-41) - 주께서 이르시되 너희 바리새인은 지금 잔과 대접의 겉은 깨끗이 하나 너희 속에는 탐욕과 악독이 가득하도다(39)

7. 선지자의 흘린 피(47-51) - 창세 이후로 흘린 모든 선지자의 피를 이 세대가 담당하되 곧 아벨의 피로부터 제단과 성전 사이에서 죽임을 당한 사가랴의 피까지 하리라(50-51)

   안대의 태

8. 태(27-28) - 이 말씀(바알세불과 7귀신 이야기)을 하실 때에 무리 중에서 한 여자가 음성을 높여 이르되 당신을 밴 태와 당신을 먹인 젖이 복이 있나이다 하니 예수께서 이르시되 오히려 하나님의 말씀을 듣고 지키는 자가 복이 있느니라 하시니라(27-28)

왕 귀 - 귀하면 귀신을 쫓아내다 이나 큰 귀보다 월등히 큰 왕 귀이므로 귀신 왕 바알세불이 되며 왕 귀에 7자 모양의 귀걸이가 걸려 있으므로 7귀신이 된다. 귀신 왕 바알세불하면 성령모독죄·7귀신·모친 형제 자매 귀신이 같이 나와야 되나 개별적으로 나오면(눅 11장은 귀신 왕 바알세불·7귀신이 이에 해당) 나온 것만 소제목으로 삼는다. 마 12장 꼭 참조.

9. 귀신 왕 바알세불(14-26) = 귀신들려 눈 멀고 말 못하는 자 고치심 - 마 12장, 막 3장
   • 그 중에 더러는 말하기를 그가 귀신의 왕 바알세불을 힘입어 귀신을 쫓아낸다 하고 또 더러는 예수를 시험하여 하늘로부터 오는 표적을 구하니 예수께서 그들의 생각을 아시고 이르시되 스스로 분쟁하는 나라마다 황폐하여지며 스스로 분쟁하는 집은 무너지느니라 너희 말이 내가 바알세불을 힘입어 귀신을 쫓아낸다 하니 만일 사탄이 스스로 분쟁하면 그의 나라가 어떻게 서겠느냐 내가 바알세불을 힘입어 귀신을 쫓아내면 너희 아들들은 누구를 힘입어 쫓아내느냐 그러므로 그들이 너희 재판관이 되리라 그러나 내가 만일 하나님의 손을 힘입어 귀신을 쫓아낸다면 하나님의 나라가 이미 너희에게 임하였느니라(15-20) - 이 사건의 주제는 하나님 나라
   ※ 눈병이 나서 안대를 했으므로 귀신 왕 바알세불 = 귀신들려 눈 멀고 벙어리 된 자 고치심이 된다. 7자 모양의 귀걸이

10. 7귀신(24-26) - 마 12장
    • 더러운 귀신이 사람에게서 나갔을 때에 물 없는 곳으로 다니며 쉬기를 구하되 얻지 못하고 이에 이르되 내가 나온 내 집으로 돌아가리라 하고 가서 보니 그 집이 청소되고 수리되었거늘 이에 가서 저보다 더 악한 귀신 일곱을 데리고 들어가서 거하니 그 사람의 나중 형편이 전보다 더 심하게 되느니라(24-26) 입의 큰 이 2개

11. 큰 이가 2개(31-32) - 마 12장
    • 솔로몬보다 더 큰 이(31)
    • 요나보다 더 큰이(32)
      허리띠에 '주기도문'이라 써 있다.

12. 주기도문(1-4) - 마 6장
    밤을 떨어뜨리기 위해서 무릎으로 나무를 두드리고 있다.

13. 두드리라(9-13) = 기도에 힘쓰라 - 마 7장
    • 구하라 그러면 너희에게 주실 것이요 찾으라 그러면 찾아낼 것이요 문을 두드리라 그러면 너희에게 열릴 것이니 구하는 이마다 받을 것이요 찾는 이는 찾아낼 것이요 두드리는 이에게는 열릴 것이니라(9-10)
    • 너희 중에 아버지 된 자로써 누가 아들이 생선을 달라 하는데 생선 대신에 뱀을 주며 알을 달라 하는데 전갈을 주겠느냐(11-12) - 알과 전갈을 대비시킨 것은 전갈이 몸을 구부리면 계란과 비슷하기 때문이다 - 무릎으로 나무를 두드리니 구멍에서 뱀과 전갈이 튀어 나오고 있다고 생각하자.
    • 너희가 악할지라도 좋은 것을 자식에게 줄줄 알거든 하물며 너희 하늘 아버지께서 구하는 자에게 성령을 주시지 않겠느냐 하시니라(13) - 마 7:11에는 '좋은 것'으로 나오며 눅 11장에는 나무의 구멍이 영 모양이므로 좋은 것 대신 성령으로 나온다.
      나무에 구멍 뚫린 부분이 꼭 표적 같다.

14. 표적을 요구하는 바리새인들(29-30) - 마 16장, 막 8장
    • 무리가 모였을 때에 예수께서 말씀하시되 이 세대는 악한 세대라 표적을 구하되 요나의 표적 밖에는 보일 표적이 없나니 요나가 니느웨 사람들에게 표적이 됨과 같이 인자도 이 세대에 그러하리라(29-30) - 요나의 표적은 요나가 3일 동안 물고기 뱃속에 있다 나왔듯이 주님도 죽은 지 3일 만에 부활하실 것을 나타낸다.
    ※ 표적하면 요나의 표적이 나오나 막 8장에는 요나의 표적이라는 말이 나오지 않는다.

누가복음 12장		
배　경	나무 오른쪽 아래	
대제목	어리석은 부자의 비유	

📖 본문의 내용은 제자들에게 담대할 것을 명하신 예수님, 어리석은 부자 비유와 세상적 염려에 대한 책망, 깨어 근신할 것을 명하심, 그리고 시대의 징조를 분간하라는 교훈이다.

누룽지를 먹고 있는 어리석은 부자. 누룽지(누룩)는 바리새인들이 외식할 때 즐겨먹는 기호식품이다.　따라서 누룽지(누룩)는 바리새인들의 외식이 된다.　누룽지 → 누룩

1. 누룩(1-3) = 바리새인들의 외식을 주의하라 - 마 16장, 막 8장

   ※ 마 16장, 막 8장에서는 바리새인의 교훈을 나타낸다.

2. 어리석은 부자(13-21) - 무리 중에 한 사람이 이르되 **선생님 내 형을 명하여 유산을 나와 나누게 하소서** 하니 이르시되 이 사람아 누가 나를 너희의 재판장이나 물건 나누는 자로 세웠느냐 하시고 그들에게 이르시되 **삼가 모든 탐심을 물리치라 사람의 생명이 그 소유의 넉넉한 데 있지 아니하니라 (이 구절은 탐심 많은 어리석은 부자에 나온다)** 하시고 또 비유로 그들에게 말하여 이르시되 한 부자가 그 밭에 소출이 풍성하매 심중에 생각하여 이르되 내가 곡식 쌓아 둘 곳이 없으니 어찌할까 하고 또 이르되 내가 이렇게 하리라 내 곡간을 헐고 더 크게 짓고 내 모든 곡식과 물건을 거기 쌓아 두리라 또 내가 내 영혼에게 이르되 영혼아 여러 해 쓸 물건을 많이 쌓아 두었으니 평안히 쉬고 먹고 마시고 즐거워하자 하리라 하되 하나님은 이르시되 어리석은 자여 오늘 밤에 네 영혼을 도로 찾으리니 그러면 네 준비한 것이 누구의 것이 되겠느냐 하셨으니 자기를 위하여 재물을 쌓아두고 하나님께 대하여 부요하지 못한 자가 이와 같으니라(13-21)

   이 어리석은 부자가 시인이라면 믿겠는가?　믿기지 않겠지만 정말 시인이 맞다.

3. 시인(8-12) = 예수님을 부끄러워하지 말라 - 마 10장

   • 누구든지 사람 앞에서 나를 시인하면 인자도 하나님의 사자들 앞에서 그를 시인할 것이요 사람 앞에서 나를 부인하는 자는 하나님의 사자들 앞에서 부인을 당하리라(8-9)

   어리석은 부자가 욕심이 하도 많아서 누룽지를 먹으면서도 '무엇을 먹을까 무엇을 입을까' 고민하고 있다.

4. 의식주 염려(22-32) - 마 6장

   • 내가 너희에게 이르노니 너희 목숨을 위하여 무엇을 먹을까 몸을 위하여 무엇을 입을까 염려하지 말라 목숨이 음식보다 중하고 몸이 의복보다 중하니라 까마귀를 생각하라 심지도 아니하고 거두지도 아니하며 골방도 없고 창고도 없으되 하나님이 기르시나니 너희는 새보다 얼마나 더 귀하냐 또 너희 중에 누가 염려함으로 그 키를 한 자라도 더할 수 있느냐 그런즉 가장 작은 일도 하지 못하면서 어찌 다른 일들을 염려하느냐 백합화를 생각하여 보라 실도 만들지 않고 짜지도 아니하느니라 그러나 내가 너희에게 말하노니 솔로몬의 모든 영광으로도 입은 것이 이 꽃 하나만큼 훌륭하지 못하였느니라 오늘 있다가 내일 아궁이에 던져지는 들풀도 하나님이 이렇게 입히시거늘 하물며 너희일까 보냐 믿음이 작은 자들아 너희는 무엇을 먹을까 무엇을 마실까 하여 구하지 말며 근심하지도 말라 이 모든 것은 세상 백성들이 구하는 것이라 너희 아버지께서는 이런 것이 너희에게 있어야 할 것을 아시느니라 다만 너희는 그의 나라를 구하라 그리하면 이런 것들을 너희에게 더하시리라 적은 무리여 무서

위 말라 너희 아버지께서 <u>그 나라를</u> 너희에게 주시기를 기뻐하시느니라(22-32)
어리석은 부자는 욕심이 많은 사람이라 생각하는 표시도 돈으로 그렸다.

5. <mark>돈</mark>(33-34) - 마 6장
- 너희 소유를 팔아 구제하여 낡아지지 아니하는 배낭을 만들라 곧 하늘에 둔바 다함이 없는 보물이니 거기는 도둑도 가까이 하는 일이 없고 좀도 먹는 일이 없느니라 너희 보물이 있는 곳에는 너희 마음도 있으리라(33-34)
어리석은 부자가 오른손에 무언가 감추고 있다.

6. 감추인 것이 드러나지 않을 것이 없고 숨긴 것이 알려지지 않을 것이 없나니(2)
어리석은 부자가 성령의 검 때문에 두려워하고 있다.   성령 → 성령모독죄

7. <mark>성령모독죄</mark>(10) - 마 12장, 막 3장
- 누구든지 <u>말로</u> 인자를 거역하면 사하심을 받으려니와 <u>성령을</u> 모독하는 자는 사하심을 받지 못하리라(10)

8. <mark>검</mark>(49-53) = 분쟁을 일으키러 왔다 - 마 10장, 미가 7:6
- 내가 불을 땅에 던지러 왔노니 이 <u>불이</u> 이미 붙었으면 내가 무엇을 원하리요 나는 받을 <u>세례가</u> 있으니 그것이 이루어지기까지 나의 답답함이 어떠하겠느냐 내가 세상에 화평을 주려고 온 줄로 아느냐 내가 너희에게 이르노니 아니라 도리어 <u>분쟁하게</u> 하려 함이로라~ 아버지가 아들과, 아들이 아버지와, 어머니가 딸과, 딸이 어머니와, 시어머니가 며느리와, 며느리가 시어머니와 분쟁하리라 하시니라(49-53)

9. <mark>하나님만 두려워하라</mark>(4-7) - 마 10장
- 내가 내 친구 너희에게 말하노니 몸을 죽이고 그 후에는 능히 더 못하는 자들을 두려워하지 말라 마땅히 두려워할 자를 내가 너희에게 보이리니 곧 죽인 후에 또한 지옥에 던져 넣는 권세 있는 그를 두려워하라 내가 참으로 너희에게 이르노니 그를 두려워하라 참새 다섯 마리가 <u>두</u> 앗사리온에 팔리는 것이 아니냐 그러나 하나님 앞에는 그 하나도 잊어버리시는 바 되지 아니하는도다 너희에게는 심지어 <u>머리털까지도</u> 다 세신 바 되었나니 두려워하지 말라 너희는 많은 <u>참새보다</u> 귀하니라(4-7)
엉뚱한 생각만 하는 어리석은 부자를 천사가 종을 흔들며 깨우고 있다.   종 → 충성된 종과 악한 종이 되며(마 24장 8번 참조) 깨우고 있으므로 소제목 '깨어있는 종'이 하나 더 추가된다.

10. <mark>충성된 종과 악한 종</mark>(41-48) - 마 24장
- 주께서 이르시되 지혜 있고 진실한 청지기가 되어 주인에게 그 집종들을 맡아 때를 따라 양식을 나누어 줄자가 누구냐 주인이 이를 때에 그 종이 그렇게 하는 것을 보면 그 종은 복이 있으리로다 내가 참으로 너희에게 이르노니 주인이 그 모든 소유를 그에게 맡기리라 만일 그 종이 마음에 생각하기를 주인이 더디 오리라 하여 남녀종들을 때리며 먹고 마시고 취하게 되면 생각하지 않은 날 알지 못하는 시각에 그 종의 주인이 이르러 엄히 때리고 신실하지 아니한 자의 받는 벌에 처하리니(42-46)

11. <mark>깨어있는 종</mark>(35-40) - 막 13장
- 너희는 마치 그 주인이 혼인집에서 돌아와 문을 두드리면 곧 열어 주려고 기다리는 사람과 같이 되라 주인이 와서 깨어 있는 것을 보면 그 종들은 복이 있으리로다 내가 진실로 너희에게 이르노니 주인이 띠를 띠고 그 종들을 자리에 앉히고 나아와 수종들리라 주인이 혹 이경에나 혹 삼경에 이르러서도 종들이 그같이 하고 있는 것을 보면 그 종들은 복이 있으리로다 너희도 아는 바니 집주인이 만일 도둑이 어느 때에 이를 줄 알았더라면 그 집을 뚫지 못하게 하였으리라 그러므로 너희도 준비하고 있으라 생각하지 않은 때에 인자가 오리라 하시니라(36-40)
천사의 눈에서 불이 나는 것은 어리석은 부자 때문에 열 받아서 그렇다.   —火
—目

12. <mark>화목하라</mark>(54-59) = 화해하라 - 마 5장
- 네가 너를 고발하는 자와 함께 법관에게 갈 때에 <u>길에서</u> 화해하기를 힘쓰라 그가 너를 재판장에게 끌어가고 재판장이 너를 옥졸에게 넘겨주어 옥졸이 옥에 가둘까 염려하라 네게 이르노니 한 푼이라도 남김이 없이 갚지 아니하여서는 결코 거기서 나오지 못하리라 하시니라(58-59)

누가복음 13장	
배 경	오솔길의 망대
대제목	실로암 망대 사건

📖 예수님의 여러 권면과 책망과 비유가 나타난 부분이다. 즉 회개할 것과 좁은 문으로 들어 가라는 권면, 천국에 관한 3가지 비유, 안식일 교훈 및 예루살렘에 대한 책망 등.

* 눅 13-18장은 **베레아 전도**가 된다. 베다니의 나사로를 살리신 후 3개월간 베레아에 가 셨다가 다시 베다니에 들어오신다. 이때에 향유 사건이 일어났으며 그 다음날(주일) 고난 을 받으시기 위해 예루살렘에 입성하신다. 마 19장+20장 = 막 10장 = 눅 13-18장 전체 배경 - 실로암 망대

1. <mark>실로암 망대 사건</mark>(1-5) = 회개하지 않으면 망한다
   • 그 때 마침 두어 사람이 와서 <u>빌라도</u>가 어떤 갈릴리 사람들의 피를 그들의 제물에 섞은 일로 예수께 아 뢰니 대답하여 이르시되 너희는 이 갈릴리 사람들이 이 같이 해 받음으로 다른 모든 갈릴리 사람보다 죄가 더 있는 줄 아느냐 너희에게 이르노니 아니라 너희도 만일 회개하지 아니하면 다 이와 같이 망하리 라 또 <u>실로암</u>에서 망대가 무너져 치어 죽은 <u>18사람</u>이 예루살렘에 거한 다른 모든 사람보다 죄가 더 있는 줄 아느냐 너희에게 이르노니 아니라 너희도 만일 회개하지 아니하면 다 이와 같이 망하리라(1-5)
   지붕 위 - 암탉 바람개비

2. <mark>암탉</mark>(34-35) = 예루살렘에 대한 탄식 - 마 23장
   • 예루살렘아 예루살렘아 선지자들을 죽이고 네게 파송된 자들을 돌로 치는 자여 **암탉**이 제 새끼를 날개 아래에 모음같이 내가 너희의 자녀를 모으려 한일이 몇 번이냐 그러나 너희가 원하지 아니하였도다(34)
   망대 위 - 무화과나무 지팡이를 잡고 있는 허리 굽은 여자

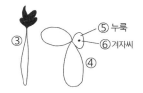

※ 그림이 18자 모양으로 실로암 망대에서 치어죽은 사람의 숫자 18명과 허리가 굽은 여자의 18년 동안의 병 기간을 나타내준다.

③번 그림 - 열매 맺지 못하는 무화과나무

3. <mark>열매 맺지 못하는 무화과나무의 비유</mark>(6-9) - 하나님의 오래 참으심을 나타낸다.
   • 한 사람이 포도원에 무화과나무를 심은 것이 있더니 와서 그 열매를 구하였으나 얻지 못한지라 포도 원지기에게 이르되 내가 <u>3년</u>을 와서 이 무화과나무에서 열매를 구하되 얻지 못하니 찍어버리라 어 찌 땅만 버리게 하겠느냐 대답하여 이르되 주인이여 금년에도 그대로 두소서 내가 두루 파고 거름을 주리니 이후에 만일 열매가 열면 좋거니와 그렇지 않으면 찍어버리소서 하였다 하시니라(6-9)
   ※ 그림을 자세히 보면 잎은 성성한데 열매가 없으므로 열매 맺지 못하는 무화과나무가 된다. 저주받은 무화과나무와 혼동하지 말 것.
   ④번 그림 - 허리가 굽은 여자

4. <mark>18년 동안 허리가 굽은 여자를 고치시다</mark>(10-17)

- 예수께서 안식일에 한 회당에서 가르치실 때에 <u>18년</u> 동안이나 귀신들려 앓으며 꼬부라져 조금도 펴지 못하는 한 여자가 있더라 예수께서 보시고 불러 이르시되 여자여 네가 네 병에서 놓였다 하시고 <u>안수</u>하시니 여자가 곧 펴고 하나님께 영광을 돌리는지라(10-13) - 허리가 굽어서 저절로 머리가 숙여지므로 안수하기 좋다. 따라서 18년 동안 귀신들려 허리가 굽은 여자는 안수하여 치료하셨다.
- 외식하는 자들아 너희가 각각 안식일에 자기의 소나 나귀를 외양간에서 풀어내어 이끌고 가서 물을 먹이지 아니하느냐 그러면 18해 동안 사탄에게 매인 바 된 이 <u>아브라함</u>의 딸을 안식일에 이 매임에서 푸는 것이 합당하지 아니하냐(15-16) - 소와 나귀는 등이 굽어 있으므로 소와 나귀가 나오는 이 구절은 18년 동안 허리가 굽은 여자를 치료하신 사건과 관계가 있다.

　　⑤,⑥번은 쪽 지은 머리를 그렸다. 쪽 지은 머리가 누룩 같고 비녀 꽂은 부분이 겨자씨 같다.

5. <mark>누룩의 비유</mark>(20-21) - 마 13장
- 또 이르시되 내가 하나님의 나라를 무엇으로 비교할까 마치 여자가 가루 <u>서</u> 말 속에 갖다 넣어 전부 부풀게 한 <u>누룩</u>과 같으니라 하셨더라(20-21)

6. <mark>겨자씨 비유</mark>(18-19) - 마 13장, 막 4장
- 예수께서 이르시되 하나님의 나라가 무엇과 같을까 내가 무엇으로 비교할까 마치 사람이 자기 채소밭에 갖다 심은 <u>겨자씨</u> 한 알 같으니 자라 나무가 되어 공중의 새들이 그 가지에 깃들였느니라(18-19)

※ 5, 6번 - 천국비유로서 이 비유의 초점은 성장에 있지 않고 대조에 있다. 보잘 것 없는 현재의 시작과 미래의 엄청난 결과를 나타낸다.

　　망대 아래의 좁은 문

7. <mark>좁은 문</mark>(22-30) - 마 7장
- 어떤 사람이 여짜오되 주여 구원을 받는 자가 적으니이까 그들에게 이르시되 좁은 문으로 들어가기를 힘쓰라 내가 너희에게 이르노니 들어가기를 구하여도 못하는 자가 많으리라(23-24)

　　좁은 문에 동서남북이라 써 있는 나무 조각을 못으로 박아 놓았다.

8. <mark>동서남북</mark>(29)
- 사람들이 <u>동서남북</u>으로부터 와서 하나님의 나라 잔치에 참여하리니(29)

　　나무 조각. 동과 서라 쓴 나무가 남과 북이라고 쓴 나무위에 올수도 있고 밑에 갈수도 있으므로 먼저-나중, 나중-먼저가 된다.

9. <mark>먼저-나중, 나중-먼저</mark>(30) - 마 19장, 막 10장
- 보라 나중 된 자로서 먼저 될 자도 있고 먼저 된 자로서 나중 될 자도 있느니라 하시더라(30)

　　여우같이 생긴 개, 속담에 '닭 쫓던 개 지붕 쳐다본다'는 말이 생각나며 이 그림의 전체 배경이 된다.

10. <mark>여우같은 헤롯</mark>(31-33) - 여우는 대부분 헤롯을 가리킨다.
- 곧 그 때에 어떤 바리새인들이 나아와서 이르되 나가서 여기를 떠나소서 헤롯이 당신을 죽이고자 하나이다 이르시되 너희는 가서 저 여우에게 이르되 오늘과 내일은 내가 귀신을 쫓아내며 병을 고치다가 제 <u>3일</u>에는 완전하여지리라 하라 그러나 오늘과 내일과 모레는 내가 갈 길을 가야 하리니 선지자가 <u>예루살렘</u> 밖에서는 죽는 법이 없느니라(31-33)

　　여우같이 생긴 개는 망대 위에 있는 암탉 바람개비가 가짜 암탉이라는 것을 알지 못한다.

11. <mark>나는 너희를 알지 못한다</mark>(25-27) - 마 7장
- 집주인이 일어나 문을 한번 닫은 후에 너희가 밖에 서서 문을 두드리며 주여 열어 주소서 하면 그가 대답하여 이르되 나는 너희가 어디에서 온 자인지 알지 못하노라~ 그 때에 너희가 말하되 우리는 주 앞에서 먹고 마셨으며 주는 또한 우리를 길거리에서 가르치셨나이다 하나 그가 너희에게 말하여 이르되 나는 너희가 어디에서 왔는지 알지 못하노라 행악하는 모든 자들아 나를 떠나가라 하리라(25-27)

누가복음 14장	
배 경	오솔길 위
대제목	예수님의 제자가 되는 길

📖 본문의 내용은 바리새인 지도자 집에서 행하신 예수님의 이적과 교훈과 비유, 그리고 무리들과 함께 길을 가시면서 가르치신 제자의 길에 관한 교훈으로 구성되었다.
　예수님의 제자가 되려면 자기의 십자가를 지고 가야한다. 한 사람이 자기의 십자가를 지면서 **길**을 걸어가고 있다. 참고로 이곳의 십자가는 수난예고가 아님에 주의하자.

1. 예수님의 제자가 되는 길(25-33) = 제자도
   - 무릇 내게 오는 자가 자기 부모와 처자와 형제와 자매와 더욱이 자기 목숨까지 미워하지 아니하면 능히 내 제자가 되지 못하고(26)
   - 누구든지 자기 십자가를 지고 나를 따르지 않는 자도 능히 내 제자가 되지 못하리라(27)
   - 너희 중의 누구든지 자기의 모든 소유를 버리지 아니하면 능히 내 제자가 되지 못하리라(33)
     이 사람은 수종병 환자이다.　　※ 수종병 - 근육조직과 피 속에 액체가 고여 몸이 붓는 병

2. 수종병자를 고치시다(1-6)
   - 안식일에 예수께서 한 바리새인 지도자의 집에 🍞 잡수시러 들어가시니~ 주의 앞에 수종병 든 한 사람이 있는지라 예수께서 대답하여 율법교사들과 바리새인들에게 이르시되 안식일에 병 고쳐주는 것이 합당하냐 아니하냐 그들이 잠잠하거늘 예수께서 그 사람을 데려다가 고쳐 보내시고(1-4) - 지도자는 수종을 들어주어야 하므로 수종병자를 고친 장소는 바리새인 지도자의 집이 된다.
   - 또 그들에게 이르시되 너희 중에 누가 그 아들이나 소가 우물에 빠졌으면 안식일에라도 곧 끌어내지 않겠느냐 하시니 그들이 이에 대하여 대답하지 못하니라(5-6) - 수종병은 근육조직과 피 속에 액체가 고여 몸이 붓는 병이므로 우물이 나오는 이 구절은 수종병자를 고친 사건과 관계가 있다.
     수종병자의 머리위에 큰 잔이 있다.　　큰 잔 → 큰 잔치

3. 큰 잔치(15-24) = 왕의 혼인잔치 - 마 22장
   - 무릇 하나님의 나라에서 🍞을 먹는 자는 복되도다 하니(15) - 1절 '바리새인 지도자의 집에 🍞 잡수시러 들어가시니' 와 떡이라는 공통점이 있으므로 같은 장에 나온다.
   - 어떤 사람이 큰 잔치를 베풀고 많은 사람을 청하였더니~ 한 사람은 이르되 나는 밭을 샀으매~ 또 한 사람은 이르되 나는 소 5겨리를 샀으매~ 또 한 사람은 이르되 나는 장가들었으니 그러므로 가지 못하겠노라 하는지라 종이 돌아와 주인에게 그대로 고하니 이에 집 주인이 노하여 그 종에게 이르되 빨리 시내의 거리와 골목으로 나가서 ①가난한 자들과 ②몸 불편한 자들과 ③맹인들과 ④저는 자들을 데려오라 하니라 종이 이르되 주인이여 명하신 대로 하였으되 아직도 자리가 있나이다 주인이 종에게 이르되 길과 산울타리 가로 나가서 사람을 강권하여 데려다가 내 집을 채우라 내가 너희에게 말하노니 전에 청하였던 그 사람들은 하나도 내 잔치를 맛보지 못하리라 하였다 하시니라(16-24) - 몸 망가져(몸 맹가저) 있는 사람들을 청하였다고 생각하자.
     수종병자의 **형색 손** → **청**해야 할 **손**님

4. 청해야 할 손님(12-14)

- 또 자기를 청한 자에게 이르시되 네가 점심이나 저녁이나 베풀거든 벗이나 형제나 친척이나 부한 이웃을 청하지 말라 두렵건대 그 사람들이 너를 도로 청하여 네게 갚음이 될까 하노라 잔치를 베풀거든 차라리 가난한 자들과 몸 불편한 자들과 저는 자들과 맹인들을 청하라 그리하면 그들이 갚을 것이 없으므로 네게 복이 되리니 이는 의인들의 부활 시에 네가 갚음을 받겠음이라 하시더라(12-14)
  수종병자의 옷에는 왕이 망대를 세우고 있는 그림이 그려져 있는데 왕의 모자가 직각이므로 이 왕은 지각없는 왕이 된다.   직각 → 지각

5. 망대 비유(28-30)
- 너희 중의 누가 망대를 세우고자 할진대 자기의 가진 것이 준공하기까지에 족할는지 먼저 앉아 그 비용을 계산하지 아니하겠느냐 그렇게 아니하여 그 기초만 쌓고 능히 이루지 못하면 보는 자가 다 비웃어 이르되 이 사람이 공사를 시작하고 능히 이루지 못하였다 하리라(28-30)

6. 지각없는 왕의 전쟁 준비 비유(31-32)
- 또 어떤 임금이 다른 임금과 싸우러 갈 때에 먼저 앉아 일만 명으로서 저 이만 명을 거느리고 오는 자를 대적할 수 있을까 헤아리지 아니하겠느냐 만일 못할 터이면 그가 아직 멀리 있을 때에 사신을 보내어 화친을 청할지니라(31-32)
- ※ 5번, 6번 해석 - 건축을 시작하기 전에 거기에 소요(所要)되는 비용을 철저히 계산하여 자기가 확보한 돈으로 건축을 시작해도 될지 잘 판단해야 하는 것처럼, 어느 임금이 싸우러 갈 때 승산이 없다는 것을 알고 재빨리 화친을 청했듯이 예수님의 제자가 되려면 얼마나 철저한 준비가 필요한가를 두 가지 비유를 통해 보여주고 있다. 예수님을 따름에 있어서 그 길은 결코 부귀영화를 누리는 길이 아니라 자기의 목숨까지도 희생해야 하는 길임을 알아 냉철한 판단에 의해 따르기를 결정해야 한다. 제자직이 한낱 영광과 자기 성취의 수단으로 살다가 얼마가지 않아 작은 시험조차 이기지 못해 쓰러지는 경우가 많음을 생각할 때, 이 말씀은 더욱 깊이 상고되어야 할 것이다. 5번과 6번은 1번에 포함된다.
  길에 소금이 뿌려져 있다.

7. 소금(34-35) - 마 5장, 막 9장
- 소금이 좋은 것이나 소금도 만일 그 맛을 잃으면 무엇으로 짜게 하리요 땅에도, 거름에도 쓸 데 없어 내버리느니라(34-35)
  수종병자 앞에는 상자가 놓여있다.   상자 → 상좌(上座, 높은 자리)

8. 상좌에 앉지 말라(7-11) = 말석에 앉으라 = 겸손히 자신을 낮추라
- 청함을 받은 사람들이 상좌 택함을 보시고 그들에게 비유로 말씀하여 이르시되 네가 누구에게나 혼인 잔치에 청함을 받았을 때에 상좌에 앉지 말라 그렇지 않으면 너보다 더 높은 사람이 청함을 받은 경우에 너와 그를 청한 자가 와서 너더러 이 사람에게 자리를 내주라 하리니 그 때에 네가 부끄러워 끝자리로 가게 되리라 청함을 받았을 때에 차라리 가서 끝자리에 앉으라 그러면 너를 청한 자가 와서 너더러 벗이여 올라 앉으라 하리니 그 때에야 함께 앉은 모든 사람 앞에서 영광이 있으리라(7-10)
- 무릇 자기를 높이는 자는 낮아지고 자기를 낮추는 자는 높아지리라(11) - 마 23:12(위선자의 목에 있는 시이소 그림), 눅 14:11(상좌에 앉지 말라), 눅 18;14(바리새인과 세리의 기도)
- ※ 안식일 치유 - 배굽장 물(수) 더 마실 부운~ 안 계세요.   안 → 안식일
  ① 38년 된 베데스다 못가의 병자를 고치시다(요 5장)
  ② 18년 동안 허리가 굽은 여자를 고치시다(눅 13장)
  ③ 베드로의 장모 열병을 고치시다(마 8장, 막 1장, 눅 4장)
  ④ 수종병자를 고치시다(눅 14장)
  ⑤ 가버나움 회당에서 더러운 귀신들린 사람을 고치시다(막 1장, 눅 4장)
  ⑥ 손 마른 자를 고치시다(마 12장, 막 3장, 눅 6장)
  ⑦ 실로암 맹인을 고치시다(요 9장)

누가복음 15장		
배　경	큰 바위 위	
대제목	탕자	

📖　예수님이 세리 및 죄인들과 어울리자 종교 지도자들이 이를 비난한다. 이에 예수님은 3가지 비유(잃은 양, 잃어버린 동전, 탕자)를 들어 잃은 것을 찾은 기쁨을 교훈하신다.

바위에 앉아서 탱자 탱자 노는 탕자. 쾌락만 즐기다가 결국은 동냥하는 신세가 되고 말았다.

동·냥하는 탕자

1. 잃은 양의 비유(1-7) - 마 18장
   - 너희 중에 어떤 사람이 양 100마리가 있는데 그 중의 하나를 잃으면 99마리를 들에 두고 그 잃은 것을 찾아내기까지 찾아다니지 아니하겠느냐~ 이와 같이 죄인 한 사람이 회개하면 하늘에서는 회개할 것 없는 의인 아흔아홉으로 말미암아 기뻐하는 것보다 더하리라(4-7)

2. 잃어버린 동전 비유(8-10)
   - 어떤 여자가 10드라크마가 있는데 하나를 잃으면 등불을 켜고 집을 쓸며 찾아내기까지 부지런히 찾지 아니하겠느냐 또 찾아낸즉 벗과 이웃을 불러 모으고 말하되 나와 함께 즐기자 잃은 드라크마를 찾아 내었노라 하리라~ 이와 같이 죄인 한사람이 회개하면 하나님의 사자들 앞에 기쁨이 되느니라(8-10)

3. 탕자의 비유(11-32)
   - 어떤 사람에게 두 아들이 있는데 그 둘째가 아버지에게 말하되 아버지여 재산 중에서 내게 돌아올 분깃을 내게 주소서 하는지라 아버지가 그 살림을 각각 나눠 주었더니~ 둘째 아들이 재물을 다 모아 가지고 먼 나라에 가 거기서 허랑방탕하여 그 재산을 낭비하더니~ 그 나라 백성 중 한사람에게 붙여 사니 그가 그를 들로 보내어 돼지를 치게 하였는데 그가 돼지 먹는 쥐엄 열매로 배를 채우고자 하되 주는 자가 없는지라 이에 스스로 돌이켜 이르되 내 아버지에게는 양식이 풍족한 품꾼이 얼마나 많은가 나는 여기서 주려 죽는구나 내가 일어나 아버지께 가서 이르기를 아버지 내가 하늘과 아버지께 죄를 지었사오니 지금부터는 아버지의 아들이라 일컬음을 감당하지 못하겠나이다 나를 품꾼의 하나로 보소서 하리라 하고 이에 일어나서 아버지께로 돌아가니라 아직도 거리가 먼데 아버지가 그를 보고 측은히 여겨 달려가 목을 안고 입을 맞추니 아들이 이르되 아버지여 내가 하늘과 아버지께 죄를 지었사오니 지금부터는 아버지의 아들이라 일컬음을 감당하지 못하겠나이다 하나 아버지는 종들에게 이르되 제일 좋은 옷을 내어다가 입히고 손에 가락지를 끼우고 발에 신을 신기라 그리고 살진 송아지를 끌어다가 잡으라 우리가 먹고 즐기자 이 내 아들은 죽었다가 다시 살아났으며 내가 잃었다가 다시 얻었노라 하니 그들이 즐거워하더라 맏아들은 밭에 있다가 돌아와 집에 가까이 왔을 때에 풍악과 춤추는 소리를 듣고 한 종을 불러 이 무슨 일인가 물은대 대답하되 당신의 동생이 돌아왔으매 당신의 아버지가 건강한 그를 다시 맞아들이게 됨으로 인하여 살진 송아지를 잡았나이다 하니 그가 노하여 들어가고자 하지 아니하거늘 아버지가 나와서 권한대 아버지께 대답하여 이르되 내가 여러 해 아버지를 섬겨 명을 어김이 없거늘 내게는 염소 새끼라도 주어 나와 내 벗으로 즐기게 하신 일이 없더니 아버지의 살림을 창녀들과 함께 삼켜버린 이 아들이 돌아오매 이를 위하여 살진 송아지를 잡으셨나이다 아버지가 이르되 얘 너는 항상 나와 함께 있으니 내 것이 다 네 것이로되 이 네 동생은 죽었다가 살아났으며 내가 잃었다가 얻었기로 우리가 즐거워하고 기뻐하는 것이 마땅하다 하니라(11-32)

누가복음 16장		
배 경	작은 샘	
대제목	부자와 거지 나사로	

📖 본문에는 누가복음에만 기록된 두 비유가 소개되는데 곧 불의한 청지기 비유와 부자와 거지 나사로의 비유이다. 한편 바리새인들의 외식에 대한 예수님의 책망도 언급된다.

불에 휩싸여 있는 **청**색 마귀 → **불**의한 **청**지기

1. 불의한 청지기(1-15)
   - 어떤 부자에게 청지기가 있는데 그가 주인의 소유를 허비한다는 말이 그 주인에게 들린지라 주인이 그를 불러 이르되 내가 네게 대하여 들은 이 말이 어찜 됨이냐 네가 보던 일을 셈하라 청지기 직무를 계속하지 못하리라 하니 청지기가 속으로 이르되 주인이 내 직분을 빼앗으니 내가 무엇을 할까 땅을 파자니 힘이 없고 빌어 먹자니 부끄럽구나 내가 할 일을 알았도다 이렇게 하면 직분을 빼앗긴 후에 사람들이 나를 자기 집으로 영접하리라 하고 주인에게 빚진 자를 일일이 불러다가 먼저 온 자에게 이르되 네가 내 주인에게 얼마나 빚졌느냐 말하되 기름 <u>100</u>말이니이다 이르되 여기 네 증서를 가지고 빨리 앉아 <u>50</u>이라 쓰라 하고 또 다른 이에게 이르되 너는 얼마나 빚졌느냐 이르되 밀 <u>100</u>석이니이다 이르되 여기 네 증서를 가지고 <u>80</u>이라 쓰라 하였는지라(1-7)
   - 주인이 이 옳지 않은 청지기가 일을 지혜 있게 하였으므로 칭찬하였으니 이 세대의 아들들이 자기 시대에 있어서는 빛의 아들들보다 더 지혜로움이니라(8) - 청지기가 해고당한 후를 위해 지혜롭게 준비한 것처럼 제자들도 앞으로 올 천국을 위해 지혜롭게 준비하여야 한다는 뜻
   - 내가 너희에게 말하노니 <u>불의의 재물</u>(세상의 재물)로 친구(가난한 사람들)를 사귀라 그리하면 그 재물이 없어질 때에 그들이 너희를 영주할 처소로 영접하리라(9)
   - 지극히 작은 것에 충(≒**청**)성된 자는 큰 것에도 충성되고 지극히 작은 것에 **불**의한 자는 큰 것에도 불의하니라(10) - 이 구절은 '**불**의한 **청**지기'와 관계가 있다.
   - 너희가 만일 <u>불의한 재물</u>(세상의 재물)에도 충성하지 아니하면 누가 참된 것으로 너희에게 맡기겠느냐 너희가 만일 남의 것에 충성하지 아니하면 누가 너희의 것을 너희에게 주겠느냐(11-12)
   ※ 기름 100 → 50(기름기를 쫙 뺏으므로 기름이 100에서 80이 아닌 50이 된다), 밀 100 → 80
   마귀의 머리(頭, 머리 **두**)에 主(**주**)라 써 있다.

2. 두 주인(13) - 마 6장
   - 집 하인이 두 주인을 섬길 수 없나니 혹 이를 미워하고 저를 사랑하거나 혹 이를 중히 여기고 저를 경히 여길 것임이니라 너희가 <u>하나님</u>과 <u>재물</u>을 겸하여 섬길 수 없느니라(13)
   옆의 두 사람. 한사람은 부자이고 한사람은 깡통을 차고 있는 것으로 봐서 거지이다.

3. 부자와 거지 나사로(19-31) ※ 부자의 형제 - (독수리) 5형제
   천원짜리 지폐에 **침**이 꽂혀진 채 떠내려가고 있다. 참고로 천원짜리 지폐는 돈이다.

4. 천국 침노(16) - 마 11장
   - <u>율법</u>과 <u>선지자</u>는 요한의 때까지요 그 후부터는 하나님 나라의 <u>복음</u>이 전파되어 사람마다 그리로 침입하느니라(16) - 예수 그리스도를 통해 누구나 천국에 갈 수 있다는 뜻.

5. **바리새인들은 돈을 좋아하는 자들이라** 이 모든 것을 듣고 비웃거늘(14)

누가복음 17장	
배 경 **강독**	
대제목 **나병환자 10명**	

📖 용서와 믿음과 겸손에 대한 가르침이 언급되었고, 이어 나병환자 열 명의 치유 사건이 소개 되었다. 그리고 그리스도의 재림과 관련된 징조들에 관해 언급되었다.

강독에는 나병환자 10명이 앉아서 재롱을 떨고 있다.

1. **나병환자 10명을 고치시다**(11-19) - 병 나은 자중 사마리아인만 하나님께 영광을 돌림.

   • 예수께서 예루살렘으로 가실 때에 사마리아와 갈릴리 사이로 지나가시다가 한 마을에 들어가시니 나병환자 10명이 예수를 만나 멀리 서서 소리를 높여 이르되 예수 선생님이여 우리를 불쌍히 여기소서 하거늘 보시고 이르시되 가서 대제사장들에게 너희 몸을 보이라 하셨더니 그들이 가다가 깨끗함을 받은지라 그 중의 한 사람이 자기가 나은 것을 보고 큰 소리로 하나님께 영광을 돌리며 돌아와 예수의 발 아래에 엎드리어 감사하니 그는 사마리아 사람이라 예수께서 대답하여 이르시되 열 사람이 다 깨끗함을 받지 아니하였느냐 그 아홉은 어디 있느냐 이방인 외에는 하나님께 영광을 돌리러 돌아온 자가 없느냐 하시고 그에게 이르시되 일어나 가라 **네 믿음이 너를 구원**하였느니라 하시더라(11-19)

   나병환자들의 머리에 겨자씨 한 알만한 점(•)이 뿅 뿅 뿅 찍혀있다. 겨자씨 한 알만한 점은 겨자씨 한 알만한 믿음이 되며 예수님은 겨자씨 한 알만한 믿음은 산도 옮길 수 있다고 말씀 하셨는데(마 17:20, 21:21) 이런 겨자씨가 10개나 있으니 그 위력이 어떠하겠는가?

2. **믿음의 위력**(5-6) = 겨자씨 한 알만한 믿음 - 여기서는 산 대신 뽕나무를 예로 들었다.

   • 주께서 이르시되 너희에게 <u>겨자</u>씨 한 알만한 믿음이 있었더라면 이 **뽕**나무더러 뿌리가 뽑혀 바다에 심기어라 하였을 것이요 그것이 너희에게 순종하였으리라(6) - 뽕(6)나무에 악센트를 줄 것.

   ※ 겨자씨 한 알(•)만한 믿음 - 마 17장, 눅 17장

   나병환자들 안에 θ(데타, 하나님의 약자) 표시가 있다.

3. **하나님의 나라는 너희 안에 있다**(20-21)

   • <u>바리</u>새인들이 하나님의 나라가 어느 때에 임하나이까 묻거늘 예수께서 대답하여 이르시되 하나님의 나라는 (바라) 볼 수 있게 임하는 것이 아니요 또 여기 있다 저기 있다고도 못하리니 하나님의 나라는 너희 <u>안</u>에 있느니라(20-21) - 바라≒바리(새인)

   나병환자들이 재림 때 있을 징조들을 몸으로 하나하나 표현하고 있다.

   첫 번째 나병환자가 차고 있는 번개시계,   번개시계는 악세사리용이기 때문에 그 날과 그 때나 재난에 대한 그 어떠한 것도 나오지 않는다.

4. **번개**(24)

   • 번개가 하늘 아래 이쪽에서 번쩍이여 하늘아래 저쪽까지 비췸같이 인자도 자기 날에 그러하리라(24)

   손목시계의 용두 - 용두는 종은 아니지만 종을 대신할 의무가 있다.

   용두 (시계의 태엽을 감는 꼭지)

5. **종의 의무**(7-10) - 이곳의 종의 의무는 겸손에 대해 가르치고 있으며 엡 6장, 골 3장, 딤전 6장 벧전 2장에 나오는 종의 의무와 내용이 다르다.

- 너희 중 누구에게 밭을 갈거나 양을 치거나 하는 종이 있어 밭에서 돌아오면 그더러 곧 와 앉아서 먹으라 할 자가 있느냐 도리어 그더러 내 먹을 것을 준비하고 띠를 띠고 내가 먹고 마시는 동안에 수종들고 너는 그 후에 먹고 마시라 하지 않겠느냐 명한대로 하였다고 종에게 감사하겠느냐 이와 같이 너희도 명령 받은 것을 다 행한 후에 이르기를 우리는 <u>무익한 종</u>이라 우리가 하여야 할 일을 한 것뿐이라 할지니라(7-10)

첫 번째 나병환자의 발 – 실족하여 넘어지고 있다.

6. ▨실족▨(1-2) – 마 18장, 막 8장
- 예수께서 제자들에게 이르시되 실족하게 하는 것이 없을 수는 없으나 그렇게 하게 하는 자에게는 화로다 그가 이 작은 자 중의 하나를 실족하게 할진대 차라리 <u>연자맷돌</u>(나귀에게 매어 돌리는 큰 맷돌)이 그 목에 매여 바다에 던져지는 것이 나으리라(1-2)

네 번째·다섯 번째 나병환자 – 죄를 지어 회초리로 때리려하나 용서해 달라고 한다.

7. ▨용서▨(3-4) – 7번 죄를 지어도 7번 다 용서하라는 내용, 옷에 7이라 써 있다 – 마 18장
- 너희는 스스로 조심하라 만일 네 형제가 죄를 범하거든 경고하고 회개하거든 용서하라 만일 하루에 <u>7번</u>이라도 네게 죄를 짓고 <u>7번</u> 네게 돌아와 내가 회개하노라 하거든 너는 <u>용서</u>하라 하시더라(3-4)
- ※ 나병환자의 옷에 7이라고 써 있으므로 나병환자는 17장에 나온다.

여섯 번째 나병환자가 들고 있는 배 – 노아의 방주

8. ▨노아의 방주▨(26-27)
- <u>노아</u>의 때에 된 것과 같이 인자의 때에도 그러하리라 노아가 방주에 들어가던 날까지 사람들이 먹고 마시고 장가들고 시집가더니 홍수가 나서 그들을 다 멸망시켰으며(26-27)
- ※ 신약에서 노아가 나오는 곳 – 마 24장, 눅 3장(족보에 나옴), 17장, 히 11장, 벧전 3장, 벧후 2장

일곱 번째 나병환자가 뒤돌아보고 있다 – 롯의 처(뒤를 쳐다 보다 소금기둥이 되었다)

9. ▨롯의 처▨(32-33)
- 롯의 처를 기억하라 무릇 자기 목숨을 보존하고자 하는 자는 잃을 것이요 잃는 자는 살리리라(32-33)

여덟 번째 나병환자의 손 – 유황불 (소돔을 나타냄)

10. ▨유황불▨(28-30) = 소돔의 멸망
- 또 롯의 때와 같으리니 사람들이 먹고 마시고 사고 팔고 심고 집을 짓더니 롯이 소돔에서 나가던 날에 하늘로부터 불과 유황이 비오듯 하여 그들을 멸망시켰느니라(28-29)

아홉 번째 나병환자 – 독수리 흉내를 내며 강둑 아래로 뛰어내리려 한다.

11. ▨독수리▨(37) – 마 24장
- <u>주검</u> 있는 곳에는 독수리가 모이느니라(37) – 욥 39장(말, 타조, 들나귀, 산염소, 매, 독수리 그림참조)

열 번째 나병환자 – 맷돌질을 하고 있다.

12. ▨맷돌▨(34-35)
- 내가 너희에게 이르노니 그 밤에 둘이 한 자리에 누워 있으매 하나는 데려감을 얻고 하나는 버려둠을 당할 것이요 두 여자가 함께 맷돌을 갈고 있으매 하나는 데려감을 얻고 하나는 버려둠을 당할 것이니라(34-35)
- ※ 예수님으로부터 '믿음으로 구원 받았다'는 얘기를 들은 사람들 – 믿음은 밑으로, 구원은 구멍으로 바꾸어 보자 – ① 눅 7장의 향유 – 향유병 밑(믿음)이 깨져 그 구멍(구원)으로 향유가 새어 나오고 있다 ② 혈루증 여인(마 9장, 막 5장, 눅 8장) – 혈루증이란 밑(믿음)의 구멍(구원)으로 피가 나오는 병이다 ③ 나병환자 10명(눅 17장) – 첫 번째 나병환자가 실족하여 밑(믿음)으로 떨어지며 구원해 달라고 외치고 있다 ④ 여리고의 한 맹인(눅 18장) – 얼음 밑(믿음)에 구멍(구원)을 내고 하는 릴낚시(눅 18장 여리고의 한 맹인)가 제일 재미있다

누가복음 18장	
배 경	강둑아래
대제목	과부와 불의한 재판관

📖 예수님은 과부와 재판장 비유를 통해 끈질긴 기도의 중요성을 가르쳤고 세 종류의 사람 (세리, 어린 아이, 부자관리)을 통해 천국에 합당한 자의 자격을 가르쳤다. 이어 수난예고 와 더불어 여리고 맹인을 치유하셨다.

어린 아이의 옆에는 바리가 놓여있고 안에는 미끼로 쓸 새우가 들어있다. 참고로 바리란 놋쇠로 만든 여자 밥그릇을 말한다. 바리 → 바리새인, 새우 → 세리

1. 바리새인과 세리의 기도(9-14) - 자기는 의롭다고 믿고 다른 사람을 멸시하는 자들의 비유
   - 두 사람이 기도하러 성전에 올라가니 하나는 바리새인이요 하나는 세리라 바리새인은 서서 따로 기도하여 이르되 하나님이여 나는 다른 사람들 곧 토색, 불의, 간음을 하는 자들과 같지 아니하고 이 세리와도 같지 아니함을 감사하나이다 나는 이레에 2번씩 금식하고 또 소득의 십일조를 드리나이다 하고 세리는 멀리 서서 감히 눈을 들어 하늘을 쳐다보지도 못하고 다만 가슴을 치며 이르되 하나님이여 불쌍히 여기소서 나는 죄인이로소이다 하였느니라(10-13)
   - 내가 너희에게 이르노니 이에 저 바리새인이 아니고 이 사람이 의롭다 하심을 받고 그의 집으로 내려갔느니라 **무릇 자기를 높이는 자는 낮아지고 자기를 낮추는 자는 높아지리라**(14)- 마 23:12 (위선자의 목에 있는 시이소), 눅 14:11(상좌에 앉지 말라), 눅 18;14(바리새인과 세리의 기도)

2. 어린 아이에게 안수하시다(15-17) - 마 19장, 막 10장
   - 사람들이 예수께서 만져 주심을 바라고 자기 어린 아기를 데리고 오매 제자들이 보고 꾸짖거늘 예수께서 그 어린 아이들을 불러 가까이 하시고 이르시되 어린 아이들이 내게 오는 것을 용납하고 금하지 말라 하나님의 나라가 이런 자의 것이니라 내가 진실로 너희에게 이르노니 누구든지 하나님의 나라를 어린 아이와 같이 받아들이지 않는 자는 결단코 거기 들어가지 못하리라 하시니라(15-17) - 젖먹이가 엄마의 품을 의지하듯이 하나님께 온전히 의탁하는 자, 어린아이의 동심과 같이 깨끗하고 솔직한 마음을 가진 자가 바로 하나님 나라에 합당하다는 것이다.
   어린 아이가 선 하나를 물고 있다. 하나 → 하나님

3. 네가 어찌하여 나를 선하다 일컫느냐 하나님 한 분 외에는 **선**한이가 없느니라(19)
   어린 아이의 목의 카라(그림 참조) → **영**이 **세**개 → 영생

4. 영생(18-27) = 부자청년의 질문 - 마 19장, 막 10장
   - 어떤 관리가 물어 이르되 선한 선생님이여 내가 무엇을 하여야 영생을 얻으리이까 예수께서 이르시되 네가 어찌하여 나를 선하다 일컫느냐 하나님 한 분 외에는 선한 이가 없느니라 네가 계명을 아나니 간음하지 말라, 살인하지 말라, 도둑질하지 말라, 거짓 증언하지 말라, 네 부모를 공경하라 하였느니라 여짜오되 이것은 내가 어려서부터 다 지키었나이다 예수께서 이 말을 들으시고 이르시되 네게 아직도 한 가지 부족한 것이 있으니 네게 있는 것을 다 팔아 가난한 자들에게 나눠 주라 그리하면 하늘에서 네게 보화가 있으리라 그리고 와서 나를 따르라 하시니 그 사람이 큰 부자이므로 이 말씀을 듣고 심히 근심하더라(18-23)

어린 아이가 100점 맞은 것을 자랑하려고 옷에 100 이라고 써 놓았다.

5. 100배의 상(28-30) - 마 19장, 막 10장
    • 베드로가 여짜오되 보옵소서 우리가 우리의 것을 다 버리고 주를 따랐나이다 이르시되 내가 진실로
      너희에게 이르노니 하나님의 나라를 위하여 집이나 아내나 형제나 부모나 자녀를 버린 자는 현세에
      있어 여러 배를 받고 내세에 영생을 받지 못할 자가 없느니라 하시니라(28-30)
    ※ 100배라고 써 있는 곳은 마가복음뿐이며 마태, 누가복음에는 여러 배로 나온다. 그 이유는 마가
      복음에 흰배(백배)가 나오기 때문이다.
    이 어린 아이의 등은 곱추다.   곱추 → 낙타

6. 낙타(25) - 마 19장, 막 10장
    • 낙타가 바늘귀로 들어가는 것이 부자가 하나님의 나라에 들어가는 것보다 쉬우니라 하시니 듣는
      자들이 이르되 그런즉 누가 구원을 얻을 수 있나이까 이르시되 무릇 사람이 할 수 없는 것을 하
      나님은 하실 수 있느니라(25-27)
    ※ 마 19장과 다른 점은 손에 낚시줄을 잡고 있으므로 깍지를 낄 수가 없다(깍지 낀 손=먼저-나중, 나중
      -먼저). 따라서 '먼저-나중, 나중-먼저'가 나오지 않으며 다리를 펴고 있으므로 고자도 나오지 않는다.
      또 낚시줄이 끊어져 있는데 끊어진 것과 이혼이 같은 부정의 뜻이 있으므로 이혼도 나오지 않는다.
    낚시대 - 한 과부가 재판관에게 저 낚시대가 자기의 것이라며 되찾게 해달라고 매일 찾아
    와 간청하고 있다.

7. 과부와 불의한 재판장(1-8) - 항상 기도하고 낙심하지 말 것을 교훈하고 있다.
    • 어떤 도시에 하나님을 두려워하지 않고 사람을 무시하는 한 재판장이 있는데 그 도시에 한 과부가
      있어 자주 그에게 가서 내 원수에 대한 나의 원한을 풀어 주소서 하되 그가 얼마 동안 듣지 아니하다
      가 후에 속으로 생각하되 내가 하나님을 두려워하지 않고 사람을 무시하나 이 과부가 나를 번거롭게
      하니 내가 그 원한을 풀어 주리라 그렇지 않으면 늘 와서 나를 괴롭게 하리라 하였느니라 주께서 또
      이르시되 불의한 재판장이 말한 것을 들으라 하물며 하나님께서 그 밤낮 부르짖는 택하신 자들의 원
      한을 풀어 주지 아니하시겠느냐 그들에게 오래 참으시겠느냐 내가 너희에게 이르노니 속히 그 원한
      을 풀어 주시리라 그러나 인자가 올 때에 세상에서 믿음을 보겠느냐 하시니라(2-8)
    (암기방법) ① 공정해야할 재판장이 불의하다고? 세상에 믿을 놈 하나도 없네 ② 청상과부 왈 -
    나보고 재혼하라고. 세상에 믿을 놈이 어디 있어
    릴 - 릴의 까만 것이 맹인이 쓰는 색안경 같다. 까만 것이 한 개이므로 '한 맹인'이 되며 여
    리고 여린 아이가 나오므로 '여리고의 한 맹인'이 된다.

8. 여리고의 한 맹인을 고치시다(35-43) - 마 20장, 막 10장
    • 여리고에 가까이 가셨을 때에 한 맹인이 길 가에 앉아 구걸하다가 무리가 지나감을 듣고 이 무슨 일
      이냐고 물은대 그들이 나사렛 예수께서 지나가신다 하니 맹인이 외쳐 이르되 다윗의 자손 예수여 나
      를 불쌍히 여기소서 하거늘 앞서 가는 자들이 그를 꾸짖어 잠잠하라 하되 그가 더욱 크게 소리 질러
      다윗의 자손이여 나를 불쌍히 여기소서 하는지라(다윗의 자손을 2번 부른다) 예수께서 머물러 서서
      명하여 데려오라 하셨더니 그가 가까이 오매 물어 이르시되 네게 무엇을 하여 주기를 원하느냐 이르
      되 주여 보기를 원하나이다 예수께서 그에게 이르시되 보라 네 믿음이 너를 구원하였느니라 하시매
      곧 보게 되어 하나님께 영광을 돌리며 예수를 따르니 백성이 다 이를 보고 하나님을 찬양하니라(35-43)
    찌 - 십자가 모양이다.   십자가는 수난을 나타내며 3번째 나왔으므로 3차 수난예고가 된다.

9. 3차 수난예고(31-34) - 마 20장, 막 10장
    • 인자가 이방인들에게 넘겨져 희롱을 당하고 능욕을 당하고 침 뱉음을 당하겠으며 그들은 채찍질하고
      그를 죽일 것이나 그는 삼 일만에 살아나리라 하시되(32-33)

누가복음 19장		
배　　경	강	
대제목	삭개오	

📖　세리장 삭개오가 예수님을 영접한 사건을 시작으로 천국의 도래에 관한 열 므나 비유가 소개되었다. 이어 예수님의 예루살렘 입성 사건과 성전 정화 사건이 소개되었다.

　　배의 이름 : 삭개호 → 삭개오,　열무처럼 생긴 돛대,　열무 → 열 므나

1.　삭개오(1-10) - 여리고 사람으로 예수님으로부터 이 사람도 아브라함의 자손이라는 말을 듣는다.
　•　삭개오라 이름하는 자가 있으니 세리장이요 또한 부자라 그가 예수께서 어떠한 사람인가 하여 보고자 하되 키가 작고 사람이 많아 할 수 없어~ 뽕나무에 올라가니~ 예수께서 그곳에 이르사 쳐다보시고 이르시되 삭개오야 속히 내려오라 내가 오늘 네 집에 유하여야 하겠다 하시니 급히 내려와 즐거워하며 영접하거늘~ 삭개오가 서서 주께 여짜오되~ 내 소유의 절반을 가난한 자들에게 주겠사오며 만일 누구의 것을 속여 빼앗은 일이 있으면 4갑절이나 갚겠나이다 예수께서 이르시되 오늘 구원이 이 집에 이르렀으니 이 사람도 아브라함의 자손임이로다 인자가 온 것은 잃어버린 자를 찾아 구원하려 함이니라(1-10) - 삭개오는 낳은 지 사개월(삭개오)만에 잃어버렸다.

2.　열 므나 비유(11-27) - 10 달란트의 비유와 비슷하다 - 마 25장
　※　한 므나로 열 므나(열 고을 권세를 차지함)와 다섯 므나(다섯 고을 권세를 차지함)를 만든 종은 칭찬을 받았고 한 므나를 수건으로 싸둔 종은 그 한 므나 마저 빼앗기고 말았다.
　　배에 나귀새끼가 있고 배에 쌓여있는 돌이 너무 무거워 상인이 돌 위에 돌 하나도 남김없이(성전파괴) 다 강물에 빠트리고 있다. 이때 튀는 물은 예수님의 눈물을 상징한다.

3.　나귀 새끼를 타고 예루살렘에 입성하시는 예수님(28-40) - 마 21장, 막 11장, 요 12장
　•　찬송하리로다 주의 이름으로 오시는 왕이여 하늘에는 평화요 가장 높은 곳에는 영광이로다(38)
　※　예루살렘에 입성하시는 예수님을 열광적으로 환영하는 무리들을 진정시켜 줄 것을 요청하는 바리새인들에게 오히려 예수님은 '만일 이 사람들이 침묵하면 돌들이 소리 지르리라'고 말씀하셨다. 배에 돌이 있다는 것을 생각할 것. '돌들이 소리 지르리라'는 말은 누가복음에만 나온다.
　※　상인의 손에 저주받은 무화과나무와 종려나무가지가 있어야 하나 상인이 손으로 돌을 강물에 빠트리려면 빈손이어야 하므로 눅 19장에는 저주받은 무화과나무와 종려나무가지가 나오지 않는다.

4.　예루살렘을 향한 예수님의 통곡(41-44)　※ 예수님의 눈물 - 눅 19장, 요 11장, 히 5장
　•　가까이 오사 성을 보시고 우시며 이르시되 너도 오늘 평화(평강의 왕이신 예수님 자신을 나타냄)에 관한 일을 알았더라면 좋을 뻔하였거니와 지금 네 눈에 숨겨졌도다(41-42)

5.　성전파괴(41-44) - 마 24장, 막 13장, 눅 21장
　•　날이 이를지라 네 원수들이 토둔을 쌓고 너를 둘러 사면으로 가두고 또 너와 및 그 가운데 있는 네 자식들을 땅에 메어치며 돌 하나도 돌 위에 남기지 아니하리니(43-44)

6.　성전에서 쫓겨나는 상인들(45-46) = 성전정화 - 고난주간(월요일) - 마 21장, 막 11장, 요 2장
　　돌(예 : 머릿돌)은 예수님을 상징하는데 그 돌(예수님)을 강물에 빠뜨리고 있다.

7.　예수님을 죽이려는 자들(47-48)

누가복음 20장		
배　경	강변	
대제목	악한 농부들	

📖 본문에는 예수님과 유대 종교 지도자들 사이에 전개된 여러 논쟁이 소개되었다. 즉 예수님의 권위, 세금, 부활, 다윗의 자손에 관한 논쟁 등, 이에 예수님은 악한 농부의 비유로 답변하시면서 그들의 위선을 책망하셨다.

불가사리를 곡괭이로 죽이려는 농부는 악한 농부이다.

1. 악한 농부의 비유(9-18) - 마 21장, 막 12장

   ※ 타국에 나가있던 주인이 세를 받기 위해서 악한 농부들에게 종을 보낸 횟수 - 마태복음은 2번(종, 종, 아들), 마가복음과 누가복음은 3번(종, 종, 종, 아들)

   불가사리, 가사리에서 '사'와 '리'를 바꾸면 가리사 → 가이사가 된다.

2. 가이사(19-26) = 납세문제에 관한 질문과 답변 - 마 22장, 막 12장

   • 우리가 가이사에게 세를 바치는 것이 옳으니이까 옳지 않으니이까 하니 예수께서 그 간계를 아시고 이르시되 데나리온 하나를 내게 보이라 누구의 형상과 글이 여기 있느냐 대답하되 가이사의 것이니이다 이르시되 그런즉 가이사의 것은 가이사에게, 하나님의 것은 하나님께 바치라 하시니(22-25)

   가이사의 생긴 것은 뱀대가리(사두) 모양

3. 사두개인(27-40) = 부활에 관한 논쟁 - 마 22장, 막 12장

   ※ 사두개인은 부활·영·천사를 믿지 않는다.

   악한 농부의 머리 위(上)에 돌(石) - ① 머릿돌　② 上石(상석) → 上席(상석)

4. 머릿돌(17-18) - 마 21장, 막 12장

   • 건축자들의 버린 돌이 모퉁이의 머릿돌이 되었느니라(17, 시 118:22)

   • 이 돌 위에 떨어지는 자는 깨어지겠고 이 돌이 사람위에 떨어지면 그를 가루로 만들어 흩으리라(18)

   ※ 악한 농부의 머리 위에 돌이 있으므로 머릿돌에 관한 말씀은 악한 농부의 비유와 관련이 있다.

5. 상석에 앉기를 좋아하는 서기관들을 삼가라(45-47) = 서기관들의 외식을 삼가라 - 막 12장

   • 긴 옷을 입고 다니는 것을 원하며 시장에서 문안 받는 것과 회당의 상좌(높은 자리)와 잔치의 윗자리를 좋아하는 서기관들을 삼가라 그들은 과부의 가산을 삼키며 외식으로 길게 기도하니 그들이 더 엄중한 심판을 받으리라 하시니라(46-47) - 삼키고(식도)와 기도(氣道, 호흡할 때 공기가 지나가는 길)가 기관(氣管)이므로 이 구절은 서기관과 관계가 있다.

   곡괭이 자루는 자 모양이고 손으로 잡고 있으니 자손이 된다.　자손 → 다윗의 자손

6. 다윗의 자손(41-44) - 마 22장, 막 12장

   • 그런즉 다윗이 그리스도를 주라 칭하였으니 어찌 그의 자손이 되겠느냐 하시니라(44)

   이 불가사리는 희귀종이며 몸에 ₽라 써 있다.　P → POWER(힘, 권세),　X → 그리스도

7. 예수님의 권세(1-8) - 마 21장, 막 11장

   ※ 무슨 권세로 이런 일을 하느냐고 말한 사람 - 대제사장과 서기관과 장로들

누가복음 21장	
배　경	모래사장
대제목	부자와 가난한 과부의 헌금

📖　예루살렘 성전을 무대로 가난한 과부의 헌금에 대한 예수님의 칭찬이 있은 후 성전파괴와 예루살렘 멸망에 관한 예언 및 세상 종말의 징조와 성도의 자세 등이 교훈되었다.

　　모래사장에서 가난한 과부가 기도를 드리다 잠이 들었다.　ＺＺＺ → 잠자는 표시

1.　부자와 가난한 과부의 헌금(1-4) - 막 12장
　　※ 성전에서 나가기 직전과 직후에 있었던 사건 - 가난한 과부의 헌금(직전), 성전파괴 예언(직후)
　　ＺＺＺ → 잠자는 표시로 항상 깨어 기도할 것을 강조하기 위해 역설적으로 표현해 보았다.

2.　항상 깨어 기도하라(34-38)
　• 너희는 스스로 조심하라 그렇지 않으면 방탕함과 술취함과 생활의 염려로 마음이 둔하여지고 뜻 밖에 그 날이 덫과 같이 너희에게 임하리라(34)
　• 이 날은 온 지구상에 거하는 모든 사람에게 임하리라 이러므로 너희는 장차 올 이 모든 일을 능히 피하고 인자 앞에 서도록 항상 기도하며 깨어 있으라(35-36)
　• 예수께서 낮에는 성전에서 가르치시고 밤에는 나가 감람원이라 하는 산에서 쉬시니 모든 백성이 그 말씀을 들으려고 이른 아침에 성전에 나아가더라(37-38)
　　탁상시계가 7시를 가리키므로 7년 대환난이 된다. 참고로 탁상시계는 마 24장, 막 13장처럼 시간마다 종이 울리는(때를 알리는) 괘종시계가 아니므로 **그 날과 그 때**는 나오지 않는다.

3.　대환난(20-24) - 마 24장, 막 13장
　　대환난이 오면 ① 성전이 파괴되고 ② 제자들이 핍박받으며 ③ 심판하시러 예수님께서 재림하신다. 이 3개는 항상 같이 나온다.

4.　성전파괴(5-6) - 마 24장, 막 13장, 눅 19장

5.　제자들의 핍박(12-19) - 마 10장, 마 24장, 막 13장
　• 이 모든 일 전에 내 이름으로 말미암아 너희에게 손을 대어 박해하며 회당과 옥에 넘겨주며 임금들과 집권자들 앞에 끌어 가려니와(12)

6.　예수님의 재림(25-28) - 마 24장, 막 13장
　• 그 때에 사람들이 인자가 구름을 타고 능력과 큰 영광으로 오는 것을 보리라(27)
　　시계 옆에는 징이 있는데 이 시계에는 때를 알리는 알람기능이 없기 때문에 잠이 들면 징으로 깨워달라고 징을 가져다 놓았다.　징 → 징조

7.　대환난의 징조(7-19) - 마 24장, 막 13장
　• 너희의 인내로 너희 영혼을 얻으리라(19)
　　탁상시계의 재질은 무화과나무로 만들었다.

8.　무화과나무의 비유(29-33) = 재림의 날과 때에 관한 비유 - 마 24장, 막 13장
　　가난한 과부가 옷을 빨지 않아서 옷에 때가 차있고 누가 밟았는지 옷에 밟힌 자국이 나있다.

9.　예루살렘은 이방인의 때가 차기까지 이방인들에게 밟히리라(24)

누가복음 22장		
배 경	들판	
대제목	최후의 만찬	

📖 **십자가 수난을 준비하시는 예수님의 모습과 수난을 당하시는 예수님의 모습을 묘사하였다.**
상에 만찬이 가득 차 있다. 참고로 닭과 검이 2개씩이므로 최후의 만찬은 22장에 나온다.

1. 최후의 만찬(7-23) - 마 26장, 막 14장, 요 13장
   • 유월절 양을 잡을 무교절날이 이른지라 예수께서 베드로와 요한을 보내시며 이르시되 가서 우리를 위하여 유월절을 준비하여 우리로 먹게 하라(7-8)
   ※ 예수님이 고난을 받기 전에 제자들과 유월절 음식 먹기를 원했다고 하신 복음서 - 누가복음(다른 복음서는 최후의 만찬이라고만 써 있지만 누가복음은 음식이 가득한 만찬 상을 차려놓았으므로)
   이 상은 제자들이 받아야 할 상이다.

2. 제자들이 받을 상(28-30) - 너희는 나의 모든 시험 중에 항상 나와 함께 한 자들인즉 내 아버지께서 나라를 내게 맡기신 것 같이 나도 너희에게 맡겨 너희로 내 나라에 있어 내 상에서 먹고 마시며 또는 보좌에 앉아 이스라엘 12지파를 다스리게 하려 하노라(28-30) - 상의 먹거리와 연관 지을 것.
   상위에 음모가 떨어져 있다.

3. 예수님을 죽일 음모(1-6) - 마 26장, 막 14장, 요 11장
   ※ 가룟 유다에게 '사탄이 들어갔다'고 한 복음서 - 눅 22장(만찬 상에 탄음식도 몇 개 들어갔다),
   요 13장(곰 발꿈치의 때가 탄 자국 같고 움푹 들어갔다)
   떡과 포도주에 있는 검 2개, 참고로 눅 12장의 검(분쟁을 일으키러 왔다)과 내용이 다르다.

4. 검 2개(36-38) - 이제는 전대 있는 자는 가질 것이요 배낭도 그리하고 검 없는 자는 겉옷을 팔아 살지어다(36) - 예수님께서 붙잡히는 때부터는 위험하며 이 위험에 대처할 준비가 필요하다는 뜻.
   • 주여 보소서 여기 검 둘이 있나이다 대답하시되 족하다 하시니라(38)
   누가바와 붉은 장갑, 누가바 → 누가 크냐, 붉은 → 피, 장갑이 포개져 있는 것은 기도

5. 누가 크냐(24-27) - 마 18장, 막 9장, 눅 9장(가버나움 논쟁), 눅 22장(가버나움×, 예루살렘)
   • 너희 중에 큰 자는 젊은 자와 같고 두목은 섬기는 자와 같을지니라(26) - 두 목 없는 닭을 생각하자.

6. 겟세마도 기도(31-46) - 마 26장, 막 14장
   • 예수께서 힘쓰고 애써 더욱 간절히 기도하시니 땀이 땅에 떨어지는 핏방울 같이 되더라(44)
   닭 2마리, 닭 2마리는 닭이 2번 울기 전에 베드로가 부인하는 것을 나타낸다.

7. 베드로의 부인(31-38, 54-62) - 마 26장, 막 14장, 요 18장
   • 시몬아, 시몬아, 보라 사탄이 너희를 밀 까부르듯 하려고 요구하였으나 그러나 내가 너를 위하여 네 믿음이 떨어지지 않기를 기도하였노니 너는 돌이킨 후에 네 형제를 굳게 하라(31-32) - 만찬상에 닭도 2마리, 장갑도 2개, 검도 2개이듯이 시몬의 이름을 2번 부르는 이 구절은 누가복음에 나온다.
   겟세마네 기도가 나오면 예수님의 체포, 대제사장 가야바의 심문이 같이 나온다.

8. 예수님의 체포(47-53) - 마 26장, 막 14장, 요 18장

9. 대제사장 가야바의 심문(63-71) - 마 26장, 막 14장, 요 18장

누가복음 23장	
배 경	공동묘지
대제목	무덤에 묻히신 예수님

📖 예수님의 십자가 수난과 죽음 및 장례에 관한 내용이다. 예수님은 빌라도에게 사형 언도를 받고 군사들에게 조롱당하면서 십자가에 못 박혀 죽은 후 바위 무덤에 장사되었다.
예수님의 무덤 좌우에도 무덤이 있고 무덤의 입구에는 휘장이 쳐져 있다.

1. 무덤에 묻히신 예수님(50-56) - 마 27장, 막 15장, 요 19장
2. 좌·우의 두 강도(32-43) - 해골(히브리 말로 골고다)이라 하는 곳에 이르러 거기서 예수를 십자가에 못 박고 두 행악자도 그렇게 하니 하나는 우편에, 하나는 좌편에 있더라(33)
   • 달린 행악자 중 하나는 비방하여 이르되 네가 그리스도가 아니냐 너와 우리를 구원하라 하되 하나는 그 사람을 꾸짖어 이르되 네가 동일한 정죄를 받고서도 하나님을 두려워하지 아니하느냐 우리는 우리가 행한 일에 상당한 보응을 받는 것이니 이에 당연하거니와 이 사람이 행한 것은 옳지 않은 것이 없느니라 하고 이르되 예수여 당신의 나라에 임하실 때에 나를 기억하소서 하니 예수께서 이르시되 내가 진실로 네게 이르노니 오늘 네가 나와 함께 낙원에 있으리라 하시니라(39-43)
3. 휘장(45) - 성소의 휘장이 한가운데가 찢어지더라(45)
   십자가에 있는 가시관, 십자가와 가시관이 같이 있으므로 가시관 = 십자가 대속이 된다.
4. 가시관(26-49) = 십자가 대속 - 마 27장, 막 15장, 요 19장
   • 푸른나무(무고하게 고난당하는 예수)에도 이같이 하거든 마른나무(패역한 유대인)에는 어떻게 되리요 하시니라(31) - 그림에는 없지만 무덤 주위에는 푸른나무와 마른나무들이 빽빽이 심어져 있다.
   • 아버지 저들을 사하여 주옵소서 자기들이 하는 것을 알지 못함이니이다(34) - 스데반의 기도와 비슷 십자가 위에 영혼 표시가 있다.
5. 아버지 내 영혼을 아버지 손에 부탁하나이다 하고 이 말씀을 하신 후 숨지시니라(46)
   가시관하면 항상 빌라도 법정이 따라 나온다. 마 27장 참조
6. 빌라도 법정(1-25) - 마 27장, 막 15장, 요 18장
   • 보라 그가 행한 일에는 죽일 일이 없느니라(15) - 빌라도가 예수님이 죄가 없다고 선포한 횟수는 3번
   ※ 무리가 고발한 예수님의 죄명 - ① 백성을 유혹 ② 가이사에게 세금을 금함 ③ 자칭 왕 그리스도
   바위에 판 무덤에 여우(헤롯)가 의자에 앉아서 신문을 보고 있다.   신문 → 심문
7. 헤롯의 심문(8-12) - 빌라도가 예수님이 갈릴리 사람인 것을 알고 헤롯에게 보냈으며 헤롯은 이적 행하심을 볼까 하여 여러 말로 물었으나 예수께서 잠잠하시므로 다시 빌라도에게 보낸다.
   • 헤롯과 빌라도가 전에는 원수였으나 당일에 서로 친구가 되니라(12)
   ※ 가상 7언(예수님이 십자가 위에서 하신 말씀)
   마 27장 - ① 엘리 엘리 라마 사박다니
   눅 23장 - ② 아버지 저들을 사하여 주옵소서 자기들이 하는 것을 알지 못함이니이다 ③ 오늘 네가 나와 함께 낙원에 있으리라 ④ 아버지 내 영혼을 아버지 손에 부탁하나이다
   요 19장 - ⑤ 여자여 보소서 아들이니이다, 보라 네 어머니라 ⑥ 내가 목마르다 ⑦ 다 이루었다

누가복음 24장		
배　경	언덕길	
대제목	엠마오 도상의 두 제자	

📖 　약속대로 죽은 지 사흘 만에 부활하신 예수님은 엠마오 도상의 두 제자와 다른 열한 제
자들에게 자신의 부활을 입증해 보이신 후 지상 대명령을 내리면서 승천하셨다.
　엠마오 도상의 두 제자가 언덕길을 걸어가고 있는데 손에는 구운 생선 한 토막이 들려있다.

1.　엠마오 도상의 두 제자(13-35) - 막 16장
　• 그 날에 그들 중 둘이 예루살렘에서 25리 되는 엠마오라 하는 마을로 가면서 이 모든 된 일을 서
　　로 이야기 하더라 그들이 서로 이야기 하며 문의할 때에 예수께서 가까이 이르러 그들과 동행하
　　시니 그들의 눈이 가리어져서 그인 줄 알아보지 못하거늘(13-16)
　• 그들과 함께 음식 잡수실 때에 떡을 가지사 축사하시고 떼어 그들에게 주시니 그들의 눈이 밝아
　　져 그인 줄 알아보더니 예수는 그들에게 보이지 아니하시는지라(30-31)

2.　구운 생선 한 토막(36-43) - 손과 발을 보여주셨는데도 제자들이 믿지 않으므로 구운 생선을
　　드심으로 영이 아닌 육신으로 부활했음을 보여주신다.
　　좌측 사람이 하늘을 향해 손가락을 가리키며 예수님이 부활 승천하셨다고 말하고 있다.

3.　예수님의 부활과 승천(1-12, 50-53) - 마 28장, 막 16장, 요 20장 - 승천은 막 16장, 눅 24장
　• 안식 후 첫날 새벽에 이 여자들이 그 준비한 향품을 가지고 무덤에 가서(1)
　※ 빈 무덤을 제일 먼저 찾아간 제자 - 베드로(요한복음에는 요한이 제일 먼저 찾아 갔다고 나옴)
　　승천하신 장소 - 베다니 앞, 누가복음의 마지막 구절 - (누군가) 늘 성전에서 하나님을 찬송하니라
　　구운 생선을 먹은 탓으로 방구를 뽕뽕 끼고 있다. 참고로 등 푸른 생선을 먹으면 생선에
　　있는 DHA로 인해 눈이 밝아진다.

4.　첫 번째 뽕(31) - 성경에 자기를 가리켜 말한 것을 설명하심으로 엠마오 도상의 두 제자의 눈
　　을 밝게 하신 후 뽕 사라지신다.

5.　두 번째 뽕(36-49) - 갑자기 제자들에게 뽕 나타나시자 제자들이 놀라고 무서워하므로 예수님
　　은 제자들을 진정시키기 위해 '너희에게 평강이 있을지어다' 라고 말씀하시면서 성경에 자기를 가
　　리켜 말한 것을 설명하심으로 그들의 눈을 밝게 하신다.
　• 또 나를 만져 보라 영은 살과 뼈가 없으되~ 나는 있느니라(39) - 생선은 살과 뼈로 이루어져 있다
　• 또 이르시되 내가 너희와 함께 있을 때에 너희에게 말한 바 곧 모세의 율법과 선지자의 글과 시편
　　에 나를 가리켜 기록된 모든 것이 이루어져야 하리라 한 말이 이것이라(44)
　• 또 그의 이름으로 죄 사함을 받게 하는 회개가 예루살렘에서 시작하여 모든 족속에게 전파될 것
　　이 기록되었으니 너희는 이 모든 일의 증인이라 볼지어다 내가 내 아버지께서 약속하신 것을 너
　　희에게 보내리니 너희는 위로부터 능력으로 입혀질 때까지 이 성에 머물라 하시니라(47-49)
　　우측사람이 들고 있는 것 - 클로바, 클로바 → 글로바(예수님의 부친인 요셉의 동생 = 숙부)

6.　글로바(18) - 그 한 사람(엠마오 도상의 두 제자 중 한 사람)인 글로바라 하는 자가 대답하여
　　이르되 당신이 예루살렘에 체류하면서도 요즘 거기서 된 일을 혼자만 알지 못하느냐(18)
　※ 누가에는 예수님과 막달라 마리아의 대화는 나오지 않는다(마가와 요한에는 나옴-달라표시를 생각)

요한복음 21장

* **배경** : 요한복음은 요란한 복음으로 바꾼다. 요란한 것에는 서커스단이 있으며 서커스단은 선전을 맡은 꽹과리꾼·재주넘는 곰·줄타기 선수(묘기자) 등 이 셋은 있어야하므로 요한복음은 꽹과리꾼·재주넘는 곰·줄타기 선수를 배경으로 하며 꽹과리꾼·재주 넘는 곰·줄타기 선수에 각각 7장씩 총 21장으로 한다.

* **주제 암기방법** : 요한복음은 줄여서 요라 하고 요는 묘와 비슷하다. 하나님의 아들 예수 그리스도께서 성육신하신 것만큼 묘한 것이 어디 있겠는가. 따라서 요한복음의 주제는 '성육신하신 하나님의 아들 예수 그리스도'가 된다.

* **특징** : ① 가장 영적이고 신학적인 복음서
  ② 유일하게 보혜사 성령을 약속
  ③ 축귀 이적과 천국비유가 없음
  ④ '진실로 진실로'라는 말을 자주 사용
  ⑤ 사탄에게 시험받으신 기록과 성만찬 기록이 없음
  ⑥ 예수님의 가르치심이 주로 긴 설교형태로 나타남

요한복음 (21장)

저   자 : 요한
열두 사도 중 한사람으로 사랑의 사도로 불림. 세베대와 살로메의 아들이며 사도 야고보의 동생인 요한은 갈릴리의 부유한 가문으로 어부 출신이다. 예수께서 보아너게(우뢰의 아들)란 별명을 주심(막 3:17). 어머니 살로메는 예수님의 모친 마리아와 자매간, 에베소에 가서 전도하다가 도미시안 황제가 교회를 핍박할 때에 밧모섬에 유배감. 거기서 하나님의 묵시를 받아 계시록을 기록.

제   목 : 기록자의 이름을 따라 붙임.

주   제 : 성육신 하신 하나님의 아들 예수 그리스도

기록연대 : A.D. 80-90년경

요   절 : 1:11-13 3:16 20:30

기록목적 : 예수님은 말씀이 육신이 되신 하나님의 아들이며 누구든지 예수님을 믿으면 구원을 받고 영생을 누린다는 것을 알려주기 위해 기록하였다.

개요

1. 하나님 아들의 성육신(1:1-18)
2. 하나님 아들의 증거(1:19-4:54)
3. 하나님 아들과의 대면(5:1-12:50)
4. 하나님 아들의 교훈(13:1-16:33)
5. 하나님 아들의 중보기도(17:1-26)
6. 하나님 아들의 고난(18:1-19:42)
7. 하나님 아들의 부활(20:1-21:25)

21 네가 나를 사랑하느냐

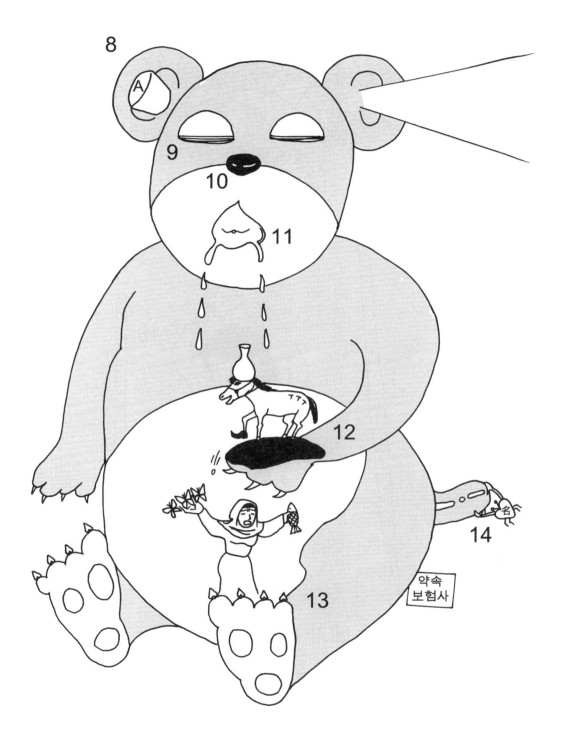

21 네가 나를 사랑하느냐

요한복음 1장		
배　경	상모	
대제목	말씀이 육신이 되다	

　📖　예수님의 신성을 입증하는 그분의 선재(先在)와 성육신이 강조된 후 예수님에 대한 세
　　례 요한의 증언 및 다섯 제자들을 부르시는 예수님의 사역이 소개된다.
　　　상모의 색이 보라색이므로 요한복음 1장은 '보라' 로 시작해서 '와 보라' 로 끝을 맺는다. 말을
　　만들면 **보라**! **말씀이 육신**이 되는 기적이 일어났으니 **하나님의 자녀**들은 **와 보라**! 가 된다.
　　보라! - 보라! 세상 죄를 지고 가는 하나님의 어린 양이로다(29, 36). 이 말은 세례 요한이
　　예수님을 향해 말한 것이므로 소제목은 '예수님에 대한 세례 요한의 증언' 이 된다.
1. 예수님에 대한 세례 요한의 증언(29-34) - 요 3장
　• 나도 그를 알지 못하였으나 내가 와서 물로 세례를 베푸는 것은 그를 이스라엘에 나타내려 함이라(31)
　　세례 요한이 예수님에 대해 증언했으면 자신에 대한 증언도 따라 나온다.
2. 세례 요한 자신에 대한 증언(19-28)　　※ 세례 요한이 세례 베푼 곳 - 요단강 건너편 베다니
　• 나는 선지자 이사야의 말과 같이 주의 길을 곧게 하라고 광야에서 외치는 자의 소리로라(23, 사 40:3)
3. 말씀이 육신이 되다(1-18)
　• 태초에 말씀이 계시니라 이 말씀이 하나님과 함께 계셨으니 이 말씀은 곧 하나님이시니라(1)
　• 말씀이 육신이 되어 우리 가운데 거하시매 우리가 그의 영광을 보니 아버지의 독생자의 영광이요
　　은혜와 진리가 충만하더라(14) - 말씀이 육신이 되어 우리 가운데 어떻게 하신다구요? 거하시매(14)
　• 율법은 모세로 말미암아 주어진 것이요 은혜와 진리는 예수 그리스도로 말미암아 온 것이라(17)
4. 하나님의 자녀(12-13)
　• 영접하는 자 곧 그 이름을 믿는 자들에게는 하나님의 자녀가 되는 권세를 주셨으니(12) - 하나님
　　=1이고 자녀(子女)는 아들과 딸 둘이 되므로 하나님의 자녀가 나오는 이 구절은 12절이 된다.
　• 이는 혈통으로나 육정으로나 사람의 뜻으로 나지 아니하고 오직 하나님께로부터 난 자들이니라(13)
　　와 보라! - 와 보라를 사투리로 하면 '이리 오제' 가 된다.　오제 → 다섯 제자
5. 다섯 제자들을 부르시다(35-51) - 4 어부를 부르신 것보다 이전의 사건이다.
　※ 부르신 순서대로 하면 요, 안(요한의 제자였음), 베, 빌, 나 - ① 요한·안드레(베드로를 찾아가 메시야
　　를 만났다고 말했으며 베드로를 예수님께로 인도) ② 베드로(장차 게바로 불릴 것을 말씀하심, **요한의
　　아들**) ③ 빌립(나다나엘을 예수님께로 인도) ④ 나다나엘(바돌로매) - 나다나엘이 이르되 나사렛에서
　　무슨 선한 것이 날 수 있느냐~ 예수께서 나다나엘이 자기에게 오는 것을 보시고~ 보라 이는 참으
　　로 이스라엘 사람이라 그 속에 간사한 것이 없도다 나다나엘이 이르되 어떻게 나를 아시나이까 예수
　　께서 대답하여 이르시되 빌립이 너를 부르기 전에 네가 무화과나무 아래에 있을 때에 보았노라 나다
　　나엘이 대답하되 랍비여 당신은 하나님의 아들이시요 당신은 이스라엘의 임금이로소이다(46-49)
　※ 베드로와 안드레, 요한과 야고보, 빌립의 출신지 - 갈릴리 벳세다
　　상모 끝에는 참빗이 달려있다.　참빗 → 참 빛
6. 참 빛(4-9) - 참 빛 곧 세상에 와서 각 사람에게 비추는 빛이 있었나니(9)

요한복음 2장		
배 경	모자	
대제목	가나의 혼인잔치	

📖 본문에는 예수님의 공생애 사역에 있어서 처음으로 행하신 2개의 사건이 나타나 있다. 즉 가나의 혼인잔치에서 물을 포도주로 변화시킨 사건과 성전을 정화하신 사건이다.

모자에는 송창식노래 가나다라 … 가 써 있는데 꽹과리꾼은 이 노래를 부르면서 재주를 부린다.

1. 갈릴리 가나의 혼인잔치(1-12) - 예수님의 첫 번째 이적으로 물이 포도주로 변함.
   - 예수의 어머니가 예수에게 이르되 저들에게 포도주가 없다 하니 예수께서 이르시되 여자여 나와 무슨 상관이 있나이까 내 때가 아직 이르지 아니하였나이다(3-4)
   - 예수께서 이 첫 표적을 갈릴리 가나에서 행하여 그의 영광을 나타내시매 제자들이 그를 믿으니라(11)
   ※ 물을 포도주로 변화시킨 돌항아리 개수 - 6개
   갈릴리 가나의 혼인잔치에서 포도주 이적을 보여주신 후 가신 곳 - 가버나움 - 혼인잔치가 끝나면 당사자들은 신혼여행을 가버리므로
   모자가 성전 같이 생겼다.   성전 → 성전정화(첫 유월절 때, 132페이지 예수님의 행적 참조)

2. 성전정화(13-18) - 첫 번째 성전정화   ※ 두 번째 성전정화 - 마 21장, 막 11장, 눅 19장
   - 유대인의 유월절이 가까운지라 예수께서 예루살렘으로 올라가셨더니 성전 안에서 소와 양과 비둘기 파는 사람들과 돈 바꾸는 사람들의 앉아 있는 것을 보시고 노끈으로 채찍을 만드사 양이나 소를 다 성전에서 내쫓으시고 돈 바꾸는 사람들의 돈을 쏟으시며 상을 엎으시고 비둘기 파는 사람들에게 이르시되 이것을 여기서 가져가라 내 아버지의 집으로 장사하는 집을 만들지 말라 하시니(13-16)
   모자가 성전 같이 생겼으므로 성전과 관련된 중요요절을 알아보자.

3. 주의 전(성전)을 사모하는 열심이 나를 삼키리라(17, 시 69:9) - 삼키다가 목에 가시(17)가 걸렸다.

4. 너희가 이 성전(예수님의 육체)을 헐라 내가 사흘 동안에 일으키리라(19) - 성전을 사흘 동안에 짓는다면 우리는 그것을 기적(19)이라고 부른다.
   위의 중요요절을 통해서 소제목이 '예수님의 죽음과 부활 예언' 이라는 것을 알 수 있다.

5. 예수님의 죽음과 부활 예언(19-22)
   - 예수께서 대답하여 이르시되 너희가 이 성전을 헐라 내가 사흘 동안에 일으키리라 유대인들이 이르되 이 성전은 46년 동안에 지었거늘 네가 3일 동안에 일으키겠느냐 하더라 그러나 예수는 성전 된 자기 육체를 가리켜 말씀하신 것이라 죽은 자 가운데서 살아나신 후에야 제자들이 이 말씀하신 것을 기억하고 성경과 예수께서 하신 말씀을 믿었더라(19-22)
   이 모자는 사각모이다.   사각모 → 사람 각각의 모양,   이 말은 예수님은 사람 각각의 모양 즉 사람 각각의 마음을 아신다는 뜻이다.

6. 각 사람의 마음을 아시는 예수님(23-25) - 예수는 그의 몸을 그들에게 의탁하지 아니하셨으니 이는 친히 모든 사람을 아심이요 또 사람에 대하여 누구의 증언도 받으실 필요가 없었으니 이는 그가 친히 사람의 속에 있는 것을 아셨음이니라(24-25)
   ※ 요한복음에 나오는 절기 - 유월절(2장, 6장, 11장), 초막절(7장), 수전절(10장)

요한복음 3장		
배 경	눈	
대제목	니고데모	

📖 본문은 중생과 구원에 관한 예수님과 니고데모의 대화가 소개되었고 이어 예수 그리스도에 대한 세례 요한의 증언이 나타나 있는 부분이다.

꽹과리꾼이 꽹과리를 치다가 열심히 공부만 하는 줄 알았던 **독생자**인 아들이 공부는 하지 않고 길에서 데모하는 것을 본 모양이다. 그래서 눈을 번쩍 뜨며 **니가 데모**? 하며 놀라고 있다.

1. 니고데모(1-15)　　　　※ 요한복음에서 니고데모가 나오는 장 - 3장, 7장, 19장
- 진실로 진실로 네게 이르노니 사람이 거듭나지 아니하면 하나님의 나라를 볼 수 없느니라(3)
- 사람이 물과 성령으로 나지 아니하면 하나님의 나라에 들어갈 수 없느니라(5)
- 바람이 임의로 불매 네가 그 소리는 들어도 어디서 와서 어디로 가는지 알지 못하나니 성령으로 난 사람도 다 그러하니라(8)

2. 독생자를 주신 하나님의 사랑(16-21)
- 하나님이 세상을 이처럼 사랑하사 독생자를 주셨으니 이는 그를 믿는 자마다 멸망하지 않고 영생을 얻게 하려 하심이라(16) - 독생자를 낳았을 때 얼마나 기뻤을까? 따라서 독생자가 나오면 기쁨(16) 독생자로 외우자.
그림의 두 눈을 비교해 보자.

데모하는 아들을 보　　　　실망하여　　이내 실망이　　　영처럼 동그란 것　　영생　　눈꺼풀이 덮여서
고 놀란 눈(흥함)　　　　　　　　쇠한 눈　　진노로 변함　　을 영생으로 한다　　　　영생이 되지 못함

3. 그는 흥하고 나는 쇠하여야 하리라(30) - 꽹과리꾼의 놀란 눈이 단추구멍(30)처럼 생겼다.

4. 아들을 믿는 자에게는 영생이 있고 아들에게 순종하지 아니하는 자는 영생을 보지 못하고 도리어 하나님의 진노가 그 위에 머물러 있느니라(36) - 진노하면 떠블유(36) 모양의 상처가 눈꺼풀위에 드러난다.
중요요절 '그(예수님)는 흥하고 나는 쇠하여야 하리라'를 통해서 세례 요한이 예수님에 대해서 증언하고 있다는 것을 알 수 있다.

5. 예수님에 대한 세례 요한의 증언(22-36) - 요 1장
※ 요 1장처럼 세례 요한이 예수님에 대해 증언했으면 자신에 대한 증언도 따라 나와야 하지만 그는 흥하고 나(세례 요한)는 쇠하여야 하리라고 말했으므로 세례 요한 자신에 대한 증언은 나오지 않는다.
하늘로부터 떨어지는 **이**

6. 하늘로부터 오시는 이(31-36) - 하늘에서 내려온 자 곧 인자 외에는 하늘에 올라간 자가 없느니라(13)
- 하늘로부터 오시는 **이**는 만물 위에 계시나니(31)
- 하나님이 보내신 **이**는 하나님의 말씀을 하나니 이는 하나님이 성령을 한량없이 주심이니라(34)
이가 하늘로부터 떨어진 것과 반대로 '들려야 하리라'는 말씀이 나온다.

7. 모세가 광야에서 뱀을 든 것 같이 인자도 들려야 하리니 이는 그를 믿는 자마다 영생을 얻게 하려 하심이니라(14-15)

요한복음 4장		
배 경	볼	
대제목	우물가의 사마리아 여인	

📖 예수님께서 사마리아 지방에서 만난 한 여인과 야곱의 우물가에서 나누신 대화를 소개하고 이어 왕의 신하의 병든 아들을 치유하신 사건을 다루고 있다.
꽹과리꾼의 볼 – 臣(신하 신)자 모양의 문신을 하고 있다.

1. <mark>가나에서 왕의 신하의 아들을 고치시다</mark>(43-54) - 예수님의 두 번째 기적
   • 왕의 신하가 있어 그 아들이 <u>가버나움</u>에서 병들었더니 그가 예수께서 유대로부터 갈릴리로 오셨다는 것을 듣고 가서 청하되 내려오셔서 내 아들의 병을 고쳐주소서 하니 그가 거의 죽게 되었음이라 예수께서 이르시되 너희는 표적과 기사를 보지 못하면 도무지 믿지 아니하리라 신하가 이르되 주여 내 아이가 죽기 전에 내려오소서 예수께서 이르시되 가라 네 아들이 살아 있다 하시니 그 사람이 예수께서 하신 말씀을 믿고 가더니 내려가는 길에서 그 종들이 오다가 만나서 아이가 살아 있다 하거늘 그 낫기 시작한 때를 물은즉 어제 <u>7시</u>에 열기가 떨어졌나이다 하는지라 그의 아버지가 예수께서 네 아들이 살아 있다 말씀하신 그 때인 줄 알고 자기와 그 온 집이 다 믿으니라(46-53)
   臣(신하 신)의 가운데는 우물 모양이다. 그림 참조

2. <mark>우물가의 사마리아 여인</mark>(1-42) - 우물이기 때문에 장소가 물수가 들어가는 수가가 된다.
   • 사마리아에 있는 <u>수가</u>라 하는 동네에 이르시니 야곱이 그 아들 요셉에게 준 땅이 가깝고(5)
   • 내가 주는 물을 마시는 자는 영원히 목마르지 아니하리니 내가 주는 물은 그 속에서 영생하도록 솟아나는 샘물이 되리라(14) - 감로(甘露, 14) - 도리천에 있는 감미로운 영액. 그 한 방울만 먹어도 모든 고뇌가 사라져 살아있는 사람은 장수하게 되고 죽은 사람은 부활하게 된다고 한다.
   • 예수께서 이르시되 나의 <u>양식</u>은 나를 보내신 이의 <u>뜻</u>을 행하며 그의 일을 온전히 이루는 이것이니라(34) '신하 신'의 신에서 신령을, '우물 정'의 정에서 진정을 끌어낸다. 그림 참조

3. 하나님은 영이시니 예배하는 자가 신령(영)과 진정(진리)으로 예배할지니라(24) - 새로 이사(24) 온 집에서 신령(영)과 진정(진리)으로 예배를 드렸다.
   위의 중요요절에서 예배를 이용하여 다른 중요요절을 만들면 다음과 같다.

4. 너희는 알지 못하는 것을 예배하고 우리는 아는 것을 예배하노니 이는 구원이 <u>유대인</u>에게서 남이라(22)
   ※ 예수님을 메시야로 부른 자 - ① 안드레(형제 시몬을 찾아가 우리가 메시야를 만났다고 말함, 요 1:41) ② <u>수가</u>성의 사마리아 여인(요 4:25 참조, 남편이 <u>다섯</u>, <u>이틀</u> 머무심) - 메시야 안수
   야곱의 우물가에서 예수님이 사마리아 여인을 만난 시간 - 우물(日)이 6자 모양이므로 6시가 된다.

✱ 성경 자세히 이해하기 - 사마리아인

사마리아인은 B.C.722년 이스라엘 북왕조가 앗시리아에 의해 멸망당한 뒤 그곳에 이주해 온 이방인과 유대인 사이에서 태어난 혼혈인을 말한다. 유대인들은 이런 사마리아인들이 본래 그들만의 고유한 혈통과 종교를 더럽혔다고 생각하여 그들을 멸시하고 상종조차 하지 않았다. 사마리아인들은 전통적으로 그리심 산을 축복의 산으로 생각했으며 하나님이 제단을 쌓으라고 명령하신 곳도 그 산이라 믿었다. 반면에 유대인들은 성전이 세워져야 할 곳은 예루살렘이라고 믿었다.

	요한복음 5장	
배 경	웃저고리	父=子㊀
대제목	베데스다 못가의 병자	

📖 예루살렘에 올라가신 예수님은 안식일에 베데스다 연못가의 38년 된 병자를 고쳐주신다. 이 일로 유대인들과 안식일 논쟁이 붙었고 이때 예수님은 자신의 신성을 변호하시고 하나님의 아들 되심을 증거 하신다.

꽹과리꾼의 웃저고리는 베를 대어 만들었으며 경상도 사투리로 '베를 대었다'는 베댓수다(베데스다)라고 한다.　베댓수다 → 베데스다(예루살렘의 양문 곁에 있는 못 이름)

1. **38년 된 베데스다 못가의 병자를 고치시다**(1-16)
   - 네가 나았으니 더 심한 것이 생기지 않게 다시는 죄를 범하지 말라(14)
   ※ **다**시는 죄를 범하지 말라 - 베데스**다**의 병자(요 5장), 간음한 여인(요 8장)
   베데스**다** 못가에 있는 행각 - **다**섯 개
   38년이란 긴 세월을 연상하면

2. 내 아버지께서 이제까지 일하시니 나도 일한다(17) - 이제까지가 긴 세월을 나타낸다 - 가사는 '살림살이에 관한 일', '집안 일' 이므로 일은 가사(17)로 바꿀 수 있다.
   ※ 유대인들이 38년 된 병자를 고치신 예수님을 죽이려는 이유 - 안식일 범함, 하나님을 친아버지라 함
   웃고름에 父 = 子 라 써 있는데 아버지와 아들은 같다. 즉 아버지와 같은 아들의 권세가 된다.

3. **아버지와 같은 아들의 권세**(17-29) - 예수님의 신성을 나타낸다.
   - 아버지께서 행하시는 그것을 아들도 그와 같이 행하느니라(19)
   - 아버지께서 죽은 자들을 일으켜 살리심 같이 아들도 자기가 원하는 자들을 살리느니라(21)
   - 아버지께서 아무도 심판하지 아니하시고 심판을 다 아들에게 맡기셨으니 이는 모든 사람으로 아버지를 공경하는 것 같이 아들을 공경하게 하려 하심이라(22-23)
   - 내 말을 듣고 또 나 보내신 이를 믿는 자는 영생을 얻었고 심판에 이르지 아니하나니 사망에서 생명으로 옮겼느니라(24) - 요(요한복음) 위에 누워 있다가 오이 사(5 24) 려~어(끝날 때 발음이 영과 비슷하다. 영 → 영생) 하는 오이장수의 말을 듣고 오이를 사러 나가자마자 집이 무너졌다. 만약 오이를 사러 나가지 않았다면 사망했을 것이다. 오이장수는 나를 '사망에서 생명으로 옮겨준' 은인이다.
   - 죽은 자들이 하나님의 아들의 음성을 들을 때가 오나니 곧 이 때라 듣는 자는 살아나리라(25)
   - 선한 일을 행한 자는 생명의 부활로, 악한 일을 행한 자는 심판의 부활로 나오리라(29)
   아들 子 옆에 ㊀ 이라 써 있다.　증 → 증언

4. **아들에 관한 증언**(30-47)
   - 너희가 성경에서 영생을 얻는 줄 생각하고 성경을 상고(연구)하거니와 이 성경이 곧 내게 대하여 증언하는 것이니라(39) - 요 위에서 오(5)징어를 먹으면서 성경을 상고(발음이 39와 비슷)하고 있다.
   - 내가 너희를 아버지께 고발할까 생각하지 말라 너희를 고발하는 이가 있으니 곧 너희가 바라는 자 모세니라 모세를 믿었더라면 또 나를 믿었으리니 이는 그가 내게 대하여 기록하였음이라(45-46)
   ※ 요 5장의 특징 - 아버지와 아들이라는 말이 반복해서 나온다.

요한복음 6장	
배 경	꽹과리
대제목	생명의 떡

📖 두 가지 놀라운 이적(오병이어의 기적, 물 위로 걸으신 이적)이 베풀어진 후 예수님은 자신을 '생명의 떡'으로 소개하지만 제자들이 예수님의 교훈을 깨닫지 못하는 장면이다. 꽹과리가 동그란 떡(생명의 떡) 같고 신고배 같이 생겼다.　신고배 → **베**드로의 **신**앙고백, 참고로 전체 그림이 6자 모양이므로 꽹과리는 6장에 나온다.

1. 생명의 떡(22-59) - 썩을 양식을 위하여 일하지 말고 영생 하도록 있는 양식을 위하여 하라(27)
   - 나는 생명의 떡이니 내게 오는 자는 결코 주리지 아니할 터이요 나를 믿는 자는 영원히 목마르지 아니하리라(35) - 생명의 떡이 그림에서 보면 꼭 대머리(35) 같다.
   - 아버지의 뜻은 아들을 보고 믿는 자마다 영생을 얻는 이것이니 마지막 날에 내가 이를 다시 살리리라(40)
   - 나는 하늘에서 내려온 살아 있는 떡이니 사람이 이 떡을 먹으면 영생하리라 내가 줄 떡은 곧 세상의 생명을 위한 내 살이니라(51) - 동그란 것은 영생을 나타내므로 **6장은 영생이란 말이 많이 나온다.**
   - 인자의 살을 먹지 아니하고 인자의 피를 마시지 아니하면 너희 속에 생명이 없느니라(53)
   - 내 살은 참된 양식이요 내 피는 참된 음료로다(55)
   ※ 생명의 떡 설교를 하신 장소 - **가**버나움 회당(우리가 흔히 먹는 떡이 **가**래떡이므로)

2. 베드로의 신앙고백(67-71) - 시몬 베드로가 대답하되 주여 영생의 말씀이 주께 있사오니 우리가 누구에게로 가오리이까 우리가 주는 하나님의 거룩하신 자이신 줄 믿고 알았사옵나이다(68-69) 동그란 떡의 동그란 것은 영생을, 떡은 말씀을 나타내므로 동그란 떡은 영생의 말씀이 된다.

3. 시몬 베드로가 대답하되 주여 영생의 말씀이 주께 있사오니 우리가 누구에게로 가오리이까(68) 오징어(오병이어)가 꽹과리 위로 걸어가고 있다.　오징어 → 오병이어

4. 오병이어의 기적(1-15) - 마 14장, 막 6장, 눅 9장
   - 빌립 - 예수님께 2백 데나리온의 떡이 부족하다고 말함(빌립의 립=리+ㅂ=2백), 안드레 - 한 아이가 오병이어를 가지고 있는 것을 예수님께 알림.
   ※ 오병이어 때 사람들이 예수님을 찾은 이유(26) - 표적을 본 까닭이 아니요 떡을 먹고 배부른 까닭

5. 바다 위로 걸어오시는 예수님(16-21) - 마 14장, 막 6장 동그란 꽹과리 위가 미끄러워서 하나님께서 이끌지 아니하시면 오징어가 걸어갈 수 없다.

6. 아버지께서 이끌지 아니하시면 아무도 내게 올 수 없으니 오는 그를 내가 마지막 날에 다시 살리리라(44) 오징어 다리(제자들을 나타낸다)가 많으므로 많은 제자가 되고 꽹과리를 치면 오징어 다리가 꽹과리에서 떨어져 나가므로 소제목은 '많은 제자들이 떠나가다'가 된다.

7. 많은 제자들이 떠나가다(60-66) - 제자 중 여럿이 듣고 말하되 이 말씀(생명의 떡 설교)은 어렵도다 누가 들을 수 있느냐~ 이러므로 제자 중에 많이 물러가고 다시 그와 함께 다니지 아니하더라(60-66)
   ※ 오징어가 걸으면 파송이나 많은 제자들이 떠났기 때문에 파송할 수가 없고 따라서 파송은 나오지 않는다. 빌립의 대사 - 와서 보라(나다나엘에게, 요 1), 이백 데나리온의 떡(요 6), 아버지를 보여주소서(요 14) 가룟 유다 - 요 6, 12, 13, 18장 - 먹을 것(떡, 쓸개)이나 돈 되는 것(향유), 예수님 체포에 유다 나옴.

요한복음 7장	
배 경	바지
대제목	믿지 않는 예수님의 형제들

📖 본문은 초막절을 지키러 예루살렘에 올라가신 예수님이 성전에서 자신을 변호하신 내용으로 유대인들의 불신과 배척과 음모 앞에서 '생수의 강'에 대해 교훈하시는 장면이다.
믿지 않는 예수님의 형제들이 시끄럽다고 꽹과리꾼의 바지를 잡아당기고 있다. 그래서 꽹과리꾼의 바지가 벗겨질듯 말듯 하는구나. 참고로 바지가 7자 모양이므로 바지는 7장에 나온다.

1. 믿지 않는 예수님의 형제들(1-9)
   • 그 후에 예수께서 갈릴리에서 다니시고 유대에서 다니려 아니하심은 유대인들이 죽이려 함이러라(1)
   • 그 형제들이 예수께 이르되 당신이 행하는 일을 제자들도 보게 여기를 떠나 유대로 가소서 스스로 나타나기를 구하면서 묻혀서 일하는 사람이 없나니 이 일을 행하려 하거든 자신을 세상에 나타내소서 하니 이는 그 형제들까지도 예수를 믿지 아니함이러라(3-5)
   바지를 잡아당기지 않아도 그림에서 보듯이 바지가 헐렁해서 스스로 벗겨졌을 것이다.

2. 스스로 말하는 자는 자기 영광만 구하되 보내신 이의 영광을 구하는 자는 참되니 그 속에 불의가 없느니라(18)
   바지를 잡아당기는 것은 예수님을 잡으려는 것을 나타낸다.

3. 예수님을 잡으려하다(30-36, 45-46)
   • 그들이 예수를 잡고자 하나 손을 대는 자가 없으니 이는 그의 때가 아직 이르지 아니하였음이러라(30)
   • 아랫사람들이 대제사장들과 바리새인들에게로 오니 그들이 묻되 어찌하여 잡아오지 아니하였느냐 아랫사람들이 대답하되 그 사람이 말하는 것처럼 말한 사람은 이때까지 없었나이다 하니(45-46)
   손으로 꽹과리를 정신없이 치고 있던 꽹과리꾼이 바지를 잡아당기자 당황해서 오줌을 싸버렸는데 이때 오줌이 흘러내리는 것이 마치 생수의 강 같다.   생수의 강 = 성령

4. 생수의 강(37-39) - 명절(초막절) 끝날 곧 큰 날(안식일)에 예수께서 서서 외쳐 이르시되 누구든지 목마르거든 내게로 와서 마시라 나를 믿는 자는 성경에 이름과 같 이 그 배에서 생수의 강이 흘러나오리라 하시니 이는 그를 믿는 자들이 받을 성령을 가리켜 말씀하신 것이라(37-39)
   오른쪽 발에서 오줌이 흘러내려 오른쪽 양말에 지도를 그려놓았다.   지도 → 지도자

5. 지도자들의 논쟁(45-53) - 그 중의 한 사람 곧 전에 예수께 왔던 니고데모가 그들에게 말하되 우리 율법은 사람의 말을 듣고 그 행한 것을 알기 전에 심판하느냐(50-51) - 니고데모는 예수님을 변호함
   왼쪽 양말에는 X ? 상표가 붙어있다.   X → 그리스도,   ? → 인가

6. 이분이 그리스도인가(25-29, 40-44) - 어떤 사람은 이 사람이 참으로 그 선지자라 하며 어떤 사람은 그리스도라 하며 어떤 이들은 그리스도가 어찌 갈릴리에서 나오겠느냐 성경에 이르기를 그리스도는 다윗의 씨로 또 다윗이 살던 마을 베들레헴에서 나오리라 하지 아니하였느냐(40-42, 미 5:2)
   발목은 초막(🛖)같이 생겼으며 흥에 겨워 한쪽발이 올라가 있다.

7. 초막절(명절)을 지키러 예루살렘으로 올라가시다(10-24)
   ※ 초막절 - 광야생활을 기념하는 절기로 일주일동안 지켜졌으며 절기의 끝 날은 항상 안식일이다.

	요한복음 8장
배 경	곰의 귀
대제목	간음한 여자

📖 유대인들이 간음한 여인을 데리고 와서 예수님을 시험하는 장면으로 시작해서 예수님이 자신을 세상의 빛으로 선언하시면서 인간을 자유하게 하는 진리를 가르치는 장면이다.
곰의 귀 - **간**음한 여자가 곰의 귀를 **간**질간질 만지고 있다. 참고로 곰의 양쪽 귀를 합치면 8이 되므로 곰의 귀는 8장에 나온다.

1. <u>간음한 여자</u>(1-11) - 예수께서 <u>감람산</u>에 가셨다가 아침에 다시 <u>성전</u>으로 들어오시니~ 서기관들과 바리새인들이 **음행 중에 잡힌 여자를 끌고 와서~** 이 여자가 간음하다가 <u>현장</u>에서 잡혔나이다 모세는~ 이러한 여자를 돌로 치라 명하였거니와 선생은 어떻게 말하겠나이까(1-5, 레 20장, 신 22장)
   - 너희 중에 죄 없는 자가 먼저 돌로 치라(7) - 참고로 예수님은 땅에 2차례 글을 쓰셨다.
   - 예수께서 이르시되 나도 너를 정죄하지 아니하노니 가서 <u>다시는 죄를 범하지 말라</u> 하시니라(11)
   ※ 간음은 범하는 것이므로 '**죄를 범하는 자마다 죄의 종이라**(34)' 는 간음한 여자가 나오는 요 8장에 나옴.
   ※ 간음한 여자를 잡아온 자들 - <u>서기관들</u>과 <u>바리새인들</u>(간음한 여자를 잡는 서바이벌 게임)
   곰의 오른쪽 귀에 귀마개가 있다.   귀마개 ↔ 개**마귀** → 개자식 마귀

2. <u>마귀의 자식</u>(39-47) - 너희는 너희 아비 마귀에게서 났으니 너희 아비의 욕심대로 너희도 행하고자 하느니라 그는 ① 처음부터 살인한 자요 ② 거짓말쟁이요 ③ 거짓의 아비가 되었음이라(44)
   - 내가 <u>진리</u>를 말하므로 너희가 나를 믿지 아니하는도다(45)
   - 진실로 진실로 너희에게 이르노니 사람이 내 말을 지키면 영원히 <u>죽음</u>을 보지 아니하리라(51)
   귀마개에 **A**라 써 있다.   **A** → 아브라함의 약자

3. <u>나는 아브라함이 나기 전부터 있었다</u>(48-59) - 너희 조상 아브라함은 나의 때 볼 것을 즐거워하다가 보고 기뻐하였느니라 유대인들이 이르되 네가 아직 50세도 못되었는데 아브라함을 보았느냐 예수께서 이르시되 진실로 진실로 너희에게 이르노니 아브라함이 나기 전부터 내가 있느니라(55-58)
   곰의 왼쪽 귀에서 빛이 나오고 있다.

4. <u>세상의 빛</u>(12-20) - 나는 <u>세상의 빛</u>이니 나를 따르는 자는 어두움에 다니지 아니하고 <u>생명의 빛</u>을 얻으리라(12) - 빛은 숫자로 1이 되고 이 빛이 2개(세상의 빛과 생명의 빛)이므로 12절이 된다.
   ※ 헌금주머니 같이 생긴 곰의 귀에서 빛이 나오므로 세상의 빛에 관한 말씀은 헌금함 앞에서 하셨다.
   빛이 자유로 같이 생겼다.

5. <u>진리가 너희를 자유롭게 하리라</u>(31-38) - 너희=유이므로 이 구절은 유대인에게 한 말씀이다.
   - 진리를 알지니 진리가 너희를 자유롭게 하리라(32) - 자유로에 도너스(32)가 많이 떨어져있다.
   자유로는 현재 **내가 가는 곳**이다.   차를 타고 자유로를 달리고 있다고 상상하자.

6. <u>내가 가는 곳에 너희는 올 수 없다</u>(21-30) = 죽음을 예고하시다
   - 다시 이르시되 내가 가리니 너희가 나를 찾다가 너희 죄 가운데서 죽겠고 나의 가는 곳에는 너희가 오지 못하리라~ 너희는 <u>아래</u>서 났고 나는 <u>위</u>에서 났으며 너희는 <u>이 세상</u>에 속하였고 나는 이 세상에 속하지 아니하였느니라(21-23)

요한복음 9장	
배 경	곰의 눈
대제목	실로암의 맹인 고치심

📖 예수님은 나면서부터 맹인 된 사람을 고쳐 주신다. 바리새인들은 병 고침 받은 자를 심문하면서 예수님을 고소할 구실을 찾으려 들지만 결국 무위로 끝나고 만다.

이 곰은 맹인이며 실눈을 뜨고 있다.　실눈 → 실로암(보냄을 받았다)

1. 실로암 맹인을 고치시다(1-12) - 예수께서 길을 가실 때에 날 때부터 맹인 된 사람을 보신지라 제자들이 물어 이르되 랍비여 이 사람이 맹인으로 난 것이 누구의 죄로 인함이니이까 자기니이까 그의 부모니이까 예수께서 대답하시되 이 사람이나 그 부모의 죄로 인한 것이 아니라 그에게서 하나님의 하시는 일을 나타내고자 하심이라 때가 아직 낮이매 나를 보내신 이의 일을 우리가 하여야 하리라 밤이 오리니 그때는 아무도 일할 수 없느니라 내가 세상에 있는 동안에는 세상의 빛이로라 이 말씀을 하시고 ① 땅에 침을 뱉어 ② 진흙을 이겨 ③ 그의 눈에 바르시고 이르시되 ④ 실로암 못에 가서 씻으라 하시니(실로암은 번역하면 보냄을 받았다는 뜻이라) 이에 가서 씻고 밝은 눈으로 왔더라(1-7)

   ※ 세상의 빛 - ① 곰의 귀에서 빛이 나오고 있다 - 나는 세상의 빛이니 나를 따르는 자는 어두움에 다니지 아니하고 생명의 빛을 얻으리라(요 8:12) ② 동안인 실로암 맹인의 눈에 실 같은 빛이 비치매 세상을 볼 수 있게 되었다 - 내가 세상에 있는 동안에는 세상의 빛이로라(요 9:5) ③ 죽은 나사로의 몸에서 이 세상 어떤 빛보다 강한 빛(햇빛은 낮 12시가 가장 강하다)이 터져 나오매 나사로가 살아난다 - 낮이 12시간이 아니냐 사람이 낮에 다니면 이 세상의 빛을 보므로 실족하지 아니하고(요 11:9) ④ 한 알의 밀이 땅에 떨어지자마자 빛이 나며 밀이 세상을 향해서 쭉쭉 자라나고 있다 - 나는 빛으로 세상에 왔나니 무릇 나를 믿는 자로 어둠에 거하지 않게 하려 함이로라(요 12:46)

   맹인된 것은 나쁜 사람들이 곰의 눈에 바새린(바리새인)을 마구 발라서(생트집) 그렇다.

2. 바리새인들의 생트집(13-34) - 그들이 이르되 그 사람이 네게 무엇을 하였느냐 어떻게 네 눈을 뜨게 하였느냐 대답하되 내가 이미 일렀어도 듣지 아니하고 어찌하여 다시 듣고자 하나이까 당신들도 그 제자가 되려 하나이까 그들이 욕하여 이르되 너는 그의 제자이나 우리는 모세의 제자라 하나님이 모세에게는 말씀하신 줄을 우리가 알거니와 이 사람은 어디서 왔는지 알지 못하노라 그 사람이 대답하여 이르되 이상하다 이 사람이 내 눈을 뜨게 하였으되 당신들은 그가 어디서 왔는지 알지 못하는도다 하나님이 죄인의 말을 듣지 아니하시고 경건하여 그의 뜻대로 행하는 자의 말은 들으시는 줄을 우리가 아나이다~ 이 사람이 하나님께로부터 오지 아니하였으면 아무 일도 할 수 없으리이다 그들이 대답하여 이르되 네가 온전히 죄 가운데서 나서 우리를 가르치느냐 하고 이에 쫓아내어 보내니라(24-34)

   곰은 비록 맹인이 되었으나 이렇게 만든 사람들은 영적으로 눈먼 사람들이다.

3. 영적으로 눈 먼 사람(35-41) - 예수께서 이르시되 내가 심판하러 이 세상에 왔으니 보지 못하는 자들은 보게 하고 보는 자들은 맹인이 되게 하려 함이라 하시니 바리새인 중에 예수와 함께 있던 자들이 이 말씀을 듣고 이르되 우리도 맹인인가 예수께서 이르시되 너희가 맹인이 되었더라면 죄가 없으려니와 본다고 하니 너희 죄가 그대로 있느니라(39-41)

   ※ 실로암 맹인이 눈을 떴을 때 바리새인이 맹인에게 예수님이 어떠한 사람이냐고 묻자 선지자라고 대답했으며 예수님이 실로암 맹인을 다시 만나러 가셨을 때 실로암 맹인이 예수님을 부른 호칭은 주여이다.

요한복음 10장		
배 경	곰의 코	
대제목	선한 목자	

📖 본문에서 예수님은 자신을 선한 목자로 선언함과 동시에 하나님의 아들임을 증거하신다. 이에 분노한 유대인들이 돌을 들어 예수님을 치려 하자 예수님은 예루살렘을 떠나신다.

곰의 코를 선한 목자가 만지고 있다. 그래서 곰의 코가 번들거리는 것이다. 참고로 곰의 코가 동그라므로 곰의 코는 동그라미가 들어가는 10장에 나온다.

1. 선한 목자(11-21) - 나는 선한 목자라 선한 목자는 양들을 위하여 목숨을 버리거니와 삯군은 목자가 아니요 양도 제 양이 아니라 이리가 오는 것을 보면 양을 버리고 달아나나니(11-12)

   • 이를 내게서 빼앗는 자가 있는 것이 아니라 내가 스스로 버리노라 나는 버릴 권세도 있고 다시 얻을 권세도 있으니 이 계명은 내 아버지에게서 받았노라(18) - 코 안의 콧물을 빼버리고 아니고는 곰 자신에게 달려있다. 따라서 나는 버릴 권세도 있고 다시 얻을 권세도 있다는 구절은 요 10장에 나온다.

   • 내가 그들에게 영생을 주노니 영원히 멸망하지 아니할 것이요 또 그들을 내 손에서 빼앗을 자가 없느니라 그들을 주신 내 아버지는 만물보다 크시매 아무도 아버지 손에서 빼앗을 수 없느니라(28-29) 콧구멍은 공기가 들어가고 나가는 문으로 양쪽에 있다.

2. 양의 문(1-10) - 내가 진실로 진실로 너희에게 말하노니 나는 양의 문이라 나보다 먼저 온 자는 다 절도요 강도니 양들이 듣지 아니하였느니라~ 도둑이 오는 것은 도둑질하고 죽이고 멸망시키려는 것뿐이요 내가 온 것은 양으로 생명을 얻게 하고 더 풍성히 얻게 하려는 것이라(7-10)

   곰의 코가 번들거리는 것은 선한 목자가 만져서 그런 것도 있지만 실은 신나를 발랐기 때문이다. 신나는 반대법으로 나 신(神)이 되며 나 신 → 나는 너희를 신이라 하였노라가 된다.

3. 너희 율법에 기록된바 내가 너희를 신이라 하였노라 하지 아니하였느냐(34, 시 82:6) 성경은 폐하지 못하나니 하나님의 말씀을 받은 사람들을 신이라 하셨거든(35) - 신 → 신나 → 신나는 번들거린다 → 번들거리는 것은 대머리(35) 곰의 코가 차돌맹이처럼 생겼다. 차돌맹이 ↔ 돌맹이로 차다(치다)

4. 유대인들이 예수님을 돌로 치려하다(22-42) - 이때가 수전절이다. 수전절의 계절은 겨울.

   ※ 수전절(修殿節) - 안티오쿠스 에피파네스 4세에 의해 성전이 더럽혀진 후인 B.C.164년에 독립운동가 유다 마카베오의 혁명에 의해 성쩐이 수복된 것을 기념하던 쩔기다. 수전절 행사 중 돋보이는 것은 성전 안을 등불로 환하게 비추는 것과 집 주위를 환하게 밝히는 것이었다(곰의 코가 번들거리는 것과 수전절이 잘 맞아 떨어진다). 이 축제는 기슬르월(11-12월, 겨울) 25일부터 8일간 행해졌다. 곰의 코가 전체적으로 Θ(데타, 하나님의 약자) 모양이며 코의 가운데는 i(나)나 1(하나)자 같다.

5. 나(i)와 아버지(Θ)는 하나(1)이니라(30) 내가 내 아버지의 이름을 곰의 코에 새겨 넣었다.

6. 내가 내 아버지의 이름으로 행하는 일들이 나를 증거하는 것이거늘 너희가 내 양이 아니므로 믿지 아니하는도다(25-26)

요한복음 11장		
배 경	곰의 입	
대제목	눈물 흘리시는 예수님	

📖 예수님이 죽은 지 나흘이나 지난 나사로를 다시 살리신 사건으로 이때 예수님은 자신을 **부활이요 생명이라고 증거 하신다. 하지만 유대 종교지도자들은 더욱 예수님을 죽이려든다.** 곰의 입 양쪽에서 침이 흐르고 있는데 이것은 죽은 나사로 때문에 흘리시는 예수님의 눈물을 상징한다. 참고로 곰의 입 양쪽에서 흐르는 침이 11자 모양이므로 곰의 입은 11장에 나온다.

1. <mark>나사로의 죽음</mark>(1-16) - 베다니(예루살렘에서 5리, 엠마오는 25리)에 사는 나사로(마르다와 마리아의 오빠)가 병들었다 함을 듣고 그 계시던 곳에서 <u>이틀</u>(사마리아 여자도 이틀)을 더 유하신 후 베다니로 가셨는데 그 이유는 하나님과 주님이 나사로의 죽음으로 말미암아 영광을 받으시기 위함이었다.
   - 우리도 주와 함께 죽으로 가자(16) - 10장에서 유대인들이 예수님을 돌로 치려했는데도 나사로를 살리기 위해 유대로 다시 가자고 했을 때(7) 도마가 한 말 - 곧 죽을 도마 위의 생선을 생각하자.
2. <mark>눈물 흘리시는 예수님</mark>(33-35) - 주여 와서 보옵소서 하니 예수께서 눈물을 흘리시더라(34-35) 나사로는 '**나** 다시 **사로** 났다'가 되므로 소제목은 '나사로의 부활'이 된다.
3. <mark>나사로의 부활</mark>(38-44) - 참고로 나사로는 죽은 지 나흘이나 되었다.
   - 예수께서 이르시되 돌을 옮겨 놓으라 하시니~ 마르다가 이르되 주여 죽은 지가 <u>나흘</u>이 되었으매 벌써 냄새가 나나이다 예수께서 이르시되 내 말이 네가 믿으면 하나님의 영광을 보리라 하지 아니하였느냐 하시니 돌을 옮겨 놓으니 예수께서 눈을 들어 우러러 보시고 이르시되 **아버지여 내 말을 들으신 것을 감사하나이다 항상 내 말을 들으시는 줄을 내가 알았나이다** 그러나 이 말씀 하옵는 것은 둘러선 무리를 위함이니 곧 아버지께서 나를 보내신 것을 그들로 믿게 하려 함이니이다 이 말씀을 하시고 큰 소리로 나사로야 나오라 부르시니 죽은 자가 수족을 베로 동인채로 나오는데(39-44) 나사로의 부활에서 부활을 이용하여 중요요절을 만들면 다음과 같다.
4. 나는 <u>부활</u>이요 <u>생명</u>이니 나를 믿는 자는 죽어도 살겠고 무릇 살아서 나를 믿는 자는 영원히 죽지 아니하리니 이것을 네가(마르다) 믿느냐(25-26) - 나는 부활**이요**에서 이요(25)가 25절을 나타낸다. 곰의 입에 음모가 있으며 음모가 꼬불꼬불 말리어(마리아)서 말러(마르다) 있다.
5. <mark>예수님을 죽일 음모</mark>(45-57) - 마 26장, 막 14장, 눅 22장
   - 그 해의 대제사장인 <u>가야바</u>가 그들에게 말하되 너희가 아무 것도 알지 못하는도다 한 사람이 백성을 위하여 죽어서 온 민족이 망하지 않게 되는 것이 너희에게 유익한 줄을 생각하지 아니하는도다 하였으니 이 말은 스스로 함이 아니요~ 흩어진 하나님의 자녀를 모아 하나가 되게 하기 위하여 죽으실 것을 미리 말함이러라 이날부터는 그들이 예수를 죽이려고 모의하니라(50-53)
6. <mark>예수님과 마르다의 대화</mark>(17-27) - 입과 관계가 있으므로 대화가 된다.
   - 주께서 여기 계셨더라면 내 오라비가 죽지 아니하였겠나이다(21)
   - 주여 그러하외다 주는 그리스도시요 세상에 오시는 하나님의 아들이신 줄 내가 믿나이다(27)
7. <mark>예수님과 마리아의 대화</mark>(28-32) - 입과 관계가 있으므로 대화가 된다.
   - 주께서 여기 계셨더라면 내 오라비가 죽지 아니하였겠나이다(32)

요한복음 12장		
배 경	곰의 손	
대제목	예수님을 찾아온 이방인들	

📖 이제부터 예수님은 자신의 십자가 죽음을 준비하신다. 먼저 예수님의 발에 향유를 부은 사건이 소개된 후 예수님의 예루살렘 입성과 자신의 죽음에 대해 예고하는 장면이 소개된다. 맹인 곰이 보지 못하므로 **나귀새끼**가 머리에 **향유**병을 이고 **불신**을 신고 곰의 **쓸개**위에서 재주를 부리고 있다.

1. <mark>향유</mark>(1-8) - 마지막 예루살렘 입성 하루 전(토요일) - 마 26장, 막 14장
   - 마리아는 지극히 비싼 향유 곧 순전한 나드 한 근을 가져다가 예수의 발에 붓고 자기 머리털로 그의 발을 닦으니 향유 냄새가 집에 가득하더라(3)
   ※ 향유 - 마태, 마가복음(머리에 부음), 누가, 요한복음(발에 부음)

2. <mark>나귀 새끼를 타고 예루살렘에 입성하시는 예수님</mark>(12-19) - 마 21장, 막 11장, 눅 19장

3. <mark>유대인들의 불신</mark>(37-43) - 이렇게 많은 표적을 그들 앞에서 행하셨으나 그를 믿지 아니하니 이는 선지자 이사야의 말씀을 이루려 하심이라 이르되 주여 우리에게서 들은 바를 누가 믿었으며 주의 팔이 누구에게 나타났나이까(사 53;1) 하였더라 그들이 능히 믿지 못한 것은 이 때문이니 곧 이사야가 다시 일렀으되 그들의 눈을 멀게 하시고 그들의 마음을 완고하게 하셨으니 이는 그들로 하여금 눈으로 보고 마음으로 깨닫고 돌이켜 내게 고침을 받지 못하게 하려 함이니라(37-40, 사 6:9-10) 이방인들은 곰의 쓸개가 정력에 좋다고 즐겨 먹는다. 쓸개는 이방인을 상징한다.

4. <mark>예수님을 찾아온 이방인들</mark>(20-23) - 이방인(헬라인) → 빌립 → 안드레 → 안드레와 빌립 → 예수
   - 명절에 예배하러 올라온 사람 중에 헬라인(유대교로 개종한 헬라인) 몇이 있는데 그들이 갈릴리 벳새다 사람 빌립에게 가서 청하여 이르되 선생이여 우리가 예수를 뵈옵고자 하나이다 하니 빌립이 안드레에게 가서 말하고 안드레와 빌립이 예수께 가서 여쭈니 예수께서 대답하여 이르시되 인자가 영광을 얻을 **때**(예수님이 십자가에서 죽으실 때를 가리킨다)가 왔도다(20-23)
   쓸개 쪽에서 한 알의 밀이 땅으로 떨어지고 있는데 이는 죽음을 예고한다.

5. <mark>죽음을 예고하시다</mark>(24-36) - 한 알의 밀이 땅에 떨어져 죽지 아니하면 한 알 그대로 있고 죽으면 많은 열매를 맺느니라(24) - 이방인이 방문했을 때 하신 말씀 - 한 알의 밀=이삭(24, 곡식의 낱알)
   - 지금 내 마음이 괴로우니 무슨 말을 하리요 아버지여 나를 구원하여 이 **때**를 면하게 하여 주옵소서 그러나 내가 이를 위하여 이 **때**에 왔나이다 아버지여, 아버지의 이름을 영광스럽게 하옵소서 하시니 이에 하늘에서 소리사 나서 이르되 내가 이미 영광스럽게 하였고 또다시 영광스럽게 하리라(27-28)
   - 내가 땅에서 들리면 모든 사람을 내게로 이끌겠노라(32) - 한 알의 밀이 땅에 떨어지는 것과 반대
   ※ 하늘에서 소리가 났다고 나오는 곳 - 변화산, 세례 받으실 때, 이방인(헬라인)의 방문
   나귀새끼의 엉덩이에 나사못이 박혀있다. 나사못으로 찔러가면서까지 혹독하게 훈련을 시켰나보다. 나사못 → **나사**로를 죽이려 **모**의하다 🔩 나사못

6. <mark>나사로를 죽이려 모의하다</mark>(9-11) - 대제사장들이 나사로까지 죽이려고 모의하니 나사로 때문에 많은 유대인이 가서 예수를 믿음이러라(10-11)

요한복음 13장		
배 경	곰의 발	
대제목	제자들의 발을 씻겨주신 예수님	

📖 예수님의 다락방 강화가 시작되는 부분으로 유월절 만찬 석상에서 제자들의 발을 씻기시면서 섬김의 도를 가르치셨고 가룟 유다의 배반과 베드로의 부인을 예고하신다.

＊ 요 13-17장은 마가의 다락방에서 최후의 만찬을 드시면서 하신 마지막 설교로서 다락방에서 설교를 하셨다 해서 **다락방 강화**라고 한다. 참고로 최후의 만찬 때 제자들의 발을 씻겨 주셨으므로 13장부터 최후의 만찬이 된다.

베드로 부인도 나귀새끼와 덩달아 **곰의 발** 위에서 **나비 세 개**와 **주홍 생선**을 가지고 재주를 부리고 있다.   나비 → 접(蝶, 나비 접) → 영접,   세 개 → 새 계명

1. 베드로의 부인 예언(36-38) - 베드로의 부인은 요 18장에 나온다.
2. 영접(20) - 마 10장, 18장, 막 9장, 눅 9장
3. 새 계명(31-35)
   • 새 계명을 너희에게 주노니 서로 사랑하라 내가 너희를 사랑한 것과 같이 너희도 서로 사랑하라 (34) - 새 계명 → 세 개의 이름(名, 명),   탤런트(34)들은 보통 세 개의 이름을 가지고 있다. 집에서 부르는 이름·연예인 이름·극중에서의 이름
   베드로 부인의 왼손 - **주홍 생선**,   생선 ↔ 선생
4. 주와 선생(13-14) - 너희가 나를 <u>선생</u>이라 또는 <u>주</u>라 하니 너희 말이 옳도다 내가 그러하다 내가 주와 또는 선생이 되어 너희 발을 씻겼으니 너희도 서로 발을 씻기는 것이 옳으니라(13-14)
   곰의 발
5. 제자들의 발을 씻기시다(1-20)
   • 내가 너희에게 행한 것 같이 너희도 행하게 하려 하여 본을 보였노라(15)
   곰의 발톱은 발끝에 있으며 ♤하트(사랑) 모양이다.
6. 세상에 있는 자기 사람들을 사랑하시되 **끝**까지 **사랑**하시니라(1) - 하트 모양인 곰의 발톱이 1자
   곰의 발꿈치 - 발꿈치는 배반을 뜻한다.
7. 가룟 시몬의 아들 유다의 배반을 예고하시다(21-30)   ※ **가룟 유다시** - 41편, 69편, 109편
   • 내 떡을 먹는 자가 내게 발꿈치를 들었다 한 성경을 응하게 하려는 것이니라(18, 시 41:9)
   곰의 발꿈치가 부등호(〉) 같다.   발을 씻겨주는 것은 종과 주인의 관계이므로(선생과 제자 아님) 부등호 양쪽에 종과 주인을 넣으면 '종은 주인보다 작다' 가 된다.   참고로 마 10장 말의 입과 눅 6장 용의 입은 곰의 발꿈치와 달리 턱이 있으므로 부등호는 (≧) 이와 같다.
8. 종은 주인보다 작다(16) - 마 10장, 눅 6장
   • 종이 주인보다 크지 못하고 보냄을 받은 자가 보낸 자보다 크지 못하나니(16) - 이 말씀은 예수님께서 제자들의 발을 씻겨 주실 때 하신 말씀으로 주인인 예수님도 발을 씻겨서 본을 보였으니 종인 제자들도 본을 보여 서로 사랑하고 겸손함으로 봉사하라는 뜻이다.

요한복음 14장		
배 경	곰의 꼬리	
대제목	예수님의 평안	

📖 예수님의 다락방 강화로서 결코 근심하지 말라고 제자들을 위로하신 예수님은 자신을 길이요 진리로 밝히면서 제자들에게 보혜사 성령을 보내 주실 것을 약속하신다.

곰은 꼬리를 만져주면 평안을 느낀다.

1. **예수님의 평안**(27-31)
   - 평안을 너희에게 끼치노니 곧 나의 평안을 너희에게 주노라 내가 너희에게 주는 것은 세상이 주는 것과 같지 아니하니라(27) - 평안을 나타내는 색은 녹색(27)이다.
   곰은 꼬리를 만져주면 평안을 느끼지만 꼬리를 아래에서 **위로** 만져 주어야만 진정한 평안을 얻는다.

2. **제자들을 위로하시다**(1-5) - 너희는 마음에 근심하지 말라 하나님을 믿으니 또 나를 믿으라(1) - 하나님은 숫자로 1이 되며 1이 되는 하나님을 믿으라고 강조하므로 이 구절은 1절이 된다.
   곰의 꼬리가 꼭 길처럼 생겼다.

3. **길이요 진리요 생명이신 예수님**(6-15)
   - 도마가 이르되 주여 주께서 어디로 가시는지 우리가 알지 못하거늘 그 길을 어찌 알겠사옵나이까(5) - 도마의 도가 길 도이므로 '그 길을 어찌 알겠사옵나이까' 라고 말한 사람은 도마가 된다.
   - 내가 곧 길이요 진리요 생명이니 나로 말미암지 않고는 아버지께로 올 자가 없느니라(6) - 아버지=천부(06)이므로 아버지가 나오는 이 구절은 6절이 된다.
   - 빌립이 이르되 주여 아버지를 우리에게 보여 주옵소서(8) - 빌과 보가 ㅂ(비읍)으로 같다.
   - 나를 믿는 자는 내가 하는 일을 그도 할 것이요 또한 그보다 큰일도 하리니(12) - 꼬리가 큰일자 모양 곰의 꼬리를 게가 집게로 물고 있다. 게(**계**)의 등에는 名(**명**)이라 써 있고 ♡(**사랑**) 모양이다.

4. **계명과 사랑**(15-24) - 너희가 나를 **사랑**하면 나의 **계명**을 지키리라(15)
   - 나의 **계명**을 지키는 자라야 나를 **사랑**하는 자니 나를 **사랑**하는 자는 내 아버지께 **사랑**을 받을 것이요 나도 그를 **사랑**하여 그에게 나를 나타내리라(21)
   게의 등에 써 있는 이름 명(名) 자

5. **이름**(13-14) - 내 이름으로 무엇이든지 내게 구하면 내가 - 일사(14)천리로 - 시행하리라(14)
   곰이 엉덩이로 명함을 깔고 앉았는데 명함에는 약속 보험사라고 써 있다. 보험사 → 보혜사

6. **보혜사 성령을 약속하시다**(16-26)
   - 내가 아버지께 구하겠으니 그가 또 다른 보혜사를 너희에게 주사 영원토록 너희와 함께 있게 하리니(16)
   - 그는 진리의 영이라 세상은 능히 그를 받지 못하나니 이는 그를 보지도 못하고 알지도 못함이라 그러나 너희는 그를 아나니 그는 너희와 함께 거하심이요 또 너희 속에 계시겠음이라(17)
   - 내가 너희를 고아와 같이 버려두지 아니하고 너희에게로 오리라(18)
   - 보혜사 곧 아버지께서 내 이름으로 보내실 성령 그가 너희에게 모든 것을 가르치고 내가 너희에게 말한 모든 것을 생각나게 하리라(26) - 명함은 가로와 세로로 되어 있다.

요한복음 15장	
배 경	밧줄 기둥
대제목	포도나무의 비유

📖 본문 역시 유월절 만찬 석상에서 주어진 예수님의 다락방 강화로서 예수님의 '포도나무의 비유'가 언급되었고 제자들에 대한 세상의 미움과 박해가 예언되었다.
묘기자가 그네의 밧줄을 포도나무에 매달아 놓았다.

1. 포도나무의 비유(1-27) - 나는 참 포도나무요 내 아버지는 농부라(1)
   • 나는 포도나무요 너희는 가지라 그가 내 안에, 내가 그 안에 거하면 사람이 열매를 많이 맺나니 나를 떠나서는 너희가 아무것도 할 수 없음이라(5) - 가지가 5자 모양 포도나무에 게가 있는데 게(**계**)의 등에는 名(**명**)이라 써 있고 ♡(**사랑**) 모양이다.

2. 계명과 사랑(10-17) - 내가 아버지의 **계명**을 지켜 그의 **사랑** 안에 거하는 것 같이 너희도 내 **계명**을 지키면 내 **사랑** 안에 거하리라(10)
   • 내 **계명**은 곧 내가 너희를 **사랑**한 것 같이 너희도 서로 **사랑**하라 하는 이것이니라(12)
   게의 등에 써 있는 이름 명(名) 자

3. 이름(16)
   • 너희가 나를 택한 것이 아니요 내가 너희를 택하여 세웠나니 이는 너희로 가서 열매를 맺게 하고 또 너희 열매가 항상 있게 하여 내 이름으로 아버지께 무엇을 구하든지 다 받게 하려 함이라(16)
   숨은그림찾기1 - 포도나무 뒤에서 몰래 머리를 내밀고 기도하는 묘기자를 훔쳐보고 있는 대머리 친구(힌트 : ～～～～～～), 사실 이 친구는 보혜사(절 이름)의 중이다. 중 → 증언

4. 친구(13-15) - 사람이 친구를 위하여 자기 목숨을 버리면 이보다 더 큰 사랑이 없나니(13) - 나에게는 까다로운(13) 친구가 있다.
   • 너희는 내가 명하는 대로 행하면 곧 나의 친구라(14)

5. 보혜사 성령의 증언(26-27)
   • 내가 아버지께로부터 너희에게 보낼 보혜사 곧 아버지께로부터 나오시는 진리의 성령이 오실 때에 그가 나를 증언하실 것이요(26)
   포도알을 분해하면 우측그림과 같다. 참고로 껍질은 과일을 보호해주므로 우리를 보호하시는 예수님이 되고 그 안의 내용물은 우리 성도가, 씨는 말씀이 된다.

6. 너희(b)가 내(a) 안에 거하고 내 말(c)이 너희(b) 안에 거하면 무엇이든지 **원**하는 대로 구하라 그리하면 이루리라(7) - **원**모양의 포도알은 청색(07)
   포도에 '택'이라고 써 있다.

7. 너희가 나를 택한 것이 아니요 내가 너희를 택하여 세웠나니(16) - 택이라 써있는 포도는 거봉(16)
   숨은그림찾기2 - 세상의 미음(미움)

8. 제자들에 대한 세상의 미움(18-27)
   • 세상이 너희를 미워하면 너희보다 먼저 나를 미워한 줄을 알라(18)
   • 나를 미워하는 자는 또 내 아버지를 미워하느니라(23)

미음(입쌀이나 좁쌀을 푹 끓이어 체에 걸러낸 걸쭉한 음식)
세상(세 개의 상)

요한복음 16장		
배 경	밧줄	
대제목	내가 세상을 이기었노라	

📖 　본문은 다락방 강화의 결론 부분으로서 예수님은 성령을 보내 주겠다는 약속을 거듭 상기시키면서 성령의 역할을 소개하였다. 더불어 담대한 신앙을 갖도록 격려하셨다.

이 밧줄은 세상의 어떤 것도 이길 수 있는 가장 단단한 밧줄이다.

1. <mark>내가 세상을 이기었노라</mark>(25-33)
   - 내가 아버지께로 나와 <mark>세상</mark>에 왔고 다시 <mark>세상</mark>을 떠나 <u>아버지</u>께로 가노라 하시니(28)
   - 이것을 너희에게 이르는 것은 너희로 내 안에서 <u>평안</u>을 누리게 하려 함이라 <mark>세상</mark>에서는 너희가 <u>환난</u>을 당하나 담대하라 내가 <mark>세상</mark>을 이기었노라(33) - 담대(33)하라에 힘을 주고 읽을 것.
   이 밧줄은 유사시 채찍으로도 사용되므로 **밧**줄은 '**박**해에 대한 경고'가 된다.

2. <mark>박해에 대한 경고</mark>(1-4)
   - 사람들이 너희를 출교할 뿐 아니라 때가 이르면 무릇 너희를 죽이는 자가 생각하기를 이것이 하나님을 섬기는 <u>일</u>이라 하리라(1-2) - 4번 '보혜사 성령이 하시는 일' 참조.
   밧줄을 타는 것은 위험하기 때문에 보험에 들어야 한다. 따라서 보험사직원이 홍보하려고 자기 이름(名)과 ○○보험사 란 글자를 밧줄에 써 놓았다.　보험사 → 보혜사

3. <mark>이름</mark>(23-24) - 지금까지는 너희가 내 <u>이름</u>으로 아무 것도 구하지 아니하였으나 구하라 그리하면 받으리니 너희 기쁨이 <u>충만</u>하리라(24) - 이름이 써 있는 이 밧줄은 노란색(24)이다.
   ※ 요 14장, 15장, 16장의 소제목 '이름'에 나오는 중요요절을 구분하는 법 - 14장은 곰이 깔고 앉은 명함이 시험(→시행)지 같으므로 '내 이름으로 무엇이든지 내게 구하면 내가 **시행**하리라'가 되며 15장은 이름이 써 있는 게가 아버지 게이므로(14장은 아들 게) '내 이름으로 **아버지**께 무엇을 구하든지 다 받게 하려 함이라'가 된다. 16장은 이름이 써 있는 밧줄이 팽팽(충만)하므로 '지금까지는 너희가 내 이름으로 아무것도 구하지 아니하였으나 구하라 그리하면 받으리니 너희 기쁨이 **충만**하리라'가 된다.
   밧줄에 ○○보험사라고 **일**렬로 쭉 써 놓았기 때문에 '보혜사 성령이 하시는 **일**'이 된다.

4. <mark>보혜사 성령이 하시는 일</mark>(5-24)
   - 그러나 내가 너희에게 실상을 말하노니 내가 떠나가는 것이 너희에게 유익이라 내가 떠나가지 아니하면 <u>보혜사</u>가 너희에게로 오시지 아니할 것이요 가면 내가 그를 너희에게로 보내리니(7)
   - 그가 와서 <u>죄</u>에 대하여, <u>의</u>에 대하여, <u>심판</u>에 대하여 세상을 책망하시리라(8)
   - <u>죄</u>에 대하여라 함은 그들이 나를 믿지 아니함이요 <u>의</u>에 대하여라 함은 내가 아버지께로 가니 너희가 다시 나를 보지 못함이요 <u>심판</u>에 대하여라 함은 이 세상 임금이 심판을 받았음이라(9-11)
   - <u>진리</u>의 성령이 오시면 그가 너희를 모든 진리 가운데로 인도하시리니 그가 스스로 말하지 않고 오직 들은 것을 말하며 장래 일을 너희에게 **알리시리라** 그가 내 영광을 나타내리니 내 것을 가지고 너희에게 **알리시겠음이라**(13-14) - ○○보험사 란 글자를 밧줄에 써놓은 것은 홍보하기(알리기) 위함이다.
   - 지금은 너희가 <u>근심</u>하나 내가 다시 너희를 보리니 너희 마음이 기쁠 것이요 너희 <u>기쁨</u>을 빼앗을 자가 없으리라(22)

요한복음 17장		
배 경	묘기자의 팔	
대제목	제자들을 위한 예수님의 기도	

📖 본문은 중보자로서 예수님이 성부 하나님께 드린 기도로 주님 자신을 위한 기도와 제자들을 위한 중보기도 및 세상 모든 교회를 위한 중보기도로 구성되었다.

묘기자가 묘기에 앞서 묘기를 잘해낼 수 있도록 도와달라고 기도하고 있다. 참고로 17장은 예수님이 대제사장으로서 하나님과 인간을 중보하는 기도라 하여 '대제사장의 기도'라 불리며 대제사장의 기도는 3부분으로 되어 있다.

1. <u>자신을 위한 예수님의 기도</u>(1-5)
   - 예수께서 이 말씀을 하시고 눈을 들어 하늘을 우러러 이르시되 아버지여 때가 이르렀사오니 아들을 <u>영화</u>롭게 하사 아들로 아버지를 <u>영화</u>롭게 하게 하옵소서 아버지께서 아들에게 주신 모든 사람에게 영생을 주게 하시려고 만민을 다스리는 권세를 아들에게 주셨음이로소이다 영생은 곧 유일하신 참 하나님과 그가 보내신 자 예수 그리스도를 아는 것이니이다 아버지께서 내게 하라고 주신 일을 내가 이루어 아버지를 이 세상에서 영화롭게 하였사오니 아버지여 <u>창세</u> 전에 내가 아버지와 함께 가졌던 영화로써 지금도 아버지와 함께 나를 영화롭게 하옵소서(1-5)

2. <u>제자들을 위한 예수님의 기도</u>(6-19)
   - 내가 <u>그들</u>(제자들)을 위하여 비옵나니 내가 비옵는 것은 세상을 위함이 아니요 내게 주신 자들을 위함이니이다 <u>그들</u>은 아버지의 것이로소이다(9)
   - 나는 세상에 더 있지 아니하오나 <u>그들</u>은 세상에 있사옵고 나는 아버지께로 가옵나니 거룩하신 아버지여 내게 주신 아버지의 이름으로 그들을 보전하사 우리와 같이 <u>그들</u>도 <u>하나</u>가 되게 하옵소서(11)
   - <u>그들</u>(제자들)을 <u>진리</u>로 거룩하게 하옵소서 아버지의 말씀은 <u>진리</u>니이다(17) - 17차(茶)를 마시면 우리가 진리로 거룩하여 진다.

3. <u>현재와 미래의 모든 신자들을 위한 예수님의 기도</u>(20-26) = 교회를 위한 예수님의 기도
   - 내가 비옵는 것은 이 사람들만 위함이 아니요 또 그들의 말로 말미암아 나를 믿는 사람들도 위함이니 아버지여, 아버지께서 내 안에, 내가 아버지 안에 있는 것 같이 그들도 다 <u>하나</u>가 되어 우리 안에 있게 하사 세상으로 아버지께서 나를 보내신 것을 믿게 하옵소서 내게 주신 영광을 내가 그들에게 주었사오니 이는 우리가 <u>하나</u>가 된 것 같이 그들도 <u>하나</u>가 되게 하려 함이니이다 곧 내가 그들 안에 있고 아버지께서 내 안에 계시어 그들로 <u>온전함</u>을 이루어 <u>하나</u>가 되게 하려 함은 아버지께서 나를 보내신 것과 또 나를 사랑하심 같이 그들도 사랑하신 것을 세상으로 알게 하려 함이로소이다~ <u>의로우신</u> 아버지여 세상이 아버지를 알지 못하여도 나는 아버지를 알았사옵고 그들도 아버지께서 나를 보내신 줄 알았사옵나이다(20-23)

   기도하는 손을 자세히 보면 손안의 모양은 둥글므로 영생이 되며 왼손은 하나님, 오른손은 예수님이라 가정한다.

   왼손 (하나님) 오른손 (예수님)

4. **영생**은 곧 유일하신 참 **하나님**과 그가 보내신 자 **예수** 그리스도를 아는 것이니라(3) - 하나님과 예수님은 3위 일체이신 하나님이시므로 이 구절은 3절이 된다.

	요한복음 18장	
배 경	묘기자의 머리	
대제목	베드로의 부인	

📖 다락방 강화를 마친 예수님이 제자에게 배반당하고 군사에게 체포당하여 대제사장과 로마 총독에게서 심문 당하시는 과정이 소개된다. 더불어 베드로의 부인 장면도 등장한다. 묘기자가 머리를 좌우로 흔들며 예수님을 부인하고 있다.

1. 베드로의 부인(15-18, 25-27) - 마 26장, 막 14장, 눅 22장
   예수님을 부인함으로 양심의 가책을 받아 **빌**   **가**   **말가** 망설이고 있다(손을 유심
                                        빌라도법정   가야바의 심문   말고
   히 볼 것). 그래서 묘기자의 얼굴이 울상이 되어 있는 것이다.

2. 빌라도 법정(28-40, 19:1-16) - 마 27장, 막 15장, 눅 23장, 요 18장
   • 그들이 예수를 가야바에게서 관정으로 끌고 가니 새벽이라 그들은 더럽힘을 받지 아니하고 유월절 잔치를 먹고자 하여 관정에 들어가지 아니하더라 그러므로 빌라도가 밖으로 나가서 그들에게 말하되 너희가 무슨 일로 이 사람을 고발하느냐 대답하여 이르되 이 사람이 행악자가 아니었더라면 우리가 당신에게 넘기지 아니하였겠나이다 빌라도가 이르되 너희가 그를 데려다가 너희 법대로 재판하라 유대인들이 이르되 우리에게는 사람을 죽이는 권한이 없나이다 하니 이는 예수께서 자기가 어떠한 죽음으로 죽을 것을 가리켜 하신 말씀을 응하게 하려 함이러라 이에 빌라도가 다시 관정에 들어가 예수를 불러 이르되 네가 유대인의 왕이냐 예수께서 대답하시되 이는 네가 스스로 하는 말이냐 다른 사람들이 나에 대하여 네게 한 말이냐 빌라도가 대답하되 내가 유대인이냐 네 나라 사람과 대제사장 들이 너를 내게 넘겼으니 네가 무엇을 하였느냐 예수께서 대답하시되 **내 나라는 이 세상에 속한 것 이 아니니라 만일 내 나라가 이 세상에 속한 것이었더라면 내 종들이 싸워 나로 유대인들에게 넘겨지 지 않게 하였으리라 이제 내 나라는 여기에 속한 것이 아니니라**(이 말씀은 예수님이 빌라도에게 하 신 말씀으로 요한복음에만 나온다) 빌라도가 이르되 그러면 네가 왕이 아니냐 예수께서 대답하시되 네 말과 같이 내가 왕이니라 내가 이를 위하여 태어났으며 이를 위하여 세상에 왔나니 곧 진리에 대 하여 증거하려 함이로라 무릇 진리에 속한 자는 내 음성을 듣느니라 하신대 빌라도가 이르되 진리가 무엇이냐 하더라~ 유대인들에 나가서 이르되 나는 그에게서 아무 죄도 찾지 못하였노라(28-38)
   ※ 빌라도는 예수님의 무죄 선언을 3차례 했다 - 요 18:38, 19:4, 19:6

3. 대제사장 가야바의 심문(19-24) - 마 26장, 막 14장, 눅 22장
   ※ 요한복음에서는 예수님을 대제사장 가야바에게 데려가기 전에 먼저 가야바의 장인 안나스(전임 대 제사장)에게 데려갔다가 가야바에게 데려갔다고 나온다. 안나스 → 가야바 → 빌라도

4. 베드로와 말고(1-14) = 예수님의 체포 - 마 26장, 막 14장, 눅 22장
   • **유다**가 군대와 대제사장들과 바리새인들에게서 얻은 아랫사람들을 데리고 등과 횃불과 무기를 가 지고 그리로 오는지라(3) - 말고가 나오는 곳에 가룟 유다도 같이 나온다.
   • 이에 시몬 베드로가 칼을 가졌는데 그것을 빼어 대제사장의 종을 쳐서 오른쪽 귀를 베어버리니 그 종의 이름은 말고라 예수께서 베드로더러 이르시되 칼을 칼집에 꽂으라 아버지께서 주신 잔을 내가 마시지 아니하겠느냐 하시니라(10-11)

요한복음 19장	
배 경 묘기자의 옆구리	
대제목 창으로 옆구리를 찔리신 예수님	

📖 로마 총독 빌라도에게서 사형 선고를 받은 예수님이 골고다 언덕에서 십자가에 못 박혀 죽으시고 그 시신이 아리마대 사람 요셉의 무덤에 장사되는 과정이 묘사된 부분이다. 묘기자가 예수님을 부인하자 관중석에서 창이 날아와 묘기자의 옆구리에 꽂힌다.

1. 창으로 옆구리를 찔리신 예수님(31-37) - 슥 12:10절 예언 성취
   - 이 날은 준비일(안식일 전날 즉 금요일)이라 유대인들은 그 안식일이 큰 날이므로 그 안식일에 시체들을 십자가에 두지 아니하려 하여 빌라도에게 그들의 다리를 꺾어 시체를 치워 달라 하니 군인들이 가서 예수와 함께 못 박힌 첫째 사람과 또 그 다른 사람의 다리를 꺾고 예수께 이르러서는 이미 죽으신 것을 보고 다리를 꺾지 아니하고 그 중 한 군인이 창으로 옆구리를 찌르니 곧 피와 물이 나오더라~ 이 일이 일어난 것은 그 뼈가 하나도 꺾이지 아니하리라 한 성경을 응하게 하려 함이라(31-36) 묘기자의 옆구리에 꽂힌 창은 **뼈**를 관통했고 묘기자는 **피와 물**을 **다** 쏟고 말았다. 물을 다 쏟았으므로 목이 마를 수밖에 없다.   다 → 다 이루었다

2. 내가 목마르다 하시니(28)

3. 예수께서~ 이르시되 **다 이루었다** 하시고 머리를 숙이니 영혼이 떠나가시니라(30)

4. 그 중 한 군인이 창으로 옆구리를 찌르니 곧 피와 물이 나오더라(34)

5. 이 일이 일어난 것은 그 뼈가 하나도 꺾이지 아니하리라 한 성경을 응하게 하려 함이라(36, 시 34:20) 창자루에 母子라고 새겨져 있다.   母子 → 어머니와 아들

6. 예수님의 제자와 어머니(25-27)
   - 예수께서 자기의 어머니와 사랑하시는 제자가 곁에 서 있는 것을 보시고 자기 어머니께 말씀하시되 여자여 보소서 아들이니이다 하시고 또 그 제자에게 이르시되 보라 네 어머니라 하신대 그 때부터 그 제자가 자기 집에 모시니라(26-27) 창자루 끝의 십자가 표시, 참고로 요한복음에는 수난예고가 나오지 않는다.

7. 십자가 대속(17-37) - 마 27장, 막 15장, 눅 23장, 요 19장
   - 군인들이~ 속옷도 취하니 이 속옷은 호지 아니하고 위에서부터 통으로 짠 것이라(23, 시 22:18)
   - 사람들이 신 포도주를 적신 해면을 우슬초에 매어 예수의 입에 대니(29, 시 69:21)
   ※ 요한복음에서 예수님의 십자가 죄패의 내용 - 나사렛 예수 유대인의 왕(빌라도가 직접 기록) 창자루 끝이 무덤처럼 생겼다.

8. 무덤에 묻히신 예수님(38-42) - 마 27장, 막 15장, 눅 23장, 요 19장
   - 아리마대 요셉은 시체를 가져갔고 니고데모는 몰약과 침향 섞은 것을 백 리트라쯤 가지고 온다(38-39)
   ※ **가상 7언**(예수님이 십자가 위에서 하신 말씀) : 마 27장, 막 15장 - ① 엘리 엘리 라마 사박다니 눅 23장 - ② 아버지 저들을 사하여 주옵소서 자기들이 하는 것을 알지 못함이니이다 ③ 오늘 네가 나와 함께 낙원에 있으리라 ④ 아버지 내 영혼을 아버지 손에 부탁하나이다 요 19장 - ⑤ 여자여 보소서 아들이니이다, 보라 네 어머니라 ⑥ 내가 목마르다 ⑦ 다 이루었다

요한복음 20장	
배 경	묘기자의 허리
대제목	의심 많은 도마

📖 본문은 예수님의 부활에 관한 내용이다. 부활하신 예수님은 막달라 마리아와 제자들에게 나타나셨다. 그러나 도마는 예수님의 상처를 직접 확인하고서야 믿음을 고백한다.

묘기자의 허리를 도마뱀이 빙빙 감고 재주를 부리고 있다.

1. <mark>의심 많은 도마</mark>(24-29) - 도마에게 이르시되 네 손가락을 이리 내밀어 내 손을 보고 네 손을 내밀어 내 옆구리에 넣어보라 그리하고 믿음 없는 자가 되지 말고 믿는 자가 되라 도마가 대답하여 이르되 **나의 주님이시요 나의 하나님**이시니이다 예수께서 이르시되 너는 나를 본 고로 믿느냐 보지 못하고 믿는 자들은 복되도다 하시니라(27-29) - 도마의 또 다른 이름은 디두모(24)

   도마뱀의 눈 - 도마뱀의 눈(目, 눈 **목**)은 **쩍**색이다.

2. <mark>이 책을 쓴 목적</mark>(30-31)
   - 오직 이것을 기록함은 너희로 예수께서 <u>하나님의 아들 그리스도</u>이심을 믿게 하려 함이요 또 너희로 믿고 그 이름을 힘입어 <u>생명</u>을 얻게 하려 함이니라(31) - **쩍**색인 도마뱀의 눈(**목**)은 도끼눈(31)이므로 이 책을 쓴 **목적**이 나오는 구절은 31절이 된다.

   도마뱀의 꼬리 - 도마뱀은 꼬리가 잘린 후 잘린 부분에서 다시 꼬리가 자라므로 부활이 된다.

3. <mark>부활</mark>(1-10) - 마 28장, 막 16장, 눅 24장, 요 20장
   ※ 돌이 무덤에서 옮겨졌다는 막달라 마리아의 말을 듣고 무덤으로 달려간 사람 - 베드로와 요한

   도마뱀의 꼬리에 $(달라) 모양의 무늬가 있어 특이하다. $(달라) → 막**달라** 마리아

4. <mark>막달라 마리아에게 나타나시다</mark>(11-18) - 막 16장
   - 예수께서 <u>마리아</u>야 하시거늘 마리아가 돌이켜 히브리 말로 <u>랍오니</u> 하니(이는 <u>선생님</u>이라는 말이라) 예수께서 이르시되 나를 붙들지 말라 내가 아직 아버지께로 올라가지 아니하였노라 너는 내 형제들에게 가서 이르되 내가 내 아버지 곧 너희 아버지, 내 하나님 곧 너희 하나님께로 올라간다 하라 하시니 막달라 마리아가 가서 제자들에게 내가 주를 보았다 하고 또 주께서 자기에게 이렇게 말씀하셨다 이르니라(16-18)

   도마뱀의 입 - 도마뱀이 입으로 제자 제(弟) 자를 물고 있다.

5. <mark>제자들에게 나타나시다</mark>(19-23) - 막 16장
   - 안식 후 첫날 <u>저녁</u> 때에 제자들이 유대인들을 두려워하여 모인 곳의 문들을 닫았더니 예수께서 오사 가운데 서서 이르시되 **너희에게 평강이 있을지어다**(총 3번 나옴) 이 말씀을 하시고 손과 옆구리를 보이시니 제자들이 주를 보고 기뻐하더라 예수께서 또 이르시되 너희에게 평강이 있을지어다 아버지께서 나를 보내신 것 같이 나도 너희를 보내노라 이 말씀을 하시고 **그들을 향하사 숨을 내쉬며 이르시되 성령을 받으라**(이 말은 앞으로 예수님의 제자들이 성령의 능력을 힘입고 사역하게 될 것을 말하며 입으로 숨을 내쉬었으므로 도마뱀의 입이 나오는 요 20장에 나온다) 너희가 누구의 죄든지 사하면 사하여질 것이요 누구의 죄든지 그대로 두면 그대로 있으리라 하시니라(19-23)

   도마뱀의 머리 부분이 자동차의 본네트 같다.

6. 아버지께서 나를 <u>보내</u>신 것 같이 나도 너희를 <u>보내</u>노라(21)

요한복음 21장		
배 경	그네	
대제목	네가 나를 사랑하느냐	153 네가 나를 사랑하느냐

📖 부활하신 예수님은 디베랴(갈릴리) 호수로 제자들을 찾아가신다. 거기서 예수님은 자신을 부인한 시몬 베드로에게 "내 양을 먹이라"고 하시면서 새로운 사명감을 부여해 주신다. 그네에는 '네가 나를 사랑하느냐' 라고 써 있다.

1. 네가 나를 사랑하느냐(15-25) - 그들이 조반 먹은 후에 예수께서 시몬 베드로에게 이르시되 <u>요한</u>의 아들 시몬아 네가 이 사람들보다 나를 더 사랑하느냐 하시니 이르되 주님 그러하나이다 내가 주님을 사랑하는 줄 주님께서 아시나이다 이르시되 내 <u>어린 양</u>을 먹이라 하시고 또 2번째 이르시되 요한의 아들 시몬아 네가 나를 사랑하느냐 하시니 이르되 주님 그러하나이다 내가 주님을 사랑하는 줄 주님께서 아시나이다 이르시되 내 <u>양</u>을 <u>치라</u> 하시고 3번째 이르시되 요한의 아들 시몬아 네가 나를 사랑하느냐 하시니 주께서 세 번째 네가 나를 사랑하느냐 하시므로 베드로가 근심하여 이르되 주님 모든 것을 아시오매 내가 주님을 사랑하는 줄을 주님께서 아시나이다 예수께서 이르시되 내 <u>양</u>을 먹이라(15-17)

   ※ 베드로에게 말씀하신 순서는 어린 양 → 양(청년 양) → 양(성숙한 양)이고 먹이라 → 치라 → 먹이라 주님이 질문한 사랑은 첫째와 둘째가 아가페, 셋째는 필레오이고 베드로가 대답한 사랑은 필레오이다. 그네에는 153이란 숫자가 써 있다.

2. 153(1-14) = 어획의 기적 = 7제자에게 나타나시다

   • 시몬 베드로와 디두모라 하는 도마와 갈릴리 가나 사람 나다나엘과 세베대의 아들들과 또 다른 제자 둘이 함께 있더니 시몬 베드로가 나는 물고기 잡으러 가노라 하니 그들이 우리도 함께 가겠다 하고 나가서 배에 올랐으나 그 날 밤에 아무 것도 잡지 못하였더니~ 예수께서~ 이르시되 그물을 배 <u>오른편</u>에 던지라 그리하면 잡으리라 하시니 이에 던졌더니 물고기가 많아 그물을 들수 없더라 예수께서 사랑하시는 그 제자가 베드로에게 이르되 주님이시라 하니 시몬 베드로가 벗고 있다가 주님이라 하는 말을 듣고 <u>겉옷</u>을 두른 후에 바다로 뛰어 내리더라 다른 제자들은 육지에서 거리가 불과 한 <u>50</u>칸쯤 되므로 작은 <u>배</u>를 타고 물고기 든 그물을 끌고 와서 육지에 올라보니 숯불이 있는데 그 위에 <u>생선</u>이 놓였고 떡도 있더라 예수께서 이르시되 지금 잡은 생선을 좀 가져오라 하시니 시몬 베드로가 올라가서 그물을 육지에 끌어 올리니 가득히 찬 큰 고기가 <u>153</u>마리라 이같이 많으나 그물이 찢어지지 아니하였더라(2-11)

   ※ 눅 5장에서는 153마리보다 많은 큰 물고기 떼이므로 그물이 찢어졌다고 나오며 눅 5장은 깊은 데로 그물을 던졌고 요 21장은 오른편에 던졌다고 나온다(153이 오른편에 써 있다고 생각하자).

   ※ 153마리의 물고기를 잡았을 때가 예수님이 부활하신 후 **3**번째로 제자들에게 나타나셨을 때이다.

   • 첫 번째 나타나심(요 20:19) - 안식 후 첫날 저녁 제자들이 모였을 때
   • 두 번째 나타나심(요 20:26) - 도마가 있을 때
   153마리의 물고기로 어죽을 만들었다. 어죽 → **어**떻게 **죽**을 것을

3. 베드로가 어떻게 죽을 것을 말씀하시다(18-25) - 네가 젊어서는 스스로 띠 띠고 원하는 곳으로 다녔거니와 늙어서는 네 팔을 벌리리니 남이 네게 띠 띠우고 원하지 아니하는 곳으로 데려가리라(18)

   ※ **마지막 구절** - 만일 낱낱이 기록된다면 이 <u>세상</u>이라도 이 기록된 <u>책</u>을 두기에 부족한 줄 아노라(25)

□ 공생애를 기준으로 본 예수님의 행적 □

공생애(1년) - 예수님이 요단강에서 세례 받으시는 것으로 시작한다.
혼인잔치에 가려면 우선 요단강에서 몸을 다섯 번 씻고(세례) 가야한다.

유대지경 에서 **세례 받으시고**(마 3:13-17, 막 1:9-11, 눅 3:21-22) **다섯 제자**(요 1:35-51)를 데리고

갈릴리 로 내려가셔서 **가나의 혼인잔치**(요 2:1-12)에 참석하심 - 첫 번째 기적
혼인잔치가 끝나면 신혼여행을 가버리므로 **가버나움을 방문하심**(요 2:12).
첫 날밤(첫 유월절)을 보내기 위해서는 신랑과 신부가 몸을 깨끗이 씻어야 한다(정화).

예루살렘 첫 유월절을 지내시기 위해 예루살렘에 올라오셔서 **첫 번째 성전정화**(요 2:13-18) 하심.
유월절① 신혼여행을 다녀온 후에는 어른들께 인사를 가야하므로 제일 먼저 고모(니고데모) 집을 방문했다.
니고데모가 예수님을 방문함(요 3 :1-15)
고모는 본래 사마리아 여인이다.

사마리아 **우물가의 사마리아 여인**(요 4:1-42)
그런데 사마리아 여인들은 왕의 신하의 아들들을 1등 신랑감으로 꼽는다.

갈릴리 **가나에서 왕의 신하의 아들 고치심**(요 4:43-54) - 두 번째 기적

공생애(2년) - 고향에서 첫 번째 배척당하시는 것으로 시작한다.
신혼여행을 다녀온 후 가장 먼저 고향(나사렛)에 인사하지 않고 고모 집 먼저 다녀왔다고
고향에서 배척당한다.

갈릴리 **고향에서 첫 번째 배척당하심**(눅 4:16-30)
따라서 나사럿던 고향 나사렛에서 가버나움으로 이사를 가버렸다.
가버나움으로 이사하심(마 4:12-16) - 이때부터 비로소 갈릴리사역을 시작하신다.
이사하려면 이삿짐을 옮길 일꾼이 필요하므로 4제자를 부르신다(이사할 때는 보통 4명이 온다).
4제자 부르심(마 4:18-22, 막 1:16-20, 눅 5:1-11)
4제자가 장을 옮기다 실수로 문풍지를 찢고 말았다. 장 → 장모, 문 → 문둥병, 풍 → 중풍
베드로의 장모 열병 고치심(마 8:14-15, 막 1:29-31, 눅 4:38-39)
문둥병(나병)을 고치심(마 8:1-4, 막 1:40-45, 눅 5:12-15)
중풍병자를 고치심(마 9:1-8, 막 2:1-12, 눅 5:16-26)
이삿짐을 나르다보니 4제자로는 부족해서 세리 마태를 부르셨다.
세리 마태를 부르심(마 9:9-13, 막 2:13-17, 눅 5:27-32)

예루살렘 직업이 세리인 마태가 동전을 많이 만지다보니 피부병이 생겨서 치료차 세리 마태를 데리
유월절② 시고 예루살렘에 있는 38년이나 된 유명한 베데스다 온천에 가신다.
38년 된 베데스다 못가의 병자 고치심(요 5:1-16)

※ 두 번째 유월절에는 세리 마태의 피부병으로 간 것이기 때문에 잠시만 예루살렘에 머무신다.
세리 마태로도 부족하자 나머지 12제자를 다 부르신다.

갈릴리 **12제자를 임명하심**(마 10:1, 막 3:13-19, 눅 6:12-16)
12제자를 임명하시면서 일장 연설을 하시는데 이것이 그 유명한 **산상수훈**(마 5장-7장)이다.
이때 산상수훈은 모두 비유로만 말씀하셨으며(비유하면 비유의 장인 **마태복음 13장**이 된다)
비유로만 말씀하시므로 귀에 들어오지 않아 지루해진 제자들이 묵찌빠를 하며 시간을 때운다.
묵찌빠는 발음이 눅칠팔과 발음이 비슷하므로 **누가복음 7-8장**이 된다. 따라서 산상수훈 이후
의 사건은 마태복음 13장과 누가복음 7-8장을 써주면 된다. 순서는 누가복음 7장 → 마태복

음 13장 → 누가복음 8장으로, 마태복음 13장이 누가복음 7장과 8장 사이에 들어가면 된다.

- 백부장의 하인을 고치심, 나인성 과부의 아들을 살리심, 세례 요한의 질문, 세례 요한에 대한 예수님의 증언, 피리 부는 아이, 예수님께 향유를 부은 여인, 두 채무자 비유, 심전 비유, 가라지 비유, 겨자씨 비유, 누룩 비유, 밭에 감추인 보물 비유, 값진 진주 비유, 그물과 물고기 비유, 풍랑을 잠잠하게 하심, 거라사 지방의 귀신들린 자를 고치심, 혈루증을 앓는 여인 고치심, 야이로의 딸을 살리심.

공생애(3년) – 고향에서 두 번째 배척당하시는 것으로 시작한다.

산상수훈을 베풀고 하산하시면서 "나에게는 이렇게 멋진 12제자가 있다" 는 것을 제일 먼저 고향사람들에게 보여 주고 싶어서 고향에 12제자를 파송했으나 또 배척당하고 만다.

<u>갈릴리</u>   **고향에서 두 번째 배척당하심**(마 13:53-58, 막 6:1-6)

12제자를 파송하심(마 10:5-42, 막 6:7-13, 눅 9:1-6)

12제자를 파송하는 곳마다 5000명씩, 4000명씩 변화되는 기적이 일어나자 더 많은 제자들 즉 70인의 제자를 파송하신다.

유월절③ →   **5000명을 먹이신 기적**(마 14:15-21, 막 6:35-44, 눅 9:12-17)

4000명을 먹이신 기적(마 15:32-38, 막 8:1-9)

변화산(마 17:1-13, 막 9:2-13, 눅 9:28-36)

70인의 제자 파송(눅 10:1-16) - 베레아 지방으로 파송

70인의 제자들은 수가 너무 많아서 경비를 아끼려면 초막에서 자야하고 수전노가 되어야 한다.

<u>예루살렘</u>   **초막절에 예루살렘으로 올라가시다**(요 7:10-52)

수전절에 성전에서 가르치시다(요 10:19-39) - 목자와 양에 대한 설교

※ 5병2어의 기적으로 5000명을 먹이시느라 바빠서 세 번째 유월절(5병2어에서 5-2=3은 유월절③이 된다)이 다가왔으나(요 6:1-6) 예루살렘에 가지 못하고 갈릴리에 머무신다.

마지막 몇 달 간의 사역 – 나사로를 살리시는 것으로 시작한다.

예루살렘의 베다니 나사로를 살리신 후(요 11:1-46) 3개월간 베레아에 가셨다가 3개월 후 베레아에서 여리고를 거쳐(이때 삭개오를 만나신다. 눅 19:1-10) 다시 베다니에 들어오신다. 이때에 향유 사건이 일어났으며 그 다음날(주일) 고난을 받기 위해 예루살렘에 입성하신다.

나사로를 살리심(요 11:1-16, 38-44)

베레아 전도여행(마 19-20장, 막 10장, 눅 13-18장) - 3개월

※ 베레아 전도여행의 순서는 누가복음 13-18장 → 마태복음 19-20장, 마가복음 10장의 순이다(베레아 전도에 대해서는 성경기억법 마가복음 10장에서 설명했다).

① 누가복음 13-18장

18년 동안 허리가 굽은 여자 고치심, 좁은 문, 고창병자 고치심, 상좌에 앉은 자에 대한 비유, 큰 잔치 비유, 예수님의 제자가 되는 길, 비용을 예산하는 자의 비유(탑 쌓기, 지각없는 왕의 전쟁준비), 잃은 양의 비유, 잃어버린 동전의 비유, 탕자의 비유, 불의한 청지기의 비유, 부자와 거지 나사로, 종의 의무, 주님의 재림에 대하여, 과부와 불의한 재판관의 비유, 바리새인과 세리의 기도

② 마태복음 19-20장, 마가복음 10장

이혼에 대한 말씀, 어린아이 축복하심, 부자청년, 포도원의 품꾼들, 3차 수난예고, 두 맹인 고치심

삭개오(눅 19:1-10) - 장소 : 여리고

향유(마 26:6-13, 막 14:3-9, 요 12:1-11) - 마지막 예루살렘 입성 하루 전(토요일)

마지막 한 주간 – 나귀새끼 타고 예루살렘에 입성하시는 것으로 시작한다.

예루살렘
유월절④ 마태복음 21-25장, 마가복음 11-13장(예루살렘 입성부터 최후의 만찬 전장까지)은 고난주간의 처음 3일(일, 월, 화)을 다루고 있는데 예수님이 예루살렘에 입성하신 날은 고난주간의 첫 날인 주일이고 저주받은 무화과나무와 성전정화가 월요일, 그 나머지는 다 화요일이다.

* 마지막 한 주간 순서 외우는 방법 : 예루살렘 입성하신 후(주일) 먼 길을 오시느라 피곤하시므로 주무시고 다음날 시장하셔서 무화과나무의 열매를 드시려 하셨으나 열매가 없자 무화과나무를 저주하시고(월) 곧바로 그 화풀이로 성전에서 매매하는 상인들을 쫓아내신다(월) 곧바로가 저주받은 무화과나무와 성전정화가 같은 날에 이루어졌다는 것을 말해준다.
나귀새끼 타고 예루살렘 입성하심(마 21:1-11, 막 11:1-11, 눅 19:28-40, 요 12:12-19) - 주일
저주받은 무화과나무(마 21:18-22, 막 11:12-14,20-25) - 월요일
성전정화(마 21:12-17, 막 11:15-18, 눅 19: 45-46) - 월요일
대환난에 대한 예언(마 24:1-14, 막 13:1-13, 눅 21:5-19) - 화요일
서기관들과 바리새인들의 위선을 책망하심(마 23:1-36, 눅 11:37-52) - 화요일
(암기방법) 화요일은 화가 미치는 날이므로 대환난에 대해 예언하시며 화요일은 화를 내는 날이므로 서기관들과 바리새인들에게 화를 내시면서 그들의 위선을 책망하시고 7가지 화를 선포하신다.

* 그 외 화요일의 사건들 – 예수님의 권세, 두 아들, 악한 농부, 왕의 혼인잔치, 납세 문제, 부활에 관한 논쟁, 큰 계명, 다윗의 자손, 가난한 과부의 헌금, 무화과나무의 비유, 충성된 종과 악한 종, 열 처녀비유, 달란트 비유, 양과 염소의 비유,
예수님을 죽일 음모(마 21:1-5, 막 14:1-2,눅 22:1-2) - 수요일
(암기방법) 수요일은 수(묘수)를 내는 날이므로 예수님을 죽을 음모(묘수)가 된다.
최후의 만찬(마 26:17-30, 막 14:12-26, 눅 22:7-23, 요 13:1-38) - 목요일
(암기방법) 목요일은 목에 때 베끼는 날이므로 최후의 만찬이 된다.
십자가 대속(마 27:27-56, 막 15:16-41, 눅 23:26-49, 요 19:17-24) - 성 금요일
부활(마 28:1-10, 막 16:1-8, 눅 24:1-12, 요 20:1-10) - 주일

부 록 5000명을 먹이신 기적(오병이어의 기적)과 4000명을 먹이신 기적 사이에 있는 예수님의 행적을 알아보자. 오징어는 오병이어가 되므로 오징어를 이용한다.
오징어(오병이어의 기적)가 먹물이 떨어져서 먹물을 채워 넣으려고 바다 위를 걸어서 유전이 있는 곳으로 가서 유전에 연결된 수도꼭지(수로보니게)를 틀고 4000명이 사용할 먹물을 보충하고 있다.
5000명을 먹이신 기적(마 14:15-21, 막 6:35-44, 눅 9:12-17) - 벳새다
바다 위를 걸으심(마 14:22-33, 막 6:45-52, 요 6:16-21) - 갈릴리 바다
장로들의 유전(마 15:1-20, 막 7:1-23)
수로보니게 가나안 여인의 딸을 고치심(마 15:21-28, 막 7:25-30) - 두로와 시돈
4000명을 먹이신 기적(마 15:32-38, 막 8:1-9) - 데가볼리

* 4000명을 먹이신 사건(7병이어)이후의 사역(마가복음 8장 8번 예수님의 이동경로 참조)
달마누다(마가단)에서 바리새인들이 표적을 요구함(마 16:1-4, 막 8:11-13, 눅 11:29-30)
벳새다의 소경을 고치심(막 8:22-26)
베드로의 신앙고백(마 16:13-20, 막 8:27-29, 눅 9:18-21) - 가이사랴 빌립보

사도행전 28장

* **배경** : 사도행전은 사또행전으로 바꾼다. 사또행전은 동헌·사또와 춘향이·춘향이 집 이렇게 3개가 배경이 되며 각각 9장씩 27장으로 하고 나머지 1개는 별도로 해서 총 28장으로 한다.
* **사도행전의 기도시간과 사건** :
  ① 제 3시 - 오순절 성령강림(오순절의 순이 삼과 비슷하다) - 행 2장
  ② 제 6시 - 베드로의 동물보자기 환상(베드로가 보자기에 있는 부정한 동물들을 보고 혐오스러운 나머지 욕을 한다. 이런 육시랄) - 행 10장
  ③ 제 9시 - 베드로가 앉은뱅이를 일으킨 사건(앉은뱅이가 구부정하게 앉아 있다) - 행 3장
  　　　　　고넬료가 본 환상(고넬료의 고가 구와 비슷하다) - 행 10장
* **사도행전의 9가지 환상** :
  ① 스데반(7:55) ② 다메섹(9:3) ③ 아나니아(9:10) ④ 고넬료(10:3) ⑤ 베드로(10:11)
  ⑥ 드로아(16:9) ⑦ 고린도(18:9) ⑧ 공회(23:11) ⑨ 로마 항해(27:24)
* **특징** : 신약성경의 유일한 역사서

사도행전 (28장)

저　　자 : 누가
　　　　　초대 교회의 전승들은 바울의 동료였던 누가가 자신의 여행기를 기초로 해서 이 책을 기록했다고 전한다. 사도행전의 저자가 바울의 동료였다는 사실은 '우리'라는 말을 사용한 여러 구절을 보아 명백히 알 수 있다(16:10-17, 2:5-21:18, 27:1-28:16). 우리는 이 바울의 동료가 누가임을 곧 알 수 있고 골 4:14과 몬 24절도 그가 의사 누가였음을 말해 주고 있다. 또 의학 용어를 자주 사용한 점도 이 결론을 뒷받침한다(1:3, 3:7, 9:18,33, 13:11, 28:1-10).

제　　목 : 사도행전
　　　　　누가복음과 사도행전은 본래 두 권으로 된 한 책이었다. 따라서 이 후반부의 사도행전은 처음에 별다른 이름이 없었고, 단지 '누가복음'이라고 하면 이 두 권을 모두 가리켰다. 그 후 A.D. 2세기에 이 두 권이 분리되어 독립된 책으로 구성되면서 이 후반부의 책은 그 내용을 따라 사도행전(The Acts of the Apostles)이라고 불리어지게 되었다.

주　　제 : 교회의 시작과 성령의 능력을 받고 복음의 증인이 된 초대교회 성도들
발 신 자 : 누가
수 신 자 : 데오빌로(이방인의 귀족으로 기독교인이 된 사람)
기록연대 : A.D. 61-63년경
요　　절 : 1:8
기록목적 : 예수님의 부활과 오순절 성령 강림으로 인한 교회의 탄생과 교회의 발전에 대해 언급하고 유대인들과 이방인들에게 기독교를 증거하기 위해 기록하였다.

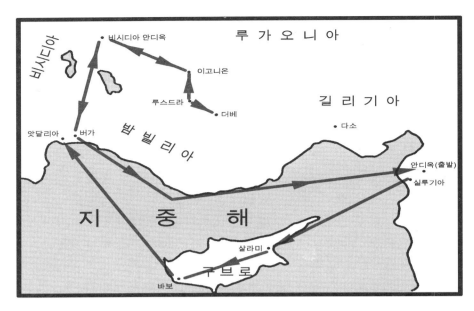

제 1차 전도여행(사도행전 13:1-14:28)			
여행기간	여행거리	전도대	여행지역
A.D. 47-49년 (약 2년)	대략 2,240m	바울 바나바 마가 요한	수리아 안디옥 출발 → 실루기아 → 구브로의 살라미 → 구브로의 바보 → 밤빌리아의 버가 → 비시디아 안디옥 → 이고니온 → 루스드라 → 더베 → 루스드라 → 이고니온 → 비시디아 안디옥 → 밤빌리아의 버가 → 앗달리아 → 수리아 안디옥 도착

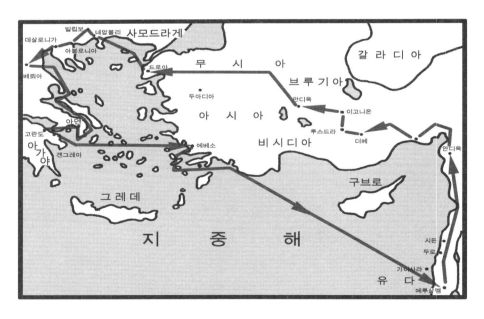

제 2차 전도여행(사도행전 15:36-18:22)			
여행기간	여행거리	전도대	여행지역
A.D. 49-52년 (약 3년)	대략 4500~ 5600km	바울 실라 디모데	수리아 안디옥 출발 → 길리기아 → 더베 → 루스드라 → 무시아 → 드로아 → 사모드라게 → 네압볼리 → 빌립보 → 암비볼리 → 아볼로니아 → 데살로니가 → 베뢰아 → 아덴 → 고린도 → 겐그레아 → 에베소 → 가이사랴 → 수리아 안디옥 도착

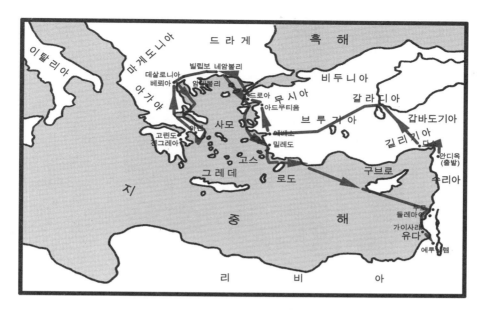

제 3차 전도여행(사도행전 18:23-21:16)			
여행기간	여행거리	전도대	여행지역
A.D. 53-58년 (약 5년)	대략 4500~ 5600km	바울	수리아 안디옥 출발 → 갈라디아 → 브루기아 → 에베소 →드로아 → 마 게도냐 → 헬라(살해위협 때문에 왔 던 길로 되돌아감) → 마게도냐 → 드로아 → 앗소 → 미둘레네 → 기 오 → 사모 → 밀레도 → 고스 → 로도 → 바다라 → 두로 → 돌레마 이 → 가이사랴 → 예루살렘(체포)

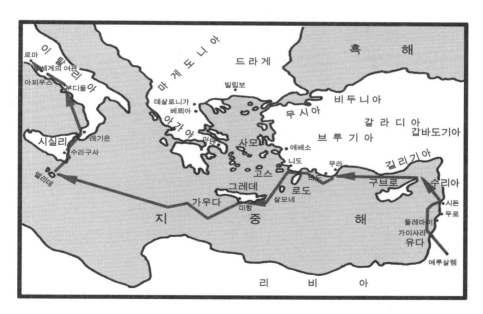

바울의 로마여행(사도행전 21:17-28장)			
여행기간	여행거리	전도대	여행지역
A.D. 58-60년 (약 3년)	대략 4500~ 5600km	바울	예루살렘 출발 → 가이사랴 → 시돈 → 무라시→ 니도 → 살모네 → 미항 → 가 우다섬 → 아드리아 바다 → 멜리데섬 → 수라구사 → 레기온 → 보디올 → 압 비오 광장 → 삼관(트레이스 타베르네) → 로마(1차 구금)

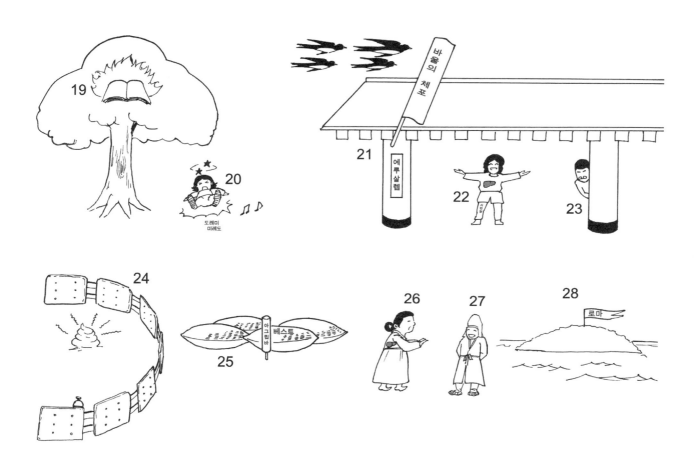

	사도행전 1장	
배 경	동헌의 상공	
대제목	예수님의 승천	

📖 본문은 크게 두 가지 사건으로 구성되었다. 첫째는 지상 대명령을 주시면서 하늘로 올라가신 예수님의 승천과 이후 제자들이 가룟 유다 대신에 맛디아를 사도로 뽑은 일이다.
동헌의 상공에는 예수님이 승천하고 계신다.

1. 예수님의 승천(6-11) - 갈릴리 사람들아 어찌하여 서서 하늘을 쳐다보느냐 너희 가운데서 하늘로 올려지신 이 예수는 하늘로 가심을 본 그대로 오시리라 하였느니라(11)

   ※ 예수님이 부활해서 승천하시기까지의 기간은 40일이며 그 기간 동안 하나님 나라의 일을 말씀하셨다.
   승천하시기 전에 제자들이 예수님께 한 질문 - 주께서 이스라엘 나라를 회복하심이 이때니이까
   예수님이 승천하신 장소 - 감람원
   승천하신 후 다락방에 모인 성도들의 수 - 120명(이들 중 마리아와 예수님의 형제들도 있었다)
   비둘기 한 마리가 입에 붉은 다마(구슬)를 물고 지상으로 내려가고 있다. 비둘기는 성령을 나타내며 비둘기(성령)가 지상으로 내려가고 있는 것은 비둘기(성령)가 지상에 내려간 것이 아니라 내려가는 중이므로 성령을 받은 것이 아니라 성령 받을 것을 말하고 있으며 예수님의 새끼손가락은 약속을 뜻한다.

2. 성령 받을 것을 약속하시다(1-5)
   • 사도와 함께 모이사 그들에게 분부하여 이르시되 ① 예루살렘을 떠나지 말고~ ② 아버지께서 약속하신 것을 기다리라 ③ 요한은 물로 세례를 베풀었으나 너희는 몇 날이 못 되어 성령으로 세례를 받으리라~ ④ 때와 시기는 아버지께서 자기의 권한에 두셨으니 너희가 알 바 아니요(4-7)
   • 오직 성령이 너희에게 임하시면 너희가 권능을 받고 예루살렘과 온 유대와 사마리아와 땅 끝까지 이르러 ⑤ 내 증인이 되리라 하시니라(8) - '오직 성령이 너희에게 임하시면'은 성령 받을 것을 약속하는 말이므로 1장이 되며 예루살렘과 온 유대와 사마리아와 땅 끝까지 = 전국 8도(우리나라를 적용했음)를 말하므로 8절이 된다.
   다마 → 아겔다마가 되며 다마의 붉은 색은 피를 나타내고 다마를 세게 발음하면 답(畓, 논 답)마가 되므로 붉은 다마는 피밭이 된다.

3. 아겔다마(18-19) = 피밭 - 마 27장
   • 이 사람이 불의의 삯으로 밭을 사고 후에 몸이 곤두박질하여 배가 터져 창자가 다 흘러나온지라 이 일이 예루살렘에 사는 모든 사람에게 알게 되어 본 방언에 그 밭을 이르되 아겔다마라 하니 이는 피밭이라는 뜻이라(18-19)
   3일 동안 땅속에 누워 계셨으므로 온 몸이 다 아프셨을 것이다. 그래서 승천하시면서 "아! 뼈마디야"라고 말씀하고 계신다. 마디야 → 맛디아, 참고로 암기를 돕기 위해서 예수님의 오른팔에 뼈마디(관절)를 그려 넣었다.

4. 유다 대신 맛디아를 뽑다(12-26) - 하나는 바사바라고도 하고 별명은 유스도라고 하는 요셉이요 하나는 맛디아라~ 제비 뽑아 맛디아를 얻으니 그가 열 한 사도의 수에 들어가니라(23-26)

	사도행전 2장	
배 경	동헌의 지붕 왼쪽	
대제목	오순절 성령강림	

📖 오순절 성령강림 사건과 베드로의 오순절 설교로 삼천명의 결신자를 얻은 장면이 소개된다.
베드로가 1장의 비둘기(성령)를 손에 꽉 쥐고 있는데 이것은 성령을 받았다는 것을 뜻한다.

1. 오순절 성령강림(1-13) - 오순절 날이 이미 이르매 그들이 다 같이 한 곳에 모였더니 홀연히
하늘로부터 ① 급하고 강한 바람 같은 소리가 있어 그들이 앉은 온 집에 가득하며 ② 마치 불의
혀처럼 갈라지는 것들이 그들에게 보여 각 사람 위에 하나씩 임하여 있더니 그들이 다 ③ 성령의
충만함을 받고 ④ 성령이 말하게 하심을 따라 다른 언어들로 말하기를 시작하니라(1-4)
베드로가 비둘기를 꽉 잡고 있자 비둘기가 숨이 막혀 **구구**구구 하며 울고 있다.

2. 누**구**든지 주의 이름을 부르는 자는 **구**원을 받으리라(21, 욜 2:32, 롬 10:13) = **만민구원**
    ※ 방언으로 말한 내용은 하나님의 큰 일이며 방언으로 말하는 이들에게 새 술에 취했다고 조롱함
    동헌의 지붕 왼쪽에는 베드로가 서서 설교를 하고 있는데 손에 비둘기(성령)를 잡고 있으
    므로 베드로가 오순절 성령강림 사건 때 설교했다는 것을 알 수 있다.

3. 베드로의 오순절 설교(14-36) - 오순절 성령강림 사건 때 설교했다하여 오순절 설교라 한다.
    • 때가 제 3시니 너희 생각과 같이 이 사람들이 취한 것이 아니라 이는 곧 선지자 요엘을 통하여 말씀
    하신 것이니 일렀으되 하나님이 말씀하시기를 말세에 내가 내 영을 모든 육체에게 부어 주리니 너희
    의 자녀들은 예언할 것이요 너희의 젊은이들은 환상을 보고 너희의 늙은이들은 꿈을 꾸리라(15-17)
    • 주의 크고 영화로운 날(여호와의 날)이 이르기 전에 해가 변하여 어두워지고 달이 변하여 피가 되
    리라(20) - 베드로가 왼손으로 날을 세우고 있으므로 행 2장에 여호와의 날이 나온다.
    • 이스라엘 사람들아 이 말을 들으라 너희도 아는 바와 같이 하나님께서 나사렛 예수로 큰 권능과
    기사와 표적을 너희 가운데서 베푸사 너희 앞에서 그를 증언하셨느니라 그가 하나님께서 정하신
    뜻과 미리 아신 대로 내 준바 되었거늘 너희가 법 없는 자들의 손을 빌려 못 박아 죽였으나(22-23)
    • 이 예수를 하나님이 살리신지라 우리가 다 이 일에 증인이로다~ 그런즉 이스라엘 온 집은 확실히 알
    지니 너희가 십자가에 못 박은 이 예수를 하나님이 주와 그리스도가 되게 하셨느니라 하니라(32-36)
    ※ 행 2장 베드로의 오순절 설교에 성령강림과 만민구원과 여호와의 날이 나온다.
    베드로가 경사진 지붕에 서 있을 수 있는 것은 미끄럼을 방지하는 새 신(새 신자) 때문이다.

4. 첫 새(3) 신자를 얻다(37-42) - 베드로의 오순절 설교를 듣고 3000명이 결신한다.
    • 그들이 이 말을 듣고 마음에 찔려 베드로와 다른 사도들에게 물어 이르되 **형제들아 우리가 어찌할꼬**
    베드로가 이르되 너희가 회개하여 각각 예수 그리스도의 이름으로 세례를 받고 죄 사함을 받으라 그
    리하면 성령의 선물을 받으리니 이 약속은 너희와 너희 자녀와 모든 먼 데 사람 곧 주 우리 하나님이
    얼마든지 부르시는 자들에게 하신 것이라(37-39) - 마음에 찔림을 받은 것은 베드로의 첫 설교 때이다.
    베드로가 왼손을 세워 나누라는 표시를 하고 있다.

5. 물건을 서로 나누다(43-47) = 초대 교회의 공동생활 - 행 4장
    • 믿는 사람이 다 함께 있어 모든 물건을 서로 통용하고 또 재산과 소유를 팔아 각 사람의 필요를
    따라 나눠 주며 날마다 마음을 같이 하여 성전에 모이기를 힘쓰고 집에서 떡을 떼며(44-46)

	사도행전 3장	
배 경	동헌의 지붕 오른쪽	
대제목	앉은뱅이 고침	

📖 오순절 성령 강림 사건 이후 베드로와 요한이 성전 입구에서 앉은뱅이를 고친 이적이 소개되었고 그 일을 계기로 베드로가 솔로몬 행각에서 복음을 증거한 사실이 언급되었다.

베드로의 옆에는 앉은뱅이가 앉아있는데 혼자 화장실을 갈 수 없어 배설해 버리고 말았다.

1. 베드로가 앉은뱅이를 고치다(1-10) - 나이는 40세(행 4:22)
   • 제 9시 기도시간에 베드로와 요한이 성전에 올라갈새 나면서 못 걷게 된 이를 사람들이 메고 오니 이는 성전에 들어가는 사람들에게 구걸하기 위하여 날마다 미문이라는 성전 문에 두는 자라(1-2)
   • 베드로가 이르되 은과 금은 내게 없거니와 내게 있는 이것(은이나 금과는 비교도 안되는 예수님의 능력)을 네게 주노니 나사렛 예수 그리스도의 이름으로 일어나 걸으라(6) - 성경기억법에서 신은 6사이즈로 하듯(사 44장, 슥 4장) 신과 밀접한 관계가 있는 걸음도 6으로 약속한다.
   배설 → 베드로의 설교이며 앉은뱅이는 행려병자(떠돌아다니다가 병이 들었으나 치료나 간호를 해줄 이가 없는 사람)이므로 베드로가 솔로몬 행각에서 설교했다는 것을 알 수 있다.

2. 베드로가 솔로몬 행각에서 설교하다(11-26) - 예수님의 부활과 메시야 되심을 증거
   (암기방법) 베드로가 솔로몬 행각에서 부메랑을 던지고 있다.
   • 나은 사람이 베드로와 요한을 붙잡으니 모든 백성이 크게 놀라며 달려 나아가 솔로몬의 행각이라 불리우는 행각에 모이거늘 베드로가 이것을 보고 백성에게 말하되 이스라엘 사람들아 이 일을 왜 놀랍게 여기느냐 우리 개인의 권능과 경건으로 이 사람을 걷게 한 것처럼 왜 우리를 주목하느냐 아브라함과 이삭과 야곱의 하나님 곧 우리 조상의 하나님이 그의 종 예수를 영화롭게 하셨느니라 너희가 그를 넘겨주고 빌라도가 놓아 주기로 결의한 것을 너희가 그 앞에서 거부하였으니 너희가 거룩하고 의로운 이를 거부하고 도리어 살인한 사람을 놓아 주기를 구하여 생명의 주를 죽였도다 그러나 하나님이 죽은 자 가운데서 그를 살리셨으니(부활) 우리가 이 일에 증인이라 그 이름을 믿으므로 그 이름이 너희가 보고 아는 이 사람을 성하게 하였나니 예수로 말미암아 난 믿음이 너희 모든 사람 앞에서 이같이 완전히 낫게 하였느니라 형제들아 너희가 알지 못하여서 그리하였으며 너희 관리들도 그리한 줄 아노라 그러나 하나님이 모든 선지자의 입을 통하여 자기의 그리스도께서 고난 받으실 일을 미리 알게 하신 것을 이와 같이 이루셨느니라 그러므로 너희가 회개하고 돌이켜 너희 죄 없이 함을 받으라 이같이 하면 새롭게 되는 날이 주 앞으로부터 이를 것이요~ 모세가 말하되 주 하나님이 너희를 위하여 너희 형제 가운데서 나 같은 선지자(예수) 하나를 세울 것이니 너희가 무엇이든지 그의 모든 말을 들을 것이라 누구든지 그 선지자의 말을 듣지 아니하는 자는 백성 중에서 멸망 받으리라 하였고 또한 사무엘 때부터 이어 말한 모든 선지자도 이 때를 가리켜 말하였느니라 너희는 선지자들의 자손이요 또 하나님이 너희 조상과 더불어 세우신 언약의 자손이라 아브라함에게 이르시기를 땅 위의 모든 족속이 너의 씨로 말미암아 복을 받으리라 하셨으니 하나님이 그 종을 세워 복 주시려고 너희에게 먼저 보내사 너희로 하여금 돌이켜 각각 그 악함을 버리게 하셨느니라(11-26) - 솔로몬 행각의 설교로 회심한 자가 남자만 약 5000명
   ※ 베드로가 솔로몬 행각에서 설교할 때 인용한 3인물 - 사무엘, 모세, 아브라함 - (담배)솔각 사모아

사도행전 4장	
배 경	동헌의 지붕 아래
대제목	사도들이 한마음으로 기도하다

오직 예수   오직 예수

📖 복음을 전파한 일로 베드로와 요한은 공회 앞에 서서 심문을 받는다. 하지만 혐의를 찾지 못한 공회는 협박하면서 두 사도를 석방하고 이에 교회는 한마음으로 기도하면서 더욱 아름다운 사랑의 교제를 나눈다.

동헌의 지붕 아래에 사도들이 바글바글 모여 있는데 그것은 베드로와 요한이 <u>감옥</u>에 갇히자 그들의 <u>석방</u>을 위해서 기도하기 위해 모인 것이다.

1. <mark>베드도와 요한이 감옥에 갇히다</mark>(1-4)   ※ 베드로의 체포기사 - 4장, 5장, 12장
2. <mark>베드로와 요한이 석방되다</mark>(13-22)

   사도들이 한 마음으로 '오직 예수, 오직 예수' 하며 기도하자 모인 곳이 진동하고 있다.
3. <mark>사도들이 한마음으로 기도하다</mark>(23-31) - 주여 이제도 그들의 위협함을 굽어보시옵고 또 종들로 하여금 담대히 하나님의 말씀을 전하게 하여 주시오며 손을 내밀어 병을 낫게 하시옵고 표적과 기사가 거룩한 종 예수의 이름으로 이루어지게 하옵소서 하더라 **빌기를 다하매 모인 곳이 진동하더니** 무리가 다 성령이 충만하여 담대히 하나님의 말씀을 전하니라(29-31)

   오직 예수 → 오직 예수님만이 구원을 주실 수 있다는 것을 강조하기 위해 반복해서 썼다.
4. 다른 이로서는 <u>구원</u>을 받을 수 없나니 천하 사람 중에 구원을 받을 만한 다른 <u>이름</u>을 우리에게 주신 일이 없음이라(12) - 이 말은 오직 예수님만이 구원을 주실 수 있다는 뜻 - '오직 예수, 오직 예수'를 외치는 사도들은 12명이다. 따라서 '오직 예수'와 관련된 이 구절은 12절이 된다.

   얼마나 열심히 기도했는지 사도들의 머리에서 열기가 나고 있는데 사도들의 머리에서 나오는 열기가 마치 큰 공장에서 뿜어져 나오는 공해 같다.   공해 → 공회
5. <mark>베드로가 공회에서 설교하다</mark>(5-12) - 만일 병자에게 행한 착한 일에 대하여 이 사람이 어떻게 구원을 받았느냐고 오늘 우리에게 질문한다면 너희와 모든 이스라엘 백성들은 알라 너희가 십자가에 못 박고 하나님이 죽은 자 가운데서 살리신 나사렛 예수 그리스도의 이름으로 이 사람이 건강하게 되어 너희 앞에 섰느니라 이 예수는 너희 건축자들의 버린 돌로서 **집 모퉁이의 머릿돌**이 되었느니라 다른 이로서는 구원을 받을 수 없나니 천하 사람 중에 구원을 받을 만한 다른 이름을 우리에게 주신 일이 없음이라 하였더라(9-12) - 지붕에 머리들이 엄청 많으므로 사도행전 4장에 머릿돌이 나온다.
   - 그들이 베드로와 요한이 담대하게 말함을 보고 그들을 **본래 학문 없는 범인으로 알았다가**(13)
   - 그들을 불러 경고하여 도무지 예수의 이름으로 말하지도 말고 가르치지도 말라 하니 베드로와 요한이 이르되 하나님 앞에서 너희의 말을 듣는 것이 하나님의 말씀을 듣는 것보다 옳은가 판단하라(18-19)

   2장에서 베드로가 왼손을 세워 나누라는 표시를 했으므로 사도들이 양쪽으로 나누어 있다.
6. <mark>물건을 서로 나누다</mark>(32-37) = 초대 교회의 공동생활 - 행 2장
   - <u>구브로</u>에서 난 <u>레위</u>족 사람이 있으니 이름은 요셉이라 사도들이 일컬어 <u>바나바</u>(위로의 아들)라 하니(36) - 바나나(바나바)는 위로 구브러(구브로) 있으며 요새(요셉) 바나나는 맛이 없다.   위 → 레위
   ※ 베드로의 솔로몬 행각설교(3장) → 베드로 체포(4장) → 베드로의 공회설교(4장) → 베드로 석방(4장)

사도행전 5장		
배 경	동헌의 서까래	
대제목	아나니아와 삽비라	

가마니

📖 초대 교회의 비극인 '아나니아와 삽비라 사건'이 소개되고 있다.

동헌의 서까래에는 '아나니아 삽비라'라고 써 있다. 참고로 '아나니아 삽비라'에서 아는 오와 발음이 비슷하므로 '아나니아와 삽비라'는 5장에 나온다.

1. 아나니아와 삽비라(1-16) - 베드로가 이르되 아나니아야 어찌하여 사탄이 네 마음에 가득하여 네가 성령을 속이고 땅 값 얼마를 감추었느냐~ 아나니아가 이 말을 듣고 엎드러져 혼이 떠나니(3-5)
   - 3시간쯤 지나(삽비라의 삽이 3과 비슷하므로) 그의 아내가 그 일어난 일을 알지 못하고 들어오니~ 그 땅 판값이 이것뿐이냐~ 이르되 예 이것뿐이라 하더라~ 보라 네 남편을 장사하고 오는 사람들의 발이 문 앞에 이르렀으니 또 너를 메어 내가리라 하니 곧~ 엎드러져 혼이 떠나는지라(7-10)
   - 민간에 표적과 기사가 많이 일어나매 믿는 사람이 다 마음을 같이하여 솔로몬 행각에 모이고(12-13) '아나니아 삽비라'라는 글씨가 □ 안에 갇혀 있다. 사각형의 사 → 사도(베드로 포함)

2. 사도들이 감옥에 갇히다(17-18)
   서까래 밑에 천사조각상이 있으며 그림에서는 서까래 밑에 있어서 보이지 않는다.

3. 천사들의 도움으로 풀려나다(19-32) - 주의 사자가 밤에 옥문을 열고 끌어내어 이르되 가서 성전에 서서 이 생명의 말씀을 다 백성에게 말하라 하매(19-20)
   - 우리가 이 이름으로 사람을 가르치지 말라고 엄금하였으되~ 너희 가르침을 예루살렘에 가득하게 하니 이 사람의 피를 우리에게로 돌리고자 함이로다 베드로와 사도들이 대답하여 이르되 사람보다 하나님께 순종하는 것이 마땅하니라(28-29) - 옥에서 탈출한 사도들을 다시 잡아들였을 때 한 말
   - 이스라엘에게 회개함과 죄 사함을 주시려고 그를 오른손으로 높이사 임금과 구주로 삼으셨느니라(31) 서까래는 가마니로 덮여 있으며 글씨는 그 위에 쓴 것이다. 가마니 → 가말리엘

4. 교법사 가말리엘의 증언(33-42) - 그들이 듣고 크게 노하여 사도들을 없이 하고자 할새 바리새 인 가말리엘은 교법사로 모든 백성에게 존경을 받는 자라 공회 중에 일어나 명하여 사도들을 잠깐 밖에 나가게 하고 말하되 이스라엘 사람들아 너희가 이 사람들에 대하여 어떻게 하려는지 조심하라 이 전에 드다가 일어나 스스로 선전하매 사람이 약 400명이나 따르더니 그가 죽임을 당하매 따르던 모든 사람들이 흩어져 없어졌고 그후 호적할 때에 갈릴리 유다가 일어나 백성을 꾀어 따르게 하다가 그도 망한즉 따르던 모든 사람들이 흩어졌느니라 이제 내가 너희에게 말하노니 이 사람들을 상관 하지 말고 버려두라 이 사상과 이 소행이 사람으로부터 났으면 무너질 것이요 만일 하나님께로부터 났으면 너희가 그들을 무너뜨릴 수 없겠고 도리어 하나님을 대적하는 자가 될까 하노라 하니(33-39)

5. 베드로가 지날 때에 혹 그의 그림자라도 누구에게 덮일까 바라고~ 다 나음을 얻으니라(15-16)

   ✱ 성경 자세히 이해하기 - 가말리엘(바울의 스승)
   선택된 7인의 랍비들 중 한 사람으로, 그의 부친은 시므온(눅 2:25의 시므온이라고도 함)이며, 조부는 유명한 힐렐(샴마이 학파와 쌍벽을 이루었던 힐렐 학파의 원조)이었다. 그는 힐렐 학파 바리새인들의 지도자로서 백성들의 신뢰와 지지를 받았고, 그의 발언은 산헤드린 공회에서도 그대로 받아들여졌다.

사도행전 6장		
배 경	동헌의 간판	
대제목	일곱 집사	

📖 본문에서는 두 가지 사건이 나타난다. ① 초대 교회에서 구제(救濟)를 전담할 일곱 집사를 선출한 사건 ② 유대인들의 시기로 은혜와 권능이 충만한 스데반 집사가 고소당한 사건. 동헌의 간판에는 '일곱 집사'라고 써 있다. 5장 '아나니아 삽비라'가 **일곱 글자**이므로 다음 장인 6장이 **일곱 집사**가 되는 것은 당연하다.

1. <mark>일곱 집사</mark>(1-7)

- 그 때에 제자가 더 많아졌는데 헬라파 유대인들이 자기의 과부들이 매일의 구제에 빠지므로(구제에서 누락되므로, 배급을 받지 못하므로) 히브리파 사람을 원망하니 열두 사도가 모든 제자를 불러 이르되 우리가 하나님의 <u>말씀</u>을 제쳐 놓고 <u>접대</u>(식량 배급 또는 음식을 나누어 줌)를 일삼는 것이 마땅하지 아니하니 형제들아 너희 가운데서 ① <u>성령</u>과 ② <u>지혜</u>가 충만하여 ③ <u>칭찬</u> 받는 사람 일곱을 택하라 우리가 이 일을 그들에게 맡기고 우리는 오로지 ① <u>기도</u>하는 일과 ② <u>말씀</u> 사역에 힘쓰리라 하니 온 무리가 이 말을 기뻐하여 믿음과 성령이 충만한 사람 스데반과 또 빌립과 브로고로와 니가노르와 디몬과 바메나와 **유대교에 입교한 안디옥 사람 니골라**를 택하여 사도들 앞에 세우니 사도들이 기도하고 그들에게 안수하니라 **하나님의 말씀이 점점 왕성하여** 예루살렘에 있는 제자의 수가 더 심히 많아지고 허다한 제사장의 무리도 이 도에 복종하니라(1-7) - 7집사를 세운 시점부터 하나님의 말씀이 점점 왕성하여졌다고 나옴(7개의 집 사라고? 왕성이라도 지으려고 그러나)

- ※ 7집사 - 7집사를 뽑는 기준은 바디가 이쁜 사람만, 따라서 바디브니로 암기하면 된다 - <u>바</u>메나, <u>디</u>몬, <u>브</u>로골로, <u>니</u>가노르(스데반, 빌립, 니골라는 유명하므로 제외), 빌립(집사) - 6장, 8장, 21장 동헌의 간판은 스덴(스테인레스)으로 만들었다. 스덴 → 스데반, 스데반은 집사인데 집이 잡과 비슷하므로 소제목은 '스데반이 잡히다'가 된다.

2. <mark>스데반이 잡히다</mark>(8-15)

- 스데반이 은혜와 권능이 충만하여 큰 기사와 표적을 민간에 행하니~ 어떤 자들이 일어나 스데반과 더불어 논쟁할새 스데반이 <u>지혜</u>와 <u>성령</u>으로 말함을 그들이 능히 당하지 못하여 **사람들을 매수하여 말하게 하되** 이 사람이 모세와 하나님을 모독하는 말을 하는 것을 우리가 들었노라 하게하고 백성과 장로와 서기관들을 충동시켜 와서 잡아가지고 공회에 이르러 거짓 증인들을 세우니 이르되 이 사람이 이 거룩한 곳과 율법을 거슬러 말하기를 마지 아니하는도다 그의 말에 이 나사렛 예수가 이곳을 헐고 또 모세가 우리에게 전하여 준 규례를 고치겠다 함을 우리가 들었노라 하거늘 공회 중에 앉은 사람들이 다 스데반을 주목하여 보니 그 얼굴이 <u>천사의 얼굴</u>과 같더라(8-15)

- ※ 사도행전에서 성령의 임재 - 2장(예루살렘, 마가의 다락방에서 오순절 성령강림 - 베드로의 손에 비둘기가 있다. 비둘기는 성령을 나타냄), 8장(사마리아, 베드로와 요한이 사마리아 성도들에게 안수하매 성령 임함 - 박해하고 있는 사울의 손가락을 비둘기가 쪼고 있다고 생각하자), 10장(가이사랴, 베드로가 가이사랴에 주둔하고 있는 백부장 고넬료의 집에서 설교할 때 성령 임함 - 동물 보자기에 비둘기가 그려져 있다), 19장(에베소, 바울이 에베소에서 요한의 세례만 받은 제자들을 만나 안수하매 성령 임함 - 비둘기가 은장색나무를 좋아해서 은장색나무 위에 내려앉곤 한다)

	사도행전 7장	
배 경	동헌의 기둥	
대제목	스데반의 순교	

📖 본문은 공회 앞에서 복음을 증거하는 스데반의 설교와 그로 인해 죽음을 당하는 스데반의 순교 장면이다.

동헌의 기둥에 묶여있는 스데반은 설교를 하고 있으며 옷에 피가 묻어있다. 스데반의 옷에 묻은 피는 순교를 나타낸다. 참고로 지붕의 맨 아래 가로부분과 스데반이 묶여 있는 기둥의 세로부분을 선으로 연결하면 7이 되므로 스데반은 7장에 나온다. 큰 그림 참조.

1. 스데반의 설교(1-53) - 유대인들의 우상 숭배와 형식적인 종교 생활을 강력히 비난하고 예수님만이 참 된 구세**주**가 되심을 밝힌다. (암기방법) 스데반이 묶여 있는 기둥은 한자로 기둥 **주**라고 하므로 스데반이 예수님만이 참 된 구세**주**가 되심을 증언하고 있다는 것을 알 수 있다.

• 우리 조상 아브라함이 하란에 있기 전 메소보다미아에 있을 때에 영광의 하나님이 그에게 보여 이르시되 네 고향과 친척을 떠나 내가 네게 보일 땅으로 가라 하시니(2-3)

• 하나님이 또 이같이 말씀하시되 그 후손이 다른 땅에서 나그네가 되리니 그 땅 사람들이 종으로 삼아 400년 동안을 괴롭게 하리라 하시고(6)

• 40년이 차매 천사가 시내산 광야 가시나무 떨기 불꽃 가운데서 그(모세)에게 보이거늘(30)

• 내 백성이 애굽에서 괴로움 받음을 내가 확실히 보고 그 탄식하는 소리를 듣고 그들을 구원하려고 내려왔노니 이제 내가 너를 애굽으로 보내리라 하시니라(34)

• 시내산에서 말하던 그 천사와 우리 조상들과 함께 **광야 교회**에 있었고 또 살아 있는 말씀을 받아 우리에게 주던 자가 이 사람이라(38)

• 그러나 지극히 높으신 이는 손으로 지은 곳에 계시지 아니하시나니(48)

• 목이 곧고 마음과 귀에 할례를 받지 못한 사람들아 너희도 너희 조상과 같이 항상 **성령을 거스르는도다**(51) - 성령은 S(스), 거스르는 것은 반대이므로 이 말을 한 사람은 스데반(↔반대)이 된다.

• 너희 조상들이 선지자들 중의 누구를 박해하지 아니하였느냐 의인이 오시리라 예고한 자들을 그들이 죽였고 이제 너희는 그 의인을 잡아 준 자요 살인한 자가 되나니(52)

• 너희는 천사가 전한 율법을 받고도 지키지 아니하였도다(53) - 천사의 얼굴과 같은 사람은 스데반이므로(6:16) 천사가 나오는 이 구절은 스데반이 한 말이다.

※ 모세 - 애굽 사람을 죽였을 때가 40세, 미디안으로 도피 40년, 80세에 소명 받고 광야에서 40년

2. 스데반의 순교(54-60)

• 그들이 이 말을 듣고 마음에 찔려 그를 향하여 이를 갈거늘 스데반이 성령 충만하여 하늘을 우러러 주목하여 하나님의 영광과 및 예수께서 하나님 우편에 서신 것을 보고 말하되 **보라 하늘이 열리고 인자가 하나님 우편에 서신 것을 보노라** 한대 그들이 큰 소리를 지르며 귀를 막고 일제히 그에게 달려들어 성 밖으로 내치고 돌로 칠새 증인들이 옷을 벗어 사울이라 하는 청년의 발 앞에 두니라 그들이 돌로 스데반을 치니 스데반이 부르짖어 이르되 주 예수여 내 영혼을 받으시옵소서 하고 무릎을 꿇고 크게 불러 이르되 **주여 이 죄를 그들에게 돌리지 마옵소서** 이 말을 하고 자니라(54-60)

사도행전 8장	
배 경	동헌의 마루
대제목	사울의 박해

📖 스데반의 순교 사건 이후 도처로 흩어진 제자들은 각지에서 복음을 전파한다. 그 중 본문은 빌립의 사마리아 전도 및 에디오피아 내시에 대한 전도 이야기를 소개하고 있다.
　　사울이 스데반을 향해 삿대질을 하며 박해하고 있다. 방울(바울)이 달려있으므로 이 사람이 바울이라는 것을 알 수 있으며 13장부터 사울에서 바울로 바뀐다.

1. 사울의 박해(1-3) - 경건한 사람들이 스데반을 장사하고 위하여 크게 울더라(2)
   • 사울이 교회를 잔멸할새 각 집에 들어가 남녀를 끌어다가 옥에 넘기니라(3)
   사울이 차고 있는 시계가 네시(내시)를 가리키고 있으며(그림에서는 보이지 않는다) '네'는 숫자로 '사'가 되고 사는 사마리아가 된다. 사울이 앉아 있는 베드에는 요가 깔려 있으며 이 베드와 요는 빌려온 것이다.　　베드 → 베드로,　　요 → 요한,　　빌려온 → 빌립(집사)

2. 빌립의 사마리아 전도(4-13) - 빌립이 사마리아 성에 내려가 그리스도를 백성에게 전파하니 무리가 빌립의 말도 듣고 행하는 표적도 보고 한마음으로 그가 하는 말을 따르더라(5-6)
   • 빌립이 하나님 나라와 및 예수 그리스도의 이름에 관하여 전도함을 그들이 믿고 남녀가 다 세례를 받으니 시몬도 믿고 세례를 받은 후에 전심으로 빌립을 따라다니며 그 나타나는 표적과 큰 능력을 보고 놀라니라(12-13) - 빌립은 물로 세례를, 베드로와 요한은 성령으로 세례를 준다는 것을 참조.

3. 베드로와 요한의 사마리아 전도(14-25) - 예루살렘에 있는 사도들이 사마리아도 하나님의 말씀을 받았다 함을 듣고 베드로와 요한을 보내매 그들이 내려가서 그들을 위하여 성령 받기를 기도하니 이는 아직 한 사람에게도 성령 내리신 일이 없고 오직 주 예수의 이름으로 세례만 받을 뿐이더라 이에 두 사도가 그들에게 안수하매 성령을 받는지라 시몬이 사도들의 안수로 성령 받는 것을 보고 돈을 드려 이르되 이 권능을 내게도 주어 누구든지 내 가 안수하는 사람은 성령을 받게 하여 주소서 하니 베드로가 이르되 네가 하나님의 선물을 돈 주고 살줄로 생각하였으니 네 은과 네가 함께 망할지어다 하나님 앞에서 네 마음이 바르지 못하니 이 도에는 네가 관계도 없고 분깃 될 것도 없느니라 그러므로 너의 이 악함을 회개하고 주께 기도하라 혹 마음에 품은 것을 사하여 주시리라 내가 보니 너는 악독이 가득하며 불의에 매인바 되었도다 시몬이 대답하여 이르되 나를 위하여 주께 기도하여 말한 것이 하나도 내게 임하지 않게 하소서 하니라(14-24)

4. 빌립과 에디오피아 내시(26-40) - 주의 사자가 빌립에게 말하여 이르되 일어나서 남쪽으로 향하여 예루살렘에서 가사로 내려가는 길까지 가라 하니 그 길은 광야라 일어나 가서 보니 에디오피아 사람 곧 에디오피아 여왕 간다게의 모든 국고를 맡은 관리인 내시가 예배하러 예루살렘에 왔다가 돌아가는데 수레를 타고 선지자 이사야의 글을 읽더라(26-28)
   • 둘이 물에서 올라올새 주의 영이 빌립을 이끌어 간지라~ 빌립은 아소도에 나타나 여러 성을 지나다니며 복음을 전하고 가이사랴에 이르니라(39-40) - 가이사랴에 빌립의 집이 있다(21:8).
   시계는 네 시를 가리키며 네 시는 사시로도 읽을 수 있다.　　사시 → 마술사 시몬

5. 마술사 시몬(9-24) - 시몬이 안수하여 성령을 주는 권능을 사려다 시몬 베드로에게 책망 받는다.

사도행전 9장		
배 경	동헌의 반석
반석 (베드로)
대제목	사울의 회개	

📖 본문은 사도행전의 후반부를 장식할 사울(바울)의 회심 사건을 다루고 있고(1-31절) 더불어 본서의 전반부를 장식했던 베드로의 두 가지 이적을 소개하고 있다(32-43절).

사울이 '애도'라고 써 있는 반석위에서 엉엉 울며 회개하고 있다. 방울이 달려 있으므로 회개하는 자가 바울이라는 것을 알 수 있다. 참고로 13장부터 사울에서 바울로 바뀐다.

1. 사울의 회개(1-19) - 다메섹 여러 회당에 가져갈 공문을 청하니 이는 만일 그 도를 따르는 사람을 만나면 남녀를 막론하고 결박하여 예루살렘으로 잡아오려 함이라 사울이 길을 가다가 다메섹에 가까이 이르더니 홀연히 하늘로부터 빛이 그를 둘러 비추는지라 땅에 엎드려져 들으매 소리가 있어 이르시되 사울아 사울아 네가 어찌하여 나를 박해하느냐 대답하되 주여 누구시니이까 이르시되 나는 네가 박해하는 예수라~ 그 때에 다메섹에 아나니아라 하는 제자가 있더니~ 일어나 직가라 하는 거리로 가서 유다의 집에서 다소 사람 사울이라 하는 사람을 찾으라 그가 기도하는 중이니라(2-5)
   • 이 사람은 내 이름을 이방인과 임금들과 이스라엘 자손들에게 전하기 위하여 택한 나의 그릇이라(15)
   사울이 등에 쌕을 메고 있다. 쌕 → 다메섹

2. 사울의 다메섹 전도(20-22)
   • 사울이 다메섹에 있는 제자들과 함께 며칠 있을새 즉시로 각 회당에서 예수가 하나님의 아들이심을 전파하니 듣는 사람이 다 놀라 말하되 이 사람이 예루살렘에서 이 이름을 부르는 사람을 멸하려던 자가 아니냐 여기 온 것도 그들을 결박하여 대제사장들에게 끌어가고자 함이 아니냐 하더라 사울은 힘을 더 얻어 예수를 그리스도라 증언하여 다메섹에 사는 유대인들을 당혹하게 하니라(19-22)
   사울의 신에 피가 묻어있는데 신에 피가 묻어 있으므로 이 신을 피신이라고 한다.

3. 사울이 피신하다(23-25) - 다메섹 전도로 인하여 유대인들에게 생명의 위협을 느끼자 피신한다.
   • 그의 제자들이 밤에 사울을 광주리에 담아 성벽에서 달아내리니라(25) - 고후 11:33
   쌕에 ○○예고라 써 있다. 예고 → 예술 고등학교가 되나 여기서는 예루살렘 고 즉 '예루살렘으로 가다'로 바꾼다.

4. 사울이 예루살렘으로 가다(26-31)
   • 사울이 예루살렘에 가서 제자들을 사귀고자 하나 다 두려워하여 그가 제자 됨을 믿지 아니하니 바나바가 데리고 사도들에게 가서 그가 길에서 어떻게 주를 보았는지와 주께서 그에게 말씀하신 일과 다메섹에서 그가 어떻게 예수의 이름으로 담대히 말하였는지를 전하니라(26-27)
   반석위에 '애도'라고 써 있다. 애 → 애니아, 도 → 도르가(다비다), 참고로 반석=베드로이며 반석에 애도라고 써 있으므로 애니아·도르가를 치료한 사람은 베드로가 된다.

5. 베드로가 애니아를 고치다(32-35) - 룻다에 거주하며 8년간 중풍으로 고생한 애니아를 고침.

6. 베드로가 도르가(다비다)를 살리다(36-43) - 욥바에서 선행과 구제를 많이 한 다비다를 살림.
   ※ 살려낸 사람이 애니아인지 도르가(다비다)인지 혼동될 때는 "도로(도르가) 살려내"로 외우면 구분하기 쉽다. 또한 장례를 불교 용어로 다비식이라 하므로 다비다가 죽었다 살아난 것을 알 수 있다.

사도행전 10장	
배 경	사또의 머리
대제목	동물보자기 환상

📖 본문은 복음이 이방인에게도 전파되는 획기적인 전환점을 보여준다. 곧 고넬료와 베드로의 환상이 소개된 후 베드로가 고넬료의 집에서 설교할 때 이방인들에게도 성령이 임한다.

사또가 머리에 동물이 그려진 동물보자기를 둘러쓰고 있다. 동물보자기는 동물그림에서 보듯이 동물가죽으로 만들었다. 따라서 베드로가 욥바 **피장** 시몬의 집(해변에 있음, 6)에 머물러 있다는 것을 알 수 있다. 참고로 동물보자기가 동그라므로 동물보자기는 동그라미가 들어가는 10장에 나온다. 피장(무두장이) - 짐승의 가죽을 다루어 물건을 만드는 사람

1. 베드로가 본 동물보자기 환상(1-23) - 보자기의 부정한 동물들을 잡아먹으라고 3번 말씀하심.
   동물그림 ① 혀를 내밀고 있는 검은 **고양**이 **네로** → 고넬료, 고양이 혀(舌, 혀 설) → 설교
   　　　　 ② **이방수염** 난 비둘기(**성령**) - 행 15장의 이방처럼 났다하여 이방수염이라 붙었다.

2. 베드로가 고넬료의 집에서 설교하다(24-43)
   - 베드로가 입을 열어 이르되 내가 참으로 하나님은 사람의 외모를 보지 아니하시고 각 나라 중 하나님을 경외하며 의를 행하는 사람은 다 받으시는 줄 깨달았도다 만유의 주 되신 예수 그리스도로 말미암아 화평의 복음을 전하사 이스라엘 자손들에게 보내신 말씀 곧 요한이 그 세례를 반포한 후에 갈릴리에서 시작하여 온 유대에 두루 전파된 그것을 너희도 알거니와 하나님이 나사렛 예수에게 성령과 능력을 기름 붓듯 하셨으매 그가 두루 다니시며 선한 일을 행하시고 마귀에게 눌린 모든 사람을 고치셨으니 이는 하나님이 함께 하셨음이라 우리는 유대인의 땅과 예루살렘에서 그가 행하신 모든 일에 증인이라 그를 그들이 나무에 달아 죽였으나 하나님이 사흘 만에 다시 살리사 나타내시되 모든 백성에게 하신 것이 아니요 오직 미리 택하신 증인 곧 죽은 자 가운데서 부활하신 후 그를 모시고 음식을 먹은 우리에게 하신 것이라 우리에게 명하사 백성에게 전도하되 하나님이 살아있는 자와 죽은 자의 재판장으로 정하신 자가 곧 이 사람인 것을 증언하게 하셨고 그에 대하여 모든 선지자도 증거하되 그를 믿는 사람들이 다 그의 이름을 힘입어 죄 사함을 받는다 하였느니라(34-43)

   ※ 베드로의 정기적인 기도를 언급한 사도행전의 장 - 3장(제 9시 기도시간에 베드로와 요한이 성전에 올라갔을 때 앉은뱅이 치료), 10장(제 6시에 베드로가 기도하려고 지붕에 올라갔다가 환상 봄)

3. 이방인들도 성령을 받다(44-48) - 베드로가 이 말을 할 때에 성령이 말씀 듣는 모든 사람에게 내려오시니 베드로와 함께 온 할례 받은 신자들이 이방인들에게도 성령 부어 주심으로 말미암아 놀라니 이는 방언을 말하며 하나님 높임을 들음이러라(44-46)

＊ 성경 자세히 이해하기 - 백부장 고넬료
　　이방인으로서 처음 전도 받았던 로마 사람으로 100명의 군사를 거느린 이달리야 부대라 하는 군대의 백부장으로 가이사랴(로마의 행정도시로 이 지역의 안전을 위해 로마군대를 주둔시킴)에 주둔하고 있었다. 고넬료의 성품은 ① 경건하고 ② 하나님을 경외하며 ③ 백성을 많이 구제하고 ④ 하나님께 항상 기도하였다.

사도행전 11장	
배 경	사또의 입
대제목	안디옥 교회

📖 본문은 두 가지 내용으로 구성되었다. ① 베드로가 예루살렘 교회에 이방인 선교의 정당성을 변론한 일 ② 안디옥 교회를 설립하고 그곳에 구제 헌금을 보낸 일

사또는 고통 받고 있는 춘향이가 이 정도는 지옥도 아니라고 하자 "뭐 안지옥이라고"하며 뜨악한 표정을 짓고 있다.　　안지옥 → 안디옥

1. 안디옥 교회(19-30) - 최초의 이방교회
   • 그 때에 스데반의 일로 일어난 환난으로 말미암아 흩어진 자들이 베니게와 구브로와 안디옥까지 이르러 유대인에게만 말씀을 전하는데 그 중에 구브로와 구레네 몇 사람이 안디옥에 이르러 헬라인에게도 말하여 주 예수를 전파하니 주의 손이 그들과 함께 하시매 수많은 사람들이 믿고 주께 돌아오더라 예루살렘 교회가 이 사람들의 소문을 듣고 바나바를 안디옥까지 보내니(19-22) - 구브로와 구레네 몇 사람이 안디옥 교회 설립에 실질적인 역할을 함.
   • 바나바는 착한 사람이요 성령과 믿음이 충만한 사람이라 이에 큰 무리가 주께 더하여 지더라(24)
   • 바나바가 사울을 찾으러 다소에 가서 만나매 안디옥에 데리고 와서 둘이 교회에 일 년간 모여 있어 큰 무리를 가르쳤고 제자들이 안디옥에서 비로소 그리스도인이라 일컬음을 받게 되었더라(25-26)

   ✱ 성경 자세히 이해하기 - 안디옥
   현재 터키 남동남부의 수리아의 국경 가까이에 있는 소도시(안다갸)이다. 이 도시는 BC 300년경 셀레우코스 1세가 건설하여, 아버지의 이름을 따서 안티오키아라고 이름 붙였으며, 셀레우코스 왕조의 수도로서 번영하였다. 외항(外港) 셀레우키아를 통하여 지중해 각지와 연결되고, 또 동쪽으로 이어지는 대상로(隊商路)가 있어 통상·무역의 요충지로서 예로부터 '동방의 여왕'이라고 하였다. 안디옥은 그리스도교도를 처음으로 '크리스천'이라고 부른 곳도 이곳이었으며 안디옥 교회는 초기 그리스도교의 전파에서 중요한 역할을 하였으며 사상 분야에서 중요한 동향을 나타낸 중심지라고 할 수 있다.
   사또의 수염은 이방 수염(행 15장 참조)이며 입은 말과 관계가 있으므로 증언이 된다.

2. 이방인에게 복음을 전한 베드로의 증언(1-18) - 고넬료 가족(이방인)에게 복음 전했던 것을 증언.
   • 유대에 있는 사도들과 형제들이 이방인들도 하나님 말씀을 받았다 함을 들었더니 베드로가 예루살렘에 올라갔을 때에 할례자들이 비난하여 이르되 네가 무할례자의 집에 들어가 함께 먹었다 하니 베드로가 그들에게 이 일을 차례로 설명하여 이르되(1-4)
   • 그런즉 하나님이 우리가 주 예수 그리스도를 믿을 때에 주신 것과 같은 선물(성령)을 그들에게도 주셨으니 내가 누구이기에 하나님을 능히 막겠느냐 하더라 그들이 이 말을 듣고 잠잠하여 하나님께 영광을 돌려 이르되 그러면 하나님께서 이방인에게도 생명 얻는 회개를 주셨도다 하니라(17-18)
   입을 상스러운 말로 아가리(아가보)라 하며 사또의 입주위에 버짐(흉년)이 피어있다.

3. 아가보의 흉년 예언(27-30) - 아가보라 하는 한 사람이 일어나 성령으로 말하되 천하에 큰 흉년이 들리라 하더니 글라우디오 때에 그렇게 되니라 제자들이 각각 그 힘대로 유대에 사는 형제들에게 부조를 보내기로 작정하고 이를 실행하여 바나바와 사울의 손으로 장로들에게 보내니라(27-30)

사도행전 12장		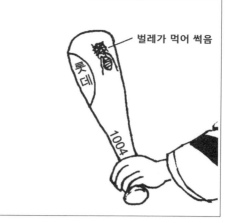
배 경	사또의 지휘봉	벌레가 먹어 썩음
대제목	베드로가 감옥에 갇히다	

📖 헤롯 왕의 박해로 사도 야고보가 순교를 당하고 베드로는 감옥에 갇히지만 교인들의 간절한 기도로 베드로는 기적적으로 구출된다. 한편 헤롯왕은 자신을 신격화하다가 하나님의 징벌로 갑작스레 죽음을 당한다.

　이 지휘봉을 상하로 몇 차례 흔들어주면 죄수들이 감옥에 갇히게 된다(판사가 의사봉으로 탁자를 때려 판결을 내린 후 감옥에 보내는 것처럼).　사또가 쓰는 지휘봉은 특이하게 해머 야구 배트를 사용하며 해머 야구 배트는 롯데 1004번 타자가 쓰던 것으로 오래 돼서 벌레가 먹어 썩어 있다. 여기서 벌레가 먹어 썩은 것은 헤롯이 벌레에게 먹혀 죽는 것을 나타낸다.　참고로 사도행전 16장에도 채찍으로 때린 후 감옥에 보내는 장면이 나온다.

　해머 → 헤롯,　야구 → 야고보,　배트 → 베드로,　롯데 → 로데(여종),　1004 → 천사

1. 헤롯이 벌레에게 먹혀 죽다(20-25) - 헤롯이 두로와 시돈 사람들을 대단히 노여워하니(헤롯은 보복 조처로 시돈과 두로 지방에 대해 아마 식량 공급을 중단했던 것으로 추정된다) 그들의 지방이 왕국에서 나는 양식을 먹는 까닭에 한마음으로 그에게 나아와 왕의 침소 맡은 신하 블라스도를 설득하여 화목하기를 청한지라 헤롯이 날을 택하여 왕복을 입고 단상에 앉아 백성에게 연설하니 백성들이 크게 부르되 이것은 신의 소리요 사람의 소리가 아니라 하거늘 헤롯이 영광을 하나님께로 돌리지 아니하므로 주의 사자가 곧 치니 벌레에게 먹혀 죽으니라(20-23)

※ 헤롯 - 헤롯대왕(마 2:1)의 손자인 헤롯 아그립바 1세.

2. 야고보의 순교(1-3) - 초대교회의 2번째 순교자(첫 번째는 스데반 집사, 행 7장)
   • 헤롯 왕이 손을 들어 교회 중에서 몇 사람을 해하려 하여 요한의 형제 야고보를 칼로 (**무**를 썰 듯) 죽이니 유대인들이 이 일을 기뻐하는 것을 보고 베드로도 잡으려 할새 때는 **무교절** 기간이라(1-3)

※ 이 야고보는 사도 야고보이며 15장 예루살렘회의에 나오는 야고보는 예수님의 동생이다.

3. 베드로가 감옥에 갇히다(4-5) - 총 3번 갇힘(4장, 5장, 12장)

4. 베드로가 천사의 도움으로 풀려나다(6-19) - 사도행전(12장)에서의 베드로의 마지막 행적
   • 헤롯이 잡아내려고 하는 그 전날 밤에 베드로가 두 군인 틈에서 두 쇠사슬에 매여 누워 자는데 파수꾼들이 문 밖에서 옥을 지키더니 홀연히 주의 사자가 나타나매 옥중에 광채가 빛나며 또 베드로의 옆구리를 쳐 깨워 이르되 급히 일어나라 하니 쇠사슬이 그 손에서 벗어지더라 천사가 이르되 띠를 띠고 신을 신으라 하거늘 베드로가 그대로 하니 천사가 또 이르되 겉옷을 입고 따라오라 한대 베드로가 나와서 따라갈새 천사가 하는 것이 생시인 줄 알지 못하고 환상을 보는가 하니라 이에 첫째와 둘째 파수를 지나 시내로 통한 쇠문에 이르니 문이 절로 열리는지라 나와서 한 거리를 지나매 천사가 곧 떠나더라 이에 베드로가~ 정신이 들어 이르되 내가 이제야 참으로 주께서 그의 천사를 보내어 나를 헤롯의 손과 유대 백성의 모든 기대에서 벗어나게 하신 줄 알겠노라 하여 깨닫고 **마가라 하는 요한의 어머니 마리아의 집**에 가니 여러 사람이 거기에 모여 기도하고 있더라(6-10)

5. 베드로가 대문을 두드린대 **로데**라 하는 여자 아이가 영접하러 나왔다가(13)

사도행전 13장	
배 경	사또의 도포
대제목	바나바와 바울을 보내다

📖 제1차 전도여행에 관한 기록으로 안디옥 교회의 파송을 받은 바울과 바나바가 구브로 섬의 전도에 이어 비시디아 안디옥에서 전도하는 장면이다.

위에서부터 아래로 써야 바울의 전도가 순서대로 된다. 사또의 도포에 바나나와 방울이 같이 있는데 바나나와 방울은 사또의 장식품이다.　바나나 → 바나바,　방울 → 바울

1. **바나바와 바울을 보내다**(1-3) - 바나나와 방울 장식품이 같이 있는 것처럼 1차 전도여행 때(행 13-14장)는 바나바와 바울이 같이 전도했다. 이때부터 사울에서 바울로 불려 지는데 아마도 최초의 해외 전도여행에서 바울이 얻게 된 첫 개종자 서기오 바울의 이름에서 따온 것으로 추측된다.

   ※ 안디옥 교회의 선지자와 교사(1) - 마나엔(헤롯의 젖동생), 루기오, 바나바, 사울, 시므온 - 안디옥 교회의 마루바(닭) 샤시

   사또의 도포 위쪽에 실밥이 풀어져 있다.　실 → 실루기아,　밥 → 배

2. **실루기아로 내려가 배를 타다**(4)

   사또의 도포가 구부러져 있고 구부러져 있는 도포에 米(쌀 미) 자와 바보라는 글씨가 써 있다.　구부러 → 구브로,　쌀 미 → **살라미**

3. **구브로의 살라미 전도**(4-5) - 구브로 섬 동쪽 끝에 위치한 항구이며 구브로 섬의 수도.

4. **구브로의 바보 전도**(6-12) - 구브로 섬 서남 끝에 있던 도시

   ※ **바**보 - **박**수 **바**예수(바울의 저주로 일시 소경됨)와 총독 서기오 **바**울이 나오며 바가 공통으로 들어감.
   도포의 술 - 밤이 달려있다.　밤 → 밤빌리아의 버가

5. **밤빌리아의 버가를 지나다**(13-14) - 마가(≒버가)는 버가를 떠나 예루살렘으로 돌아**가**버린다.

   • 바울과 및 동행하는 사람들이 바보에서 배 타고 밤빌리아에 있는 버가에 이르니 요한(마가)은 그들에게서 떠나 예루살렘으로 돌아가고(13)
   (암기방법) 왜 버가에서 전도하지 않고 **가버**렸는지 알아보자. 버가는 거꾸로 하면 **가버**리다가 되므로 버가에서는 전도하지 않고 지나간다. 단 행 14장에서 유턴할 때는 전도하고 간다(행 14:25). 또한 버가에서 같이 동행하던 마가(≒버가) 요한이 바울과 바나바를 떠나 예루살렘으로 **가버**린다.
   사또의 도포자락에는 바울의 설교내용이 잔뜩 적혀있으며 설교글씨가 마치 비가 내리는 것 같다.　비 → 비시디아 안디옥(수리아의 안디옥과 다르다)

6. **바나바와 바울의 비시디아 안디옥 전도와 설교**(13-52) - 비시디아 안디옥에서 비시는 반대법으로 시비가 되며 따라서 비시디아 안디옥에서 유대인들이 시기하여 경건한 귀부인들과 성내 유력자들을 선동하였으며 결국 바울과 바나바가 쫓겨나 이고니온(14장)으로 가게 된다.
   바울과 바나바가 장문의 설교를 했음에도 유대인들이 변하지 않자 이방인 선교를 선언한다.

7. 바울과 바나바가 담대히 말하여 이르되 하나님의 말씀을 마땅히 먼저 너희에게 전할 것이로되 너희가 그것을 버리고 영생을 얻기에 합당하지 않은 자로 자처하기로 우리가 이방인에게 향하노라(46)

   ※ 사도행전에서 바울이 이방인에게 전도할 것을 선언한 곳 - 행 13, 18, 28장(28장에 자세히 적음)

사도행전 14장	
배 경	사또의 발
대제목	이고니온 전도

📖 제1차 전도여행의 계속으로 바울과 바나바는 이고니온을 거쳐 루스드라에서 전도한다. 이후 바울과 바나바는 안디옥 교회로 돌아와서 그 동안의 일들을 교회에 보고한다.

사또의 발 - 덧버선을 신고 있고 고니가 그려져 있다. 이 고니(백조)의 이름은 '루스'더라

이 고니 → 이고니온,   루스더라 → 루스드라

1. 바울과 바나바의 이고니온 전도(1-7)

   ※ 고니 즉 백조(100兆)는 엄청 많은 수이므로 유대와 헬라의 허다한 무리들이 믿은 곳은 이고니온
   말씀증거 후 유대인을 따르는 자들과 두 사도를 따르는 자들 둘로 나뉜 곳 - 이(2)고니온

2. 바울과 바나바의 루스드라 전도(8-18)

   사또의 발이 앉은뱅이의 발처럼 생겼다.

3. 바울이 루스드라에서 앉은뱅이를 고치다(8-18)

   • 루스드라에 발을 쓰지 못하는 한 사람이 앉아 있는데 나면서 걷지 못하게 되어 걸어 본 적이 없는 자라 바울이 말하는 것을 듣거늘 바울이 주목하여 구원 받을 만한 믿음이 그에게 있는 것을 보고 큰 소리로 이르되 네 발로 바로 일어서라 하니 그 사람이 일어나 걷는지라 무리가 바울이 한 일을 보고 루가오니아 방언으로 소리 질러 이르되 신들이 사람의 형상으로 우리 가운데 내려오셨다 하여 바나바는 제우스라 하고 바울은 그 중에 말하는 자이므로 헤르메스라 하더라(8-12)

   ※ '루**스**드라에 발을 **쓰**지 못하는 한 사람이 있어' 따라서 앉은뱅이를 고친 곳은 루**스**드라이며 제우**스** 와 헤르메**스**는 루**스**드라 사람들이 바울일행이 앉은뱅이 고친 것을 보고 신들이 사람의 형상으로 내려왔다 하여 붙여준 이름이다. 바나바를 제우스라 한 것은 그의 외모가 바울에 비해 위풍당당했 기 때문이고 바울을 헤르메스라 한 것은 그가 사람들 앞에서 말하는 사람이었기 때문이다.

   바울이 돌에 맞아 **쓰**러진 곳은 '루**스**드라' 이다.

4. 유대인들이 안디옥과 이고니온에서 와서 무리를 충동하니 그들이 돌로 바울을 쳐서 죽은 줄로 알 고 시외로 끌어 내치니라 제자들이 둘러섰을 때에 바울이 일어나 그 성에 들어갔다가 이튿날 바 나바와 함께 더베로 가서 복음을 그 성에서 전하여 많은 사람을 제자로 삼고(19-21)

   덧버(선)ⓢ → 더버 → 더베

5. 바울과 바나바의 더베 전도(19-21)

   덧버선을 자세히 보면 ⤵↑ 화살표 표시가 되어 있는데 이것은 귀환을 나타낸다.

6. 수리아의 안디옥으로 귀환하다(21-28)

   * 바울의 1차 전도여행(행 13-14장) - 바울과 바나바 동행

   13장 수리아 안디옥(본부) → 실루기아 → 구브로의 살라미 → 구브로의 바보 → 밤빌리아의 버 가 → 비시디아 안디옥 → 14장 이고니온 → 루스드라 → 더베(이곳에서 되돌아 감) → 루스드라 → 이고니온 → 비시디아 안디옥 → 밤빌리아의 버가 → 앗달리아(구브로가 아님) → 수리아 안디옥

사도행전 15장		
배 경	포졸들	
대제목	예루살렘 회의	

📖 본문은 예루살렘 총회에 대한 기록으로 총회에서 가결된 내용이 편지를 통해 이방인 신자들에게 전달된다. 한편 제2차 전도여행과 관련하여 바울과 바나바의 분열이 소개된다.

포졸들이 춘향이를 어떻게 처치할까 회의를 하고 있다. 네 사람(이방포함)이 회의를 하고 있으므로 예루살렘 회의가 된다.　네(예)・사(살)・람(렘) → 예루살렘

1. 예루살렘 회의(1-21) - 바리새파는 이방인에게 할례를 행해야 한다고 주장하였고 반대로 베드로는 이방인들에게 그런 멍에를 목에 두지 말자고 주장했으며 야고보는 두 의견을 중재하였다.
   • 그러므로 내(야고보-예수님의 동생) 의견에는 이방인 중에서 하나님께로 돌아오는 자들을 괴롭게 하지 말고 다만 우상의 더러운 것과 음행과 목매어 죽인 것과 피를 멀리 하라고 편지하는 것이 옳으니(19-20) - 우피목음(소피먹음)
   이방이 춘향이의 재판 결과가 들어있는 사또의 편지를 포졸들에게 주고 있다.

2. 이방인 신자들에게 보내는 편지(22-35)
   • 그 편에 편지를 부쳐 이르되 사도와 장로 된 형제들은 안디옥과 수리아와 길리기아에 있는 이방인 형제들에게 문안하노라 들은 즉 우리 가운데서 어떤 사람들이 우리의 지시도 없이 나가서 말로 너희를 괴롭게 하고 마음을 혼란하게 한다 하기로(23-24)
   • 성령과 우리는 이 요긴한 것들 외에는 아무 짐도 너희에게 지우지 아니하는 것이 옳은 줄 알았노니 우상의 제물과 피와 목매어 죽인 것과 음행을 멀리할지니라 이에 스스로 삼가면 잘 되리라(28-29)
   왼쪽의 두 포졸 즉 방울(바울)을 차고 있는 포졸과 바나나(바나바) 장식을 차고 있는 포졸이 토라져서 서로 등지고 있다.　방울 → 바울,　바나나 → 바나바

3. 바울과 바나바가 갈라서다(36-41) - 마가 요한을 데려가는 문제로 의견이 맞지 않아 갈라섬.
   • 며칠 후에 바울이 바나바더러 말하되 우리가 주의 말씀을 전한 각 성으로 다시 가서 형제들이 어떠한가 방문하자 하고 바나바는 마가라 하는 요한도 데리고 가고자 하나 바울은 밤빌리아에서 자기들을 떠나 함께 일하러 가지 아니한 자를 데리고 가는 것이 옳지 않다 하여 서로 심히 다투어 피차 갈라서니 바나바는 마가를 데리고 배 타고 구브로로 가고 바울은 실라를 택한 후에 형제들에게 주의 은혜에 부탁함을 받고 떠나 수리아와 길리기아로 다니며 교회들을 견고하게 하니라(36-41) - 바울은 출신지가 길리기아 다소이므로 길리기아로, 바나바는 출신지가 구브로이므로 구브로로 떠난다. (암기방법) 바나나는 구브로져 있다. 바나나(바나바)가 구브로지는 것을 마가.

   ＊ 바울의 2차 전도여행(행 15-18장) - 바울과 실라 동행, 16장부터 디모데 합류.
   15장 수리아 안디옥 → 길리기아 → 16장 더베 → 루스드라(디모데 합류, 할례행함, 성령이 아시아에서 말씀 전하는 것[뉴스=루스]×) → 브르기아 → 갈라디아 → 무시아(비두니아행 예수의 영이 무시 즉 허락×) → 드로아(마게도냐인의 환상) → 사모드라게 → 네압볼리 → 빌립보(간수회심) → 17장 암비볼리 → 아볼로니아 → 데살로니가 → 베뢰아 → 아덴 → 18장 고린도(2차 전도여행의 중심지, 살전・살후 기록) → 겐그레아(바울이 서원 때문에 머리 깎음) → 에베소 → 가이사랴 → 수리아 안디옥

사도행전 16장	
배 경	채찍
대제목	빌립보 감옥

📖 바울과 실라는 빌립보 전도에 나서 첫 회심자 루디아를 얻지만 핍박을 받아 감옥에 갇힌다. 하지만 그 일은 빌립보 간수와 그의 가족에게 복음을 전하는 선한 계기로 이어진다.

데모했다고 간수가 빌려온 채찍으로 때린 후 감옥으로 보내는데 빌려온 채찍으로 때린 후 감옥에 보냈으므로 이 감옥을 빌립보 감옥이라 부른다. 데모 → 디모데, 빌려온 → 빌립보
이 채찍은 가는 걸로 봐서 실로 만들었으며 끝에 방울(바울)이 달려있다. 실 → 실라

1. 바울이 디모데를 데리고 가다(1-5) - 루스드라에서 만난 디모데는 어머니가 유대인이고 아버지가 헬라인이었으며 모든 유대인들로부터 이방인이라고 비난받지 않고 순조롭게 복음을 증거하게 하기 위해서 디모데에게 할례를 시행한다.

2. 바울과 실라가 빌립보 감옥에 갇히다(19-24) - 귀신들려 점치는 여종의 주인의 고소로 갇힘

3. 빌립보 감옥의 간수가 회심하다(25-40)
   • 갑자기 큰 지진이 나서 옥터가 움직이고 문이 곧 다 열리며 모든 사람의 매인 것이 다 벗어진지라(26)
   • 간수가 등불을 달라고 하며 뛰어 들어가 무서워 떨며 바울과 실라 앞에 엎드리고 그들을 데리고 나가 이르되 선생들이여 내가 어떻게 하여야 구원을 받으리이까 하거늘(29-30)
   • 주 예수를 믿으라 그리하면 너와 네 집이 구원을 받으리라(31) - 너와 네 집=대가족(31), 여기서 너는 빌립보 감옥의 간수를 말하므로 16장이 된다.
   채찍은 자색(보라와 빨강사이의 색)이다. 채찍이 자색이라는 것을 머릿속에 각인시키자.

4. 자색 옷감장사 루디아가 믿다(11-15) - 빌립보(로마의 식민지, 마게도냐의 첫 성) 최초의 신자
   채찍에 껌이 붙어있다. ※ 마 10장의 껌은 검으로 해석함에 유의할 것.

   껌 ┌ 음감법 → 꿈(환상) ── 영어로 → 드림 ── 음감법 → 드로아 : 드로아에서 본 환상
      └ 음감법 → 쩜(점) ──────────→ 귀신들려 점치는 여종 고침

5. 드로아에서 환상을 본 바울(6-10) - 성령이 아시아에서 말씀을 전하지 못하게 하시거늘 그들이 브루기아와 갈라디아 땅으로 다녀가 무시아 앞에 이르러 비두니아로 가고자 애쓰되 예수의 영이 허락하지 아니하시는지라 무시아를 지나 드로아로 내려갔는데 밤에 환상이 바울에게 보이니 마게도냐 사람 하나가 서서 그에게 청하여 이르되 마게도냐로 건너 와서 우리를 도우라 하거늘~ 이는 하나님이 저 사람들에게 복음을 전하라고 우리를 부르신 줄로 인정함이러라(6-10)

6. 바울이 귀신들려 점치는 여종을 고치다(16-18) - 우리가 기도하는 곳에 가다가 점치는 귀신들린 여종 하나를 만나니 점으로 그 주인들에게 큰 이익을 주는 자라 그가 바울과 우리를 따라와 소리 질러 이르되 이 사람들은 지극히 높은 하나님의 종으로서 구원의 길을 너희에게 전하는 자라 하며 이같이 여러 날을 하는지라 바울이 심히 괴로워하여 돌이켜 그 귀신에게 이르되 예수 그리스도의 이름으로 내가 네게 명하노니 그에게서 나오라 하니 귀신이 즉시 나오니라(16-18)

   ※ 사도행전에서 바울이 로마 시민권을 행사한 곳 - 16장(빌립보 간수의 상관들에게 - 채찍에 붙어 있는 껌 이름=시민껌, 시민껌 → 시민권), 22장(바울의 다리에 시민권이라고 써 있다)

사도행전 17장		
배 경	멍석	
대제목	데살로니가 전도	A MEN

📖 **빌립보를 떠난 바울일행은 데살로니가, 베뢰아, 아덴에서의 전도활동이 상세히 기록되었다.**
춘향이가 앉아있는 멍석은 악명 높은 대살(大殺)멍석이다. 그 멍석위에서 많은 죄수가 죽어 갔으니 대살멍석이라 부른다.

1. **데살로니가 전도(1-9)** - 실제 데살로니가에서는 대살이라는 이름처럼 전도하는데 애를 먹었으며(3주 정도밖에 머물지 못함 - 세 안식일에 성경을 가지고 강론하며, 행 17:2) 이 때문에 베뢰아로 가서 전도했으나 데살로니가의 유대인들이 베뢰아까지 쫓아와 훼방을 놓았다.

   • 천하를 어지럽게 하던 이 사람들이 여기도 이르매(6) - 말이 과격하므로 장소가 데살로니가가 된다.

   ※ 야손 - 바울일행을 영접하여 자신의 집까지 제공했는데 그것이 화근이 되어 구금이 되었으나 보석금을 주고 풀려난다 - **야 손** 좀 봐주라. 말이 살벌하므로 야손은 데살로니가와 관계가 있다. 또한 '봐주라'를 잘못을 덮어주는 것으로 해석하면 보석금을 주고 풀려난 것과도 연관 지을 수 있다.
   멍석에 배가 있고 그 멍석위에서 많은 죄수가 죽어갔으므로 고인의 명복을 비는 뜻으로 멍석에 A MEN(아멘)이라고 써 놓았다.   배 → 베뢰아,   아멘 → 아덴

2. **베뢰아 전도(10-15)** - 베뢰아 사람은 데살로니가에 있는 사람보다 더 신사적이어서 간절한 마음으로 말씀을 받고 이것이 그러한가 하여 날마다 성경을 상고하므로(11)
   (암기방법) 베뢰아 사람들은 **배려**심이 많다.

3. **아덴(아테네) 전도(16-34)** - **아**레오바고에서 연설, 종교 철학의 도시, 교회를 세우지는 못했다.

   • 내가 두루 다니며 너희가 위하는 것들을 보다가 **알**지 못하는 신에게 라고 새긴 단도 보았으니 그런즉 너희가 알지 못하고 위하는 그것을 내가 너희에게 알게 하리라 우주와 그 가운데 있는 만물을 지으신 하나님께서는 천지의 주재시니 손으로 지은 전에 계시지 아니하시고 또 무엇이 부족한 것처럼 사람의 손으로 섬김을 받으시는 것이 아니니 이는 만민에게 생명과 호흡과 만물을 친히 주시는 이심이라(23-25) - 우리가 하나님께 기도할 때는 '아멘'하지만 알지 못하는 신을 위하는 고장에서는 '아덴'이라고 해야 한다.

   • 너희 시인 중 어떤 사람들의 말과 같이 우리가 그의 소생이라 하니 이와 같이 하나님의 소생이 되었은즉 하나님을 금이나 은이나 돌에다 사람의 기술과 고안으로 새긴 것들과 같이 여길 것이 아니니라 **알**지 못하던 시대에는 하나님이 간과하셨거니와 이제는 어디든지 사람에게 다 명하사 회개하라 하셨으니 이는 정하신 사람으로 하여금 천하를 공의로 심판할 날을 작정하시고 이에 그를 죽은 자 가운데서 다시 살리신 것으로 모든 사람에게 믿을만한 증거를 주셨음이니라 하니라(28-31)

   • 그들이 죽은 자의 부활을 듣고 어떤 사람은 조롱도 하고 어떤 사람은 이 일에 대하여 네 말을 다시 듣겠다 하니(32) - 아레오바고에서 설교한 내용으로 아래 → 죽음을, 오바고 → 넘어서 가는 것이므로 부활이 된다. 따라서 죽은 자의 부활과 관련된 이 구절은 아레오바고 설교 때 한 것이다.

   ※ 아레오바고 - 아테네의 종교·도덕에 관한 문제를 강론하고 재판하던 장소. 멍석**아래 오바**가 있다.
   에피쿠로스와 스토아 철학자들이 바울과 쟁론한 지역과 이유 - 아덴, 바울이 예수와 부활을 전해서.
   바울이 아레오바고에서 설교한 후 믿은 사람 - 오바 아래에 가만히(다마리) 뒤로 누시오(디오누시오)

사도행전 18장	
배 경	춘향이
대제목	고린도 전도

📖 고린도에서 사역을 펼친 바울 일행이 에베소를 거쳐 안디옥 교회로 돌아오는 장면이다. 춘향전은 고전이다.   고전 → **고린도 전**도,   참고로 춘향이의 외국식 이름은 '아굴라와 브리스길라'이다. 따라서 행 18장 고린도에 아굴라와 브리스길라 부부가 나온다.

1. 바울의 고린도 전도(1-17) - 2차 전도여행의 중심지로 1년 6개월간 머물렀다.
   • 바울이~ 고린도에 이르러 아굴라라 하는 본도에서 난 유대인 한 사람을 만나니 글라우디오가 모든 유대인을 명하여 로마에서 떠나라 한고로~ 그 아내 브리스길라와 함께 이달리아로부터~ 온지라 바울이 그들에게 가매 생업이 같으므로 함께 살며 일을 하니 그 생업은 천막을 만드는 것이더라(1-3)
   • 안식일마다 바울이 회당에서 강론하고 유대인과 헬라인을 권면하니라(4) - 고린도(행 18장)에서 이루어진 일로 '안식일마다 고린도군이 회당에서 강론한다'고 생각하자.
   • 거기서(아굴라와 브리스길라의 집에서) 옮겨 하나님을 경외하는 디도 유스도라 하는 사람의 집에 들어가니 그 집은 회당 옆이라(7) - 바울이 아굴라와 브리스길라(고전 18장)의 집에 유하다가 피해를 주는 것 같아 회당 옆에 있는 유스호스텔(디도 유스도)로 옮겼다. 따라서 아굴라와 브리스길라의 집 다음으로 머문 곳은 회당 옆에 사는 디도 유스도(고전 18장)의 집이다. 이 회당에는 2명의 회당장(그리스보, 소스데네)이 있다. 참고로 디도 유스도가 나오면 그리스보도 같이 나온다.
   • 갈리오가 아가야 총독 되었을 때에 유대인이 일제히 일어나 바울을 대적하여 법정으로 데리고 가서(12)
   • 모든 사람이 회당장 소스데네를 잡아 법정 앞에서 때리되(17) - **소스**라칠 정도로 **때**린 사람, 소스데네
   ※ 고린**도** 전도 때 디**도** 유스도가 나오며 또 '예수는 그리스**도**라 증언(5, 28)'하는 구절이 나온다. 춘향이가 애뱃소(그림에서는 보이지 않는다).   애뱃소 → 에베소
2. 바울의 에베소 전도(18-23) - 에베소 전도하고 안디옥에 도착함으로써 2차 전도여행이 끝난다.
   ※ 바울이 일찍이 서원이 있어 머리를 깎은 장소 - 겐그레아(고린도와 에베소사이) - 괜히 머리를 깎았나 애 밴 모양이 아폴로 우주선처럼 볼록하다.   애 밴 → 에베소,   아폴로 → 아볼로
3. 아볼로의 에베소 전도(24-28) - 알렉산드리아에서 난 아볼로라 하는 유대인이 에베소에 이르니 이 사람은 언변이 좋고 성경에 능통한 자라 그가~ 열심으로 예수에 관한 것을 자세히 말하며 가르치나 요한의 세례만 알 따름이라 그가 회당에서 담대히 말하기 시작하거늘 브리스길라와 아굴라가 듣고 데려다가 하나님의 도를 더 정확하게 풀어 이르더라(24-26) - 아볼로는 알렉산드리아 출신이다. 춘향이의 옷 - **잠**옷,   잠 → 잠잠하지 말고 말하라,   참고로 잠옷은 밤에 입는 옷이다.
4. 밤에 주께서 환상 가운데 바울에게 말씀하시되 두려워하지 말며 **잠잠(침묵)하지 말고 말하라**~ 이는 이 성중에 내 백성이 많음이라 하시더라(9-10)
   춘향이가 이 도령을 좋아하는 줄 알고 있는데 사실 춘향이는 이방을 좋아한다.
5. 그들이 대적하여 비방하거늘 바울이 옷을 털면서 이르되 너희 피가 너희 머리로 돌아갈 것이요 나는 깨끗하니라 **이 후에는 이방인에게로 가리라**(6) - 이방인을 상대로 전도할 것 선언(행 13, 28장)
   ※ 바울에게 세례를 받은 사람 - 회당장 그리스보(8, 그리스도의 이름으로 세례를 받았다고 생각하자)

사도행전 19장		애 밴 것 같다
배 경	**춘향이 집 나무**	
대제목	**은장색 사건**	

📖 바울의 제3차 전도여행 중 에베소 사역을 다룬 부분이다. 이곳에서 많은 결신자들을 얻지만 아데미 여신을 섬기는 우상 숭배자들의 소동으로 바울은 그곳을 떠날 수밖에 없었다.
춘향이 집 옆의 나무는 은색이므로 은장색나무라 부른다.

1. 은장색 사건(21-41) - 은으로 아데미 여신의 신전과 여신상을 축소하여 만들어서 사람들에게 팔던 장인들을 은장색이라고 하는데 이들이 사람의 손으로 만든 것들은 신이 아니라고 말한 바울로 인해 생업이 위협을 받자 데메드리오(요한 3서와 동명이인)를 중심으로 소동을 일으킨다.
   ※ '크다 에베소 사람의 아데미여' 라고 2시간 동안 외친 무리를 진정시킨 자 - 서기장
   은장색나무의 윗부분이 애 밴 것처럼 불룩하며 누가복음 3장에 **세례 요한**이 있던 누각의 지붕과 비슷하게 생겼다.   애 밴 → 에베소

2. 바울의 에베소 전도(8-20) - 3차 전도여행의 중심지로 3년 머묾. 이곳에서 고린도전서를 기록.
   ※ 에베소에서 바울과 함께 다닌 마게도냐 사람 - 가이오, 아리스다고 - 애 배서(에베소) 낳고자 하나 마켜서(마게도냐) 제왕절개로 낳으려고 가위로(가이오) 배를 가르니 아! 쓰리다고(아리스다고).

3. 바울이 에베소에서 요한의 세례만 받은 제자들을 만나다(1-7) - 바울이 그들에게 안수하매 **성령이 그들에게 임하시므로** 방언도 하고 예언도 하니 모두 12사람쯤 되니라(6-7)
   은장색나무 위에 있는 마술책이 불타고 있다.

4. 마술책 사건(13-20) - 유대의 한 제사장 스게와의 일곱 아들도 이 일(주 예수의 이름으로 악귀를 물리치는 것)을 행하더니 악귀가 대답하여 이르되 내가 예수도 알고 바울도 알거니와 너희는 누구냐 하며 악귀 들린 사람이 그들에게 뛰어올라 눌러 이기니 그들이 상하여 벗은 몸으로 그 집에서 도망하는지라~ 또 마술을 행하던 많은 사람이 그 책을 모아 가지고 와서 모든 사람 앞에서 불사르니 그 책값을 계산한즉 은 5만이 나 되더라(13-19)
   마술책의 출판사는 두란노 서원(에베소의 철학 강연 장소)이다.

5. 두란노 서원(9) - 바울이~ 두란노 서원에서 날마다 강론하니라 두 해 동안 이같이 하니 아시아에 사는 자는 유대인이나 헬라인이나 다 주의 말씀을 듣더라(9-10) - 두란노 서원에서 두 해를 있었다.
   은장색나무가 손수건 같기도 하고 앞치마 같기도 하다.

6. 바울의 몸에서 손수건이나 앞치마를 가져다가 병든 사람에게 얹으면 병이 떠나고 악귀도 나가더라(12)

* **바울의 3차 전도여행**(행 19-21장)
   수리아 안디옥 → 갈라디아 → 브루기아 → 에베소(3차 전도여행의 중심지로 3년 머묾. 아데미 사건 터짐, 고전기록) → 드로아(전도의 문 열렸으나 지나감) → 마게도냐[빌립보(고후기록) → 데살로니가 → 베뢰아] → 헬라[아덴 → 고린도(3개월 머묾. 로마서 기록, 수리아 안디옥으로 가려했으나 유대인의 위협 때문에 왔던 길로 되돌아감)] → 마게도냐(베뢰아 → 데살로니가 → 빌립보) → 드로아(유두고 사건) → 앗소 → 미둘레네 → 기오 → 사모 → 밀레도(에베소 장로들을 불러 고별 설교함) → 고스 → 로도 → 바다라 → 두로 → 돌레마이 → 가이사랴 → 예루살렘(체포)

사도행전 20장	
배 경	**나무 아래**
대제목	**드로아 청년 유두고를 살리다**

📖 바울의 제3차 전도여행에 대한 기록으로 드로아에서 유두고를 소생시킨 사건과 밀레도에서 에베소 교회의 장로들을 초청하여 행한 바울의 고별 설교 장면이다.

한 청년이 나무위에서 코를 드르렁 골며 잠을 자다가 나무위에서 떨어졌으며 드르렁 → 드로아가 되므로 이 청년은 드로아 청년이 된다. 또한 잠을 자다 나무위에 무엇인가를 **두고** 떨어졌으므로 이 청년의 이름은 유두고가 된다.

1. 바울이 잠자다 떨어진 드로아 청년 유두고를 살리다(7-12) = 드로아 전도
    떨어질 때 어떤 물건위에 떨어졌는지 소리가 난다. ♪♪ 도레미 미레도, **드로아** 청년 유두고가 나무위에서 잠을 자다 나무 아래로 떨어져 엉덩이가 땅에 **도착**했고 땅에 도착했을 때 도레미 미레도(**밀레도**) 소리가 나므로 바울이 드로아에서 밀레도에 도착했음을 알 수 있다.

2. 바울이 드로아에서 밀레도에 도착하다(13-16)
    엉덩방아를 찧었을 때 얼마나 아픈지 머리위에서 별이 다 보인다. 높은 곳에서 떨어졌음에도 **장애(장**로, **에**베소)가 없는 게 천만다행이다.   머리위에 (높이) 있는 별 → 고별

3. 밀레도에서 에베소 장로들에게 고별설교를 하다(17-38) - 예루살렘에 가기 전 고별설교를 함.
    *   아시아에 들어온 첫날부터 지금까지 내가 항상 여러분 가운데서 어떻게 행하였는지를 여러분도 아는 바니 곧 모든 겸손과 눈물이며 유대인의 간계로 말미암아 당한 시험을 참고 주를 섬긴 것과(18-19)
    *   보라 이제 나는 성령에 매여 예루살렘으로 가는데 거기서 무슨 일을 당할는지 알지 못하노라(22)
    *   내가 떠난 후에 사나운 이리가 여러분에게 들어와서 그 양 떼를 아끼지 아니하며(29)
    *   여러분이 일깨어 내가 3년이나 밤낮 쉬지 않고 눈물로 각 사람을 훈계하던 것을 기억하라(31)
    *   지금 내가 여러분을 주와 및 그 은혜의 말씀에 부탁하노니 그 말씀이 여러분을 능히 든든히 세우사 거룩하게 하심을 입은 모든 자 가운데 기업이 있게 하시리라(32)
    ※ 눈물(고별)과 여러분(에베소 장로)이 나오는 구절은 바울이 에베소 장로들에게 한 고별설교가 된다. 바울이 그간 에베소 장로들과 정이 많이 들어서 헤어질 때 이별주를 마셨는데 33 55 모여 앉아 잔을 주거니 받거니 하고 있다.

4. 주 예수께서 친히 말씀하신 바 **주는 것이 받는 것보다 복이 있다** 하심을 기억하여야 할지니라(35)
    유두고가 나무에서 떨어지자마자 노루(24)처럼 **달려가고** 있다. 왜? 창피하니까.

5. 내가 달려갈 길과 주 예수께 받은 사명 곧 하나님의 **은혜**의 복음을 증언하는 일(이 구절이 사도행전임을 말해준다)을 마치려 함에는 나의 생명조차 조금도 귀한 것으로 여기지 아니하노라(24) - 나무에서 떨어지자마자 노루(24)처럼 달려가고 있다. 달음질은 노루(24)와 관련이 있다(고전 9장 참조) 유두고 청년의 머리는 그 당시 최고 유행하던 마게도냐·헬라 스타일이다.

6. 바울의 마게도냐·헬라 전도(1-6) - 헬라에서 전도했다고 했는데 이는 고린도(3달 머묾)를 말함.
    ※ 마게도냐 - 헬라의 북반부에 위치, 헬라 - 희랍 또는 그리스. 신약에서는 아가야로 불림.

사도행전 21장		
배 경	춘향이집 왼쪽	
대제목	바울의 체포	

📖 본문은 밀레도를 떠난 바울이 예루살렘에 도착하기까지의 여정과 예루살렘에서 율법을 지켜 결례를 행한 일 그리고 예루살렘에서 유대인들에 의해 체포당한 일들에 대한 기록이다.
기둥에 '바울의 체포'라고 써진 깃발이 꽂혀있다.

1. 바울의 체포(27-40) - 유대인들이 성전에서 바울을 보고 모든 무리를 충동하여 그를 붙들고 외치되~ 이 사람은 각처에서 우리 백성과 율법과 이곳을 비방하여 모든 사람을 가르치는 그 자인데 또 헬라인을 데리고 성전(예루살렘)에 들어가서 이 거룩한 곳(예배소)을 드로폈다 하니 이는 그들이 전에 에베소 사람 드로비모가 바울과 함께 시내에 있음을 보고 바울이 그를 성전에 데리고 들어간 줄로 생각함이러라~ 그들이 그를 죽이려 할 때에 온 예루살렘이 요란하다는 소문이 군대의 천부장에게 들리매~ 천부장이 가까이 가서 바울을 잡아 두 쇠사슬로 결박하라 명하고(27-33)
   ※ '바울의 체포'라고 써 있는 깃발은 천으로 되어 있으므로 바울을 체포한 자는 천부장이 된다.
   ※ 바울이 유대인에게 자신을 변호할 수 있도록 천부장에게 부탁할 때 사용한 언어 - 히브리 말(40)
   이 깃발은 나중에 너덜너덜해지면 걸레로 사용할 것이다.   걸레 → 결례(정결케 하는 의식)

2. 바울이 결례를 행하다(17-26) - 바울에게 나실인의 결례와 같은 유대인 관습은 중요한 것이 아니었으나 그가 이렇게 행동한 것은 다른 사람을 얻기 위해서, 즉 유대인과의 화목을 위해서이다. 제비는 철새이므로 계절에 따라 여행을 하는데 문패에 예루살렘이라고 써 있으므로 이 제비가족은 예루살렘으로 여행중임을 알 수 있다. 참고로 이 제비는 무릎 바다제비라 한다.

3. 바울의 예루살렘 여행(1-16)

4. 우리가 바닷가에서 무릎을 꿇어 기도하고 서로 작별한 후 우리는 배에 오르고 그들은 집으로 돌아가니라(5-6) - 바다를 대표하는 도시는 두로이므로 이곳의 장소는 두로가 된다.
   ※ 제비가 예루살렘을 갈 때 오래도록 날아서 가야하므로 피로를 줄이려면 손을 구브려 몸에 붙이고 가야 한다. 따라서 바울이 예루살렘에 갈 때 데리고 간 사람은 오랜 제자 구브로 사람 나손이 된다. 제비 4마리는 빌립의 4딸을 의미하기도 한다. 참고로 그림을 보면 제비가 가위와 비슷하므로 빌립의 집은 가이사랴에 있다.   가위 → 가이사랴

5. 두로를 떠나~ 돌레마이에 이르러~ 하루를 있다가 이튿날 떠나 가이사랴에 이르러 7집사 중 하나인 전도자 빌립의 집에 들어가서 머무르니라 그에게 딸 넷이 있으니 처녀로 예언하는 자라(7-9) 빌립의 4딸이 예언하는 자이므로 행 11장 안디옥에서 흉년을 예언했던 아가보가 이번에는 바울이 예루살렘에서 체포될 것을 예언하는 장면이 나온다(예언한 장소 - 가이사랴).

6. 아가보라 하는 한 선지자가~ 예루살렘에서~ 이 띠 임자를 결박하여 이방인의 손에 넘겨주리라(11) 문패에 예루살렘이라고 썼다. 암기를 위해 문패가 야구(야고보) 방망이 모양이라 생각하자.

7. 바울이 예루살렘에 도착하여 야고보를 방문하다(17-26) - 예루살렘에 이르니~ 그 이튿날 바울이 우리와 함께 야고보(예수님의 동생)에게로 들어가니 장로들도 다 있더라 바울이 문안하고 하나님이 자기의 사역으로 말미암아 이방 가운데서 하신 일을 낱낱이 말하니(17-19)

사도행전 22장		
배 경	춘향이집 중앙	
대제목	바울의 간증	

📖 체포당한 바울이 유대인들 앞에서 자신의 회심 과정을 설명하면서 자신과 복음을 변호하는 장면과 심문받을 때 로마 시민권자임을 밝혀 천부장의 보호를 받는 장면이다.
춘향이집 정문에서 바울이 간증하고 있다. 옷에 그려져 있는 간은 간증을 나타낸다.

1. 바울의 간증(1-21) - 체포당한 바울이 유대인들 앞에서 자신의 회심 과정을 설명하고 있다.
   • 나는 유대인으로 길리기아 다소에서 났고 이 성에서 자라 가말리엘의 문하에서 우리 조상들의 율법의 엄한 교훈을 받았고 오늘 너희 모든 사람처럼 하나님께 대하여 열심 있는 자라 내가 이 도를 박해하여 사람을 죽이기까지 하고 남녀를 결박하여 옥에 넘겼노니 이에 대제사장과 모든 장로들이 내 증인이라 또 내가 그들에게서 다메섹 형제들에게 가는 공문을 받아가지고 거기 있는 자들도 결박하여 예루살렘으로 끌어다가 형벌 받게 하려고 가더니 가는 중 다메섹에 가까이 갔을 때에 오정쯤 되어 홀연히 하늘로부터 큰 빛이 나를 둘러 비치매 내가 땅에 엎드러져 들으니 소리 있어 이르되 사울아 사울아 네가 왜 나를 박해하느냐 하시거늘 내가 대답하되 주님 누구시니이까 하니 이르시되 나는 네가 박해하는 나사렛 예수라 하시더라(3-8)
   • 그가 또 이르되 우리 조상들의 하나님이 너를 택하여 너로 하여금 자기 뜻을 알게 하시며 그 의인을 보게 하시고 그 입에서 나오는 음성을 듣게 하셨으니 네가 그를 위하여 모든 사람 앞에서 네가 보고 들은 것에 증인이 되리라(14-15)
   ※ 사도행전에서 바울의 회심(간증) 사건이 나오는 곳 - 9장, 22장, 26장
   ※ 바울의 자기소개 - 행 22장(그림을 보면 바울이 팔을 벌리며 웃고 있는 것이 딱 봐도 자기소개 중이라는 것을 알 수 있다. 3절), 롬 11장(면접 볼 때 남은 자들이 자기차례가 되자 각자 자기소개를 하고 있다. 1절), 빌 3장(배설물이란 뱃소개서 체외로 배출되는 물질을 말한다. 5절)
   바울의 바지에 시민권이라고 써 있다.

2. 바울의 로마시민권(22-30) - 심문을 받을 때 로마시민권자임을 밝혀 천부장의 보호를 받는 장면
   • 가죽 줄로 바울을 매니 바울이 곁에 서 있는 백부장더러 이르되 너희가 로마 시민 된 자를 죄도 정하지 아니하고 채찍질할 수 있느냐 하니 백부장이 듣고 가서 천부장에게 전하여 이르되 어찌하려 하느냐 이는 로마 시민이라 하니 천부장이 와서 바울에게 말하되 네가 로마 시민이냐 내게 말하라 이르되 그러하다 천부장이 대답하되 나는 돈을 많이 들여 이 시민권을 얻었노라 바울이 이르되 나는 나면서부터라 하니 신문하려던 사람들이 곧 그에게서 물러가고 천부장도 그가 로마 시민인 줄 알고 또는 그 결박한 것 때문에 두려워하니라(25-29)
   ※ 행 22장의 시민권은 로마 시민권이며 빌 3장의 시민권은 천국 시민권이다.
   ✱ 바울의 로마여행(행 22-28장) - 21:17절부터 시작하나 암기를 위해서 22장을 출발로 잡았다.
   예루살렘 → 가이사랴(로마군대가 주둔한 곳, 2년간 구금됨, 행 24:27) → 시돈 → 무라시 → 니도 → 살모네 → 미항 → 가우다섬 → 아드리아 바다 → 멜리데섬(3개월 머뭄, 행 28장) → 수라구사 → 레기온 → 보디올(7일 머뭄) → 압비오광장 → 삼관(트레이스 타베르네) → 로마(1차 구금, 2년간)

	사도행전 23장	
배 경	춘향이집 오른쪽	
대제목	바울을 죽이려는 음모	

📖 본문은 바울이 유대 공회 앞에서 복음을 변호하는 장면과 바울을 죽이려는 유대인들의 음모를 피해 바울이 비밀리에 가이사랴 주제의 총독 벨릭스에게로 호송되는 장면이다.

기둥 뒤에 바울을 죽이려는 자가 숨어있다. 언뜻 봐도 사악하게 생겼으며 이런 자를 인간 공해라 부른다. 생긴 것도 계란이 부화(부활)할 것같이 생겼다.   공해 → 공회

1. <mark>바울을 죽이려는 음모</mark>(12-30) - 바울이 자기를 죽이려는 음모를 피해 로마 총독부가 있는 팔레스타인 제일의 거대 도시인 가이사랴로 호송된다.

   • 날이 새매 유대인들이 당을 지어 맹세하되 바울을 죽이기 전에는 먹지도 아니하고 마시지도 아니하겠다 하고 이같이 동맹한 자가 <u>40여 명</u>이더라 대제사장들과 장로들에게 가서 말하되 우리가 바울을 죽이기 전에는 아무 것도 먹지 않기로 굳게 맹세 하였으니 이제 너희는 그의 사실을 더 자세히 물어보려는 척하면서 공회와 함께 천부장에게 청하여 바울을 너희에게로 데리고 내려오게 하라 우리는 그가 가까이 오기 전에 죽이기로 준비하였노라 하더니 <u>바울의 생질</u>이 그들이 매복하여 있다 함을 듣고 와서 영내에 들어가 바울에게 알린지라(12-16)

   • 글라우디오 루시아는 총독 벨릭스 각하께 문안하나이다 이 사람이 유대인들에게 잡혀 죽게 된 것을 내가 로마 사람인 줄 들어 알고 군대를 거느리고 가서 구원하여다가 유대인들이 무슨 일로 그를 고발하는지 알고자 하여 그들의 공회로 데리고 내려갔더니 고발하는 것이 그들의 율법 문제에 관한 것뿐이요 한 가지도 죽이거나 결박할 사유가 없음을 발견하였나이다 그러나 이 사람을 해하려는 간계가 있다고 누가 내게 알려 주기로 곧 당신께로 보내며(26-30)

   ※ 바울을 죽이려는 40인을 피해 가이사랴로 갈 때 당시 총독과 천부장 - 벨릭스, 글라우디오 루시아

2. <mark>바울이 공회 앞에 서다</mark>(1-11) - 주제 : 부활

   • 바울이 공회를 주목하여 이르되 여러분 형제들아 오늘까지 내가 범사에 양심을 따라 하나님을 섬겼노라 하거늘 대제사장 아나니아가 바울 곁에 서 있는 사람들에게 그 입을 치라 명하니 바울이 이르되 회칠한 담이여 하나님이 너를 치시리로다 네가 나를 율법대로 심판한다고 앉아서 율법을 어기고 나를 치라 하느냐 하니(1-3) - 바울을 죽이려는 자가 기둥에 회칠(석회를 바르는 일)이 된 줄 모르고 기둥 뒤에 숨어 있다가 몸에 칠이 묻자 하는 말 '누가 기둥에 회칠한 거야', '난 아니야(아나니아)' 따라서 이 말은 대제사장 아나니아와 관계가 있다.

   • 바울이 그 중 일부는 사두개인이요 다른 일부는 바리새인인줄 알고 공회에서 외쳐 이르되 여러분 형제들아 나는 바리새인이요 또 바리새인의 아들이라 죽은 자의 소망 곧 부활로 말미암아 내가 심문을 받노라 그 말을 한즉 바리새인과 사두개인 사이에 다툼이 생겨 무리가 나누어지니 이는 사두개인은 부활도 없고 천사도 없고 영도 없다 하고 바리새인은 다 있다 함이라(6-8)

   기둥 뒤에 숨어 있는 자, 얼굴이 <u>꿈</u>에 나올까 두렵다.

3. 그날 밤에 주께서 바울 곁에 서서 이르시되 담대하라 네가 예루살렘에서 나의 일을 증언한 것 같이 로마에서도 증언하여야 하리라 하시니라(11)

   ※ 동명이인 아나니아 - 행 5장(삽비라 남편), 행 9장(다메섹에 거주하는 제자), 행 23, 24장(대제사장)

사도행전 24장		
배 경	곡간 울타리	
대제목	바울이 감옥에 갇히다	

📖 유대인들이 변호사 더둘로를 앞세워 바울을 고발하자 바울은 로마 총독 벨릭스 앞에서 자신의 무죄를 당당히 주장한다. 하지만 벨릭스는 뇌물을 바라고 판결을 계속 유보한다.
춘향이 집 안마당의 곡간 울타리가 꼭 감옥 같이 생겼다.

1. **바울이 감옥에 갇히다**(24-27)
   • 수일 후에 <u>벨릭스</u>가 그 아내 유대 여자 <u>드루실라</u>와 함께 와서 바울을 불러 그리스도 예수 믿는 도를 들거늘 바울이 <u>의</u>와 <u>절제</u>와 <u>장차 오는 심판</u>을 강론하니 벨릭스가 두려워하여 대답하되 지금은 가라 내가 틈이 있으면 너를 부르리라 하고(24-25) - 벨릭스의 아내는 **두루뭉실**하게 생겼다.
   • 동시에 또 **바울에게서 <u>돈을 받을까 바라는</u> 고로** 더 자주 불러 같이 이야기하더라(26) - 벨(벨릭스)이 설치된 울타리 안에 똥(≒돈)이 있으므로 바울에게서 돈을 바란 사람은 벨릭스가 된다.
   ※ 의와 절제와 장차 오는 심판 - 의(벨릭스는 잔인함과 탐욕으로 유명할 만큼 불의한 사람이었다), 절제(이들 부부는 불륜의 관계로 맺어진 만큼 절제와는 거리가 먼 사람들이었다), 장차 오는 심판(이들이 만약 회개하지 않는다면 장차 올 심판에서 분명한 응보를 받을 것이었다)
   울타리가 **고소미**같이 생겼으며 울타리 안에 변이 있어서 **더 둘러**볼 마음이 생기지 않는다.
   더 둘러 → 더둘로, 참고로 변호사는 말을 잘 둘러 붙이므로 더둘로는 변호사가 된다.

2. **변호사 더둘로가 총독 벨릭스에게 바울을 고소하다**(1-9)
   • 닷새 후에 <u>대제사장 아나니아</u>가 어떤 <u>장로들</u>과 한 <u>변호사 더둘로</u>와 함께 내려와서 총독 앞에서 바울을 고발하니라 바울을 부르매 더둘로가 고발하여 이르되~ **우리가 보니 이 사람은 전염병 같은 자라 천하에 흩어진 유대인을 다 소요하게 하는 자요 나사렛 이단의 우두머리라** 그가 또 성전을 더럽게 하려 하므로 우리가 잡았사오니 당신이 친히 그를 심문하시면 우리의 고발하는 이 모든 일을 아실 수 있나이다 하니 유대인들도 이에 참가하여 이 말이 옳다 주장하니라(1-9)
   울타리에 벨이 있는데 이 벨을 눌러야 안으로 들어갈 수 있으며 울타리 안에 변이 있다.
   벨 → 벨릭스, 변 → 변명

3. **총독 벨릭스 앞에서 바울이 변명하다**(10-23)
   • 여러 해 만에 내가 내 민족을 구제할 것과 제물을 가지고 와서 드리는 중에 내가 결례를 행하였고 모임도 없고 소동도 없이 성전에 있는 것을 그들이 보았나이다 그러나 아시아로부터 온 어떤 유대인들이 있었으니 그들이 만일 나를 반대할 사건이 있으면 마땅히 당신 앞에 와서 고발하였을 것이요 그렇지 않으면 이 사람들이 내가 공회 앞에 섰을 때에 무슨 옳지 않은 것을 보았는가 말하라 하소서 오직 내가 그들 가운데 서서 외치기를 내가 죽은 자의 부활에 대하여 오늘 너희 앞에 심문을 받는다고 한 이 한 소리가 있을 따름이니이다 하니(17-21)
   • 벨릭스가~ 백부장에게 명하여 **바울을 지키되 자유를 주고 그의 친구들이 그를 돌보아 주는 것을 금하지 말라** 하니라(22-23) - 이 구절은 바울이 감옥에 갇힌 것을 말해주며 감옥 같이 생긴 울타리 안에 벨(벨릭스)이 있으므로 이 말은 벨릭스가 했다.

사도행전 25장		
배 경	곡식	
대제목	가이사에게 상소하다	

📖 벨릭스 후임으로 새 총독 베스도가 부임하자 유대인들은 바울을 고소하고 이에 바울은 무죄를 변론하면서 가이사에게 상소한다. 이 일로 베스도는 아그립바와 협의한다.

곡식에는 최고 품질이라는 표시로 베스트라 써 있으며 곡식 앞에 아이스크림 아그립바가 서 있다.   베스트 → 베스도

1. 바울이 신임총독 베스도 앞에 서다(1-9)
   • 베스도가 그들 가운데서 팔일 혹은 십일을 지낸 후 가이사랴로 내려가서 이튿날 재판 자리에 앉고 바울을 데려오라 명하니 그가 나오매 예루살렘에서 내려온 유대인들이 둘러서서 여러 가지 중대한 사건으로 고발하되 능히 증거를 대지 못한지라 바울이 변명하여 이르되 유대인의 율법이나 성전이나 가이사에게나 내가 도무지 죄를 범하지 아니하였노라 하니 베스도가 유대인의 마음을 얻고자 하여 바울더러 묻되 네가 예루살렘에 올라가서 이 사건에 대하여 내 앞에서 심문을 받으려느냐(6-9)

2. 바울이 아그립바 왕 앞에 서다(13-27)
   • 수일 후에 아그립바 왕과 버니게가 베스도에게 문안하러 가이사랴에 와서 여러 날을 있더니 베스도가 바울의 일로 왕에게 고하여 이르되 벨릭스가 한 사람을 구류하여 두었는데~ 내가 짐작하던 것 같은 악행의 혐의는 하나도 제시하지 아니하고 오직 자기들의 종교와 또는 예수라 하는 이가 죽은 것을 살아 있다고 바울이 주장하는 그 일에 관한 문제로 고발하는 것뿐이라(13-19)
   • 아그립바와 버니게가 크게 위엄을 갖추고 와서 천부장들과 시중의 높은 사람들과 함께 접견 장소에 들어오고 베스도의 명으로 바울을 데려오니 베스도가 말하되 아그립바 왕과 여기 같이 있는 여러분이여 당신들이 보는 이 사람은 유대의 모든 무리가 크게 외치되 살려 두지 못할 사람이라고 하여 예루살렘에서와 여기서도 내게 청원하였으나 내가 살피건대 죽일 죄를 범한 일이 없더이다 그러나 그가 황제에게 상소한 고로 보내기로 결정하였나이다 그에 대하여 황제께 확실한 사실을 아뢸 것이 없으므로 심문한 후 상소할 재료가 있을까 하여~ 아그립바 왕 당신 앞에 그를 내어 세웠나이다 그 죄목도 밝히지 아니하고 죄수를 보내는 것이 무리한 일인 줄 아나이다 하였더라(23-27) 이 곡식은 상소하여 찾은 것이다. 참고로 상소(上訴)란 하급법원의 판결에 불복하여 상급 법원에 심리를 청구하는 것으로 여기서 상급 법원은 가이사에 해당된다.

3. 바울이 가이사에게 상소하다(10-12)
   • 바울이 이르되 내가 가이사의 재판 자리 앞에 섰으니 마땅히 거기서 심문을 받을 것이라 당신도 잘 아시는 바와 같이 내가 유대인들에게 불의를 행한 일이 없나이다 만일 내가 불의를 행하여 무슨 죽을 죄를 지었으면 죽기를 사양하지 아니할 것이나 만일 이 사람들이 나를 고발하는 것이 다 사실이 아니면 아무도 나를 그들에게 내줄 수 없나이다 내가 가이사께 상소하노라 한대 베스도가 배석자들과 상의하고 이르되 네가 가이사에게 상소하였으니 가이사에게 갈 것이라 하니라(10-12)
   ※ 아그립바 - 헤롯 아그립바 1세(행12:1)의 맏아들인 헤롯 아그립바 2세를 가리킨다.
   ※ 바울이 가이사에게 상소하겠노라고 말한 사람 - 베스도 - 베스트(베스도)라고 써진 곡식은 상소하여 찾은 것이므로 바울이 가이사에게 상소하겠노라고 말한 사람은 베스도가 된다.

사도행전 26장		
배　경	춘향이의 어머니	
대제목	아그립바 왕 앞에서 간증하다	

📖 이제 바울은 아그립바 왕 앞에서 자신을 변론하면서 복음을 증거한다. 이에 아그립바는 바울의 무죄를 인정하지만 바울이 가이사에게 상소했기 때문에 석방될 수 없다고 말한다.
춘향이의 어머니가 고생하는 딸 생각에 '아! 그립다'라고 말하며 서러워하고 있다.
아 그립다 → 아그립바,　옷에 그려져 있는 간은 간증을 나타낸다.

1. <u>바울이 아그립바 왕 앞에서 간증하다</u>(1-32)

- 내가 처음부터 내 민족과 더불어 예루살렘에서 젊었을 때 생활한 상황을 유대인이 다 아는 바라~ 그들이 증언하려 하면 내가 우리 종교의 가장 엄한 파를 따라 <u>바리새인</u>의 생활을 하였다고 할 것이라~ 당신들은 하나님이 죽은 사람을 살리심을 어찌하여 못 믿을 것으로 여기나이까 나도 나사렛 예수의 이름을 대적하여 많은 일을 행하여야 될 줄 스스로 생각하고 예루살렘에서 이런 일을 행하여 대제사장들에게서 권한을 받아가지고 많은 성도를 옥에 가두며 또 죽일 때에 내가 찬성투표를 하였고 또 모든 회당에서 여러 번 형벌하여 강제로 모독하는 말을 하게 하고 그들에 대하여 심히 격분하여 외국 성까지 가서 박해하였고 그 일로 대제사장들의 권한과 위임을 받고 다메섹으로 갔나이다 왕이여 정오가 되어 길에서 보니 하늘로부터 해보다 더 밝은 빛이 나와 내 동행들을 둘러 비추는지라 우리가 다 땅에 엎드러지매 내가 소리를 들으니 히브리 말로 이르되 사울아 사울아 네가 어찌하여 나를 박해하느냐 가시채를 뒷발질하기가 네게 고생이니라 내가 대답하되 주님 누구시니이까 주께서 이르시되 나는 네가 박해하는 예수라 일어나 너의 발로 서라 내가 네게 나타난 것은 곧 네가 나를 본 일과 장차 내가 네게 나타날 일에 너로 종과 증인을 삼으려 함이니 이스라엘과 이방인들에게서 내가 너를 구원하여 그들에게 보내어 그 눈을 뜨게 하여 어둠에서 빛으로, 사단의 권세에서 하나님께로 돌아오게 하고 죄 사함과 나를 믿어 거룩하게 된 무리 가운데서 기업을 얻게 하리라 하더이다 아그립바 왕이여 그러므로 하늘에서 보이신 것을 내가 거스리지 아니하고 먼저 다메섹과 예루살렘에 있는 사람과 유대 온 땅과 이방인에게까지 회개하고 하나님께로 돌아와서 회개에 합당한 일을 하라 전하므로 유대인들이 성전에서 나를 잡아 죽이고자 하였으나 하나님의 도우심을 받아 내가 오늘까지 서서 높고 낮은 사람 앞에서 증언하는 것은 선지자들과 모세가 반드시 되리라고 말한 것 밖에 없으니 곧 그리스도가 고난을 받으실 것과 죽은 자 가운데서 먼저 다시 살아나사 이스라엘과 이방인들에게 빛을 전하시리라 함이니이다 하니라(4-23)
- 바울이 이같이 변명하매 베스도가 크게 소리 내어 이르되 **바울아 네가 미쳤도다 네 많은 학문이 너를 미치게 한다** 하니(24) - 베스트(베스도)라고 써진 곡식이 많으므로 이 말은 베스도가 했다.
- 아그립바 왕이여 <u>선지자</u>를 믿으시나이까 믿으시는 줄 아나이다(27)
- 아그립바가 바울에게 이르되 **네가 적은 말로 나를 권하여 그리스도인이 되게 하려 하는도다**(28)
- 바울이 이르되 말이 적으나 많으나 당신뿐만 아니라 오늘 내 말을 듣는 모든 사람도 다 **이렇게 결박된 것 외에는 나와 같이 되기를 하나님께 원하나이다** 하니라(29)
- 이에 아그립바가 베스도에게 이르되 이 사람이 만일 가이사에게 상소하지 아니하였더라면 석방될 수 있을 뻔하였다 하니라(32)

	사도행전 27장	
배 경	이도령	
대제목	바다에서 큰 풍랑을 만나다	

📖 가이사(로마 황제)에게 재판받기 위해 로마로 향하는 바울 일행의 항해 과정이 기록된 부분이다. 항해 도중 광풍을 만나 파선 위기에 처하지만 모두 무사히 육지에 도착한다.

이도령이 장모와 애기를 나누면서 여기까지 찾아오다가 바다에서 큰 풍랑을 만나 죽을 고생을 하며 찾아왔노라고 말하고 있다.

1. 바다에서 큰 풍랑을 만나다(1-44) = 바울의 로마 항해

- 우리가 배를 타고 이달리야에 가기로 작정되매 바울과 다른 죄수 몇 사람을 아구사도대의 백부장 율리오란 사람에게 맡기니 아시아 해변 각처로 가려 하는 아드라뭇데노 배에 우리가 올라 행선할새 마게도냐의 데살로니가 사람 아리스다고도 함께 하니라 이튿날 시돈에 대니 율리오가 바울을 친절히 대하여 친구들에게 가서 대접 받기를 허락하더니 또 거기서 우리가 떠나가다가 맞바람을 피하여 구브로 해안을 의지하고 항해하여 길리기아와 밤빌리아 바다를 건너 루기아의 무라 시에 이르러 거기서 백부장이 이달리야로 가려하는 알렉산드리아 배를 만나 우리를 오르게 하니 배가 더디 가 여러 날 만에 간신히 니도 맞은편에 이르러 풍세가 더 허락하지 아니하므로 살모네 앞을 지나 그레데 해안을 바람막이로 항해하여 간신히 그 연안을 지나 미항(그레데 섬의 중간에 위치)이라는 곳에 이르니~ 바울이 그들을 권하여 말하되 여러분이여 내가 보니 이번 항해가 하물과 배만 아니라 우리 생명에도 타격과 많은 손해를 끼치리라 하되 백부장이 선장과 선주의 말을 바울의 말보다 더 믿더라 그 항구(미항, 미가 아닌 미이므로 조금 불편하긴 하다. 바울은 미항에서 겨울을 나자고 주장)가 겨울을 지내기에 불편하므로 거기서 떠나 아무쪼록 뵈닉스(피크닉-소풍-과 발음이 비슷하다. 그레데 섬의 서남쪽 끝에 위치)에 가서 겨울을 지내자 하는 자가 더 많으니 뵈닉스는 그레데 항구라~ 남풍이 순하게 불매 그들이 뜻을 이룬 줄 알고 닻을 감아 그레데 해변을 끼고 항해하더니 얼마 안 되어 섬 가운데로부터 유라굴로라는 광풍이 크게 일어나니~ 바울이 가운데 서서 말하되 여러분이여 내 말을 듣고 그레데에서 떠나지 아니하여 이 타격과 손상을 면하였더라면 좋을 뻔하였느니라 내가 너희를 권하노니 이제는 안심하라~ 내가 섬기는 하나님의 사자가 어제 밤에 내 곁에 서서 말하되 바울아 두려워하지 말라 네가 가이사 앞에 서야 하겠고 또 하나님께서 너와 함께 항해하는 자를 다 네게 주셨다 하였으니(1-24) - 가우다 섬을 지날 때 다 안전하리라고 예언.

- 14일째 되는 날 밤에 우리가 아드리아 바다에서 이리 저리 쫓겨가다가~ 날이 새어 가매 바울이~ 이르되 너희가 기다리고 기다리며 먹지 못하고 주린 지가 오늘까지 14일인즉~ 배에 있는 우리의 수는 전부 276명이더라(27-37) - 아득한 바다에서 표류하다 14일 주렸더니 정신이 아득하다. 아드리아가 아득함과 비슷하므로 아득한 바다에서 표류한 것과 14일 주린 것은 아드리아 바다에서이다.

※ 바울 압송의 책임자 - 백부장 율리오(그리스 신화에 나오는 율리시스도 배로 항해하는 장면이 나옴) 아드라뭇데노 배 - 가이사랴에서 탐(아드라 가서 배를 뭍에 대라). 알렉산드리아 배 - 무라시에서 탐

※ 아리스다고 - ① 데살로니가 사람이다(행 27:2) - 살이 아 쓰리다고 ② 바울이 로마에 호송될 때 동행했다(행 27:2) - 아리스다고(가다, 동행하다) ③ 바울을 돕다 옥에 갇히기도 했으므로 세상 사람들은 그를 어리석다고 말한다(골 4:10).

사도행전 28장		
배　경	이도령 옆	
대제목	멜리데 섬	

📖　본문은 표류 중 도착한 멜리데 섬에서 바울이 행한 활동상과 마침내 로마에 도착한 바울이 연금된 가택에서 비교적 자유롭게 복음을 증거한 사실에 대한 기록이다.

이도령 옆에는 멀리 떨어져 있는 섬이 있으며 로마라고 쓴 깃발이 꽂혀있다.

멀리 떨어져 있는 섬 → 멜리데 섬

1.　<u>멜리데 섬</u>(1-10)

 • 우리가 구조된 후에 안즉 그 섬은 멜리데라 하더라~ 바울이 나무 한 묶음을 거두어 불에 넣으니 뜨거움으로 말미암아 독사가 나와 그 손을 물고 있는지라 원주민들이 이 짐승이 그 손에 매달려 있음을 보고 서로 말하되 진실로 이 사람은 살인한 자로다 바다에서는 구조를 받았으나 공의가 그를 살지 못하게 함이로다 하더니 바울이 그 짐승을 불에 떨어 버리매 조금도 상함이 없더라 그들은 그가 붓든지 혹은 갑자기 쓰러져 죽을 줄로 기다렸다가 오래 기다려도 그에게 아무 이상이 없음을 보고 돌이켜 생각하여 말하되 그를 신이라 하더라 **이 섬에서 가장 높은 사람 보블리오**라 하는 이가~ 우리를 영접하여 사흘이나 친절히 머물게 하더니 보블리오의 부친이 열병과 이질에 걸려 누워 있거늘 바울이 들어가서 기도하고 그에게 안수하여 낫게 하매~ 섬 가운데 다른 병든 사람들이 와서 고침을 받고 후한 예로 우리를 대접하고 떠날 때에 우리 쓸 것을 배에 실었더라(1-10) 섬에 '로마'라고 쓴 깃발이 꽂혀있다.

2.　<u>바울의 로마전도</u>(11-31)

 • 우리가 로마에 들어가니 바울에게는 자기를 지키는 한 군인과 함께 따로 있게 허락하더라 사흘 후에 **바울이 유대인 중 높은 사람들을 청하여**~ 이르되 여러분 형제들아 내가 이스라엘 백성이나 우리 조상의 관습을 배척한 일이 없는데 예루살렘에서 로마인의 손에 죄수로 내준 바 되었으니 로마인은 나를 심문하여 죽일 죄목이 없으므로 석방하려 하였으나 유대인들이 반대하기로 내가 마지못하여 가이사에게 상소함이요 내 민족을 고발하려는 것이 아니니라 이러므로 너희를 보고 함께 이야기하려고 청하였으니 이스라엘의 소망으로 말미암아 내가 이 쇠사슬에 매인 바 되었노라(20)

 • 그들이 날짜를 정하고 그가 유숙하는 집에 많이 오니 바울이 **아침부터 저녁까지 강론하여** <u>하나님의 나라</u>를 증언하고 모세의 율법과 선지자의 말을 가지고 예수에 대하여 권하더라(23)

 • 바울이 온 <u>이태</u>를 자기 <u>셋집</u>에 머물면서 자기에게 오는 사람을 다 영접하고 <u>하나님의 나라</u>를 전파하며 주 예수 그리스도에 관한 모든 것을 담대하게 거침없이 가르치더라(30-31)

 ※ 로마는 <u>이태리</u> 수도이므로 바울은 로마에서 이태(2년)를 머무름. 보디올에서는 7일 머묾(바다에 칠) 멜리데 섬은 이방(異邦)이다.　이방(異邦) - 인정, 풍속 따위가 전혀 다른 남의 나라

3.　그런즉 하나님의 이 구원이 <u>이방인</u>에게로 보내어진 줄 알라 그들은 그것을 들으리라 하더라(28)

 - 이사야 6장(너희가 듣기는 들어도 도무지 깨닫지 못하며~)의 말씀을 인용하며 바울이 한 말

 ※ 사도행전에서 바울이 이방인에게 전도할 것을 선언한 곳 - 행 13장(비시디아 안디옥 - 장문의 설교를 했음에도 유대인들이 변하지 않자 이방인 선교를 선언한다),　행 18장(고린도 - 사실 춘향이는 이방을 좋아한다),　행 28장(로마 - 멜리데 섬은 이방이다)

□ 부록 - 바울의 전도여행과 바울 서신 끼워 넣기 □

* **안디옥**에서 비로소 그리스도인이라고 불렸으므로(행 11장) 선교본부가 안디옥이 되며 따라서 본부인 안디옥에서 출발해서 안디옥으로 돌아온다는 것은 염두해 두고 외울 것.

※ **마게도냐** - 빌립보·데살로니가·베뢰아를 말하며 마게도냐의 중심이 빌립보이므로 사도행전에서 마게도냐 하면 빌립보로 한다.

헬라(아가야) - 고린도·아덴·겐그레아를 말하며 헬라(아가야)의 중심이 고린도이므로 헬라(아가야) 하면 고린도로 한다. 헬라는 신약시대에 아가야로 불렸다.

* **바울의 1차 전도여행**(행 13-14장) - 바울과 바나바 동행
수리아 안디옥(본부) → 실루기아 → 구브로의 살라미 → 구브로의 바보 → 밤빌리아의 버가 → 비시디아 안디옥 → 이고니온 → 루스드라 → 더베(이곳에서 되돌아감) → 루스드라 → 이고니온 → 비시디아 안디옥 → 밤빌리아의 버가 → 앗달리아(구브로가 아님) → 수리아 안디옥(갈라디아서 기록? 이때 썼다면 최초의 바울서신이 됨)

* **바울의 2차 전도여행**(행 15:36-18:22) - 바울과 실라 동행, 행16장에서 디모데 합류
수리아 안디옥 → 길리기아 → 더베 → 루스드라 → 브르기아 → 갈라디아 → 무시아 → 드로아 → 사모드라게 → 네압볼리 → 빌립보 → 암비볼리 → 아볼로니아 → 아볼로니아 → 데살로니가 → 베뢰아 → 아덴 → 고린도(2차 전도여행의 중심지로 1년 6개월 머묾, 살전·살후 기록) → 겐그레아(바울이 서원 때문에 머리 깎음) → 에베소 → 가이사랴 → 수리아 안디옥

● **드로아**(행 16장, 트로이) - 꿈에 주님이 마게도냐로 가라 지시하심.
● **빌립보**(행 16장) - 마게도냐 지경의 첫 성. 자주 장사 루디아의 개종(빌립보 최초의 신자) 감방에 갇힘. 간수의 가족이 구원 받음. 귀신들려 점치는 여종 고침. 디모데 합류.
● **데살로니가**(행 17장) - 이름대로 大殺(데살)로니가 유대인들이 얼마나 살벌한지 소동을 일으키므로 바울, 실라, 디모데가 베뢰아로 간다.
● **베뢰아**(행 17장) - 베뢰아에서 전도하고 있는데 데살로니가의 유대인들이 여기까지 쫓아와서 소동을 일으키므로 바울은 혼자 아덴으로 가고 실라와 디모데는 바울보다는 다소 위험이 적다고 판단되었던지 베뢰아에 계속 체류하여 아직은 성장이 미약한 베뢰아 교회를 보살피게 한다(행 17:14) - 성경기억법 행 17장의 멍석에 A MEN(아멘 → 아덴)이라고 써 있는데 A MEN은 한 남자이므로 아덴에는 바울 혼자 갔다는 것을 알 수 있다.
● **아덴**(행 17장) - 바울 혼자 전도하러 감. 그 후 아덴에서 실라와 디모데를 다시 만난다(적적해서 실라와 디모데를 아덴으로 불렀다 하자. 살전 3:1). 그러나 바울은 다시 디모데를 데살로니가로 파송하고(살전 3:2), 실라는 빌립보(추측)로 파송한다(행 16장에서 알 수 있듯이 실라는 빌립보와 관계가 있다). 또한 바울도 아덴을 떠나 고린도로 간다(행 18:1).
● **고린도**(행 18장) - 마침내 바울이 고대하던 두 명의 사역자가 당도했다(행 18:5, 살전 3:6). 이 두 사람은 거의 동시에 도착했거나 아니면 디모데가 데살로니가에서 먼저 도착하고 그 후에 실라가 빌립보에서 도착했을 것이다. 디모데는 데살로니가 교회의 신자들이 환난 가운데서도 좌절하지 않고 오히려 기쁨으로 신앙생활에 열중하고 있다는 좋은 소식을 전해 주었지만(살전 3:6), 다른 한편으로는 그리스도의 재림과 관련하여 약간의 혼란이 생

겼다는 섭섭한 소식도 전하였다(살전 4:13, 5:11). 바울은 이러한 데살로니가 교회의 소식을 듣고 나서 이에 대한 답장을 썼는데 이 서신이 바로 데살로니가전서이다. 그리고 얼마 후에 데살로니가 교회가 그리스도의 재림에 관한 바울의 가르침을 오해하여(그리스도께서 갑작스럽게 임하시리라는 말씀을 임박한 주의 강림으로 오해) 혼란에 빠진 것을 알게 되었고 그래서 두 번째 서신인 데살로니가후서를 기록하였다. 한편 실라는 빌립보 교회의 소식과 그들이 보낸 연보를 가지고 왔다(고후 11:9, 빌 4:14, 15). 빌립보 교회에서 보내준 헌금은 이때의 바울에게 있어서 아주 시기적절하고 유용한 것이었다. 빌립보 교회의 헌금으로 바울은 더 이상 생계유지에 신경을 쓰지 않아도 되었고 오로지 말씀 전파에만 몰두할 수 있었다. 고린도에서 아굴라와 브리스길라 부부를 만났으며 1년 6개월간 머물렀다.

● **에베소**(행 18장) - 아굴라(본도에서 난 유대인으로 로마의 추방령으로 아내 브리스길라와 함께 고린도로 이주)와 브리스길라 부부와 같이 에베소에 왔다가 이들을 이곳에 남겨두고 안디옥으로 귀환한다(2차 전도여행 종결). 이때 남겨진 아굴라와 브리스길라 부부가 아볼로를 만나 가르치고 이 부부가 고린도에서 에베소로 왔기 때문에 고린도에 사람이 필요했으므로 아볼로를 고린도로 보낸다. 아볼로가 고린도 교회에 파송되어 목회했기 때문에 나중에 나는 바울 파, 그리스도 파, 아볼로 파, 게바(베드로)파니 하며 파당분쟁이 생긴다. 게바 파가 있는 것으로 보아 베드로도 고린도에 와서 목회한 것으로 추정된다.

＊ **바울의 3차 전도여행**(행18:23-21:16) - 2차 전도여행지를 두 번째 방문하는 성격이 강하다. 수리아 안디옥 → 갈라디아 → 브루기아 → 에베소(3차 전도여행의 중심지로 3년 머묾. 고린도전서 기록. 아데미 사건으로 폭동이 일어나 떠남) → 드로아(전도의 문이 열렸으나 지나감) → 마게도냐[빌립보(고린도후서 기록) → 데살로니가 → 베뢰아] → 헬라[아덴 → 고린도(3개월 머묾. 3번째 방문. 로마서 기록. 수리아 안디옥으로 가려했으나 유대인의 위협 때문에 왔던 길로 되돌아감)] → 마게도냐(베뢰아 → 데살로니가 → 빌립보) → 드로아(유두고 사건) → 앗소 → 미둘레네 → 기오 → 사모 → 밀레도(에베소 장로들을 불러 고별 설교함) → 고스 → 로도 → 바다라 → 두로(7일간 머묾 - 두칠이, 바울의 예루살렘행 만류 - 만두) → 돌레마이 → 가이사랴(빌립 집사의 예언하는 4딸, 아가보의 흉년 예언) → 예루살렘(체포)
(암기방법) **3**차 전도여행이므로 에베소에서 **3**년 머물고 고린도에서 **3**달 머물며 **3**번째 방문

● **에베소**(행 19장) - 2차 전도여행의 마지막이 에베소였으며 본부인 안디옥에 갔다가 3차 전도여행 때 다시 에베소(3차 전도여행의 중심지)부터 들린다(이때 아볼로는 고린도에 머물고 있었다. 행 19:1). 에베소에 와서 사역을 하면서 듣자 하니 2차 전도여행 때 1년 6개월 동안 가르치면서 세운 고린도 교회가 파당 문제 등 악행에 관한 소식을 접한다. 이에 고린도 교회에 발생한 분쟁을 바로잡기 위해 **디모데**를 보낸다(고전 4:17, 16:10; 행 19:22). 디모데가 고린도 교회를 향해 출발하고 나서 바울은 여행 계획을 바꾸어 직접 방문하는 대신 편지만을 전했는데 그때 쓴 편지가 고린도전서다. 한편 디모데는 여러 교회를 들러 고린도 교회로 간데 반해, 바울이 쓴 편지는 해상도를 통해 직접 고린도 교회에 전달되었기 때문에 디모데보다 훨씬 빨리 도착한 것 같다. 이 점을 염두에 두고 바울은 편지를 통해 자신이 고린도 교회를 방문하지 못하게 되는 경위와 앞서 보낸 디모데를 기쁘게 영접해 주기 바란다고 당부하고 있다. 디모데를 보냈으나 고린도 교회의 분쟁은 해결이 되지 않았고 그 후 나쁜 소식이 들렸는데 그것은 유대에서 온 거짓교사들이 아예 바울의 사도권을 무시하며

사도로서 자격이 없다고 몰아 부치는 것이었다. 그래서 바울은 생각다 못해 고린도 교회를 방문하게 된다(이때가 두 번째 방문이며 첫 번째는 고린도 교회를 세울 때 방문했다). 그러나 아무 성과 없이 돌아온 후 또 하나의 편지를 쓰게 되는데 이 편지를 '**눈물로 쓴 편지**'라 불리운다(고후 2:4). 이 편지 속에서 바울은 고린도 교인들을 엄히 꾸짖는데 이 편지는 오늘날 전해지지 않는다. 그리고 **디도** 편에 이 편지를 직접 보내고(전국노래자랑에서 '눈물로 쓴 편지'를 부르자 심사위원이 딩동댕(디도)하며 합격을 주었으므로 눈물로 쓴 편지는 디도 편에 보냈다) 답장을 기다리는데 아데미 사건으로 에베소에서 폭동이 일어남으로 에베소를 떠날 수 밖에 없게 된다. 이에 바울은 고린도에서 편지를 전하고 올라오는 디도를 만나러 드로아를 거쳐 마게도냐(빌립보)로 가고 아굴라와 브리스길라 부부도 폭동으로 인해 에베소를 떠나 로마로 가게 된다(롬 16:3-20).

● **드로아** - 사도행전에는 나오지 않으나 고후 2:12-13절에서는 마게도냐(빌립보)에 가기 전 드로아를 지나갔다고 나온다. 디도가 고린도에서 올라오려면 마게도냐(빌립보)와 드로아를 거쳐 올 것이므로 바울은 에베소를 떠나 먼저 드로아에 오게 된다. 드로아에서 전도의 문이 열렸으나(고후 2:12) 디도를 만나지 못하므로 그곳을 떠나 마게도냐(빌립보)로 가게 된다(고후 2:13). 전도의 문이 열렸는데도 왜 마게도냐(빌립보)로 급히 갔을까? 사실 이때 바울은 중대한 기로에 놓여있어서 아무것도 손에 잡히지 않았을 것이다. 디도 편으로 오는 소식이 기쁜 소식(고린도 교회가 회개하고 사도 바울을 다시 사도로 인정하고 거짓 교사들과 고린도 교회내의 반대자들을 물리치고 교회가 견고하게 서는 것)이면 좋으나 혹 나쁜 소식이면 바울의 사도권을 인정하지 않아 이후의 사역에 악 영향을 받기 때문에 근심이 이만저만이 아니었을 것이다(고후 7:5). 그리고 드디어 마게도냐(빌립보)에서 디도를 만나게 된다(고후 7:6).

※ 성경기억법 사도행전 20장의 전도 순서를 살펴보자.
① 머리 - 마게도냐(빌립보 → 데살로니가 → 베뢰아)·헬라(아덴 → 고린도) 스타일
② 잠자는 눈 : 잠(꿈) → 드림 → 드로아
③ 엉덩이 - 밀레도
따라서 전도 순서는 빌립보 → 데살로니가 → 베뢰아 → 아덴 → 고린도 → 드로아 → 밀레도

● **마게도냐**(빌립보, 행 20장) - 에베소의 폭동으로 에베소를 떠나 디도와 만나기 위해 드로아를 거쳐 마게도냐로 갔는데 그곳이 빌립보이며 빌립보에서 디도를 만나 기쁜 소식(눈물로 쓴 편지를 읽고 회개했으며 다시 바울을 사모한다는 것, 고후 7:7)을 접한다. 그러나 고린도 교인들의 오해는 풀었지만 소수의 반대파가 반기를 들고 있었으므로 그릇된 진리로 교인들을 유혹하는 거짓교사들에 대하여 단호히 행동해야 할 필요를 느끼게 되어 고린도후서를 쓰게 되었다. 고린도 교회 사이에 있었던 불편한 관계가 해소되는 극적인 기쁨 속에서 쓴 편지가 고린도후서다. 바울은 고린도 교인들의 오해가 풀리자 그 기회를 놓치지 않고 마게도냐 교회의 모범적인 헌금을 예로 들어 가난한 예루살렘 교회에 헌금해 줄 것을 편지(고린도후서)에 쓴다. 그 내용이 고린도후서 8-9장에 써 있다(성경기억법 고후 8-9장 '헌금의 장' 참조).

● **헬라 또는 아가야**(고린도, 행 20장) - 행 20:2-3절에 헬라(아가야)에 석 달 동안 머물렀다고 돼 있는데 그곳이 바로 고린도이며(이때가 세 번째 방문이다) 여기서 로마서를 썼다. 고린도에서 3달 머무는 동안 서바나(스페인)로 선교할 구상을 하고 있었다. 로마서 15:22-29

절을 보면 서바나로 갈 때에 로마를 지나치므로 로마에 갈 계획이 있으나 마게도냐와 아가야에서 가난한 예루살렘 교회를 위해 도와준 헌금을 가지고 예루살렘에 가야 하므로 지금은 가지 못한다고 써 있다.

※ 마게도냐 빌립보에서 고린도후서를 쓸 때 마게도냐의 모범적인 헌금을 예로 들면서 고린도 교회에서도 가난한 예루살렘 교회를 위해 헌금할 것을 권면했던 것을 기억할 것(성경기억법 고후 8장 1번, 헌금에 대해서는 성경기억법 고후 8-9장을 참조할 것). 헌금을 전해 주기 위해 고린도를 떠나 예루살렘을 거쳐 수리아 안디옥으로 곧장 가려했으나 유대인들의 위협 때문에 고린도에서부터 왔던 길로 다시 되돌아가게 된다(행 20:3).

● 드로아(행 20장) - 유두고 청년이 졸다가 창밖으로 떨어져 죽은 것을 바울이 살려준 사건.
● 밀레도(행 20장) - 에베소 장로들을 권하여 고별 설교를 함.
● 예루살렘(행 21장) - 수리아 안디옥으로 가야 했으나 예루살렘에서 체포되어 예루살렘이 3차 전도여행의 종착지가 된다.

＊ 바울의 로마여행(행 21:17-28장)
예루살렘 → 가이사랴(로마군대가 주둔한 곳, 2년간 구금됨, 아드라뭇데노 배) → 시돈 → 무라시(알렉산드리아 배) → 니도 → 살모네 → 미항 → 가우다 섬(다 안전하리라고 예언) → 아드리아 바다 → 멜리데 섬(3개월 머묾, 섬이 3과 비슷하다) → 수라구사 → 레기온 → 보디올(7일 머묾 - 바디에 칠) → 압비오 광장 → 삼관(트레이스 타베르네) → 로마(1차 구금, 2년간)

□ 사도행전 이후의 사도 바울의 행적 □

＊ 로마 1차 구금(A.D. 60-62년)
2년간 옥중에서 있었으며 이때 에베소서, 빌립보서, 골로새서, 빌레몬서를 기록. 재판이 끝나지 않은 미결수는 자기 집을 얻어 살수가 있었고 약간의 제약만 받았기 때문에 비교적 자유로운 상태로 복음을 전할 수 있었다.

＊ 바울의 4차 전도여행(A.D. 62-66년)
로마 감옥에 1차 구금된 뒤 2년 후 풀려나서 4, 5년 동안 전도한 것이 바울의 4차 전도여행으로 사도행전에는 나오지 않는다. 4차 전도여행 때는 디모데와 디도와 함께 전도활동을 했으며 전도여행길에 디모데는 에베소에(딤전 1:3), 디도는 그레데 섬에 목회하도록 남겨두고 마게도냐로 향해 갔다. 그러다 마게도냐에서 에베소에서 목회하고 있는 디모데와 그레데 섬에서 목회하고 있는 디도에게 편지를 쓰는데 이 편지가 디모데전서와 디도서다(목회하고 있는 두 사람에게 보냈으므로 목회서신이라 불린다). 따라서 디모데전서와 디도서는 쓴 시기와 장소가 같다. 디모데전서와 디도서는 성경기억법에서 마게도냐에서 썼다는 것을 알 수 있다.

＊ 로마 2차 구금(A.D. 66-67년)
네로 황제의 박해 때 2번째 로마 감옥에 2년간 갇히며 이때는 1차 구금 때와는 다르게 힘든 감옥 생활을 하였다. 이 감옥에서 자신의 순교 때가 임박한 것을 알고 디모데에게 마지막 편지를 쓴 후 순교한다. 디모데에게 보내는 이 마지막 편지가 디모데후서다.

서신서 (21권)

* **서신서** : 로마서, 고린도전서·후서, 갈라디아서, 에베소서, 빌립보서, 골로새서, 데살로니가 전서·후서, 디모데전서·후서, 디도서, 빌레몬서, 히브리서, 야고보서, 베드로전서·후서 요한 1서, 요한 2서, 요한 3서, 유다서
1. **바울서신**(로마서~빌레몬서) : 13권
2. **일반서신**(히브리서~유다서) : 8권 - 공동서신이라고도 부른다.
* **바울서신의 분류**
1. **옥중서신** : 에베소서, 빌립보서, 골로새서, 빌레몬서
2. **목회서신** : 디모데전서·후서, 디도서
3. **재림서신** : 데살로니가 전서·후서
4. **교리서신** : 로마서, 고린도전서·후서, 갈라디아서

로마서 16장

* **배경** : 로마를 생각하면 교황과 성당(교회)을 빼놓을 수 없다. 따라서 로마서는 교황과 성당(교회)을 배경으로 하며 교황과 성당(교회)에 각각 8장씩 총 16장으로 한다. 참고로 성당은 편의상 교회로 한다.

로마서 (16장)

저   자 : 사도 바울
다소사람, 유대인, 로마 시민권 소유, 바리새인들에 의하여 많은 영향, 헬라 문화에 철저한 정통파. 유명한 '가말리엘'의 문하에서 여러 가지 학문을 배움. 예루살렘에서 유대인들이 교회를 핍박함에 참가하여 신자를 잡아다가 투옥하고 박해하기 위하여 대제사장의 공문을 맡아가지고 멀리 다메섹으로 가다가 도중에서 주님의 부르심을 받음. 이방의 사도로 부르심.

주   제 : 믿음을 통한 칭의(이신칭의)
- 오직 의인은 믿음으로 말미암아 살리라(롬 1:17, 갈 3:11, 히 10:38, 합 2:4)

발 신 자 : 사도 바울

수 신 자 : 로마의 성도들

기록연대 : A.D. 55-56년경

기록장소 : 바울의 3차 전도여행 중 고린도에서 기록

요   절 : 1:16-17, 3:21-25

기록목적 : 로마에 있는 믿는 자들에게 예수 그리스도를 통한 하나님의 구원 계획과 기독교의 핵심교리 및 유대인과 이방인간의 관계를 체계적으로 가르치기 위해 기록하였다.

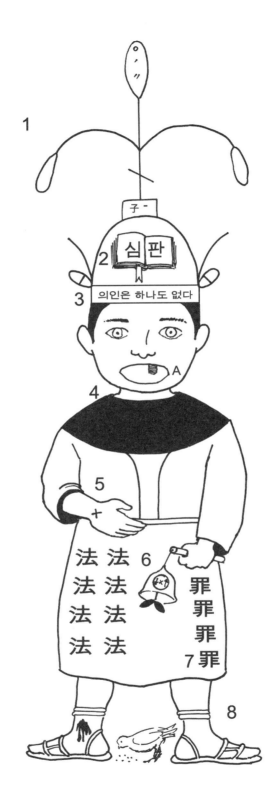

로마서 1장		
배 경	교황의 모자 끝	
대제목	인간의 타락상	

📖 먼저 로마 성도들에 대한 바울의 문안인사 및 로마 방문 계획이 언급된 후에 복음의 주제가 소개되고 이어서 하나님을 떠난 인간의 타락상이 상술되고 있다.

교황의 모자 끝이 삐딱한 것은 인간의 타락상을 나타낸다.

1. 인간의 타락상(18-32) - 하나님의 진노가 불의로 진리를 막는 사람들의 모든 경건하지 않음과 불의에 대하여 하늘로부터 나타나나니 이는 하나님을 알 만한 것이 그들 속에 보임이라 하나님께서 이를 그들에게 보이셨느니라 창세로부터 그의 보이지 아니하는 것들 곧 그의 영원하신 능력과 신성이 그가 만드신 만물에 분명히 보여 알려졌나니 그러므로 그들이 핑계하지 못할지니라 하나님을 알되 하나님을 영화롭게도 아니하며 감사하지도 아니하고 오히려 그 생각이 허망하여지며 미련한 마음이 어두워졌나니 스스로 지혜 있다하나 어리석게 되어 썩어지지 아니하는 하나님의 영광을 썩어질 사람과 새와 짐승과 기어 다니는 동물 모양의 우상으로 바꾸었느니라(18-23)

교황의 모자끝 장신구, 장신구 끝에 표시된 기호 는 시계를 나타내며 시계 ↔ 계시(일반계시)가 된다.

2. 일반계시(19-20) - 창세로부터 그의 보이지 아니하는 것들 곧 그의 영원하신 능력과 신성이 그가 만드신 만물에 분명히 보여 알려졌나니 그러므로 그들이 핑계하지 못할지니라(20)

모자 끝의 장신구는 은사와 열매로 돼있으며 열매가 고개 숙여 인사하는 것 같다.

3. 인사(1-7)
   • 예수 그리스도의 종 바울은 사도로 부르심을 받아 하나님의 복음을 위하여 택정함을 입었으니(1) - 롬 6장과 15장에 종과 4°가 있으므로 로마서에서 자신을 소개할 때 '종과 사도'라고 표현했다.
   • 복음은 하나님이 선지자들을 통하여 그의 아들에 관하여 성경에 미리 약속하신 것이라(2)
   이 장신구는 다윗의 혈통들만 달 수 있다.

4. 그의 아들에 관하여 말하면 육신으로는 다윗의 혈통에서 나셨고 성결의 영으로는 죽은 자들 가운데서 부활하사 능력으로 하나님의 아들로 선포되셨으니 곧 우리 주 예수 그리스도시니라(3-4)
   내가 너희 보기를 원하는 것은 은사를 주어 열매를 맺게 하려 함이나 길이 막혔도다(그림 참조). 이 말은 바울이 로마 방문계획을 가지고 있었으나 길이 막혀 가지 못했다는 뜻이므로 앞으로 성경기억법에서 길이 막힌 표시(＼)는 방문계획으로 약속한다.

5. 바울의 로마 방문계획(8-17)
   • 내가 너희 보기를 간절히 원하는 것은 어떤 신령한 은사(롬 12:6-8에 열거한 특수한 은사들이 아니라 로마의 신자들에게 임할 영적 축복을 말한다)를 너희에게 나누어 주어 너희를 견고하게 하려함이니 이는 곧 내가 너희 가운데서 너희와 나의 믿음으로 말미암아 피차 안위함을 얻으려 함이라 형제들아 내가 여러 번 너희에게 가고자 한 것을 너희가 모르기를 원하지 아니하노니 이는 너희 중에서도 다른 이방인 중에서와 같이 열매를 맺게 하려 함이로되 지금까지 길이 막혔도다(11-13)

子⁻ → 아들자 ^{마이너스} → 내버린 자식 ⇒ 그대로 내버려 두심

6. **그대로 내버려 두심**(24-32) - 그대로 내버려 두신다는 말은 죄에 대한 하나님의 징계로서, 그들을 그대로 죄 속에 방치하사 스스로 죄를 더하여 멸망하게 하신 것을 말한다.

- 그러므로 하나님께서 그들을 마음의 정욕대로 더러움에 내버려 두사 그들의 몸을 서로 욕되게 하게 하셨으니 이는 그들이 하나님의 진리를 거짓 것으로 바꾸어 피조물을 조물주보다 더 경배하고 섬김이라 주는 곧 영원히 찬송할 이시로다 아멘 이 때문에 하나님께서 그들을 부끄러운 욕심에 내버려 두셨으니 곧 그들의 여자들도 순리대로 쓸 것을 바꾸어 역리로 쓰며 이와 같이 남자들도 순리대로 여자 쓰기를 버리고 서로 향하여 음욕이 불 일듯 하매 남자가 남자로 더불어 부끄러운 일을 행하여 그들의 그릇됨에 상당한 보응을 그들 자신이 받았느니라 또한 그들이 마음에 하나님 두기를 싫어하매 하나님께서 그들을 그 상실한 마음대로 내버려 두사 합당하지 못한 일을 하게 하셨으니 곧 모든 불의, 추악, 탐욕, 악의가 가득한 자요 시기, 살인, 분쟁, 사기, 악독이 가득한 자요 수군수군 하는 자요 비방하는 자요 하나님께서 미워하시는 자요 능욕하는 자요 교만한 자요 자랑하는 자요 악을 도모하는 자요 부모를 거역하는 자요 우매한 자요 배약하는 자요 무정한 자요 무자비한 자라 그들이 이 같은 일을 행하는 자는 <u>사형</u>에 해당한다고 하나님께서 정하심을 알고도 자기들만 행할 뿐 아니라 또한 그런 일을 행하는 자들을 옳다 하느니라(24-32)

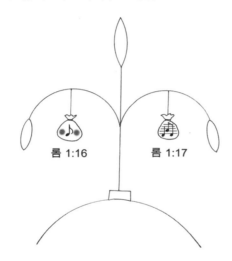

모자 끝의 장신구에 복주머니 2개가 달려 있다고 가정하고 외워보자.

복주머니 + **음**(♪) = 복음, ♪ = 믿음 또는 음, 사람이 부끄러워하면 얼굴이 붉어지듯이 복주머니에도 붉어지는 색을 칠해서 부끄러워하는 표현을 나타내 보았다.

7. 내가 <u>복음</u>을 부끄러워하지 아니하노니 이 복음은 모든 믿는 자에게 구원을 주시는 하나님의 <u>능력</u>이 됨이라(16) - 복주머니는 물건을 집어넣고 보관하므로 가방(16)의 기능과 같다.

복주머니 + **음**(♩♪) = 복음, ≡≡≡ 오선지(다섯 개의 직선) → 오직, ♩♪ → 믿음이 2개이므로 '믿음으로 믿음에 이르게 하나니' 가 되며 '오직' 이 나오면 '오직 의인은 믿음으로 말미암아 살리라' 가 된다.

8. 복음에는 하나님의 <u>의</u>가 나타나서 믿음으로 믿음에 이르게 하나니 기록된바 오직 의인은 믿음으로 말미암아 살리라 함과 같으니라(17) - 두개의 음(♩♪)이 17을 닮았으므로 이 구절은 17절이 된다. 이 복주머니가 17절이므로 옆의 복주머니는 16절이라 외워도 무방하다.

※ 오직 의인은 믿음으로 말미암아 살리라 - 창 15:6(아브람이 횃불 같은 **믿음**으로 **의롭**다 인정받는다. 성경기억법 창 15장 참조), 합 2:4, 롬 1:17, 갈 3:11, 히 10:38

※ 이신득의(이신칭의) - 창 15:6(아브람이 횃불 같은 **믿음**으로 **의롭**다 인정받는다), 합 2:4, 롬 1:17, 갈 2:16(철책망에 이신득의라 써 있다), 갈 3:11, 빌 3:9(배설물이 **신**에 잔**득** 묻었다), 히 10:38

	로마서 2장	
배 경	교황의 모자 가운데	
대제목	하나님의 심판	

📖 인간의 죄에 대한 하나님의 공평한 심판이 언급되고 있는데 특히 하나님의 거룩한 선민으로 자처하던 유대인들의 타락과 죄악을 지적하고 있다.

교황의 모자 가운데에 율법책이 그려져 있고 심판이라고 써 있다.

1. <mark>하나님의 심판</mark>(1-16) - 심**판**의 판에서 판단하는 자에게 하나님께서 심판하신다는 것을 알 수 있다.
   - 그러므로 남을 판단하는 사람아, 누구를 막론하고 네가 핑계하지 못할 것은 남을 **판단**하는 것으로 네가 너를 정죄함이니 **판단**하는 네가 같은 일을 행함이니라 이런 일을 행하는 자에게 하나님의 **심판**이 ① 진리대로 되는 줄 우리가 아노라 이런 일을 행하는 자를 **판단**하고도 같은 일을 행하는 사람아, 네가 하나님의 **심판**을 피할 줄로 생각하느냐 혹 네가 하나님의 인자하심이 너를 인도하여 회개하게 하심을 알지 못하여 그의 인자하심과 용납하심과 길이 참으심이 풍성함을 멸시하느냐 다만 네 고집과 회개하지 아니한 마음을 따라 진노의 날 곧 하나님의 ② 의로우신 **심판**이 나타나는 그날에 임할 진노를 네게 쌓는도다 하나님께서 각 사람에게 ③ 그 행한 대로 보응하시되 참고 선을 행하여 영광과 존귀와 썩지 아니함을 구하는 자에게는 <u>영생</u>으로 하시고 오직 당을 지어 진리를 따르지 아니하고 불의를 따르는 자에게는 ④ <u>진노와 분노</u>로 하시리라(1-8)
   - 악을 행하는 각 사람의 영에는 <u>환난과 곤고</u>가 있으리니(9)
   - 선을 행하는 각 사람에게는 <u>영광과 존귀와 평강</u>이 있으리니(10)
   - 이는 하나님께서 외모로 사람을 취하지 아니하심이라(11) - 외모로 판단하는 것을 생각하자.

   율법책의 좌측에는 태가 있다(나무의 나이테를 생각할 것).   태가 있다 → 有태 → 유태인

2. <mark>유대인과 율법</mark>(17-29)
   - **유대인**이라 불리는 네가 **율법**을 의지하며 하나님을 자랑하며 율법의 교훈을 받아 하나님의 뜻을 알고 지극히 선한 것을 분간하며(17-18)

   책갈피가 양피(음경의 포피) 같다. 양피는 할례를 뜻한다. 그림참조

3. <mark>할례와 율법</mark>(25-29)
   - 네가 **율법**을 행하면 **할례**가 유익하나 만일 **율법**을 범하면 네 **할례**는 무할례가 되느니라(25)
   - 오직 이면적 유대인이 유대인이며 **할례**는 <u>마음</u>에 할지니 영에 있고 <u>율법조문</u>에 있지 아니한 것이라(29)

   율법책의 좌측에는 태가 **있고** 우측에는 태가 **없다**(나이테의 테를 생각할 것).

4. 무릇 **율법** 없이 범죄한 자는 또한 **율법** 없이 망하고 무릇 **율법**이 있고 범죄한 자는 율법으로 말미암아 심판을 받으리라 하나님 앞에서는 율법을 <u>듣는</u> 자가 의인이 아니요 오직 율법을 <u>행하는</u> 자라야 의롭다 하심을 얻으리니 **율법 없는** 이방인이 본성으로 율법의 일을 행할 때는 이 사람은 율법이 없어도 자기가 자기에게 율법이 되나니 이런 이들은 그 <u>양심</u>이 증거가 되어(12-15)

   법집행을 공정하게 하라는 뜻으로 율법책에 천칭이 그려져 있다.   천칭 → **천**부의 **칭**찬

5. 그 칭찬이 사람에게서가 아니요 다만 하나님(천부)에게서니라(29) - 천칭(천부의 칭찬)의 양쪽접시가 납작(29)하므로 천부의 칭찬이 나오는 이 구절은 29절이 된다.

	로마서 3장	
배 경	교황의 모자 아래	
대제목	의인은 하나도 없다	

📖 바울은 유대인의 반론에 대해 대답하고 있는데 결론적으로 온 인류는 예외 없이 죄 아래 있다고 강조한다. 따라서 율법이 아니라 오직 믿음으로 의에 이를 수 있다고 가르친다.
　　교황의 모자 아래에 '의인은 하나도 없다' 라고 써 있다.

1. 의인은 하나도 없다(9-18) = 모두가 죄인
   • 유대인이나 헬라인이나 다 죄 아래에 있다고 우리가 이미 선언하였느니라(9)
   • 기록된바 의인은 없나니 하나도 없으며(10, 시 14:1-3)
     모자 옆 장식 Θ(데타, 하나님의 약자)와 '의인은 하나도 없다'에서 의를 결합하자.

2. 하나님의 의(21-31)
   • 이제는 율법 외에 하나님의 한 의가 나타났으니 율법과 선지자들에게 증거를 받은 것이라 곧 예수 그리스도를 믿음으로 말미암아 모든 믿는 자에게 미치는 하나님의 의니 차별이 없느니라(21-22)
   • 이 예수를 하나님이 그의 피로써 믿음으로 말미암아 화목제물로 세우셨으니(25)
   • 사람이 의롭다 하심을 얻는 것은 율법의 행위에 있지 않고 믿음으로 되는 줄 우리가 인정하노라(28)
   • 우리가 믿음으로 말미암아 율법을 파기하느냐 그럴 수 없느니라 도리어 율법을 굳게 세우느니라(31)
     모자아래의 사각형(￣￣)은 두부 한모 할 때의 모이므로 모든이 되며 의가 되려면 정사각형이 되어야지(□는 네모반듯하므로 의로 약속한다) 직사각형은 될 수 없는데도 직사각형이 의가 된 것은 하나님의 은혜로 값없이 의롭다 하심을 얻어서 그렇게 된 것이다.

3. 모든 사람이 죄를 범하였으매 하나님의 영광에 이르지 못하더니 그리스도 예수 안에 있는 속량으로 말미암아 하나님의 은혜로 값없이 의롭다 하심을 얻은 자 되었느니라(23-24) - 값없이 의롭다 하심을 얻은 자들이여 로마에 다(3) 나타나라(23-24)
     모자 양쪽에 Θ(데타, 하나님)가 있는데 각각 유대인의 하나님과 이방인의 하나님이 된다.

4. 하나님은 홀로 유대인의 하나님뿐이시냐~ 진실로 이방인의 하나님도 되시느니라(29)
     Θ(하나님) + 새실(신실) = 하나님의 신실,　새실 = 신(新)실,　그림 참조

5. 하나님의 신실하심(1-8)
   • 그런즉 유대인의 나음이 무엇이며 할례의 유익이 무엇이냐(2장에서 유대인과 할례에 대해 나왔다)
     범사에 많으니 우선은 그들이 하나님의 말씀을 맡았음이니라(1-2)
   • 사람은 다 거짓되되 오직 하나님은 참되시다 할지어다~ 우리 불의가 하나님의 의를 드러나게 하면 무슨 말 하리요 내가 사람의 말하는 대로 말하노니 진노를 내리시는 하나님이 불의하시냐 결코 그렇지 아니하니라(신실하다는 뜻) 만일 그러하면 하나님께서 어찌 세상을 심판하시리요(4-6)
     숨은 그림 찾기 : 울릉도 호박엿,　(울 → 율, 엿 → 역) ⇒ 율법의 역할

6. 율법의 역할(19-20) - 죄를 깨닫게 한다(모든 울릉도 호박엿에는 깨가 묻어있다).
   • 그러므로 율법의 행위로 그의 앞에 의롭다 하심을 얻을 육체가 없나니 율법으로는 죄를 깨달음이니라(20) - 엿의 양쪽 선이 둘이고 위가 0이므로 20절이 된다(고후 1장 6번 숫자기억법과 비슷하다).

로마서 4장		
배 경	교황의 입	
대제목	아브라함의 믿음	

📖 전장에서 율법이 아닌 믿음을 통한 칭의를 밝힌 바울은 그 연장선상에서 아브라함의 칭의를 설명한다. 즉 유대인들의 조상 아브라함을 예로 들어 아브라함이 믿음으로 의롭게 된 사실을 강조한다.

교황의 입 옆에는 A 라는 문신이 새겨져 있다.   A = 아브라함의 약자

1. 아브라함의 믿음(1-12) = 믿음으로 의롭다 함을 받은 아브라함
    • 아브라함이 하나님을 믿으매 그것이 그에게 의로 여겨진바 되었느니라(3, 창 15:6)
    • 그가 할례의 표를 받은 것은 무할례시에 믿음으로 된 의를 인친 것이니 이는 무할례자로서 믿는 모든 자의 조상이 되어 그들도 의로 여기심을 얻게 하려 하심이라(11)
    교황이 썩은 이를 뽑기 위해서 네모반듯한 이에 실을 칭칭 감아 놓았다. 성경기억법에서 네모반듯한 것(□)은 의로 약속하므로 네모반듯한 이는 **의**가 되며 네모반듯한 이에 실이 **칭**칭 감겨 있으므로 칭의가 된다.

2. 칭의(4-8) - 인간은 원래 의롭지 않지만 그리스도의 공로로 하나님께서 의롭다고 인정해 주신다. 이것을 신학에서는 '칭의' 라고 한다.
    • 일하는 자에게는 그 삯이 은혜로 여겨지지 아니하고 보수로 여겨지거니와 일을 아니할지라도 경건하지 아니한 자를 의롭다 하시는 이를 믿는 자에게는 그의 믿음을 의로 여기시나니 일한 것이 없이 하나님께 의로 여기심을 받는 사람의 복에 대하여 다윗이 말한바 불법이 사함을 받고 죄가 가리어짐을 받는 사람들은 복이 있고 주께서 그 죄를 인정하지 아니하실 사람은 복이 있도다(4-8)
    썩은 이를 뽑아내면 네모반듯한(25) 새 이가 나온다.

3. 예수는 우리가 범죄(썩은 이)한 것 때문에 내줌(뽑음)이 되고 또한 우리를 의(네모반듯한)롭다 하시기 위하여 살아나셨느니라(새 이가 남)(25) - 이 구절은 이에 관한 것이므로 롬 4장이 된다.
    썩은 이를 뽑을 때는 뿌리까지 쏙 빼야 한다.   뿌리(根, 근) → **근거**,   쏙 → **약쏙**
    그림에서 보듯이 이빨의 뿌리가 **세워진** 것처럼 보이며 이빨을 뽑기 위해 감은 실은 오선지 같은데 그 위에 ♪(믿음)을 그려 넣고 싶은 충동이 생긴다.

4. 믿음을 근거로 세워진 약속(13-25)
    • 아브라함이나 그 후손에게 세상의 상속자가 되리라고 하신 언약은 율법으로 말미암은 것이 아니요 오직 믿음의 의로 말미암은 것이니라(13)
    • 아브라함이 바랄 수 없는 중에 바라고 믿었으니 이는 네 후손이 이같으리라 하신 말씀대로 많은 민족의 조상이 되게 하려 하심이라(18)
    교황(**법황**)은 이가 썩었을 뿐만 아니라 **진노**랗다. 또한 교황은 다른 말로 법황 이라고도 부른다.   법 → 율법, 범법

5. 율법은 진노를 이루게 하나니 율법이 없는 곳에는 범법도 없느니라(15)
    ※ 로마서에 아브라함(A)이 나오는 장 - 4장, 9장(X, θ는 알파-A-벳이라 함), 11장(십자가 밑이 A자)

로마서 5장		
배　경	교황의 오른손	
대제목	그리스도를 통한 하나님과의 화해	

📖 바울은 앞서 강조했던 이신칭의 교리에 대해 구약 성경의 증거를 제시한다. 즉 유대인들의 조상 아브라함의 예를 들어 아브라함이 믿음으로 의롭게 된 사실을 강조한다.

　　교황이 X(그리스도의 약자)자 문신이 새겨진 오른손으로 하나님과 화해의 악수를 하고 있다. 참고로 손가락 다섯 개가 5장을 나타낸다.

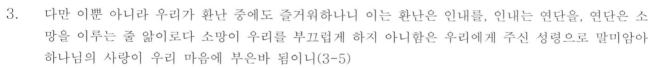

1. 그리스도를 통한 하나님과의 화해(1-11)
　　소매를 걷어 붙이면 ♪ □ X 자 문신이 보인다.

2. 우리가 믿음(♪)으로 의(□)롭다 하심을 받았으니 우리 주 예수 그리스도(X)로 말미암아 하나님과 화평을 누리자(1) - ♪ □ X 자 문신이 일렬(1)로 새겨져 있다.
　　엄지를 뺀 나머지 4손가락은 각각 환난, 인내, 연단, 소망이라고 부른다.

3. 다만 이뿐 아니라 우리가 환난 중에도 즐거워하나니 이는 환난은 인내를, 인내는 연단을, 연단은 소망을 이루는 줄 앎이로다 소망이 우리를 부끄럽게 하지 아니함은 우리에게 주신 성령으로 말미암아 하나님의 사랑이 우리 마음에 부은바 됨이니(3-5)
　　소매에 가려 보이지 않지만 왼손에도 'X X ♡ 땅땅땅'이라고 써진 문신이 새겨져 있다.

4. 우리가 아직 죄인 되었을 때에 그리스도(X)께서 우리를 위하여 죽으심(X)으로 하나님께서 우리에 대한 자기의 사랑(♡)을 확증(죄를 확증한 후 의사봉을 땅땅땅 내리치므로 땅땅땅은 확증이 된다)하셨느니라(8) - 죄를 확증한 후 8로 의사봉을 땅땅땅 내리치므로 이 구절은 8절이 된다.
　　교황의 아담한 손, 손등에는 X(그리스도) 자 문신이 새겨져 있다. 참고로 중지에 王자가 새겨져 있는데 실제로 손가락에 하는 문신 중 王자 문신이 제일 많다.　王(왕) → 왕 노릇

5. 아담과 그리스도(12-21) - 그러므로 한 사람(아담)으로 말미암아 죄가 세상에 들어오고 죄로 말미암아 사망이 들어왔나니 이와 같이 모든 사람이 죄를 지었으므로 사망이 모든 사람에게 이르렀느니라 죄가 율법 있기 전에도 세상에 있었으나 율법이 없었을 때에는 죄를 죄로 여기지 아니하였느니라 그러나 아담으로부터 모세까지 아담의 범죄와 같은 죄를 짓지 아니한 자들까지도 사망이 왕 노릇 하였나니 아담은 오실 자의 모형이라~ 한 사람(아담)의 범죄로 말미암아 사망이 그 한 사람을 통하여 왕 노릇 하였은즉 더욱 은혜와 의의 선물을 넘치게 받는 자들은 한 분 예수 그리스도를 통하여 생명 안에서 왕 노릇 하리로다 그런즉 한 범죄로 많은 사람이 정죄에 이른 것 같이 한 의로운 행위로 말미암아 많은 사람이 의롭다 하심을 받아 생명에 이르렀느니라 한 사람의 순종하지 아니함으로 많은 사람이 죄인된 것 같이 한 사람(그리스도)이 순종하심으로 많은 사람이 의인이 되리라 율법이 가입한 것은 범죄를 더하게 하려 함이라 그러나 죄가 더한 곳에 은혜가 더욱 넘쳤나니 이는 죄가 사망 안에서 왕 노릇 한 것 같이 은혜도 또한 의로 말미암아 왕 노릇 하여 우리 주 예수 그리스도로 말미암아 영생에 이르게 하려 함이라(12-21)

　※ 5장의 주제는 '사망으로부터의 해방과 자유'이다.

로마서 6장	
배 경	교황의 왼손
대제목	죄의 종과 의의 종

📖 바울은 이제 믿음으로 구원받은 이후의 생활 곧 성화의 과정에 대해 설명한다. 죄로부터 해방된 성도는 그리스도와 연합하여 의의 종으로 살아가야 한다고 가르친다.

교황이 왼손에 정의를 위해 일한다는 의의 종을 들고 있다. 참고로 종은 6자 모양이다.

1. **죄**의 종과 의의 종(12-23)
   - 너희 지체를 불의의 무기로 죄에게 내주지 말고 오직 너희 자신을 죽은 자 가운데서 다시 살아난 자 같이 하나님께 드리며 너희 지체를 의의 무기로 하나님께 드리라(13) - 참고로 6장의 종은 의의 종이므로 불의의 무기, 의의 무기처럼 '의의'가 들어가는 이 구절은 6장에 나온다.
   - 너희 자신을 종으로 내주어 누구에게 순종하든지 그 순종함을 받는 자의 종이 되는 줄을 너희가 알지 못하느냐 혹은 죄의 종으로 사망에 이르고 혹은 순종의 종으로 의에 이르느니라(16)
   - 하나님께 감사하리로다 너희가 본래 죄의 종이더니 너희에게 전하여 준 바 교훈의 본을 마음으로 순종하여 죄로부터 해방되어 의에게 종이 되었느니라 너희 육신이 연약하므로 내가 사람의 예대로 말하노니 전에 너희가 너희 지체를 부정과 불법에 내주어 불법에 이른 것 같이 이제는 너희 지체를 의에게 종으로 내주어 거룩함에 이르라(17-19)
   - 너희가 죄의 종이 되었을 때에는 의에 대하여 자유로웠느니라(20)

2. 그리스도와 함께 죽고 함께 산다(1-11)
   - 무릇 그리스도 예수와 합하여 세례를 받은 우리는 그의 죽으심과 합하여 세례를 받은 줄을 알지 못하느냐 그러므로 우리가 그의 죽으심과 합하여 세례를 받음으로 그와 함께 장사 되었나니 이는 아버지의 영광으로 말미암아 그리스도를 죽은 자 가운데서 살리심과 같이 우리로 또한 새 생명 가운데서 행하게 하려 함이라(3-4)
   - 만일 우리가 그리스도와 함께 죽었으면 또한 그와 함께 살 줄을 믿노니(8) - 함께가 영어로 together이며 8자이므로 함께가 나오는 이 구절은 8절이 된다.
   - 그(그리스도)가 죽으심은 죄에 대하여 단번에 죽으심이요 그(그리스도)가 살아계심은 하나님께 대하여 살아계심이니(10)
   ※ 특징 - 그리스도·함께(합하여, 연합)·죽고·산다 라는 말이 반복해서 나온다.
   종의 추가 싹처럼 생겼다.   싹 → 삯

3. **죄**의 삯은 사망이요 하나님의 은사는 그리스도 예수 우리 주 안에 있는 영생이니라(23) - ① 이 싹(삯)은 녹두(23)의 싹이다. ② 삯=노동(23)의 대가.
   싹을 보면 죄다 은행(은혜)잎으로 보인다.   은행 → 은혜

4. 그런즉 우리가 무슨 말을 하리요 은혜를 더하게 하려고 죄에 거하겠느냐 그럴 수 없느니라 죄에 대하여 죽은 우리가 어찌 그 가운데 더 살리요(1-2) 그런즉 어찌하리요 우리가 법 아래에 있지 아니하고 은혜 아래에 있으니 죄를 지으리요 그럴 수 없느니라(15)
   ※ 6장의 주제는 '죄로부터의 해방과 자유'이다.

죽고(down) ← X → 함께 / 산다(up)
그리스도

로마서 7장		
배 경	교황의 옷	
대제목	율법과 죄	

📖 바울은 성도들이 율법으로부터 해방된 사실과 더불어 율법의 진정한 역할을 알려 준다.
　　교황의 옷 왼쪽에는 법이라는 글자가 두 줄로 써 있고 오른쪽에는 죄라고 써 있다.

1. **율법과 죄**(1-13) - 법(율법)과 죄 라는 말이 반복해서 나온다.

　• 형제들아 내가 **법** 아는 자들에게 말하노니 너희는 그 **법**이 <u>사람이 살 동안만</u> 그를 주관하는 줄 알지 못하느냐 남편 있는 여인이 그 남편 생전에는 **법**으로 그에게 매인 바 되나 만일 그 남편이 죽으면 남편의 **법**에서 벗어나느니라 그러므로 만일 그 남편 생전에 다른 남자에게 가면 음부라 이르되 남편이 죽으면 그 **법**에서 자유롭게 되나니 다른 남자에게 갈지라도 음부가 되지 아니하느니라 그러므로 내 형제들아 너희도 그리스도의 몸으로 말미암아 **율법**에 대하여 죽임을 당하였으니 이는 다른 이 곧 죽은 자 가운데서 살아나신 이에게 가서 우리로 하나님을 위하여 열매를 맺게 하려 함이라 우리가 육신에 있을 때에는 **율법**으로 말미암는 **죄**의 정욕이 우리 지체 중에 역사하여 우리로 사망을 위하여 열매를 맺게 하였더니 이제는 우리가 얽매였던 것에 대하여 죽었으므로 **율법**에서 벗어났으니 이러므로 우리가 <u>영</u>의 새로운 것으로 섬길 것이요 <u>율법 조문</u>의 묵은 것으로 아니할지니라 그런즉 우리가 무슨 말을 하리요 **율법**이 **죄**냐 그럴 수 없느니라 **율법**으로 말미암지 않고는 내가 **죄**를 알지 못하였으니 곧 율법이 탐내지 말라 하지 아니하였더라면 내가 탐심을 알지 못하였으리라 그러나 죄가 기회를 타서 <u>계명</u>으로 말미암아 내 속에서 온갖 탐심을 이루었나니 이는 **율법**이 없으면 죄가 죽은 것임이라~ <u>생명</u>에 이르게 할 그 계명이 내게 대하여 도리어 <u>사망</u>에 이르게 하는 것이 되었도다(1-10)

　※ 1번의 소제목이 '율법과 죄' 이므로 7장에 '율법이 죄냐 그럴 수 없느니라 율법으로 말미암지 않고는 내가 죄를 알지 못하였으니(7, **율법의 역할**)'란 구절이 나온다.
　　왼쪽의 두 법이 서로 내가 더 잘났다고 싸우고 있다.

2. **두 법의 투쟁**(14-25) - 신앙인의 내적갈등에 대해 다루고 있다.

　• 내가 행하는 것을 내가 알지 못하노니 곧 내가 원하는 것은 행하지 아니하고 도리어 미워하는 것을 행함이라 만일 내가 원하지 아니하는 그것을 행하면 내가 이로써 율법이 선한 것을 시인하노니 이제는 그것을 행하는 자가 내가 아니요 내 속에 거하는 **죄**니라 내 속 곧 내 육신에 선한 것이 거하지 아니하는 줄을 아노니 원함은 내게 있으나 선을 행하는 것은 없노라 내가 원하는 바 <u>선</u>은 행하지 아니하고 도리어 원하지 아니하는 바 <u>악</u>을 행하는도다 만일 내가 원하지 아니하는 그것을 하면 이를 행하는 자가 내가 아니요 내 속에 거하는 <u>죄</u>니라 그러므로 내가 한 법을 깨달았노니 곧 <u>선</u>을 행하기 원하는 나에게 <u>악</u>이 함께 있는 것이로다 내 <u>속사람</u>으로는 하나님의 법을 즐거워하되 내 지체 속에서 한 다른 법이 내 마음의 법과 싸워 내 지체 속에 있는 죄의 법으로 나를 사로잡는 것을 보는도다 오호라 나는 곤고한 사람이로다 이 사망의 몸에서 누가 나를 건져내랴 우리 주 예수 그리스도로 말미암아 하나님께 감사하리로다 그런즉 내 자신이 마음으로는 <u>하나님의 법</u>을 육신으로는 <u>죄의 법</u>을 섬기노라(15-25)

　※ 7장의 주제는 '율법으로부터의 해방과 자유' 이다.

	로마서 8장	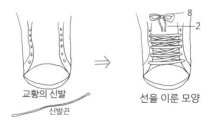
배　경	교황의 다리	
대제목	성령이 주시는 생명	

📖　성도의 영적 특권이 언급된 부분으로서 하나님의 자녀요 후사인 성도는 그리스도 안에서 자유를 누리며 소망과 인내와 위로 중에 하나님의 영원한 사랑의 대상임이 강조되었다. 본 장은 로마서의 주제이자 바울 신학의 압축판이라 할 수 있다.

수년전 교황은 저격범의 총탄에 다리를 맞았다. 지금까지 죽지 않고 살아있는 것은 성령이 주신 생명 덕분이다.

1.　성령이 주시는 생명(1-17)
- 그러므로 이제 그리스도 예수 안에 있는 자에게는 결코 정죄함이 없나니(1) - 저격범의 총탄에도 불구하고 살아났으므로 아무도 정죄할 수 없다.
- 이는 그리스도 예수 안에 있는 생명의 성령의 법이 죄와 사망의 법에서 너를 해방하였음이라(2) - 경우의 수는 생명의 성령의 법과 죄와 사망의 법 2개뿐이므로 2절이 된다.
  총에 맞은 상처는 교황에게는 고난이자 영광의 상처이기도 하다.

2.　현재의 고난과 장차 올 영광(17-18)
- 우리가 그와 함께 영광을 받기 위하여 고난도 함께 받아야 할 것이라 생각하건대 현재의 고난은 장차 우리에게 나타날 영광과 비교할 수 없도다(17-18)
  비둘기(성령)가 (간)구구구구 하면서 모이를 먹고 있다.

3.　성령의 간구(26-30)
- 이와 같이 성령도 우리의 연약함을 도우시나니 우리는 마땅히 기도할 바를 알지 못하나 오직 성령이 [이루(26)] 말할 수 없는 탄식으로 우리를 위하여 친히 간구하시느니라 마음을 살피시는 이가 성령의 생각을 아시나니 이는 성령이 하나님의 뜻대로 성도를 위하여 간구하심이니라(26-27)
- ※ 성령이 우리를 위하여 친히 간구하신다는 구절이 나오면 예수님도 우리를 위하여 간구하신다(34)는 구절도 같이 나온다.

4.　우리가 알거니와 하나님을 사랑하는 자 곧 그의 뜻대로 부르심을 입은 자들에게는 모든 것이 합력하여 선을 이루느니라(28) - 교황의 신발 끈을 좌로 넣었다 우로 넣었다 합력하면서 선을 이룬 후 마지막에 매듭을 묶는데 매듭이 숫자로 2와 8을 닮았다.
다리의 피와 새 조와 구구구구(원) 할 때의 구원을 합친다.

5.　피조물이 구원을 고대하다(18-25)
- 피조물이 고대하는 바는 하나님의 아들들이 나타나는 것이니 피조물이 허무한데 굴복하는 것은 자기 뜻이 아니요 오직 굴복하게 하시는 이로 말미암음이라 그 바라는 것은 피조물도 썩어짐의 종 노릇한데서 해방되어 하나님의 자녀들의 영광의 자유에 이르는 것이니라 피조물이 다 이제까지 함께 탄식하며 함께 고통을 겪고 있는 것을 우리가 아느니라 그뿐 아니라 또한 우리 곧 성령의 처음 익는 열매를 받은 우리까지도 속으로 탄식하여 양자 될 것 곧 우리 몸의 속량을 기다리느니라(19-23)

※ 탄식하는 주체 3 - 피조물(22), 우리(23), 성령(26)
신발 끈에 총알을 맞았으나 끈이 끊어지지 않았다.

6. <mark>하나님(그리스도)의 사랑에서 끊을 수 없다</mark>(31-39)
- 누가 능히 하나님께서 택하신 자들을 고발하리요 의롭다 하신 이는 하나님이시니 누가 정죄하리요 죽으실 뿐 아니라 다시 살아나신 이는 그리스도 예수시니 **그는 하나님 우편에 계신 자요 우리를 위하여 간구하시는 자시니라**(33-34) - 26절 성령이 우리를 위하여 친히 간구하시듯 그리스도께서도 우리를 위하여 간구하신다.
- 누가 우리를 그리스도의 사랑에서 끊으리요 환난이나 곤고나 박해나 기근이나 적신(벌거숭이, 맨몸)이나 위험이나 칼이랴 기록된바 우리가 종일 주를 위하여 죽임을 당하게 되며 도살당할 양 같이 여김을 받았나이다 함과 같으니라(35-36)
- 그러나 이 모든 일에 우리를 사랑하시는 이로 말미암아 우리가 넉넉히 이기느니라(37)
- 내가 확신하노니 사망이나 생명이나 천사들이나 권세자들이나 현재 일이나 장래 일이나 능력이나 높음이나 깊음이나 다른 어떤 피조물이라도 우리를 우리 주 그리스도 예수 안에 있는 하나님의 사랑에서 끊을 수 없으리라(38-39)
신발의 상표 - ABBA(아바)

7. <mark>아바 아버지</mark>(14-15)
- 무릇 하나님의 영으로 인도함을 받는 사람은 곧 하나님의 아들이라 너희는 다시 무서워하는 종의 영을 받지 아니하였고 양자의 영을 받았으므로 우리가 아바 아버지라 부르짖느니라(14-15)
※ 아바 아버지 - 막 14장(비행기 앞날개에 에어버스의 약자인 ABBA가 써 있다), 롬 8장, 갈 4장
교황의 신은 6사이즈이므로 **육신**이라 부르며 육신의 반대는 **영**이 된다. 참고로 성경기억법에서 신은 6사이즈로 약속한다(이사야 44장 참조).

8. 율법이 육신으로 말미암아 연약하여 할 수 없는 그것을 하나님은 하시나니 곧 죄로 말미암아 자기 아들을 죄 있는 육신의 모양으로 보내어 육신에 죄를 정하사 육신을 따르지 않고 그 영을 따라 행하는 우리에게 율법의 요구가 이루어지게 하려 하심이니라 육신을 따르는 자는 육신의 일을, 영을 따르는 자는 영의 일을 생각하나니 육신의 생각은 사망이요 영의 생각은 생명과 평안이니라(3-6)
- 만일 너희 속에 하나님의 영이 거하시면 너희가 육신에 있지 아니하고 영에 있나니 **누구든지 그리스도의 영이 없으면 그리스도의 사람이 아니라**(9) - 영구 없다. 따라서 이 구절은 9절이 된다.
- 또 그리스도께서 너희 안에 계시면 몸은 죄로 말미암아 죽은 것이나 영은 의로 말미암아 살아있는 것이니라 예수를 죽은 자 가운데서 살리신 이의 영이 너희 안에 거하시면 그리스도 예수를 죽은 자 가운데서 살리신 이가 너희 안에 거하시는 그의 영으로 말미암아 너희 죽을 몸도 살리시리라 그러므로 형제들아 우리가 빚진 자로되 육신에게 져서 육신대로 살 것이 아니니라 너희가 육신대로 살면 반드시 죽을 것이로되 영으로써 몸의 행실을 죽이면 살리니(10-13)
※ 특징 - 육신과 영이라는 말이 반복해서 나온다.
ABBA라는 로고가 새겨진 이 신은 **아들**에게도 **내주지** 않을 정도로 교황이 **아끼는** 신이다.

9. 자기 아들을 아끼지 아니하시고 우리 모든 사람을 위하여 내주신 이가 어찌 그 아들과 함께 모든 것을 우리에게 주시지 아니하겠느냐(32)
교황도 가끔 영화를 보는데 영화를 볼 때는 암살을 막기 위해 미리 정해진 블루색 의자에 앉아서 영화를 관람한다. 블루 → 부르다, 참고로 10번은 암살과 관계있으므로 8장이 된다.

10. 또 미리 정하신 그들을 또한 부르시고 부르신 그들을 또한 의롭다 하시고 의롭다 하신 그들을 또한 영화롭게 하셨느니라(30)
※ 8장의 주제는 '성령 안에서 자유하는 삶'이다.

	로마서 9장	
배 경	교회 안내판	
대제목	선민 이스라엘	

📖 본문은 하나님의 선민에 관하여 설명하고 있는데 참된 아브라함의 후손은 혈통이 아닌 믿음으로 결정되며 하나님의 주권에 대해서 아무도 항변할 수 없다는 사실이 강조되었다. 교회 안내판에는 몽**땅** 연**필** **끝**으로 '선민 이스라엘' 이라고 써 놓았다. 이스라엘이 선민이 된 데에는 이유가 없으며 단지 하나님의 주권에 의해서 선택되어 졌다. 따라서 바울이 선민 이스라엘을 끌어들인 이유는 하나님의 절대주권을 강조하기 위해서이다. 하나님의 절대주권을 말할 때는 항상 토기장이의 비유가 나온다(교회 안내판은 진흙을 구워서 만들었다).

1. 선민 이스라엘(1-29) = 이스라엘을 선택한 하나님의 절대주권
   - 바울은 골육의 친척의 불신앙 때문에 마음에 그치지 않는 고통이 있다고 호소한다(1-3) - 골육은 뼈와 살이며 몽땅 연필의 심이 뼈에, 나머지가 살에 해당하므로 골육의 친척은 롬 9장에 나온다.
   - 그들은 이스라엘 사람이라 그들에게는 양자됨과 영광과 언약들과 율법을 세우신 것과 예배와 약속들이 있고~ 아브라함의 씨가 다 그의 자녀가 아니라 오직 이삭으로부터 난 자라야 네 씨라 불리리라 하셨으니 곧 육신의 자녀가 하나님의 자녀가 아니요 오직 약속의 자녀가 씨로 여기심을 받느니라(4-8)
   - 택하심을 따라 되는 하나님의 뜻이 행위로 말미암지 않고 오직 부르시는 이로 말미암아 서게 하려 하사 리브가에게 이르시되 큰 자가 어린 자를 섬기리라 하셨나니 기록된바 **내가 야곱은 사랑하고 에서는 미워하였다** 하심과 같으니라(11-13) - **야곱과 에서** : 창 25, 27장, 옵 1장, 말 1장
   - 그런즉 하나님께서 하고자 하시는 자를 긍휼히 여기시고 하고자 하시는 자를 완악하게 하시느니라 혹 네가 내게 말하기를 그러면 하나님이 어찌하여 허물하시느냐 누가 그 뜻을 대적하느냐 하리니 이 사람아 네가 누구이기에 감히 하나님께 반문하느냐 지음을 받은 물건이 지은 자에게 어찌 나를 이같이 만들었느냐 말하겠느냐(사 29:16) **토기장이**가 진흙 한 덩이로 하나는 귀히 쓸 그릇을 하나는 천히 쓸 그릇을 만들 권한이 없느냐(렘 18:6) 만일 하나님이 그의 진노를 보이시고 그의 능력을 알게 하고자 하사 멸하기로 준비된 진노의 그릇을 오래 참으심으로 관용하시고 또한 영광받기로 예비하신바 긍휼의 그릇에 대하여 그 영광의 풍성함을 알게 하고자 하셨을지라도 무슨 말을 하리요(18-23)
   - 호세아 - 내가 내 백성 아닌 자를 내 백성이라, 사랑하지 아니한 자를 사랑한 자라 부르리라(25)
   - 이사야 - 이스라엘 자손들의 수가 비록 바다의 모래 같을지라도 남은 자만 구원을 받으리니(27)

2. 주께서 **땅** 위에서 그 말씀을 이루사 **필**하시고(시행하시고) **끝**내시리라 하셨느니라(28) - 하나님은 약속하신 말씀을 다 이루신다는 뜻 - 나이프(28)로 몽땅 연필 끝을 깎았다.
   교회 안내판 양쪽에 X(그리스도)와 Θ(데타, 하나님의 약자)라고 써 있다.

3. 그(그리스도)는 만물 위에 계셔서 세세에 찬양을 받으실 **하나님**이시니라 아멘(5)
   선민 이스라엘의 마지막 글자 엘이 밑으로 뚝 떨어져 있다.   밑으로 뚝 → 실족

4. 이스라엘의 실족(30-33) - 그런즉 우리가 무슨 말을 하리요 의를 따르지 아니한 이방인들이 의를 얻었으니 곧 믿음에서 난 의요 의의 법을 따라간 이스라엘은 율법에 이르지 못하였으니 어찌 그러하냐 이는 그들이 믿음을 의지하지 않고 행위를 의지함이라 부딪칠 돌에 부딪쳤느니라(30-32)

로마서 10장	
배 경	교회 입구 표어
대제목	만민구원

📖 본문은 하나님의 선민인 이스라엘이 그 자격을 상실하게 된 원인을 설명하고 있다. 그 이유는 곧 믿음이 아니라 율법으로 의를 세우려 한 것, 복음을 듣고도 순종하지 않은 것이다.
교회 입구 – '만민구원'이라는 표어가 붙어있다.

1. <mark>만민구원</mark>(1-13)
   - 누구든지(=만민) 주의 이름을 부르는 자는 **구원**을 받으리라(13) = 만민구원 – 만민구원 표어를 양쪽 기둥(13)에 묶었으므로 만민구원이 나오는 이 구절은 13절이 된다.
   ※ 누구든지 주의 이름을 부르는 자는 구원을 받으리라 - 행 2장, 롬 10장, 욜 2장
   전도사가 입구에서 **발**을 들고 있다. 발에 땀이 나도록 전도한 전도사의 발에서 고린내가 나므로 로마서는 고린도에서 썼으며 어깨띠의 십자가가 이곳이 10장이라는 것을 알려준다.

2. <mark>전도자의 발</mark>(14-21) - 그런즉 그들이 <u>믿지</u> 아니하는 이를 어찌 부르리요 듣지도 못한 이를 어찌 믿으리요 <u>전파하는</u> 자가 없이 어찌 들으리요 보내심을 받지 아니하였으면 어찌 전파하리요 기록된 바 **아름답도다 좋은 소식을 전하는 자들의 발이여** 함과 같으니라(14-15, 사 52:7)
   전도사의 바지 끝이 밑에서 말려 올라가다 종아리에서 □(의)자 모양을 이루고 멈춰있다.
   밑 → 믿음,   말려 올라가다 → 말미암는,   □ → 의

3. <mark>믿음으로 말미암는 의</mark>(1-13) - 하나님의 선민인 이스라엘이 그 자격을 상실하게 된 원인은 믿음이 아니라 율법으로 의를 세우려 한데 있다.
   - 형제들아 내 마음에 원하는 바와 하나님께 구하는 바는 <u>이스라엘</u>을 위함이니 곧 그들로 **구원**을 받게 함이라 내가 증언하노니 그들이 하나님께 열심히 있으나 올바른 지식을 따른 것이 아니니라(1-2)
   - 하나님의 의를 모르고 자기 의를 세우려고 힘써 <u>하나님의 의</u>에 복종하지 아니하였느니라(3)
   바지 끝이 밑(믿음)에서 말려 올라가다 종아리에서 의(□)자 모양을 이루고 멈추었다(**마침**).

4. 그리스도는 모든 **믿는** 자에게 **의**(□)를 이루기 위하여 율법의 **마침**이 되시니라(4) - 율법이 예수 그리스도로 인해 성취되었다는 뜻.
   그림에서 전도사의 귀 쪽으로 화살표가 있는데 이것은 듣는 것을 나타낸다.

5. 그러므로 믿음은 **들음**에서 나며 들음은 그리스도의 말씀으로 말미암았느니라(17)
   - 전도사가 귀에 17자 모양의 귀걸이를 하고 있고 귀는 듣는 것을 나타내므로 17절
   전도사가 한손은 입에 한손은 가슴(마음)에 대고 있다.

6. 말씀이 네게 <u>가까워</u> 네 **입**에 있으며 네 **마음**에 있다 하였으니(8, 신 30:14) - 입과 마음(하트)은 동그라미와 비슷한 모양이며 이 입과 마음을 <u>가까이</u> 붙이면 8이 된다.

7. 네가 만일 네 **입**으로 예수를 주로 시인하며 또 하나님께서 그를 죽은 자 가운데서 살리신 것을 네 **마음**에 믿으면 구원을 받으리라(9) - 입으로 시인하고 마음에 믿으면 어떻게 된다? 9원을 받는다.

8. 사람이 **마음**으로 믿어 의(□)에 이르고 **입**으로 시인하여 구원에 이르느니라(10) - 네모(□) 1개와 9개의 원(구원)을 더하면 10이 된다.

로마서 11장	
배 경	**십자가**
대제목	**이스라엘의 남은 자**

📖 본문은 선민 이스라엘의 궁극적인 운명을 다루고 있다. 이스라엘 중 남은 자들이 있다는 것, 이방인 성도는 겸손해야 한다는 것, 그리고 이스라엘의 궁극적인 회복을 예언한다.
교회의 십자가에 '남은 자 교회' 라고 써 있다.

1. 이스라엘의 남은 자(1-10) - 하나님이 자기 백성을 버리셨느냐 그럴 수 없느니라 나도 이스라엘인 이요 아브라함의 씨에서 난 자요 베냐민 지파라~ 성경이 엘리야를 가리켜 말한 것을 알지 못하느냐 그가 이스라엘을 하나님께 고발하되 주여 그들이 주의 선지자들을 죽였으며 주의 제단들을 헐어버렸고 나만 남았는데 내 목숨도 찾나이다~ 내가 나를 위하여 바알에게 무릎을 꿇지 아니한 사람 칠천 명을 남겨 두었다 하셨으니 그런즉 이와 같이 지금도 은혜로 택하심을 따라 남은 자가 있느니라(1-5)
남은 자 교회에서는 큰 소리로 '주여 주여 주여' 3창을 한 후 통성기도를 한다.

2. 만물이 주에게서 나오고 주로 말미암고 주에게로 돌아감이라 그에게 영광이 세세에 있을지어다 아멘(36)
면접 볼 때 남은 자들이 자기차례가 되자 각자 자기소개를 하고 있다.

3. 바울의 자기소개(1) - 행 22장, 빌 3장
이 십자가를 만지는 사람은 이스라엘이나 이방인이나 다 구원을 받는다고 한다.
참고로 세로가 더 길므로 세로에는 글자가 더 많은 이스라엘을 적고 가로에는 이방인을 적으면 암기하기 쉽다. 또한 십자가를 나무라고 가정한다면 가로부분은 가지가 된다.

4. 이방인의 구원(11-24) - 가지의 접붙임을 통한 비유로 이방인 성도는 겸손해야 할 것을 가르치고 있다.
• 그러므로 내가 말하노니 그들이 넘어지기까지 실족하였느냐 그럴 수 없느니라 그들이 넘어짐으로 구원이 이방인에게 이르러 이스라엘로 시기나게 함이니라 그들의 넘어짐이 세상의 풍성함이 되며 그들의 실패가 이방인의 풍성함이 되거든 하물며 그들의 충만함이리요(11-12)
• 또한 가지 얼마가 꺾이었는데 돌감람나무인 네가 그들 중에 접붙임이 되어 참감람나무 뿌리의 진액을 함께 받는 자 되었은즉 그 가지들을 향하여 자랑하지 말라 자랑할지라도 네가 뿌리를 보전하는 것이 아니요 뿌리가 너를 보전하는 것이니라 그러면 네 말이 가지들이 꺾인 것은 나로 접붙임을 받게 하려 함이라 하리니 옳도다 그들은 믿지 아니하므로 꺾이고 너는 믿으므로 섰느니라 높은 마음을 품지 말고 도리어 두려워하라 하나님이 원 가지들도 아끼지 아니하셨은즉 너도 아끼지 아니하시리라(17-21)

5. 이스라엘의 구원(25-36) - 형제들아 너희가 스스로 지혜 있다 하면서 이 신비를 너희가 모르기를 내가 원하지 아니하노니 이 신비는 이방인의 충만한 수가 들어오기까지 이스라엘의 더러는 우둔하게 된 것이라 그리하여 온 이스라엘이 구원을 받으리라(25-26)
십자가의 세로부분을 그릴 때는 가로를 그릴 때보다 위에서 아래로 더 깊~게 내려 긋는다.

6. 하나님의 심오한 경륜(25-36) - 깊도다 하나님의 지혜와 지식의 풍성함이여, 그의 판단은 헤아리지 못할 것이며 그의 길은 찾지 못할 것이로다(33) - 지혜의 찬가로 불림
이 십자가는 은사를 엮어서 만들었으며 색깔은 블루(부르심)와 흐린 회색(후회)이 섞여 있다.

7. 하나님의 은사와 부르심에는 후회하심이 없느니라(29) - 이구(29)아나가 이런 색을 가지고 있다.

	로마서 12장	
배 경	교회의 종	
대제목	새 생활	

📖 9-11장까지 계속되었던 이스라엘의 구원이라는 주제가 일단락되고 여기서부터는 성도의 실생활에 관련된 문제가 등장한다. 즉 "구원 얻은 자가 어떤 자세로 살아야 하는가?" 라는 질문에 대한 해답편이라고 할 수 있다. 바울은 그것이 곧 성도의 영적 예배라고 서두에서 결론짓는다. 1-11장이 교리편이면 12장부터는 실천편이 된다.

교회의 종소리를 들으면 기분이 좋아져서 저절로 새 생활을 하게 된다.

1. 새 생활(1-21)
   - 그러므로 형제들아 내가 하나님의 모든 자비하심으로 너희를 권하노니 너희 몸을 하나님이 기뻐하시는 거룩한 산 제물로 드리라 이는 너희가 드릴 영적 예배니라(1)
   - 너희는 이 세대를 본받지 말고 오직 마음을 새롭게 함으로 변화를 받아 하나님의 선하시고 기뻐하시고 온전하신 뜻이 무엇인지 분별하도록 하라(2)
   - 사랑에는 거짓이 없나니 악을 미워하고 선에 속하라(9)
   - 형제를 사랑하여 서로 우애하고 존경하기를 서로 먼저 하며(10)
   - 부지런하여 게으르지 말고 열심을 품고 주를 섬기라(11)
   - 소망 중에 즐거워하며 환난 중에 참으며 기도에 항상 힘쓰며(12)
   - 성도들의 쓸 것을 공급하며 손 대접하기를 힘쓰라(13)

   추에 달려있는 줄은 은사로 되어 있다.

2. 은사(6-8) = 교회의 여러 직분들 - 고전 12장 성령의 은사와 다르며 그리스도의 몸의 지체로서 믿음의 분량대로 주어진 각각의 직분을 말한다.
   ① 예언이면 믿음의 분수대로(6)
   ② 섬기는 일이면 섬기는 일로(7)
   ③ 가르치는 자면 가르치는 일로(7)
   ④ 위로하는 자면 위로하는 일로(8)
   ⑤ 구제하는 자는 성실함으로(8) - 구성
   ⑥ 다스리는 자(교회의 지도자)는 부지런함으로(8) - 다부지다
   ⑦ 긍휼을 베푸는 자는 즐거움으로 할 것이니라(8) - 휼과 즐이 비슷하다.
   (암기방법) 로마의 구름(긍) 위에 다가섬 - 비행기를 타고 로마로 가는데 로마 상공위의 구름에 다가서고 있는 것을 보니 로마에 거의 다 왔다고 생각하자.

   종의 윗부분에 선>악 이라고 써 있는데 이것은 선이 악을 이기는 것을 나타낸다.

3. 악에게 지지 말고 선으로 악을 이기라(21) - 선>악 대신에 가장 기본적인 숫자를 넣으면 2>1이 되므로 '선으로 악을 이기라' 는 이 구절은 21절이 된다.

종의 윗부분에 선>악 이라고 써 있는데 이 부등호 표시(>)는 속하다, 포함되다 라는 뜻이므로
선>악은 '악을 미워하고 선에 속하라' 는 뜻이 된다.

4. 사랑에는 거짓이 없나니 **악**을 미워하고 **선**에 속하라(9) - 속하라와 비슷한 가수 이름에 9하라가 있다.

악이 2개 들어가는 구절도 같이 나온다.

5. 아무에게도 악을 악으로 갚지 말고 모든 사람 앞에서 선한 일을 도모하라(18) - 살전 5:15와 비슷

이번에는 선>악 대신 생강(생각)을 넣어서 중요요절을 만들어보자.   생강 → 생각
참고로 오른쪽의 생강이 왼쪽의 생강보다 그 이상은 크다.

마땅히 생각할   그 이상의 생각

6. 마땅히 **생각**할 그 이상의 **생각**을 품지 말고 오직 하나님께서 각 사람에게 나누어 주신 믿음의 분량
   대로 지혜롭게 **생각**하라(3) - 오른쪽의 생강이 왼쪽의 생강보다 3배 정도 크므로 '마땅히 생각할 그
   이상의 생각을 품지 말라' 는 이 구절은 3절이 된다.

종에 그려진 별이 **선**을 중심으로 양쪽으로 분리 되어 있는데 이것을 분별이라고 한다.

7. 너희는 이 세대를 본(≒분)받지 말고 오직 마음을 새롭게 함으로 변(≒별)화를 받아 하나님의 **선**하시
   고 기뻐하시고 온전하신 뜻이 무엇인지 **분별**하도록 하라(2) - 분별은 별이 2개이므로 분별이 나오
   는 이 구절은 2절이 된다.
   (암기방법) 본은 → 분과, 변은 → 별과 비슷하다. 선하시고는 그림 참조

이 두 별은 형제지간으로 서로 사랑하고 우애하며 존경한다.

8. 형제를 사랑하여 서로 우애하고 존경하기를 서로 먼저 하며(10) - 형제 사랑에 관한 구절

종의 추 - 종의 추가 **영** 모양이며 영 안에 **쩍** 자가 써 있다.

9. 그러므로 형제들아 내가 하나님의 모든 자비하심으로 너희를 권하노니 너희 몸을 하나님이 기뻐하
   시는 거룩한 산 제물로 드리라 이는 너희가 드릴 **영적** 예배니라(1) - 영적이라고 써 있는 추에 달려
   있는 줄은 ㅣ (일자) 모양이므로 '영적 예배' 가 나오는 이 구절은 1절이 된다.
   (암기방법) 영적 예배란 우리 몸을 하나님께 산 제물로 드리는 것이다.

종에 숯으로 별 3개만 더 그리면 원수가 된다.   ※ 원수 - 군인의 가장 높은 계급, 오성장군

10. 내 사랑하는 자들아 너희가 친히 **원수**를 갚지 말고 하나님의 진노하심에 맡기라 기록되었으되
    원수 갚는 것이 내게 있으니 내가 갚으리라고 주께서 말씀하시니라 네 **원수**가 주리거든 먹이고
    목마르거든 마시게 하라 그리함으로 네가 **숯불**을 그 머리에 쌓아 놓으리라(19-20, 잠 25:21-22) -
    숯불을 머리에 쌓아 두면 머리가 타 들어가서 뇌출혈(20)이 일어난다.

✽ 성경 자세히 이해하기 - 숯불을 그 머리에 쌓아 놓으리라
극도의 고통을 표현할 때 사용된 근동 지방의 관용적 어법. 원수를 미워하지 않고 오히려 사랑함
으로써 상대방이 죄책감으로 고통을 받게 되어 마침내 자신의 잘못을 인정하게 될 것이라는 뜻이다.

로마서 13장		
배 경	교회의 강대상	
대제목	사랑은 율법의 완성	

📖 계속해서 바울은 구원받은 성도의 삶에 관해 가르치고 있는데 본문은 시민으로서 국가에 대한 성도의 자세 및 종말을 대비하는 성도의 생활태도에 관해 언급하고 있다.

교회의 강대상에 $10\sqrt{2}$. 이라고 써 있다.　$10\sqrt{2}$ → love(사랑),　• → 마침표(완성)

또한 $10\sqrt{2}$ 주변에서 빛이 나고 있다.　빛 → 빛

1. <mark>사랑은 율법의 완성</mark>(8-10)

   • 피차 사랑의 빛 외에는 아무에게든지 아무 빛도 지지 말라 남을 사랑하는 자는 율법을 다 이루었느니라(8) - 사랑=$10\sqrt{2}$ 가 되며 10-2=8이므로 사랑과 관련된 이 구절은 8절이 된다.

   • 사랑은 이웃에게 악을 행하지 아니하나니 그러므로 사랑은 율법의 완성이니라(10) - 숫자기억법에서 숫자는 1로 시작해서 0 즉 10으로 끝나므로(완성되므로) 완성은 숫자로 10이 된다.

   ※ 사랑에 관한 구절이 8절과 10절에 나오는데 그중 빚은 마이너스(-)이므로 빚이 나오는 구절은 마이너스(-)가 들어가는 8절(10-2)이 된다.

   $10\sqrt{2}$ 는 사랑이 되며 사랑은 하나님 사랑과 이웃사랑이 있는데 2가 이웃사랑을 나타내준다.

2. 간음하지 말라, 살인하지 말라, 도둑질하지 말라, 탐내지 말라 한 것과 그 외에 다른 계명이 있을지라도 네 **이웃**을 네 자신과 같이 **사랑**하라 하신 그 말씀 가운데 다 들었느니라(9)

   사랑은 **이웃**에게 악을 행하지 아니하나니 그러므로 사랑은 율법의 완성이니라(10)

   ※ 이웃사랑 - 레 19장, 마 22장, 막 12장, 눅 10장, 롬 13장, 갈 5장, 약 2장

   교회의 강대상보 - 아이들이 먹다 남은 까까가 강대상보에 흩어져 있으며 때가 많이 끼어 있다.　까까 → 가까,　강대상보에 9개의 원이 그려져 있다.　9개의 원 → 구원

3. <mark>구원의 때가 가까웠다</mark>(11-14) - 또한 너희가 이 시기를 알거니와 자다가 깰 때가 벌써 되었으니 이는 이제 우리의 구원이 처음 믿을 때보다 가까웠음이라 밤이 깊고 낮이 가까웠으니 그러므로 우리가 어둠의 일을 벗고 빛의 갑옷을 입자(11-12)

   강대상보는 예수 그리스도의 옷으로 만들었다.

4. 낮에와 같이 단정히 행하고 방탕하거나 술 취하지 말며 음란하거나 호색하지 말며 다투거나 시기하지 말고 오직 주 **예수 그리스도로 옷 입고**(무장하고) 정욕을 위하여 육신의 일을 도모하지 말라 (13-14) - 예수 그리스도의 옷은 가다가루(13-14)로 만들었다.

   예수 그리스도의 옷이 나오면 또 다른 옷인 빛의 갑옷이 나온다.

5. 밤이 깊고 낮이 가까웠으니 그러므로 우리가 어둠의 일을 벗고 빛의 갑옷을 입자(12)

   교회의 강대상보에 P라고 써 있는데 P는 Power(파워)의 약자로 권세를 나타낸다.

6. <mark>권세에 복종하라</mark>(1-7) - 딛 3장, 벧전 2장

   • 각 사람은 위에 있는 권세들에게 복종하라 권세는 하나님으로부터 나지 않음이 없나니 모든 권세는 다 하나님께서 정하신 바라 그러므로 권세를 거스르는 자는 하나님의 명을 거스름이니(1-2)

로마서 14장	
배 경	교회 안 왼쪽
대제목	먹는 것으로 믿음이 연약한 형제를 비판하지 말라

📖 당시 교회는 믿음이 강한 자와 연약한 자가 혼재된 상황에 있었는데 이 양자 사이에 많은 문제가 발생하였다. 일례로 믿음이 강한 자는 음식문제에 있어서 고기나 채소를 무론하고 모든 것을 먹을 수 있다고 했으나 믿음이 연약한 자는 채소만 먹었다. 바울은 전자와 의견을 같이 하면서도 믿음이 강한 자가 양보와 관용의 미덕을 발휘하여 약한 자를 용납하며 처신에 주의할 것을 요구하고 있다. 사실 바울과 오늘의 우리에게는 이런 지엽적인 문제보다 하나님 나라의 본질(17절)이 무엇인가를 아는 일이 더 중요하다.

두 형제가 먹는 문제를 가지고 죽기 살기로 **비판**하고 있으며 왼쪽의 형제는 더 **연약**해 보인다.

1. 먹는 것으로 믿음이 연약한 형제를 비판하지 말라(1-12)
   - 믿음이 연약한 자를 너희가 받되 그의 의견을 비판하지 말라 어떤 사람은 모든 것을 먹을 만한 믿음이 있고 믿음이 연약한 자는 채소만 먹느니라 먹는 자는 먹지 않는 자를 업신여기지 말고 먹지 않는 자는 먹는 자를 비판하지 말라 이는 <u>하나님</u>이 그를 받으셨음이라(1-3)
   - 날을 중히 여기는 자도 주를 위하여 중히 여기고 먹는 자도 주를 위하여 먹으니 이는 하나님께 감사함이요 먹지 않는 자도 주를 위하여 먹지 아니하며 하나님께 감사하느니라(6)
   - 네가 어찌하여 네 형제를 비판하느냐 어찌하여 네 형제를 업신여기느냐 우리가 다 <u>하나님의 심판대</u> 앞에 서리라(10)

   두 형제가 먹는 문제를 가지고 **죽기 살기로** 비판하고 있다.

2. 우리가 **살아도** 주를 위하여 **살고**, **죽어도** 주를 위하여 **죽나니** 그러므로 **사나 죽으나** 우리가 주의 것이로다(8) – 두 형제가 8짱을 낀 채 **죽기 살기로** 비판하고 있으므로 '**사나 죽으나** 우리가 주의 것이로다' 라는 이 구절은 8절이 된다. 빌 1:20절과 비슷하므로 주의해서 암기할 것.

   덩치 큰 형제가 연약한 형제의 발을 걸어 넘어지게 하려하고 있다.

3. 먹는 것으로 믿음이 연약한 형제가 걸려 넘어지지 않게 하라(13-23)
   - 그런즉 우리가 다시는 서로 <u>비판</u>하지 말고 도리어 부딪칠 것이나 거칠 것을 형제 앞에 두지 아니하도록 주의하라 내가 주 예수 안에서 알고 확신하노니 무엇이든지 스스로 속된 것이 없으되 다만 속되게 여기는 그 사람에게는 속되니라(13-14)

   소제목이 '먹는 것' 과 관계가 있으므로 '먹는 것' 이 들어가는 중요요절은 다음과 같다.

4. 하나님의 나라는 먹는 것과 마시는 것이 아니요 오직 성령 안에 있는 <u>의</u>와 <u>평강</u>과 <u>희락</u>이라(17) – 하나님의 나라에서는 주로 17차(茶)를 먹고 마신다.

   두 형제가 앉아 있는 의자 밑(**믿음**)으로 고양이 한마리가 달아나고 있으며 그 뒤를 쥐(**죄**)가 **쫓아**가고 있다.   밑 → 믿음,   쥐 → 죄

5. **믿음을 좇아** 하지 아니하는 것은 다 **죄니라**(23) – 쥐에게 쫓기는 이 고양이는 참 23한 고양이다.

   ※ 믿음과 음식이 관계된 것은 롬 14장, 고전 8장, 10장이 있다. 롬 14장은 음식과 믿음에 관한 것이고 고전 8장, 10장은 우상의 제물과 믿음에 관한 것이다.

로마서 15장		
배 경	교회 안 가운데	
대제목	믿음이 연약한 형제의 짐을 져주라	

📖 본문은 3가지의 내용으로 구성되었다. 즉 ① 성도는 서로 돕고 용납해야 한다는 권면 ② 자신의 사도직에 대한 바울의 변호 ③ 로마를 방문하고자 하는 바울의 여행 계획
두 형제의 바로 옆에 짐이 있다.

1. 믿음이 연약한 형제의 짐을 져주라(1-13) = 연약한 자를 도우라
   • 믿음이 강한 우리는 마땅히 믿음이 약한 자의 약점을 담당하고 자기를 기쁘게 하지 아니할 것이라(1) - 짐은 물건을 담는 것이므로 이 구절은 롬 14장이 아닌 15장이 된다.
   • 소망의 하나님이 모든 기쁨과 평강을 믿음 안에서 너희에게 충만하게 하사 성령의 능력으로 소망이 넘치게 하시기를 원하노라(13) - 짐이 소망(小網)이므로 소망과 관련된 이 구절은 15장에 나온다. 맥주 광고인데 짐에 가려서 4°(사도) 라는 글자만 보인다. 4° = 맥주의 알코올도수

2. 바울의 사도 직분(14-21)
   • 이 은혜는 곧 나로 이방인을 위하여 그리스도 예수의 일꾼이 되어 하나님의 복음의 제사장 직분을 하게 하사 이방인을 제물로 드리는 것이 성령 안에서 거룩하게 되어 받으실 만하게 하려 하심이라(16)
   • 표적과 기사의 능력으로 성령의 능력으로 이루어졌으며 그리하여 내가 예루살렘으로부터 두루 행하여 일루리곤까지 그리스도의 복음을 편만하게 전하였노라(19)
   짐에 난 ＼ 표시, 성경기억법에서 ＼ 이 표시는 방문계획으로 약속한다. 롬 1장 참조.

3. 바울의 로마 방문계획(22-33)
   • 그러므로 또한 내가 너희에게 가려하던 것이 여러 번 막혔더니 이제는 이 지방에 일할 곳이 없고 또 여러 해 전부터 언제든지 서바나(스페인)로 갈 때에 너희에게 가기를 바라고 있었으니(22-23)
   • 그러므로 내가 이 일을 마치고 이 열매를 그들에게 확증한 후에 너희에게 들렀다가 서바나로 가리라(28)
   짐 양쪽의 " " 표시 - 짐 안에 뭘 넣었길래 조금씩 흔들리고 있다. " " 이 표시는 성경기억법에서 기도의 부탁으로 약속한다. 데살로니가후서 3장 꼭 볼 것.

4. 기도의 부탁(30-33) - 제자들에게까지 기도를 부탁하는 바울의 모습에서 우리는 중보기도의 힘은 다수의 기도라는 차원을 넘어 실제적인 성도의 연합과 주님의 은총을 구하는 힘이 있다는 것을 배운다. 터는 집이나 건물을 지을 자리로, 터는 자리를 말한다. 그림에서 짐을 놓을 자리라는 뜻으로 '터'라고 써 있다.

5. 또 내가 그리스도의 이름을 부르는 곳에는 복음을 전하지 않기를 힘썼노니 이는 남의 터 위에 건축하지 아니하려 함이라(20) - 이미 다른 전도자가 복음을 전한 곳에는 전도하지 않겠다는 뜻이다. 짐이 고전 16장의 헌금주머니와 비슷하게 생겼으므로 롬 15장에도 연보에 대해 나온다.

6. 마게도냐와 아가야 사람들이 예루살렘 성도 중 가난한 자들을 위하여 기쁘게 얼마를 연보하였음이라(26) - 짐의 아구(아가야)가 마켜(마게도냐)있으므로 마게도냐와 아가야 사람들이 예루살렘 성도를 위해 연보를 했다고 나온다.

로마서 16장	
배 경	**교회 안 오른쪽**
대제목	**문안 인사**

📖 본문은 서신체로 기록된 로마서의 결론부로서 바울의 개인적인 문안 인사와 마지막 권고 및 당부, 그리고 송영과 축도로 끝을 맺고 있다.

교회 안 오른쪽 문에는 문안 인사 하는 이가 있다.

1. **문안 인사**(1-27)

   • 너희는 그리스도 예수 안에서 나의 동역자들인 **브리스가와 아굴라**에게 문안하라 **그들은 내 목숨을 위하여 자기의 목까지도 내놓았나니** 나뿐 아니라 이방인의 모든 교회도 그들에게 감사하느니라(3-4)

   • 내가 사랑하는 **에배네도**에게 문안하라 그는 **아시아에서 그리스도께 처음 맺은 열매니라**(5) - 아시아에서 첫 예배(에배네도)를 드렸다.

   • 내 친척이요 나와 함께 갇혔던 안드로니고와 유니아에게 문안하라 그들은 사도들에게 존중히 여겨지고 또한 나보다 먼저 그리스도 안에 있는 자라(7)

   • **그리스도 안에서 인정함을 받은 아벨레에게 문안하라**(10) - 그리스도 안에서 인정함을 받자 좋아서 입이 헤벌레(아벨레) 벌어져 있다.

   • 내 친척 헤로디온에게 문안하라(11)

   • 주 안에서 택하심을 입은 **루포**(구레네 사람 시몬의 아들로 시몬은 예수님의 십자가를 대신 짊어졌던 인물이다. 막 15:21)와 그 어머니에게 문안하라 그의 어머니는 곧 내 어머니니라(13)

   • 나의 동역자 디모데와 나의 친척 누기오와 야손과 소시바더가 너희에게 문안하느니라(21) - **야!** 손으로 소시지(소시바더) 집어 먹은 것 누기야(누기오).

   • 이 편지를 대서하는 나 **더디오**도 주 안에서 너희에게 문안하노라(22) - 편지를 **대신** 써주는 것은 좋은데 넘(롬) 더디오

   ※ 바울의 친척 - 안드로니고, 헤로디온, 유니아, 누기오, 야손, 소시바더 - **야!** 손으로 소시지 집어 먹은 것 누기야(누기오)! 바울의 친척 왈 - 다시는 안해유(안 그럴께요)

   문안 인사하는 이가 중국사람 인가보다. 중국말로 세세하며 인사하고 있다. 세세가 뵈뵈와 어감이 비슷하다.   세세 - 감사합니다

2. **뵈뵈의 추천**(1-2) - 뵈뵈가 바울의 추천으로 로마서를 가지고 간다.

   • 내가 **겐그레아** 교회의 일꾼으로 있는 우리 자매 **뵈뵈**를 너희에게 추천하노니 너희는 주 안에서 성도들의 합당한 예절로 그를 영접하고 무엇이든지 그에게 소용되는 바를 도와 줄지니 이는 그가 여러 사람과 나의 보호자가 되었음이라(1-2)

   (암기방법) 왜 뵈뵈가 겐그레아 사람인지 알아보자. **겐** (좀)**그래** 여기서 겐은 게는의 줄임말로 뵈뵈를 가리킨다. 뵈뵈란 이름이 좀 그렇긴 그렇다. 따라서 뵈뵈는 겐그레아 사람이라는 것을 알 수 있다.

   ※ 바울서신에는 첫 장과 마지막장에 항상 인사가 나오므로 이후의 서신에는 가급적 인사는 넣지 않겠다.

□ 바울서신의 발신자 □

발신자 - 바울
서신 - 롬, 갈, 엡, 딤전, 딤후, 딛
(암기방법) **롬**싸롱 **갈** 땐 바울 혼자 가지 말고 제자인 **디모데**와 **디도**도 같이 데리고 가라. **엡**!
발신자 - 바울, 디모데
서신 - 고후, 빌, 골, 몬
(암기방법) **코후 빌골**(비고) **몬**래 바디에 닦았다.
발신자 - 바울, 소스데네
서신 - 고전
(암기방법) 고전(고서적) 바쏘
발신자 - 바울, 디모데, 실라
서신 - 살전, 살후
(암기방법) 바디에 붙은 실 **살살** 때라

□ 서신서에 등장하는 주요인물 □

고린도전서 16장 주요인물 - 디모데, 아볼로, 아굴라와 브리스가, 스데바나, 브드나도, 아가이고
(암기방법) 회사가 고전하다 부도나자(브드나도) 노동자들은 데모를 하고 아굴라와 브리스가 부부 사장은 아가를 이고 아폴로(아볼로) 우주선을 타고 도피한다. 아가의 손에는 바나나(스데바나)가 들려 있다.
에베소서 6장 주요인물 - 두기고
(암기방법) 애 **두고**가
빌립보서 4장 주요인물 - 글레멘드, 에바브로디도, 유오디아, 순두게, 디모데
(암기방법) 혀를 **끌**끌 차면서 **에유 순디**야 그거하나 못 **빌리**냐 - 디는 디도가 아닌 디모데임에 유의
골로새서 4장 주요인물 - 마가, 두기고, 에바브라, 눔바, 오네시모, 아킵보, 유스도, 아리스다고, 누가, 데마
(암기방법) **마두**(고양시 지명)**에 눈**(눔) **오네**(오네시모). **아**! 그런데 **유아**가 **누**워버리**데** 정말 골 때리네
디모데전서 1장 주요인물 - 후메내오, 알렉산더
(암기방법) 데모대가 방독면을 쓴 전경(딤전 1장)에게 얼굴이 궁금해서 묻는다. **후 알 유?**
디모데후서
1장 주요인물 - 허모게네, 부겔로[데모대는 전부 허브향을 쓰며 **허브**향은 날아간다(배신)], 오네시보로
(암기방법) 데모대(딤후 1장) 결의안이 오 4시부로(오네시보로) 부결(부겔로)됐어. 아 허무하네(허모게네)
2장 주요인물 - 후메내오, 빌레도(부활이 이미 지나갔다함 - 부활이 지난 **후**에는 **빌래도** 소용없다)
(암기방법) 야 군인(딤후 2장) 너 자꾸 코 **후 빌레**
3장 주요인물 - 얀네, 얌브레(모세를 대적했던 자들)
(암기방법) 말 세(딤후 3장) 마리가 맛있게도 **얌얌**
4장 주요인물 - 누가, 두기고, 그레스게, 디도, 마가, 데마, 알렉산더
(암기방법) 2처녀들이 누드 그리지 말라며 혀 짧은 소리로 하는 말 - **누두**(알몸) **그디 마데**요
디도서 3장 주요인물 - 아데마, 두기고, 율법교사 세나, 아볼로
(암기방법) 우리나라 지도(3장)를 아무데나 두고(아데마, 두기고) 니 볼(아볼로)릴만 보러 다니면 쓰냐(세나)
빌레몬서 주요인물 - 압비아, 누가, 에바브라, 아킵보(킵≒콘), 아리스다고, 마가, 데마
(암기방법) **누가** 내가 **압**끼는(아끼는) **브라**보콘을 몰래(빌레몬) 먹었냐? **아리마데** 요셉이요.
베드로전서 5장 주요인물 - 실루아노(실라)
(암기방법) 벧전에 짐을 **실라**

고린도전서 16장

* 배경 : 고린도는 고린도라는 사람이 되며 고린도전서는 고린도군의 전반기생애 즉 젖먹이
시절과 학생시절을 배경으로 하며 젖먹이시절(1-8장)과 학생시절(9-16장)에 각각 8장씩
총 16장으로 한다.
※ 고린도교인 중 바울에게 세례받은 사람 - 그리스보, 가이오, 스데바나 집 사람들 - 바울이 세
례를 준 후에는 꼭 가이 바위 보(그리스보)를 해서 이긴 사람에게는 바나나(스데바나)를 준다.

고린도전서 (16장)

저　　자 : 사도 바울
　　　　　다소사람, 유대인, 로마 시민권 소유, 바리새인들에 의하여 많은 영향, 헬라 문
　　　　　화에 철저한 정통파. 유명한 '가말리엘'의 문하에서 여러 가지 학문을 배움.
　　　　　예루살렘에서 유대인들이 교회를 핍박함에 참가하여 신자를 잡아다가 투옥하고
　　　　　박해하기 위하여 대제사장의 공문을 맡아가지고 멀리 다메섹으로 가다가 도중
　　　　　에서 주님의 부르심을 받음. 이방의 사도로 부르심.
주　　제 : 성도들의 변질된 신앙의 책망과 올바른 신앙으로 회복 교훈
발 신 자 : 사도 바울, 소스데네
수 신 자 : 고린도 교회의 성도들
기록연대 : A.D. 55년경
기록장소 : 바울의 3차 전도여행 중 에베소에서 기록
요　　절 : 6:19-20, 10:12-13, 15:57-58
기록목적 : 바울이 자신의 사도권에 근거하여 당시 여러 가지 문제에 봉착해 있던 고린도
　　　　　교회의 문제점들을 올바로 잡아 주고, 거짓 교사들의 헛된 교훈을 척결하기 위
　　　　　해 기록하였다.
* 고린도 : 그리스 본토와 펠레폰네소스를 연결하는 고린도는 에게해와 아드리아해 사이의
　　　　　좁은 지협에 위치한 항구 도시로 부유한 상업의 중심지였다. 도시는 사당과 신
　　　　　전으로 가득 차 있었고 그중에서도 가장 유명한 것은 아크로코린투스라 불리는
　　　　　해발 약470m의 곶 꼭대기에 있는 아프로디테 신전이었다. 바울 시대의 고린도
　　　　　의 인구는 약 70만 명이었고 그중 3분의 2가 노예였다. 이처럼 비천한 사람들
　　　　　이 많아서 철학자들이 배출되지 못했다.
* 고린도 교회 : 고린도 교회가 처음으로 복음을 대하게 된 것은 바울의 제 2차 전도여행
　　　　　때이다(B.C.50년). 바울은 브리스길라, 아굴라와 함께 일하고 있는 동안 회당에
　　　　　서 복음을 전했는데 반대에 부딪혔기 때문에 이웃에 있는 디도 유스도의 집으
　　　　　로 옮겨가야만 했다. 유대인들은 바울을 로마의 총독 갈리오 앞으로 소송을 제
　　　　　기 했지만 기각되었다. 바울은 약하고 두려운 가운데 주님이 환상 가운데 "두
　　　　　려워하지 말며 잠잠하지 말고 말하라"(행 18:9)는 말씀에 용기를 얻고 담대히
　　　　　복음을 증거하여 많은 사람을 얻는다. 1년 6개월 동안 머물며 복음을 전했다.

고린도전서 1장		
배 경	요람	
대제목	분열(분쟁)	

📖 문안 인사 후에 바울은 고린도 교회의 분열상을 지적하면서 그 이유가 그리스도의 십자가에 대한 그릇된 이해에 있음을 밝히면서 오직 십자가의 도가 구원의 지혜임을 가르친다.
　　요람의 망사가 뜯어져 분열되어 있다. 참고로 애기가 나오므로 고전은 에베소에서 썼다.

1. 분열(분쟁)(1-17) - 글로에의 집편으로 너희에 대한 말이 내게 들리니 곧 너희 가운데 분쟁이 있다는 것이라~ 나는 바울에게, 아볼로에게, 게바에게, 그리스도에게 속한 자라 한다는 것이니(11-12)
요람의 망사가 뜯어진 곳으로부터 지혜와 의로움과 거룩함을 가진 자가 나오고 있다.

2. 예수는 하나님으로부터 나와서 우리에게 지혜와 의로움과 거룩함과 구원함이 되셨으니(30)
망사가 뜯어진 다른 곳에서도 유대인과 헬라인(이방인)이 나오고 있다.

3. 유대인은 표적을 구하고 헬라인은 지혜를 찾으나 우리는 십자가에 못 박힌 그리스도를 전하니 유대인에게는 거리끼는 것이요 이방인에게는 미련한 것이로되(22-23)
요람의 망사가 뜯겨진 이유는 망사가 견고하지 못해서 그렇다.　　망 → 책망

4. 주께서 너희를 우리 주 예수 그리스도의 날에 책망할 것이 없는 자로 끝까지 견고하게 하시리라(8)
✝️⁰˙도 ⇒ 십자가의 도

5. 십자가의 도(18-31) - 복음, 즉 예수 그리스도의 죽음, 부활, 재림을 말한다.
　• 십자가의 도가 멸망하는 자들에게는 미련한 것이요 구원을 받는 우리에게는 하나님의 능력이라(18)
　- 십자가는 10을, 도(°)는 전국 8도를 나타내므로 십자가의 도가 나오는 이 구절은 18절이 된다.
　십자가의 도(°)에서 도(°)는 뻥 뚫린 구멍처럼 속이 비었으므로 헛을 나타내기도 한다.　　✝️⁰˙구멍(헛) ⇒ 십자가가 헛되지 않게

6. 그리스도께서 나를 보내심은 세례를 베풀게 하려 하심이 아니요 오직 복음을 전하게 하려 하심이로되 말의 지혜로 하지 아니함은 그리스도의 십자가가 헛되지 않게 하려 함이라(17) - 17차는 헛개차
약한 토끼가 강한 사자를 이겨서 사자를 부끄럽게 만들고 있다.

7. 그러나 하나님께서 세상의 미련한 것들을 택하사 지혜 있는 자들을 부끄럽게 하려 하시고 세상의 약한 것들을 택하사 강한 것들을 부끄럽게 하려 하시며(27) - 약한 토끼의 이름은 두칠(27)이다.
5번과 7번의 중요요절에 미련이 나오며 미련이 나오는 또 다른 중요요절은 다음과 같다.

8. 이 세상이 자기 지혜로 하나님을 알지 못하므로 하나님께서 전도의 미련한 것으로 믿는 자들을 구원하시기를 기뻐하셨도다(21) - 전도를 하려면 미련하다 할 정도로 낯가죽(21)이 두꺼워야 한다.

9. 하나님의 능력과 지혜이신 그리스도(18-31)
자라의 등에 못이 박혀 있다.　　자라 → 자랑
　지혜 능금(능력) 하나님 ⇒ 하나님의 능력과 지혜

10. 세상의 천한 것들과~ 없는 것들을 택하사 있는 것들을 폐하려 하시나니 이는 아무 육체도 하나님 앞에서 자랑하지 못하게 하려 하심이라(28-31) - 결국 '자랑하는 자는 주안에서 자랑하라(31)'는 뜻.

	고린도전서 2장	
배 경	우유병	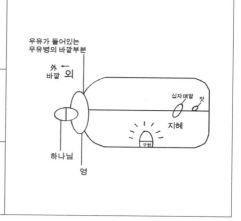
대제목	하나님의 능력으로 행한 바울의 전도	

📖 인간 중심의 신앙생활을 책망한 바울은 올바른 전도 방법과 내용을 분명히 가르친 후 참된 지혜는 십자가 복음이고 그 지혜는 오직 성령으로 말미암는다는 사실을 깨우친다.

　저 우유를 마시면 하나님의 능력이 생기는데(그래서 이 우유를 능력우유라고 한다) 그 우유가 지금 아이의 입속으로 흘러 들어가고 있다(전도).　전도(傳導)는 열 또는 전기가 그 물체 속을 이동하는 현상을 말하며 이를 전도(傳道, 종교를 널리 전함)로 바꾼다.

1. 하나님의 능력으로 행한 바울의 전도(1-5)
   • 내 말과 내 전도함이 설득력 있는 지혜의 말로 하지 아니하고 다만 성령의 나타나심과 능력으로 하여 너희 믿음이 사람의 지혜에 있지 아니하고 다만 하나님의 능력에 있게 하려 하였노라(4-5)
   우유병의 상표　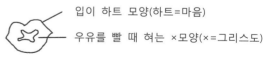　→ 지혜
   　　　　　　　　　　　　　　　　→ θ(하나님)

2. 구원을 위한 하나님의 지혜(6-16) - 그러나 우리가 온전한 자들 중에서는 지혜를 말하노니 이는 이 세상의 지혜가 아니요 또 이 세상에서 없어질 통치자들의 지혜도 아니요 오직 은밀한 가운데 있는 하나님의 지혜를 말하는 것으로서 곧 감추어졌던 것인데 하나님이 우리의 영광을 위하여 만세 전에 미리 정하신 것이라 이 지혜는 이 세대의 통치자들이 한 사람도 알지 못하였나니 만일 알았더라면 영광의 주를 십자가에 못 박지 아니하였으리라(6-8)
   • 육에 속한 사람은 하나님의 성령의 일들을 받지 아니하나니 이는 그것들이 그에게는 어리석게 보임이요 또 그는 그것들을 알 수도 없나니 그러한 일은 영적으로 분별되기 때문이라(14)
   우유병 꼭지(그림참조),　θ(데타) → 하나님,　0 → 영,　外(바깥 외) → 외에는

3. 하나님의 영 외에는(10-11) - 성령은 모든 것 곧 하나님의 깊은 것까지도 통달하시느니라 사람의 일을 사람의 속에 있는 영 외에 누가 알리요 이와 같이 하나님의 일도 하나님의 영 외에는 아무도 알지 못하느니라(10-11) - 하나님(1)의 영(0)이 10이므로 하나님의 영 외(바깥)는 11이 된다.
   우유병 꼭지를 빨고 있는 아기의 입 모양

4. 누가 주의 마음을 알아서 주를 가르치겠느냐 그러나 우리가 그리스도의 마음을 가졌느니라(16) - 우유병을 빠는 아기의 입 모양이 꽃봉오리(16) 같다.

   ※ 빌 2:5도 그리스도의 마음이므로 구분하는 방법은 고전 2:16은 아기의 입이므로 '누가~ 주를 가르치겠느냐' 가 되고 빌 2:5은 두 손을 가슴에 품고 있으므로 '너희 안에 이 마음을 품으라' 가 된다.
   우유병에 아기의 건강을 위해서 십자매알과 잣을 넣었다.　십자매 알, 잣(작), 外(바깥 외)
   → 십자가에 못 박히신 것 외에는 아무것도 알지 아니하기로 작정하였음이라

5. 그리스도와 십자가에 못 박히신 것 외에는 아무것도 알지 않기로 작정하다(1-5)
   • 내가 너희 중에서 예수 그리스도와 그가 십자가에 못 박히신 것 외에는 아무것도 알지 아니하기로 작정하였음이라(2) - 예수 그리스도와 그가 십자가에 못 박히신 것 2가지만 알기로 작정함.

고린도전서 3장		
배 경	기저귀	일꾼 기저귀 공력에 의해 부풀어 있다
대제목	바울과 아볼로는 하나님의 일꾼에 불과하다	

📖 교회 분쟁의 불씨가 인간 지도자를 절대시했기 때문임을 밝힌 바울은 모든 교인들이 주의 거룩한 성전임을 밝히면서 사람을 자랑하지 말고 하나님께 의존할 것을 가르치고 있다.

기저귀를 단단히 채워야 커서 일꾼 노릇을 잘한다. 그래서 이 기저귀를 '일꾼기저귀' 라 부른다.

1. <mark>바울과 아볼로는 하나님의 일꾼에 불과하다</mark>(4-9) - 인간 지도자를 절대시 하지 말라는 뜻.
   • 나는 바울에게라 하고 다른 이는 나는 아볼로에게라 하니~ 그들은 주께서 각각 주신 대로 너희로 하여금 믿게 한 사역자들이니라 **나는 심었고 아볼로는 물을 주었으되 오직 하나님께서 자라나게 하셨나니 그런즉 심는 이나 물주는 이는 아무것도 아니로되 오직 자라게 하시는 이는 하나님뿐이니라**(4-7)
   아기(3장)는 달랑 기저귀만 차고 아무것도 입지 않았으므로 육신에 속한 자가 된다.

2. <mark>육신에 속한 자</mark>(1-3)
   • 형제들아 내가 신령한 자들을 대함과 같이 너희에게 말할 수 없어서 <u>육신에 속한 자</u> 곧 그리스도 안에서 어린 아이들을 대함과 같이 하노라~ 너희는 아직도 <u>육신에 속한 자</u>로다 너희 가운데 시기와 분쟁이 있으니 어찌 육신에 속하여 사람을 따라 행함이 아니리요(1-3)
   기저귀가 공력(힘들여 이루는 업적)에 의해 부풀어있다. 무협지의 공력을 생각하자.

3. <mark>공력(공적)</mark>(10-15) = 건축자 비유 - 최후 심판 때에 주어질 상급과 심판을 언급함으로서 현재의 삶에 충실할 것을 요구하고 있다.
   • 내가 지혜로운 건축자와 같이 터를 닦아 두매 다른 이가 그 위에 세우나 그러나 각각 어떻게 그 위에 세울까를 조심할지니라 이 닦아 둔 것 외에 능히 다른 터를 닦아 둘 자가 없으니 **이 터는 곧 예수 그리스도라** 만일 누구든지 금이나 은이나 보석이나 나무나 풀이나 짚으로 이 터 위에 세우면 각 사람의 공적이 나타날 터인데 그 날이 공적을 밝히리니 이는 불로 나타내고 그 불이 각 사람의 공적이 어떠한 것을 시험할 것임이라 만일 누구든지 그 위에 세운 공적이 그대로 있으면 상을 받고 누구든지 그 공적이 불타면 해를 받으리니 그러나 자신은 구원을 받되 불 가운데서 받은 것 같으리라(10-15)
   기저귀의 성전 그림

4. <mark>성도는 하나님의 성전</mark>(16-23)
   • 너희가 하나님의 <u>성전</u>인 것과 하나님의 <u>성령</u>이 너희 안에 계시는 것을 알지 못하느냐(16) - 성령이 우리 안에 계시다는 것은 우리가 기능면에서는 가방(16)과 비슷하다 하겠다.
   아기(3장)는 밥을 먹지 않고 젖을 먹는다.

5. 너희를 <u>젖</u>으로 먹이고 <u>밥</u>으로 아니하였노니(2)
   ※ 너희는 하나님의 <u>밭</u>이요 하나님의 집이니라(9) - 2절, 밥≒밭이므로 이 구절은 고전 3장이 된다.
   기저귀 안쪽과 바깥쪽이 각각 이런(>) 모양이다.   하나님>그리스도>너희

6. 너희는 <u>그리스도</u>의 것이요 그리스도는 <u>하나님</u>의 것이니라(23)
   아기의 기저귀는 종이 기저귀로, 종이의 종류(아트지, 골판지, 모조지…)는 어리석지이다.

7. 이 세상에서 지혜 있는 줄로 생각하거든 **어리석**은 자가 되라 그리하여야 **지혜로운** 자가 되리라(18)

고린도전서 4장		
배 경	엄마	
대제목	맡은 자	

📖 고린도 교회의 분쟁에 대한 결론적인 권면으로서 바울은 인간 지도자를 추앙하거나 판단하지 말고 특히 자고하거나 교만하지 말고 오직 겸손할 것을 간절히 권면하고 있다.

엄마는 아기를 맡은 자로서 충성을 다한다.

1. <u>맡은 자</u>(1-21) - 사람이 마땅히 우리를 그리스도의 일꾼이요 하나님의 비밀을 **맡은 자**로 여길지어다 그리고 **맡은 자**들에게 구할 것은 <u>충성</u>이니라(1-2) - 맡은 자가 2개 나오는데 첫 번째 맡은 자는 1절이 되고 두 번째 맡은 자는 2절이 된다.

    엄마는 아기의 안전을 위해서 아기가 밖으로 넘어가지 못하게 한다.

2. 기록된 말씀 밖으로 넘어가지 말라(6) - 밖(6)으로가 이 구절이 6절임을 말해준다.

    엄마는 아기가 말을 듣지 않으면 사랑의 매를 든다.

3. 바로 이 시간까지 우리가 주리고 목마르며 헐벗고 **매** 맞으며 정처가 없고(11)

    너희가 무엇을 원하느냐 내가 **매**를 가지고 너희에게 나아가랴 <u>사랑</u>과 온유한 마음으로 나아가랴(21)

    엄마는 아기를 **낳았다**.

4. 그리스도 안에서 <u>일만 스승</u>이 있으되 <u>아버지</u>는 많지 아니하니 그리스도 예수 안에서 내가 <u>복음</u>으로써 너희를 낳았음이라(15) - 동물들은 새끼를 낳을 때 <u>구멍</u>(15)으로 낳는다.

    엄마와 아기는 **닮았다**.

5. 그러므로 내가 너희에게 권하노니 너희는 나를 본받는 자가 되라(16)

    우리<u>나라</u>를 닮은 엄마의 귀와 능금귀걸이.   능금 → 능력

6. 하나님의 <u>나라</u>는 말에 있지 아니하고 오직 <u>능력</u>에 있음이라(20) - 능금모양의 귀걸이에 20이라 써 있다.

    (배경) 이 말의 배경은 바울을 대신하여 <u>디모데</u>를 보냈을 때(고전 4:17, 16:10) 일부교인들은 바울이 직접 올 용기가 없기 때문에 디모데를 보낸 것으로 단정하고 교만한 마음을 품었는데 이때 바울이 고린도 교회에 가게 되면 교만한 자의 말이 아닌 그들의 능력을 알아보겠노라고 하며 한 말이다.

    엄마(사도들)는 힘들어도 아기(고린도 교인들)는 왕처럼 떠받든다.   엄마는 힘들어도 → 사도들의 형편,   아기는 왕처럼 → 고린도 교인들의 교만한 상태

7. <u>고린도 교인들에게 교만하지 말 것을 당부하다</u>(6-21) - 사도들의 형편과 고린도 교인들의 상태를 대조시키면서 고린도 교인들에게 교만하지 말 것을 당부하고 있다.

    • 너희가 이미 배부르며 이미 풍성하며 우리 없이도 **왕**이 되었도다(사도들은 복음을 전하기 위하여 수고하고 있는데 고린도 교인들은 그리스도 재림 후에 성도들이 차지할 왕적 지위를 이미 차지했다는 듯이 자족하였다는 뜻) 우리가 너희와 함께 **왕 노릇** 하기 위하여 참으로 너희가 **왕**이 되기를 원하노라(8)

    母(모) 하면 가장 먼저 생각나는 단어는 대모(연극계의 대모, 노동계의 대모)다.   대모 → 디모데

8. 내가 주 안에서 내 사랑하고 신실한 아들 <u>디모데</u>를 너희에게 보내었으니 그가 너희로 하여금 그리스도 예수 안에서 나의 행사 곧 내가 각처 각 교회에서 가르치는 것을 <u>생각나게 하리라</u>(17)

    ※ 고전에서 디모데 언급 - 4장, 16장, 아볼로 언급 - 1장, 3장, 4장(엄마가 아폴로여신 같다), 16장

고린도전서 5장		
배 경	목욕물	목욕한 물위에 누룩이 떠 있다
대제목	음행	

📖 당시 고린도 지방은 성적으로 매우 타락한 상태였는데 그 같은 풍조가 교회 내에까지 스며 들었던 것이다. 근친상간이라는 극도의 타락한 성풍조가 교인들 사이에서 공공연히 자행됐 으며 이 소식을 접한 바울은 이들을 사탄의 무리로 규정하여 강경한 어조로 경고하고 있다.
음행한 여자가 욕조 안에 있는 물로 자주 목욕한다. 그래서 욕조 안의 물이 시커먼 것이다.

1. 음행(1-13) - 교회내의 성결을 촉구하고 있다.

- 너희 중에 심지어 음행이 있다 함을 들으니 그런 음행은 이방인 중에서도 없는 것이라 **누가 그 아버지의 아내를 취하였다 하는도다** 그리하고도 너희가 오히려 교만하여져서 어찌하여 통한히 여기지 아니하고 그 일 행한 자를 너희 중에서 쫓아내지 아니하였느냐 내가 실로 몸으로는 떠나 있으나 영으로는 함께 있어서 거기 있는 것 같이 이런 일 행한 자를 이미 판단하였노라 주 예수의 이름으로 너희가 내 영과 함께 모여서 우리 주 예수의 능력으로 이런 자를 사탄에게 내주었으니 이는 육신은 멸하고 영은 주 예수의 날에 구원을 받게 하려 함이라 너희가 자랑하는 것이 옳지 아니하도다 적은 누룩이 온 덩어리에 퍼지는 것을 알지 못하느냐 너희는 누룩 없는 자인데 새 덩어리가 되기 위하여 묵은 누룩을 내버리라 우리의 유월절 양 곧 그리스도께서 희생되셨느니라 이러므로 우리가 명절을 지키되 묵은 누룩으로도 말고 악하고 악의에 찬 누룩으로도 말고 누룩이 없이 오직 순전함과 진실함의 떡으로 하자 내가 너희에게 쓴 편지에 음행하는 자들을 사귀지 말라 하였거니와 이 말은 이 세상의 음행하는 자들이나 탐하는 자들이나 속여 빼앗는 자들이나 우상 숭배하는 자들을 도무지 사귀지 말라 하는 것이 아니니 만일 그리하려면 너희가 세상 밖으로 나가야 할 것이라 이제 내가 너희에게 쓴 것은 만일 어떤 형제라 일컫는 자가 음행하거나 탐욕을 부리거나 우상 숭배를 하거나 모욕하거나 술 취하거나 속여 빼앗거든 사귀지도 말고 그런 자와는 함께 먹지도 말라 함이라 밖에 있는 사람들을 판단하는 것이야 내게 무슨 상관이 있으리요마는 교회 안에 있는 사람들이야 너희가 판단하지 아니하랴 **밖에 있는 사람들은 하나님이 심판하시려 니와 이 악한 사람은 너희 중에서 내쫓으라**(1-13) - 음행하는 사람들과 사귀지 말라고 했는데 이 말은 이 세상 사람들과 전혀 어울리지 말라는 의미가 아니다. 그러려면 이 세상 밖으로 나가야 할 것이다. 바울이 어울리지 말라고 쓴 것은 어떤 사람이 그리스도인이라고 말은 하면서 음행한 일을 하였을 경우에 즉 교회 내에서 음행한 사람들을 내쫓으라는 말이다. 이 사람들은 죄의 본성은 멸 망당하더라도 영혼은 우리 주님의 날에 구원받게 하기 위함이다.
음행한 여자가 목욕한 물 위에 때가 둥둥 떠 있는데 때가 불어서 마치 누룩같이 보인다. 누룩은 밀을 갈아 반죽하여 띄어서 만든 것으로 술을 빚거나 가루를 부풀게 하는 재료로 사 용되나 여기서는 죄악을 나타낸다.

2. 누룩을 제거하라(6-8) - 너희는 누룩 없는 자인데 새 덩어리가 되기 위하여 묵은 누룩을 내버리 라 우리의 유월절 양 곧 그리스도께서 희생되셨느니라 이러므로 우리가 명절을 지키되 묵은 누룩으 로도 말고 악하고 악의에 찬 누룩으로도 말고 누룩이 없이 오직 순전함과 진실함의 떡으로 하자(7-8)

고린도전서 6장		
배 경	욕조(목욕통)	
대제목	성도들 간의 문제로 세상 법정에 송사하지 말라	

📖 고린도 교인들은 소송을 가지고 세상 법정에까지 나가는 추태를 보였다. 세상을 판단하고 심판하여야 할 성도가 죄악된 세상의 법정에 서는 상황이 벌어진 것이다. 모름지기 교회내의 분쟁은 주님의 사랑과 말씀 안에서 지혜롭게 해결할 것을 교훈한 후 바울은 성령의 전인 육신을 더럽히지 말 것을 권면하고 있다.

이 욕조는 송사가 걸린 욕조다. 욕조를 **욕**하고 **쪼**소하는 것으로 바꾸면 송사와 잘 어울린다.

1. <mark>성도들 간의 문제로 세상 법정에 송사하지 말라</mark>(1-11)
   • 너희 중에 누가 다른 이와 더불어 다툼이 있는데 구태여 불의한 자들 앞에서 고발하고 성도 앞에서 하지 아니하느냐 성도가 <u>세상</u>을 판단할 것을 너희가 알지 못하느냐~ 우리가 <u>천사</u>를 판단할 것을 너희가 알지 못하느냐 그러하거든 하물며 세상 일이랴(1-3)
   • 너희 중에 이와 같은 자(불의한 자)들이 있더니 주 예수 그리스도의 이름과 우리 하나님의 성령 안에서 <u>씻음</u>과 <u>거룩함</u>과 <u>의롭다 하심</u>을 받았느니라(11)
   욕조를 만드는 일은 가문 대대로 이어온 유업이다.

2. 불의한 자가 <u>하나님의 나라</u>를 유업으로 받지 못할 줄을 알지 못하느냐(9)
   욕조는 몸을 씻는 통이므로 6장은 몸이라는 말이 자주 나온다. 따라서 몸과 관련된 소제목도 나오는데 그 소제목은 다음과 같다.

3. <mark>몸</mark>으로 하나님께 영광을 돌리라(12-20)
   그림에서 보듯이 5장의 **음행**한 물이 욕조(6장)에 그려진 성전을 **피해서** 흐르고 있다.

4. <mark>음행을 피하라</mark>(12-20) - <mark>몸</mark>은 <u>음란</u>을 위하여 있지 않고 오직 <u>주</u>를 위하여 있으며(13)
   • 너희 <mark>몸</mark>이 그리스도의 지체인 줄을 알지 못하느냐 내가 <u>그리스도의 지체</u>를 가지고 <u>창녀의 지체</u>를 만들겠느냐(15)
   • 창녀와 합하는 자는 그와 한 <mark>몸</mark>인 줄을 알지 못하느냐 일렀으되 **둘이 한 육체가 된다**(창 2장, 마 19장, 막 10장, 엡 5장) 하셨나니 주와 합하는 자는 한 <u>영</u>이니라(16-17)
   • 음행을 피하라 사람이 범하는 죄마다 <mark>몸</mark>밖에 있거니와 음행하는 자는 자기 <mark>몸</mark>에 죄를 범하느니라(18) - 음행한 물이 성전을 피해서 가위(18) 모양으로 흐르고 있으므로 이 구절은 18절이 된다.
   ⛪ - **성령의 전**인 줄을 알지 못하느냐 너희는 너희 자신의 것이 아니라(19)
   ₩ - **값**으로 산 것이 되었으니 그런즉 너희 <mark>몸</mark>으로 하나님께 영광을 돌리라(20)

5. 너희 <mark>몸</mark>은 너희가 하나님께로부터 받은바 너희 가운데 계신 <u>성령의 전</u>인 줄을 알지 못하느냐 너희는 너희 자신의 것이 아니라 <u>값</u>으로 산 것이 되었으니 그런즉 너희 <mark>몸</mark>으로 하나님께 영광을 돌리라(19-20) - ₩(값, 우리나라의 화폐단위로 W에 작대기 2개를 합친 것) → 여기서 작대기 2개는 20을 나타내는데 2가 아닌 20인 이유는 마트에서 물건을 살 때 최소 단위가 십 단위이기 때문이다. 값(₩)이 나오는 구절이 20절이므로 성령의 전이 나오는 구절은 전 단계이므로 19절이 된다.

고린도전서 7장	
배경	흰 비누
대제목	결혼 문제

📖 당시 고린도 교회는 결혼을 반드시 해야 한다는 주장과 하지 말아야 한다는 주장으로 대립되어 있었다. 바울은 이 두 주장이 모두 그릇되었음을 전제한 뒤 혼인을 하든지 하지 않든지 결국 주님의 영광을 위해 실행되어야 한다고 역설하고 있다. 이어 독신 생활과 이혼, 처녀의 결혼, 과부의 재혼 등에 관해 조언하고 있다.

이 흰 비누는 고린도 부모가 결혼 때 미리 사둔 것이다. 웨딩드레스가 하얀 것처럼 성경기억법에서 하얀 것은 결혼으로 약속한다(신 7장 참조). 따라서 흰 비누는 결혼을 나타낸다. 참고로 결혼은 좋은 것이므로 행운의 수인 7장이 된다.

1. 결혼 문제(1-40) - 6개의 소제목으로 나누어진다.
   비누 케이스에는 면사포를 쓴 신부의 모습이 그려있다.

신 불신

첫 번째 면사포(첫 결혼은 처녀 때 한다) - **처녀의 결혼**(25-38)
첫 결혼 전까진 오랜 동안 독신으로 지냈다 (얼굴로 봐서 그럴만하다)
독신생활에 대한 교훈(8-9)

두 번째 면사포(두 번째는 재혼을 말한다) - **과부의 재혼**(39-40)
결혼을 두 번했다는 것은 재혼 전에 한번 이혼했다는 것이 된다.
이혼에 대한 교훈(10-11)
(암기방법) 쭉 **독신**으로 지내다 **결혼**했으나 **이혼**하고 다시 **재혼**했다

부쾌(**부**부의 **쾌**락 즉 부부생활) - 부부 생활에 대한 교훈(1-7)

한발은 신을 신었고 다른 발은 안 신었다 - **신자와 불신자의 결혼**(12-16)

2. 부부생활에 대한 교훈(1-7)
   • 너희가 쓴 문제에 대하여 말하면 남자가 여자를 가까이 아니함이 좋으나 음행을 피하기 위하여 남자마다 자기 아내를 두고 여자마다 자기 남편을 두라 남편은 그 아내에 대한 의무를 다하고 아내도 그 남편에게 그렇게 할지라 아내는 자기 몸을 주장하지 못하고 오직 그 남편이 하며 남편도 그와 같이 자기 몸을 주장하지 못하고 오직 그 아내가 하나니(1-4)
   • 서로 분방하지 말라 다만 기도할 틈을 얻기 위하여 합의상 얼마 동안은 하되 다시 합하라 이는 너희가 절제 못함으로 말미암아 사탄이 너희를 시험하지 못하게 하려 함이라(5)
3. 독신생활에 대한 교훈(8-9)
   • 내가 결혼하지 아니한 자들과 과부들에게 이르노니 나와 같이 그냥 지내는 것이 좋으니라 만일 절제할 수 없거든 결혼하라 정욕이 불 같이 타는 것보다 결혼하는 것이 나으니라(8-9)

4. <mark>이혼에 대한 교훈</mark>(10-11)
   - 결혼한 자들에게 내가 명하노니(명하는 자는 내가 아니요 주시라) 여자는 남편에게서 갈라서지 말고(만일 갈라섰으면 그대로 지내든지 다시 그 남편과 화합하든지 하라) 남편도 아내를 버리지 말라(10-11)
5. <mark>신자와 불신자의 결혼</mark>(12-16)
   - 그 나머지 사람들에게 내가 말하노니(이는 주의 명령이 아니라) 만일 어떤 형제에게 믿지 아니하는 아내가 있어 남편과 함께 살기를 좋아하거든 그를 버리지 말며 어떤 여자에게 믿지 아니하는 남편이 있어 아내와 함께 살기를 좋아하거든 그 남편을 버리지 말라 믿지 아니하는 남편이 아내로 말미암아 거룩하게 되고 믿지 아니하는 아내가 남편으로 말미암아 거룩하게 되나니 그렇지 아니하면 너희 자녀도 깨끗하지 못하니라 그러나 이제 거룩하니라 혹 믿지 아니하는 자가 갈리거든 갈리게 하라 형제나 자매나 이런 일에 구애될 것이 없느니라 그러나 하나님은 화평 중에서 너희를 부르셨느니라(12-15)
6. <mark>처녀의 결혼</mark>(25-38)
   - 처녀에 대하여는 내가 주께 받은 계명이 없으되 주의 자비하심을 받아서 충성스러운 자가 된 내가 의견을 말하노니 내 생각에는 이것이 좋으니 곧 <u>임박한 환난</u>으로 말미암아 사람이 그냥 지내는 것이 좋으니라 네가 아내에게 매였느냐 놓이기를 구하지 말며 아내에게 놓였느냐 아내를 구하지 말라 그러나 장가 가도 죄 짓는 것이 아니요 처녀가 시집 가도 죄 짓는 것이 아니로되 이런 이들은 육신에 고난이 있으리니 나는 너희를 아끼노라(25-28)
   - 장가 간 자는 세상일을 염려하여 어찌하여야 아내를 기쁘게 할까 하여 마음이 갈라지며 시집가지 않은 자와 처녀는 주의 일을 염려하여 몸과 영을 다 거룩하게 하려 하되 시집 간 자는 세상일을 염려하여 어찌하여야 남편을 기쁘게 할까 하느니라(33-34)
   - 그러므로 결혼하는 자도 잘하거니와 결혼하지 아니하는 자는 더 잘하는 것이니라(38)
7. <mark>과부의 재혼</mark>(39-40)
   - 아내는 그 남편이 살아있는 동안에 매여 있다가 남편이 죽으면 자유로워 자기 뜻대로 시집갈 것이나 주 안에서만 할 것이니라 그러나 내 뜻에는 그냥 지내는 것이 더욱 복이 있으리로다 나도 또한 하나님의 영을 받은 줄로 생각하노라(39-40)

   1번 부부생활을 이용해서 또 다른 소제목을 만들어보자.

   부   부 생활 ⇒ 하나님(천부)께서 부르신 대로 생활하라
   ↳천**부** ↳**부**르심

8. <mark>하나님께서 부르신 대로 생활하라</mark>(17-24)
   - 오직 주께서 각 사람에게 나눠 주신대로 하나님이 각 사람을 부르신 그대로 행하라 내가 모든 교회에서 이와 같이 명하노라 할례자로서 부르심을 받은 자가 있느냐 무할례자가 되지 말며 무할례자로 부르심을 받은 자가 있느냐 할례를 받지 말라 할례 받는 것도 아무것도 아니요 할례 받지 아니하는 것도 아무것도 아니로되 오직 하나님의 <u>계명</u>을 지킬 따름이니라(17-19)
   - 너희는 <u>값</u>으로 사신 것이니 사람들의 <u>종</u>이 되지 말라(23)
   우는 자들은 얼굴을 비누로 씻어서 울지 않는 자 같이 되며 기쁜 자들은 얼굴을 비누로 씻어서 얼굴이 땡기니 기뻐하려 해도 기쁘지 아니한 자 같이 된다.
9. 형제들아 내가 이 말을 하노니 그 때가 단축하여진 고로(시간이 얼마 남지 않았다는 뜻) 이후부터 아내 있는 자들은 없는 자 같이 하며(29) - 결혼생활 중에도 주님을 위해 살라는 뜻.
   우는 자들은 울지 않는 자 같이 하며 기쁜 자들은 기쁘지 않은 자 같이 하며 매매하는 자들은 없는 자 같이 하며(30) - 성도는 희로애락의 감정에 초연해야 한다.
   세상 물건을 쓰는 자들은 다 쓰지 못하는 자 같이 하라 이 세상의 외형은 지나감이니라(31) - 물질적인 것들이 기쁨을 준다 해도 거기에 큰 기대를 걸지는 말라. 이 세상의 물건 즉 형적은 변하고 신속하게 사라져 가 버릴 것이기 때문이다. 따라서 성도는 물질에 초연해야 한다.

고린도전서 8장		
배 경	수건	
대제목	우상의 제물	

📖 고린도 교인들 사이에서는 우상의 제물을 먹느냐 먹지 않느냐 하는 문제를 두고 논란이 있었다. 바울은 원론적으로 신자가 우상의 제물에 대해 자유하다고 천명하였다. 그러나 믿음이 약한 자를 고려해서 신중하게 대처해야 한다는 것이다. 자신의 자유를 남을 위해서 사용하는 사려 깊은 처사가 우리에게 절실히 요구된다.

비누 옆에 있는 수건에는 우상의 제물로 썼던 **쪽**발이 놓여있다.   족 → 실족

1. <mark>우상의 제물로 인해 믿음이 약한 형제가 실족하지 않게 하라</mark>(1-13)

• <u>우상의 제물</u>에 대하여는 우리가 다 지식이 있는 줄을 아나 <u>지식</u>은 교만하게 하며 <u>사랑</u>은 덕을 세우나니 만일 누구든지 무엇을 아는 줄로 생각하면 아직도 마땅히 알 것을 알지 못하는 것이요 또 누구든지 하나님을 사랑하면 그 사람은 하나님도 알아 주시느니라 그러므로 <u>우상의 제물</u>을 먹는 일에 대하여는 우리가 우상은 세상에 아무것도 아니며 또한 하나님은 한 분밖에 없는 줄 아노라 (우상은 인격적인 실체도 아니고 아무 힘도 없는 헛된 것이므로 실제로 제물은 문제가 안 된다) 비록 하늘에나 땅에나 신이라 불리는 자가 있어 많은 신과 많은 주가 있으나 그러나 우리에게는 한 하나님 곧 아버지가 계시니 만물이 그에게서 났고 우리도 그를 위하여 있고 또한 한 주 예수 그리스도께서 계시니 만물이 그로 말미암고 우리도 그로 말미암아 있느니라 그러나 이 지식은 모든 사람에게 있는 것은 아니므로 어떤 이들은 지금까지 우상에 대한 습관이 있어 우상의 제물로 알고 먹는 고로 그들의 양심이 약하여지고 더러워지느니라(우상의 제물을 먹는 것은 하등 상관이 없으나 믿음이 약한 자는 믿음이 있는 자가 아무렇지도 않게 먹는 것을 보고 따라 먹으나 이미 마음에는 우상의 제물을 먹는 것이 나쁘다고 생각했음에도 불구하고 먹었기 때문에 양심이 약하여지고 더러워지는 것이다) 음식은 우리를 하나님 앞에 내세우지 못하나니 우리가 먹지 않는다고 해서 더 못사는 것도 아니요 먹는다고 해서 더 잘사는 것도 아니니라 그런즉 너희의 <u>자유가 믿음</u>이 약한 자들에게 걸려 넘어지게 하는 것이 되지 않도록 조심하라 지식 있는 네가 <u>우상의 집</u>에 앉아 먹는 것을 누구든지 보면 그 믿음이 약한 자들의 양심이 담력을 얻어 우상의 제물을 먹게 되지 않겠느냐 그러면 네 <u>지식</u>으로 그 믿음이 약한 자가 멸망하나니(실족하나니로 바꿀 수 있으므로 고전 8장이 된다) 그는 그리스도께서 위하여 죽으신 <u>형제</u>라 이같이 너희가 형제에게 죄를 지어 그 약한 양심을 상하게 하는 것이 곧 <u>그리스도</u>에게 죄를 짓는 것이니라 그러므로 만일 음식이 내 형제를 실족하게 한다면 나는 영원히 <u>고기</u>를 먹지 아니하여 내 형제를 실족하지 않게 하리라(1-13)

족발을 우려낸 물 즉 육수를 만물이라 가정하고 중요요절을 만들면 다음과 같다.

2. 우리에게는 한 하나님 곧 아버지가 계시니 **만물**(족발을 우려낸 물)이 그(족발)에게서 났고 우리(족발 마니아)도 그(족발)를 위하여 있고 또한 한 주 예수 그리스도께서 계시니 **만물**(족발을 우려낸 물)이 그(족발)로 말미암고 우리(족발 마니아)도 그(족발)로 말미암아 있느니라(6) - 만물은 육(6)수이므로 만물이 나오는 이 구절은 6절이 된다.

※ 믿음과 음식이 관계된 것은 롬 14장, 고전 8장, 10장이 있다. 롬 14장은 음식과 믿음에 관한 것이고 고전 8장, 10장은 우상의 제물과 믿음에 관한 것이다. 참고로 고전 8장의 수건은 아무 의미가 없다.

고린도전서 9장		
배 경	책장	
대제목	사도의 권리와 의무	

📖 　본문은 사도로써 바울이 타인의 유익과 교회의 건덕을 위해 어떻게 자신의 권리와 자유를 제한했는지에 대한 간증적인 고백이다.

　고린도 군의 책장에는 '사도의 권리와 의무' 라는 책이 꽂혀있다.

1. 　사도의 권리와 의무(1-18) - 내가 자유인이 아니냐 사도가 아니냐~ 다른 사람들에게는 내가 사도가 아닐지라도 너희에게는 사도이니 나의 사도됨을 주 안에서 인친 것이 너희라(1-2)
   - 우리가 다른 사도들과~ 게바와 같이 믿음의 자매된 아내를 데리고 다닐 권리가 없겠느냐(5)
   - 누가 자기 비용으로 군 복무를 하겠느냐~ 모세의 율법에 곡식을 밟아 떠는 소에게 망을 씌우지 말라 (책장과 책의 가로세로 줄이 소의 입에 씌우는 망 같다. 신 25장, 딤전 5장) 기록하였으니 하나님께서 어찌 소들을 위하여 염려하심이냐 오로지 우리를 위하여 말씀하심이 아니냐~ 우리가 너희에게 신령한 것을 뿌렸은즉 너희의 육적인 것을 거두기로 과하다 하겠느냐 다른 이들도 너희에게 이런 권리(재정지원을 받을 권리)를 가졌거든 하물며 우리일까보냐 그러나 우리가 이 권리를 쓰지 아니하고 범사에 참는 것은 그리스도의 복음에 아무 장애가 없게 하려 함이로다(7-12) - 사도의 권리
   - 내가 복음을 전할지라도 자랑할 것이 없음은 내가 부득불 할 일임이라 만일 복음을 전하지 아니하면 내게 화가 있을 것이로다(16) - 책장에 꽂혀있는 책 중 의무라고 써 있는 책에 '공부(16) 잘하는 법' 이라고 써 있다 - 사도의 의무

   책장 위에는 달리기 1등해서 받은 상이 있다.

2. 　상(썩지 않을 면류관)을 위한 바울의 달음질(24-27)
   - 운동장에서 달음질하는 자들이 다 달릴지라도 오직 상을 받는 사람은 한 사람인 줄을 너희가 알지 못하느냐 너희도 상을 받도록 이와 같이 달음질하라(24) - 이와 같이 노루(24)처럼 달음질하라
   - 이(2)기기를 다투는 자마다 모(5)든 일에 절제하나니(25)
   ※ 성경기억법에서 달음질은 노루(24)와 관련이 있으므로 24절이 된다. 행 20장 5번 참조.
   그림에서 보듯이 1등을 해서 자기 몸을 치며 너무 좋아하고 있다.

3. 　내가 내 몸을 쳐 복종하게 함은 내가 남에게 전파한 후에 자신이 도리어 버림을 당할까(자격미달이 될까봐) 두려워함이로다(27) - 자기 몸을 칠 때 가슴에 달려있는 이름표를 보니 나 승리(27)라 써 있다. 책장에 먹이 있는데 먹 하면 생각나는 4자 성어로는 근묵자흑이 있다. 근묵자흑이란 먹을 가까이 하면 검어진다는 말로 악한 사람에게 가까이 하면 그 버릇에 물들기 쉽다는 뜻이다.

4. 　근묵자흑(19-23) - 내가 모든 사람에게서 자유로우나 스스로 모든 사람에게 종이 된 것은 더 많은 사람을 얻고자 함이라 유대인들에게 내가 유대인과 같이 된 것은 유대인들을 얻고자 함이요~ 내가 여러 사람에게 여러 모습이 된 것은 아무쪼록 몇 사람이라도 구원하고자 함이니(19-22)
   책장에는 book이 많은데 고린도군은 북을 좋아해서 북 없이는 살 수가 없다. 북 → 복(음)

5. 　이와 같이 주께서도 복음 전하는 자들이 복음으로 말미암아 살리라 명하셨느니라(14) - 볶음밥이나 오징어볶음 등 음식을 볶을 때는 반드시 기름(14)을 넣고 볶아야 하므로 이 구절은 14절이 된다.

고린도전서 10장		
배 경	고린도군	
대제목	무엇을 하든지 다 하나님의 영광을 위하여 하라	

시험지 — 단감

📖 바울 당시의 고린도 교인들은 기독교로 개종한 후에도 이방 제단에 참석하며 우상을 숭배하기도 하였다. 이에 대해 바울은 구약 이스라엘 백성의 실례를 들어 우상 숭배의 결과를 경고하고 있다. 한편, 8장에서 이미 다루어진 바 있는 우상 제물에 대한 문제가 23-33절에 다시 한 번 거론되는데 여기서도 바울은 이전과 동일한 결론을 맺고 있다. 즉, 우상제물을 먹을 수 있으나 믿음이 연약한 자를 위해 신중하게 처신하여야 한다는 것이다. 이어 무엇을 하든 궁극적으로 '하나님의 영광'을 위해 할 것을 가르치고 있다.
학생이 된 고린도군은 먹든지 마시든지 무엇을 하든지 다 하나님의 영광을 위하여 살겠다고 기도하고 있다.

1. 무엇을 하든지 다 하나님의 영광을 위하여 하라(23-33)
   - 그런즉 너희가 먹든지 마시든지 무엇을 하든지 다 하나님의 영광을 위하여 하라(31) - ① 너희가 먹든지 마시든지 무엇을 하든지 '다(다에 힘을 주고 읽는다) 하나님의 영광을 위하여 하라'에서 다가 3을, 하나님이 하나(1)를 가리키므로 이 구절은 31절이 된다. ② '먹든지/ 마시든지/ 무엇을 하든지'가 3, 하나님이 하나(1)를 가리키므로 31절이 된다.
   ※ 고린도군 앞에 먹을 것과 마실 것이 있음을 염두에 두고 암기할 것.

   고린도군이 기도할때마다 손에 십자가를 꼭 쥐고 기도한다. 십자가가 없으면 불안해한다. 심지어 찬송가도 "십자가~ 십자가~"만 부른다. 고린도군에게는 십자가가 우상숭배에 해당된다. 이런 이유로 어떤 교회에서는 강대상 앞에 십자가를 놓지 않는 곳도 있다고 한다. 참고로 고린도군이 십자가만 부르므로 이곳은 10장이 된다.

2. 우상숭배를 경고하다(1-22) - 옛 이스라엘 백성의 실례를 들어 우상숭배의 결과를 경고하고 있다.
   - 형제들아 나는 너희가 알지 못하기를 원하지 아니하노니 우리 조상들이 다 구름 아래에 있고 바다 가운데로 지나며 모세에게 속하여 다 구름과 바다에서 세례를 받고(1-2)
   - 다 같은 신령한 음식을 먹으며 다 같은 신령한 음료를 마셨으니 이는 그들을 따르는 신령한 반석으로부터 마셨으매 그 반석은 곧 그리스도시라(3-4)
   - 그러나 그들의 다수를 하나님이 기뻐하지 아니하셨으므로 그들이 광야에서 멸망을 받았느니라(5)
   - 이러한 일은 우리의 본보기가 되어 우리로 하여금 그들이 악을 즐겨한 것 같이 즐겨하는 자가 되지 않게 하려 함이니(6)
   - 그들 가운데 어떤 사람들과 같이 너희는 우상 숭배하는 자가 되지 말라 기록된바 백성이 앉아서 먹고 마시며 일어나서 뛰논다 함과 같으니라(7) - 출 32장 금송아지 숭배 사건
   - 그들 중의 어떤 사람들이 음행하다가 하루에 이만 삼천 명이 죽었나니 우리는 그들과 같이 간음하지 말자(8) - 민 25장 바알브올 사건 = 싯딤 음행 사건
   - 그들 가운데 어떤 사람들이 주를 시험하다가 뱀에게 멸망하였나니 우리는 그들과 같이 시험하지 말

자(9) - 민 21장 **불뱀** 사건 - 불뱀이 고릴라(고라) 엉덩이 같은 고린도군의 엉덩이를 꽉! 따라서 불뱀 사건, 고라의 반역 사건, 금송아지 숭배 사건, 싯딤 음행 사건은 다 고전 10장에 나온다.

- 그들 가운데 어떤 사람들이 원망하다가 멸망시키는 자에게 멸망하였나니 너희는 그들과 같이 <u>원망</u>하지 말라(10) - 민 16장 **고라의 반역** 사건
- 그들에게 당한 이런 일은 본보기가 되고 또한 말세를 만난 우리를 깨우치기 위하여 기록되었느니라 그런즉 선 줄로 생각하는 자는 넘어질까 조심하라(11-12)
- 사람이 감당할 시험 밖에는 너희가 당한 것이 없나니 오직 하나님은 미쁘사(신실하사) 너희가 감당하지 못할 시험 당함을 허락하지 아니하시고 시험 당할 즈음에 또한 피할 길을 내사 너희로 능히 감당하게 하시느니라 그런즉 내 사랑하는 자들아 우상 숭배하는 일을 피하라(13-14)
- 우리가 축복하는 바 축복의 <u>잔</u>은 그리스도의 피에 참여함이 아니며 우리가 떼는 **떡**은 그리스도의 몸에 참여함이 아니냐(16)
- ※ 축구선수들 중에는 골을 넣은 후 고린도군처럼 무릎을 꿇고 기도하는 세레모니를 하는 선수가 많다. 따라서 바울이 세례를 이스라엘이 홍해를 건넌 사실에 비유해서 말한 장은 고전 10장이 된다.

십자**가** 십자**가**

3. 모든 것이 **가**하나 모든 것이 <u>유익</u>한 것은 아니요 모든 것이 **가**하나 모든 것이 덕을 세우는 것은 아니니 누구든지 자기의 <u>유익</u>을 구하지 말고 남의 <u>유익</u>을 구하라(23-24)
 나와 같이 모든 일에 모든 사람을 기쁘게 하여 자신의 <u>유익</u>을 구하지 아니하고 많은 사람의 <u>유익</u>을 구하여 그들로 구원을 받게 하라(33)

방석의 하트 그림 2개 - 하트가 2개이므로 양심이 된다.

4. <mark>양심을 위하여 묻지 말고 먹으라</mark>(23-33) = 우상의 제물을 먹는 것에 대한 경고
- 무릇 <u>시장에서 파는 것</u>은 양심을 위하여 묻지 말고 먹으라(25) - 특히 이오(25, 요구르트의 이름)를 먹을 때는 더더욱 양심을 위하여 묻지 말고 먹으라.
- 이는 땅과 거기 충만한 것이 주의 것임이니라(26)
- ※ 앞에 먹을 것과 마실 것이 있음을 염두해 두고 암기할 것.

옛날에는 **이 방**에서 **제사**를 드렸다고 한다.

5. <mark>이방제사에 대한 경고</mark>(14-22)
- 무릇 **이방**인이 **제사**하는 것은 귀신에게 하는 것이요 하나님께 제사하는 것이 아니니 나는 너희가 귀신과 교제하는 자가 되기를 원하지 아니하노라(20) - 이방을 쎄게 발음하면 이빵(20)이 되므로 이방인의 제사가 나오는 이 구절은 20절이 된다.

자기가 앉아 있으므로

6. 선 줄로 생각하는 자는 넘어질까 조심하라(12) - 선 줄로 생각하는 자는 그냥(12) 넘어질까 조심하라. 그냥 - 아무 이유도 없이

시험지와 단감, 시험지 → 시험, 단감 ↔ 감당

7. 사람이 **감당**할 **시험** 밖에는 너희가 당한 것이 없나니 오직 하나님은 미쁘사(신실하사) 너희가 **감당**하지 못할 **시험** 당함을 허락하지 아니하시고 **시험** 당할 즈음에 또한 피할 길을 내사 너희로 능히 **감당**하게 하시느니라(13) - 사람이 감당(13)할 시험밖에는~ 따라서 이 구절은 13절이 된다.
- ※ 시험지를 고린도 군의 팔꿈치로 누르고 있으므로 '시험지와 단감'은 10장에 속한다.

고린도전서 11장	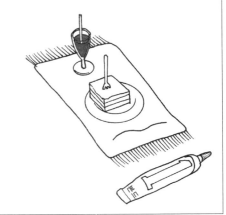
배 경	책상 왼쪽
대제목	성만찬

📖 바울은 이제 교회의 공적 집회에 있어 발생할 수 있는 문제들을 다루는데, 그중 본문은 공적 예배시에 여자가 수건을 쓰는 문제와 성찬을 오용하는데 따른 문제를 다루고 있다. 책상 왼쪽에는 주님의 성찬인 떡과 포도주가 놓여있다. 참고로 떡과 포도주에 있는 빨대와 포크가 11자 모양이므로 성만찬은 11장에 나온다.

1. 성만찬(17-34)
   • 내가 너희에게 전한 것은 주께 받은 것이니 곧 주 예수께서 잡히시던 밤에 떡을 가지사 축사하시고 떼어 이르시되 이것은 너희를 위하는 내 몸이니 이것을 행하여 나를 기념하라 하시고 식후에 또한 그와 같이 잔을 가지시고 이르시되 이 잔은 내 피로 세운 새 언약이니 이것을 행하여 마실 때마다 나를 기념하라 하셨으니 너희가 이 떡을 먹으며 이 잔을 마실 때마다 주의 죽으심을 **그가 오실 때까지** 전하는 것이니라 그러므로 누구든지 주의 떡이나 잔을 합당하지 않게 먹고 마시는 자는 주의 몸과 피에 대하여 죄를 짓는 것이니라 사람이 자기를 살피고 그 후에야 이 떡을 먹고 이 잔을 마실지니 주의 몸을 분별하지 못하고 먹고 마시는 자는 자기의 죄를 먹고 마시는 것이니라(23-29)

   ✱ **성만찬의 본래 취지** - 주의 구속의 은총에 참여하여 신령한 교제를 나누는 것이나 고린도 교인들은 자신들의 이기적인 목적과 죄악된 심신의 상태로 주의 만찬에 참석하였는데 이것은 주의 몸을 더럽히는 죄악 중의 죄악이었다.
   수건과 여자의 머리카락 - 머리카락이 길므로 여자의 머리카락이라는 것을 알 수 있다.

2. 교회에서 여자가 머리에 수건을 쓰는 문제(1-16)
   • 그러나 나는 너희가 알기를 원하노니 각 남자의 머리는 그리스도요 여자의 머리는 남자요 그리스도의 머리는 하나님이시라 무릇 남자로서 머리에 무엇을 쓰고 기도나 예언을 하는 자는 그 머리를 욕되게 하는 것이요 무릇 여자로서 머리에 쓴 것을 벗고 기도나 예언을 하는 자는 그 머리를 욕되게 하는 것이니 이는 머리를 민 것과 다름이 없음이라 만일 여자가 머리를 가리지 않거든 깎을 것이요 만일 깎거나 미는 것이 여자에게 부끄러움이 되거든 가릴지니라 남자는 하나님의 형상과 영광이니 그 머리를 마땅히 가리지 않거니와 여자는 남자의 영광이니라(3-7)

   ※ 당시 유대인들에게 있어서 머리에 모자를 쓰는 것은 자기보다 우월한 사람에 대한 복종의 자세를 나타내기 위함이었다. 그러나 그리스도인 남자에게는 그리스도 이외에 머리 되는 존재가 없으므로 기도할 때 유대인들처럼 머리에 모자를 써서는 안 되었다. 그것은 그리스도 이외의 다른 어떤 권위자에게 복종하는 것이 되기 때문이다. 여자들은 남편의 권세 아래 있다는 표시로 머리에 수건을 써야 했다. 그러나 당시에 고린도 교인들이 머리에 쓰는 문제는 권위를 나타내기 위한 하나의 외형적인 형식이지 그것이 하나님의 계명으로서 지켜야만 하는 절대적인 의식은 아니었다. 오늘날 문자적인 의미는 없다. 수건 옆에는 **본드**가 놓여있다.

3. 내가 그리스도를 **본**받는 자가 된 것 같이 너희는 나를 **본**받는 자가 되라(1) - **본드**에 1이라고 써 있으므로 '너희는 나를 **본**받는 자가 되라'는 이 구절은 1절이 된다.

고린도전서 12장	
배 경	책상 오른쪽
대제목	은총의 선물

📖 본문에서 바울은 고린도 교회가 안고 있던 심각한 문제 중 하나인 '성령의 은사' 문제를 다루는데, 바울은 성령 은사의 다양성과 그리스도 안에서의 통일성을 일깨우고 있다.

책상의 오른쪽에는 은총의 선물이 있는데 성찬 옆에 있으므로 선물이라도 은총의 선물이 된다. 참고로 은총의 선물은 성령의 9가지 은사를 말한다.

1. 은총의 선물(1-11) = 성령의 9가지 은사
   • 은사는 여러 가지나 성령은 같고 직분은 여러 가지나 주는 같으며 또 사역은 여러 가지나~ 하나님은 같으니 각 사람에게 성령을 나타내심은 유익하게 하려 하심이라(4-7)
   ※ 성령의 9가지 은사(8-10) - ① 지혜의 말씀 ② 지식의 말씀 ③ 믿음 ④ 병 고치는 은사 ⑤ 능력 행함 ⑥ 예언 ⑦ 영분별 ⑧ 방언 ⑨ 방언통역
   선물에 달린 리본 - 몸과 지체로 구성되어 있다. 그림 참조

2. 몸과 지체(12-31) - 몸 된 그리스도와 그리스도의 각 지체인 성도들 간의 조화를 다루고 있다.
   • 몸은 하나인데 많은 지체가 있고 몸의 지체가 많으나 한 몸임과 같이 그리스도도 그러하니라~ 몸은 한 지체뿐 아니요 여럿이니 만일 발이 이르되 나는 손이 아니니 몸에 붙지 아니하였다 할지라도 이로써 몸에 붙지 아니한 것이 아니요~ 만일 온 몸이 눈이면 듣는 곳은 어디며 온 몸이 듣는 곳이면 냄새 맡는 곳은 어디냐~ 만일 다 한 지체뿐이면 몸은 어디냐 이제 지체는 많으나 몸은 하나라 눈이 손더러 내가 너를 쓸 데가 없다 하거나 또한 머리가 발더러 내가 너를 쓸 데가 없다 하지 못하리라 그뿐 아니라 더 약하게 보이는 몸의 지체가 도리어 요긴하고 우리가 몸의 덜 귀히 여기는 그것들을 더욱 귀한 것들로 입혀 주며 우리의 아름답지 못한 지체는 더욱 아름다운 것을 얻느니라 그런즉 우리의 아름다운 지체는 그럴 필요가 없느니라 오직 하나님이 몸을 고르게 하여 부족한 지체에게 귀중함을 더하사 몸 가운데서 분쟁이 없고 오직 여러 지체가 서로 같이 돌보게 하셨느니라 만일 한 지체가 고통을 받으면 모든 지체가 함께 고통을 받고 한 지체가 영광을 얻으면 모든 지체가 함께 즐거워하느니라 너희는 그리스도의 몸이요 지체의 각 부분이라(12-27)
   이 선물은 직불카드로 샀다. 직불 → 직분

3. 교회의 여러 직분들(28-31) - ① 사도 ② 선지자 ③ 교사 ④ 능력 ⑤ 병 고치는 은사 ⑥ 돕는 것(집사) ⑦ 다스리는 것(장로, 감독) ⑧ 방언
   (암기방법) 선 교 돕 다 방 사 능 병에 걸려 고전 하고 있다.
   비둘기(성령, 하나님의 영)가 J를 물고 있는 그림, J → Jesus(예수)의 약자이면서 또한 주의 이니셜로서 J 에는 주와 저주가 있다. 하나님의 영과 성령 중 어느 쪽에 주와 저주가 붙는지 구분하는 방법은 하나님의 영이 성령보다 글씨가 길므로 주 보다 글씨가 긴 저주가 하나님의 영과 짝을 맺는다.

4. 하나님의 영으로 말하는 자는 누구든지 예수를 저주할 자라 하지 아니하고 또 성령으로 아니하고는 누구든지 예수를 주시라 할 수 없느니라(3) - 하나님+ 예수님+ 성령님=성 3위일체이므로 3절이 된다.

고린도전서 13장		
배 경	족자	사 랑
대제목	사랑	

📖 본문은 이른바 '사랑 장'으로 모든 은사의 기초가 될 뿐만 아니라 최고의 은사인 '사랑'에 대한 찬가요 가르침이다.
족자에 '사랑'이라고 써 있다.

1. 사랑(1-13)
 - 내가 사람의 방언과 천사의 말을 할지라도 사랑이 없으면 소리 나는 구리와 울리는 꽹과리가 되고(1)
 - 내가 예언하는 능력이 있어 모든 비밀과 모든 지식을 알고 또 산을 옮길 만한 모든 믿음이 있을지라도 사랑이 없으면 내가 아무 것도 아니요(2)
 - 내가 내게 있는 모든 것으로 구제하고 또 내 몸을 불사르게 내줄지라도 사랑이 없으면 내게 아무 유익이 없느니라(3)
 - 사랑은 오래 참고 사랑은 온유하며 시기하지 아니하며 사랑은 자랑하지 아니하며 교만하지 아니하며(4)
 - 무례히 행하지 아니하며 자기의 유익을 구하지 아니하며 성내지 아니하며 악한 것을 생각하지 아니하며(5)
 - 불의를 기뻐하지 아니하며 진리와 함께 기뻐하고(6)
 - 모든 것을 참으며 모든 것을 믿으며 모든 것을 바라며 모든 것을 견디느니라(7)
 - 사랑은 언제까지나 떨어지지 아니하되 예언도 폐하고 방언도 그치고 지식도 폐하리라(8)
 - 우리는 부분적으로 알고 부분적으로 예언하니(9)
 - 온전한 것이 올 때에는 부분적으로 하던 것이 폐하리라(10)
 - 내가 어렸을 때에는 말하는 것이 어린 아이와 같고 깨닫는 것이 어린 아이와 같고 생각하는 것이 어린 아이와 같다가 장성한 사람이 되어서는 어린 아이의 일을 버렸노라(11)
 - 우리가 지금은 거울로 보는 것 같이 희미하나 그 때에는 얼굴과 얼굴을 대하여 볼 것이요 지금은 내가 부분적으로 아나 그 때에는 주께서 나를 아신 것 같이 내가 온전히 알리라(12)
 - 그런즉 믿음, 소망, 사랑, 이 세 가지는 항상 있을 것인데 그 중에 제일은 사랑이라(13)

 ※ 믿음, 소망, 사랑 - 고전 13장, 갈 5장, 골 1장, 살전 1장
 고전 13장 - 그런즉 믿음, 소망, 사랑, 이 3가지는 항상 있을 것인데 그 중에 제일은 사랑이라(13)
 갈 5장 - 자유의 다리를 다른 말로 '믿음과 소망과 사랑의 다리'라고도 부른다 - 우리가 성령으로 믿음을 따라 의의 소망을 기다리노니 그리스도 예수 안에서는 할례나 무할례나 효력이 없으되 사랑으로써 역사하는 믿음뿐이니라(5-6)
 골 1장 - 고로쇠나무의 뿌리에 각각 믿음, 소망, 사랑, 믿음, 소망, 사랑이라고 줄줄이 써 있다 - 이는 그리스도 예수 안에 너희의 믿음과 모든 성도에 대한 사랑을 들었음이요 너희를 위하여 하늘에 쌓아둔 소망으로 말미암음이니 곧 너희가 전에 복음 진리의 말씀을 들은 것이라(4-5)
 살전 1장 - 소제목이 믿음의 본이므로 믿음, 소망, 사랑이 나온다 - 너희의 믿음의 역사와 사랑의 수고와 우리 주 예수 그리스도에 대한 소망의 인내를 우리 하나님 아버지 앞에서 끊임없이 기억함이니(3)

고린도전서 14장		
배 경	라디오	어찌구 저찌구
대제목	방언과 예언	

📖 바울은 방언과 예언의 은사를 비교하면서 그 활용을 논하고, 이어 공중 예배시에 지켜야 할 질서를 가르친다.

라디오에서 아나운서의 말(방언, 예언)이 나오고 있다. 그러나 어찌된 일인지 여자 아나운서는 한마디도 말하지 않고 있다. 여기서 말은 방언과 예언을 나타낸다.

1. 방언과 예언(1-25)
- 사랑을 추구하며 신령한 것을 사모하되 특별히 예언을 하려고 하라 방언을 말하는 자는 사람에게 하지 아니하고 하나님께 하나니 이는 알아 듣는 자가 없고 영으로 비밀을 말함이라 그러나 예언하는 자는 사람에게 말하여 덕을 세우며 권면하며 위로하는 것이요 방언을 말하는 자는 자기의 덕을 세우고 예언하는 자는 교회의 덕을 세우나니 나는 너희가 다 방언 말하기를 원하나 특별히 예언하기를 원하노라 만일 방언을 말하는 자가 통역하여 교회의 덕을 세우지 아니하면 예언하는 자만 못하니라(1-5)
- 방언을 말하는 자는 통역하기를 기도할지니 내가 만일 방언으로 기도하면 나의 영이 기도하거니와 나의 마음은 열매를 맺지 못하리라 그러면 어떻게 할까 내가 영으로 기도하고 또 마음으로 기도하며 내가 영으로 찬미하고 또 마음으로 찬송하리라 그렇지 아니하면 네가 영으로 축복할 때에 알지 못하는 처지에 있는 자가 네가 무슨 말을 하는지 알지 못하고 네 감사에 어찌 아멘 하리요 너는 감사를 잘하였으나 그러나 다른 사람은 덕 세움을 받지 못하리라~ 그러나 교회에서 네가 남을 가르치기 위하여 깨달은 마음으로 5마디 말을 하는 것이 일만 마디 방언으로 말하는 것보다 나으니라(13-19)
- 형제들아 지혜에는 아이가 되지 말고 악에는 어린 아이가 되라 지혜에는 장성한 사람이 되라(20)
- 그러므로 방언은 믿는 자들을 위하지 아니하고 믿지 아니하는 자들을 위하는 표적이나 예언은 믿지 아니하는 자들을 위하지 않고 믿는 자들을 위함이니라(22)
※ 예언은 방언보다 더 우월하다. 그 이유는 예언은 교회의 덕을 세우고 성도의 신앙을 키워 주지만 방언은 기도의 참 기쁨을 알게 해 주지만 자기의 덕만 세우고 통역이 없으면 도리어 분란을 일으킬 위험이 있기 때문이다.

2. 교회에서 여자들은 잠잠하라(34-36) - 공공집회에서의 과도한 간섭을 금지한 말
- 여자는 교회에서 잠잠하라 그들에게는 말하는 것을 허락함이 없나니 율법에 이른 것 같이 오직 복종할 것이요(34) - 라디오가 교회 건물처럼 생겼음을 기억하자.
  라디오 앞부분(| | | | | | | | | | | |)이 질서가 정연하다.

3. 질서 있게 사용하라(26-40)
- 만일 누가 방언으로 말하거든 두 사람이나 많아야 세 사람이 차례를 따라 하고 한 사람이 통역할 것이요 만일 통역하는 자가 없으면 교회에서는 잠잠하고 자기와 하나님께 말할 것이요(27-28)
- 예언하는 자는 둘이나 셋이나 말하고 다른 이들은 분별할 것이요 만일 곁에 앉아 있는 다른 이에게 계시가 있으면 먼저 하던 자는 잠잠할지니라~ 예언하는 자들의 영은 예언하는 자들에게 제재를 받나니 하나님은 무질서의 하나님이 아니시오 오직 화평의 하나님이시니라(32-33)
- 예언하기를 사모하며 방언 말하기를 금하지 말라 모든 것을 품위 있게 하고 질서 있게 하라(39-40)

고린도전서 15장		
배　　경	안테나	나팔모양 전파를 쏘고 있다 I(나)
대제목	부활	

📖　본문은 '죽은 자의 부활'에 관한 교훈으로, 곧 그리스도의 부활과 성도 부활의 개연성과 확실성, 부활한 육체의 본질적인 특성, 그리고 부활시에 있을 궁극적인 승리를 가르친다.

안테나는 쑥 들어가기도 하고 쑥 뽑아 놓을 수도 있어 부활 안테나라고 하며 3개로 나눈다.

1. 그리스도의 부활(1-11) - 내가 너희에게 전한 복음을 너희에게 알게 하노니 이는 너희가 받은 것이요 또 그 가운데 선 것이라(1) - 안테나가 라디오의 가운데 서 있으므로 출처는 고전 15장이 된다.
   - 만삭되지 못하여 난 자~ 나는 사도 중에 가장 작은 자라(8-9) - 안테나를 접으면 가장 작아진다.

2. 죽은 자의 부활(12-34) = 성도의 부활
   - 만일 죽은 자의 부활이 없으면 그리스도도 다시 살아나지 못하셨으리라 그리스도께서 만일 다시 살아나지 못하셨으면 우리가 전파하는 것도 헛것이요 또 너희 믿음도 헛것이며(13-14)
   - 사망이 한 사람으로 말미암았으니 죽은 자의 부활도 한 사람으로 말미암는도다(21)
   - 아담 안에서 모든 사람이 죽은 것 같이 그리스도 안에서 모든 사람이 삶을 얻으리라(22)
   - 맨 나중에 멸망 받을 원수는 사망이니라(26) - 라디오를 다 들은 후 맨 나중에 안테나를 넣는다(사망).

3. 부활한 육체(몸)의 본질적인 특성(35-58) - 육체(육, 형체, 형상)·몸이 반복해서 나온다.
   - 육체는 다 같은 육체가 아니니 하나는 사람의 육체요 하나는 짐승의 육체요~ 하늘에 속한 형체도 있고 땅에 속한 형체도 있으나 하늘에 속한 것의 영광이 따로 있고 땅에 속한 것의 영광이 따로 있으니(39-40)
   - 육의 몸으로 심고 신령한 몸으로 다시 살아나나니 육의 몸이 있은즉 또 영의 몸도 있느니라(44)
   - 우리가 흙에 속한 자의 형상을 입은 것 같이 또한 하늘에 속한 이의 형상을 입으리라(49)
   - 혈과 육은 하나님 나라를 이어 받을 수 없고 썩는 것은 썩지 아니하는 것을 유업으로 받지 못하느니라(50) 라디오를 들을 때마다 안테나를 뺐다(부활) 넣었다(죽음)하므로 **나는 날마다 죽노라**가 된다.

4. 나는 날마다 죽노라(31) - 나는 날마다 독(31)으로 죽노라.
   안테나에서 전파를 쏘고 있으며 전파가 나팔 모양이다.　I(나)가 2개 → 내가 나 된 것은

5. 사망아 네가 쏘는 것이 어디 있느냐 사망이 쏘는 것은 죄요 죄의 권능은 율법이라(55-56, 호 13:14)

6. 우리가 다 잠잘 것이 아니요 마지막 나팔에 순식간에 홀연히 다 변화되리니(51)

7. **내가 나 된 것은** 하나님의 은혜로 된 것이니~ 내가 모든 사도보다 더 많이 수고하였으나 내가 한 것이 아니요~ 하나님의 은혜로라(10) - I 두개를 합치면 열십(十)
   이 안테나는 **견고하지** 않으며 조금만 **힘을 써도 흔들거리는** 게 맥이 없다.

8. 형제들아 **견고하며 흔들리지** 말고 항상 주의 일에 더욱 **힘쓰는** 자들이 되라 이는 너희 수고가 주 안에서 헛되지 않은 줄 앎이라(58) - 안테나가 영 맥이(58) 없다.
   부활 안테나의 끝(마지막)이 아담(작고 귀엽게)하며 **첫 열매** 같이 생겼다.

9. 부활하사 첫 열매되신 그리스도(20-24) - 그러나 이제 그리스도께서 죽은 자 가운데서 다시 살아나사 잠자는 자들의 **첫 열매**가 되셨도다(20) - 첫 열매같이 생긴 안테나의 끝에 20이라고 써 있다.

10. 기록된바 첫 사람 아담은 생령이 되었다 함과 같이 마지막 아담은 살려 주는 영이 되었나니(45)

고린도전서 16장		
배 경	라디오 옆	
대제목	헌금	

📖 결론적으로 바울은 예루살렘 교회의 가난한 자들을 위해 연보해 줄 것을 권고하고, 이어 몇 가지 목회적인 권면과 개인적인 당부 및 문안 인사와 축도로 편지를 맺고 있다.

라디오 옆에 헌금주머니가 있고 禮(예)라고 써 있다.   禮(예) → 예루살렘

1. **예루살렘 교회를 위한 헌금**(1-4)
   - 성도를 위하는 연보에 대하여는 내가 갈라디아 교회들에게 명한 것 같이 너희도 그렇게 하라 **매주 첫날에 너희 각 사람이 수입에 따라 모아 두어서 내가 갈 때에 연보를 하지 않게 하라** 내가 이를 때에 너희가 인정한 사람에게 편지를 주어 너희의 은혜를 예루살렘으로 가지고 가게 하리니(1-3)
   ※ 바울의 친필 서신서 - 골, 갈, 몬, 살후, 고전 - 꼴값 떠는 몬스터 살해 후 쓴 친필 서신서는 고전이다. 헌금주머니의 ＼ 표시, ＼ → 방문계획(롬 1장 4번 참조),   참고로 롬 15장 짐에도 ＼ 표시가 돼있는데 짐과 헌금주머니는 모양이 비슷하므로 ＼ 이 표시도 똑같이 있다고 암기하자.

2. **바울의 고린도 교회 방문계획**(5-12)
   - 내가 마게도냐를 지날 터이니 마게도냐를 지난 후에 너희에게 가서 혹 너희와 함께 머물며 겨울을 지낼 듯도 하니~ 만일 주께서 허락하시면 얼마 동안 너희와 함께 머물기를 바람이라(6-7)
   - 내가 오순절까지 <u>에</u>베소에 머물려 함은(8) - 에 → 예(禮)로 바꿀 수 있으므로 출처는 고전 16장 데모대(디모데)가 헌금주머니 <u>가운데</u>에서 <u>두려움</u>에 떨고 있다.

3. 디모데가 이르거든 너희는 조심하여 그로 <u>두려움</u>이 없이 너희 <u>가운데</u> 있게 하라(10)
   오래돼서 아폴로처럼 불룩한 헌금주머니를 지금은 갈 뜻이 없지만 기회가 되면 갈아야 된다.

4. 형제 <u>아볼로</u>에 대하여는~ 내가 많이 권하였으되 지금은 갈 뜻이 전혀 없으나 기회가 있으면 가리라(12)
   그림에서 보듯이 헌금주머니에 **깨**가 묻어있고 기독교**남**선교회라 써 있다.

5. **깨**어 믿음에 굳게 서서 **남**자답게 강건하라(13) - 기독교남선교회(13)
   기독교남선교회는 사랑으로 이루어진 무리이다.

6. 나의 <u>사랑</u>이 그리스도 예수 안에서 너희 <u>무리</u>와 함께 할지어다(24) - 마지막 구절
   ※ 스데**바나** - **아가**야의 첫 열매(고전 16:15) - **아가**는 **바나**나를 좋아해. 바나나는 열매다.
   ※ 고전 16장 주요인물 - 디모데, 아볼로, 아굴라와 브리스가, 스데바나, 브드나도, 아가이고 - 회사가 <u>고전</u>하다 부도나자(브드나도) 노동자들은 데모를 하고 아굴라와 브리스가 부부 사장은 아가를 이고 아폴로(아볼로) 우주선을 타고 도피한다. 아가의 손에는 바나나(스데바나)가 들려 있다.
   ※ 바울과 고린도 교회의 마음을 시원하게 한 3사람 - 스데바나, 브드나도, 아가이고

✳ **성경 자세히 이해하기 - 안식일과 주일**

안식일은 하나님께서 세상을 창조하시고 7째 날에 안식하시며 그 날을 거룩하게 하시고 복 주신데서 유래한 날이다. 그래서 초대교회 성도들은 안식일을 지키는데 힘썼고 한편으로는 주님의 부활을 기념하여 매주일 모여 예배를 드렸다. 이렇게 안식일과 주일은 오랫동안 함께 지켜져 왔고 그러던 중 유대교와 기독교간의 차이가 분명해지면서 A.D. 321년경부터 주일이 기독교의 안식일로 확정되었다.

고린도후서 13장

* **배경** : 고린도후서는 고린도군의 후반기생애 즉 청장년시절과 노인시절을 배경으로 하며 청장년시절에 7장(1-7장), 노인시절에 6장(8-13장)씩 총 13장으로 한다.
* **참고** : 고전은 교회의 문제만을 다룬 반면 고후는 바울 자신의 사도권을 강조하고 있다.

고린도후서 (13장)

저   자 : 사도 바울
　　　　　다소사람, 유대인, 로마 시민권 소유, 바리새인들에 의하여 많은 영향, 헬라 문화에 철저한 정통파. 유명한 '가말리엘'의 문하에서 여러 가지 학문을 배움. 예루살렘에서 유대인들이 교회를 핍박함에 참가하여 신자를 잡아다가 투옥하고 박해하기 위하여 대제사장의 공문을 맡아가지고 멀리 다메섹으로 가다가 도중에서 주님의 부르심을 받음. 이방의 사도로 부르심.

주   제 : 환난에 대한 인내

발 신 자 : 사도 바울, 디모데

수 신 자 : 고린도 교회의 성도들

기록연대 : A.D. 55-56년경

기록장소 : 바울의 3차 전도여행 중 마게도냐의 빌립보에서 기록(성경기억법 고후 8장 참조).

요   절 : 4:5-6, 5:17-19, 9:15

기록목적 : ① 고린도 교회의 뉘우침을 듣고 기뻐하면서 복음의 진리를 성도들에게 더 정확히 가르치는 것.
　　　　　② 예루살렘에 있는 가난한 성도들을 위한 연보(헌금)를 다시 기억시키는 것.
　　　　　③ 바울 자신의 사도권을 변호하는 것.

* **고린도** : 그리스 본토와 펠레폰네소스를 연결하는 고린도는 에게해와 아드리아해 사이의 좁은 지형에 위치한 항구 도시로 부유한 상업의 중심지였다. 도시는 사당과 신전으로 가득 차 있었고 그중에서도 가장 유명한 것은 아크로코린투스라 불리는 해발 약470m의 곳 꼭대기에 있는 아프로디테 신전이었다. 바울 시대의 고린도의 인구는 약 70만 명이었고 그중 3분의 2가 노예였다. 이처럼 비천한 사람들이 많아서 철학자들이 배출되지 못했다.

* **고린도 교회** : 고린도 교회가 처음으로 복음을 대하게 된 것은 바울의 제 2차 전도여행 때이다(B.C. 50년). 바울은 브리스길라, 아굴라와 함께 일하고 있는 동안 회당에서 복음을 전했는데 반대에 부딪혔기 때문에 이웃에 있는 디도 유스도의 집으로 옮겨가야만 했다. 유대인들은 바울을 로마의 총독 갈리오 앞으로 소송을 제기했지만 기각되었다. 바울은 약하고 두려운 가운데 주님이 환상 가운데 "두려워하지 말며 잠잠하지 말고 말하라"(행 18:9)는 말씀에 용기를 얻고 담대히 복음을 증거하여 많은 사람을 얻는다. 바울은 이 도시에서 1년 6개월 동안 머물며 복음을 전했다.

고린도후서 1장	
배　경	머리띠
대제목	환난 후에 받는 위로

📖　바울은 먼저 환난(고난) 가운데서 위로하시는 하나님께 감사를 드린 후에 사도 자신과 복음의 진실성에 대해 변호하고 또한 고린도 교회의 방문이 연기된 것에 대해 해명한다.

　머리띠 - 고린도 씨가 앞에 있는 아들을 낳아 기쁘나 생계를 책임져야 하므로 앞으로 살아갈 일을 생각하니 머리가 다 지끈거린다(환난). 그래서 머리띠를 하고 있다(머리띠를 하면 통증이 가라앉는 효과가 있다). 환난이 있어 머리띠를 했지만 머리띠를 한 후에 통증이 가라앉는 효과(위로)도 있으므로 머리띠는 '환난 후에 받는 위로'가 된다.

1. 환난 후에 받는 위로(1-11) - 환난·위로란 말이 11절에 걸쳐 계속 나오는 게 특징이다.
   - 찬송하리로다 그는 우리 주 예수 그리스도의 하나님이시요 자비의 아버지시요 모든 위로의 하나님이시며 우리의 모든 환난 중에서 우리를 위로하사 우리로 하여금 하나님께 받는 위로로써 모든 환난 중에 있는 자들을 능히 위로하게 하시는 이시로다 그리스도의 고난이 우리에게 넘친 것 같이 우리가 받는 위로도 그리스도로 말미암아 넘치는도다(3-5)
   - 형제들아 우리가 아시아에서 당한 환난을 너희가 모르기를 원하지 아니하노니 힘이 겹도록 심한 고난을 당하여 살 소망까지 끊어지고 우리는 우리 자신이 사형 선고를 받은 줄 알았으니 이는 우리로 자기를 의지하지 말고 오직 죽은 자를 다시 살리시는 하나님만 의지하게 하심이라(8-9)
   형겊 따위로 만들어서 머리에 쓰는 물건을 건(巾)이라고 한다.

2. 그가 이같이 큰 사망에서 우리를 **건**지셨고 또 **건**지실 것이며 이 후에도 **건**지시기를 그에게 바라노라(10)
   고린도 씨가 하도 걱정을 많이 해서 머리에서 연기가 다 날 지경이다.

3. 고린도 교회의 방문을 연기하다(12-24) - 연기한 이유는 고후 2장 6번 참조
   - 그가 또한 우리에게 인치시고 보증으로 우리 마음에 성령을 주셨느니라 내가 내 목숨을 걸고 하나님을 불러 증언하시게 하노니 **내가 다시 고린도에 가지 아니한 것은 너희를 아끼려 함이라**(22-23)
   머리가 욱신거리는 표시를 " " 이렇게 했는데 " " 이 표시는 기도의 부탁을 나타낸다.

4. 기도의 부탁(11) - 바울은 중보기도의 힘을 크게 신뢰했다(롬 15장, 엡 6장, 골 4장, 살후 3장).
   머리에 띠를 맨에서 맨은 '아멘'이 되고 아멘은 '예 그렇습니다' 라는 뜻이다.

5. 하나님의 아들 예수 그리스도는 **예** 하고 아니라 함이 되지 아니하였으니 그에게는 **예**만 되었느니라(19) - 예하고 아니라 함 = 거짓(19)이므로 이 구절은 19절이 된다.
   머리에 띠를 맨에서 맨은 '아멘'이 되고 아멘은 '예 그렇습니다' 라는 뜻이 되며 띠를 맨 부분이 Θ(데타, 하나님의 약자)와 비슷하며 또한 새끼손가락을 서로 건 것(약속)과도 비슷하다.
   따라서 띠를 맨 것은 **하나님의 약속**이 된다.

6. **하나님의 약속**은 얼마든지 그리스도 안에서 **예**가 되니 그런즉 그로 말미암아 우리가 **아멘** 하여 하나님께 영광을 돌리게 되느니라(20) - 뭉친부분이 O모양이고 양쪽의 띠가 2개이므로 20절

띠를 맨 그림　새끼손가락을 건 그림

고린도후서 2장	
배 경	화환
대제목	그리스도의 향기

휴 (근심)

📖 고린도 교회에 가지 못한 이유를 언급한 바울은 실수한 자들을 관용으로 대할 것을 권면한 후에 복음 전도자가 갖는 고귀한 특권을 '그리스도의 향기' 에 비유하여 설명하고 있다.
꽃을 좋아하는 고린도 씨에게는 늘 향기로운 화환이 목에 걸려있다.

1. 그리스도의 향기(12-17) - 항상 우리를 그리스도 안에서 이기게 하시고 우리로 말미암아 각처에서 **그리스도를 아는 냄새**를 나타내시는 하나님께 감사하노라(14) - 그리스도를 아는 냄새는 그리스도의 향기이므로 고후 2장이 되고 '하나님께 감사하노라' 에서 하나님=1, 감사=감 4개이므로 14절이 된다.

   • 우리는 구원 받는 자들에게나 망하는 자들에게나 하나님 앞에서 **그리스도의 향기니**(15) - '향' 하면 개미향(15)이다. 참고로 실제 개미향은 없으며 암기를 위해서 사용했다.
   꽃들이 화환에 혼잡하게(여럿이 한데 뒤섞여서) 섞여 있다.

2. **우리는 수많은 사람들처럼 하나님의 말씀을 혼잡하게 하지 아니하고** 곧 순전함으로 하나님께 받은 것 같이 하나님 앞에서와 그리스도 안에서 말하노라(16)
   고린도 씨가 입으로 휴 하며 한숨(근심)을 쉬고 있는데 그때 입김이 용 모양으로 나오고 있다.
   용 → 용서,　무협지에서 담배연기로 동물의 형태를 만들어 싸우는 것을 생각하자.

3. 근심하게 한 사람을 용서하라(4-11) = 잘못한 자를 용서하라

   • 근심하게 한 자가 있었을지라도 나를 근심하게 한 것이 아니요 어느 정도 너희 모두를 근심하게 한 것이니 어느 정도라 함은 내가 너무 지나치게 말하지 아니하려 함이라 이러한 사람(그릇된 진리로 교인들을 유혹하는 거짓교사들)은 많은 사람에게서 벌 받는 것이 마땅하도다 그런즉 너희는 차라리 그를 용서하고 위로할 것이니 그가 너무 많은 근심에 잠길까 두려워하노라(5-7)

   • 너희가 무슨 일에든지 누구를 용서하면 나도 그리하고 내가 만일 용서한 일이 있으면 용서한 그것은 너희를 위하여 그리스도 앞에서 한 것이니 **이는(용서하는 것) 우리로 사탄에게 속지 않게 하려 함이라** 우리가 그 계책을 알지 못하는 바가 아니로라(10-11)
   고린도 씨가 휴 하고 한숨을 내쉬는 것은 마음에 큰 눌림과 걱정이 있기 때문이다.

4. 내가 마음에 큰 눌림과 걱정이 있어 많은 눈물로 너희에게 썼노니 이는 너희로 근심하게 하려 한 것이 아니요 오직 내가 너희를 향하여 넘치는 사랑이 있음을 너희로 알게 하려 함이라(4)
   고린도씨가 휴 하고 한숨을 내쉬면 자연히 입이 열리게 된다.

5. 복음을 위하여 드로아에 이르매 주 안에서 (전도의) 문이 내게 **열렸으되** 내가 내 형제 디도를 만나지 못하므로 내 심령이 편하지 못하여 그들을 작별하고 마게도냐로 갔노라(12-13) - 딩동(디도)!
   문 열고 드로와 - 디도를 만나지 못해서 휴 하고 한숨을 내쉰다고 생각하자. 7장에서 디도 만남.
   ❓ - 1장에 고린도 교회 방문을 연기했는데 왜 연기하게 됐는가를 물어보는 물음표

6. 바울이 고린도 교회 방문을 연기한 이유(1-3) - 바울은 고린도 교회를 세운 후(행 18:1-11) 본서를 기록하기 전에 2번째 고린도 교회를 방문하였으나 그 방문은 고린도 교회를 책망한 슬픈 방문이었다. 따라서 바울은 또다시 책망과 근심 중에 그들을 만나지 않기를 원했던 것이다.

고린도후서 3장		
배 경	손	
대제목	소개장(추천서)	

📖 **새 언약의 일꾼으로 부름 받은 바울이 영광스러운 사도직에 관해 설명하고 있다.**

고린도 씨가 손에 들고 있는 소개장으로 직장을 알아보려고 궁리를 하고 있다.

1. 소개장(추천서)(1-11) = 영광스러운 바울의 사도직

   • 우리가 다시 자천하기를 시작하겠느냐 우리가 어찌 어떤 사람처럼 추천서를 너희에게 부치거나 혹은 너희에게 받거나 할 필요가 있느냐 너희는 우리의 편지라 우리 마음에 썼고 뭇 사람이 알고 읽는 바라 너희는 우리로 말미암아 나타난 **그리스도의 편지**니 이는 먹으로 쓴 것이 아니요 오직 살아계신 하나님의 영으로 쓴 것이며 또 돌판에 쓴 것이 아니요 오직 육의 마음판에 쓴 것이라(1-3) 소개장이 율법 조문(율법서)으로 돼 있어서 영 알아먹을 수가 없지만 소개장에는 고린도 씨는 새 언약의 일꾼이므로 강력히 추천한다는 내용이 적혀 있다.

2. 그가 또한 우리를 새 언약의 일꾼 되기에 만족하게 하셨으니 율법 조문으로 하지 아니하고 오직 영으로 함이니 율법 조문은 죽이는 것이요 영은 살리는 것이니라 돌에 써서 새긴 죽게 하는 율법 조문의 직분도 영광이 있어 이스라엘 자손들은 모세의 얼굴의 없어질 영광 때문에도 그 얼굴을 주목하지 못하였거든 하물며 영의 직분은 더욱 영광이 있지 아니하겠느냐(6-8) 수건에 세모 모양의 무늬가 그려져 있다(세모는 이 장이 3장임을 말해준다).   세모 ↔ 모세

3. 모세와 수건(12-18) - 바울은 모세가 백성들에게 말할 때에 수건을 벗고 말을 마친 후에 얼굴을 가린 것은 영광의 광채가 사라진 후의 실망된 자기 모습을 가리기 위한 것이며, 그러한 모세의 광채와는 달리 그리스도의 광채는 영원하다고 말하고 있다. 그런데도 유대인들은 수치를 가리우는 모세의 수건을 벗어 버리지 않고, 그리스도의 영원한 광채에는 나아오지 않는다고 말한다. 출 34:29-35

   • 우리는 모세가 이스라엘 자손들에게 장차 없어질 것의 결국을 주목하지 못하게 하려고 수건을 그 얼굴에 쓴 것 같이 아니하노라 그러나 그들의 마음이 완고하여 오늘까지도 구약을 읽을 때에 그 수건이 벗겨지지 아니하고 있으니 그 **수건**은 그리스도 안에서 없어질 것이라(13-14)

   • 우리가 다 **수건**을 벗은 얼굴로 거울을 보는 것 같이 주의 영광을 보매 그와 같은 형상으로 변화하여 영광에서 영광에 이르니 곧 주의 영으로 말미암음이니라(18) 수건의 앞면에는 세모가 있고 뒷면에는 영이 있다. 이를 존댓말로 하면 영이 계시다가 된다.

4. 주는 영이시니 **주의 영이 계신 곳에는** (각설탕 같은 달콤한) 자유가 있느니라(17) - 각설탕(17)

✷ 성경 자세히 이해하기 - 추천서

   이것은 당시에 일반적으로 통용되었던 일종의 소개장으로 어떤 사람의 직분과 권한에 대한 위임장 또는 신임장 역할을 하였다. 바울이 이 추천서를 가지고 있지 않은 것은 그의 사도직이 예루살렘의 사도들의 위임에 근거한 것이 아니라 주님으로부터 직접 위임받은 것이기 때문이다. 여하튼 바울의 적대자들은 바울이 추천서를 가지지 못한 거짓 사도라고 악선전을 하였다. 그러나 바울은 사람의 칭찬과 승인과 위임보다 하나님의 승인이 훨씬 더 우위에 있고 또한 한통의 추천서 보다는 사도 자신의 깨끗한 양심과 성도를 통해 나타나는 열매에 사도로서의 그의 진정성이 확인된다고 보았다.

고린도후서 4장		
배 경	배	
대제목	질그릇에 담긴 보물	

📖 바울은 자신이 전하는 복음의 내용이 그리스도임을 밝히면서 비록 자신은 나약한 질그릇 같은 존재지만, 그리스도는 빛나고 보배로운 존재임을 역설하고 있다.

고린도 씨는 부모로부터 물려받은 질그릇에 담긴 보배를 품안에 놓아두고 가끔 꺼내보는 습관이 있다. 여기서 질그릇은 연약한 우리 자신을, 보배는 복음 또는 그리스도를 나타낸다.

1. 질그릇에 담긴 보배(1-15) - 만일 우리의 복음이 가리었으면 망하는 자들에게 가리어진 것이라 (3) - 보배(복음)가 질그릇에 가리어 있다.

   • 그 중에 이 세상의 신이 믿지 아니하는 자들의 마음을 혼미하게 하여 그리스도의 영광의 복음의 광채가 비치지 못하게 함이니 그리스도는 하나님의 형상이니라(4) - 보배(복음)가 질그릇에 가리어 있으므로 그리스도의 영광의 복음의 광채가 비치지 못하고 있다.

   • 어두운 데서 빛이 비치라 말씀하셨던 그 하나님께서 예수 그리스도의 얼굴에 있는 하나님의 영광을 아는 빛을 우리 마음에 비추셨느니라(6)

   • 우리가 이 보배를 질그릇에 가졌으니 이는 심히 큰 능력은 하나님께 있고 우리에게 있지 아니함을 알게 하려 함이라(7)

   • 내가 믿는 고로 말하였다 한 것 같이~ 우리도 믿는 고로 또한 말하노라(13, 시 116:10) - 전도의 담대함을 말함. 질그릇 안에서 말이 고로깨를 먹고 있다. 이 말은 고로깨만 먹는 까다로운(13) 말이다. 질그릇의 겉은 잘 보이지만 안은 잘 보이지 않는다.

2. 우리가 주목하는 것은 보이는 것이 아니요 보이지 않는 것이니 보이는 것은 잠깐이요 보이지 않는 것은 영원함이라(18)

   질그릇의 겉에 사람이 그려 있으므로 겉사람이라 하고 속에 그려 있으므로 속사람이라 한다.

3. 겉사람과 속사람(16-18)

   • 우리가 낙심하지 아니하노니 겉사람은 낡아지나 우리의 속사람은 날로 새로워지도다(16) - 겉사람과 속사람은 모두 가발(16)을 쓰고 있으므로 겉사람과 속사람이 나오는 이 구절은 16절이 된다. 겉사람과 속사람은 항상 예수의 죽음을 몸에 짊어지고 다닌다.

4. 우리가 항상 예수의 죽음을 몸에 짊어짐은 예수의 생명이 또한 우리 몸에 나타나게 하려 함이라(10) 우리 살아 있는 자가 항상 예수를 위하여 죽음에 넘겨짐은 예수의 생명이 또한 우리 죽을 육체에 나타나게 하려 함이라 그런즉 사망은 우리 안에서 역사하고 생명은 너희 안에서 역사하느니라(11-12) 겉사람과 속사람은 서로 주종 관계로 속사람이 주가 되고 겉사람이 종이 된다. 속사람인 주가 겉사람인 종에게 연락하려면 질그릇에 막혀 있기 때문에 전파를 이용해서 연락한다.

5. 우리는 우리를 전파하는 것이 아니라 오직 그리스도 예수의 주 되신 것과 또 예수를 위하여 우리가 너희의 종 된 것을 전파함이라(5) - 5절의 내용이 바로 복음의 핵심이다. 속사람이 질그릇에 둘러싸여 사방으로 우겨쌈을 당하고 있다.

6. 우리가 사방으로 우겨쌈을 당하여도 싸이지 아니하며 답답한 일을 당하여도 낙심하지 아니하며(8)

고린도후서 5장		
배 경	옷(조끼)	
대제목	새 사람	

📖 본문에서 바울은 내세를 소망하며 이 땅에 영원한 의미를 두지 말 것을 땅의 장막과 하늘의 장막을 들어 권고한 후 자신의 직분이 하나님과 성도간 화목을 도모하는 것임을 말한다.

고린도 씨의 조끼에는 새를 닮은 새 사람이 그려져 있다. 참고로 조끼(옷≒5)는 5자 모양이므로 5장에 나오며 바울의 개인적인 종말관과 사후관, 내세 사상이 잘 나타나 있다.

1. <mark>새 사람</mark>(17) = 새로운 피조물
   - 그런즉 누구든지 그리스도 안에 있으면 새로운 피조물이라 이전 것은 지나갔으니 보라 새것이 되었도다(17) - 새를 닮은 새 사람은 그야말로 새로운 피조물이며 새로운 피조물은 오직 국수(17)만 먹는다. 새로운 피조물이 부리에 기다란 국수를 물고 있다고 생각하자.
   - ※ 엡 4장과 골 3장에도 새 사람이 나오나 새로운 피조물이 들어가는 것은 고후 5장이 된다.

   조끼에는 땅의 장막(육신)과 하늘의 장막(부활의 몸)이 그려져 있다.

2. <mark>땅의 장막과 하늘의 장막</mark>(1-10) - 만일 땅에 있는 우리의 장막 집이 무너지면 하나님께서 지으신 집 곧 손으로 지은 것이 아니요 하늘에 있는 영원한 집이 우리에게 있는 줄 아느니라(1)
   - 우리가 담대하여 원하는 바는 차라리 몸을 떠나 주와 함께 있는 그것이라(8)
   - 이는 우리가 다 반드시 그리스도의 심판대 앞에 나타나게 되어 각각 선악간에 그 몸으로 행한 것을 따라 받으려 함이라(10)

   땅의 장막은 나무(木, **목**)로 지었으며 불(火, **화**)에 타고 있다.

3. <mark>하나님과 화목하라</mark>(11-21) - 바울의 직분이 하나님과 성도간 화목을 도모하는 것임을 말한다.
   - 우리가 만일 미쳤어도 하나님을 위한 것이요 정신이 온전하여도 너희를 위한 것이니(13) - 집이 미친 듯이 타고 있다.
   - 모든 것이 하나님께로서 났으며 그가 그리스도로 말미암아 우리를 자기와 화목하게 하시고 또 우리에게 화목하게 하는 직분을 주셨으니(18)
   - 그러므로 우리가 그리스도를 대신하여 사신이 되어 하나님이 우리를 통하여 너희를 권면하시는 것 같이 그리스도를 대신하여 간청하노니 너희는 하나님과 화목하라(20)

   땅의 장막은 각꾸목으로 지었다.   각꾸 → 강권

4. 그리스도의 사랑이 우리를 강권하시는도다(14)

   땅의 장막이 불에 타고 있다. **다시는** 이런 일이 없어야 하겠다.

5. 그가 모든 사람을 대신하여 죽으심은 살아 있는 자들로 하여금 **다시는** 그들 자신을 위하여 살지 않고 오직 그들을 대신하여 죽었다가 **다시** 살아나신 이를 위하여 살게 하려 함이라(15)

   조끼는 **덧입는** 옷이다.

6. 참으로 우리가 여기 있어 탄식하며 하늘로부터 오는 우리 처소(부활의 몸)로 **덧입기**를 간절히 사모하노라(2) - 부활의 몸이 되기를 간절히 사모한다는 뜻이다.

고린도후서 6장		
배 경	다리	
대제목	비신자와 짝하지 말라	

📖 화목의 복음을 전하는 자로서 바울은 사도직 수행을 위해 겪은 수많은 역경을 간증한 후에 고린도 교인을 향해 관용할 것과(11-13절) 불신자와 구별되는 거룩한 생활을 하라고 권면하고 있다.

고린도 씨가 다리를 포개고 앉아있는 모양이 마치 비신자와 짝하고 있는 것 같다. 참고로 다리를 포갠 모양이 6자 모양이므로 다리는 6장에 나온다.

1. 비신자와 짝하지 말라(14-18)
   • 너희는 믿지 않는 자와 멍에를 함께 메지 말라 의와 불법이 어찌 함께 하며 빛과 어둠이 어찌 사귀며 그리스도와 벨리알('무가치함', '악함'을 뜻하는 히브리어로 사탄을 말한다)이 어찌 조화되며 믿는 자와 믿지 않는 자가 어찌 상관하며 하나님의 성전과 우상이 어찌 일치가 되리요 우리는 살아 계신 하나님의 성전이라 이와 같이 하나님께서 이르시되 내가 그들 가운데 거하며 두루 행하여 나는 그들의 하나님이 되고 그들은 나의 백성이 되리라(렘 30:22, 31:1, 14-16)
   ※ 위의 중요요절들이 서로 짝을 지어 대조되고 있다.
   (의 - 불법, 빛 - 어두움, 그리스도 - 벨리알, 하나님의 성전 - 우상, 믿는 자 - 믿지 않는 자)
   고린도 씨가 다리를 포개고 앉아 있는 모습이 꼭 좀생원(속이 좁고 옹졸한 사람) 같다.

2. 바울이 고린도인들의 관용을 바라다(11-13)
   • 고린도인들이여 너희를 향하여 우리의 입이 열리고 우리의 마음이 넓어졌으니 너희가 우리 안에서 좁아진 것이 아니라 오직 너희 심정에서 좁아진 것이니라 내가 자녀에게 말하듯 하노니 보답하는 것으로 너희도 마음을 넓히라(11-13)
   바지가 해어져서 무릎이 다 보인다. 참고로 성경기억법에서는 옷 따위 등이 해어지거나 찢어져 있으면 고난으로 한다. 벧전 3, 4장도 깃발과 옷이 찢어져 있어서 제목을 고난으로 했다.

3. 바울이 당한 고난(1-10)
   • 환난과 궁핍과 고난과 매 맞음과 갇힘과 난동과 수고로움과 자지 못함과 먹지 못함 가운데서도(4-5)
   바지가 해어져서 無릎이 보인다(有)

4. 무명한자 같으나 유명한 자요 죽은 자 같으나 보라 우리가 살아 있고 징계를 받는 자 같으나 죽임을 당하지 아니하고 근심하는 자 같으나 항상 기뻐하고 가난한자 같으나 많은 사람을 부요하게 하고 아무 것도 없는 자 같으나 모든 것을 가진 자로다(9-10)
   고린도 씨의 바지가 다 해어져서 오른쪽 무릎도 보이고(보라) 왼쪽 무릎도 보인다(보라).
   참고로 오른쪽 무릎과 왼쪽 무릎이 둘 다 보이므로 '보라'가 2번 나온다.

5. 보라 지금은 은혜 받을 만한 때요 보라 지금은 구원의 날이로다(2) - 보라가 두 번 나오므로 2절.
   ※ 고린도후서에서 바울의 고생담이 나오는 곳 - 1장(환난이 나오므로), 4장(속사람이 질그릇에 둘러싸여 사방으로 우겨쌈을 당하고 있으므로), 6장(고린도씨의 바지가 해어져 있으므로 - 해어진 것은 고난을 나타낸다), 11장(자라의 등에 수많은 상처가 나 있으므로)

고린도후서 7장		
배 경	**아들**	
대제목	**바울의 기쁨**	

📖 바울은 다시금 관용을 권면한 후에(2-4절) 고린도 교회 내의 여러 문제들이 해결된 것에 대하여 큰 기쁨을 표현하고 있다.

고린도 씨에게 드디어 아들이 태어나 큰 기쁨이 되고 있다.

1. 바울의 기쁨(1-16) - 바울이 드로아(2:12)에서 디도를 만나지 못하고 **마게도냐**에 있을 때에 고린도에서 돌아온 디도로부터 고린도 교회의 여러 문제가 해결되었다는 소식을 전해 듣고 기뻐하고 있다.
   - 마음으로 우리를 영접하라 우리는 아무에게도 불의를 행하지 않고 아무에게도 해롭게 하지 않고 아무에게서도 속여 빼앗은 일이 없노라(2)
   - 내가 이 말을 하는 것은 너희를 정죄하려고 하는 것이 아니라 내가 이전에 말하였거니와 너희가 우리 마음에 있어 함께 죽고 함께 살게 하고자 함이라(3)
   - 나는 너희를 향하여 담대한 것도 많고 너희를 위하여 자랑하는 것도 많으니 내가 우리의 모든 환난 가운데서도 위로가 가득하고 기쁨이 넘치는도다(4)
   - 우리가 마게도냐에 이르렀을 때에도 우리 육체가 편하지 못하였고 사방으로 환난을 당하여 밖으로는 다툼이요 안으로는 두려움이었노라(5)
   - 그러나 낙심한 자들을 위로하시는 하나님이 **디도**가 옴으로 우리를 위로하셨으니(6)
   - 그가 온 것뿐 아니요 오직 그가 너희에게서 받은 그 위로로 위로하고 너희의 사모함과 애통함과 나를 위하여 열심 있는 것을 우리에게 보고함으로 나를 더욱 기쁘게 하였느니라(7)
   - 그러므로 내가 편지(눈물로 쓴 편지를 말하며 지금은 전해지지 않는다)로 너희를 근심하게 한 것을 후회하였으나 지금은 후회하지 아니함은 그 편지가 너희로 잠시만 근심하게 한 줄을 앎이라(8)
   - 내가 지금 기뻐함은 너희로 근심하게 한 까닭이 아니요 도리어 너희가 근심함으로 회개함에 이른 까닭이라 너희가 하나님의 뜻대로 근심하게 된 것은 우리에게서 아무 해도 받지 않게 하려 함이라(9)
   아들 이마의 주름살은 근심을 나타낸다. 어른들은 세상근심(무엇을 먹고살까 하는 것들)을 하나 아이들은 세상 근심을 하지 않는다. 이 말을 뒤집어 보면 아이들은 하나님의 뜻대로 하는 근심을 한다는 말이 된다. 따라서 아이들의 근심은 하나님의 뜻대로 하는 근심이 된다.

2. 하나님의 뜻대로 하는 근심(9-11)
   - 하나님의 뜻대로 하는 근심은 후회할 것이 없는 구원에 이르게 하는 <u>회개</u>를 이루는 것이요 세상 근심은 <u>사망</u>을 이루는 것이니라(10) - 아들 이마의 주름은 근심을 나타내며 아이들의 근심은 하나님의 뜻대로 하는 근심이 된다. 그런데 아들 이마의 주름이 10개나 되므로 '하나님의 뜻대로 하는 근심'은 10절이 된다.
   - 보라 하나님의 뜻대로 하게 된 이 근심이 너희로 얼마나 간절하게 하며 얼마나 변증하게 하며 얼마나 분하게 하며 얼마나 두렵게 하며 얼마나 사모하게 하며 얼마나 열심 있게 하며 얼마나 벌하게 하였는가 너희가 그 일에 대하여 일체 너희 자신의 깨끗함을 나타내었느니라(11)

고린도후서 8장		
배 경	헌금함	
대제목	마게도냐 교회의 모범적인 헌금	

풍성한 연보

📖 바울은 고린도 교회를 향하여 마게도냐 교회를 모범으로 삼아 빈핍한 예루살렘 교회를 위해 헌금할 것을 권면한 후에 고린도 교회에 파견할 헌금 위원들을 추천한다.

　＊ 8장과 9장은 헌금에 대해 나오므로 '헌금의 장'이라 하며 어느 구절이 8장이고 9장인지 혼동될 수 있으므로 지금부터 구분하는 방법을 알아보자. 9장의 헌금액수는 소액이지만 8장의 헌금액수는 헌금함에 돈이 가득하므로 거액이다. 따라서 2절의 '풍성한 연보'와 9절의 '부요'가 거액을 나타내므로 2절과 9절은 8장에 나온다. 또한 3절 '그들이 힘대로 할 뿐 아니라 힘에 지나도록 자원하여' 헌금함에 돈이 가득하여 졌으므로 3절도 8장에 나온다.

　헌금함이 있고 헌금 넣는 곳이 마켜 있다.　마켜 → 마케도냐,　따라서 소제목은 '마게도냐 교회의 모범적인 헌금'이 된다.

1. 마게도냐 교회의 모범적인 헌금(1-15) - 마게도냐 교회를 모범으로 삼아 빈핍한 예루살렘 교회를 위해 헌금할 것을 권면하고 있다.
　• 형제들아 하나님께서 마게도냐 교회들에게 주신 은혜를 우리가 너희에게 알리노니(1)
　• 환난의 많은 시련 가운데서 그들(마게도냐 교회)의 넘치는 기쁨과 극심한 가난이 그들의 풍성한 연보를 넘치도록 하게 하였느니라(2)
　• 내가 증언하노니 그들이 힘대로 할 뿐 아니라 힘에 지나도록 자원하여(3)
　• 우리가 바라던 것뿐 아니라 그들이 먼저 자신을 주께 드리고 또 하나님의 뜻을 따라 우리에게 주었도다 그러므로 우리가 디도를 권하여 그가 이미 너희 가운데서 시작하였은즉 이 은혜를 그대로 성취하게 하라 하였노라(6)
　• 우리 주 예수 그리스도의 은혜를 너희가 알거니와 부요하신 이로서 너희를 위하여 가난하게 되심은 그의 가난함으로 말미암아 너희를 부요하게 하려 하심이라(9) - 헌금함(고후 8장)에는 천초(09)나 되는 돈이 가득 들어있으며 천초(09) 정도는 돼야 부요하다고 말할 수 있다.
　(해석) 예수님이 하나님으로서 누리던 모든 부요를 포기하고 자신을 희생하므로 모범을 보이신 것은 그의 희생을 통하여 이 세상을 부요하게 하시려는 목적에서였다.
　헌금함에는 돈이 가득하므로 도난방지용으로 벨이 설치되어 있다. 만일 누군가 돈을 훔칠 목적으로 헌금함에 손을 대면 벨에서 '딩동'하고 경고음이 울린다.　딩동 → 디도
2. 디도 일행을 파견하다(16-24) - 고린도 교회에 파견할 헌금 위원들로 디도를 포함해 3사람을 파견했으며 이는 거액의 연보로 인해 잡음이 생기지 않도록 하기 위함이었다.
　• 디도로 말하면 나의 동료요 너희를 위한 나의 동역자요 우리 형제들로 말하면 여러 교회의 사자들이요 그리스도의 영광이니라(23)
　※ 헌금함이 마켜있으므로 기록장소가 마케도냐이며 연보의 보에서 빌립보라는 것을 알 수 있다.

고린도후서 9장		
배 경	봉투	
대제목	헌금	

📖 바울은 계속해서 빈핍한 예루살렘 교회 성도들을 위해 헌금해 줄 것을 당부하고 있는데 헌금은 억지로나 인색함으로가 아니라 자원하는 심정으로 할 것을 권면하고 있다.

＊ 8장과 9장 모두 헌금(연보)에 대해 나오는데 9장은 헌금에 대한 실제적인 지침을 설명하고 있다. 8-9장을 '**헌금의 장**'이라고 한다.

고린도 씨가 헌금을 내고 있다.

1. 헌금(1-15)
   - 성도를 섬기는 일에 대하여는 내가 너희에게 쓸 필요가 없나니 이는 내가 너희의 원함을 앎이라 내가 너희를 위하여 마게도냐인들에게 아가야에서는 일 년 전부터 예비하였다 자랑하였는데 과연 너희 열심이 퍽 많은 사람들을 분발하게 하였느니라 그런데 이 형제들을 보낸 것은 이 일에 너희를 위한 우리의 자랑이 헛되지 않고 내가 말한 것 같이 준비하게 하려 함이라 혹 마게도냐인들이 나와 함께 가서 너희가 준비하지 아니한 것을 보면 너희는 고사하고 우리가 이 믿던 것에 부끄러움을 당할까 두려워하노라 이러므로 내가 이 형제들로 먼저 너희에게 가서 너희가 전에 약속한 연보를 미리 준비하게 하도록 권면하는 것이 필요한 줄 생각하였노니 이렇게 준비하여야 참 연보답고 억지가 아니니라 이것이 곧 적게 심는 자는 적게 거두고 많이 심는 자는 많이 거둔다 하는 말이로다 각각 그 마음에 정한대로 할 것이요 인색함으로나 억지로 하지 말지니 하나님은 즐겨 내는 자를 사랑하시느니라(1-7)
   - **하나님이 능히 모든 은혜를 너희에게 넘치게 하시나니** 이는 너희로 모든 일에 항상 모든 것이 넉넉하여 모든 **착한 일을 넘치게 하게 하려 하심이라** 기록된바 그가 흩어 가난한 자들에게 주었으니 그의 의가 영원토록 있느니라 함과 같으니라(8-9) - 헌금 주위의 빛은 은혜를 나타내며 은혜표시 중 다이아몬드 옆의 1이 반듯하게 그려져서 착한 일이라고 하며 이 착한 일이 넘치도록 많다.
   - 심는 자에게 씨와 먹을 양식을 주시는 이가 너희 심을 것을 주사 풍성하게 하시고 너희 의의 열매를 더하게 하시리니 너희가 모든 일에 넉넉하여 너그럽게 연보를 함은 그들이 우리로 말미암아 하나님께 감사하게 하는 것이라 이 봉사의 직무가 성도들의 부족한 것을 보충할 뿐 아니라 사람들이 하나님께 드리는 많은 감사로 말미암아 넘쳤느니라 이 직무로 증거를 삼아 너희가 그리스도의 복음을 진실히 믿고 복종하는 것과 그들과 모든 사람을 섬기는 너희의 후한 연보로 말미암아 하나님께 영광을 돌리고 또 그들이 너희를 위하여 간구하며 하나님이 너희에게 주신 지극한 은혜로 말미암아 너희를 사모하느니라 말할 수 없는 그의 은사로 말미암아 하나님께 감사하노라(10-15)
   헌금은 적게 내는 자가 반(6), 많이 내는 자 반(6)이다.

2. 이것이 곧 **적게 심는 자**는 적게 거두고 **많이 심는 자**는 많이 거둔다 하는 말이로다(6)
   고린도 씨가 헌금을 인색함으로나 억지로 하지 않고 즐거운 마음으로 내고 있다.

3. 각각 그 마음에 정한대로 할 것이요 **인색함으로나 억지로 하지 말지니** 하나님은 즐겨 내는 자를 사랑하시느니라(7) - 헌금은 여러 종류가 있으나 여기서는 암기를 위해 추수감사헌금(07)으로 했다.

고린도후서 10장		
배 경	긴 수염	
대제목	바울의 영적 권위	

📖 본문은 바울이 고린도 교회의 불신앙 자들을 대상으로 자신의 인간성과 사도직을 변호하는 장면이다. 아울러 사도적 권위를 변증하기 위하여 신앙의 자랑을 하고 있다.

긴 수염이 인생의 권위를 나타내며 또한 긴 수염은 강철같이 단단해서 모든 것을 무너뜨리는 힘이 있다. 참고로 긴 수염이 **권위**를 나타내므로 10장부터 13장까지를 '**준엄한 편지**' 라 하며 따라서 10장부터 13장까지는 바울의 사도권에 대한 변호가 주 내용을 이루고 있다.

1. 바울의 영적 권위(1-11) = 바울이 자기의 사도직을 변호하다
   - 우리의 싸우는 <u>무기</u>는 육신에 속한 것이 아니요 오직 어떤 견고한 진도 무너뜨리는 <u>하나님의 능력</u>이라 모든 이론을 무너뜨리며 하나님 아는 것을 대적하여 높아진 것을 다 무너뜨리고 모든 생각을 사로잡아 그리스도에게 복종하게 하니(4-5)
   - 너희의 복종이 온전하게 될 때에 모든 복종하지 않는 것을 벌하려고 준비하는 중에 있노라 너희는 외모만 보는도다 만일 사람이 자기가 그리스도에게 속한 줄을 믿을진대 자기가 그리스도에게 속한 것 같이 우리도 그러한 줄을 자기 속으로 다시 생각할 것이라(6-7)
   - 주께서 주신 권세는 너희를 무너뜨리려고 하신 것이 아니요 세우려고 하신 것이니 내가 이에 대하여 지나치게 자랑하여도 부끄럽지 아니하리라(8) - 바울은 사도적 권위로서 그들을 징계할 수도 있으나 그들이 스스로 회개할 기회를 주고자 했다.

   긴 수염은 강철같이 단단해서 모든 것을 무너뜨리는 **힘**이 있으며 그 반대는 **약하고 시원하지 않은 것**이 된다.

2. 그의 편지들은 무게가 있고 **힘**이 있으나 그가 몸으로 대할 때는 **약하고 그 말도 시원하지 않다** 하니(10) - 멀리 떨어져 있어 편지를 쓸 때는 담대하고 강한 어조로 말하지만 막상 얼굴을 대면하고 있을 때는 비굴하고 우유부단하다는 말로 1절 '너희를 대면하면 유순하고 떠나 있으면 너희에 대하여 담대한 나 바울은(바울 자신의 표현이 아니라 자신을 비난한 내용을 빗대어 표현)'과 같은 말이다. 수염이 길므로 긴 수염 한 가닥을 뽑아서 줄자로 사용할 수 있다.

   줄자 ——ㄹ을 없애면——> 주 자 = **주**안에서 **자**랑하라

3. 자랑하는 자는 주 안에서 자랑하라(12-18) - 사도적 변증을 하기 위해서 신앙의 자랑을 하고 있다.
   - 자랑하는 자는 주 안에서 자랑할지니라(17) - 긴 수염(17) 한 가닥을 뽑아서 줄자로 사용했으므로 이 구절은 17절이 된다.

   수염이 길게 늘어져 있는 것이 마치 **긴 창** 같으며 긴 창은 **칭찬**과 발음이 비슷하다.

4. 옳다 인정함을 받는 자는 자기를 **칭찬**하는 자가 아니요 오직 **주**께서 **칭찬**하시는 자니라(18) - 긴 창(칭찬)은 18반 무예(18가지 병장기를 다루는 기예)의 하나이므로 칭찬이 나오는 이 구절은 18절이 된다.

   ※ 롬 2:29절 '그 칭찬이 사람에게서가 아니요 다만 하나님에게서니라'와 비교할 것. 구분하는 방법은 롬 2:29절은 천칭이 **천부**(하나님)의 **칭찬**이므로 구절에 하나님이란 단어가 들어간다.

	고린도후서 11장	
배 경	무 덤 위	
대제목	사탄	

📖 바울의 사도권 변호가 계속되는 부분으로, 먼저 거짓 선생들의 잘못됨을 지적한 후에 참된 사도로서 바울 자신의 신앙적 자랑과 노고를 간증하고 있다.

무덤위에서 사탄이 빨리 오라고 손짓하며 부르고 있다.

1. 사탄(14-15) - 사탄도 자기를 광명의 천사로 가장하나니 그러므로 사탄의 일꾼들도 자기를 의의 일꾼으로 가장하는 것이 또한 대단한 일이 아니니라 그들의 마지막은 그 행위대로 되리라(14-15)
   무덤위에는 눈이 맛이 간 상한 생선이 있다. 이 생선은 상했을 뿐만 아니라 짝퉁 생선이기도 하다. 성경기억법에서 생선은 선생으로 약속하며 따라서 짝퉁 생선은 거짓 선생이 된다. 짝퉁 생선의 예를 들면 부세가 영광굴비와 모양과 맛이 비슷하지만 다르듯이 짝퉁이란 '진짜와 같은 것 같으나 다른'의 뜻이 있다(다른 예수, 다른 영, 다른 복음).

2. 거짓 선생에 대한 경고(1-15)
   • 만일 누가 가서 우리가 전파하지 아니한 **다른 예수**를 전파하거나 혹은 너희가 받지 아니한 **다른 영**을 받게 하거나 혹은 너희가 받지 아니한 **다른 복음**을 받게 할 때에는 너희가 잘 용납하는구나(4)
   • 그런 사람들은 거짓 사도요 속이는 일꾼이니 자기를 그리스도의 사도로 가장하는 자들이니라(13)
   생선은 냉장고에 넣고 -4°를 유지해야 변하지 않는데 생선이 상한 것은 관리를 잘못했기 때문이다.   4° → 사도,   변하다 → 변호하다

3. 사도직을 변호하다(1-15) - 나는 지극히 크다는 사도(4°란 글씨가 지극히 크다)들보다 부족한 것이 조금도 없는 줄로 생각하노라 내가 비록 말에는 부족하나 지식에는 그렇지 아니하니(5-6)
   무덤위에 참외를 물고 있는 자라,   자라 → 자랑,   참외를 물고 있는 **자라** → 참된 자랑

4. 바울의 참된 자랑(16-23) - 내가 다시 말하노니 누구든지 나를 어리석은 자로 여기지 말라 만일 그러하더라도 내가 조금 자랑할 수 있도록 어리석은 자로 받으라~ 그들이 히브리인이냐 나도 그러하며~ 그들이 그리스도의 일꾼이냐 정신없는 말을 하거니와 나는 더욱 그러하도다(16-23)
   자라의 등에 깊게 난 수 많은 상처는 복음을 위해 죽음의 극한 상황까지 간 것을 나타낸다.

5. 복음을 위해 죽음의 극한상황까지 간 바울(23-33) - 40에서 1 감한 매를 5번(4+1=5), 태장 3번 (태정태세문단세), 돌로 1번(돌잔치는 1번뿐) 맞고, 파선 3번(3파전), 바다에서 표류 7일(24-25)
   이 자라를 '부득불 자라'라고 하는데 등에 상처를 가진 채로 어쩔 수 없이 살아가야 하기 때문이다.   부득불 자라 → 부득불 자랑   ※ 부득불(不得不) = 어쩔 수 없이, 하는 수 없이.

6. 내가 **부득불 자랑**할진대 내가 약한 것을 자랑하리라(30) - 부득불(6 3 6) → 부득불(6 3 6), 不과 不은 서로 상쇄되어 영이 된다. 따라서 이 구절은 030 즉 30절이 된다.
   맞이 간 생선과 상처 많은 자라, 이렇듯 중매는 서로 처지가 비슷한 상대와 하는 게 좋다.

7. 내가 하나님의 열심으로 너희를 위하여 열심을 내노니 내가 너희를 정결한 처녀로 한 남편인 그리스도께 드리려고 중매함이로다(2)

고린도후서 12장		
배　경	무덤 속	
대제목	천국 구경	

📖 사도권의 변호를 위해 바울은 자신이 체험한 환상과 계시 및 육체의 가시를 소개하고 사도로서 사무적 계획과 권면을 제시함으로써 사도권 변호에 대해 결론짓고 있다.

　　무덤 속에 들어가면 천국 구경을 하게 된다.

1. 천국 구경(1-6) - 무익하나마 내가 부득불 자랑하노니 주의 환상과 계시를 말하리라(1)
   - 내가 그리스도 안에 있는 한 사람을 아노니 14년 전에 그가 셋째 하늘에 이끌려 간 자라 (그가 몸 안에 있었는지 몸 밖에 있었는지 나는 모르거니와 하나님은 아시느니라) 내가 이런 사람을 아노니 (그가 몸 안에 있었는지 몸 밖에 있었는지 나는 모르거니와 하나님은 아시느니라) 그가 낙원으로 이끌려가서 말로 표현할 수 없는 말을 들었으니 사람이 가히 이르지 못할 말이로다(2-4)
   - 내가 이런 사람을 위하여 자랑하겠으나 나를 위하여는 약한 것들 외에 자랑하지 아니하리라(5)

   약 봉투를 물고 있는 자라(자랑), 　자라 → 자랑

2. 약한 것을 자랑하다(7-10)
   - 여러 계시를 받은 것이 지극히 크므로 너무 자만하지 않게 하시려고 내 육체에 가시 곧 사탄의 사자를 주셨으니 이는 나를 쳐서 너무 자만하지 않게 하려 하심이라(7)
   - 이것이 내게서 떠나가게 하기 위하여 내가 3번 주께 간구하였더니(8)
   - 나에게 이르시기를 내 은혜가 네게 족하도다 이는 내 능력이 약한 데서 온전하여짐이라 하신지라 그러므로 도리어 크게 기뻐함으로 나의 여러 약한 것들에 대하여 자랑하리니 이는 그리스도의 능력이 내게 머물게 하려 함이라(9)
   - 그러므로 내가 그리스도를 위하여 약한 것들과 능욕과 궁핍과 박해와 곤고를 기뻐하노니 이는 내가 약한 그 때에 강함이라(10)

   약 봉투에 '강해지는 약'이라고 써 있다.

3. 그러므로 내가 그리스도를 위하여 약한 것들과 능욕과 궁핍과 박해와 곤고를 기뻐하노니 이는 내가 약한 그 때에 강함이라(10) - 강함을 뜻하는 강으로 시작하는 말에는 강철(10)이 있다.

   약 봉투는 '사도의 표'로 사용되기도 한다.

4. 사도의 표가 된 것은 내가 너희 가운데서 모든 참음과 표적과 기사와 능력을 행한 것이라(12)

   사람이 죽으면 시체를 염(殮)해서 관에 넣는다. 　염 → 염려

5. 고린도 교회를 염려하다(11-21) - 내가 이제 3번째 너희에게 가기를 준비하였으나(14)
   - 내가 다시 갈 때에 내 하나님이 나를 너희 앞에서 낮추실까 두려워하고(고린도 교인들이 바울 앞에서 거짓 교사들을 더 따르고 바울에게는 오만한 태도로 대하는 것) 또 내가 전에 죄를 지은 여러 사람의 그 행한바 더러움과 음란함과 호색함을 회개하지 아니함 때문에 슬퍼할까 두려워하노라(21)

   관속의 귀신이 구하는 것은 재물이 아니요 오직 너희니라. 왠지 섬뜩하다.

6. 내가 구하는 것은 너희의 재물이 아니요 오직 너희니라(14)

   ※ 염(殮) - 죽은 이의 몸을 씻긴 후에 수의를 입히고 염포로 묶는 것.

고린도후서 13장		
배 경	비석	마 지 막 경 고
대제목	축도	

📖 하나님께서는 오래 참으시지만 끝까지 거부하는 자를 심판하신다. 고린도 교인들도 회개하지 않는다면 이같은 벌을 피할 수 없다. 바울은 고린도 교회의 3차 방문에 앞서 그들에게 회개할 것을 권고한 후에 마지막 당부와 문안과 축도로서 편지를 맺는다.

비석위에 손을 얹고 축도를 해주고 있다.   축도 = 축복 기도

1. 축도(13) - 민 6장, 고후 13장, 히 13장, 유 1장
   • 주 예수 그리스도의 은혜와 하나님의 사랑과 성령의 교통하심이 너희 무리와 함께 있을지어다(13)
   - 축도는 축복기도이므로 기도(13)에 속한다. 따라서 축도가 나오는 이 구절은 13절이 된다.

   비석에 '마지막 경고' 라고 써 있다.

2. 마지막 경고(1-10)
   • 내가 이제 3번째 너희에게 가리니 두세 증인의 입으로 말마다 확정하리라(1)
   • 내가 이미 말하였거니와 지금 떠나 있으나 두 번째 대면하였을 때와 같이 전에 죄 지은 자들과 그 남은 모든 사람에게 미리 말하노니 내가 다시 가면 용서하지 아니하리라(2)
   • 이는 그리스도께서 내 안에서 말씀하시는 증거를 너희가 구함이니 그는 너희에게 대하여 약하지 않고 도리어 너희 안에서 강하시니라(3)
   • 그리스도께서 약하심으로 십자가에 못 박히셨으나 하나님의 능력으로 살아 계시니 우리도 그 안에서 약하나 너희에게 대하여 하나님의 능력으로 그와 함께 살리라(4)
   • 너희는 믿음 안에 있는가 (마지막으로) 너희 자신을 시험하고 너희 자신을 확증하라(5) - 마지막이 이 구절의 출처가 고후 13장임을 말해준다.
   • 우리는 진리를 거슬러 아무 것도 할 수 없고 오직 진리를 위할 뿐이니(8)
   • 우리가 약할 때에 너희가 강한 것을 기뻐하고 또 이것을 위하여 구하니 곧 너희가 온전하게 되는 것이라 그러므로 내가 떠나 있을 때에 이렇게 쓰는 것은 대면할 때에 주께서 너희를 넘어뜨리려 하지 않고 세우려 하여 내게 주신 그 권한을 따라 엄하지 않게 하려 함이라(9-10)

   마지막 경고라는 글귀가 왠지 거슬린다.

3. 우리는 진리를 거슬러 아무 것도 할 수 없고 오직 진리를 위할 뿐이니(8)

   비석의 \ 표시, \ → 방문계획(롬 1장 5번 참조)

4. 바울의 고린도 교회 방문계획(1-2)
   • 내가 이제 세 번째 너희에게 갈 터이니 두세 증인의 입으로 말마다 확정하리라 내가 이미 말하였거니와 지금 떠나 있으나 두 번째 대면하였을 때와 같이 전에 죄 지은 자들과 그 남은 모든 사람에게 미리 말하노니 내가 다시 가면 용서하지 아니하리라(1-2)
   ※ 첫 번째 방문 - 교회를 세움(행 18:1-17).
     두 번째 방문 - 가슴 아픈 방문으로 고린도 교회의 악행을 심히 책망했다(고후 2:1).
     세 번째 방문 - 바울의 3차 전도여행 때 이곳에서 3달 머물렀다(행 20:2-3).

갈라디아서 6장

* **배경** : 갈라디아서는 갈라진 곳으로 바꾸며 우리나라의 갈라진 곳은 38선이다. 따라서 갈라디아서는 38선을 배경으로 한다. 참고로 갈라디아서는 기독교 자유 대헌장이요 그리스도인의 자유에 대한 선언서로 불리는 책이다(성경기억법 갈 5장 자유의 다리 참조).

갈라디아서 (6장)

저　　자 : 사도 바울
　　　　　다소사람, 유대인, 로마 시민권 소유, 바리새인들에 의하여 많은 영향, 헬라 문화에 철저한 정통파. 유명한 '가말리엘'의 문하에서 여러 가지 학문을 배움. 예루살렘에서 유대인들이 교회를 핍박함에 참가하여 신자를 잡아다가 투옥하고 박해하기 위하여 대제사장의 공문을 맡아가지고 멀리 다메섹으로 가다가 도중에서 주님의 부르심을 받음. 이방의 사도로 부르심.

주　　제 : 예수 그리스도를 믿음으로만 구원을 받는다는 복음의 진리와 그리스도인의 자유

발 신 자 : 사도 바울

수 신 자 : 갈라디아 교회 성도들

기록연대 : 남갈라디아설 : A.D. 49년(최초의 바울서신)
　　　　　북갈라디아설 : A.D. 53-56년경

기록장소 : 장소불명(갈 3장에서 어디로 갈지 갈팡질팡하므로 장소불명)
　　　　　남갈라디아설 : 수리아 안디옥
　　　　　북갈라디아설 : 에베소 혹은 마게도냐

요　　절 : 2:20, 5:1

기록목적 : 오직 예수그리스도를 믿음으로만 구원을 받는다는 참 복음을 전하기 위해 기록

* **남갈라디아설** : 이 견해에 의하면 바울이 언급한 갈라디아는 로마의 한 속주로서 좀더 넓은 정치적 의미의 갈라디아라는 것이다. 곧 바울이 염두에 두고 있는 교회들은, 그가 바나바와 함께 1차 전도여행을 갔을 때 전도한 지방(행 13:13-14:23)의 교회들이었다는 말이다. 그때는 예루살렘 종교회의(행 15장) 바로 직전이었기 때문에, 갈 2:1-10에 나오는 예루살렘 방문은 행 11:27-30에 언급된 구제를 위한 방문이었음이 분명하다. 따라서 이 견해는 바울이 갈라디아서를 예루살렘 종교회의에 가기 직전인 A.D. 49년 수리아 안디옥에서 쓴 것으로 주장한다.

* **북갈라디아설** : 이를 저지하는 학자들은 바울이 말한 갈라디아는 초기 또는 좀 더 제한적 의미의 갈라디아이며, 갈라디아 교회들은 바울이 1차 전도여행 중 방문한 지방의 북쪽에 있었다고 주장한다. 그들에 따르면 바울은 2차 전도여행 중에 드로아로 가다가(행 16:6-8) 처음으로 민족학적 의미의 갈라디아(북부지역)를 방문했을 것이라고 한다. 바울은 3차 전도여행 중 자기가 세운 갈라디아 교회들을 다시 방문하고(행 18:23), 이 갈라디아서를 에베소(A.D. 53-56년)나 마게도냐(A.D. 56년)에서 썼을 것이다.

갈라디아서 1장	
배 경	철책 기둥
대제목	오직 하나밖에 없는 복음

📖 먼저 교회를 향해 문안 인사를 한 바울은 다른 복음을 따르는 갈라디아 교인들을 책망한 후 믿음으로 구원을 얻는 참된 진리를 가르치는 자로서 자신의 사도권을 변호한다.

철책 기둥 위에는 이 세상에서 오직 하나밖에 없는 엄청 큰 복음서가 놓여있다.

1. <mark>오직 하나밖에 없는 복음</mark>(1-10) = 다른 복음은 없다   ※ 오직 하나가 1장을 나타낸다.
   * 그리스도의 은혜로 너희를 부르신 이를 이같이 속히 떠나 <u>다른 복음</u>을 따르는 것을 내가 이상하게 여기노라~ 그러나 우리나 혹은 하늘로부터 온 천사라도 우리가 너희에게 전한 복음 외에 <u>다른 복음</u>을 전하면 <u>저주</u>를 받을지어다(6-8)

   오직 하나밖에 없는 복음은 사람에게서 난 것도 아니요 사람으로 말미암은 것도 아니요 오직 예수 그리스도와 하나님 아버지로 말미암은 것이다.

2. 사람들에게서 난 것도 아니요 사람으로 말미암은 것도 아니요 오직 예수 그리스도와 그를 죽은 자 가운데서 살리신 하나님 아버지로 말미암아 사도된 바울은(1) - **사도됨을 길게 서술하면서 시작**

   이 복음서는 초판 발행한 것이다.   초판 → 초기,   발행(길을 떠나감)은 **행**적(행하여 온 일의 자취)과 뜻과 어감이 비슷하므로 행적으로 바꾼다.

3. <mark>바울의 초기행적</mark>(11-24) - 내가 내 동족 중 여러 연갑자보다 유대교를 지나치게 믿어 내 조상의 전통에 대하여 더욱 열심이 있었으나 그러나 내 어머니의 태로부터 (배를 <u>갈라</u>) 나를 택정하시고 그의 은혜로 나를 부르신 이가(14-15) - 출처는 갈라디아서이고 배는 1자로 가르므로 1장이 된다.
   * 그의 아들을 이방에 전하기 위하여 그를 내 속에 나타내시기를 기뻐하셨을 때에 내가 곧 혈육과 의논하지 아니하고 또 나보다 먼저 사도 된 자들을 만나려고 <u>예루살렘</u>으로 가지 아니하고 <u>아라비아</u>로 갔다가 다시 <u>다메섹</u>으로 돌아갔노라(16-17)
   * 그 후 <u>3년</u> 만에 내가 <u>게바</u>를 방문하려고 <u>예루살렘</u>에 올라가서 그와 함께 <u>15일</u>을 머무는 동안 주의 형제 <u>야고보</u> 외에 다른 사도들을 보지 못하였노라(18-19)
   * 보라 내가 너희에게 (갈겨) 쓰는 것은 하나님 앞에서 <u>거짓말</u>이 아니로다(20) - 갈겨가 갈라디아서를, 하나님이 1장을 나타낸다.
   * 그 후에 내가 <u>수리아</u>와 <u>길리기아</u> 지방에 이르렀으나 그리스도 안에 있는 유대의 교회들이~ 우리를 박해하던 자가 전에 멸하려던 그 믿음을 지금 전한다 함을 듣고~ 하나님께 영광을 돌리니라(21-24) 무궁화 1개 - 경찰 계급인 **경위**(그림참조).

4. <mark>바울이 사도가 된 경위</mark>(11-24) - 예수 그리스도의 계시로 사도가 되었음을 말하고 있다.
   * 내가 전한 <u>복음</u>은 사람의 뜻을 따라 된 것이 아니라 이는 내가 사람에게서 받은 것도 아니요 배운 것도 아니요 오직 <u>예수 그리스도의 계시</u>로 말미암은 것이라(11-12) - 바울이 전하는 복음이 예수께로부터 직접 들은 것이 아니고 사도들을 통해 전달된 것으로서 그 가치가 열등하다고 공격받았던 것 같다. 그러나 17-20절은 바울 자신이 예루살렘을 방문한 것은 회심한 지 3년이 지난 후이며 더구나 15일 동안 머물며 베드로와 야고보만 만났을 뿐임을 강조함으로서 반대자들의 주장을 강력히 반박한다.

갈라디아서 2장	
배 경	철책망
대제목	이신득의

📖 바울은 자신의 사도권이 예루살렘 총회에서 인준 받은 사실과 베드로의 외식을 책망한 사실을 소개한 후 복음의 요체인 믿음으로 의롭게 되는 이신득의(以信得義) 교리를 설명한다.
철책망에 이신득의(以信得義) 라고 써 있다. 철책망에서 책망은 베드로의 위선 책망이 된다.

1. 이신득의(15-21)
   - 사람이 의롭게 되는 것은 율법의 행위로 말미암음이 아니요 오직 예수 그리스도를 믿음으로 말미암는 줄 알므로 우리도 그리스도 예수를 믿나니 이는 우리가 율법의 행위로써가 아니고 그리스도를 믿음으로써 의롭다 함을 얻으려 함이라 율법의 행위로써는 의롭다 함을 얻을 육체가 없느니라 (16) - 이 구절이 본서의 주제이자 기독교 교리의 대강령이라 할 수 있다.

2. 바울이 베드로의 위선을 책망하다(11-14)
   - 게바가 안디옥에 이르렀을 때에 책망 받을 일이 있기로 내가 그를 대면하여 책망하였노라 야고보에게서 온 어떤 이들이 이르기 전에 게바가 이방인과 함께 먹다가 그들이 오매 그가 할례자들을 두려워하여 떠나 물러가매 남은 유대인들도 그와 같이 외식하므로 바나바도 그들의 외식에 유혹되었느니라 그러므로 나는 그들이 복음의 진리를 따라 바르게 행하지 아니함을 보고 모든 자 앞에서 게바에게 이르되 네가 유대인으로서 이방인을 따르고 유대인답게 살지 아니하면서 어찌하여 억지로 이방인을 유대인답게 살게 하려느냐 하였노라(11-14)
   철책망은 X (그리스도), ✝ (십자가), ⟋ (못) 모양으로 구성되어 있다.

3. 내가 그리스도와 함께 십자가에 못 박혔나니 그런즉 이제는 내가 사는 것이 아니요 오직 내 안에 그리스도께서 사시는 것이라 이제 내가 육체 가운데 사는 것은 나를 사랑하사 나를 위하여 자기 자신을 버리신 하나님의 아들을 믿는 믿음 안에서 사는 것이라(20) - 십자가(✝)는 숫자로 10이 되고 X (그리스도)도 로마 숫자로 10이 되므로 이 구절은 20절이 된다.

   ⟋4° = 예각 사도(그림참조), 예각(직각보다 작은 각) → 예각(예루살렘 각료)
   각료 = 내각을 구성하는 각 장관이므로 예루살렘 각료는 예루살렘 간부(단체의 우두머리 되는 사람)를 말한다. 따라서 예각 사도는 예루살렘의 간부 사도가 된다.

4. 바울이 예루살렘의 간부 사도를 만나다(1-10)
   - 14년 후에 내가 바나바와 함께 디도를 데리고 다시 예루살렘에 올라갔나니(1) - 2번째 예루살렘 방문이며 첫 번째 방문은 회심 후 아라비아로 갔다가 다메섹으로 돌아온 후 3년 만에 방문.
   - 헬라인 디도까지도 억지로 할례(≒헬라)를 받게 하지 아니하였으니 이는 가만히 들어온 거짓형제들 때문이라 그들이 가만히 들어온 것은~ 우리를 종으로 삼고자 함이로되(3-4) - 예각(△)이 헤라(썬팅이나 벽지작업 때 쓰는 공구)와 D(디)를 닮았으므로 갈 2장에 헬라인 디도가 나온다.
   - 내가 무할례자에게 복음 전함을 맡은 것이 베드로가 할례자에게 맡음과 같은 것을 보았고(7)
   - 또 기둥 같이 여기는 야고보와 게바와 요한도 내게 주신 은혜를 알므로 나와 바나바에게 친교의 악수를 하였으니 우리는 이방인에게로, 그들은 할례자들에게로 가게 하려 함이라(9)

갈라디아서 3장		
배 경	안내표지판	
대제목	율법이냐 믿음이냐	

📖 바울은 먼저 행위를 통해서 구원을 얻으려는 시도를 버리지 않고 있는 갈라디아 교인들을 책망한 후에 복음과 율법을 비교함으로써 믿음으로 의로워지는 진리를 설명하였다.

안내표지판에 율법과 믿음이라고 써 있다. 율법의 북한, 믿음의 남한 어디로 갈 것인가?

1. 율법이냐 믿음이냐(1-14)
    율법의 북한, 믿음의 남한 어디로 갈 것인가? 당연히 믿음의 남한으로 가야한다.

2. 율법보다 우월한 믿음(23-29)
    율법의 북한, 믿음의 남한, 어디로 갈지 갈팡질팡하는 모습이 어리석어 보이며 새끼손가락을 까딱까딱하는 것이 마치 꾀는 것 같다.

3. 어리석도다 갈라디아 사람들아 예수 그리스도께서 십자가에 못 박히신 것이 너희 눈 앞에 밝히 보이거늘 누가 너희를 꾀더냐(1)
    그림에는 없지만 비둘기(성령) 1마리가 '율법과 믿음' 이라고 쓴 안내표지판 위에 앉아있다.

4. 너희가 성령을 받은 것이 율법의 행위로냐 듣고 믿음으로냐(2) - 경우의 수는 2개이므로 2절
    너희가 이같이 어리석으냐 성령으로 시작하였다가 이제는 육체로 마치겠느냐(3)
    그림에는 없지만 학 1마리가 '율법과 믿음' 이라고 쓴 안내표지판 위에 앉아있다. 학 → 몽학

5. 이같이 율법이 우리를 그리스도께로 인도하는 몽학선생(초등교사)이 되어 우리로 하여금 믿음으로 말미암아 의롭다 함을 얻게 하려 함이라(24) - 학이 다리 한 개는 접고 한발로 몽환적인 자세로 서 있는 모습(2)이 숫자 24와 같다.
    ※ 몽학선생 - 아이의 가정교사이자 후견인이었으며 학교까지 인도하고 데려오는 노예를 가리킨다.
    율법이라고 써진 안내표지판에 새끼손가락을 걸고(약속) 있는 장식품이 달려 있다.

6. 율법과 약속(15-22) - 이 약속들은 아브라함과 그 자손에게 말씀하신 것인데 여럿을 가리켜 그 자손들이라 하지 아니하시고 오직 한 사람을 가리켜 네 자손이라 하셨으니 곧 그리스도라(16)
    • 너희가 그리스도의 것이면 곧 아브라함의 자손이요 약속대로 유업을 이을 자니라(29)
    ※ 안내표지판의 화살표가 A(아브라함)를 닮았으며 율법, 믿음, 약속, 아브라함이 나오면 갈 3장이 된다.
    유유상종이라고 손가락 4개는 끼리끼리 모여 있는데 새끼손가락 하나만 떨어져 있다.

7. 유대인이나 헬라인이나 종이나 자유인이나 남자나 여자나 다 그리스도 예수 안에서 하나이니라(28)
    율법이라고 써진 안내표지판이 목젖처럼 나와 있다.   목젖 → 목적

8. 율법의 목적(19-22) - 율법은 인간의 죄(범법함)를 드러내기 위해 주어졌다.
    • 그런즉 율법은 무엇이냐 범법함으로 더하여 진 것이라 천사들을 통하여 한 중보의 손으로 베푸신 것인데 약속하신 자손이 오시기까지 있을 것이라(19)
    새끼손가락이 나무에 달려 있다. 참고로 이 나무는 38선에 있는 나무이므로 저주색이다

9. 그리스도께서 우리를 위하여 저주를 받은바 되사 율법의 저주에서 우리를 속량하셨으니 기록된바 나무에 달린 자마다 저주 아래에 있는 자라 하였음이라(13, 신 21:23) - 저주가 13절임을 말해준다.

갈라디아서 4장	아버지 ← 때가 많이 차있다
배 경	**다리 위**
대제목	**바울이 갈라디아 교회를 염려하다**

📖 본문에서 바울은 복음과 율법을 비교하면서 율법주의로 회귀하려는 갈라디아 교인들을 책망한다. 나아가 사라와 하갈을 예로 들어 복음과 율법의 엄청난 차이점을 소개한다.

바울이 북에 있는 아버지를 염려하여 '아버지'하고 한숨을 쉬고 있으며 손에는 초를 들고 있다.   초 → 초등학문,   아버지 → 아바 아버지

1. 바울이 갈라디아 교회를 염려하다(8-20) - 교인들이 다시 초등학문으로 돌아가는 것을 염려함.
   • 이와 같이 우리도 어렸을 때에 이 세상의 **초등학문** 아래에 있어서 종 노릇 하였더니(3)
   • 때가 차매 하나님이 그 아들을 보내사 <u>여자</u>에게서 나게 하시고 <u>율법</u> 아래에 나게 하신 것은 율법 아래에 있는 자들을 속량하시고 우리로 아들의 <u>명분</u>을 얻게 하려 하심이라(4-5)
   • 너희가 그 때에는 하나님을 알지 못하여 본질상 하나님이 아닌 자들에게 종 노릇 하였더니 이제는 너희가 하나님을 알 뿐 아니라 더욱이 하나님이 아신바 되었거늘 어찌하여 다시 약하고 천박한 <u>초등학문</u>으로 돌아가서 다시 그들에게 종 노릇 하려 하느냐(8-9)
   • 너희가 날과 달과 절기와 해를 삼가 지키니 내가 너희를 위하여 수고한 것이 헛될까 두려워하노라(10-11) - 날과 달과 절기와 해를 지키는 것은 초등학문으로 돌아가는 것이므로 출처는 갈 4장
   • 자녀들아 너희 속에 그리스도의 형상을 이루기까지 다시 너희를 위하여 <u>해산</u>하는 수고를 하노니(19)

2. 너희가 아들이므로 하나님이 그 아들의 영을 우리 마음 가운데 보내사 **아바 아버지**라 부르게 하셨느니라 그러므로 네가 이 후로는 종이 아니요 <u>아들</u>이니 아들이면 하나님으로 말미암아 <u>유업</u>을 받을 자니라(6-7)
   하사마크 ⛢ 하사 → **하**갈과 **사**라 ※ 하갈은 사라의 종노릇을 했으므로 종노릇이란 말이 나온다.

3. 하갈과 사라(21-31) - 율법과 복음의 차이점을 하갈과 사라를 예로 들어 설명하고 있다.
   • 아브라함에게 두 아들이 있으니~ 여종에게서는 육체를 따라 났고 자유 있는 여자(사라)에게서는 약속으로 말미암았느니라 이것은 비유니 이 여자들은 <u>두 언약</u>이라 하나는 시내 산으로부터 종을 낳은 자니 곧 <u>하갈</u>이라(22-24) - 사라의 이름은 직접 언급되지 않는다.
   사람이 근심이 있으면 손을 이마와 눈에 대고 괴로운 표정을 짓는데 바울도 북에 있는 아버지가 너무 염려스러운 나머지 손을 이마와 **눈**에 대고 있다.

4. 너희를 시험하는 것이 내 육체에 있으되 이것을 너희가 업신여기지도 아니하며 버리지도 아니하고 오직 나를 하나님의 <u>천사</u>와 같이 또는 <u>그리스도 예수</u>와 같이 영접하였도다 너희의 복이 지금 어디 있느냐~ 너희가 할 수만 있었더라면 너희의 **눈**이라도 빼어 나에게 주었으리라(14-15) - 바울은 육체의 가시가 있다고 했는데 여러 설이 있으나 갈 4:13-15의 내용을 토대로 안질일 가능성이 크다.
   초의 **심**지가 **열**을 내며 타고 있다. 일단 탄다는 것은 좋은 것은 아니다.

5. 그들이 너희에게 대하여 <u>열심</u> 내는 것은 좋은 뜻이 아니요 오직 너희를 이간시켜 너희로 그들에게 대하여 <u>열심</u>을 내게 하려 함이라(17)
   바울이 북에 있는 아버지를 염려하느라 빨래를 하지 않아서 옷에 때가 많이 차있다.

6. **때가 차매** 하나님이 그 아들을 보내사 <u>여자</u>에게서 나게 하시고(4)

갈라디아서 5장		
배 경	다리	
대제목	그리스도인의 자유	

📖 **믿음으로써 자유함을 지킬 것을 권고한 후에, 성령의 열매를 맺는 삶을 살 것을 촉구한다.**
바울이 건너고 있는 다리는 자유의 다리이며 양피처럼 생겼다. 양피는 할례를 뜻한다.

1. <u>그리스도인의 자유와 할례의 무용</u>(1-15)
   - 그리스도께서 우리를 자유롭게 하려고 자유를 주셨으니 그러므로 굳건하게 서서 다시는 종의 멍에를 메지 말라(1) - '굳건하게 서서' 는 숫자로 1이 된다.
   - 너희가 만일 할례를 받으면 그리스도께서 너희에게 아무 유익이 없으리라(2)
   - 내가 할례를 받는 각 사람에게 다시 증언하노니 그는 율법 전체를 행할 의무를 가진 자라(3)
   - 우리가 성령으로 믿음을 따라 <u>의의 **소망**</u>을 기다리노니 그리스도 예수 안에서는 할례나 무할례나 효력이 없으되 **사랑**으로써 역사하는 **믿음**뿐이니라(5-6) - 자유의 다리를 믿음,소망,사랑의 다리라고도 함
   - 형제들아 너희가 자유를 위하여 부르심을 입었으나 그러나 그 자유로 육체의 기회를 삼지 말고 오직 <u>사랑</u>으로 서로 <u>종 노릇</u>하라(13)
   ※ 소제목에서 갈라디아서의 주제가 '그리스도인의 자유' 라는 것을 알 수 있다.
   자유의 다리에 있는 비둘기(성령)는 2마리이다. 따라서 성령이 2번 나온다.
2. 만일 우리가 <u>성령</u>으로 살면 또한 <u>성령</u>으로 행할지니(25) - 비둘기(성령) 2마리는 매일 이오를 먹는다.
   비둘기(**성령**) 2마리 중 1마리는 **열매**를 물고 있고 나머지 1마리는 모이를 쪼아 <u>먹고</u> 있다.
   참고로 이 두 비둘기는 서로 이웃지간이다.
3. 온 율법은 네 <u>이웃</u> 사랑하기를 네 자신 같이 하라 하신 한 말씀에서 이루어졌나니 만일 서로 <u>물고 먹으면</u> 피차 멸망할까 조심하라(15) - 영역을 침범하면 개미(15)들은 서로 물고 먹는다.
4. <u>성령의 열매</u>(22-23) - 9가지
   - 오직 성령의 열매는 사랑과 희락과 화평과 오래 참음과 자비와 양선과 충성과 온유와 절제니 이 같은 것을 금지할 법이 없느니라(22-23) - (÷) 성령의 열매에 나누기(22) 표시가 되어 있다.
   비둘기(**성령**) 2마리 중 1마리는 모이를 **쪼아** 먹고 있다.   쪼아 → 좇아
5. 너희는 **성령**을 **좇아** 행하라(성령의 일) 그리하면 육체의 욕심(육체의 일)을 이루지 아니하리라(16)
   - 비둘기(성령)가 쪼아(좇아) 먹는 모이는 콩(1)과 팥(6)이다. 6장 바울의 옷에도 콩과 팥 그림이 있다.
   위의 중요요절에서 소제목이 '성령의 일과 육체의 일' 이라는 것을 알 수 있다.
6. <u>성령의 일과 육체의 일</u>(16-26)
   - 육체의 소욕은 <u>성령</u>을 거스르고 성령은 <u>육체</u>를 거스르나니(17)
   - 육체의 일은 분명하니 곧 음행과 더러운 것과 호색과 우상 숭배와~ 또 그와 같은 것들이라~ 이런 일을 하는 자들은 <u>하나님의 나라</u>를 유업으로 받지 못할 것이요(19-21) - 육체의 일 15가지
   비둘기 1마리가 다른 비둘기의 부리에 눈을 못 박은 채 뭘 먹는지 정탐(정욕과 탐심)하고 있다.
7. 그리스도 예수의 사람들은 육체와 함께 그 **정욕과 탐심**을 <u>십자가</u>에 **못 박았느니라**(24) - 그리스도 예수의 사람들은 육체와 함께 그 정욕과 탐심을 노루발장도리(24)로 십자가에 못 박았느니라

갈라디아서 6장		
배 경	강변	
대제목	십자가를 자랑하다	

📖 바울은 구원받은 성도의 바른 인간관계와 신앙생활을 가르친 후 할례의 무익함을 다시금 강조함으로써 믿음으로 의롭게 되는 이신득의 교리를 확증하고 있다.

바울이 못이 박힌 십자가를 번쩍 치켜들고 십자가를 자랑하며 할렐루야를 외치고 있다.

1. <mark>십자가를 자랑하다</mark>(11-18) - 그러나 내게는 우리 주 예수 그리스도의 **십자가** 외에 결코 **자랑**할 것이 없으니 그리스도로 말미암아 세상이 나를 대하여 십자가에 **못** 박히고 내가 또한 세상을 대하여 그러하니라(14) - 십자가 외에 결코 자랑할 것이 없으니=십자가 자랑 ──줄임말──▶ 십자(10) 랑(4) 할렐루야를 길게 발음하면 할례 엘루야가 되며 엘루야는 별루야와 발음이 비슷하므로 할렐루야는 할례 별루야 즉 '할례의 무용'이 된다.

2. <mark>할례의 무용</mark>(11-18) - 5장에 이어 할례의 무익함을 다시 강조하고 있다.
   • 할례나 무할례가 아무 것도 아니로되 오직 **새**로 지으심을 받는 것만이 중요하니라(15) - 할례의 무용은 5장과 6장에 나오며 십자가에 박힌 못이 쇠(≒새)이므로 이 구절은 6장이 된다.
   할렐루야가 큰 글자로 써 있다.

3. 내 손으로 너희에게 이렇게 <u>큰 글자</u>로 쓴 것을 보라(11)
   십자가에 못을 박은 흔적이 남아 있다.

4. 이 후로는 누구든지 나를 괴롭게 하지 말라(율법과 의식 문제로 바울에게 논쟁을 걸어와서 피곤하게 하는 것) 내가 내 몸에 <u>예수의 흔적</u>을 지니고 있노라(17)
   가르치는 자와 가르침을 받는 자

5. 가르침을 받는 자는 말씀을 가르치는 자와 모든 좋은 것을 함께 하라(6)
   바울 옷의 콩과 팥 그림 - 우리나라 속담에 '콩 심은데 콩 나고 팥 심은데 팥 난다'는 속담이 있는데 이 말은 '심는 대로 거둔다'는 뜻이다.

6. <mark>심는 대로 거둔다</mark>(6-10) - 스스로 속이지 말라 하나님은 업신여김을 받지 아니하시나니 사람이 무엇으로 심든지 그대로 거두리라 자기의 육체를 위하여 심는 자는 육체로부터 <u>썩어질 것</u>을 거두고 성령을 위하여 심는 자는 성령(0)으로부터 <u>영생</u>(0)을 거두리라(7-8) - 0과 0을 합치면 8이 된다.

7. 우리가 선을 행하되(선 위를 걸어가되) 낙심하지 말지니(떨어지지 않을까 두려워하는 마음을 갖지 말지니) 포기하지 아니하면 때가 이르매 거두리라(9) - (출처) 한국 성경암송연구원 원장 박우기 목사
   9절의 '선(善)을 행하되'를 풀어쓰면 '착한 일을 하되'가 된다.

8. 그러므로 우리는 기회 있는 대로 모든 이에게 **착한 일을 하되** 더욱 믿음의 가정들에게 할지니라(10) - 믿음의 가정은 10점 만점짜리 가정이다.
   가르침을 받는 자들이 머리 위에 짐을 서로 지고 있다.

9. <mark>짐을 서로 지라</mark>(1-5)
   • 너희가 짐을 서로 지라 그리하여 그리스도의 법을 성취하라(2) - 서로가 너와 나 둘(2)을 지칭한다.

에베소서 6장

* 배경 : 에베소는 예배소와 발음이 비슷하므로 에베소서는 예배소(교회)를 배경으로 한다.
* 암기방법 : 에베소서는 옥중서신이라 하며 옥중서신은 에베소서·빌립보서·골로새서·빌레몬서가 있다. 옥중서신은 앞 글자를 따서 **에·빌·골** 이라 외운다.
  에 → 에베소서
  빌 → 빌립보서·빌레몬서
  골 → 골로새서
* 특징 : 4장에서 성가대가 찬양을 하므로 '찬송하리로다'로 시작하는 서신서는 에베소서가 되며 오후(고후) 예배는 찬양예배로 드리므로 고린도후서도 '찬송하리로다'로 시작한다.

에베소서 (6장)

저   자 : 사도 바울
        다소사람, 유대인, 로마 시민권 소유, 바리새인들에 의하여 많은 영향, 헬라 문화에 철저한 정통파. 유명한 '가말리엘'의 문하에서 여러 가지 학문을 배움. 예루살렘에서 유대인들이 교회를 핍박함에 참가하여 신자를 잡아다가 투옥하고 박해하기 위하여 대제사장의 공문을 맡아가지고 멀리 다메섹으로 가다가 도중에서 주님의 부르심을 받음. 이방의 사도로 부르심.
주   제 : 그리스도의 몸 된 교회 – 이곳이 예배소(교회)임을 생각하자.
발 신 자 : 사도 바울
수 신 자 : 에베소 교회 성도들
기록연대 : A.D. 62년경
기록장소 : 로마감옥(로마 1차 구금, 옥중서신)
요   절 : 2:8-10, 4:1-3
기록목적 : 유대인과 이방인간의 분열을 방지하기 위해 바울은 그리스도의 몸인 교회의 어떠함을 설명함으로써 그리스도 안에서 모두가 한 몸이라는 참 교회 의식을 일깨워주고자 했다.
* 에베소 : 에베소는 B.C. 11세기에 건설된 소아시아의 정치, 상업, 문화가 통합된 교통의 중심지였으며 아데미 여신의 대신전이 있어서 우상 숭배가 성행하였다.
* 에베소 교회 : 바울은 2차 전도여행 때 에베소를 잠시 방문했으나(행 18:19) 본격적인 전도는 3차 전도여행 때였다. 또한 3년간의 심혈을 기울여 에베소는 물론 인근 지방까지 간접적으로 전도를 하였으며 바울은 선교의 절정기를 이곳에서 보냈다. 따라서 에베소는 예루살렘, 안디옥에 이어 제 3의 그리스도교 중심지가 되었다. 바울 후에 디모데가 이 교회를 잠시 관할했고 후에는 사도 요한이 이 교회를 중심으로 활동하였다.

		경륜
	에베소 1장	목젖(목적)
배 경	강대상 뒤의 초상화 1 - 그리스도의 머리	
대제목	그리스도는 교회의 머리	

📖 문안 인사 후에 바울은 성삼위 하나님의 인간 구원의 사역을 논하고 더불어 이 같은 신령한 진리를 에베소 교인들이 깨달을 수 있도록 기도하고 있다.

강대상 뒤 초상화에 그리스도의 머리가 그려져 있다.

1. 그리스도는 교회의 머리(20-23)
   - 또 만물을 그의 발아래에 복종하게 하시고 그를 만물 위에 교회의 머리로 삼으셨느니라(22)
   - 교회는 그의 몸이니 만물 안에서 만물을 충만하게 하시는 이의 충만함이니라(23)
   그리스도의 뒤에 있는 통로가 경륜장의 트랙처럼 생겼으며 튀어나온 부분은 목젖같이 생겼다. 목젖 → 목적, 경륜(프로 자전거 경주) → 경륜(하나님의 계획, 섭리)

2. 경륜의 목적(3-14) - 그리스도 안에서 사람들이 구원받아 하나님의 영광을 찬송하게 하는 것.
   - 곧 창세 전에 그리스도 안에서 우리를 택하사 우리로 사랑 안에서 그 앞에 거룩하고 흠이 없게 하시려고 그 기쁘신 뜻대로 우리를 예정하사 예수 그리스도로 말미암아 자기의 아들들이 되게 하셨으니 이는 그가 사랑하시는 자 안에서 우리에게 거저 주시는 바 그의 은혜의 영광을 찬송하게 하려는 것이라(4-6) - 본문 4-6절은 예정론의 근거로 삼는 구절이다.
   - 우리는 그리스도 안에서 그의 은혜의 풍성함을 따라 그의 피로 말미암아 속량 곧 죄 사함을 받았느니라 이는 그가 모든 지혜와 총명을 우리에게 넘치게 하사 그 뜻의 비밀(그리스도 안에서 사람들이 구원받아 그의 영광을 찬송하게 하는 것)을 우리에게 알리신 것이요 그의 기뻐하심을 따라 그리스도 안에서 때가 찬 경륜을 위하여 예정하신 것이니 하늘에 있는 것이나 땅에 있는 것이 다 그리스도 안에서 통일되게 하려 하심이라(7-10)
   - 모든 일을 그의 뜻의 결정대로 일하시는 이의 계획을 따라 우리가 예정을 입어 그 안에서 기업이 되었으니 이는 우리가 그리스도 안에서 전부터 바라던 그의 영광의 찬송이 되게 하려 하심이라 그 안에서 너희도 진리의 말씀 곧 너희의 구원의 복음을 듣고 그 안에서 또한 믿어 약속의 성령으로 인치심을 받았으니 이는 우리 기업의 보증이 되사 그 얻으신 것을 속량하시고 그의 영광을 찬송하게 하려 하심이라(11-14)
   그리스도의 뒤에는 통로가 있고 복도로 연결되어 있다.

3. 그리스도를 통해 받는 복(3-14)
   - 찬송하리로다 하나님 곧 우리 주 예수 그리스도의 아버지께서 그리스도 안에서 하늘에 속한 모든 신령한 복을 우리에게 주시되(3)
   기도는 눈을 감고하는 것이므로 그리스도께서 눈을 감고 계신 것은 기도를 나타낸다.

4. 바울의 기도(15-19) - 우리 주 예수 그리스도의 하나님, 영광의 아버지께서 지혜와 계시의 영을 너희에게 주사 하나님을 알게 하시고 너희 마음의 눈을 밝히사 그의 부르심의 소망이 무엇이며 성도 안에서 그 기업의 영광의 풍성함이 무엇이며 그의 힘의 위력으로 역사하심을 따라 믿는 우리에게 베푸신 능력의 지극히 크심이 어떠한 것을 너희로 알게 하시기를 구하노라(17-19) - 첫 번째 기도

에베소 2장		
배 경	강대상 뒤의 초상화 2 - 그리스도의 손	
대제목	그리스도 안에서 하나가 되라	

📖 바울은 허물과 죄로 죽었던 인간이 하나님의 은혜로 구원받은 사실을 논한 후 이방인과 유대인의 담이 무너진, 그리스도 안에서 하나 된 우주적 교회를 소개하고 있다.

그리스도께서 하나가 되라고 손가락 하나를 펴 보이고 있다. 손가락이 그리스도 안에 위치해 있으므로 소제목은 '그리스도 안에서 하나가 되라' 가 된다.

1. 그리스도 안에서 하나가 되라(11-22) - 하나란 유대인과 이방인의 하나됨을 말한다.
   - 그는 우리의 화평이신지라 둘로 하나를 만드사 원수된 것 곧 중간에 막힌 담을 자기 육체로 허시고(14)
   - 법조문으로 된 계명의 율법을 폐하셨으니 이는 이 둘로 자기의 안에서 한 새사람(그리스도인 공동체, 교회)을 지어 화평하게 하시고 또 십자가로 이 둘을 한 몸으로 하나님과 화목하게 하려 하심이라 원수된 것을 십자가로 소멸하시고 또 오셔서 먼 데 있는 너희에게 평안을 전하시고 가까운 데 있는 자들에게 평안을 전하셨으니 이는 그로 말미암아 우리 둘이 한 성령 안에서 아버지께 나아감을 얻게 하려 하심이라 그러므로 이제부터 너희는 외인도 아니요 나그네도 아니요 오직 성도들과 동일한 시민이요 하나님의 권속이라 너희는 사도들과 선지자들의 터 위에 세우심을 입은 자라 그리스도 예수께서 친히 모퉁잇돌이 되셨느니라 그의 안에서 건물마다 서로 연결하여 주 안에서 성전이 되어가고(15-21)
   예수님이 저 손가락 하나로 막힌 담을 허신다고 상상해보자.

2. 그는 우리의 화평이신지라 둘로 하나를 만드사 원수된 것 곧 중간에 막힌 담을 자기 육체로 허시고(14) - 속담에 '구렁이(14) 담 넘어가듯' 이라는 말이 있으므로 담이 나오는 이 구절은 14절이 된다.
   ※ 담 - 성전에 있는 이방인의 뜰과 유대인의 뜰을 구분 짓는 담을 말하며 이방인들이 그것을 넘어갈 경우 죽임을 당한다는 경고의 비문이 새겨져 있다. 그러나 화평을 이루는 그리스도의 피는 그것을 허물었다.
   ※ 이 담은 모퉁잇돌로 쌓은 것이다. 따라서 모퉁잇돌은 담이 나오는 에베소서 2장에 나온다.
   예수님의 오른손, 손가락 하나(님) + ＼＼｜｜／／ (은혜) + 구원

3. 하나님의 은혜로 구원받음(1-10) - 그는 허물과 죄로 죽었던 너희를 살리셨도다(1)
   - 너희는 그 은혜에 의하여 믿음으로 말미암아 구원을 받았으니 이것은 너희에게서 난 것이 아니요 하나님의 선물이라(8) - 은혜와 구원이라고 써진 소매 안에서 청어(08, 고등어) 1마리가 8딱8딱 뛰고 있다.
   - 행위에서 난 것이 아니니 이는 누구든지 자랑하지 못하게 함이라(9)
   ※ ＼＼｜｜／／ 이 표시는 은혜도 되고 지혜도 되는데 공중에 있으면 은혜가 되며 나머지는 지혜로 한다.
   예수님의 저 손으로 우리를 만드셨다(지으셨다).

4. 우리는 그가 만드신 바라 그리스도 예수 안에서 선한 일을 위하여 지으심을 받은 자니(10) - 선한 일이 1을, 지으심(지우심)이 지워서 0이 되었으므로 이 구절은 10절이 된다.
   너희도 성령 안에서 하나님의 거하실 처소가 되기 위하여 그리스도 예수 안에서 함께 지어져 가느니라(22)
   예수님의 초상화 중 손가락부분은 원근법으로 그렸다. 참고로 원근법이란 미술에서, 화면에 원근을 나타내어 그림의 현실감이나 입체감을 강하게 하는 기법을 말한다.

5. 이제는 전에 멀리 있던 너희가 그리스도 예수 안에서 그리스도의 피로 가까워졌느니라(13)

에베소 3장		
배　경	강대상	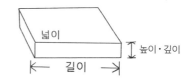
대제목	바울의 기도	

📖　본문은 하나님의 은혜로 이방인의 사도 된 바울의 간증과 이방인들을 위한 중보기도 및 하나님의 구원의 비밀한 경륜에 감격한 바울의 기도 및 송영으로 구성되었다.

　　강대상에서 바울이 기도하고 있다.

1.　바울의 기도(14-21) - 두 번째 기도
　• 성령으로 말미암아 너희 속사람을 능력으로 강건하게 하시오며 믿음으로 말미암아 그리스도께서 너희 마음에 계시게 하시옵고 너희가 사랑 가운데서 뿌리가 박히고 터가 굳어져서(16-17)
　　바울이 발판을 딛고 있을 정도니 키가 작아도 아주 작은가 보다.

2.　모든 성도 중에 **지극히 작은 자보다 더 작은** 나에게 이 은혜를 주신 것은 측량할 수 없는 그리스도의 풍성함을 이방인에게 전하게 하시고(8) - 키가 지극히 작아서 발판을 딛고 서 있는데 바울의 발을 자세히 보면 8자로 서 있는 것을 알 수 있다.
　　발판 - 그리스도의 사랑의 너비와 길이와 높이와 깊이를 나타낸다.

3.　그리스도의 사랑(14-21)
　• 능히 모든 성도와 함께 지식에 넘치는 그리스도의 사랑을 알고 그 너비와 길이와 높이와 깊이가 어떠함을 깨달아 하나님의 모든 충만하신 것으로 너희에게 충만하게 하시기를 구하노라(18-19)
　　강대상 측면 - 경륜과 비 그림,　비 → 비밀

4.　하나님의 구원의 경륜의 비밀(1-13) - 이방인에게 복음이 전파되어 구원에 이르게 되는 것.
　• 너희를 위하여 내게 주신 하나님의 그 **은혜의 경륜**(경륜이란 하나님의 계획이나 경영을 의미하나 본절에서는 이방인을 위한 바울의 사도직을 말한다)을 너희가 들었을 터이라 곧 계시로 내게 비밀을 알게 하신 것은 내가 먼저 간단히 기록함과 같으니 그것을 읽으면 내가 **그리스도의 비밀**(그리스도의 인격, 사역 특별히 이방인을 하나님의 백성으로 연결짓는 그의 구속적인 죽음을 가리킨다)을 깨달은 것을 너희가 알 수 있으리라 이제 그의 거룩한 사도들과 선지자들에게 성령으로 나타내신 것 같이 다른 세대에서는 사람의 아들들에게 알리지 아니하셨으니 이는 이방인들이 복음으로 말미암아 그리스도 예수 안에서 함께 상속자가 되고 함께 지체가 되고 함께 약속에 참여하는 자가 됨이라(2-6)
　• 모든 성도 중에 지극히 작은 자보다 더 작은 나에게 이 은혜를 주신 것은 측량할 수 없는 그리스도의 풍성함을 이방인에게 전하게 하시고 영원부터 만물을 창조하신 하나님 속에 감추어졌던 **비밀의 경륜**(그리스도를 통해서 이방인에게까지 하나님의 은총을 베푸시고자 하는 계획을 가리킨다)이 어떠한 것을 드러내게 하려 하심이라(8-9)
　　바울이 하도 키가 작아서 강대상에 갇힌 것 같다.

5.　이방인을 위해 갇힌 바울(1-13) = 이방인들을 위한 바울의 사도직
　• 이러므로 그리스도 예수의 일(1)로 너희 이방인을 위하여 갇힌 자 된 나 바울은(1)
　• 너희를 위한 나의 여러 환난에 대하여 낙심하지 말라 이는 너희의 영광이니라(13)

	에베소 4장	
배 경	성가대	
대제목	새 생활	

📖 바울은 그리스도 교회의 일치와 일치된 교회의 다양성과 풍성함을 소개한 후 새 생명을 얻은 신자는 죄악된 과거의 삶을 청산하고 그리스도 안에서 새 생활을 해야 한다고 가르친다. 성가대에서 새 생활 찬양집으로 새 생활 노래를 부르고 있다.

1. 새 생활(17-32)
   - 그런즉 거짓을 버리고 각각 그 이웃과 더불어 참된 것을 말하라 이는 우리가 서로 지체가 됨이라(25)
   - 분을 내어도 죄를 짓지 말며 해가 지도록 분을 품지 말고(26)
   - 마귀에게 틈을 주지 말라(27)
   - 도둑질하는 자는 다시 도둑질하지 말고 돌이켜 가난한 자에게 구제할 수 있도록 자기 손으로 수고하여 선한 일을 하라(28)
   - 무릇 더러운 말은 너희 입 밖에도 내지 말고 오직 덕을 세우는 데 소용되는 대로 선한 말을 하여 듣는 자들에게 은혜를 끼치게 하라(29)
   - 하나님의 성령을 근심하게 하지 말라 그 안에서 너희가 구원의 날까지 인치심을 받았느니라(30)
   - 너희는 모든 악독과 노함과 분냄과 떠드는 것과 비방하는 것을 모든 악의와 함께 버리고(31)
   - 서로 친절하게 하며 불쌍히 여기며 서로 용서하기를 하나님이 그리스도 안에서 너희를 용서하심과 같이 하라(32)
   성가대원은 세 사람이다.　세 사람 → 새 사람

2. 옛 사람과 새 사람(22-24) - 골 3장
   - 너희는 유혹의 욕심을 따라 썩어져 가는 구습을 따르는 옛 사람을 벗어 버리고 오직 너희의 심령이 새롭게 되어 하나님을 따라 의와 진리의 거룩함으로 지으심을 받은 새 사람을 입으라(22-24)
   노래 부르기 전 마이크 테스트를 할 때 "마이크 테스트 하나 둘 셋" 하듯이 성가대원들도 각자 하나 **하나** 하면서 마이크 테스트를 하고 있다. 참고로 여기가 교회임을 명심하자.

3. 하나 하나 하나(1-6) = 교회의 하나 됨 = 성령 안에서 하나 됨 = 교회의 통일성
   - 모든 겸손과 온유로 하고 오래 참음으로 사랑 가운데서 서로 용납하고(2) - 컴온 (어서) 오사용~ 옛설(엡 4)
   - 평안의 매는 줄로 성령이 하나 되게 하신 것을 힘써 지키라(3)
   - 몸이 하나요 성령도 한 분이시니 이와 같이 너희가 부르심의 한 소망 안에서 부르심을 받았느니라 주도 한 분이시요 믿음도 하나요 세례도 하나요 하나님도 한 분이시니 곧 만유의 아버지시라 만유 위에 계시고 만유를 통일하시고 만유 가운데 계시도다(4-6)
   위의 소제목처럼 3사람이 **하나** 되기 위해서는 평안의 매는 줄로 3사람을 꽁꽁 묶으면 된다.

4. 평안의 매는 줄로 성령이 **하나** 되게 하신 것을 힘써 지키라(3) - 3사람이 하나 되기 위해서 평안의 매는 줄로 성가대 3사람을 꽁꽁 묶었으므로 평안의 매는 줄이 나오는 이 구절은 3절이 된다.

성가대원 세 사람이 하나 하나 **하나**(⌐⌐⌐↑ 계단) 하며 마이크 테스트를 할 때 최고 옥타브 즉 충만한 데까지 올라간다.

5. 우리가 다 하나님의 아들을 믿는 것과 아는 일에 **하나**가 되어 온전한 사람을 이루어 **그리스도의 장 성한 분량이 충만한 데까지 이르리니(13)** - 옥타브는 계단(13)과 같다. 왜냐하면 한 옥타브씩 올라 가는 것이 마치 계단을 올라가는 것 같기 때문이다. 따라서 계단을 오르듯 한 옥타브씩 올라가서 최 고의 옥타브 즉 그리스도의 장성한 분량이 충만한 데까지 오르게 되는 이 구절은 13절이 된다.

- 이는 우리가 이제부터 어린 아이가 되지 아니하여 사람의 속임수와 간사한 유혹에 빠져 온갖 교훈 의 풍조에 밀려 요동하지 않게 하려 함이라(14) '그리스도의 장성한 분량이 충만한 데까지 이르리니'와 '범사에 그(그리스도)에게까지 자랄 지라'는 같은 말이다.

6. 오직 사랑 안에서 참된 것을 하여 범사에 그에게까지 자랄지라 그는 머리니 곧 그리스도라(15) 성가대원의 볼 - **분**을 발랐다.

7. **분**을 내어도 죄를 짓지 말며 해가 지도록 **분**을 품지 말고(26) - 분과 관련된 4자성어는 노발대발(26) 분을 내면 마귀가 틈을 탄다.

8. 마귀에게 틈을 주지 말라(27) 성가대는 하나님을 찬양하기 때문에 무릇 더러운 말은 입 밖에도 내지 말고 선한 말을 하여 듣는 자들에게 은혜를 끼치게 해야 한다.

9. 무릇 더러운 말은 너희 입 밖에도 내지 말고 오직 덕을 세우는 데 소용되는 대로 선한 말을 하여 듣 는 자들에게 은혜를 끼치게 하라(29) 성가대중 1명은 도둑이었으나 지금은 돌이켜 가난한 자를 구제하는 등 선한 일을 하고 있다.

10. 도둑질하는 자는 다시 도둑질하지 말고 돌이켜 가난한 자에게 구제할 수 있도록 자기 손으로 수고하 여 선한 일을 하라(28) 성가대원들은 서로 친절하게 하며 불쌍히 여기며 하나님이 그리스도 안에서 용서하심과 같 이 서로 용서한다.

11. 서로 친절하게 하며 불쌍히 여기며 서로 용서하기를 하나님이 그리스도 안에서 너희를 용서하심과 같이 하라(32) 성가대원들은 한 남편의 아내로서, 아이들의 엄마로서, 가정의 주부로서, 교회의 성가대로 서 1인 4역을 맡고 있다.   4역 → 사역자

12. <u>교회의 여러 사역자들</u>(7-16)
   ① **사**도 - 12사도와 바울을 말한다.
   ② **선**지자 - 하나님의 대변자요 직접적인 계시의 전달자로 초대교회까지 활동했으나 마지막 계시인 성경이 완성되면서 활동을 멈추었다.
   ③ **복**음 전하는 자 - 사도들을 도와 여로 곳을 순회하면서 전도하였다. 빌립은 전도자로 불리워졌다.
   ④ **목**사 - 목자장 되시는 그리스도의 양 무리를 맡아 그분이 오실 때까지 잘 보호하며 양육하는 자.
   ⑤ **교**사 - 목사의 직분인 양육 가운데 가르치는 일을 위임받아 목사를 돕는 자를 말한다.
   (암기방법) 에베소는 예배소가 되므로 예배소에서 말씀을 전하시는 목사님을 배경으로 만들어 보았다. 예배소에서 **목사**님이 말씀을 전하신다. 그런데 오늘 입고 있는 옷이 특이하게도 **선교복**이다. 아마도 예전에 선교했을 때를 추억하고 싶으셨나보다. 줄여서 **목사 선교복**이라 외우자.
   성가대원 세 사람 중 **하나**는 **성형**을 했는데 성형이 잘못되어 **근심**이 많다.   성형 → 성령

13. 하나님의 **성령**을 **근심**하게 하지 말라 그 안에서 너희가 구원의 날까지 <u>인치심</u>을 받았느니라(30) - 하나님의 성령을 근심하게 하면 다쳐(30). '다쳐'는 큰 소리로 읽을 것.

	에베소 5장	
배 경	첫 번째 좌석	
대제목	남편과 아내	

📖 바울은 죄악 된 세상에서 신자들은 빛의 자녀처럼 행할 것과 근신과 절제로서 지혜 있는 삶을 살아갈 것을 교훈한다. 아울러 남편과 아내의 온전한 관계에 대해 가르치고 있다.

첫 번째 좌석에 남편과 아내가 앉아 있다.

1. 남편의 의무(25-33) - 골 3장, 벧전 3장
   - 남편들아 아내 사랑하기를 그리스도께서 교회를 사랑하시고 그 교회를 위하여 자신을 주심 같이 하라 (25) - 남편의 의무 중 교회가 나오는 구절은 예배소(에베소) = 교회가 되므로 엡 5장에 나온다.
   - 남편들도 자기 아내 사랑하기를 자기 자신과 같이 할지니 자기 아내를 사랑하는 자는 자기를 사랑하는 것이라(28) - 남편과 아내가 젊어서 호칭을 자기라고 부른다.
   - 사람이 부모를 떠나 그의 아내와 합하여 그 둘이 한 육체가 될지니(31) - 창 2, 마 19, 막 10, 고전 6

2. 아내의 의무(22-24) - 골 3장, 벧전 3장
   - 아내들이여 자기 남편에게 복종하기를 주께 하듯 하라 이는 남편이 아내의 머리됨이 그리스도께서 교회의 머리됨과 같음이니(22-23) - 교회가 나오므로 아내의 의무 중 이 구절은 엡 5장이 된다. 아내의 머리에 자 모양의 빗이 꽂혀 있다.   **자** 모양의 **빗** → **빛**의 **자**녀

3. 빛의 자녀답게 살라(1-21) - 빌 2장
   - 너희가 전에는 어둠이더니 이제는 주 안에서 빛이라 빛의 자녀들처럼 행하라(8)
   - 잠자는 자여 깨어서 죽은 자들 가운데서 일어나라 그리스도께서 너에게 비추이시리라(14) - 잠자는 **자여**+**빛**추이시리라 = **빛**의 **자**녀이므로 이 구절은 엡 5장이 된다. 주를 기쁘시게 할 것이 무엇일까? 그것은 우리가 빛의 자녀답게 사는 것이다.

4. 주를 기쁘시게 할 것이 무엇인가 시험하여 보라(10) - 가차 없이(10) 시험하여 보라 이 자는 '하나님을 본받는 자'라고 한다.

5. 그러므로 사랑을 받는 자녀 같이 너희는 **하나님을 본받는 자**가 되고(1) 빗에 **때**가 **악**할 정도로 많이 끼어 있다.

6. 세월을 아끼라 **때**가 **악**하니라(16) - **악**어 때에서 악어를 잡아 그 가죽으로 가방(16)을 만든다. 빗으로 머리를 빗으면 빗에 때가 열매처럼 주렁주렁 달리는데 이 때를 빗의 열매라 한다.

7. **빛**의 **열매**는 모든 착함과 의로움과 진실함에 있느니라(9) - 열매는 9자 모양이다(잠언 3장 참조). 너희는 **열매** 없는 어둠(↔ 빛)의 일에 참여 하지 말고 도리어 책망하라(11) 남편이 얼굴을 보여주지 않는 것은 술을 먹어서 얼굴이 벌겋기 때문에 창피해서 그렇다.

8. 술 취하지 말라 이는 방탕한 것이니 오직 성령으로 충만함을 받으라(18) - 술에 취해 기억(18)이 안나 남편은 술을 먹으면 이름조차도 기억하지 못한다.

9. 음행과 온갖 더러운 것과 탐욕은 너희 중에서 그 이름조차도 부르지 말라 이는 성도에게 마땅한 바니라(3) 음행하는 자나 더러운 자나 탐하는 자 곧 우상 숭배자는 다~ 하나님의 나라에서 기업을 얻지 못하리니(5)

에베소 6장	
배 경	두 번째 좌석
대제목	부모와 자녀

📖 바울은 부모와 자녀 및 주인과 종 사이의 바른 관계를 가르치고 나아가 영적 전쟁에 대해 말하면서 하나님의 전신갑주를 입을 것을 권면한 후 인사와 축도로 마무리 짓는다.
두 번째 좌석에는 부모와 자녀가 함께 예배를 드리고 있다.

1. <u>부모의 의무</u>(4) - 골 3장
   • 또 아비들아 너희 자녀를 노엽게 하지 말고 오직 주의 <u>교훈</u>과 <u>훈계</u>로 양육하라(4)

2. <u>자녀의 의무</u>(1-3) - 골 3장
   • 자녀들아 <u>주</u> 안에서 너희 부모에게 <u>순종</u>하라~ 이로써 네가 잘되고 땅에서 <u>장수</u>하리라(1-3)
   두 번째 좌석 뒤에는 종과 상전이 하나님의 전신갑주를 입고 씨름하는 그림이 그려져 있다.

3. <u>종의 의무</u>(5-8) - 골 3장, 딤전 6장, 벧전 2장
   • 종들아 두려워하고 떨며 성실한 마음으로 육체의 상전에게 <u>순종</u>하기를 <u>그리스도</u>께 하듯 하라(5)

4. <u>상전의 의무</u>(9) - 골 4장
   • 상전들아 너희도 그들에게 이와 같이 하고 <u>위협</u>을 그치라 이는 그들과 너희의 상전이 하늘에 계시고 그에게는 사람을 <u>외모</u>로 취하는 일이 없는 줄 너희가 앎이라(9)

5. <u>하나님의 전신갑주</u>(10-20) - 살전 5장
   • 마귀의 간계를 능히 대적하기 위하여 하나님의 전신갑주를 입으라(11) - 구원의 투구에 11이 있으므로 하나님의 전신갑주는 11절이 된다.

6. 우리의 <u>씨름</u>은 <u>혈</u>과 육을 상대하는 것이 아니요 통치자들과 권세들과 이 어둠의 세상 주관자들과 하늘에 있는 악의 영들을 상대함이라(12) - 그네(12)를 타면서 씨름을 하고 있다. 참고로 씨름이나 싸움(딤전 6:12)이 나오면 그네(12)를 타면서 씨름이나 싸움을 한다고 약속해 놓았다.
   하나님의 전신갑주는 너무 무시무시하다. 무시 → 무시로

7. 모든 <u>기도</u>와 <u>간구</u>를 하되 **무시로**(항상) 성령 안에서 기도하고 이를 위하여 깨어 구하기를 항상 힘쓰며 여러 성도를 위하여 구하라(18) - 하나님의 전신갑주를 보니 너무 무시무시(무시로)해서 기억(18) 하기도 싫다. 또는 거역(18)할 수 없게 만든다.
   하나님의 전신갑주를 입은 사람이 쇠사슬에 매인 사신(邪神) 같이 무섭다.

8. 내가 쇠사슬에 매인 사신(使臣)이 된 것은 나로 이 일에 당연히 할 말을 <u>담대히</u> 하게 하려 하심이라(20)
   종과 상전이 씨름을 할 때 " " 이 표시는 기도의 부탁이 된다.

9. <u>기도의 부탁</u>(18-20) - 롬 15장, 고후 1장, 골 4장, 살후 3장
   • 나를 위하여 구할 것은 내게 말씀을 주사 나로 입을 열어 <u>복음의 비밀</u>을 담대히 알리게 하옵소서(19)
   부모가 옆자리에 앉아 있는 자식들에게 이렇게 말한다. '너희를 변함없이 사랑해'

10. 우리 주 예수 그리스도를 변함없이 사랑하는 모든 자에게 은혜가 있을지어다(24) - 마지막 구절

빌립보서 4장

* **배경** : 빌립보는 **빌립**의 **보**배로운 생활태도로 바꾼다. 빌립은 서양 어느 나라의 귀족쯤으로 생각해두자. 그는 귀족이기 때문에 머리위에 옥으로 만든 면류관을 쓰고 있다. 그러나 운동을 좋아해서 달음질을 치려고 한다. 달리면서도 기도하는 빌립의 보배로운 생활 태도에 박수를 쳐주고 싶다.
* **주제 암기방법** : 4장에 뻐꾸기 한 마리가 죽어 있는데 **뻐꾸기 → 기뻐**하라가 되므로 뻐꾸기를 통해서 빌립보서의 주제가 '예수 그리스도는 우리의 기쁨' 이라는 것을 알 수 있다.
* **특징** : 위의 내용에서 알 수 있듯이 빌립이라는 귀족의 **개인적인** 한 일상을 보여주는데 이것을 통해서 빌립보서가 **바울의 가장 개인적인 성격의 편지**라는 것을 알 수 있다.
* **참고** : 바울이 마게도냐를 떠날 때 바울의 일에 참여한 유일한 교회(빌 4:15)는 빌립보 교회로 마게도냐 하면 빌립보가 된다는 것을 참고하기 바람.

빌립보서 (4장)

저   자 : 사도 바울
주   제 : 예수 그리스도는 우리의 기쁨
발 신 자 : 사도 바울, 디모데
수 신 자 : 빌립보 교회 성도들
기록연대 : A.D. 62년경
기록장소 : 로마 감옥(로마 1차 구금, 옥중서신)
요   절 : 1:21, 4:4, 4:12
기록목적 : 바울은 빌립보 교인들이 보내준 헌금에 대해 감사를 표하면서 오직 예수 그리스도 안에서 발견되는 참된 소망과 기쁨을 제시함으로써 그들을 위로하고 격려 하고자 했다.

* **빌립보** : 유럽으로 통하는 관문인 빌립보는 알렉산더 대제의 부왕인 마게도냐의 빌립 왕에 의해 창건 되었다. 비록 작은 도시였지만 로마의 축도라고 불려 질 만큼 번영을 누렸다.

* **빌립보 교회** : 빌립보 교회는 바울이 제 2차 전도여행 중에 설립하였다. 빌립보 교회와 바울의 관계는 항상 따뜻하고 친밀했다. 이 편지가 쓰여지기 전에도 적어도 두 차례 이상 재정적으로 바울을 도왔는데(빌 4:16) 그가 로마에 감금되었다는 소식을 듣고 빌립보 교회는 에바브로디도를 통해 다시 헌금을 보냈다. 빌립보서에는 이 헌금에 대한 감사가 표시되어 있으며 바울이 교회에 보낸 편지 중 가장 개인적인 성격의 편지이다. **에바브로디도**는 바울과 함께 있는 동안 병들어 거의 죽게 되었다(빌 2:27). 따라서 바울은 그가 회복되자 본 서신과 함께 그를 돌려보냈다. 자주 장사 루디아와 한 간수장(행 16장)의 집안이 믿고 세례를 받음으로써 마게도냐(유럽) 최초의 교회가 되었다.

1

에바브로 디도
디모데

시
민
권

3

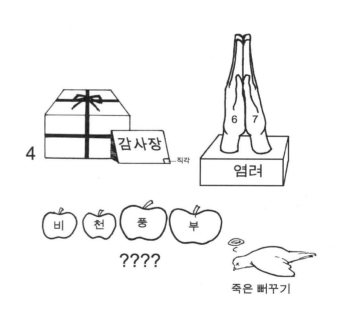

4

감사장 ─직각

6 7

염려

비 천 풍 부

????

죽은 뻐꾸기

빌립보서 1장	
배 경	**빌립의 머리**
대제목	**바울의 기도**

📖 기쁨과 사랑이 넘치는 바울과 빌립보 교인들 간의 교제가 언급된 후 바울의 투옥을 염려하는 빌립보 교인들을 위로하기 위한 바울의 옥중 간증이 소개된 부분이다.

빌립이 달리면서도 눈을 감고 기도하고 있다. 대단한 믿음이다.

1. <mark>바울의 기도</mark>(1-11) - 너희 무리를 위하여 기쁨으로 항상 간구함은 너희가 **첫날부터 이제까지** 복음을 위한 일에 참여하고 있기 때문이라(4-5) - 빌립은 **첫날부터 이제까지** 달리고 있다. 첫날=1장
   - 너희 안에서 <u>착한 일</u>을 시작하신 이가 **그리스도 예수의 날까지** 이루실 줄을 우리는 확신하노라(6)
   - 내가 예수 그리스도의 <u>심장</u>으로 너희 무리를 얼마나 사모하는지 하나님이 내 증인이시니라(8)
   - 내가 기도하노라 너희 사랑을 지식과 모든 총명으로 점점 더 풍성하게 하사 너희로 지극히 <u>선한 것</u>을 분별하며 또 진실하여 허물없이 **그리스도의 날까지** 이르고(9-10)
   - 예수 그리스도로 말미암아 <u>의의 열매</u>가 가득하여 하나님의 영광과 찬송이 되기를 원하노라(11)
     눈을 감고 달리는 것은 **고난도**의 기술이다.

2. 그리스도를 위하여 너희에게 은혜를 주신 것은 다만 그를 믿을 뿐 아니라 또한 그를 위하여 **고난도** 받게 하려 하심이라(29)
   빌립은 귀족이라 옥으로 만든 면류관을 쓰고 있으며 면류관에는 +(더하기) 모양의 장식이 달려 있다.   옥 → 감옥,   +(더하기) → 더하다, 보탬이 되다, 도움이 되다, 유익이 되다

3. <mark>감옥이 그리스도를 전파하는데 도움이 되다</mark>(12-30)
   - 형제 중 다수가 나의 **매임**(감옥)으로 말미암아 주 안에서 신뢰함으로 겁 없이 하나님의 말씀을 더욱 담대히 전하게 되었느니라(14)
   - 이들은 내가 복음을 변증하기 위하여 세우심을 받은 줄 알고 사랑으로 하나 그들은 나의 **매임**(감옥)에 괴로움을 더하게 할 줄로 생각하여 순수하지 못하게 다툼으로 그리스도를 전파하느니라(이기적인 마음으로 자신들이 높아지기를 원하는 뜻에서 또 감옥에 있는 나를 속상하게 하려고 더 열심히 그리스도를 전파한다는 뜻) 그러면 무엇이냐 겉치레로 하나 참으로 하나 무슨 방도로 하든지 전파되는 것은 <u>그리스도</u>니 이로써 나는 기뻐하고 또한 기뻐하리라(16-18)
     +(더하기)는 '유익이 되다' 라는 뜻도 있다.

4. 내가 그 둘 사이에 끼었으니 차라리 세상을 떠나서 그리스도와 함께 있는 것이 훨씬 더 좋은 일이라 그렇게 하고 싶으나 내가 육신으로 있는 것이 너희를 위하여 더 **유익하리라**(23-24)
   귀에 달고 있는 살 모양의 귀걸이, 귀 → 존귀

5. **살**든지 죽든지 내 몸에서 그리스도가 **존귀**하게 되게 하려 하나니 이는 내게 사는 것이 그리스도니 죽는 것도 **유익함이라**(20-21) - 살 모양의 귀걸이를 한 빌립의 귀(존귀)는 난청(20)이다.
   빌립은 외국인이라 복음머리가 합당하다(잘 어울린다).   합당 - 꼭 알맞음

6. <mark>복음에 합당한 생활을 하라</mark>(27-30) - 오직 너희는 그리스도의 복음에 합당하게 생활하라(27) - 그리스도의 복음(신약)은 27권으로, 나는 27권이 합당하다고 생각한다.

	빌립보서 2장	
배 경	**빌립의 가슴**	
대제목	**그리스도의 겸손**	

📖 본문에서 바울은 빌립보 교인들을 향하여 겸손으로 하나 될 것과 각자 자기 구원의 완성에 정진할 것을 권면하고 나아가 자신의 뒤를 이을 교회의 일꾼들을 추천하고 있다.

빌립이 두 손을 겸하여(겸손) 가슴에 대고 **그리스도 예수의 마음**을 품고 간절한 마음으로 소원을 빌며 달리고 있다. **손**을 **겸**하여 → 겸손

1. 그리스도의 겸손(1-11) - 본장을 신약상의 유명한 기독론으로 '케노시스'(자기비하)론이라 한다.
   • 너희 안에 이 마음을 품으라 곧 그리스도 예수의 마음이니(5) - 두 손을 겸하여 가슴에 대고 예수님의 마음을 품고 있는 손가락이 5개만 보인다. 그 이유는 한손은 다른 손으로 겹쳐서 보이지 않기 때문이다.
   • 그는 근본 하나님의 본체시나 하나님과 동등됨을 취할 것으로 여기지 아니하시고 오히려 자기를 비워 종의 형체를 가지사 사람들과 같이 되었고 사람의 모양으로 나타나사 자기를 낮추시고 죽기까지 복종하셨으니 곧 십자가에 죽으심이라 이러므로 하나님이 그를 지극히 높여 모든 이름위에 뛰어난 이름을 주사 하늘에 있는 자들과 땅에 있는 자들과 땅 아래에 있는 자들로 모든 무릎을 예수의 이름에 꿇게 하시고 모든 입으로 예수 그리스도를 주라 시인하여 하나님 아버지께 영광을 돌리게 하셨느니라(6-11) 1번 **겸손**과 **마음**을 이용해서 또 다른 중요요절을 만들면 다음과 같다.

2. 오직 **겸손**한 **마음**으로 **각각 자기보다 남을 낮게 여기고** 각각 자기 일을 돌볼뿐더러 또한 각각 다른 사람들의 일을 돌보아 나의 기쁨을 충만하게 하라(3-4)
   그리스도 예수의 마음을 품고 있다는 것만으로도 경외심으로 **두렵고 떨린다.**

3. 너희가 나 있을 때 뿐 아니라 더욱 지금 나 없을 때에도 항상 복종하여 **두렵고 떨림**으로 너희 구원을 이루라(12) - 자기 구원의 완성에 정진할 것을 권면 - 두렵고 떨림은 ⅃ 모양이므로 1, 2루라는 2
   빌립이 두 손을 겸하여 가슴에 대고 간절한 마음으로 **소원**을 빌며 **행하고**(달리고) 있다.

4. 너희 안에서 **행하시는** 이는 하나님이시니 자기의 기쁘신 뜻을 위하여 너희에게 **소원**을 두고 **행하게** 하시나니(13) - 너희에게 **까다로운**(13) 소원을 두고 행하게 하시나니
   빌립이 손에 성화만 들고 있으면 꼭 성화를 봉송하는 것 같다. 성화 - 거룩하게 되는 것

5. 성화(12-18) - 주의 겸손의 본을 따르는 자는 당연히 성화의 생활로 나아가지 않을 수 없다.
   • 모든 일을 **원망**과 **시비**가 없이 하라 이는 너희가 흠이 없고 순전하여 어그러지고 거스르는 세대 가운데서 하나님의 흠 없는 자녀로 세상에서 그들 가운데 빛들로 나타내며(14-15)
   빌립의 양팔에 '디모데와 에바브로디도' 라고 써 있다.

6. 디모데와 에바브로디도(19-30)
   • 내가 디모데를 **속히** 너희에게 보내기를 주 안에서 바람은 너희의 사정을 앎으로 안위를 받으려 함이니(19) - 살전 3장에도 디모데 파송이 나오나 빌립이 **속히** 달려가고 있으므로 빌 2장이 된다.
   • 그가(에바브로디도) 그리스도의 일을 위하여 죽기에 이르러도(30) - 죽다 살아난 적이 있다(27).
   '디모데와 에바브로디도' 는 모든 이름 위에 뛰어난 이름이다.

7. 이러므로 하나님이 그를 지극히 높여 모든 이름 위에 뛰어난 이름을 주사(9)

	빌립보서 3장	
배　경	빌립의 발	
대제목	목표를 향한 바울의 달음질	

📖　바울은 그리스도를 아는 지식이 가장 고상한 '도' 라고 단정하였다. 이 말은 세속지식이 무가치하다는 뜻이 아니라 그것이 인생의 본질과 구원의 진리를 가르쳐 주지 못한다는 의미이다. 그러므로 그것은 배설물과 같다. 지식에까지 새로워진 자는 자연스럽게 그리스도를 쫓아가는 생활을 하기 마련이다. 바울은 이것을 푯대를 향해 경주하는 삶이라고 규정하였다.
빌립의 발은 푯대를 향해 달음질하고 있다.

1. <u>푯대(목표)를 향한 바울의 달음질</u>(12-16)

   - 내가 이미 얻었다 함도 아니요 온전히 이루었다 함도 아니라 오직 내가 그리스도 예수께 잡힌 바 된 그것을 잡으려고 달려가노라(12)
   - 형제들아 나는 아직 내가 잡은 줄로 여기지 아니하고 오직 한 일 즉 뒤에 있는 것은 잊어버리고 앞에 있는 것을 잡으려고 푯대를 향하여 그리스도 예수 안에서 하나님이 위에서 부르신 <u>부름의 상</u>을 위하여 달려가노라(13-14) - 푯대에 <u>가다</u>(13) 서지 말고 <u>가라</u>(14)고 써 있다.
   반바지에 시민권이라고 써 있다.

2. <u>하늘의 시민권</u>(17-21) - 그들의 마침은 멸망이요 그들의 신은 배요 그 영광은 그들의 부끄러움에 있고 땅의 일을 생각하는 자라 그러나 우리의 **시민권**은 <u>하늘</u>에 있는지라 거기로부터 구원하는 자 곧 주 예수 그리스도를 기다리노니 그는 만물을 자기에게 복종하게 하실 수 있는 자의 역사로 우리의 낮은 몸을 자기 영광의 몸의 형체와 같이 변하게 하시리라(19-21)
   (암기방법) 하늘의 시민권을 가진 자는 주님과 같이 영광스런 몸의 형체를 가진다.
   빌립이 달리다가 배설물을 질퍽하고 밟았다.

3. <u>배설물</u>(1-11) = 귀하신 예수 그리스도
   - 그러나 무엇이든지 내게 유익하던 것을 내가 그리스도를 위하여 다 해로 여길뿐더러 또한 모든 것을 해로 여김은 내 주 그리스도 예수를 아는 <u>지식</u>이 가장 고상하기 때문이라 내가 그를 위하여 모든 것을 잃어버리고 배설물로 여김은 그리스도를 얻고(7-8) - 배설물을 질퍽(7, 8)하고 밟았다.
   - 그 안에서 발견되려 함이니 내가 가진 의는 율법에서 난 것이 아니요 오직 그리스도를 믿음으로 말미암은 것이니 곧 믿음으로 하나님께로부터 난 <u>의</u>라(9) - 이신득의(배설물이 **신**에 잔<u>득</u> 묻었다)
   이 배설물은 **개**의 배설물이며 배설물은 안 좋은 것이므로 삼가는 것이 좋다.

4. **개**들을 삼가고 행악하는 자들을 삼가고 몸을 상해하는 일을 삼가라(2)
   배설물을 싼 개의 이름은 <u>봉자</u>이며 봉자가 지금 자기가 싼 배설물을 <u>할</u>타 먹고 있다.

5. Θ의 성령으로 봉사하며 그리스도 예수로 <u>자랑</u>하고 육체를 신뢰하지 아니하는 우리가 곧 할례파라(3)
   배설물이란 뱃<u>소개</u>서 체외로 배출되는 물질을 말한다.

6. <u>바울의 자기소개</u>(4-6) - 행 22장, 롬 11장
   - 8일 만에 할례를 받고 이스라엘 족속이요 베냐민 지파요 히브리인중의 히브리인이요 율법으로는 바리새인이요 열심으로는 교회를 박해하고 율법의 의로는 흠이 없는 자라(5-6)

빌립보서 4장	
배 경	운동장
대제목	빌립보인들의 선물에 대한 감사

본문에서 바울은 빌립보 교회의 교인들에게 마지막으로 여러 신앙적인 충고와 권면을 한 후에 인사와 축도로 편지를 맺는다.

빌립이 달리면서도 기도하는 것을 보고 감동한 시민들이 **선물**과 **감사장**을 주었다.

1. 빌립보인들의 선물(헌금)에 대한 감사(10-23)
   - 내가 마게도냐를 떠날 때에 주고 받는 내 일에 참여한 교회가 너희 외에 아무도 없었느니라(15)
   - 마게도냐 하면 빌립보가 되므로 마게도냐를 떠날 때에 유일하게 참여한 교회는 빌립보 교회가 된다.
   - 데살로니가에 있을 때에도 너희가 한번뿐 아니라 두 번이나 나의 쓸 것을 보내었도다(16)
   - 내게는 모든 것이 있고 또 풍부한지라 에바브로디도 편에 너희가 준 것을 받으므로 내가 풍족하니 이는 받으실만한 향기로운 제물이요 하나님을 기쁘시게 한 것이라 **나의 하나님이 그리스도 예수 안에서 영광 가운데 그 풍성한 대로 너희 모든** 식구(19)가 **쓸 것을 채우시리라**(18-19)
   선물과 **감사장** 만해도 고마운데 **기도**하는 손 모양의 상패까지 시민들이 준비했다. 상패에는 **염려**라고 써 있는데 아무것도 염려하지 말라는 뜻으로 써 놓았나보다.   직각 → 지각

2. 아무것도 **염려**하지 말고 다만 모든 일에 **기도와 간구**로 너희 구할 것을 **감사**함으로 하나님께 아뢰라 그리하면 모든 **지각**에 뛰어난 하나님의 평강이 그리스도 예수 안에서 너희 마음과 생각을 지키시리라(6-7) - 왼쪽 기도하는 손은 6자 모양이다. 왼쪽이 6이므로 오른쪽 기도하는 손은 당연히 7이 된다.
   감사장 옆에 네 개의 능금이 있다.   네 개 → 내게,   능금 → 능력

3. **내게 능력** 주시는 자 안에서 내가 모든 것을 할 수 있느니라(13) - 네 개(내게)의 능금(능력)을 깎아 먹으려면 과도(13)가 필요하다.
   4개의 능금에 비천·풍부라고 써 있는데 작은 능금에는 알이 작고 먹을 것이 없어 보이므로 **비천**이라 써 있고, 큰 능금에는 알이 크고 먹을 것이 많아 보이므로 **풍부**라고 써 있다.

4. 내가 궁핍하므로 말하는 것이 아니라 어떠한 형편에든지 나는 자족하기를 배웠노니(11)
   나는 비천에 처할 줄도 알고 풍부에 처할 줄도 알아 모든 일 곧 배부름과 배고픔과 풍부와 궁핍에도 처할 줄 아는 일체의 비결을 배웠노라(12) - 가장 기본적인 숫자를 넣으면 비천은 1, 풍부는 2가 된다.
   ※ 능금에 비천, 풍부라고 써 있으므로 빌 4장은 비천, 궁핍, 풍부, 풍족, 풍성이라는 단어가 나온다.
   네 개의 능금은 각각 '배우고, 받고, 듣고, 본'이라는 이름을 가지고 있다.

5. 너희는 내게 배우고 받고 듣고 본 바를 행하라 그리하면 평강의 하나님이 너희와 함께 계시리라(9)
   능금 옆에 뻐꾸기가 떨어져 죽어있다.   **뻐꾸기 → 기뻐**하라,   뻐꾸기가 **죽**어 있으므로 기뻐하라는 기뻐하라 되 '**주** 안에서 기뻐하라'가 된다.

6. 주 안에서 항상 기뻐하라 내가 다시 말하노니 기뻐하라(4) - 죽은 뻐꾸기는 숫자로 죽을 4가 된다.
   ※ 나의 기쁨이요 면류관인 사랑하는 자들아(1) - 기쁨은 빌립보서의 주제이고 빌 1장에 면류관이 나오므로 나의 기쁨이요 면류관인 사랑하는 자들은 빌립보 교인들을 말한다. 참고로 1장에 면류관이 나오나 4제 면류관이므로 면류관은 1장이 아닌 4장에 나온다. 꼭 유의할 것

골로새서 4장

* **배경** : 골로새는 고로쇠와 발음이 비슷하므로 골로새서는 고로쇠나무를 배경으로 한다.
* **참고** : 에베소서를 '그리스도의 교회'를 묘사한 서신이라고 한다면 골로새서는 '교회의 그리스도'를 묘사한 서신이라고 할 수 있다. 골로새서의 목적은 그리스도가 탁월하시다는 것(만물 중에서 가장 먼저 나셨고 만물의 으뜸이심)과 그리스도인의 삶은 그의 탁월하심을 나타내야 한다는 것을 보여주기 위한 것이다.
※ 골로새 근처에 라오디게아와 히에라볼리가 있다. 따라서 라오디게아와 히에라볼리가 나오면 골로새서가 된다 - 라이온(라오디게아)과 하이에나(히에라볼리) 같은 포식자 근처에는 항상 먹고 버린 <u>뼈</u>(골로새)가 널려있다.
* 라오디게아에 있는 자들과 히에라볼리에 있는 자들을 위하여 많이 수고하는 것을 내가 증언하노라(골 4:13)
* 이 편지를 너희에게서 읽은 후에 라오디게아인의 교회에서도 읽게 하고 또 라오디게아로부터 오는 편지를 너희도 읽으라(골 4:16)

골로새서 (4장)

저　　자 : 사도 바울
주　　제 : 그리스도의 탁월성과 충족성
발 신 자 : 사도 바울, 디모데
수 신 자 : 골로새 교회 성도들
기록연대 : A.D. 62년경
기록장소 : 로마 감옥(로마 1차 구금, 옥중서신)
요　　절 : 2:9-10, 3:1-2
기록목적 : 바울은 골로새 교회에 침투하여 교인들을 혼란시키는 혼합주의적 이단 사상을 배격하고, 복음에 입각한 그리스도의 참된 진리를 알려줌으로써 교회를 바로 세우고자 했다.
* **골로새** : 골로새는 아시아 일곱 교회에 속한(계 1-3장) 에베소로부터 동쪽으로 약 160km 떨어진 소도시로 한때 상업의 중심지로서 이름이 나 있었으나 근처의 라오디게아와 히에라볼리에 가려져서 쇠퇴기에 있었으며 이 서신을 제외하고는 초대교회사에 별로 영향을 주지 못했다.
* **골로새 교회** : 일찍이 갈라디아 교회 등에 의해서 복음이 전해졌을 가능성도 있지만 최초의 선교는 바울이 에베소에서 사역하던 무렵에 이루어졌을 것이다(행 19:10). 그 후에는 에바브라가 이 교회에서 전도와 교육을 담당했다. 설립자가 누구인지는 정확하지 않지만 대부분 **에바브라**로 주장한다.
* **에바브라** : 골로새 교회를 세움(1:7, 4:12)
① 애 바브러. 아이고 애볼 걸 생각하니 벌써부터 골이 지끈거리네 ② 아이고 골이야 도라브러(에바브라) ③ 물건을 골라브러

	골로새서 1장	
배 경	고로쇠나무 뿌리	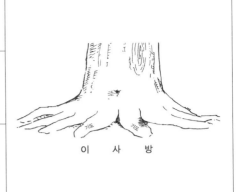 이 사 방
대제목	만물의 으뜸이신 그리스도	

📖 바울은 그리스도의 신성과 구속사역을 통한 그분의 권위와 화해 사역을 역설한다. 이어 바울 자신이 그리스도의 교회의 일꾼 된 사실을 언급하고 있다.
고로쇠나무의 뿌리는 물을 잘 빨아올리는 만물의 으뜸가는 뿌리다.

1. 만물의 으뜸이신 그리스도(15-18) - 만물이라는 말이 반복해서 나온다.
   * 만물이 그에게서 창조되되 하늘과 땅에서 보이는 것들과 보이지 않는 것들과 혹은 왕권들이나 주권들이나 통치자들이나 권세들이나 만물이 다 그로 말미암고 그를 위하여 창조되었고(16) - 왕권들, 주권들, 통치자들, 권세들은 천사들의 이름을 언급한 것으로 이는 당시 골로새에 있었던 천사 숭배 사상의 정체, 즉 천사들도 그리스도에게 지음 받았으므로 숭배의 대상이 될 수 없음을 밝히고 있다
   * 또한 그가 만물보다 먼저 계시고 만물이 그 안에 함께 섰느니라(17)
   * 그는 몸인 교회의 머리시라 그가 근본이시요 죽은 자들 가운데서 먼저 나신 이시니 이는 친히 만물의 으뜸이 되려 하심이요 아버지께서는 모든 충만으로 예수 안에 거하게 하시고(18-19)
   ※ 그리스도(X) 찬송 - 빌 2장(X의 겸손), 골 1장(만물의 으뜸이신 X), 히 1장(천사보다 뛰어나신 X)
   고로쇠나무의 뿌리는 만물의 으뜸가는 뿌리로 땔감(한자로 火木, 화목)으로 최고이다.
2. 만물을 화목하게 하신 그리스도(19-23)
   * 그의 십자가의 피로 화평을 이루사 만물 곧 땅에 있는 것들이나 하늘에 있는 것들이 그로 말미암아 자기와 화목하게 되기를 기뻐하심이라(20)
   뿌리에 기도라고 써 있다.
3. 골로새 교회를 위한 바울의 기도(9-14)
   이삿짐센터에서 홍보하기 위해 뿌리 앞에 이사방(이방인, 사도, 바울)이라고 써 놓았다.
4. 이방인의 사도가 된 바울(24-29)
   * 나는 이제 너희를 위하여 받는 괴로움을 기뻐하고 그리스도의 남은 고난을 그의 몸된 교회를 위하여 내 육체에 골수에 채우노라(24) - 골 → 골로새, 수(水)는 뿌리와 관계있으므로 1장
   뿌리가 마치 손 같이 생겨서 저 뿌리로 머리에 안수하면 죄 사함을 얻는다고 한다.
5. 그 아들 안에서 우리가 속량 곧 죄 사함을 얻었도다(14)
   뿌리는 땅속에 있어서 보이지 않으며 나무와 그 형상이 비슷하고 가장 먼저 난다.
6. 그는 보이지 아니하는 하나님의 형상이시요 모든 피조물보다 먼저 나신 이시니(15)
   뿌리는 땅속 흑암한 곳에 있는 물을 빨아들여 나무로 옮겨주는 역할을 한다.
7. 그가 우리를 흑암의 권세에서 건져내사 그의 사랑의 아들의 나라로 옮기셨으니(13)
   완전한 자(尺)를 만들기 위해서는 그 재료가 고로쇠나무의 뿌리여야만 한다.
8. 모든 지혜로 각 사람을 가르침은 각 사람을 그리스도 안에서 완전한 자로 세우려 함이니(28)
   ※ 성령 안에서 골로새 교인들의 사랑을 바울의 일행에게 전한 사람 - 에바브라(골로새 교회를 세움)

골로새서 2장	
배 경 고로쇠나무 좌측	
대제목 헛된 철학에 속지 말라	

📖 본문에서 바울은 당시 골로새 교회를 어지럽히던 각종 이단사상들을 비판하고 경고한다. 고로쇠나무의 뒤에 헛된 철학을 선전하는 헛된 철학자가 숨어있다. 참고로 세상 철학, 율법주의(절기, 월삭, 안식일), 천사 숭배, 금욕주의가 헛된 철학에 속한다.

1. <u>헛된 철학에 속지 말라</u>(8-23)

   • 누가 **철학**과 **헛된** 속임수로 너희를 사로잡을까 주의하라 이것은 사람의 전통과 <u>세상의 초등학문</u>을 따름이요 그리스도를 따름이 아니니라(8) - 헛된 철학이 나오므로 이 구절은 골 2장이 된다.

   • 또 그 안에서 너희가 손으로 하지 아니한 <u>할례</u>를 받았으니 곧 육의 몸을 벗는 것이요 그리스도의 <u>할례</u>니라(11) - 헛된 철학자도 할례를 받긴 받았는데 손으로 하지 아니한 할례를 받았다.

   • 너희가 <u>세례</u>로 그리스도와 함께 장사되고 또 죽은 자들 가운데서 그를 일으키신 하나님의 역사를 믿음으로 말미암아 그 안에서 함께 일으키심을 받았느니라(12) - 헛된 철학자의 본업은 세례장사

   • 또 범죄와 육체의 무할례로 죽었던 너희를 하나님이 그와 함께 살리시고 우리의 모든 죄를 사하시고 우리를 거스르고 우리를 대적하는 법조문으로 쓴 증서를 지우시고 제하여 버리사 십자가에 못 박으시고 통치자들과 권세(인간의 정치적 조직과 권력을 통해 역사하는 사단의 세력)들을 무력화하여 드러내어 구경거리로 삼으시고 <u>십자가</u>로 그들을 이기셨느니라(13-15)

   • 그러므로 먹고 마시는 것(금욕주의)과 절기나 월삭이나 안식일을 이유로 누구든지 너희를 비판하지 못하게 하라 이것들은 장래 일의 그림자이나 몸은 그리스도의 것이니라(16-17) - 이런 것들은 오실 그리스도를 보여 주려는 그림자에 불과하므로 그리스도인에게 아무런 의미가 없다.

   • 아무도 꾸며낸 겸손과 천사 숭배(비천한 인간이 직접 하나님께 경배 드리는 것은 교만한 일이므로 중재자인 천사를 숭배해야 한다고 가르쳤다)를 이유로 너희를 정죄하지 못하게 하라(18)

   • 너희가 <u>세상의 초등학문</u>에서 그리스도와 함께 죽었거든 어찌하여 세상에 사는 것과 같이 규례에 순종하느냐 (곧 붙잡지도 말고 맛보지도 말고 만지지도 말라 하는 것이니 이 모든 것은 한때 쓰이고는 없어지리라)~ 이런 것들은 자의적 숭배와 겸손과 몸을 괴롭게 하는 데는 지혜 있는 모양이나 오직 육체 따르는 것을 금하는 데는 조금도 유익이 없느니라(20-23)

   헛된 철학자가 상반신만 내밀고 **서**있는 것은 하반신이 **굳**어서 **밑**(믿음)을 못쓰기 때문이다.

2. <u>**믿**음에 **굳**게 **서**라</u>(1-7)

   • 이는 그들로 마음에 위안을 받고 사랑 안에서 연합하여 확실한 이해의 모든 풍성함과 하나님의 비밀인 <u>그리스도</u>를 깨닫게 하려 함이니 그 안에는 지혜와 지식의 모든 보화가 감추어져 있느니라(2-3)

   • 그러므로 너희가 그리스도 예수를 주로 받았으니 그 안에서 행하되 그 안에 뿌리를 박으며 세움을 받아 교훈을 받은 대로 **믿**음에 **굳**게 **서**서 감사함을 넘치게 하라(6-7) - 하반신이 **굳**어서 **밑**을 못쓰기 때문에 상반신만 내밀고 **서**있는 헛된 철학자는 7자 모양이다.

   헛된 철학자가 발을 디디고 서 있는 곳에는 지혜와 지식의 모든 보화가 감추어져 있다.

3. 그 안에는 지혜와 지식의 모든 보화가 감추어져 있느니라(3)

	골로새서 3장	
배 경	고로쇠나무 우측	
대제목	새 사람	

📖 바울은 골로새 교인들에게 새 사람을 입은 자로서의 올바른 생활 원리에 대해 가르친다.

고로쇠나무 가지 **위 - 남편 옷**이 걸려있으며 **새 옷**이다.　새 옷 → 새 사람

고로쇠나무 가지 **아래 - 아내 옷**이 걸려있으며 **헌 옷**이다.　헌 옷 → 옛 사람

1. 위의 것을 생각하고 땅의 것을 생각하지 말라(1-4) - 너희가 그리스도와 함께 다시 살리심을 받았으면 <u>위의 것</u>을 찾으라 거기는 그리스도께서 하나님 우편에 앉아 계시느니라(1)
    - 위의 것을 생각하고 땅의 것을 생각하지 말라(2) - 위의 것과 땅의 것 경우의 수는 2개뿐이므로 2절
    - 이는 너희가 죽었고 너희 생명이 <u>그리스도</u>와 함께 하나님 안에 감추어졌음이라(3)
    '땅의 것을 생각하지 말라'와 '땅에 있는 지체를 죽이라'가 비슷하다.
2. 땅에 있는 지체를 죽이라 곧 음란과 부정과 사욕과 악한 정욕과 탐심이니 탐심은 우상 숭배니라(5)
3. **남편의 의무**(19) - 벧전 3장, 엡 5장
    - 남편들아 아내를 사랑하며 <u>괴롭게 하지 말라</u>(19) - 괴≒고, 따라서 이 구절은 고로새서에 나온다.
4. **아내의 의무**(18) - 벧전 3장, 엡 5장
5. **옛 사람과 새 사람**(5-17) - 너희가 <u>서</u>로 거짓말을 하지 말라(<u>서거</u>했을 때 조기대신 고인이 생전에 입었던 옷을 걸어 놓기도 하므로 출처는 골 3장) 옛 사람과 그 행위를 벗어 버리고 새 사람을 입었으니 이는 자기를 창조하신 이의 <u>형상</u>을 따라 지식에까지 새롭게 하심을 입은 자니라(9-10) - 엡에도 옛 사람과 새 사람이 나오는데 옷이 사람의 형상을 닮았으므로 형상이 나오는 구절이 골 3장이 된다. 고로쇠나무에 모자가 걸려있는데 모자의 윗부분은 사랑 모양이고 모자의 <u>띠</u>는 용 모양이다.
6. **부모의 의무**(21) - 엡 6장
7. **자녀의 의무**(20) - 엡 6장
8. **용서와 사랑**(13-14)

- 누가 누구에게 불만이 있거든 서로 용납하여 피차 **용서**하되 주께서 너희를 **용서**하신 것 같이 너희도 그리하고 이 모든 것 위에 **사랑**을 더하라 이는 온전하게 매는 띠니라(13-14)
  고로쇠나무의 가지에 종이 달려있다.　　※ 종의 의무 - 엡 6장, 딤전 6장, 벧전 2장

9. **종의 의무**(22-25) - 무슨 일을 하든지 마음을 다하여 주께 하듯 하고 사람에게 하듯 하지 말라(23)
    고로쇠나무에 '**평강공주** 다녀가다'라고 써 있다. 이런 짓을 하는 사람 꼭 한명씩 있다.

10. 그리스도의 **평강**이 너희 마음을 **주**장하게 하라(15) - '평강공주 다녀가다'란 글 위에 구멍(15)이 있다. 고로쇠나무의 구멍에서 매일 시와 찬송과 신령한 노래가 흘러나오고 있다.

11. 그리스도의 말씀이 너희 속에 풍성히 거하여 모든 지혜로 피차 가르치며 권면하고 시와 찬송과 신령한 노래를 부르며 감사하는 마음으로 하나님을 찬양하고(16)
    평강공주는 무엇을 하든지 말에나 일에나 다 주 예수의 이름으로 한다.

12. 무엇을 하든지 말에나 일에나 다 주 예수의 이름으로 하고 그를 힘입어 하나님 아버지께 감사하라(17)

골로새서 4장		
배 경	고로쇠 나뭇잎	
대제목	권고(권면)	

📖 바울은 새 사람이 된 자에게 요구되는 기도 생활과 빛 된 증인의 삶을 권면한 후에 문안 인사와 축도로 서신을 끝맺는다.

고로쇠나무의 잎이 손님들에게 내년에 또 오라고 잎을 흔들며 권고하고 있다.

1. 권고(2-6)
   잎이 바람에 흔들리는 모양이 "   " 이것과 같으므로 기도의 부탁이 된다(살후 3장 참조).

2. 기도의 부탁(3-4) - 롬 15장, 고후 1장, 엡 6장, 살후 3장
   • 또한 우리를 위하여 기도하되 하나님이 전도할 문을 우리에게 열어 주사(고로쇠나무의 위에 전도의 문이 열려있다) 그리스도의 비밀을 말하게 하시기를 구하라 내가 이 일 때문에 매임을 당하였노라 그리하면 내가 마땅히 할 말로써 이 비밀을 나타내리라(3-4)
   고로쇠 잎은 손처럼 생겨서 포개놓으면 기도하는 것 같으며 깻잎과도 비슷하게 생겼다.

3. 기도를 계속하고 기도에 감사함으로 깨어 있으라(2)
   나뭇잎에 상전이라고 써 붙여 놓았는데 신경통, 위장병에 특효약이므로 상전 모시듯 한다.

4. 상전의 의무(1) - 엡 6장
   • 상전들아 의와 공평을 종들에게 베풀지니 너희에게도 하늘에 상전이 계심을 알지어다(1)
   고로쇠나무의 위에 전도의 문이 열려있다.

5. 전도의 문(3-4)
   • 또한 우리를 위하여 기도하되 하나님이 전도할 문(복음을 전할 기회)을 우리에게 열어 주사 그리스도의 비밀을 말하게 하시기를 구하라 내가 이 일 때문에 매임을 당하였노라(3) - 전도의 문이 3면으로 되어 있으므로 전도의 문이 나오는 이 구절은 3절이 된다.
   전도의 문 안쪽 바닥에 소금이 뿌려져 있고 그 위에 은혜가 임하고 있다.

6. 너희 말을 항상 은혜 가운데서 소금으로 맛을 냄과 같이 하라 그리하면 각 사람에게 마땅히 대답할 것을 알리라(6) - 소금의 결정은 정6면체이므로 소금이 나오는 이 구절은 6절이 된다.
   고로쇠나무 위에 있는 전도의 문이 열리면서 문에 등을 기대고 있던 두기고가 떨어졌다.
   오! 네 시모(媤母, 시어머니)가 얼마나 걱정을 했는지 아느냐?   등기고 → 두기고

7. 두기고와 오네시모에 대한 소개(7-9) - 두기고와 오네시모를 함께 골로새 교회로 보냄.
   • 두기고가 내 사정을 다 너희에게 알려 주리니 그는 사랑을 받는 형제요 신실한 일꾼이요 주 안에서 함께 종이 된 자니라(7) - 우리 집에는 많은 일꾼과 종들을 두고(두기고) 있다.
   • 오네시모를 함께 보내노니 그는 너희에게서 온 사람이라 그들이 여기 일을 다 너희에게 알려 주리라(9)
   ※ 행 20장에서도 나무 위에서 떨어진 사람이 유두고이고 이름도 두기고로서 비슷하다.
   ※ 아킵보(17) - 주 안에서 받은 직분을 삼가 이루라(지키라)는 권면을 받는다.   킵(keep) = 지키다
   아킵보는 축구의 골킵보와 발음이 비슷하므로 골 4장에 나온다(인물들은 마지막 장에 나옴).

데살로니가전서 5장

✳ 배경 : 데살로니가는 되살려내는 것으로 바꾼다. 되살려내려면 우선 수술을 받아야 하고 (전서) 그 다음 회복실(후서)로 가야한다. 따라서 데살로니가전서는 수술실을 배경으로 하며 수술실은 환자를 중심으로 인턴, 전도사, 의사, 의사가 들고 있는 수술칼로 구성되어 있다. 수술실에 전도사가 있는 것은 환자를 전도하기 위함인데 그 이유는 환자가 수술하다 잘못되면 회개할 기회를 놓쳐버리기 때문이다.

데살로니가전서 (5장)

저   자 : 사도 바울
주   제 : 예수 그리스도의 재림
발 신 자 : 사도 바울, 디모데, 실라
수 신 자 : 데살로니가 교회 성도들
기록연대 : A.D. 51년경
기록장소 : 바울의 2차 전도여행 중 고린도에서 기록
요   절 : 3:12-13, 4:16-18, 5:23
기록목적 : 디모데를 데살로니가로 보내어 교회 소식을 가져오게 했으며 디모데가 가져온 내용은 기쁜 소식들이었다. 반면 문제점도 지적되었는데 그리스도의 재림에 관해 잘못된 점들을 고쳐주고 그들의 믿음에 감사하는 뜻으로 데살로니가전서를 기록하였다.

✳ 데살로니가 : 신약시대의 데살로니가는 잘 알려진 항구요 로마의 속주인 마게도냐의 수도였다. 이 번화한 도시는 동방에서 로마에 이르는 간선도로인 비아에그나치아에 위치해 있었다. 이곳은 헬라 신화의 본산인 올림푸스산이 보이는 곳이었다. 마게도냐 왕 카산더는 B.C. 315년경 이 지역을 확장하여 강화시켰으며 알렉산더 대왕의 이복누이인 자기 아내의 이름을 따서 이곳의 지명을 데살로니가로 바꾸었다. 로마는 B.C. 168년에 마게도냐를 정복하고 22년 뒤 이 지역을 단일 속주로 편성하여 데살로니가를 그 속주의 수도로 정했다. 전략상 요충지에 위치했기 때문에 데살로니가는 상업이 번영했으며 1세기에는 인구가 20여만 명에 달했다. 헬레니즘 문화가 꽃피웠다.

✳ 데살로니가 교회 : 바울과 실라 그리고 디모데는 제 2차 전도여행 중에 빌립보에서 풀려난 직후 처음 마게도냐의 수도이며 항구 도시인 데살로니가로 갔다(행17:1-9) 유럽에 복음이 처음 전파된 지역은 빌립보였고 이곳은 두 번째로 교회가 세워진 지역이다. 바울 일행의 복음을 듣고 많은 헬라인들이 회심하자 회당에 속한 상류층 인사들이 유대인을 선동하여 바울 일행을 잡으려고 했다. 그러나 바울 일행을 발견하지 못하자 바울을 집에 들였던 야손을 가이사의 반역자들을 숨겨주었다는 이유로 고소했다. 시 당국자들은 야손에게서 질서를 지키겠다는 보증금을 받고 놓아 주었고 바울 일행을 그곳에서 추방했다.

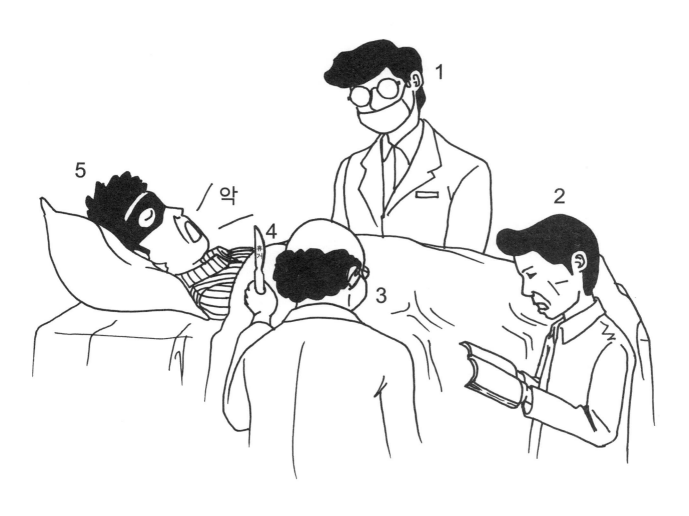

데살로니가전서 1장	
배 경 인턴	
대제목 데살로니가 교인들의 믿음의 본	

📖 문안 인사를 한 후 바울은 환난 중에서도 믿음을 지킨 데살로니가 교인들의 신앙을 칭찬하고 하나님께 감사를 드린다.

수술실의 인턴은 검은 뿔테 안경을 쓴 것이 꼭 **모범생**처럼 생겼다.

1. 데살로니가 교인들의 믿음의 본(1-10) = 데살로니가 교인들의 모범

- 바울과 실루아노(실라)와 디모데는 하나님 아버지와 주 예수 그리스도 안에 있는 데살로니가인의 교회에 편지하노니 은혜와 평강이 너희에게 있을지어다(1)
- 우리가 너희 모두로 말미암아 항상 하나님께 감사하며 기도할 때에 너희를 기억함은(2)
- 너희의 **믿음의 역사**와 **사랑의 수고**와 우리 주 예수 그리스도에 대한 **소망의 인내**를 우리 하나님 아버지 앞에서 끊임없이 기억함이니(3) - 소제목이 믿음의 본이므로 믿음, 소망, 사랑이 나온다.
- 하나님의 사랑하심을 받은 형제들아 너희를 택하심을 아노라(4)
- 이는 우리 복음이 너희에게 말로만 이른 것이 아니라 또한 능력과 성령과 큰 확신으로 된 것임이라 우리가 너희 가운데서 너희를 위하여 어떤 사람이 된 것은 너희가 아는 바와 같으니라(5)
- 또 너희는 많은 **환난** 가운데서 성령의 기쁨으로 말씀을 받아 우리와 주를 **본**받은 자가 되었으니(6)
- 데살로니가 교회는 데살(大殺)이라는 이름처럼 박해나 환난이 나오면 데살로니가 교회가 되며 본은 살전 1장의 소제목이 믿음의 본이므로 환난과 본이 나오는 이 구절은 살전 1장이 된다.
- 그러므로 너희가 마게도냐와 아가야에 있는 모든 **믿는 자의 본**이 되었느니라(7)
- 주의 말씀이 너희에게로부터 마게도냐와 아가야에만 들릴 뿐 아니라 하나님을 향하는 너희 믿음의 소문이 각처에 퍼졌으므로 우리는 아무 말도 할 것이 없노라(8)
- 그들이 우리에 대하여 스스로 말하기를 우리가 어떻게 너희 가운데에 들어갔는지와 너희가 어떻게 우상을 버리고 하나님께로 돌아와서 살아 계시고 참되신 하나님을 섬기는지와(9)
- 또 죽은 자들 가운데서 다시 살리신 그의 아들이 하늘로부터 강림하실 것을 너희가 어떻게 기다리는지를 말하니 이는 장래의 노하심에서 우리를 건지시는 예수시니라(10) - 살전의 주제가 예수 그리스도의 재림(강림)이므로(살전 4장 휴거 참조) 이 구절은 살전이 되며 강림을 기다린다고 했는데 기다림은 서서 기다리므로 숫자로 1이 된다. 따라서 이 구절은 살전 1장이 된다.

※ 데살로니가전서의 발신자 - 바울, 디모데, 실라(실루아노)

(암기방법) 바디에 붙은 실 **살살** 때라. 살살 - 데살로니가전서, 데살로니가후서

※ 믿음, 소망, 사랑 - 고전 13장, 갈 5장, 골 1장, 살전 1장

고전 13장 - 그런즉 믿음, 소망, 사랑, 이 3가지는 항상 있을 것인데 그 중에 제일은 사랑이라(13)

갈 5장 - 자유의 다리를 다른 말로 '믿음, 소망, 사랑의 다리'라고도 부른다(5-6)

골 1장 - 고로쇠나무의 뿌리에 각각 믿음, 소망, 사랑, 믿음, 소망, 사랑이라고 줄줄이 써있다(4-5)

살전 1장 - 소제목이 믿음의 본이므로 믿음, 소망, 사랑이 나온다(3)

데살로니가전서 2장	
배 경	전도사
대제목	데살로니가 전도

📖 바울은 데살로니가 전도 사역을 회상하면서 당시에 받았던 고난의 체험을 회고하고 있다.
전도사님이 환자에게 열심히 전도하고 있다.

1. 데살로니가 전도(1-16) - 데살로니가에 복음을 전할 당시에 받았던 고난의 체험을 회고하고 있다.
   - 너희가 아는 바와 같이 우리가 먼저 빌립보에서 고난과 능욕을 당하였으나 우리 하나님을 힘입어 많은 싸움 중에 하나님의 복음을 너희(데살로니가 교인들)에게 전하였노라(2) - '먼저 빌립보에서'가 현재 이곳이 데살로니가라는 것을 말해준다 - 우리는 데살로니가에 가기 전에 먼저 빌립보에서 고난과 능욕을 당하였는데 여러분에게 갔을 때에도 많은 사람들이 우리를 대적하였습니다. 그러나 하나님을 힘입어 여러분에게 담대히 복음을 전할 수 있었습니다.
   - 우리는 그리스도의 사도로써 마땅히 권위를 주장할 수 있으나 도리어 너희 가운데서 유순한 자가 되어 유모가 자기 자녀를 기름과 같이 하였으니 우리가 이같이 너희를 사모하여 하나님의 복음뿐 아니라 우리의 목숨까지도 너희에게 주기를 기뻐함은 너희가 우리의 사랑하는 자 됨이라(7-8)
   - 우리가 너희 각 사람에게 아버지가 자기 자녀에게 하듯 권면하고 위로하고 경계하노니 이는 너희를 부르사 자기 나라와 영광에 이르게 하시는 하나님께 합당히 행하게 하려 함이라(11-12)
   전도사님이 하나님의 말씀(성경)을 받들고 있다.

2. 너희가 우리에게 들은 바 하나님의 말씀을 받을 때에 사람의 말로 받지 아니하고 하나님의 말씀으로 받음이니 진실로 그러하도다 이 말씀이 또한 너희 믿는 자 가운데서 역사하느니라(13) - 성경책에 기도(13)라는 글이 빼곡히 적혀있으므로 이 구절은 13절이 된다.
   전도사님의 얼굴의 흉터 : \ ―, \ 이 표시는 방문계획을 나타내고(로마서 1장 참조) ― 이 표시는 기호의 일종으로 '다시' 라고 읽는다. 따라서 \ ― 이 표시는 재방문계획이 된다.

3. 데살로니가 교회의 재방문계획(17-20) - 뜻을 이루지 못하고 대신 3장에서 디모데를 보낸다.
   - 그러므로 나 바울은 한번 두 번 너희에게 가고자 하였으나 사탄이 우리를 막았도다(18) - '한번 두 번'에서 두 번이 재방문을 나타내기 때문에 이 구절은 살전 2장에 나온다.
   전도사님의 얼굴이 홀쭉한 것이 꼭 영광굴비 같이 생겼다. 굴 → 구하지, 비 → 아닐 비

4. 또한 우리는 너희에게서든지 다른 이에게서든지 사람에게서는 영광을 구하지 아니하였노라(6)
   전도사님의 얼굴이 홀쭉한 것은 폐를 끼치지 아니하려고 밤낮으로 일했기 때문이다.

5. 너희 아무에게도 폐를 끼치지 아니하려고 밤낮으로 일하면서 너희에게 하나님의 복음을 전하였노라(9) - 살후 3:8절과 비슷하나 전도사님이 하나님의 복음을 전하고 있으므로 살전 2장이 된다.
   비록 전도사님이 얼굴은 험악하게 생겼지만 마음은 그렇지 않다.

6. 우리가 잠시 너희를 떠난 것은 얼굴이요 마음은 아니니 너희 얼굴 보기를 열정으로 더욱 힘썼노라(17)
   비록 얼굴은 험악하게 생겼지만 이 전도사님이 우리에게는 자랑이요 면류관이 되신다.

7. 우리의 소망이나 기쁨이나 자랑의 면류관이 무엇이냐 그가 강림하실 때 우리 주 예수 앞에 너희가 아니냐 너희는 우리의 영광이요 기쁨이니라(19-20)

데살로니가전서 3장	
배 경 : 의사	
대제목 : 디모데 파송	

📖 데살로니가 교인들을 향해 애정을 표시한 바울은 자기 대신 디모데를 파견하게 된 사연과 디모데의 귀환 보고로 인한 기쁨 및 데살로니가 교회의 건강한 보존을 위해 간구한다.

수술할 의사는 그 유명한 디모데이다. 디모데 의사가 전도하고 있는 전도사에게 "수술을 해야 하니 **갔다가**(파송) 수술 끝나면 **다시 오시요**(귀환)" 라고 말하고 있다.

1. **디모데 파송**(1-5) - 데살로니가 교회가 박해를 받는다는 소식을 듣고(2:14) 가려 했으나 사탄의 방해로 실패하고 대신 디모데를 파송하게 되는데 그 이유는 데살로니가 교인들에게 반석과 같은 굳건한 믿음을 세워주고, 그들을 격려해서 닥쳐오는 박해 속에서도 동요하지 않도록 하기 위함이었다.

   • 이러므로 우리가 참다 못하여 우리만 <u>아덴</u>에 머물기를 좋게 생각하고 우리 형제 곧 그리스도의 복음을 전하는 하나님의 일꾼인 <u>디모데</u>를 보내노니 이는 너희를 굳건하게 하고 너희 믿음에 대하여 위로함으로 아무도 이 여러 환난 중에 흔들리지 않게 하려 함이라 우리로 이것을 위하게 세움 받은 줄을 너희가 친히 알리라 우리가 너희와 함께 있을 때에 장차 받을 환난을 너희에게 미리 말하였는데 과연 그렇게 된 것을 너희가 아느니라 이러므로 나도 참다 못하여 너희 믿음을 알기 위하여 그를 보내었노니 이는 혹 시험하는 자가 너희를 시험하여 우리 수고를 헛되게 할까 함이니 (1-5) - 여기서 '우리'라는 말은 바울이 디모데와 실라가 함께 있었다는 것을 암시한다. 바울이 유대인들의 핍박으로 인해 베뢰아에서 아덴까지 먼저 온 후에 실라와 디모데가 바울의 뒤를 쫓아 아덴에 오게 되었다(행 17:13-15). 그리고 나서 디모데는 데살로니가 교회의 사정을 알아보기 위하여 다시 데살로니가로 파송되었고 그 후 실라도 임무를 갖고 마게도냐(빌립보)로 가게 되었다. 이처럼 디모데를 먼저 데살로니가로 보내고, 그 후 실라도 마게도냐(빌립보)로 보낸 다음에, 바울은 아덴에 잠시 머물다가 바로 고린도로 가서 그곳에서 실라와 디모데와 다시 합류하였다. 그리고 거기서 디모데로부터 데살로니가 교회의 소식을 듣고 바울은 본 서신을 쓰게 되었다.

2. **디모데 귀환**(6-10) - 좋은 소식을 가지고 옴

   • 지금은 디모데가 너희에게로부터 와서 너희 믿음과 사랑의 기쁜 소식을 우리에게 전하고~ 우리가 너희를 간절히 보고자 함과 같이 너희도 우리를 간절히 보고자 한다 하니 이러므로 형제들아 우리가 모든 궁핍과 환난 가운데서 너희 <u>믿음</u>으로 말미암아 너희에게 위로를 받았노라(6-7)

   • 그러므로 너희가 주 안에서 <u>굳게</u> 선즉 우리가 이제는 **살리라**(6-8) - 견고한 믿음에 대한 소식을 듣고 깊은 안도의 숨을 내쉬었다는 뜻으로 디모데가 귀환하여 좋은 소식을 가지고 왔고 그 소식을 들은 바울이 한 말 - 의사 디모대는 대머리로 머리에 **굳은살**이 박힌 것 같다.

   의사 디모데는 수술하기 전에 반드시 환자를 위해서 기도한다.

3. **바울의 기도**(11-13)

   • 하나님 우리 아버지와 우리 주 예수는 우리 길을 너희에게로 갈 수 있게 하시오며 또 주께서 우리가 너희를 사랑함과 같이 너희도 피차간과 모든 사람에 대한 사랑이 더욱 많아 넘치게 하사 너희 마음을 굳건하게 하시고 우리 주 예수께서 그의 모든 성도와 함께 **강림**하실 때에 하나님 우리 아버지 앞에서 거룩함에 흠이 없게 하시기를 원하노라(13) - 강림(살전의 주제)이 이 기도가 살전임을 말해준다.

데살로니가전서 4장		
배 경	수술칼	
대제목	하나님을 기쁘게 해드리는 생활	

📖 바울은 그리스도의 재림과 세상 종말에 관한 데살로니가 교인들의 왜곡된 신앙 지식을 바로잡아 주면서 재림에 대비한 성도의 자세와 재림 및 부활에 대한 바른 교리를 교훈한다.

의사는 환자가 건강을 되찾아 '하나님을 기쁘게 해드리는 생활'을 하기위해 칼을 몸에 댄다.

1. 하나님을 기쁘게 해드리는 생활(1-12)
   - 그러므로 형제들아 우리가 끝으로 주 예수 안에서 너희에게 구하고 권면하노니 너희가 마땅히 어떻게 행하며 하나님을 기쁘시게 할 수 있는지를 우리에게 배웠으니 곧 너희가 행하는 바라 더욱 많이 힘쓰라 우리가 주 예수로 말미암아 너희에게 무슨 명령으로 준 것을 너희가 아느니라 하나님의 뜻은 이것이니 너희의 거룩함이라 곧 음란을 버리고 각각 거룩함과 존귀함으로 자기의 아내 대할 줄을 알고 하나님을 모르는 이방인과 같이 색욕을 따르지 말고 이 일에 분수를 넘어서 형제를 해하지 말라 이는 우리가 너희에게 미리 말하고 증언한 것과 같이 이 모든 일에 주께서 신원하여 주심이라(1-6)
   이 수술칼로 수술을 하면 부부가 거룩해지며 남편은 색욕을 따르지 않고 거룩함과 존귀함으로 아내를 대하게 된다.

2. 각각 거룩함과 존귀함으로 자기의 아내 대할 줄을 알고(4)

3. 하나님을 모르는 이방인과 같이 색욕을 따르지 말고(5)

4. 하나님이 우리를 부르심은 부정하게 하심이 아니요 거룩하게 하심이니(7) - 부부가 거룩해지며
   이 수술칼로 수술하다 혈관을 건드리면 피가 분수같이 나온다.

5. 이 일에 분수를 넘어서 형제를 해하지 말라(6)
   이 수술칼은 죽은 자도 살린다는 휴거 칼이다.

6. 휴거(13-18) = 그리스도의 재림과 죽은 자의 부활
   - 우리가 예수께서 죽으셨다가 다시 살아나심을 믿을진대 이와 같이 예수 안에서 자는 자들도 하나님이 그와 함께 데리고 오시리라(14)
   - 우리가 주의 말씀으로 너희에게 이것을 말하노니 주께서 강림하실 때까지 우리 살아남아 있는 자도 자는 자보다 결코 앞서지 못하리라(15) - 휴거에 관한 구절이므로 살전 4장이 된다.
   - 주께서 호령과 천사장의 소리와 하나님의 나팔 소리로 친히 하늘로부터 강림하시리니 그리스도 안에서 죽은 자들이 먼저 일어나고 그 후에 우리 살아남은 자들도 그들과 함께 구름 속으로 끌어 올려 공중에서 주를 영접하게 하시리니 그리하여 우리가 항상 주와 함께 있으리라(16-17) - 휴거할 때 거북이(16)를 가슴(17)에 꼭 끌어안고 휴거한다. 좀 황당한 것 같지만 오히려 이처럼 쇼킹한 것이 머릿속에 더 잘 기억된다. 거북이를 가슴에 꼭 끌어안고 공중으로 올라가는 모습을 구체적으로 상상하자.
   - 그러므로 이러한 말로 서로 위로하라(18)
   수술칼은 의사가 손으로 잡고서 환자의 몸에 일자로 힘 있게 긋는 도구이다.

7. 또 너희에게 명한 것 같이 조용히 자기 일을 하고 너희 손으로 일하기를 힘쓰라 이는 외인에 대하여 단정히 행하고 또한 아무 궁핍함이 없게 하려 함이라(11-12)

데살로니가전서 5장		
배 경	환자	
대제목	쉬지 말고 기도하라	

📖 본문에서 바울은 그리스도의 재림 시기 및 재림을 앞둔 성도의 올바른 자세에 관해 교훈한 후에 마지막 간구와 권면과 인사로 서신을 끝맺고 있다.

환자가 수술을 앞두고 불안한지 **쉬지 않고 기도**하고 있다.

1. 항상 기뻐하라(16)　　　　　　　　　성령을 소멸하지 말며(19)
   쉬지 말고 기도하라(17) ──운율이 같다──▶ 예언을 멸시하지 말고(20)
   범사에 감사하라(18)　　　　　　　　　범사에 헤아려 좋은 것을 취하고(21)
   - **쉬지 않고 기도하고 있는데** 입에서 고슴도치(17)가 나오고 있다. 따라서 '쉬지 말고 기도하라'는 이 구절은 17절이 된다. 참고로 '항상 기뻐(16)하라'는 구절은 16절이 된다.
   환자가 **악악** 소리를 지르고 있는데 이는 입에서 나오고 있는 고슴도치 때문에 아파서 그렇다.

2. 삼가 누가 누구에게든지 **악**으로 **악**을 갚지 말게 하고 서로 대하든지 모든 사람을 대하든지 항상 선을 따르라(15) - 악악… 이제 그만 - 고문(15) 당하는 모습을 상상하자.
   악 하고 소리를 지르면 자연히 입을 **벌리**게 된다.

3. **악**은 어떤 모양이라도 **버리**라(22) - 악 하고 소리를 지르면 자연히 입을 벌리게 되고 그러면 윗니 2개와 아랫니 2개가 보이므로 이 구절은 22절이 된다.
   환자의 머리맡에 있는 대(大)비개,　대비개 → 대비

4. 주의 재림에 대비하라(1-11)
   - 형제들아 <u>때</u>와 <u>시기</u>에 관하여는 너희에게 쓸 것이 없음은 주의 날이 밤에 <u>도둑</u> 같이 이를 줄을 너희 자신이 자세히 알기 때문이라 그들이 평안하다, 안전하다 할 그 때에 임신한 여자에게 해산의 고통이 이름과 같이 멸망이 갑자기 그들에게 이르리니 결코 피하지 못하리라 형제들아 너희는 어둠에 있지 아니하매 그 날이 도둑 같이 너희에게 임하지 못하리니 너희는 다 빛의 아들이요 낮의 아들이라 우리가 밤이나 어둠에 속하지 아니하나니 그러므로 우리는 다른 이들과 같이 자지 말고 오직 깨어 정신을 차릴지라(1-6)
   - 평강의 하나님이 친히 너희를 온전히 거룩하게 하시고 또 너희의 온 <u>영</u>과 <u>혼</u>과 <u>몸</u>이 우리 주 예수 그리스도께서 강림하실 때에 흠 없게 보전되기를 원하노라(23)
   이 환자는 도둑이다.

5. 형제들아 <u>때</u>와 <u>시기</u>에 관하여는 너희에게 쓸 것이 없음은 주의 날이 밤에 <u>도둑</u> 같이 이를 줄을 너희 자신이 자세히 알기 때문이라(1-2)
   복면은 얼굴을 못 알아보게 보호해주므로 도둑에게는 또 다른 하나님의 전신갑주와 같다.

6. 우리가 낮에 속하였으니 정신을 차리고 <u>믿음</u>과 <u>사랑</u>의 호심경을 붙이고 구원의 <u>소망</u>의 투구를 쓰자(8)
   이 도둑이 밤이나 어둠에 속하지 않고 빛의 아들이요 낮의 아들로 살아갔으면 좋겠다.

7. 너희는 다 빛의 아들이요 낮의 아들이라 우리가 밤이나 어둠에 속하지 아니하나니(5)

데살로니가후서 3장

* **배경** : 데살로니가는 되살려내는 것으로 바꾼다. 되살려내려면 우선 수술을 받아야 하고 (전서) 그 다음 회복실(후서)로 가야한다. 따라서 데살로니가후서는 회복실을 배경으로 하며 회복실은 간호사와 방문객, 그리고 간병인으로 구성되어 있다. 참고로 데살로니가전서의 주제는 '예수 그리스도의 재림'이고 후서의 주제는 '예수 그리스도의 재림에 대한 성도의 올바른 태도'라는 것을 기억하자.

데살로니가후서 (3장)

저   자 : 사도 바울

주   제 : 예수 그리스도의 재림에 대한 성도의 올바른 태도

발 신 자 : 사도 바울, 디모데, 실라

수 신 자 : 데살로니가 교회 성도들

기록연대 : A.D. 51년경

기록장소 : 바울의 2차 전도여행 중 고린도에서 기록

요   절 : 2:2-3, 3:5-6

기록목적 : 교인들 중에는 그리스도께서 갑작스럽게 임하시리라는 말씀을 임박한 주의 강림으로 오해하였다. 따라서 바울은 그리스도의 재림에 대한 그릇된 견해를 올바로 잡아주면서, 재림의 날만을 고대하면서 현실의 삶을 도피하는 자들에게 일상생활에 충실할 것을 교훈하고자 기록하였다.

* **데살로니가** : 신약시대의 데살로니가는 잘 알려진 항구요 로마의 속주인 마게도냐의 수도였다. 이 번화한 도시는 동방에서 로마에 이르는 간선도로인 비아에그나치아에 위치해 있었다. 이곳은 헬라 신화의 본산인 올림푸스산이 보이는 곳이었다. 마게도냐 왕 카산더는 B.C. 315년경 이 지역을 확장하여 강화시켰으며 알렉산더 대왕의 이복누이인 자기 아내의 이름을 따서 이곳의 지명을 데살로니가로 바꾸었다. 로마는 B.C. 168년에 마게도냐를 정복하고 22년 뒤 이 지역을 단일 속주로 편성하여 데살로니가를 그 속주의 수도로 정했다. 전략상 요충지에 위치했기 때문에 데살로니가는 상업이 번영했으며 1세기에는 인구가 20여만 명에 달했다. 헬레니즘 문화가 꽃피웠다.

* **데살로니가 교회** : 바울과 실라 그리고 디모데는 제 2차 전도여행 중에 빌립보에서 풀려난 직후 처음 마게도냐의 수도이며 항구 도시인 데살로니가로 갔다(행17:1-9) 유럽에 복음이 처음 전파된 지역은 빌립보였고 이곳은 두 번째로 교회가 세워진 지역이다. 바울 일행의 복음을 듣고 많은 헬라인들이 회심하자 회당에 속한 상류층 인사들이 유대인을 선동하여 바울 일행을 잡으려고 했다. 그러나 바울 일행을 발견하지 못하자 바울을 집에 들였던 야손을 가이사의 반역자들을 숨겨 주었다는 이유로 고소했다. 시 당국자들은 야손에게서 질서를 지키겠다는 보증금을 받고 놓아 주었고 바울 일행을 그곳에서 추방했다.

데살로니가후서 1장		
배 경	간호사	
대제목	재림 때에 있을 심판	

📖 문안 인사를 한 후 바울은 환난 중에서도 교인들의 믿음이 성장한 데 대해 감사와 격려의 말을 전하고 애정 어린 기도를 한다 - 본문은 전반적으로 살전 1장과 내용이 흡사하다.

간호사의 손에 들고 있는 주사기는 **공중에서 지상으로** 즉 엉덩이로 꽂힐 것이다(심판). 공중에서 지상으로는 재림을 말하며 주사기가 엉덩이에 꽂히는 것은 심판을 나타낸다.

1. 재림 때에 있을 심판(1-12)
   - 바울과 실루아노와 디모데는 하나님 우리 아버지와 주 예수 그리스도 안에 있는 데살로니가인의 교회에 편지하노니 하나님 아버지와 주 예수 그리스도로부터 은혜와 평강이 너희에게 있을지어다(1-2)
   - 형제들아 우리가 너희를 위하여 항상 하나님께 감사할지니 이것이 당연함은 **너희의 믿음이 더욱 자라고** 너희가 다 각기 서로 사랑함이 풍성함이니(3) - 살전 1장에서는 데살로니가 교인들이 믿음의 본이 되었다고 나오나 살후 1장에서는 그 믿음이 더욱 자랐다고 나온다.
   - 그러므로 너희가 견디고 있는 **모든 박해와 환난** 중에서 너희 인내와 믿음으로 말미암아 하나님의 여러 교회에서 우리가 친히 자랑하노라(4) - 데살로니가 교회는 데살(大殺)이라는 이름처럼 유대인들의 박해가 심했으므로 모든 박해와 환난이 나오면 데살로니가 교회가 된다(행 17:1-9).
   - 이는 하나님의 공의로운 **심판의 표**요 너희로 하여금 하나님 나라에 합당한 자로 여김을 받게 하려 함이니 그 나라를 위하여 너희가 또한 <u>고난</u>을 받느니라(5)
   - 너희로 환난을 받게 하는 자들에게는 환난으로 갚으시고(6)
   - 환난을 받는 너희에게는 우리와 함께 안식으로 갚으시는 것이 하나님의 <u>공의</u>시니 주 예수께서 자기의 능력의 천사들과 함께 하늘로부터 불꽃 가운데에 나타나실 때에(7)
   - 하나님을 모르는 자들과 우리 주 예수의 복음을 복종하지 않는 자들에게 형벌을 내리시리니(8)
   - 이런 자들은 주의 얼굴과 그의 힘의 영광을 떠나 영원한 멸망의 형벌을 받으리로다(9)
   - 그 날에 그가 **강림**하사 그의 성도들에게서 영광을 받으시고 모든 믿는 자들에게서 놀랍게 여김을 얻으시리니 이는 (우리의 증거가 너희에게 믿어졌음이라)(10)
   - 이러므로 우리도 항상 너희를 위하여 기도함은 우리 하나님이 너희를 그 부르심에 합당한 자로 여기시고 모든 선을 기뻐함과 믿음의 역사를 능력으로 이루게 하시고(11)
   - 우리 하나님과 주 예수 그리스도의 <u>은혜</u>대로 우리 주 예수의 이름이 너희 가운데서 <u>영광</u>을 받으시고 너희도 그 안에서 <u>영광</u>을 받게 하려 함이라(12)
   주사기가 심판을 나타내므로 주사자국은 심판의 표가 된다.

2. 이는 하나님의 공의로운 **심판의 표**요 너희로 하여금 하나님 나라에 합당한 자로 여김을 받게 하려 함이니 그 나라를 위하여 너희가 또한 <u>고난</u>을 받느니라(5)
   ※ 데살로니가 후서의 발신자 - 바울, 디모데, 실라(실루아노)
   (암기방법) <u>바디</u>에 붙은 실 **살살** 때라. 살살 - 데살로니가전서, 데살로니가후서

데살로니가후서 2장		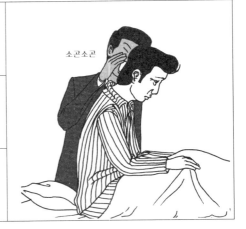소곤소곤
배 경	방문객	
대제목	적그리스도의 출현	

📖 바울은 그리스도의 재림에 관한 교인들의 그릇된 종교관(급작스런 주의 재림을 임박한 주의 재림으로 믿는 것)을 교정시키면서 재림 전에 일어날 세상 종말의 징조들에 관해 가르친다. 방문객이 붉은 옷을 입고 있는데 붉은색은 적(赤)그리스도를 나타내며 붉은 옷이 붉어도 너무 붉어 피가 뚝뚝 떨어지는 것 같다(출혈).   출혈 → 출현

1. 적그리스도의 출현(4-12)
   • 너희는 지금 그로 하여금 그의 때에 나타나게 하려 하여 막는 것이 있는 것을 아나니 불법의 비밀이 이미 활동하였으나 지금은 그것을 막는 자가 있어 그 중에서 옮겨질 때까지 하리라 그 때에 불법한 자가 나타나리니 주 예수께서 그 입의 기운으로 그를 죽이시고 강림하여 나타나심으로 폐하시리라 악한 자의 나타남은 사탄의 활동을 따라 모든 능력과 표적과 거짓 기적과 불의의 모든 속임으로 멸망하는 자들에게 있으리니 이는 그들이 진리의 사랑을 받지 아니하여 구원함을 받지 못함이라 (6-10) - 불법한 자와 악한 자의 나타남 = 적그리스도의 출현이므로 이 구절은 살후 2장이 된다.
   • 하나님이 미혹의 역사를 그들에게 보내사 거짓 것을 믿게 하심은 진리를 믿지 않고 불의를 좋아하는 모든 자들로 하여금 심판을 받게 하려 하심이라(11-12) - 방문객은 붉은 옷(불의)을 좋아한다. 방문객이 붉은 옷을 입었으므로 방문객은 불법의 사람이 된다.

2. 누가 어떻게 하여도 너희가 미혹되지 말라 먼저 배교하는 일이 있고 저 불법의 사람 곧 멸망의 아들이 나타나기 전에는 그 날이 이르지 아니하리니(3)
   붉은 옷도 이상한데 선탠(선택)까지 하고 왔다. 적그리스도의 시커먼 속을 보는 것 같다.

3. 선택해 주신 것에 감사하라(13-17)
   • 주께서 사랑하시는 형제들아 우리가 항상 너희에 관하여 마땅히 하나님께 감사할 것은 하나님이 처음부터 너희를 택하사 성령의 거룩하게 하심과 진리를 믿음으로 구원을 받게 하심이니(13)
   방문객(적그리스도)이 환자의 귀에 대고 소곤(소문) 거리고 있다. 소곤거리는 것은 소문을 뜻하며 방문객이 적그리스도이므로 거짓 소문이 된다.

4. 그리스도의 재림에 대한 거짓 소문(1-3)
   방문객(적그리스도)이 환자의 귀에 대고 소곤거리며 이렇게 말한다. "내가 바로 하나님이야"

5. 그는 대적하는 자라 신이라고 불리는 모든 것과 숭배함을 받는 것에 대항하여 그 위에 자기를 높이고 하나님의 성전에 앉아 자기를 하나님이라고 내세우느니라(4, 사 14:14) - 내용의 주체가 4탄이므로 4절 방문객이 자신이 하나님이라고 말할지라도 환자는 이런 말에 쉽게 마음이 흔들려서는 안 된다.

6. 영으로나 또는 말로나 또는 우리에게서 받았다 하는 편지로나 주의 날이 이르렀다고 해서 쉽게 마음이 흔들리거나 두려워하거나 하지 말아야 한다는 것이라(2)
   환자가 방문객에게 귀로 가르침을 받았듯이 환자도 귀로 가르치는 전통을 지켜나갈 것이다.

7. 가르침을 받은 전통을 지키라(13-17)
   • 그러므로 형제들아 굳건하게 서서 말로나 우리의 편지로 가르침을 받은 전통을 지키라(15)

데살로니가후서 3장	
배 경	간병인
대제목	게으름을 경고하다

📖 바울은 데살로니가 교인들에게 올바른 재림관에 입각한 삶의 자세를 가르치고 있는데 무엇보다 절도 있는 생활을 하라고 권고한다. 이어 문안과 축도로서 편지를 끝맺는다.

간병인은 환자를 돌봐야 하는데 게을러서 꾸벅꾸벅 졸고 있다.

1. <mark>게으름을 경고하다</mark>(6-18) - 당시 데살로니가 교인들 중 일부는 그릇된 종교관(주의 재림이 임박한 것처럼 믿는 것)에 심취하여 직장을 버리고 무위도식 하였는데 이에 대해 바울은 강한 어조로 비난하고 절도 있는 생활을 하라고 권고한다.
   • 형제들아 우리 주 예수 그리스도의 이름으로 너희를 명하노니 <u>게으르게</u> 행하고 우리에게서 받은 전통대로 행하지 아니하는 모든 형제에게서 떠나라(6)
   • **누구든지 일하기 싫어하거든 먹지도 말게 하라** 하였더니 우리가 들은즉 너희 가운데 <u>게으르게</u> 행하여 도무지 일하지 아니하고 일을 만들기만 하는 자들이 있다 하니 이런 자들에게 우리가 명하고 주 예수 그리스도 안에서 권하기를 **조용히 일하여 자기 양식을 먹으라** 하노라(10-12)
   간병인이 이렇게 게을러도 밥은 때마다 일마다 꼬박꼬박 챙겨 먹는다.

2. <u>평강</u>의 주께서 친히 **때마다 일마다** 너희에게 <u>평강</u>을 주시고 주께서 너희 모든 사람과 함께 하시기를 원하노라(16)
   게으름과 정반대는 주야로 일하는 것이다.

3. 누구에게서든지 음식을 값없이 먹지 않고 오직 수고하고 애써 주야로 일함은 너희 아무에게도 폐를 끼치지 아니하려 함이니(8) - 살전 2장 9절 '너희 아무에게도 폐를 끼치지 아니하려고 밤낮으로 일하면서 너희에게 하나님의 복음을 전하였노라'와 비슷한데 구분하는 방법은 살전 2장은 소제목이 데살로니가 전도이므로 '하나님의 복음을 전하였노라'가 포함된 구절이 살전 2장이 된다.
   간병인이 산 낙지를 깔고 앉아서 졸고 있다.   산 낙지 → **선**을 행하다가 **낙**심하**지** 말라

4. 형제들아 너희는 **선**을 행하다가 **낙**심하**지** 말라(13)
   간병인이 졸 때 머리를 꾸벅꾸벅("   ") 하면서 조는데 꾸벅꾸벅은 부탁할 때 머리를 연신 꾸벅거리면서 부탁하므로 꾸벅꾸벅은 부탁이 되며 간병인이 눈을 감고(기도) 꾸벅거리므로 기도의 부탁이 된다. 따라서 성경기억법에서 "   " 이 표시는 기도의 부탁으로 약속한다.

5. <mark>기도의 부탁</mark>(1-5) - 롬 15장, 고후 1장, 엡 6장, 골 4장
   • 주는 미쁘사 너희를 굳건하게 하시고 <u>악한</u> 자에게서 <u>지키시리라</u>(3) - 낙지≒악지
   간병인이 조는 것을 보면 짜증이 나지만 그래도 원수같이 생각하지 말고 형제같이 권면하자.

6. 누가 이 편지에 한 우리 말을 순종하지 아니하거든 그 사람을 지목하여 사귀지 말고 그로 하여금 부끄럽게 하라 그러나 원수와 같이 생각하지 말고 형제같이 권면하라(14-15)
   간병인은 이 환자의 것이지 모든 사람의 것이 아니다.

7. 우리를 부당하고 악한 사람들에게서 건지시옵소서 하라 **믿음은 모든 사람의 것이 아니니라**(2)
   ※ 바울의 친필 서신서 - 골, 갈, 몬, 살후, 고전 - 꼴값 떠는 몬스터 살해 후 쓴 친필 서신서는 고전이다.

디모데전서 6장

* **배경** : 디모데는 데모대와 발음이 비슷하므로 데모대를 배경으로 한다. 데모대는 전방과 후방으로 나누는데 디모데전서는 데모대의 전방을 배경으로 한다. 데모대 전방에는 최루탄·바리게이트·지휘관·경찰·경찰차·구경하는 시민이 있으며 디모데전서는 이 6가지를 배경으로 한다.

디모데전서 (6장)

저 자 :	사도 바울(목회서신)
	다소사람, 유대인, 로마 시민권 소유, 바리새인들에 의하여 많은 영향, 헬라 문화에 철저한 정통파. 유명한 '가말리엘'의 문하에서 여러 가지 학문을 배움. 예루살렘에서 유대인들이 교회를 핍박함에 참가하여 신자를 잡아다가 투옥하고 박해하기 위하여 대제사장의 공문을 맡아가지고 멀리 다메섹으로 가다가 도중에서 주님의 부르심을 받음. 이방의 사도로 부르심.
주 제 :	교회 지도자의 자세
발 신 자 :	사도 바울
수 신 자 :	디모데
기록연대 :	A.D. 63년경
기록장소 :	로마 1차 구금에서 풀려난 후 바울의 4차 전도여행 중 마게도냐에서 기록.
요 절 :	3:15-16, 4:16, 6:11-12
기록목적 :	바울은 사랑하는 믿음의 아들 디모데에게 매우 실제적인 목회 지침을 제시함으로써 그의 목회사역을 격려하고 그가 좋은 목자로서 주님의 교회를 잘 돌보기를 바라는 마음에서 이 편지를 기록하였다.
* 디모데 :	바울의 제자, 동역자. 소아시아의 루가오니아 지방 루스드라 태생(행 16:1). 아버지는 헬라인이고 어머니 유니게는 유대인이다. 조모 로이스도 신앙이 돈독한 사람이었다(딤후 1:5). 디모데는 처음 바울이 루스드라에 왔을 때 그의 전도를 받고 신자가 된듯하다. 그 후 바울이 제 2차 전도여행 때 다시 만나서 동행자가 되어 그를 따른 것 같다(행 16-20장). 바울이 로마 옥중에 있을 때 기록한 책(빌립보, 골로새, 빌레몬)에 그의 이름이 기록된 것을 보면 디모데는 바울과 함께 로마에까지 간 것이 사실이다. 디모데는 바울의 충실한 제자였으며(고전 4:17) 또 동역자였으며 헌신적인 활동을 했다(빌 2:19-24). 전설에 의하면 디모데는 에베소 교회의 감독이 되었다가 순교 했다고 한다.

디모데전서 1장	
배 경	최루탄
대제목	거짓 교훈

📖 디모데에게 문안을 전한 바울은 당시 교회를 위협하던 이단 사상과 헛된 교훈에 대해 경계할 것을 권하고 이어 자신의 삶을 간증하면서 믿음의 선한 싸움을 싸우라고 권면한다. 최루탄연기는 거짓 연기인데 이 연기 속에서 데모대가 투석할 돌이 떨어지자 다급한 김에 가방에 있던 감을 전경에게 던지고 전경도 급하게 손잡이가 자 모양으로 생긴 비로 막아내고 있다. **자** 모양의 **비** → 자비, 감 → 감사, 또 감마저도 떨어지자 교실에 걸려있던 교훈을 집어 던지는데 이 교훈은 거짓 연기 속에 있으므로 거짓 교훈이 된다.

1. 거짓 교훈(1-11)
   • 내가 마게도냐로 갈 때에 너를 권하여 에베소에 머물라 한 것은 어떤 사람들을 명하여 다른 교훈을 가르치지 말며(3) - 디모데는 에베소에서 목회했으며 교훈이 나오므로 이 구절은 딤전 1장이 된다.
   • 신화와 끝없는 족보에 몰두하지 말게 하려 함이라 이런 것은 믿음 안에 있는 하나님의 경륜을 이룸보다 도리어 변론을 내는 것이라(4) - 끝없는 족보란 선민이라는 민족적 특권을 자신들 개인의 특권인 양 여기고 그것으로 구원을 얻을 수 있을 것처럼 생각하여 족보에 집착하는 것을 비꼰 말.
   • 이 교훈의 목적은 청결한 마음과 선한 양심과 거짓이 없는 믿음에서 나오는 사랑이거늘(5)

2. 자비에 대한 감사(12-17) - 내가 전에는 비방자요 박해자요 폭행자였으나 도리어 긍휼을 입은 것은 내가 믿지 아니할 때에 알지 못하고 행하였음이라(13)
   자 모양의 **비**는 자비도 되지만 **비**방**자**도 된다.

3. 내가 전에는 비방자요 박해자요 폭행자였으나 도리어 긍휼을 입은 것은 내가 믿지 아니할 때에 알지 못하고 행하였음이라(13)
   최루탄을 쏘면 총성(≒충성)이 나며 최루탄을 직접 맞으면 죽을 수도 있다.

4. 그리스도 예수 우리 주께 내가 감사함은 **나를 충성되이 여겨 내게 직분을 맡기심이니**(12)
   최루탄 때문에 방독면을 쓴 전경의 모습이 마치 **신화** 속에 나오는 괴수 같다.

5. 신화와 끝없는 족보에 몰두하지 말게 하려 함이라 이런 것은~ 도리어 변론을 내는 것이라(4)
   전경이 방독면을 써서 **괴수** 같지 실제 얼굴은 **이쁘다.** 이쁘다 → 미쁘다(믿음직하다)

6. 미쁘다 모든 사람이 받을 만한 이 말이여 그리스도 예수께서 죄인을 구원하시려고 세상에 임하셨다 하였도다 죄인 중에 내가 괴수니라(15) - 까만(15) 방독면을 쓴 전경의 모습이 괴수 같다.
   전경이 방독면을 써서 괴수 같지 실제는 믿을 수 없을 만큼 착하다.

7. **믿음과 착한 양심을 가지라** 어떤 이들은 이 양심을 버렸고 그 믿음에 관하여는 파선하였느니라(19)
   데모대가 방독면을 쓰고 있는 전경에게 얼굴이 궁금해서 묻는다. who are you(후알유, 당신은 누구십니까), who(후) → 후메내오, are(알) → 알렉산더

8. 바울을 배신한 사람들(18-20) - 그 가운데 **후메내오**와 **알렉산더**가 있으니 내가 사탄에게 내준 것은 그들로 훈계를 받아 **신성을 모독하지 못하게 하려 함이라**(18-20)

디모데전서 2장		
배 경	바리게이트	
대제목	중보기도	

📖 바울은 디모데에게 실제적인 목회 지침을 주고 있는데 중보기도의 중요성과 여 성도들을 위한 교훈을 전달하고 있다.

데모 때문에 나라가 어수선하니 중보기도를 하되 특별히 나라를 위해 기도해 달라고 바리게이트에 중보기도 라고 써놓았다. 참고로 디모데전서는 바리게이트로 마켜 있으므로 마케도냐에서 썼다는 것을 알 수 있다.

1. 중보기도(1-7)
   • 모든 사람을 위하여 간구와 기도와 도고(중보기도)와 감사를 하되 임금들과 높은 지위에 있는 모든 사람을 위하여 하라 이는 우리가 모든 경건과 단정함으로 고요하고 평안한 생활을 하려 함이라(1-2) 중보기도가 나오면 중보자에 대해서도 나온다.

2. 하나님은 한 분이시요 또 하나님과 사람 사이에 **중보자**도 한 분이시니 곧 사람이신 그리스도 예수라(5) - 바리게이트에 중보기도 라고 써서 걸어놓은 것은 치마(05)다. 치마라는 것을 꼭 기억하자. 중보기도의 목적 - 하나님께서 우리에게 다른 사람을 위해 중보기도를 시키심은 우리와 같이 모든 사람도 구원을 받으며 진리를 아는 데에 이르기를 원하시기 때문이다.

3. 하나님은 모든 사람이 구원을 받으며 진리를 아는 데에 이르기를 원하시느니라(4) 바리게이트가 얼룩말을 닮았으므로 참말과 거짓말이 나온다.

4. 내가 전파하는 자와 사도로 세움을 입은 것은 참말이요 거짓말이 아니니 믿음과 진리 안에서 내가 이방인의 스승이 되었노라(7) - 지지대가 각각 '스' 자를 닮았다.   스스 → 스승
   남자(♂)와 여자(♀)가 **횡**으로 **실**에 묶여 있다. 횡실 → 행실
   참고로 바리게이트에 실로 묶어 놓은 것은 바리게이트에 써 놓은 것이 떨어질 까봐 실로 묶어놓은 것이다.

   남자   여자

5. 남자의 행실(8) - 각처에서 남자들이 분노와 다툼이 없이 거룩한 손을 들어 기도하기를 원하노라(8)

6. 여자의 행실(9-15) - 또 이와 같이 여자들도 단정하게 옷을 입으며 소박함과 정절로써 자기를 단장하고 땋은 머리와 금이나 진주나 값진 옷으로 하지 말고 오직 선행으로 하기를 원하노라(9-10)
   • 여자들이 만일 정숙함으로써 믿음과 사랑과 거룩함에 거하면 그의 해산함으로 구원을 얻으리라(15)
   ♀(여자)가 움직이지 못하게 실로 묶어놓은 것은 여자는 조용히 있으라는 뜻이 담겨있다.

7. 여자는 일절 순종함으로 조용히 배우라 여자가 가르치는 것과 남자를 주관하는 것을 허락하지 아니하노니 오직 조용할지니라(9-12)
   ※ 고전 14장과 비슷하나 차이점은 고전 14장은 여자들이 교회에서 잠잠할 것을 주문하고 있다.
   남자(♂)와 여자(♀)가 묶여 있으므로 남자(♂)와 여자(♀)는 대속물이 된다.

8. 그가 모든 사람을 위하여 자기를 **대속물**로 주셨으니 기약이 이르러 주신 증거니라(6) - 대속물인 남자(♂)와 여자(♀)를 나타내는 기호가 6자 모양이다.   대속물 - 마 20:28, 막 10:45, 딤전 2:6

디모데전서 3장		
배 경	지휘관	
대제목	감독의 자격	

📖 바울은 교회 직분의 자격에 관한 지침을 주고 있다. 곧 감독과 집사의 자격 기준을 언급한 후 경건의 비밀을 논한다.

데모 진압을 위해 출동한 경찰 지휘관은 경비대장으로 감독의 자격을 갖춘 사람이다.

경비大장 → 크도다 **경건**의 **비밀**이여, 참고로 경건이란 예수께서 우리에게 계시하신 복음으로 말미암아 우리의 삶 전체를 하나님께 참되게 헌신하는 것을 말한다.

1. 경건의 비밀(14-16) - 우리의 경건의 원인이요, 모범이신 그리스도를 말한다.

• 크도다 **경건**의 **비밀**이여, 그렇지 않다 하는 이 없도다 그는 <u>육신</u>으로 나타난 바 되시고 <u>영</u>으로 의롭다 하심을 받으시고 천사들에게 보이시고 만국에서 전파되시고 세상에서 믿은 바 되시고 영광 가운데서 올려지셨느니라(16) - 경건의 비밀은 줄여서 경비(16)가 되므로 경건의 비밀이 나오는 이 구절은 16절이 된다.

2. 감독의 자격(1-7) - 딛 1장

• 미쁘다 이 말이여, 곧 사람이 감독의 직분을 얻으려 함은 선한 일(1)을 사모하는 것이라 함이로다(1)

• 그러므로 감독은 책망할 것이 없으며 한 아내의 남편이 되며 절제하며 신중하며 단정하며 나그네를 대접하며 가르치기를 잘하며 술을 즐기지 아니하며 구타하지 아니하며 오직 관용하며 다투지 아니하며 돈을 사랑하지 아니하며 자기 집을 잘 다스려 자녀들로 모든 공손함으로 복종하게 하는 자라야 할지며(2-4)

경비대장의 명찰에 집사라고 써 있는데 경비대장은 교회에서 집사 직분을 가지고 있다.

3. 집사의 자격(8-13) - 여자 집사에 대해서도 나온다(11).

• 이와 같이 집사들도 정중하고 일구이언을 하지 아니하고 술에 인박히지 아니하고 더러운 이를 탐하지 아니하고 깨끗한 양심에 믿음의 비밀을 가진 자라야 할지니 이에 이 사람들을 먼저 시험하여보고 그 후에 책망할 것이 없으면 집사의 직분을 맡게 할 것이요 여자들도 이와 같이 정숙하고 모함하지 아니하며 절제하며 모든 일에 충성된 자라야 할지니라 집사들은 한 아내의 남편이 되어 자녀와 자기 집을 잘 다스리는 자일지니(8-12)

※ 감독의 자격과 집사의 자격에서 공통으로 들어가는 자격 - ① 술을 즐기지 않음 ② 책<u>망</u>할 것이 없음 ③ <u>한</u> 아내의 남편 ④ <u>자녀</u>와 <u>자기 집</u>을 잘 다스림 - 술 망한 자

집사를 통해서 중요요절을 만들면 다음과 같다. 집사 → 이 **집**은 **사**라 계신

4. 이 **집**은 **살**아 계신 하나님의 교회요 진리의 기둥과 터니라(15) - 그런데 이 **집**은 오랫동안 사람이 **살**지 않아서 거미줄(15)이 많이 쳐져 있다.

✱ 성경 자세히 이해하기 - 감독

성경에서는 장로와 감독이 동의어로 취급되기도 한다(행 20:17, 28; 딛 1:5, 7). 그러나 사도시대 이후부터 장로 중에서 잘 가르치는 재능이 있는 사람을 감독이라 부르게 되었으며 3세기에 이르러는 감독직이 직제화 되어 교회의 지도자로 등장하게 되었다.

디모데전서 4장		
배 경	경찰들	
대제목	그리스도의 선한 일꾼	

경건을 연습하는 중이다

📖 바울은 후배 동역자인 디모데에게 진리를 왜곡시키는 이단 사상을 경계할 것과 경건의 훈련을 쌓을 것, 그리고 그리스도의 좋은 일꾼이 될 것을 권면한다.

출동한 경찰들은 선한 일꾼들이다. '선한'이 되는 이유는 경찰들의 허리에 찬 **선** 때문이다. 참고로 경찰의 허리에 찬 혁대는 선 모양이므로 기억법상 **선**으로 한다.

1. 그리스도의 선한 일꾼(6-16)

   출동한 경찰들은 이제 막 경찰에 입문했는지 굉장히 연소하게 생겼다(그렇다고 생각하자).

2. **누구든지 네 연소함을 업신여기지 못하게 하고** 오직 말과 행실과 사랑과 믿음과 정절에 있어서 믿는 자에게 본이 되어(12) - 연소하다는 것은 12, 15, 18세 등급 중 12세에 해당한다.

   (암기방법) 연말행사 믿정 - 연말행사 믿어도 되정(되죠)

   경찰들은 출동하기 전에 반드시 은사(스승)로부터 안수를 받고 출동한다.

3. 네 속에 있는 은사 곧 장로의 회에서 안수받을 때에 예언을 통하여 받은 것을 가볍게 여기지 말며(14)

   경찰들은 데모대를 진압하는 과정에서 혈기가 앞서 폭력을 행사할 수 있기 때문에 혈기를 다스리기 위해 매일 경건을 연습한다. 운동선수가 매일 운동 연습을 하는 것처럼.

4. 망령되고 허탄한 신화를 버리고 경건에 이르도록 네 자신을 연습(연단)하라(7) - 손을 합장한 채 머리를 숙이는 연습을 하면 경건에 이르게 되는데 이때 경건에 이르는 자세가 숫자 7을 닮았다.

   육체의 연습(연단)은 약간의 유익이 있으나 경건은 범사에 유익하니 금생과 내생에 약속이 있느니라(8)

   경찰들은 데모진압을 위해 태극권, 영춘권이 있듯이 경찰무술인 읽가권을 배운다.

5. 내가 이를 때까지 **읽는 것과 권하는 것과 가르치는 것에 전념하라**(13)

   경찰들의 허리 <u>선</u> <u>아래</u> <u>에</u> <u>감</u> <u>4개</u>
   　　　　　　　　선　　하　　매　감사　 4절

6. 하나님께서 지으신 모든 것이 선하매 감사함으로 받으면 버릴 것이 없나니 하나님의 말씀과 기도로 거룩하여짐이라(4-5) - **선 아래에** 감이 4개 있으므로 **선하매**가 나오는 이 구절은 4절이 된다.

   경찰들의 허리**선**에 **생**(생강)이 있다. 4복음서를 제외한 서신에서 **선생**은 거짓 선생이 된다.

7. 거짓 선생에 대한 경고(1-5)

   • 그러나 성령이 밝히 말씀하시기를 후일에 어떤 사람들이 믿음에서 떠나 미혹하는 영과 귀신의 가르침을 따르리라 하셨으니 자기 양심이 화인을 맞아서 외식함으로 거짓말하는 자들이라(1-2)

   데모대가 던진 화염병에 경찰중 1명이 가슴에 맞고 쓰러졌다.　화염 → 화인, 가슴 → 양심

8. **자기 양심이 화인을 맞아서** 외식함으로 거짓말하는 자들이라(2) - 양심(두 마음)이 2절을 나타낸다.

   경찰들은 데모가 다 끝나야 귀가할 수 있다.　귀가 → **귀**신의 **가**르침

9. 그러나 성령이 밝히 말씀하시기를 후일에 어떤 사람들이 믿음에서 떠나 미혹하는 영과 **귀신의 가르침**을 따르리라 하셨으니(1) - 따르는 것은 앞선 것을 일직선으로 쫓아가는 것이므로 1절이 된다.

디모데전서 5장		
배 경	경찰차	
대제목	장로를 대하는 태도	

📖 본문에서 바울은 교역자가 교회를 이끌어 나가는 과정에서 접하게 될 교인 각 계층 즉 일반 성도, 과부, 장로 등에 대해 어떤 태도로 대하여야 할지를 가르친다.

경찰차에는 안전을 위해 일반 성도와 과부, 장로들을 싣고 보호하고 있다.

경찰차 첫 번째 창문 – 일반 성도들이 타고 있으며 인원이 많아서 그리지는 않았다.

1. 일반 성도들을 대하는 태도(1-2)
   • 늙은이를 꾸짖지 말고 권하되 아버지에게 하듯 하며 젊은이에게는 형제에게 하듯 하고(1)
   • 늙은 여자에게는 어머니에게 하듯 하며 젊은 여자에게는 온전히 깨끗함으로 자매에게 하듯 하라(2)

   경찰차 두 번째 창문 – 과부

2. 과부를 대하는 태도(3-16) – 참 과부인 과부를 존대하라(3)
   • 참 과부로서 외로운 자는 하나님께 소망을 두어 주야로 항상 간구와 기도를 하거니와 향락을 좋아하는 자는 살았으나 죽었느니라(5-6)
   ※ 참 과부 – 60세 이상 된 과부와 가난한 과부로, 한 남편의 아내였던 자로 교회 구제 명단에 기재된 과부. 젊은 과부들을 교회 명단에 올리지 않은 이유는 세상 정욕 때문에 그리스도께 헌신하는 것을 버리고 시집가기 때문이며(11절) 재혼할 것을 권유받았다(14절).

   경찰차 세 번째 창문 – 장로

3. 장로를 대하는 태도(17-25)   ※ 장로 – 행 20장, 딤전 5장, 딛 1장, 벧전 5장, 요이, 요삼
   • 잘 다스리는 장로들은 배나 존경할 자로 알되 말씀과 가르침에 수고하는 이들에게는 더욱 그리할 것이니라(17) – 롬 10장에서 전도사님이 17자 모양의 귀걸이를 했는데 장로님께서도 17자 모양의 귀걸이를 했네요(그림에서는 보이지 않음). 나이가 지긋하신 분이 어울리지 않는 짓을 했군요.
   • 장로에 대한 고발은 두세 증인이 없으면 받지 말 것이요(19)
   ※ 장로의 안경테에서 테를 보고 소제목에 '태도'라는 제목이 붙는다는 것을 알 수 있다.

   데모 진압하는 경찰차의 창문에 망을 씌어 놓은 것이 소의 입에 망을 씌운 것과 비슷하다.

4. 성경에 일렀으되 곡식을 밟아 떠는 소의 입에 망을 씌우지 말라 하였고(18) – 신 25장, 고전 9장

   경찰차에 탄 이 사람들은 모두 가족이요 친족들이다.

5. 누구든지 자기 친족 특히 자기 가족을 돌보지 아니하면 믿음을 배반한 자요 불신자보다 더 악한 자니라(8) – 보통 가족이나 친족은 8촌까지를 말하므로 가족과 친족이 나오는 이 구절은 8절이 된다.

   경찰차에는 음주운전의 위험을 알리기 위해서 포도주가 그려져 있다.

6. 이제부터는 물만 마시지 말고 네 위장과 자주 나는 병을 위하여는 포도주를 조금씩 쓰라(23) – 여기서 바울은 디모데의 위장병을 생각하고서 포도주를 권하고 있는 것이지 쾌락을 목적으로 하는 과다한 음주를 허용하는 것은 아니다. 이 귀절은 약에 대한 중요한 교훈을 준다. 하나님은 반드시 기도나 이적을 통해서만이 아니라 자연적이며 합리적인 치유 수단, 즉 약을 통해서도 병을 고쳐 주신다는 것이다. 그러므로 신자는 인간적인 치유 수단과 기도를 동시에 병행하여 병 고침을 얻도록 노력해야 한다.

배 경	디모데전서 6장
	구경하는 시민
대제목	믿음의 선한 싸움

📖 **이단과 돈을 주의할 것, 믿음의 선한 싸움을 싸울 것, 거짓 지식을 피할 것을 권하고 있다.** 경찰차의 뒤에서 싸움이 벌어지고 있다.

1. 믿음의 선한 싸움(11-21) - 목회를 하나의 싸움으로 비유해 끝까지 선전할 것을 당부하고 있다.
   • 믿음의 선한 **싸움**을 싸우라 영생을 취하라 이를 위하여 네가 부르심을 받았고 많은 **증인** 앞에서 선한 증언을 하였도다(12) - 싸움이나 씨름은 다 그네(12)를 타면서 한다고 약속을 정해 놓았다.
   12절 '믿음의 선한 싸움을 싸우라'에서 **선**한 **싸움** → **선**한 **사업**으로 바꿀 수 있다.

2. 선을 행하고 선한 사업을 많이 하고 나누어 주기를 좋아하며 너그러운 자가 되게 하라(18)
   싸움의 원인은 다 돈 때문이다. 손에 **돈 일만원**을 들고 있으므로 **돈**은 **일만** 악의 뿌리가 된다.

3. 돈에 대한 경고(7-10) - 돈을 사랑함이 일만 악의 뿌리가 되나니 이것을 탐내는 자들은 미혹을 받아 믿음에서 떠나 많은 근심으로써 자기를 찔렀도다(10) - 일만(10,000)에서 영 3개를 지우면 10이 된다.
   • 정함이 없는 재물에 소망을 두지 말고 우리에게 모든 것을 후히 주사 누리게 하시는 하나님께 두며(17) 이중 한 사람은 채무자로 빚이 너무 많아 죽지 못해 산다. 차마 눈뜨고 볼 수가 없다.

4. 오직 그에게만 죽지 아니함이 있고 가까이 가지 못할 빛에 거하시고 어떤 사람도 보지 못하였고 또 볼 수 없는 이시니 그에게 존귀와 영원한 권능을 돌릴지어다 아멘(16)
   싸울 때 손가락으로 서로 삿대질을 하며 '이익~ **너 종** 간나 X X야'라고 욕을 하며 분위기가 험악해 진다. 이익 - 극도로 화가 났을 때 입으로 내는 소리.

5. 오직 **너** 하나님의 사람아 이것들을 피하고 의와 경건과 믿음과 사랑과 인내와 온유를 따르며(11) - 너 하면서 검지를 들고 서로 삿대질을 할 때 손가락의 모양이 누운 11자(⇄)가 된다.
   (암기방법) 의·경·민·사·인·온 - 이것으로 글을 만들면 '**의경 및 사인** 받으러 **온 시민**'이 된다.
   데모하는 곳에 우연히 스타가 와서 **사인** 받으러 **온** 시민들과 **및** 통제하려는 **의경**의 모습을 상상하자.

6. 종의 의무(1-2) - 엡 6장, 골 3장, 벧전 2장

7. 마음이 부패하여지고 진리를 잃어 버려 경건을 **이익**의 방도로 생각하는 자들의 다툼이 일어나느니라 그러나 지족(분수를 지키며 만족할 줄 앎)하는 마음이 있으면 경건은 큰 **이익**이 되느니라(5-6) 급기야 **이단** 엽차기가 날아간다.

8. 이단에 대한 경고(3-6)
   이단 엽차기 → 공수도(주먹과 발에 의한 타격기술을 특징으로 하는 격투기) → 공수레 공수거

9. 우리가 세상에 아무 것도 가지고 온 것이 없으매 또한 아무 것도 가지고 가지 못하리니 우리가 먹을 것과 입을 것이 있은즉 족한 줄로 알 것이니라(7-8) - 욥 1장, 시 49편, 전 5장, 딤전 6장
   이단 엽차기가 쉭(식)하고 날아왔으나 상대방이 이를 피한다. 식 → 지식, 쉭 → 거짓 지식

10. 거짓 지식을 피하라(20-21) - 디모데야 망령되고 헛된 말과 **거짓**된 **지식**의 반론을 **피함**으로 네게 부탁한 것을 지키라 이것을 따르는 사람들이 있어 믿음에서 벗어났느니라(20-21)

디모데후서 4장

* **배경** : 디모데는 데모대와 발음이 비슷하므로 데모대를 배경으로 한다. 데모대는 전방과 후방으로 나누는데 디모데후서는 데모대의 후방을 배경으로 한다. 데모대 후방에는 데모대 군인·프랭카드·두 처녀가 있으며 디모데후서는 이 4가지를 배경으로 한다.

* **참고** : 데모대(딤후 1장)가 데모하다 잡히면 감방에 가므로 디모데후서는 로마감방에서 썼으며 디모데후서 3장 말세에서 알 수 있듯이 사도 바울이 마지막으로 쓴 서신이다.

디모데후서 (4장)

저　　자 : 사도 바울(목회서신)

　　　　　다소사람, 유대인, 로마 시민권 소유, 바리새인들에 의하여 많은 영향, 헬라 문화에 철저한 정통파. 유명한 '가말리엘'의 문하에서 여러 가지 학문을 배움. 예루살렘에서 유대인들이 교회를 핍박함에 참가하여 신자를 잡아다가 투옥하고 박해하기 위하여 대제사장의 공문을 맡아가지고 멀리 다메섹으로 가다가 도중에서 주님의 부르심을 받음. 이방의 사도로 부르심.

주　　제 : 예수 그리스도의 좋은 군사(배경에 군인이 나오므로 외우기도 쉽다)

발 신 자 : 사도 바울

수 신 자 : 디모데

기록연대 : A.D. 67년경

기록장소 : 로마 감옥(로마 2차 구금, 최후의 바울서신, 편지를 쓴 후 얼마 안 되어 순교)

요　　절 : 2:3-4, 3:14-17, 4:1-5

기록목적 : 믿음의 아들 디모데에게 거짓 교사들의 그릇된 가르침으로부터 교회를 잘 보호하도록 용기를 북돋워주는 한편, 감옥생활에서 긴급히 필요로 하는 물품을 조달 받기를 원했다.

* **디모데** : 바울의 제자, 동역자. 소아시아의 루가오니아 지방 루스드라 태생(행 16:1). 아버지는 헬라인이고 어머니 유니게는 유대인이다. 조모 로이스도 신앙이 돈독한 사람이었다(딤후 1:5). 디모데는 처음 바울이 루스드라에 왔을 때 그의 전도를 받고 신자가 된듯하다. 그 후 바울이 제 2차 전도여행 때 다시 만나서 동행자가 되어 그를 따른 것 같다(행 16-20장). 바울이 로마 옥중에 있을 때 기록한 책(빌립보, 골로새, 빌레몬)에 그의 이름이 기록된 것을 보면 디모데는 바울과 함께 로마에까지 간 것이 사실이다. 디모데는 바울의 충실한 제자였으며(고전 4:17) 또 동역자였으며 헌신적인 활동을 했다(빌 2:19-24). 전설에 의하면 디모데는 에베소 교회의 감독이 되었다가 순교 했다고 한다.

디모데후서 1장		
배 경	데모대	
대제목	복음과 함께 고난을 받으라	

📖 문안과 함께 디모데의 순수한 믿음을 칭찬한 바울은 디모데에게 받은바 은사를 잘 보존하고 복음과 함께 고난을 받을 것을 권고한 후 자기 주변의 사정을 전하고 있다.

데모대가 **함께** 모여 데모를 하고 있다.

1. 복음과 함께 고난을 받으라(6-18)
   • 오직 하나님의 능력을 따라 복음과 함께 고난을 받으라(8) - 함께는 영어로 together이며 8자
   • 내가 이 복음을 위하여 선포자와 사도와 교사로 세우심을 입었노라(11)
   데모대(디모데)의 등에 ♡(사랑)가 2개나 그려져 있는 것은 바울이 디모데를 그만큼 사랑한다는 뜻이다. 데모대 → 디모데

2. 디모데를 향한 바울의 사랑(1-5) - 외조모 로이스와 어머니 유니게에 대해서 나온다.
   • **사랑하는 아들 디모데에게 편지하노니** 하나님 아버지와 그리스도 예수 우리 주께로부터 은혜와 긍휼과 평강이 네게 있을지어다(2) - 다른 서신서와 달리 디모데의 편지에는 은혜와 평강 외에 긍휼이 들어간다. 이는 바울이 디모데를 얼마나 사랑하는지 엿볼 수 있는 대목이다.
   • **네 속에 거짓이 없는 믿음을 생각함이라** 이 믿음은 먼저 네 외조모 로이스와 네 어머니 유니게 속에 있더니 네 속에도 있는 줄을 확신하노라(3-5) - 외조모가 로이스가 됨 - 외로워란 단어를 생각하자.

   데모대 옷의 그림  — 두려워하는 마음 / 주(主)신    —능금(능력)    사랑(마음)] 근신하는 마음

3. 하나님이 우리에게 주신 것은 두려워하는 마음이 아니요 오직 능력과 사랑과 근신(절제)하는 마음이니(7) - 데모대 옷의 그림에 행운을 상징하는 숫자 7이 써 있다.
   데모대에는 꼭 정보기관에서 심은 프락치(밀정, 첩자, 끄나풀)가 있다. 이 프락치는 그 조직의 정보나 기밀 사항을 자신을 통제하는 윗선에 제공하므로 데모대에게는 배신자라 할 수 있다.

4. 바울을 배신한 사람들(15) - 그 중에 부겔로와 허모게네도 있느니라(15)
   ※ 데모대(딤후 1장)는 전부 허브향을 쓰며 **허브**향은 날아가므로(배신) **허**모게네와 **부**겔로가 바울을 배신
   데모대가 어깨동무를 하고 서로 **의탁**하며 **지켜주는** 모습이 너무 **아름답다**.

5. 우리 안에 거하시는 성령으로 말미암아 네게 **부탁**한 **아름다운 것을 지키라**(14) - 여자들은 아름다운 것(용모나 몸매)을 지키기(유지하기) 위해서는 식사(14)를 거르는 것도 불사한다.
   경찰들이 은사에게 안수를 받고 출동하듯 데모대도 은사에게 안수를 받고 데모를 한다.

6. 내가 나의 안수함으로 네 속에 있는 하나님의 은사를 다시 불일듯 하게 하기 위하여 너로 생각하게 하노니(6) - 딤전 4장에도 은사와 안수가 나오나 데모가 불일듯 일어나므로 이 구절은 딤후 1장이 된다.
   ※ **오네**시보로 - 바울이 사슬에 매인 것을 부끄러워하지 않고 **로**마와 **에**베소에서 바울을 섬김(16-18)
   (암기방법) 오네시보로 : 오 → **로**마, 네 → **에**베소, 시보로 → (부끄러워서 얼굴이) 시뻘개

디모데후서 2장		
배 경	군인	
대제목	그리스도의 충성된 병사	

📖 바울은 디모데에게 복음 전도자의 올바른 자세와 책무에 관하여 교훈을 주고 있다.
　이 군인은 대한민국의 충성스런 병사다.

1.　그리스도의 충성된 병사(1-26) - 병사, 경기하는 자, 농부를 예로 들어 충성된 자를 설명하고 있다.
　• 너는 그리스도 예수의 좋은 병사로 나와 함께 고난을 받으라 병사로 복무하는 자는 자기 생활에 얽매이는 자가 하나도 없나니 이는 병사로 모집한 자를 기쁘게 하려 함이라 경기하는 자가 법대로 경기하지 아니하면 승리자의 관을 얻지 못할 것이며 수고하는 농부가 곡식을 먼저 받는 것이 마땅하니라(3-6)
　군인은 강하다. 그리스도 예수 안에 있는 은혜 가운데서.

2.　내 아들아 그러므로 너는 그리스도 예수 안에 있는 은혜 가운데서 강하고(1)
　군인의 옷 오른쪽에 군번, 왼쪽에 개미부대라 써 있으며 군번이 분변이란 말과 어감이 비슷하다.　군번 → 분변(분별), 오른쪽(오른 → 옳은), 오른쪽에 군번 → 옳게 분별

3.　너는 진리의 말씀을 옳게 분변(분별)하며 부끄러울 것이 없는 일꾼으로 인정된 자로 자신을 하나님 앞에 드리기를 힘쓰라(15) -오른쪽 군번(옳게 분변) 바로 옆에 개미(15)부대라고 써 있다.
　부대 마크는 자기로 만든 깨끗하고 귀한 그릇이다.

4.　자기를 깨끗이 하여 귀히 쓰는 그릇이 되라(20-21)
　• 큰 집(교회)에는 금 그릇과 은 그릇뿐 아니라 나무 그릇과 질그릇도 있어 귀하게 쓰는 것도 있고 천하게 쓰는 것도 있나니 그러므로 누구든지 이런 것에서 자기를 깨끗하게 하면 귀히 쓰는 그릇이 되어 거룩하고 주인의 쓰심에 합당하며 모든 선한 일에 준비함이 되리라(20-21)
　군인은 사회와 격리돼 정욕을 피하기 어려우므로 일을 자꾸 만들어서 딴 생각을 못하게 한다.

5.　청년의 정욕을 피하라(22) - 너는 청년의 정욕을 피하고 주를 깨끗한 마음으로 부르는 자들과 함께 의와 믿음과 사랑과 화평을 따르라(22) - 4대 사화 외에 군인이 일으킨 의민사화(실제 아님). 의민사화 때 군인(딤후 2장)들이 총을 투두두두(22) 쏘며 난을 일으켰으므로 의민사화는 22절이 된다.
　군인만큼 주종 관계가 확실한 곳은 없다.　주종 → 주의 종

6.　주의 종은 마땅히 다투지 아니하고 모든 사람에 대하여 온유하며 가르치기를 잘하며 참으며(24)
　※ 후메내오, 빌레도(야 군인 너 자꾸 코 후 빌레) - 부활이 지나갔다함(부활이 지난 후에는 빌래도 소용없다). 악성 종양이 퍼져나감과 같은 말을 한 자(군인이 코를 자꾸 후비면 상처가 덧나 종양이 된다).
　군인들은 특유의 말투 때문에 무식하게 변론하는 것처럼 보인다.　예) 그러니까 말입니다.

7.　어리석고 무식한 변론을 버리라 이에서 다툼이 나는 줄 앎이라(23)

✱ 성경 자세히 이해하기 - 로마 병사
　로마 군인들은 한가지만을 바라보며 지내려고 애썼는데 그 한 가지는 지휘관을 위해 충성하는 것이었다. 따라서 결혼하는 것이 허락되지 않았고 농업이나 상업이나 수공업에 종사할 수도 없었다. 그는 단지 군인일 뿐이었고 다른 어떤 것도 될 수 없었다. 그러한 군인의 모습은 예수 그리스도의 참된 사역자에게 하나의 목표를 향해 매진하는 모습으로 제안 될 만한 좋은 것이다.

디모데후서 3장	말 세
	협찬 : SKC
배 경 프랭카드	
대제목 말세	

📖 바울은 말세에 나타날 각종 타락상을 열거하면서 이 같은 세상에서 경건한 성도는 고난 받을 수밖에 없으므로 무엇보다 성경을 배우고 깨달아 확신한 일에 거할 것을 권면한다.

프랭카드에 말세라 써 있는데 최루탄과 화염병이 난무하는 현 상황과 잘 맞아 떨어진다.

1. <u>말세</u>(1-13) - 그리스도께서 지상에 임하여 나타나심(초림)으로 말미암아 시작된 시대를 일컫는다.
   - 말세에 고통하는 때가 이르러 사람들이 <u>자기</u>를 사랑하며 **돈을 사랑하며** 자랑하며 교만하며 비방하며 부모를 거역하며 감사하지 아니하며 거룩하지 아니하며(1-2)
   - 무정하며 원통함을 풀지 아니하며 모함하며 절제하지 못하며 사나우며 선한 것을 좋아하지 아니하며 배신하며 조급하며 자만하며 쾌락을 사랑하기를 하나님 사랑하는 것보다 더하며(3-4)
   - 경건의 모양은 있으나 경건의 능력은 부인하니 이같은 자들에게서 네가 돌아서라(5)
   - <u>얀네</u>와 <u>얌브레</u>가 모세를 대적한 것 같이 그들도 진리를 대적하니 이 사람들은 그 마음이 부패한 자요 믿음에 관하여는 버림 받은 자들이라(8)
   - 무릇 그리스도 예수 안에서 <u>경건</u>하게 살고자 하는 자는 <u>박해</u>를 받으리라(12)
   ※ 얀네와 얌브레 - 애굽 박사들과 술객들에 속하는 사람으로 복음을 비방하는 자들을 상징한다.
   (암기방법) **말세**마리가 맛있게도 **얌얌**. 따라서 말세가 나오는 딤후 3장에 **얀네**와 **얌브레**가 나온다.
   ※ 돈 사랑에 관한 구절이 나오는 곳 - 딤전 6장, 딤후 3장, 히 13장
   프랭카드에 SKC(선경)에서 협찬한다고 써 있다.   선경 → 성경
2. <u>성경</u>(14-17)
   - 그러나 너는 배우고 확신한 일에 거하라 너는 네가 누구에게서 배운 것을 알며(14) - 너(디모데)는 (성경에서) 배우고 확실한 일에 거하라. 따라서 이 구절은 성경이 나오는 딤후 3장에 나온다.
   - 또 어려서부터 성경을 알았나니 성경은 능히 너로 하여금 그리스도 예수 안에 있는 믿음으로 말미암아 <u>구원</u>에 이르는 지혜가 있게 하느니라(15) - 어리다는 것은 필자의 기준으로 15세를 말한다.
   - **모든 성경**은 하나님의 감동으로 된 것으로 <u>교훈과 책망</u>과 <u>바르게 함</u>과 <u>의</u>로 교육하기에 유익하니(16) - 모든 성경은 그 가치가 <u>교책</u>(교과서 책)보다 <u>바로 위</u>에 있다 - **모든 성경**은 다 가방(16)에 넣고 다니므로 모든 성경이 나오는 이 구절은 16절이 된다. 참고로 벧후 3:16에도 성경이 나오나 딤후 3장이 아닌 벧후 3장이 되는 이유는 '다른 성경과 같이 그것도 억지로 풀다가' 에서 풀어지는 것이 벧후 3장이 되기 때문이다(벧후 3장 - 예수님의 머리 위에서 하늘이 불에 풀어지고 있다).
   - 이는(성경은) 하나님의 사람으로 <u>온전</u>하게 하며 모든 <u>선한 일</u>을 행할 능력을 갖추게 하려 함이라(17) 네모반듯한 프랭카드가 제법 경건한 모양새를 갖추고 있다. 그런데 프랭카드를 자세히 보면 어딘지 박해 보인다(변변치 못해 보인다).
3. 경건의 <u>모양</u>은 있으나 경건의 <u>능력</u>은 부인하니 이같은 자들에게서 네가 돌아서라(5) - '2같은 자들에게서 네가 돌아서라' 에서 2가 돌아서면 5가 된다.
4. 무릇 그리스도 예수 안에서 <u>경건</u>하게 살고자 하는 자는 <u>박해</u>를 받으리라(12)
   ※ 말세에서 알 수 있듯이 사도 바울이 마지막으로 쓴 서신이다. 이 편지를 쓰고 얼마 안 되어 순교한다.

디모데후서 4장		
배 경	두 청년	말 세 협찬 : SKC 때가 없다　　　때(잔디)가 있다
대제목	의의 면류관	

📖 　디모데를 향한 바울의 유언 같은 최후 권면으로서 무엇보다 복음 전도자의 책무 중 시간과 환경을 초월하여 하나님의 말씀을 전파하는 것보다 더 중요한 것이 없음을 강조하고 있다. 이어서 바울 자신의 주변 사정을 두루 살핀 후 문안과 축도로 끝맺는다.

프랭카드를 든 처녀들은 **의의 면류관**을 쓰고 있으며 입

옆의 점(•)은 마침표를 뜻한다.　　마침표(•) → 마치고

1. 의의 면류관(7-8)
   * 나는 선한 싸움을 싸우고 나의 달려갈 길을 **마치고** 믿음을 지켰으니 이제 후로는 나를 위하여 **의의 면류관**이 예비되었으므로 주 곧 의로우신 재판장이 그날에 내게 주실 것이며 내게만 아니라 주의 나타나심을 사모하는 모든 자에게도니라(7-8) – 의의 면류관은 8자 모양으로 엮어서 만들었으므로 이 구절은 8절이 된다. 참고로 여러 종류의 면류관이 있으나 의의 면류관이 되는 이유는 그림에서처럼 이응(ㅇ)자 모양으로 면류관이 엮어 있는데 의의 면류관에서 의의도 이응(ㅇ) 2개가 엮어서 된 것이므로 이응(ㅇ)자 모양으로 엮은 면류관은 의의 면류관이 된다.
   * ※ 면류관 – 빌 4장(기쁨이요 면류관, 1), 살전 2장(자랑의 면류관, 19), 딤후 4장(의의 면류관, 8), 약 1장(생명의 면류관, 12), 벧전 5장(영광의 관, 4) 계 2장(생명의 관, 10), 12장(12개의 관, 1)

   키 큰 처녀의 발밑에는 떼(흙을 붙여서 뿌리째 떠낸 잔디)가 있고 → 때를 얻든지

   키 작은 처녀의 발밑에는 떼가 없다 → 때를 못 얻든지

2. 하나님 앞과 살아 있는 자와 죽은 자를 심판하실 그리스도 예수 앞에서 그가 나타나실 것과 그의 나라를 두고 엄히 명하노니 너는 말씀을 전파하라 **때를 얻든지 못 얻든지** 항상 힘쓰라(1-2) – 때를 얻든지 못 얻든지 경우의 수는 2개뿐이므로 이 구절은 2절이 된다.

   키 큰 처녀의 발밑에 있는 것이 떼(잔디) 인줄 알았는데 알고 보니 대마네.　대마 → 데마

3. **데마**는 이 세상을 사랑하여 나를 버리고 데살로니가로 갔고(10) – 데마는 데살로니가 출신이다.
   * ※ 디도 – 달마디아로 감, 그레스게 – 갈라디아로 감(그레스게는 집게가 갈라져 있다), 두기고 – 에베소로 감(애 두고가), 누가 – 유일하게 바울과 함께 있음, 마가 – 디모데가 바울에게 올 때 마가를 데리고 오라 부탁하였으며 또한 겨울 전에 오라고 당부함(11).
   * ※ 데마 – ① 데살로니가 출신으로 일찍부터 복음을 받아들이고, 바울의 동역자로서 전도여행에 참여함.
     ② 바울의 1차 투옥 때 바울과 함께 있음(몬 1:24, 골 4:14).
     ③ 바울의 2차 투옥 때 세상을 사랑하여 바울을 버리고 데살로니가로 돌아감(딤후 4:10).
     ④ 이 변절의 행위로 말미암아 신앙까지도 버린 것으로 추정됨.

   디모데후서는 바울이 로마에서 2차 구금되었을 때 쓴 마지막 서신이다. 그중에서도 마지막 장인 4장에는 바울이 유언처럼 남긴 구절이 나온다.

4. 전제와 같이 내가 벌써 부어지고 나의 떠날 시각이 가까웠도다(6) – 전제란 제물 위에 술을 붓는 제사로써 전제와 같다는 것은 바울이 순교의 피를 흘린다는 것, 즉 죽음을 각오하고 있다는 뜻이다.

디도서 3장

* **배경** : 디도는 지도와 발음이 비슷하므로 디도서는 지도를 배경으로 하며 미국, 일본, 한국 등 세 나라의 지도를 배경으로 한다.

디도서 (3장)

저 자 : 사도 바울(목회서신)
다소사람, 유대인, 로마 시민권 소유, 바리새인들에 의하여 많은 영향, 헬라 문화에 철저한 정통파. 유명한 '가말리엘'의 문하에서 여러 가지 학문을 배움. 예루살렘에서 유대인들이 교회를 핍박함에 참가하여 신자를 잡아다가 투옥하고 박해하기 위하여 대제사장의 공문을 맡아가지고 멀리 다메섹으로 가다가 도중에서 주님의 부르심을 받음. 이방의 사도로 부르심.

주 제 : 성도의 경건한 생활

발 신 자 : 사도 바울

수 신 자 : 디도

기록연대 : A.D. 63년경

기록장소 : 로마 1차 구금에서 풀려난 후 바울의 4차 전도여행 중 마케도냐에서 기록. 디모데전서와 같은 시기에 썼다.

요 절 : 1:5, 3:8

기록목적 : 바울은 당시 그레데 섬에서 교회를 돌보고 있던 복음의 아들이며 동역자인 디도에게 교회를 잘 돌볼 수 있도록 실제적이고 적절한 목회 지침을 알려 주기를 원했다.

특 징 : 완악한 지방 그레데 섬의 감독. 헬라인으로 바울이 전하는 복음을 듣고 개종. 노후에는 그레데 섬에서 생애를 마친 것 같다.

* **디 도** : 헬라인으로 바울의 제자, 그레데 섬의 감독. 바울의 전도를 받고 개종하였는데(딛 1:4), 바울은 그를 데리고 예루살렘 회의에 참석했다(행 15:2, 갈 2:1). 고린도 교회와 바울 사이에 간격이 멀어질 때 디도를 파견하여 그 문제를 잘 해결했으며(고후 7:5,6), 그 자신도 고린도 교회와 친밀해졌다(고후 8:16). 후에 디도는 그레데 섬의 감독자로 파송을 받았다(딛 1:5). 그는 또 달마디아에 갔던 일도 있다(딤후 4:10).

* **에바브로디도** : 빌립보 출신(빌 2:15)이며 빌립보 교회의 일원으로 그들의 헌금을 바울에게 전하였다. 바울과 함께 있는 동안 병들어 거의 죽게 되었으나 회복되자 본 서신과 함께 그를 돌려보냈다.

* **에바브라** : 골로새 교회를 세움(골 1:7, 4:12)
① 애 바브러. 아이고 애볼 걸 생각하니 벌써부터 골이 지끈거리네 ② 아이고 골이야 도라브러(에바브라) ③ 물건을 골라브러

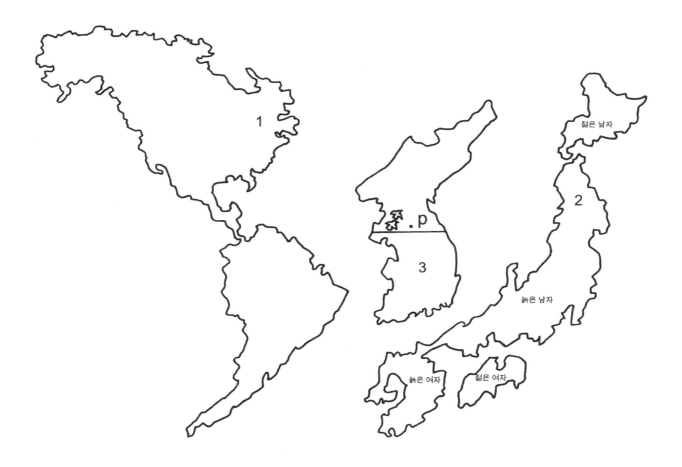

1

젊은 남자

2

늙은 남자

3

.p

늙은 여자   젊은 여자

디도서 1장		
배　　경	미국 지도	그레데섬과 비슷하다 남미
대제목	감독의 자격	

📖　먼저 후배 동역자 디도에게 문안 인사를 한 다음 바울은 교회 행정과 관련해서 감독(장로)의 자격을 논하고 이어 이단 사상을 전하는 거짓 교사들의 실체를 밝히고 있다.

미국은 세계의 감독자 노릇을 하고 있다.

1.　감독(장로)의 자격(5-9) - 딤전 3장
  • 내가 너를 그레데에 남겨 둔 이유는 남은 일을 정리하고 내가 명한 대로 각 성에 **장로**들을 세우게 하려 함이니 책망할 것이 없고 한 아내의 남편이며 방탕하다는 비난을 받거나 불순종하는 일이 없는 믿는 자녀를 둔 자라야 할지라(5-6)
  • **감독**은 하나님의 청지기로서 책망할 것이 없고 제 고집대로 하지 아니하며 급히 분내지 아니하며 술을 즐기지 아니하며 구타하지 아니하며 더러운 이득을 탐하지 아니 하며 오직 나그네를 대접하며 선행을 좋아하며 신중하며 의로우며 거룩하며 절제하며 미쁜 말씀의 가르침을 그대로 지켜야 하리니 이는 능히 바른 교훈으로 권면하고 거슬러 말하는 자들을 책망하게 하려 함이라(7-9)

미국은 세계의 **감독**자 노릇을 하고 있으며 미국 지도(**디도**)는 **그레데 섬**과 비슷하게 생겼다.

2.　그레데에서 감독으로 일하는 디도(1-9)
  • 같은 믿음을 따라 나의 **참 아들** 된 디도에게 편지하노니 하나님 아버지와 그리스도 예수 우리 구주로부터 은혜와 평강이 네게 있을지어다(4)
  • 내가 너를 그레데에 남겨 둔 이유는 남은 일을 정리하고 내가 명한 대로 각 성에 장로들을 세우게 하려 함이니(5)
  ※ 그레데 섬과 관련 있는 서신서 - 디도서 - 지도(디도)를 그려데(그레데)므로

남미 사람들은 성격이 급하기로 악명이 높다.

3.　악명 높은 그레데 사람들(10-16)
  • 그레데인 중의 어떤 선지자가 말하되 그레데인들은 항상 거짓말쟁이며 악한 짐승이며 배만 위하는 게으름뱅이라 하니 이 증언이 참되도다 그러므로 네가 그들을 엄히 꾸짖으라 이는 그들로 하여금 믿음을 온전하게 하고 유대인의 허탄한 이야기와 진리를 배반하는 사람들의 명령을 따르지 않게 하려 함이라 깨끗한 자들에게는 모든 것이 깨끗하나 더럽고 믿지 아니하는 자들에게는 아무 것도 깨끗한 것이 없고 오직 그들의 마음과 양심이 더러운지라(12-15)

악명 높은 그레데인의 부인들은 아이러니 하게도 다 시인들이다.

4.　그들(그레데 사람들)이 하나님을 시인하나 행위로는 부인하니 가증한 자요 복종하지 아니하는 자요 모든 선한 일을 버리는 자니라(16)

＊ 성경 자세히 이해하기 - 감독
　　성경에서는 장로와 감독이 동의어로 취급되기도 한다(행 20:17,28; 딛 1:5,7). 그러나 사도시대 이후부터 장로 중에서 잘 가르치는 재능이 있는 사람을 감독이라 부르게 되었으며 3세기에 이르러는 감독직이 직제화되어 교회의 지도자로 등장하게 되었다.

디도서 2장		
배 경	일본 지도	
대제목	바른 교훈	

📖 목회자에 대한 실제적인 목회 지침이 제시되어 있다. 남녀노소와 종 등 다양한 계층의 교인들을 어떻게 다스려야 하는지에 대한 실제적인 권면이 언급되어 있다. 그러나 결론은 한 가지, 목회자 자신부터 경건한 삶을 실천함으로서 모범을 보이라는 것이다(7-8절) 일본은 경제동물이니 섹스천국이니 하는 오명을 벗기 위해 바른 교훈을 가르치고 있다.

1. 바른 교훈(1-15)
   • 오직 너는 바른 교훈에 합당한 것을 말하며(1)
   • 모든 사람에게 구원을 주시는 하나님의 은혜가 나타나 우리를 양육하시되 경건하지 않은 것과 이 세상 정욕을 다 버리고 신중함과 의로움과 경건함으로 이 세상을 살고 복스러운 소망과 우리의 크신 하나님 구주 예수 그리스도의 영광이 나타나심을 기다리게 하셨으니 그가 우리를 **대신**하여 **자신**을 주심은 모든 불법에서 우리를 속량하시고 우리를 깨끗하게 하사 선한 일을 열심히 하는 자기 백성이 되게 하려 하심이라(11-14)
   늙은 남자, 늙은 여자, 젊은 남자, 젊은 여자(그림 참조)

2. 늙은 남자에 대한 교훈(2)
   • 늙은 남자로는 절제하며 경건하며 신중하며 믿음과 사랑과 인내함에 온전하게 하고(2)

3. 늙은 여자에 대한 교훈(3)
   • 늙은 여자로는 이와 같이 행실이 거룩하며 모함하지 말며 많은 술의 종이 되지 아니하며 선한 것을 가르치는 자들이 되고(3)

4. 젊은 남자에 대한 교훈(6-8)
   • 너는 이와 같이 젊은 남자들을 신중하도록 권면하되 범사에 네 자신이 선한 일의 본을 보이며 교훈에 부패하지 아니함과 단정함과 책망할 것이 없는 바른 말을 하게 하라 이는 대적하는 자로 하여금 부끄러워 우리를 악하다 할 것이 없게 하려 함이라(6-8)

5. 젊은 여자에 대한 교훈(4-5)
   • 그 남편과 자녀를 사랑하며 신중하며 순전하며 집안 일을 하며 선하며 자기 남편에게 복종하게 하라 이는 하나님의 말씀이 비방을 받지 않게 하려 함이라(4-5)
   일본은 일제시대 때 우리를 종처럼 부려먹었으므로 조만간 우리의 종이 될 것이다.

6. 종의 의무(9-10)
   • 종들은 자기 상전들에게 범사에 순종하여 기쁘게 하고 거슬러 말하지 말며 훔치지 말고 오히려 모든 참된 신실성을 나타내게 하라 이는 범사에 우리 구주 하나님의 교훈을 빛나게 하려 함이라(9-10) - 종과 교훈이 나오므로 이 구절은 디도서 2장이 된다.
   일본 지도가 큰 신(대신)과 **자**근 **신**으로 이루어진 것 같다.

7. 그가 우리를 **대신**하여 **자신**을 주심은~ 선한 일을 열심히 하는 자기 백성이 되게 하려 하심이라(14)

디도서 3장		
배 경	한국 지도	
대제목	선 행	

선이 횡으로 그어져 있다

📖 전장에서 목회자의 목회 원리가 제시된 데 이어 본문에서는 교인의 신앙생활 원리가 제시되어 있다. 그리고 마지막 당부와 문안 인사로 편지를 끝맺고 있다.

우리나라는 38**선**이 **횡**으로 그어져 남과 북으로 갈라져 있다.   선 횡 → 선행

1. 선행(1-15) - 너는 그들로 하여금 통치자들과 권세 잡은 자들에게 복종하며 순종하며 모든 **선**한 일 **행**하기를 준비하게 하며 아무도 비방하지 말며 다투지 말며 관용하며 범사에 온유함을 모든 사람에게 나타낼 것을 기억하게 하라(1-2)

    • 이 말이 미쁘도다 원하건대 너는 이 여러 것에 대하여 굳세게 말하라 이는 하나님을 믿는 자들로 하여금 조심하여 선한 일을 힘쓰게 하려 함이라 이것은 아름다우며 사람들에게 유익하니라(8) - 선한 일을 힘쓰는 것이 선행이므로 이 구절은 디도서 3장이 된다.

    • 내가 아데마나 두기고를 네게 보내리니 그 때에 네가 급히 니고볼리로 내게 오라 내가 거기서 겨울을 지내기로 작정하였노라(12) - 우리나라 지도(디도서 3장)를 아무데나 두고(아데마, 두기고) 니볼릴(니고볼리)만 보러 다니면 쓰냐.

    ※ 율법교사 세나가 나오는 서신서 - 디도서 3장

    ※ 디도서 주요인물 - 아데마, 두기고, 율법교사 세나, 아볼로
    (암기방법) 우리나라 지도를 아무데나 두고(아데마, 두기고) 니 볼(아볼로)릴만 보러 다니면 쓰냐(세나)
    P는 판문점의 약자로 여기서는 Power(권세)로 쓰인다.   로마서 13장 참조

2. 권세에 복종하라(1) - 롬 13장, 벧전 2장

    • 너는 그들로 하여금 통치자들과 권세 잡은 자들에게 복종하며 순종하며 모든 **선**한 일 **행**하기를 준비하게 하며(1) - 권세에 복종하라+선행이 되므로 이 구절은 디도서 3장이 된다.
    판문점의 비둘기(**성령**)는 평화를 상징하는 특별한 비둘기이므로 매일 **씻겨**준다.

3. 우리를 구원하시되 우리의 행한 바 의로운 행위로 말미암지 아니하고 오직 그의 긍휼하심을 따라 중생의 **씻음**과 **성령**의 새롭게 하심으로 하셨나니(5) - 한국 지도가 5를 닮았으므로 이 구절은 5절이 된다 - 중생의 씻음과 성령의 새롭게 하심에서 중생의 씻음과 성령의 새롭게 하심은 같은 표현이다. 왜냐하면 씻으면 새롭게 되니까. 따라서 중생의 씻음과 성령의 새롭게 하심은 같이 나온다.
    남한을 성도라 하고 북한을 이단이라 가정하고 말을 만들면 다음과 같다. 북한(이단)은 남한(성도)이 아무리 잘 해줘도 고마운 줄 모르므로 한두 번 도와주고는 멀리해야 한다.

4. 이단에 대한 성도의 태도(9-11) - 이단에 속한 사람을 **한두 번 훈계한 후에 멀리하라** 이러한 사람은 네가 아는 바와 같이 부패하여 스스로 정죄한 자로서 죄를 짓느니라(10-11)
    북한은 남한과 합의한 일도 강짜를 부려 없었던 일로 만드는 등 **변**덕이 **죽** 끓듯 한다.

5. 그러나 어리석은 **변**론과 **쪽**보 이야기와 분쟁과 율법에 대한 다툼은 피하라 이것은 무익한 것이요 헛된 것이니(9) - 참고로 '신화와 끝없는 족보'는 딤전 1장에 나온다.

    ※ 우리나라는 삼팔선으로 가로 마켜 있으므로 디도서는 마게도냐에서 썼다.   마켜 → 마게도냐

빌레몬서 1장

* **배경** : 빌레몬서는 단 1장밖에 없다. 그 내용은 오네시모에 대한 바울의 호소이다. 그러면 오네시모라는 외래어를 어떻게 쉽게 이해하고 외울 수 있을까? 또 빌레몬이라는 말은 어떻게 외울까? 빌레몬은 '빌'이라는 상표가 붙은 레몬(향수)으로 이해를 하자. 그러니까 향수의 이름이다. 그것도 세상에 단 하나밖에 없는 귀한 향수다(그래서 빌레몬서는 1장밖에 없다). 그 다음 오네시모는 '오! 네 시모(媤母, 시어머니)'로 이해하자. 따라서 「빌 레몬 그건 정말 좋은 향수야. 오! 네 시모에게 선물용으로 그만이지」 이렇게 기억해두자.

* **특징** : 바울서신 중 바울 자신을 '갇힌 자'로 전제한 서신서. 참고로 빌레몬서는 옥중서신이다.

빌레몬서 (1장)

저   자 : 사도 바울(옥중서신)
　　　　　　다소사람, 유대인, 로마 시민권 소유, 바리새인들에 의하여 많은 영향, 헬라 문화에 철저한 정통파. 유명한 '가말리엘'의 문하에서 여러 가지 학문을 배움. 예루살렘에서 유대인들이 교회를 핍박함에 참가하여 신자를 잡아다가 투옥하고 박해하기 위하여 대제사장의 공문을 맡아가지고 멀리 다메섹으로 가다가 도중에서 주님의 부르심을 받음. 이방의 사도로 부르심.

주   제 : 도망간 노예 오네시모를 위한 중재

발 신 자 : 사도 바울, 디모데

수 신 자 : 빌레몬(골로새인)

기록연대 : A.D. 62년경

기록장소 : 로마 감옥(로마 1차 구금, 옥중서신)

요   절 : 1:17-19

기록목적 : 회개하고 돌아가는 도망친 노예 오네시모를 그의 주인 된 빌레몬이 그리스도의 사랑으로 받아들여 줄 것을 부탁하면서 믿는 자들에게 용서와 사랑의 도를 가르치기를 원했다.

* **빌레몬** : 부유한 사람, 많은 노예 소유, 바울이 에베소의 두란노에서 전도하고 있을 때 그리스도인이 됨. 초대 교회의 전승에 의하면 그 후 빌레몬은 골로새 교회의 감독이 되었다가 네로 황제의 대 박해 때 순교했다고 함.

* **오네시모** : 빌레몬의 노예, 주인인 빌레몬에게 죄를 짓고 도망, 당시 도망친 노예는 사형시킬 수도 있었음. 바울의 동역자 두기고가 오네시모를 만나 옥중의 바울에게 소개, 회개하고 그리스도인이 됨.

	빌레몬서 1장	
배 경	빌레몬	
대제목	오네시모를 위한 호소	

📖 바울이 로마 옥중에서 빌레몬에게 보낸 편지로 먼저 빌레몬을 위한 감사 기도를 한 다음 빌레몬 집의 도망친 노예 오네시모를 위해 간청한다. 그리고 인사와 축도로 끝맺고 있다.
'빌 레몬'을 오! 네 시모에게 꼭 사주라고 바울이 호소하고 있다.

1. <u>오네시모를 위한 호소</u>(1-25)

- 그리스도 예수를 위하여 <u>갇힌 자</u> 된 바울과 및 형제 디모데는 우리의 사랑을 받는 자요 동역자인 빌레몬과 자매 압비아와 우리와 함께 병사 된 아킵보와 네 집에 있는 교회에 편지하노니 하나님 우리 아버지와 주 예수 그리스도로부터 은혜와 평강이 너희에게 있을지어다 내가 항상 내 하나님께 감사하고 기도할 때에 너를 말함은 주 예수와 및 모든 성도에 대한 네 사랑과 믿음이 있음을 들음이니 이로써 네 믿음의 교제가 우리 가운데 있는 선을 알게 하고 그리스도께 이르도록 역사하느니라 형제여 성도들의 마음이 너로 말미암아 평안함을 얻었으니 내가 너의 사랑으로 많은 기쁨과 위로를 받았노라 이러므로 내가 그리스도 안에서 아주 담대하게 네게 마땅한 일로 명할 수도 있으나 도리어 사랑으로써 간구하노라 나이가 많은 나 바울은 지금 또 예수 그리스도를 위하여 갇힌 자 되어 <u>갇힌 중에서 낳은</u> <u>아들</u> 오네시모를 위하여 네게 간구하노라 그가 전에는 네게 무익하였으나 이제는 나와 네게 유익하므로 네게 그를 돌려보내노니 그는 내 <u>심복</u>이라 그를 내게 머물러 있게 하여 내 복음을 위하여 갇힌 중에서 네 대신 나를 섬기게 하고자 하나 다만 네 승낙이 없이는 내가 아무것도 하기를 원하지 아니하노니 이는 너의 선한 일이 억지같이 되지 아니하고 자의로 되게 하려 함이라 아마 그가 잠시 떠나게 된 것은 너로 하여금 그를 영원히 두게 함이리니 이후로는 <u>종</u>과 같이 대하지 아니하고 종 이상으로 곧 사랑받는 <u>형제</u>로 둘 자라 내게 특별히 그러하거든 하물며 육신과 주 안에서 상관된 네게랴 그러므로 네가 나를 동역자로 알진대 그를 영접하기를 내게 하듯 하고 그가 만일 네게 불의를 하였거나 네게 빚 진 것이 있으면 그것을 내 앞으로 계산하라 나 바울이 친필로 쓰노니 내가 갚으려니와 네가 이외에 네 자신이 내게 빚진 것은 내가 말하지 아니하노라 오 형제여! 나로 주 안에서 너로 말미암아 기쁨을 얻게 하고 내 마음이 그리스도 안에서 평안하게 하라 나는 네가 순종할 것을 확신하므로 네게 썼노니 네가 내가 말한 것보다 더 행할 줄을 아노라 오직 너는 나를 위하여 숙소를 마련하라 너희 기도로 내가 너희에게 나아갈 수 있기를 바라노라(1-22)

- 그리스도 예수 안에서 나와 함께 <u>갇힌 자</u> 에바브라와 또한 나의 동역자 마가, 아리스다고, 데마, 누가가 문안하느니라 우리 주 예수 그리스도의 은혜가 너희 심령과 함께 있을지어다(23-25)

※ 오네시모를 지칭하는 말 - 아들, 심복, 종, 형제

※ 바울의 친필 서신서 - 골, 갈, 몬, 살후, 고전 - 꼴값 떠는 몬스터 살해 후 쓴 친필 서신서는 고전이다.

※ 빌레몬서 주요인물 - 압비아, 누가, 에바<u>브라</u>, 아<u>킵</u>보(킵≒콘), <u>아리</u>스다고, 마가, 데마
(암기방법) **누가** 내가 **압**끼는(아끼는) **브라보콘**을 몰래(빌레몬) 먹었냐? **아리마데** 요셉이요.

히브리서 13장

* **배경** : 히브리는 흰부리와 발음이 비슷하므로 히브리서는 흰부리새 즉 흰부리를 가진 새를 배경으로 한다. 히브리서는 13장까지 있는데 1-7장은 흰부리새를 배경으로 하고 8-13장은 흰부리새 주변의 풍경을 배경으로 한다.

* **그리스도의 우월성 5개** : ① 선지자보다 뛰어나신 그리스도(1:1) - 아들은 하나님의 본성을 지닌 자로서 아들 안에서 주어진 계시가 구약의 계시보다 탁월하므로 그리스도는 선지자보다 뛰어나시다.
  ② 천사보다 뛰어나신 그리스도(1:4)
  ③ 모세보다 뛰어나신 그리스도(3:3)
  ④ 여호수아보다 뛰어나신 그리스도(4:8) - 여호수아에 의해서 가나안에 정착했으나 그것은 진정한 안식이 아니다. 진정한 안식은 그리스도 안에서 성취된다. 따라서 그리스도는 여호수아보다 뛰어나다.
  ⑤ 아론보다 뛰어나신 그리스도(5:4)

* **멜기세덱** : ① 히 5장(몸통의 젖을 보니 아기에게 젖을 먹이는 새댁이 생각난다) ② 히 6장(새의 발에 매니큐어를 칠했다) ③ 히 7장(멀리서 온 새댁이 저 새의 꼬리로 만든 치마를 입고 있다) ④ 창 14장(새댁이 아기를 구하려고 바벨탑에서 뛰어내리고 있다) ⑤ 시 110편

히브리서 (13장)

저   자 : 불명(흰부리새가 가상의 새이므로 저자 불명은 당연한 것이다).
　　　　　멜기세덱의 족보같이 히브리서의 기원도 알려져 있지 않다. 저자뿐 아니라 기록 장소, 기록 연대, 수신인 등도 확실치 않다. 13:18-24을 보면 이 서신의 수신인은 저자가 누구인지를 잘 알고 있었음에 틀림없다. 그러나 몇 가지 이유 때문에 초대교회 전승은 저자가 누구냐에 대해 엇갈리는 주장을 하고 있다. 초대교회의 일부는 바울이 저자라고 했고 어떤 이들은 바나바, 누가 혹은 클레멘드라고 주장하기도 했으며 저자를 알 수 없다고 주장하는 자들도 있었다. 그러므로 외적증거로써는 저자를 확정하는데 아무런 도움을 얻지 못한다. 내적 증거에 있어서도 애매한 점은 마찬가지다. 히브리서의 언어, 문체, 신학 등이 바울 서신과 유사한 점, 디모데를 언급한 점(13:23) 등이 바울을 저자로 보는 근거가 되나 이런 유사점보다는 차이점이 훨씬 더 많으므로 확실한 것을 알 수 없다. 학자에 따라서는 누가, 로마의 클레멘드, 아볼로, 실라, 빌립, 심지어 브리스길라를 저자로 보기도 한다. 그러나 이것도 결정적인 것은 아니다.

주   제 : 우리의 대제사장
발 신 자 : 불명
수 신 자 : 유대인 성도들
기록연대 : A.D. 64-68년경
기록장소 : 불명
요   절 : 4:14-16, 12:1-2
기록목적 : 기독교에 대한 배교를 경고하고 하나님의 최종적이요 완전한 계시로써 절대적인 우월성을 지니신 주 예수 그리스도를 나타내는데 있다.

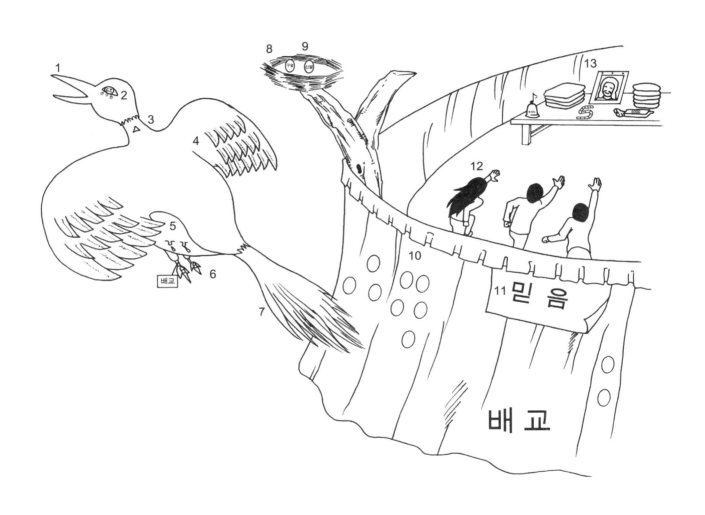

히브리서 1장	
배 경	흰부리
대제목	천사보다 뛰어나신 그리스도

📖 본문은 구약의 어떤 선지자보다 뛰어난 하나님의 아들 그리스도의 절대 우월성과 천사보다도 탁월한 그리스도를 소개한다.

흰부리새이므로 다른 건 몰라도 흰부리 만큼은 천사보다 뛰어나다고 자랑한다.

1. 천사보다 뛰어나신 그리스도(4-14)
   - 그가 천사보다 훨씬 뛰어남은 그들보다 더욱 아름다운 이름을 기업으로 얻으심이니 하나님께서 어느 때에 천사 중 누구에게 네가 내 아들이라 오늘날 내가 너를 낳았다 하셨으며 또 다시 나는 그에게 아버지가 되고 그는 내게 아들이 되리라 하셨느냐 또 그가 맏아들을 이끌어 세상에 다시 들어오게 하실 때에 하나님의 모든 천사가 그에게 경배할지어다 말씀하시며 또 천사들에 관하여는 그는 그의 천사들을 바람으로, 그의 사역자들을 불꽃으로 삼으시느니라 하셨으되 아들에 관하여는 하나님이여 주의 보좌는 영영하며 주의 나라의 규는 공평한 규이니이다 주께서 의를 사랑하고 불법을 미워하였으니 그러므로 하나님 곧 주의 하나님이 즐거움의 기름을 주께 부어 주를 동류들보다 뛰어나게 하셨도다 하였고 또 주여 태초에 주께서 땅의 기초를 두셨으며 하늘도 주의 손으로 지으신 바라 그것들은 멸망할 것이나 오직 주는 영존할 것이요 그것들은 다 옷과 같이 낡아지리니 의복처럼 갈아입을 것이요 그것들은 옷과 같이 변할 것이나 주는 여전하여 연대가 다함이 없으리라 하였으나 어느 때에 천사 중 누구에게 내가 네 원수로 네 발등상이 되게 하기까지 너는 내 우편에 앉아 있으라 하셨느냐(4-13)
   - 모든 천사들은 섬기는 영으로서 구원 받을 상속자들을 위하여 섬기라고 보내심이 아니냐(14)
   하나님께서는 흰부리새의 흰부리를 통해서만 말씀하신다.

2. 하나님이 아들을 통하여 말씀하시다(1-3)
   - 옛적에 선지자들을 통하여 여러 부분과 여러 모양으로 우리 조상들에게 말씀하신 하나님이 이 모든 날 마지막에는 아들을 통하여 우리에게 말씀하셨으니 이 아들을 만유의 상속자로 세우시고 또 그로 말미암아 모든 세계를 지으셨느니라(1-2)
   흰부리새가 007영화의 주인공인 양 "나는 제임스 본이다" 라고 흰부리로 외치며 다닌다.
   제임스의 약자는 J이며 이것을 지저스(예수님)로 바꾼다.   본 → 본성

3. 그리스도의 본성(1-3) - 6가지
   - 이 모든 날 마지막에는 아들을 통하여 우리에게 말씀하셨으니 이 아들을
     ① 만유의 상속자로 세우시고
     ② 또 그로 말미암아 모든 세계를 지으셨느니라(2)
     ③ 이는 하나님의 영광의 광채시요
     ④ 그 본체의 형상이시라
     ⑤ 그의 능력의 말씀으로 만물을 붙드시며
     ⑥ 죄를 정결하게 하는 일을 하시고 높은 곳에 계신 지극히 크신 이의 우편에 앉으셨느니라(3)

히브리서 2장		
배 경	눈	
대제목	잠시 동안 천사보다 못하게 하시다	

📖 저자는 천사보다도 훨씬 탁월하신 그리스도께 충성할 것을 권면한 후에 잠시 동안 천사보다 낮은 자리에 머무신 그리스도의 자기비하(성육신)를 소개하고 있다.

흰부리 만큼은 천사보다 뛰어나나 눈은 천사보다 조금 못하다.

1. 잠시 동안 천사보다 못하게 하시다(5-18)
   • 하나님이 우리가 말하는 바 장차 올 세상을 천사들에게 복종하게 하심이 아니니라(5)
   • 그러나 누구인가가 어디에서 증언하여 이르되 사람이 무엇이기에 주께서 그를 생각하시며 인자가 무엇이기에 주께서 그를 돌보시나이까(6)
   • 그를 잠시 동안 천사보다 못하게 하시며(죄인을 구원하기 위해서는 사람으로 오셔야 했기 때문에 잠시 동안만 천사보다 못한 인간의 몸을 입고 이 세상에 오셨음을 가리킨다) 영광과 존귀로 관을 씌우시며(7) - 이는 그리스도께서 죄와 죽음을 정복하신 승리자로서 영광과 존귀로 하나님의 우편 즉 왕위에 오르셨으며 모든 피조물을 다스리는 주권적인 권한을 소유하셨음을 시사한다.
   • 만물을 그 발아래에 복종하게 하셨느니라 하였으니 만물로 그에게 복종하게 하셨은즉 복종하지 않은 것이 하나도 없어야 하겠으나 지금 우리가 만물이 아직 그에게 복종하고 있는 것을 보지 못하고(8)
   • 오직 우리가 천사들보다 잠시 동안 못하게 하심을 입은 자 곧 죽음의 고난 받으심으로 말미암아 영광과 존귀로 관을 쓰신 예수를 보니 이를 행하심은 하나님의 은혜로 말미암아 **모든 사람을 위하여 죽음을 맛보려 하심이라**(9) - 흰부리새는 입으로 음식을 맛보나 눈(히 2장)으로는 죽음을 맛본다.
   • 거룩하게 하시는 이와 거룩하게 함을 입은 자들이 다 한 근원에서 난지라 그러므로 형제라 부르시기를 부끄러워하지 아니하시고~ 그러므로 그가 범사에 형제들과 같이 되심이 마땅하도다 이는 하나님의 일에 자비하고 신실한 대제사장이 되어 백성의 죄를 속량하려 하심이라(11, 17)
   눈 밑에 '큰 구원'이라고 써 있다.

2. 큰 구원(1-4)
   • 그러므로 우리는 들은 것에 더욱 유념함으로 우리가 흘러 떠내려가지 않도록 함이 마땅하니라(1)
   • 천사들을 통하여 하신 말씀이 견고하게 되어 모든 범죄함과 순종하지 아니함이 공정한 보응을 받았거든(2)
   • 우리가 이같이 큰 구원을 등한히 여기면 어찌 그 보응을 피하리요 이 구원은 처음에 주로 말씀하신 바요 들은 자들이 우리에게 확증한 바니 하나님도 표적들과 기사들과 여러 가지 능력과 및 자기의 뜻을 따라 성령이 나누어 주신 것으로써 그들과 함께 증언하셨느니라(3-4)
   눈동자 C^+_- C → 씨(힘) → 시험, ♪(음표)가 믿음이듯 C는 시험으로 약속한다.

3. 그가 시험(C)을 받아 고난을 당하셨은즉(-) 시험 받는 자들을 능히 도우실 수(+) 있느니라(18) - C^+ → 씨플 → 18과 발음이 비슷하므로 이 구절은 18절이 된다.
   흰부리새의 **한** 눈은 근시이고 한 눈은 **원**시이다.

4. 거룩하게 하시는 이와 거룩하게 함을 입은 자들이 다 **한** 근원에서 난지라 그러므로 형제라 부르시기를 부끄러워하지 아니하시고(11)

히브리서 3장		
배 경	목	
대제목	모세보다 뛰어나신 그리스도	

📖 저자는 율법의 수여자인 모세를 그리스도에 비교함으로써 그리스도의 탁월성을 입증한다. 또한 모세 아래서의 이스라엘의 실패를 언급함으로써 그리스도의 우월성을 입증한다.
목의 세모(△) 반점은 흰부리새만 가지고 있는 특징이다. 세모 ↔ 모세, 참고로 세모는 이 장이 3장임을 말해준다.

1. <u>모세보다 뛰어나신 그리스도</u>(1-6)
   흰부리새의 목에 <u>깊이</u> 박혀있는 세모 반점, 어떻게 그렇게 절묘하게 목에 박혀 있는지 세모 반점 참 예술이다. 예술 → 예수

2. 그러므로 함께 하늘의 부르심을 입은 거룩한 형제들아 우리가 믿는 도리의 <u>사도</u>시며 대제사장이신 **예수를 깊이 생각하라**(1) - 깊이는 위에서 아래로 쪽이므로 숫자로 1이 된다.
   흰부리새의 목의 깃털이 짚(볏짚의 준말) 같이 생겼다. 짚 → 집, 따라서 히브리서 3장은 집을 비유로 들어 모세보다 뛰어나신 그리스도를 설명하고 있다.

3. 그는 자기를 세우신 이에게 신실하시기를 모세가 하나님의 온 집에서 한 것과 같이 하셨으니(2)
   그는 <u>모세</u>보다 더욱 영광을 받을 만한 것이 마치 집 지은 자가 그 집보다 더욱 존귀함 같으니라(3)
   집마다 지은 이가 있으니 만물을 지으신 이는 <u>하나님</u>이시라(4)
   또한 모세는 장래에 말할 것을 증언하기 위하여 하나님의 온 집에서 <u>종</u>으로서 신실하였고(5)
   그리스도는 하나님의 집을 맡은 <u>아들</u>로 그와 같이 하셨으니 우리가 소망의 확신과 자랑을 끝까지 굳게 잡고 있으면 우리는 그의 집이라(6)
   흰부리새는 전 세계적으로 몇 안 되는 희귀종이므로 목에 힘을 주고 다닌다.

4. <u>목이 굳은 백성이 되지 말라</u>(7-19)
   • 그러므로 성령이 이르신 바와 같이 오늘 너희가 그의 음성을 듣거든(7)
   • 광야에서 시험하던 날에 거역하던 것 같이 너희 마음을 **완고**하게 하지 말라(8)
   • 거기서 너희 열조가 나를 시험하여 증험하고 사십 년 동안 나의 행사를 보았느니라(9)
   • 형제들아 너희는 삼가 혹 너희 중에 누가 믿지 아니하는 악한 마음을 품고 살아 계신 하나님에게서 떨어질까 조심할 것이요(12)
   • 오직 오늘이라 일컫는 동안에 매일 피차 권면하여 너희 중에 누구든지 죄의 유혹으로 **완고**하게 되지 않도록 하라(13) - 완고와 '목이 굳은' 이 같은 말이므로 이 구절은 히 3장이 된다.
   • 성경에 일렀으되 오늘 너희가 그의 음성을 듣거든 노하심을 격노 하시게 하던 것 같이 너희 마음을 **완고**(완악)하게 하지 말라 하였으니(15) - 시 95:7-8절을 인용 - 바순(시 95편)은 **완**전한 **악**기다.
   • 듣고 격노하시게 하던 자가 누구냐 <u>모세</u>를 따라 애굽에서 나온 모든 사람이 아니냐(16) - 격노하신 것은 백성들의 완고함 때문이다. 또한 구절에 모세가 나오므로 이 구절은 히 3장이 된다.
   흰부리새를 타고 갈 경우 시작부터 끝까지 목을 견고히 잡고 있으면 절대 떨어지지 않는다.

5. 우리가 시작할 때에 확신한 것을 끝까지 견고히 잡고 있으면 그리스도와 함께 참여한 자가 되리라(14)

히브리서 4장	
배 경	날개
대제목	큰 대제사장이신 예수님

검날 같다

📖 저자는 사람을 참 안식으로 인도하는 길은 오직 믿음이라고 가르친다.
흰부리새의 날개는 대제사장의 예복만큼 아름답다. 예복의 예에서 예수님을 끌어낸다.

1. 큰 대제사장이신 예수님(14-16) - 그러므로 우리에게 큰 대제사장이 계시니 승천하신 이 곧 하나님의 아들 예수시라 우리가 믿는 도리를 굳게 잡을지어다(14)
저 날개로 품고 있으면 포근한 게 안식하는 힘이 있다.

2. 하나님의 안식(1-13) - 이스라엘은 불순종과 불신앙으로 하나님의 안식에 들어가지 못했으나 그 약속은 아직 신약의 신자들에게 남아 있으므로 그 안식을 대망하고 힘쓰라는 내용이다.

• 그러므로 우리는 두려워할지니 그의 안식에 들어갈 약속이 남아 있을지라도 너희 중에는 혹 이르지 못할 자가 있을까 함이라 그들과 같이 우리도 복음 전함을 받은 자이나 들은 바 그 말씀이 그들에게 유익하지 못한 것은 듣는 자가 믿음과 결부시키지 아니함이라(1-2) - **참 안식은 오직 믿음으로만 가능하다.**

• 이미 믿는 우리들은 저 안식에 들어가는도다 그가 말씀하신 바와 같으니 내가 노하여 맹세한 바와 같이 그들이 내 안식에 들어오지 못하리라 하셨다 하였으나 세상을 창조할 때부터 그 일이 이루어졌느니라(3) - 그들이 안식을 누리지 못한 것은 그들의 죄악에 대한 하나님의 진노로 말미암은 것이지 결코 안식이 폐지되었거나 혹은 안식이 완성되지 않았기 때문이 아니다. 하나님의 안식은 이미 하나님이 세상을 창조하실 때부터 완성되어 있었다(창 2:2).

• 만일 여호수아가 그들에게 안식을 주었더라면 그 후에 다른 날을 말씀하지 아니하셨으리라(8)

• 그러므로 우리가 저 안식에 들어가기를 힘쓸지니 이는 누구든지 저 순종하지 아니하는 본에 빠지지 않게 하려 함이라(11)

※ 호수(여호수아)를 바라보면 마음이 편안해지며 안식을 얻는다. 따라서 여호수아의 이름이 언급된 서신서는 히 4장이 된다.
그림에서 보듯이 흰부리새의 날개의 깃털이 좌우에 **날선** 어떤 **검**보다도 예리하게 생겼다.

3. 하나님의 말씀은 살아있고 활력이 있어 좌우에 날선 어떤 검보다도 예리하여 혼과 영과 및 관절과 골수를 찔러 쪼개기까지 하며 또 마음의 생각과 뜻을 판단하나니(12) - 좌우에 날선 검 → 검날(12)
골수는 관절에서 체혈한다. 체혈 → 체휼, 따라서 체휼에 관한 중요요절은 다음과 같다.
참고로 관절에서 골수를 체혈(체휼)하기 위해서는 관절에 구멍(15)을 내야 한다.

4. 우리에게 있는 대제사장은 우리의 연약함을 체휼(동정)하지 못하실 이가 아니요 모든 일에 우리와 똑같이 시험을 받으신 이로되 죄는 없으시니라(15) - 원을 반으로 나누면 C(시험)가 되고 원은 영이므로 죄는 없는 것이 된다. 그림 참조
우리는 날개가 없어서 하늘에 계신 하나님의 보좌에 나갈 수 없으나 흰부리새의 저 날개만 있다면 우리는 은혜의 보좌 앞에 담대히 나갈 수 있다.

5. 그러므로 우리는 긍휼하심을 받고 때를 따라 돕는 은혜를 얻기 위하여 은혜의 보좌 앞에 담대히 나아갈 것이니라(16)

히브리서 5장		
배 경	몸통	
대제목	약한 믿음에 대한 경고	

📖 저자는 그리스도가 레위 계열의 제사장보다 월등한 '큰 대제사장' 되실 자격을 갖추신 분임을 소개하고 이어 신자들을 향해 영적 성장의 필요성을 일깨워 준다.
　몸통의 젖 - 성숙하지 못한 사람에게 "엄마 젖이나 더 먹고 오라"는 말을 한다.

1. 영적 미성숙함에 대한 경고(11-14)
   • 멜기세덱에 관하여는 우리가 할 말이 많으나 너희가 듣는 것이 둔하므로 설명하기 어려우니라(11)
   • 때가 오래 되었으므로 너희가 마땅히 선생이 되었을 터인데 너희가 다시~ 누구에게서 가르침을 받아야 할 처지이니 단단한 음식은 못 먹고 젖이나 먹어야 할 자가 되었도다(12)
   • 젖을 먹는 자마다 어린 아이니 의의 말씀을 경험하지 못한 자요 단단한 음식은 장성한 자의 것이니 그들은 지각을 사용하므로 연단을 받아 선악을 분별하는 자들이니라(13-14) - 고전 3:2절 '너희를 젖으로 먹이고 밥으로 아니하였노니' 와 비슷하나 몸통이 단단하므로 이 구절은 히 5장이 된다. 흰부리새가 날지 않을 때는 4장의 날개로 5장의 몸통을 덮고 있으므로 4장과 5장이 연결된다. 따라서 4장의 '큰 대제사장이신 예수님'이 5장에도 연결되어 나온다. 참고로 큰 대제사장이라는 말이 나오는 구절은 흰부리새의 날개(4장)가 크므로 5장이 아닌 4장에 나온다.

2. 큰 대제사장이신 예수님(1-10) - 대제사장인 아론보다 우월하신 예수님을 설명하고 있다.
   • 대제사장마다 사람 가운데서 택한 자이므로 하나님께 속한 일에 사람을 위하여 예물과 속죄하는 제사를 드리게 하나니 그가 무식하고 미혹된 자를 능히 용납할 수 있는 것은 자기도 연약에 휩싸여 있음이라 그러므로 백성을 위하여 속죄제를 드림과 같이 또한 자신을 위하여도 드리는 것이 마땅하니라 이 존귀는 아무나 스스로 취하지 못하고 오직 아론과 같이 하나님의 부르심을 받은 자라야 할 것이니라(1-4) - 흰부리새는 몸통으로 알(아론)을 낳으므로 아론은 히 5장에 나온다.
   • 너는 내 아들이니 내가 오늘 너를 낳았다 하셨고(5, 시 2:7) - 흰부리새는 몸통으로 알을 낳으므로 이 구절은 히 5장에 나온다.
   • 네가 영원히 멜기세덱의 반차를 따르는 제사장이라 하셨으니~ 그가 아들이시면서도 받으신 고난으로 순종함을 배워서 온전하게 되었은즉 자기에게 순종하는 모든 자에게 영원한 구원의 근원이 되시고 하나님께 멜기세덱의 반차를 따른 대제사장이라 칭하심을 받으셨느니라(6-10) - 몸통의 젖을 보니 아기에게 젖을 먹이는 새댁(멜기세덱)이 생각난다. 따라서 히 5장에 멜기세덱이 나온다.
   몸통의 젖에서 예수님의 눈물이 흘러나오고 있다.

3. 그는 육체에 계실 때에 자기를 죽음에서 능히 구원하실 이에게 심한 통곡과 눈물로 간구와 소원을 올렸고 그의 경건하심으로 말미암아 들으심을 얻었느니라(7) - 들으심을 얻었다는 것은 기도에 대한 응답을 말하며 기도에 대한 응답은 숫자로는 행운의 수인 7이 된다.
   흰부리새가 날지 않을 때는 몸통이 날개에 휩싸여 있다(몸통이 주체가 되므로 5장이 된다).

4. 그가 무식하고 미혹된 자를 능히 용납할 수 있는 것은 자기도 연약에 휩싸여 있음이라(2)
   ※ 예수님의 눈물 - 눅 19장, 요 11장, 히 5장.　멜기세덱 - 히 5장, 6장, 7장, 창 14장, 시 110편

히브리서 6장		
배 경	발	
대제목	하나님의 확실한 약속	

📖 저자는 성도들에게 신앙의 성숙한 단계로 나아갈 것을 권하고 또한 하나님의 확실한 구원 약속을 굳게 잡고 믿음과 인내로 소망을 간직할 것을 권면한다.

새의 발이 **약속**을 하듯 서로 **꼭** 끼고 있는 것은 약속의 확실성을 나타낸다. 참고로 약속+꼭 = 맹세이므로 히 6장은 약속과 맹세에 대해 나오며 새의 발이 A(아브라함의 약자)를 닮았으므로 아브라함이 오래 참아 약속을 받았다는 내용이 나온다(15절).

1. 하나님의 확실한 약속(13-20)
   - 하나님이 아브라함에게 약속하실 때에 가리켜 맹세할 자가 자기보다 더 큰이가 없으므로 자기를 가리켜 맹세하여 이르시되 내가 반드시 너에게 **복 주고 복 주며** 너를 **번성하게 하고 번성하게 하리라** 하셨더니(13-14) - 복 주고 복 주며 번성하게 하고 번성하게 하리라 이와 같이 반복에 반복을 한 것은 하나님의 약속이 얼마나 확실한지를 보여준다.
   - 그(아브라함)가 이같이 오래 참아 약속을 받았느니라(15)
   - 사람들은 자기보다 더 큰 자를 가리켜 맹세하나니 맹세는 그들이 다투는 모든 일의 최후 확정이니라(16)
   - 하나님은 약속을 기업으로 받는 자들에게 그 뜻이 변하지 아니함을 충분히 나타내시려고 그 일을 맹세로 보증하셨나니(17)
   - 이는 하나님이 거짓말을 하실 수 없는 이 두 가지(약속과 맹세) 변하지 못할 사실로 말미암아 앞에 있는 소망을 얻으려고 피난처를 찾은 우리에게 큰 안위를 받게 하려 하심이라(18) - 두 발이 두 가지 같다.
   - 우리가 이 소망을 가지고 있는 것은 영혼의 닻 같아서 튼튼하고 견고하여 휘장 안에 들어가나니(19)
   - 그리로 앞서 가신 예수께서 **멜기세덱의 반차를 따라 영원히 대제사장이 되어** 우리를 위하여 들어 가셨느니라(20) - 새의 발에 매니큐어를 칠했으므로 '멜기세덱의 반차를 따르는 대제사장'이 나온다.
   - ※ 특징 - 아브라함, 약속, 맹세, 오래 참음이 반복해서 나온다.
     새의 발목에 배교라고 써 있다.
2. 배교에 대한 경고(1-12) - 히 10장, 12장
   - 한 번 빛을 받고 하늘의 은사를 맛보고 성령에 참여한 바 되고 하나님의 선한 말씀과 내**세**의 능력을 맛보고도 타락한 자들은 다시 **새**롭게 하여 회개하게 할 수 없나니 이는 그들이 하나님의 아들을 다시 십자가에 못 박아 드러내 놓고 욕되게 함이라(4-6) - 히 6장과 10장은 배교에 대해서 나오는데 **새**를 배경으로 하는 것은 6장이므로 이 구절은 히 6장이 된다.
   - 게으르지 아니하고 믿음과 오래 참음으로 말미암아 약속들을 기업으로 받는 자들을 본 받는 자 되게 하려는 것이니라(12) - 오래 참음과 약속이 나오므로 이 구절은 히 6장이 된다.
     저 발로 걸어서 동부의 끝으로 소풍을 갔다.
3. 우리가 간절히 원하는 것은~ 각 사람이 동일한 부지런함을 나타내어 끝까지 소망의 풍성함에 이르러(11)
   흰부리새의 발은 닭발과 똑같이 생겼다.   닭 → 닻
4. 우리가 이 소망을 가지고 있는 것은 영혼의 닻 같아서 튼튼하고 견고하여 휘장 안에 들어가나니(19)

히브리서 7장	
배 경 꼬리	
대 제 목 멜기세덱	

📖 저자는 그리스도의 대제사장직의 우월성을 입증하기 위해 그리스도의 모형인 멜기세덱을 소개하고 이어 그리스도가 멜기세덱의 반차를 따르는 대제사장이라고 증거한다.

멀리서 온 새댁 멜기세덱이 저 새의 꼬리로 만든 치마를 입고 있다(꼬리가 치마처럼 생기기도 했다).

1. 멜기세덱(1-28) - 7장에서 멜기세덱의 사역과 품성을 구체적으로 설명하고 있는데 이것은 아론 계통의 제사장 직분보다 우월하신 그리스도의 제사장직을 강조하기 위한 목적에서이다.

• 이 멜기세덱은 살렘 왕이요 지극히 높으신 하나님의 제사장이라 여러 왕을 쳐서 죽이고 돌아오는 아브라함을 만나 복을 빈자라 아브라함이 모든 것의 10/1을 그에게 나누어 주니라 그 이름을 해석하면 먼저는 의의 왕이요 그 다음은 살렘 왕이니 곧 평강의 왕이요 아버지도 없고 어머니도 없고 족보도 없고 시작한 날도 없고 생명의 끝도 없어 하나님의 아들과 닮아서 항상 제사장으로 있느니라(1-3)

• 이 사람이 얼마나 높은가를 생각해보라 조상 아브라함도 노략물 중 10/1을 그에게 주었느니라 레위의 아들들 가운데 제사장의 직분을 받은 자들은 율법을 따라 아브라함의 허리에서 난 자라도 자기 형제인 백성에게서 10/1을 취하라는 명령을 받았으나 레위 족보에 들지 아니한 멜기세덱은 아브라함에게서 10/1을 취하고 약속을 받은 그를 위하여 복을 빌었나니 논란의 여지없이 낮은 자가 높은 자에게서 축복을 받느니라(4-7) - 십일조(창 14, 28장, 민 18장, 신 14장, 말 3장, 히 7장)

• 또한 10/1을 받는 레위인도 아브라함으로 말미암아 10/1을 바쳤다고 할 수 있나니 이는 멜기세덱이 아브라함을 만날 때에 레위는 이미 자기 조상의 허리에 있었음이라(9-10)

• 레위 계통의 제사 직분으로 말미암아 온전함을 얻을 수 있었으면 어찌하여 아론의 반차를 따르지 않고 멜기세덱의 반차(신분 등급의 차례, 반열)를 따르는 다른 한 제사장을 세울 필요가 있느냐(11)

• 우리 주께서는 유다로부터 나신 것이 분명하도다 이 지파에는 모세가 제사장들에 관하여 말한 것이 하나도 없고 멜기세덱과 같은 별다른 한 제사장이 일어난 것을 보니 더욱 분명하도다(14-15)

- 예수께서 레위 지파에 속하지 않고 유다 지파에 속한다는 사실은 그의 대제사장직이 혈통적인 것에 의존된 것이 아니라 근본적으로 새로운 하나님의 질서(秩序)에 의해서 결정되어진 것임을 시사한다.

• 증언하기를 네가 영원히 멜기세덱의 반차를 따르는 제사장이라 하였도다(17)

• 예수께서 제사장이 되신 것은 맹세 없이 된 것이 아니니(그들은 맹세 없이 제사장이 되었으되 오직 예수는 자기에게 말씀하진 이로 말미암아 맹세로 되신 것이라 주께서 맹세하시고 뉘우치지 아니하시리니 네가 영원히 제사장이라 하셨도다) 이와 같이 예수는 더 좋은 언약의 보증이 되셨느니라(20-22)

• 제사장 된 그들의 수효가 많은 것은 죽음으로 말미암아 항상 있지 못함이로되 예수는 영원히 계시므로 그 제사장 직분도 갈리지 아니하느니라(23-24)

• 이러한 대제사장은 우리에게 합당하니 거룩하고 악이 없고 더러움이 없고 죄인에게서 떠나 계시고 하늘보다 높이 되신 이라(26)

치마가 단벌(단번)이다 보니 자주 데려(드려) 입어야 한다. 물론 불편함은 이루 말할 수 없다.

2. 그는 저 대제사장들이 먼저 자기 죄를 위하고 다음에 백성의 죄를 위하여 날마다 제사 드리는 것과 같이 할 필요가 없으니 이는 그가 단번에 자기를 드려 이루셨음이라(27)

히브리서 8		대접같이 생겼다
배 경	보금자리	
대제목	새 언약의 대제사장	

📖 본문에서는 '언약' 이라는 관점에서 새 언약의 중보자 되시는 그리스도의 대제사장직이 구약 시대의 레위 계열의 대제사장직보다 더욱 탁월함을 증거한다.

저 새의 보금자리는 새로운 계약(새 언약)을 해서 마련한 것이며 보금자리가 대접같이 생겼다. 대접 → 대제(사장), 참고로 히 8장과 9장을 구분하는 방법은 알 중 하나가 구알이므로 알이 9장이 되고 새의 보금자리가 8장이 된다.

1. 새 언약의 대제사장(1-13)
   - 지금 우리가 하는 말의 요점은 이러한 대제사장이 우리에게 있다는 것이라 그는 하늘에서 지극히 크신 이의 보좌 우편에 앉으셨으니 성소와 참 장막에서 섬기는 이시라(1-2)
   - 대제사장마다 예물과 제사 드림을 위하여 세운 자니 그러므로 그도 무슨 드릴 것이 있어야 할지니라 예수께서 만일 땅에 계셨더라면 제사장이 되지 아니하셨을 것이니 이는 율법을 따라 예물을 드리는 제사장이 있음이라(3-4)
   - 볼지어다 날이 이르리니 내가 이스라엘 집과 유다 집과 더불어 새 언약을 맺으리라(8, 렘 31:31)
   - 이 언약은 내가 그들의 열조의 손을 잡고 애굽 땅에서 인도하여 내던 날에 그들과 맺은 언약과 같지 아니하도다 그들은 내 언약 안에 머물러 있지 아니하므로 내가 그들을 돌보지 아니하였노라(9)
   - 그 날 후에 내가 이스라엘 집과 맺을 언약은 이것이니 내 법을 그들의 생각에 두고 그들의 마음에 이것을 기록하리라 나는 그들에게 하나님이 되고 그들은 내게 백성이 되리라(10)
   - 또 각각 자기 나라 사람과 각각 자기 형제를 가르쳐 이르기를 주를 알라 하지 아니할 것은 그들이 작은 자로부터 큰 자까지 다 나를 앎이라(11)
   - 내가 그들의 불의를 긍휼히 여기고 그들의 죄를 다시 기억하지 아니하리라 하셨느니라 새 언약이라 말씀하셨으매 첫 것은 낡아지게 하신 것이니 낡아지고 쇠하는 것은 없어져 가는 것이니라(12-13)
   ※ 새 언약 - 렘 31장, 겔 11장, 36장, 고후 3장, 히 8장, 9장
   보금자리가 대접같이 생겼는데 어떻게 보면 우리 같기도 하다. 대접 → 데제(사장)

2. 지금 우리가 하는 말의 요점은 이러한 대제사장이 우리에게 있다는 것이라 그는 하늘에서 지극히 크신 이의 보좌 우편에 앉으셨으니(1)
   이 새의 보금자리는 하늘에 있는 것의 모형이다(하늘에 있는 것을 본 따서 만들었으므로).

3. 그들(제사장들)이 섬기는 것은 하늘에 있는 것의 모형과 그림자라(5)
   새의 보금자리(장막)가 하늘에 있는 것의 모형이므로 사람이 세우지 않고 주께서 세우셨다.

4. 이 장막은 주께서 세우신 것이요 사람이 세운 것이 아니니라(2)

* 성경 자세히 이해하기 - 첫 언약과 새 언약

   첫 언약 은 하나님께서 모세를 통하여 이스라엘 백성들과 맺었던 계약, 즉 유대인들의 율법과 규례와 계명을 가리킨다. 그리고 '둘째 것' 이란 '새 언약'(8절), 즉 하나님께서 이스라엘 집과 유다 집으로 더불어 세우셨으며 예수 그리스도로 말미암아 성취하신 완전한 언약을 가리킨다.

히브리서 9장	
배 경	알
대제목	완전한 희생제물 되신 그리스도

📖 본문에서 저자는 옛 언약과 새 언약 아래서의 제사와 제물을 비교함으로써 새 언약 아래서의 그리스도의 우월성을 입증하고 있다.

보금자리에는 구알(구약)과 방금 난 신알(신약)이 있다. 이 두 알은 나팔관의 난소와 비슷하므로 각각 성소와 지성소라 부르며 따라서 히 9장은 성소와 지성소, 장막에 대해 나온다.

1. 구약의 불완전한 제사(1-10)
   - 첫 언약에도 섬기는 예법과 세상에 속한 성소가 있더라 예비한 첫 장막이 있고 그 안에 등잔대와 상과 진설병이 있으니 이는 성소라 일컫고 또 둘째 휘장 뒤에 있는 장막을 지성소라 일컫나니(1-3)
   - 오직 둘째 장막(지성소)은 대제사장이 홀로 1년에 한 번 들어가되(7)
   - 이 장막은 현재까지의 비유니 이에 따라 드리는 예물과 제사는 섬기는 자를 그 양심상 온전하게 할 수 없나니 이런 것은 먹고 마시는 것과 여러 가지 씻는 것과 함께 육체의 예법일 뿐이며 개혁할 때까지 맡겨 둔 것이니라(9-10)

2. 신약의 완전한 제사(11-22)
   - 그리스도께서는 장래 좋은 일의 대제사장으로 오사 손으로 짓지 아니한 것 곧 이 창조에 속하지 아니한 더 크고 온전한 장막(그리스도 자신의 몸)으로 말미암아(11)
   - 염소와 송아지의 피로 아니하고 오직 자기의 피로 영원한 속죄를 이루사 단번에 성소에 들어 가셨느니라(12) - 성소가 나오므로 이 구절은 9장에 나온다.
   알은 뱀에게 희생제물인데 그중에서도 알을 가장 좋아하므로 알은 뱀에게 있어서 **완전한 희생제물**이 되며 알만 보면 단번에 먹어 치운다. 참고로 히 7장(27절)과 10장(10절)에 나오는 '단번에'는 출처가 분명하기 때문에 이외의 '단번에'가 나오는 구절은 히 9장이 된다.

3. 완전한 희생제물 되신 그리스도(23-28)
   - 대제사장이 해마다 다른 것의 피로써 성소에 들어가는 것 같이 자주 자기를 드리려고 아니하실지니 그리하면 그가 세상을 창조한 때부터 자주 고난을 받았어야 할 것이로되 이제 자기를 단번에 제물로 드려 죄를 없이 하시려고 세상 끝에 나타나셨느니라(25-26)
   - 한번 죽는 것은 사람에게 정해진 것이요 그 후에는 심판이 있으리니(27)
   - 이와 같이 그리스도도 많은 사람의 죄를 담당하시려고 단번에 드리신바 되셨고 구원에 이르게 하기 위하여 죄와 상관없이 자기를 바라는 자들에게 두 번째 나타나시리라(28)
   3번 소제목 희생제물에서 희생=죽는 것이므로 **죽는 것**과 관련된 중요요절은 다음과 같다.

4. 한번 - 나서(27) - **죽는 것**은 사람에게 정해진 것이요 그 후에는 심판이 있으리니(27) - 10장에도 희생제물이 나오나 같은 것이 2개일 경우 첫 번째 것(9장)으로 한다.
   두 알이 피사의 사탑처럼 약간 기울어 있다.   피사 → **피**흘림이 없은즉 **사**함이 없느니라

5. 율법을 따라 거의 모든 물건이 피로써 정결하게 되나니 **피**흘림이 없은즉 **사**함이 없느니라(22)

히브리서 10장		
배 경	나무 울타리	
대제목	휘장	

📖 저자는 단 한 번으로 영원한 효력을 갖는 그리스도 제사의 충족성과 완전성을 언급한다. 나무 울타리에 휘장이 쳐져있는데 꼭 두루마리처럼 생겼다.

1. 그 길은 우리를 위하여 휘장 가운데로 열어 놓으신 새로운 살 길이요 휘장은 곧 그의 육체니라(20)

2. 하나님이여 보시옵소서 두루마리 책에 나를 가리켜 기록된 것과 같이 하나님의 뜻을 행하러 왔나이다(7) 휘장에는 신알과 구알이라 써 있지 않고 알만 있으므로 '신약과 구약의 제사'는 나오지 않고 '완전한 희생제물 되신 그리스도'만 나오며 9장의 연장이다. 참고로 휘장에 배교라 써 있다.

3. 완전한 희생제물 되신 그리스도(1-18)

4. 배교에 대한 경고(26-31) - 우리가 진리를 아는 지식을 받은 후 짐짓 죄를 범한즉 다시 속죄하는 제사가 없고 오직 무서운 마음으로 심판을 기다리는 것과 대적하는 자를 태울 맹렬한 불만 있으리라 모세의 법을 폐한 자도 두세 증인으로 말미암아 불쌍히 여김을 받지 못하고 죽었거든 하물며 하나님의 아들을 짓밟고 자기를 거룩하게 한 언약의 피를 부정한 것으로 여기고 은혜의 성령을 욕되게 하는 자가 당연히 받을 형벌은 얼마나 더 무겁겠느냐(26-29) - 알을 모로(옆으로) 세어봐도 두세 개는 더 된다. 휘장의 알은 진짜 알이 아니라 9장의 알이 비쳐서 생긴 그림자일 뿐 참 형상이 아니다.

5. 율법은 장차 올 좋은 일의 그림자일 뿐이요 참 형상이 아니므로 해마다 늘 드리는 같은 제사로는 나아오는 자들을 언제나 온전하게 할 수 없느니라(1) - 참 형상 즉 진짜는 오직 하나이므로 1절이 된다. 알들이 촘촘히 모여 있다.

6. 모이기를 폐하는 어떤 사람들의 습관과 같이 하지 말고 오직 권하여 그날이 가까움을 볼수록 더욱 그리하자(25) - 촘촘히 모여 있는 알들을 넝마(25)로 다 주워 담고 있다. 저 휘장을 열고 들어가면 우리가 단번에 거룩하여 진다고 한다.

넝마

7. 이 뜻을 따라 예수 그리스도의 몸을 단번에 드리심으로 말미암아 우리가 거룩함을 얻었노라(10) 저 휘장은 투우장에서 황소를 유인할 때 쓰기도 한다.

8. 황소와 염소의 피가 능히 죄를 없이 하지 못함이라(4) - 그런데도 죄를 기억하게 하려고 해마다 드림. 휘장이 나무 울타리에 담처럼 쳐져 있다. 담 → ① 담력 ② 담대

9. 그러므로 형제들아 우리가 예수의 피를 힘입어 성소에 들어갈 담력을 얻었나니(19)

10. 그러므로 너희 담대함을 버리지 말라 이것이 큰 상을 얻게 하느니라(35) '오직'이 나오면 '오직 의인은 믿음으로 말미암아 살리라'가 된다. 그림 참조

11. 오직 나의 의인은 믿음으로 말미암아 살리라 또한 (38선) 뒤로 물러가면 내 마음이 그를 기뻐하지 아니하리라 우리는 뒤로 물러가 멸망할 자가 아니요 오직 영혼을 구원함에 이르는 믿음을 가진 자니라(38-39) - 휘장 뒤로 주춤주춤 물러나는 모습을 상상하자. 위의 중요요절을 통해서 소제목이 '믿음을 군세게 지키라'가 된다는 것을 알 수 있다.

12. 믿음을 군세게 지키라(19-39)

히브리서 11장		
배 경	숲 입구	
대제목	믿음	

📖 본문은 이른바 '믿음 장'으로서 먼저 믿음의 본질을 언급한 후에(1-3절) 믿음의 실례로서 믿음을 따라 살아간 성경의 여러 믿음의 선배들의 삶의 역정을 소개하고 있다.
나무 숲 입구에는 '믿음'이라는 푯말이 붙어 있다.

1. 믿음(1-40)
   - 믿음은 바라는 것들의 실(1)상이요 보이지 않는 것들의 증거니(1) - '믿음은 바라는 것들의 실상이요' 에서 실은 숫자로 1이 된다.
   - 믿음으로 모든 세계가 하나님의 말씀으로 지어진 줄을 우리가 아나니 보이는 것은 나타난 것으로 말미암아 된 것이 아니니라(3)
   - 믿음으로 아벨은 가인보다 더 나은 제사를 하나님께 드림으로 의로운 자라 하시는 증거를 얻었으니 하나님이 그 예물에 대하여 증거하심이라(4) - 아벨은 히 11장에서 처음으로 언급된다.
   - 믿음으로 에녹은 죽음을 보지 않고 옮겨졌으니 하나님이 그를 옮기심으로 다시 보이지 아니하였느니라 그는 옮겨지기 전에 하나님을 기쁘시게 하는 자라 하는 증거를 받았느니라(5)
   - 믿음이 없이는 하나님을 기쁘시게 하지 못하나니 하나님께 나아가는 자는 반드시 그가 계신 것과 또한 그가 자기를 찾는 자들에게 상 주시는 이심을 믿어야 할지니라(6) - ♪(믿음)은 6자 모양이다.
   - 믿음으로 노아는 아직 보이지 않는 일에 경고하심을 받아 경외함으로 방주를 준비하여 그 집을 구원하였으니 이로 말미암아 세상을 정죄하고 믿음을 따르는 의의 상속자가 되었느니라(7) - 노아(창 6장, 마 24장, 눅 3, 17장, 히 11장, 벧전 3장)
   - 믿음으로 아브라함은 부르심을 받았을 때에 순종하여 장래의 유업으로 받을 땅에 나아갈새 갈 바를 알지 못하고 나아갔으며(8) - 아브라함(롬 4,9,11, 고후 11, 갈 3,4, 히 2,6,7,11, 약 2, 벧전 11장)
   - 믿음으로 사라 자신도 나이가 많아 단산하였으나 잉태할 수 있는 힘을 얻었으니 이는 약속하신 이를 미쁘신 줄 알았음이라(11)
   - 그들이 이제는 더 나은 본향을 사모하니 곧 하늘에 있는 것이라(16)
   - 믿음으로 이삭은 장차 있을 일에 대하여 야곱과 에서에게 축복하였으며(20)
   - 믿음으로 야곱은 죽을 때에 요셉의 각 아들에게 축복하고 그 지팡이 머리에 의지하여 경배하였으며(21)
   - 믿음으로 요셉은 임종시에 이스라엘 자손들이 떠날 것을 말하고 또 자기 뼈를 위하여 명하였으며(22)
   - 믿음으로 모세는 장성하여 바로의 공주의 아들이라 칭함 받기를 거절하고 도리어 하나님의 백성과 함께 고난 받기를 잠시 죄악의 낙을 누리는 것보다 더 좋아하고 그리스도를 위하여 받는 수모를 애굽의 모든 보화보다 더 큰 재물로 여겼으니 이는 상 주심을 바라봄이라(24-26)
   - 믿음으로 7일 동안 여리고를 도니 성이 무너졌으며(30) - 여호수아는 등장하지 않고 관련기사만 나옴
   - 믿음으로 기생 라합은 정탐꾼을 평안히 영접하였으므로 순종하지 아니한 자와 함께 멸망하지 아니하였도다(31) - 기생 라합(마 1장, 히 11장, 약 2장)
   - 내가 무슨 말을 더 하리요 기드온, 바락, 삼손, 입다, 다윗 및 사무엘과 선지자들의 일을 말하려면 내게 시간이 부족하리로다(32)

히브리서 12장		
배 경	숲속	
대제목	징계를 통한 훈련	

📖 저자는 성도들로 하여금 인내로 믿음의 경주를 할 것과 주께서 주시는 징계를 성숙의 계기로 삼을 것을 권면한 후 하나님의 은혜를 거역하는 배교에 대해 경고하고 있다.

숲속에서 3사람이 징계를 통한 훈련을 받고 있다. 징계를 통한 훈련이란 경주를 해서 1등을 제외한 나머지는 뺑뺑이를 돌리는 것이다.

1. 믿음의 경주(1-4)
   - 우리에게 구름 같이 둘러싼 허다한 증인들이 있으니 모든 무거운 것과 얽매이기 쉬운 죄를 벗어 버리고 인내로써 우리 앞에 당한 경주를 하며(1) - 경주는 일직선으로 달리는 것이므로 1절이 된다.

2. 징계를 통한 훈련(5-13)
   - 내 아들아 주의 징계하심을 경히 여기지 말며 그에게 꾸지람을 받을 때에 낙심하지 말라 주께서 그 사랑하시는 자를 징계하시고 그가 받아들이시는 아들마다 채찍질하심이라(5-6, 잠 3:11-12)
   - 징계는 다 받는 것이거늘 너희에게 없으면 사생자요 친아들이 아니니라(8)
   - 무릇 징계가 당시에는 즐거워 보이지 않고 슬퍼 보이나 후에 그로 말미암아 연단 받은 자들은 의와 평강의 열매를 맺느니라(11)
   - 그러므로 피곤한 손과 연약한 무릎을 일으켜 세우고 너희 발을 위하여 곧은 길을 만들어 저는 다리로 하여금 어그러지지 않고 고침을 받게 하라(12-13)
   경주와 같이 쓰이는 단어로는 대항(서로 겨룸)이 있다. 예) 충남시·군 대항 경주대회

3. 너희가 죄와 싸우되 아직 피흘리기까지는 대항하지 아니하고(4)
   3사람이 모든 사람과 더불어 화평함과 거룩함을 따라가고 있다. 화평함과 거룩함이 앞서가고 그 뒤를 3사람이 모든 사람과 함께 따라가며 경주를 하고 있다고 생각하자.

4. 모든 사람과 더불어 화평함과 거룩함을 따르라 이것이 없이는 아무도 주를 보지 못하리라(14)
   3사람 중 1명은 처녀인데 이 처녀(02)가 예수님의 초상을 바라보면서 달려가고 있다.

5. 믿음의 주요 또 온전하게 하시는 이인 예수를 바라보자 그는 그 앞에 있는 기쁨을 위하여 십자가를 참으사 부끄러움을 개의치 아니하시더니 하나님 보좌 우편에 앉으셨느니라(2) - 처녀(02)가 예수님의 초상을 바라보면서 달려가고 있으므로 이 구절은 2절이 된다.
   ※ 예수님의 초상은 13장이나 예수님의 초상을 바라보는 주체가 3명중 1명인 처녀이므로 12장이 된다. 처녀의 인디언식 이름은 '소멸하는 불' 이다.

6. 우리 하나님은 소멸하는 불이심이라(29, 신 4:24)
   3사람이 제사상을 향해 달려가는 것은 제사가 우상숭배이므로 배교 행위가 된다.

7. 배교에 대한 경고(14-29) - 히 6장, 10장
   - 혹 한 그릇 음식을 위하여 장자의 명분을 판 에서와 같이 망령된 자가 없도록 살피라 너희가 아는 바와 같이 그가 그 후에 축복을 이어받으려고 눈물을 흘리며 구하되 버린 바 되어 회개할 기회를 얻지 못하였느니라(16-17) - 제사상에 음식이 있으므로 여기에 나오는 배교는 히 12장이 된다.

히브리서 13장	
배 경	숲속 끝
대제목	하나님이 기뻐하시는 제사

📖 본문에서 저자는 성도의 사회 및 교회 생활에 대한 교훈으로서 하나님을 기쁘게 해드리는
생활을 할 것과 영적 지도자에게 복종할 것을 당부하며 축도로서 편지를 끝맺고 있다.
숲이 끝나는 저편 끝에서는 제사를 드리고 있다.

1. 하나님이 기뻐하시는 제사(1-19) - ① 찬송의 제사 ② 선행과 구제
   • 그러므로 우리는 예수로 말미암아 항상 **찬송의 제사**를 하나님께 드리자. 이는 그 이름을 증언하는
     입술의 열매니라(15) - 어떤 나라에서는 개미(15)가 하나님께 찬송의 제사를 드린다고 한다.
   • 오직 **선을 행함**과 서로 **나누어 주기**를 잊지 말라 하나님은 이같은 제사를 기뻐하시느니라(16)
     (암기방법) 찬송의 제사로 선구자를 불렀다. 선구 → **선**행과 **구**제
     제사가 끝나면 이 음식으로 손님들을 대접할 것이다.

2. 형제 사랑하기를 계속하고 손님 대접하기를 잊지말라 이로써~ 천사들을 대접한 이들이 있었느니라(1-2)
   예수님 초상화 위의 점 3개 → 어제, 오늘, 내일(영원토록)

3. 예수 그리스도는 어제나 오늘이나 영원토록 동일하시니라(8) - 영원은 기호로 ∞(무한대)이므로 8절
   제사상 위에 데모 테이프(샘플 음원을 녹음한 노래)가 놓여 있다.   데모 → 디모데

4. 우리 형제 디모데가 놓인 것을 너희가 알라 그가 속히 오면 내가 그와 함께 가서 너희를 보리라(23)
   쪽발위에 **돈** 5,000원이 있다.

5. **돈**을 사랑하지 말고 있는 바를 **쪽**한 줄로 알라(5) - 돈 5,000원에서 영 3개를 지우면 5가 된다.
   족발이 상했는지 제사상 위에 버러지가 있다.   버러지 → 버리지

6. 내가 결코 너희를 **버리지** 아니하고 너희를 떠나지 아니하리라 하셨느니라(5) - 버러지가 5자 모양
   제사를 지낼 때는 꼭 축문을 낭독한다.   축문(제사 때에 신에게 축원을 드리는 글) → 축도

7. 축도(21) - 모든 선한 일에 너희를 온전하게 하사 자기 뜻을 행하게 하시고 그 앞에 즐거운 것
   을 예수 그리스도로 말미암아 우리 가운데서 이루시기를 원하노라 영광이 그에게 세세 무궁토록
   있을지어다 아멘(21) - 제사상 앞에 예수님의 초상화가 있으므로 이 구절은 히 13장의 축도가 된다.
   제사상을 지나가면 성문 밖이 나온다.

8. 예수도 자기 피로써 백성을 거룩하게 하려고 성문 밖에서 고난을 받으셨느니라 그런즉 우리도 그
   의 치욕을 짊어지고 영문 밖(진 바깥)으로 그에게 나아가자(12-13) - 예수님의 삶을 본받자는 뜻
   ※ 내가 간단**히** 너희에게 썼느니라(22) - 간단(13)**히**, 따라서 출처는 **히** 13장.
     모든 사람은 결혼을 귀(1)**히** 여기고 침소를 더(3)럽**히**지 않게 하라(4) - 출처는 **히** 13장
     종에 '주 기도'라고 써 있다.

9. **주**의 **종**의 **믿음**을 본받으라(7)
10. **주**의 **종**에게 **복종**하라(17)
11. **주**의 **종**을 위하여 **기도**하라(18)

종이 엎어져 있다(복종) → 주의 종에게 복종하라(17)
→ 주의 종의 믿음을 본받아라(7)
→ 주의 종을 위하여 기도하라(18)
종
주 기도

야고보서 5장

* **배경** : 야고보는 야구부와 발음이 비슷하므로 야고보서는 야구부를 배경으로 한다. 야구부는 심판·포수·타자·1루 주자·투수가 있으며 야고보서는 이 5가지를 배경으로 한다.
* **특징** : '형제들아' 라는 말을 많이 사용한다.

야고보서 (5장)

저　　자 : 야고보(예수님의 동생)

　　　　　야고보라는 이름을 가진 사람은 신약성경에 4명이 있다. ① 유다(가룟 유다와 동명이인)의 아버지 야고보는 두 번 언급되어 있는데(눅 6:16, 행 1:13) 12사도 중의 한 사람의 아버지라는 것 외에는 전혀 알려진 것이 없다. ② 알패오의 아들 야고보(마 10:3, 막 3:18, 눅 6:15, 행 1:13)는 막 15:40에는 '작은 야고보' 로 언급되어 있으며, 열두 사도 중 한 사람이었다. 다른 사도들의 이름과 같이 언급되는 경우 외에는 전혀 나타나지 않아, 그가 야고보서의 저자라고 보기는 어렵다. ③ 세베대의 아들이요, 요한의 동생인 야고보(마 4:21, 10:2, 막 3:17, 눅 9:54, 행 1:13)는 주와 가까운 제자 중 한 사람이었다. 그러나 그는 A.D. 44년에 순교하였으므로(행 12:2) 야고보서를 썼을 가능성이 희박하다. ④ 주의 형제 야고보(마 13:55, 막 6:3, 갈 1:19)는 예루살렘 교회의 기둥 가운데 한 사람이었다(행 12:17, 15:13-21, 21:18). 전통적으로는 이 사람을 야고보서의 저자로 보며, 성경의 증거에 가장 적합하다. 야고보는 예수 탄생이후에 요셉과 마리아 사이에서 출생한 아들로서 예수의 친동생이라고 보는 것이 전통적인 견해다. 그는 예수가 부활하신 후 제자들에게 나타나시기 전까지는 예수의 말씀을 받아들이지 않았음이 분명하다(고전 15:7). 그와 그의 형제들은 오순절날 성령 강림을 기다리는 성도들과 함께 있었으며(행 1:14), 얼마 안 가서 예루살렘 교회의 지도자로 인정받기에 이르렀고(행 12:17; 갈 2:9, 12), 행 15장에 나오는 예루살렘 공의회의 중심인물이 되었다. 야고보는 바울의 제3차 전도여행 후에도 유대인에 대한 모세의 율법의 중요성을 인정하고 있었다(행 21:1825). 고대 전승은 그가 유대적인 경건성을 지니고 있었고, 다른 사람들에게 예수를 메시야로 이해시키는데 큰 역할을 담당했다는 것을 강조하고 있다.

주　　제 : 믿음과 행함

발 신 자 : 야고보

수 신 자 : 흩어져 있는 12지파(야구는 총 9명으로 하나 지명타자, 대주자, 대타를 포함하면 총 12명이 되며 야구를 할 때 이 12명은 다 흩어져 있다)

기록연대 : A.D. 60년경

요　　절 : 2:14-17

기록목적 : 당시 예루살렘 교회의 지도자인 주의 형제 야고보는 그리스도인들의 참된 믿음이란 그 믿음에 근거하여 실제적인 실천의 삶을 사는 것이라고 가르치기 위해 이 편지를 썼다. 참고로 야고보서를 '신약의 잠언' 이라 한다.

야고보서 1장		
배 경	심판	
대제목	가난과 부요	

📖 야고보는 시련과 고초를 겪고 있는 신자들에게 그들이 받는 시험의 원인과 의미를 해석해 줌으로써 더욱 담대하게 시험을 감수하고 경건을 이루는 방법에 대해 권면하고 있다.
심판이란 직업은 시즌 때가 되면 부요해지나 시즌이 끝나면 가난해지는 특성이 있다.

1. 가난과 부요(9-11)
   - 낮은 형제는 자기의 높음을 자랑하고(9) - 가난하나 영적 부자로 만들어 주신 것을 자랑한다.
   - 부한 자는 자기의 낮아짐을 자랑할지니 이는 그가 풀의 꽃과 같이 지나감이라(10) - 부한 자가 믿음을 가졌을 때 자기의 영적인 상태가 낮은 것을 인식하고 돈의 가치가 아무것도 아님을 깨닫고 감사하게 된다.
   - 해가 돋고 뜨거운 바람이 불어 풀을 말리면 꽃이 떨어져 그 모양의 아름다움이 없어지나니 **부한 자도 그 행하는 일에 이와 같이 쇠잔하리라(11)** - 심판이란 직업은 시즌 때가 되면 부요해지나 시즌이 끝나면 쇠잔해지는 특성이 있다. 따라서 이 구절의 출처는 약 1장이 된다.
   심판의 오른손 - C자 모양의 혹(미혹·유혹)이 여러 개 나 있다.   C(씨) → 시험

2. 시험과 유혹(1-4, 12-18)
   - 내 형제들아 너희가 **여러 가지 시험**을 당하거든 온전히 기쁘게 여기라(2)
   - 이는 너희 믿음의 시련이 인내를 만들어 내는 줄 너희가 앎이라(3) - 심판이 헬멧을 가장 오래 쓰므로 입에서 입내가 난다. 입내(인내)를 만들어 내는 것은 심판이므로 이 구절은 약 1장이 된다.
   - 사람이 **시험**을 받을 때에 내가 하나님께 **시험**을 받는다 하지 말지니 하나님은 악에게 **시험**을 받지도 아니하시고 친히 아무도 **시험**하지 아니하시느니라(13)
   - 오직 각 사람이 **시험**을 받는 것은 자기 욕심에 끌려 **미혹**됨이니(14) - 심판의 손에 난 C자 모양의 혹(미혹)이 계란(14) 같이 생겼으므로 시험과 미혹이 나오는 이 구절은 14절이 된다.
   - 온갖 좋은 은사와 온전한 선물이 다 위로부터 빛들의 아버지께로부터 내려오나니 그는 변함도 없으시고 회전하는 그림자도 없으시니라(17) - 하늘에서 각종 은사와 선물과 약(야고보)들이 빛과 함께 쏟아지고 있는데 빛이 쏟아지는 모양이 1자 모양이며 이런 귀한 것을 주신 하나님 아버지가 고마워서 "아버지 감사(17) 합니다" 하면서 쏟아지는 온갖 선물을 가슴(17)으로 받고 있다. 그런데 이 사람의 뒤를 보니 그림자가 없다.
   - 그가 그 피조물 중에 우리로 한 첫 열매가 되게 하시려고 자기의 뜻을 따라 진리의 말씀으로 우리를 낳으셨느니라(18)
   심판이 C자 모양의 혹이 나서 고통스러우나 경기 때문에 참고 있다.   C(씨) → 시험

3. **시험을 참는 자는 복이 있나니** 이는 시련을 견디어 낸 자가 주께서 자기를 사랑하는 자들에게 약속하신 생명의 면류관을 얻을 것이기 때문이라(12) - 시험을 참는 자는 생명의 면류관을 얻는다.
   ※ 면류관 - 빌 4장, 살전 2장, 딤후 4장, 약 1장, 벧전 5장 계 2장, 12장 - 계 12장 참조

죄(1) 많은 야곱

4. 욕심이 잉태한 즉 죄를 낳고 죄가 장성한즉 사망을 낳느니라(15) - 죄(1장) 많은 야곱(야고보)이 개미(15)를 미끼로 써서 낚시를 하고 있다.

   심판의 서있는 자세가 **참 경건**하다.

5. <mark>참된 경건</mark>(26-27)

   • 누구든지 스스로 경건하다 생각하며 자기 혀를 재갈 먹이지 아니하고 자기 마음을 속이면 이 사람의 경건은 헛것이라(26)

   • 하나님 아버지 앞에서 정결하고 더러움이 없는 경건(참 경건)은 곧 ① 고아와 과부를 그 환난 중에 돌보고 또 ② 자기를 지켜 세속에 물들지 아니하는 이것이니라(27) - 하나님 아버지 앞에서 정결하고 더러움이 없는 경건은 참 경건이 되므로 이 구절은 약 1장에 나온다.

   심판의 귀부분의 화살표 - 귀로 **말씀을 듣는 것**을 나타낸다.

   심판의 팔부분의 화살표 - 스트라이크나 볼일 때 심판이 팔을 세우거나 펴는 등 행함을 취하므로 팔부분의 화살표는 **행함**을 나타낸다.

6. <mark>말씀을 들음과 행함</mark>(19-25)

   • 너희는 <u>말씀을 행하는</u> 자가 되고 <u>듣기만</u> 하여 자신을 속이는 자가 되지 말라(22) - 말씀을 들음과 행함이므로 이 구절은 약 1장에 나온다.

   • 누구든지 <u>말씀을 듣고 행하지</u> 아니하면 그는 거울로 자기의 생긴 얼굴을 보는 사람과 같아서 제 자신을 보고 가서 그 모습이 어떠했는지를 곧 잊어버리거니와(23-24) - 말씀을 들음과 행함이므로 이 구절은 약 1장에 나온다.

   • 자유롭게 하는 온전한 율법(복음=<u>말씀</u>)을 들여다보고 있는 자는 듣고 잊어버리는 자가 아니요 실천하는 자니 이 사람은 그 <u>행하는</u> 일에 복을 받으리라(25) - 말씀을 들음과 행함이므로 출처는 약 1장

   심판의 머리 - 더디, 빨리, 더디

7. 내 사랑하는 형제들아 너희가 알지니 사람마다 듣기는 <u>속히</u> 하고 말하기는 <u>더디</u> 하며 성내기도 <u>더디</u> 하라 사람이 성 내는 것이 하나님의 <u>의</u>를 이루지 못함이라(19-20) - 더디 말하고 성질을 꾹 참으려니 아이(I) 구(9) 속 터져. 아이구가 19절을 나타낸다.

   심판의 가슴, ♪ - 믿음, ? - 의심

8. 오직 **믿음**으로 구하고 조금도 **의심**하지 말라 의심하는 자는 마치 바람에 밀려 요동하는 바다 물결 같으니(6) - ♪(믿음)은 6자 모양이며 ?(의심)도 거꾸로 보면 6이 된다.

   심판의 가슴

   명심판이라 스트라이크냐 볼이냐를 잡아내는 능력이 9할대다.
   9할 → 구하라,   꾸겨져 있다 → 꾸짖다.

9. 너희 중에 누구든지 **지혜**가 부족하거든 모든 사람에게 후히 주시고 **꾸짖지** 아니하시는 하나님께 **구하라** 그리하면 주시리라(5) - 차마(05) 꾸짖기야 하시겠어.

   지혜+9할(구하라) = 지혜를 구하라

10. <mark>지혜를 구하라</mark>(5-8)

야고보서 2장	
배 경	포수
대제목	행함 없는 믿음

📖 야고보는 '참된 믿음'에 관해 교훈하고 있는데 그것은 곧 형제에 대해 차별과 편견 없는 공평한 처신으로, 또한 믿음대로 실천하는 행함으로 입증되는 것이라고 가르치고 있다.

공이 날아올 때마다 가장 행함이 민첩해야 할 사람은 포수로 행함 없는 포수는 상상할 수 없다.

1. 행함 없는 믿음(14-26)　　※ 기생 라합 - 마 1장(예수님의 족보), 히 11장(믿음 장), 약 2장
    - 내 형제들아 만일 사람이 믿음이 있노라 하고 **행함이 없으면** 무슨 이익이 있으리요 그 믿음이 능히 자기를 구원하겠느냐 만일 형제나 자매가 헐벗고 일용할 양식이 없는데 너희 중에 누구든지 그에게 이르되 평안히 가라, 덥게 하라, 배부르게 하라 하며 그 몸에 쓸 것을 주지 아니하면 무슨 유익이 있으리요 이와 같이 **행함이 없는 믿음**은 그 자체가 죽은 것이라(14-17)
    - 아브라함이 그 아들 이삭을 제단에 바칠 때에 **행함**으로 의롭다 하심을 받은 것이 아니냐(21)
    - 내가 보거니와 **믿음**이 그의 **행함**과 함께 일하고 **행함**으로 **믿음**이 온전하게 되었느니라(22) - 행함과 믿음이 나오므로 이 구절은 약 2장에 나온다. 참고로 약 1장 소제목은 말씀을 들음과 행함이다.
    - 라합이 사자들을 접대하여 다른 길로 나가게 할 때에 **행함**으로 의롭다 하심을 받은 것이 아니냐(25)
    ※ 포수의 무릎보호대에 아라서 던지라고 '아라' 라고 써 있으므로 약 2장에 아브라함과 라합이 나온다.
2. 영혼 없는 몸이 죽은 것 같이 **행함이 없는 믿음**은 죽은 것이니라(26) - 낯빛(26)이 납빛(26, 잿빛) 죽어 있는 사람에게 범 1마리가 다가오더니 이 사람이 죽은 걸 알고 모든 범들이 몰려들고 있다.
3. 누구든지 온 율법을 지키다가 그 1를 범하면 모두 범한 자가 되나니(10) 포수는 투수의 싸인을 받는데 투수가 잘 생겼으면 싸인을 잘 받아주고 못 생겼으면 싸인을 무시하는 등 차별을 해서는 안 된다.
4. 차별하여 대하지 말라(1-13) - 사람을 **차별**하여 대하지 말라(1)
    - 내 사랑하는 형제들아 들을지어다 하나님이 세상에서 가난한 자를 택하사 믿음에 부요하게 하시고 또 자기를 사랑하는 자들에게 약속하신 나라를 상속으로 받게 하지 아니하셨느냐(5) - 약은 야고보를, 받는 것은 포수이므로 이 구절은 약 2장에 나온다.
    - 만일 너희가 사람을 **차별**하여 대하면 죄를 짓는 것이니 율법이 너희를 범법자로 정죄하리라(9)
    - 너희는 자유의 율법대로 심판 받을 자처럼 말도 하고 행하기도 하라(12) - 행함은 야고보서가 되고, 받는 것은 포수이므로 이 구절은 약 2장에 나온다.
    포수가 심판과 비슷하게 생겼으므로 '긍휼 없는 심판' 이라고 부르기도 한다.
5. 긍휼을 행하지 아니하는 자에게는 긍휼 없는 심판이 있으리라 긍휼은 심판을 이기고 자랑하느니라(13) 포수의 얼굴을 벗겨보니 어! 우리 이웃이네.
6. 네 이웃 사랑하기를 네 몸과 같이 사랑하라 하신 최고의 법을 지키면 잘하는 것이거니와(8) 포수의 글러브, 글러브의 전체 모양이 θ(데타, 하나님)이며 엄지손가락은 하나를 나타낸다.
7. 네가 **하나님**은 **한** 분이신 줄을 믿느냐 잘하는도다 **귀신**들도 믿고 떠느니라(19) - 글러브는 가죽(19)

야고보서 3장		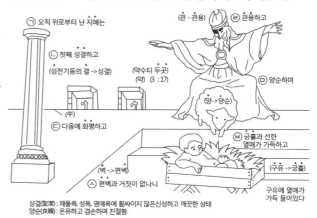
배 경	타자	
대제목	혀	

📖 본문에서 야고보는 혀의 폐해를 언급하면서 말을 조심할 것을 가르치고 세상 지혜와 위로부터 난 신령한 지혜를 비교하면서 신령한 지혜로 선한 열매를 맺으라고 권하고 있다. 타자가 혀를 내밀며 투수를 약 올리고 있다.

1. 혀(1-12)
   • 내 형제들아 너희는 선생 된 우리가 더 큰 심판을 받을 줄 알고 선생이 많이 되지 말라 우리가 다 실수가 많으니 만일 말에 실수가 없는 자라면 곧 온전한 사람이라 능히 온 몸도 굴레 씌우리라 우리가 말들의 입에 재갈 물리는 것은 우리에게 순종하게 하려고 그 온 몸을 제어하는 것이라(1-3)
   • 또 배를 보라 그렇게 크고 광풍에 밀려가는 것들을 지극히 작은 키로써 사공의 뜻대로 운행하나니(4)
   • 혀는 곧 불이요 불의의 세계라 혀는 우리 지체 중에서 온 몸을 더럽히고 삶의 수레바퀴를 불사르나니 그 사르는 것이 지옥 불에서 나느니라(6)
   • 혀는 능히 길들일 사람이 없나니 쉬지 아니하는 악이요 죽이는 독이 가득한 것이라 이것으로 우리가 주 아버지를 찬송하고 또~ 사람을 저주하나니 한 입에서 찬송과 저주가 나오는도다 내 형제들아 이것이 마땅하지 아니하니라 샘이 한 구멍으로 어찌 단 물과 쓴 물을 내겠느냐(8-11)
   혀로 먹고 사는 직업 중에 가장 대표적인 것이 선생이다.

2. 내 형제들아 너희는 선생 된 우리가 더 큰 심판을 받을 줄 알고 선생이 많이 되지 말라(1) - 타자가 혀를 1자로 쏙 내밀고 있으므로 혀로 먹고 사는 선생이 나오는 이 구절은 1절이 된다.

   타자의 모자

3. 하늘로부터 오는 지혜(13-18)
   • 너희 중에 지혜와 총명이 있는 자가 누구냐 그는 선행으로 말미암아 지혜의 온유함으로 그 행함을 보일지니라(13) - 행함은 야고보서가 되고 지혜는 3장에 나오므로 이 구절은 약 3장에 나온다.
   • 진리를 거슬러 거짓말하지 말라(14) - 혀(약 3장)는 진리를 거슬러 거짓말하기도 한다.
   • 이러한 지혜는 위로부터 내려온 것이 아니요 땅 위의 것이요 정욕의 것이요 귀신의 것이니(15)

4. 오직 위로부터 난 지혜는 첫째 성결하고 다음에 화평하고 관용하고 양순하며 긍휼과 선한 열매가 가득하고 편견과 거짓이 없나니(17) - 하늘로부터 오는 지혜를 나타내는 그림 옆에 17이라 써 있다.
   • 화평하게 하는 자들은 화평으로 심어 의의 열매를 거두느니라(18)
   ※ 약 3장 타자의 모자 귀부분에도 17이라 써 있고 롬 10장 전도사의 귀에 걸린 귀걸이와 딤전 5장 장로님의 귀에 걸린 귀걸이도 17자 모양이므로 17이라는 숫자는 셋 다 귀와 관련이 있다.

ㄱ 오직 위로부터 난 지혜는 (칸 - 관용)ㄹ 관용하고
ㄴ 첫째 성결하고 (성전기둥의 결 ->성결) (약수터 두곳) (약) (3:17)ㅁ 양순하며 (양->양순)
ㄷ 다음에 화평하고 ㅂ 긍휼과 선한 열매가 가득하고 (구유->긍휼)
(벽 ->편벽) ㅅ 편벽과 거짓이 없나니 구유에 열매가 가득 들어있다

성결(聖潔):재물욕, 성욕, 영예욕에 휩싸이지 않은신성하고 깨끗한 상태
양순(良順):온유하고 겸손하며 친절함.

야고보서 4장	
배 경	1루 주자
대제목	정욕적으로 살지 말라

📖 본문에서 야고보는 참된 믿음을 지닌 신자가 해서는 안 될 것을 교훈하고 있다.
1루 주자가 2루를 거쳐 3루를 향해 정열(정욕)적으로 달려가고 있다.   정열 → 정욕

1. 정욕적으로 살지 말라(1-10) = 세상과 벗하지 말라
   • 너희 중에 싸움이 어디로부터 다툼이 어디로부터 나느냐~ 싸우는 정욕으로부터 나는 것이 아니냐(1)
   • 너희는 욕심을 내어도 얻지 못하여 살인하며 시기하여도 능히 취하지 못하므로 다투고 싸우는도다 너희가 얻지 못함은 구하지 아니하기 때문이요 구하여도 받지 못함은 정욕으로 쓰려고 잘못 구하기 때문이라(2-3) - 1루 주자가 2루를 거쳐 3루를 향해 정욕적으로 달려가므로 이 구절은 2-3절이 된다.
   • 간음한 여인들아 세상과 벗된 것이 하나님과 원수 됨을 알지 못하느냐 그런즉 누구든지 세상과 벗이 되고자 하는 자는 스스로 하나님과 원수 되는 것이니라(4)
   1루 주자가 달려가자 학사모를 쓴 비둘기(성령)도 따라서 날아가고 있다.   학사모 → 사모

2. 너희는 하나님이 우리 속에 거하게 하신 성령이 시기하기까지 사모한다 하신 말씀을 헛된 줄로 생각하느냐(5) - 학사모를 쓴 비둘기가 치마(05)를 입은 것 같다.

3. 비방하지 말라(11-12) - 형제들아 서로 비방하지 말라(11)
   보나마나 이 도루는 성공한다고 헛된 장담을 하고 있다.

방구가 아님(아닐 **비**) → 비방

4. 헛된 장담(13-17) = 헛된 자랑을 하지 말라
   • 들으라 너희 중에 말하기를 오늘이나 내일이나 우리가 어떤 도시에 가서 거기서 1년을 머물며 장사하여 이익을 보리라 하는 자들아 내일 일을 너희가 알지 못하는도다 너희 생명이 무엇이냐 너희는 잠깐 보이다가 없어지는 안개니라(14-15)
   1루 주자가 하나님께 가까이 가려고(하나님께서 앞에 계시다고 생각하자) 무릎을 낮추면서(하나님 앞에서는 겸손해야 하므로) 뛰어가고 있다.

5. 하나님을 가까이하라 그리하면 너희를 가까이 하시리라(8) - 하나님께 가까이 가려고 1루 주자가 팔(8)을 힘차게 내젓고 있으므로 이 구절은 8절이 된다.

6. 주 앞에서 **낮추라** 그리하면 주께서 너희를 높이시리라(10) - 주 앞에서 가차없이(10) **낮추라**
   1루 주자가 마귀가 있는 쪽으로 너무 정열적으로 달려가므로 마귀가 피해 도망가고 있다.

7. 그런즉 너희는 하나님께 복종할지어다 마귀를 대적하라 그리하면 너희를 피하리라(7) - 마귀의 꼬리가 칫솔(07) 모양이므로 '마귀를 대적하라 그리하면 너희를 피하리라'는 구절은 7절이 된다.
   1루 주자가 입에 **교자 만두를 물고** 달려가고 있다.   **교자 만두** → 교만

8. 하나님이 교만한 자를 물리치시고 겸손한 자에게 은혜를 주신다(6) - 교자만두(☽)는 6자 모양
   1루 주자가 가슴에 두 마음(♡)을 품고 달려가고 있다.

9. 두 마음을 품은 자들아 마음을 성결하게 하라(8) - 두 마음(♡)을 (위와 아래로) 품으면 8이 된다.
   1루 주자는 도루를 직선으로 행해야 한다는 것을 알면서도 행하지 않았으므로 죄가 된다.

10. 사람이 선을 행할 줄 알고도 행하지 아니하면 죄니라(17) - 곡선(17)으로 행했으므로 17절이 된다.

야고보서 5장		
배 경	투수	
대제목	기도	

📖 야고보는 다섯 가지의 교훈과 함께 서신을 마무리 짓는다. ① 부자들을 향한 경고 ② 환난 중에 인내할 것 ③ 맹세하지 말 것 ④ 중보기도의 효력 ⑤ 미혹된 형제의 영혼을 구원 할 것.
　투수가 인대(인내)가 늘어나서 끝까지 경기를 마칠 수 있게 해달라고 기도하고 있다.

1. 인내(7-11) - 보라 농부가 땅에서 나는 귀한 열매를 바라고 길이 참아 이른 비와 늦은 비(두 손으로 병을 비비면서 기도하고 있다)를 기다리나니 너희도 길이 참고 마음을 굳건하게 하라 주의 강림이 가까우니라(7-8) - 주의 강림이 가까우므로 농부의 인내를 들어 길이 참을 것을 주문하고 있다.
 • 보라 인내하는 자를 우리가 복되다 하나니 너희가 욥의 인내를 들었고 주께서 주신 결말을 보았거니와 주는 가장 자비하시고 긍휼히 여기시는 이시니라(11)

2. 기도(13-18)　　※ 기도라는 소제목을 4가지로 나누면 다음과 같다(3, 4, 5, 6번).
 야구 모자에 코난이라고 써 있는데 코난은 투수의 이름이다.　코난 → 고난

3. 너희 중에 고난당하는 자가 있느냐 그는 기도할 것이요 즐거워하는 자가 있느냐 그는 찬송할지니라(13)
 투수가 병을 들고 기도하고 있다.

4. 너희 중에 병든 자가 있느냐 그는 교회의 장로들을 청할 것이요 그들은 주의 이름으로 기름을 바르며 그를 위하여 기도할지니라(14) - 참고로 이 병은 기름병이다.
 믿음의 기도는 병든 자를 구원하리니 주께서 그를 일으키시리라(15)
 그러므로 너희 죄를 서로 고백하며 병이 낫기를 위하여 서로 기도하라(16)
 투수가 파워 있게 던지고 싶은 마음에 옷에 力(힘 역) 자를 써 놓았다.　力(역) → 역사

5. 의인의 간구는 역사하는 힘이 큼이니라(16)
 투수의 오리 모자는 L자 모양으로 성경기억법에서 L은 엘리야로 약속한다.

6. 엘리야는 우리와 성정이 같은 사람이로되 그가 비가 오지 않기를 간절히 기도한즉 3년 6개월 동안 땅에 비가 오지 아니하고 다시 기도하니 하늘이 비를 주고 땅이 열매를 맺었느니라(17-18)
 투수의 오리 모자, 모자는 한자로 관이므로 오리 모자 = 탐관오리, 탐관오리는 옳지 못하게 재물을 탐하는 관리를 말하나 본장에서는 옳지 못한 방법으로 재물을 모은 부자로 바꾼다.

7. 부자에 대한 경고(1-6) - 들으라 부한 자들아 너희에게 임할 고생으로 말미암아 울고 통곡하라(1)
 오리는 맹하게 생겼으므로 맹새 라고도 부른다(까치가 길조인 것처럼).　맹새 → 맹세

8. 맹세하지 말라(12) - 내 형제들아 무엇보다도 맹세하지 말지니(12)
 사실 이 오리는 원앙(오리과의 물새)이다.　원앙 → 원망

9. 형제들아 서로 원망하지 말라 그리하여야 심판을 면하리라 보라 심판주가 문 밖에 서 계시니라(9)
 이 투수의 넘버는 영구 넘버다.　영구 → 영혼을 구원하라

10. 미혹된 형제의 영혼을 구원하라(19-20) - 너희가 알 것은 죄인을 미혹된 길에서 돌아서게 하는 자가 그의 영혼을 사망에서 구원할 것이며 허다한 죄를 덮을 것임이라(20) - cf. 벧전 4:8

베드로전서 5장

* 배경 : 베드로전서는 **배 들어**오는 **전**방이 되며 배가 들어오는 전방은 항구가 되므로 베드로전서는 항구를 배경으로 한다.
* 수신자 암기법 : 베드로의 로가 오와 발음이 비슷하므로 베드로전서와 후서의 수신자는 소아시아의 다섯 지방(본도, 갈라디아, 갑바도기아, 아시아, 비두니아)이 되며 벧전 2장 11절 '사랑하는 자들아 거류민과 나그네 같은 너희를 권하노니 영혼을 거슬려 싸우는 육체의 정욕을 제어하라'에서 나그네가 나오므로 베드로전서와 후서의 수신자는 '본도, 갈라디아, 갑바도기아, 아시아와 비두니아에 흩어진 나그네'가 된다 – 배(베드로)에서 요리를 하기 위해 아시아 비둘기(비두니아)의 갑바(가슴, 갑바도기아)를 본도(칼의 이름)로 가르고(갈라디아) 있다.

베드로전서 (5장)

저   자 : 사도 베드로
12사도 중의 한 사람. 본명은 시몬, 예수에 의해서 베드로(반석)라고 이름 붙여졌다. 그리스도의 초기 제자 중의 한 사람이고, 야곱, 요한과 함께 가장 사랑 받고 항상 그 옆에 있었다. 어부 출신으로서 바울처럼 교양이 있던 것은 아니었지만, 성격이 소박하고 정직했다. 그는 처음부터 그리스도에 의해 12사도의 우두머리가 되어, 교회의 기둥으로서 교회를 돌볼 사명을 부여받았다. 그리스도의 사후, 베드로는 예루살렘 교회의 중심인물로서 활동했고, 유태인뿐만 아니라 이방인들 또한 교화시켰다. 그가 유태교를 대하는 태도는 보수적이었을망정, 편협하지는 않았다. 전해 오는 바에 따르면, 로마로 가서 교화 작업을 하는 도중 네로 황제의 박해를 받아 순교했다.

주   제 : 고난당하는 그리스도인을 위로함
발 신 자 : 베드로
수 신 자 : 본도, 갈라디아, 갑바도기아, 아시아와 비두니아에 흩어진 나그네.
기록연대 : A.D. 64년경
기록장소 : 로마 – 베드**로**의 끝 자를 따서 장소가 **로**마임을 알 수 있다.
요   절 : 1:10-12, 4:12-13
기록목적 : 박해받는 성도들을 위로하고 격려하기 위하여 이 편지를 썼다.
특   징 : 극심한 박해 아래 있는 성도들에게 보낸 것이므로 **위로**와 **격려**로 가득 차 있다. 그래서 베드로 전서를 **소망의 서신**이라고도 부른다(성경기억법 베드로전서 1장 소제목 '산 소망'을 생각할 것). 베드로전서가 외적인 환란에 대한 성도의 자세를 다룬 반면 베드로후서는 당시 교회 안에 들어온 거짓 교사들에 대해 경고하고 있다.

ppp

1

2 그리스도의 고난을 본받아

3

4

5

금 꽃 풀

	베드로전서 1장	
배 경	닻줄	
대제목	산 소망	

📖 먼저 문안과 찬미를 한 다음 베드로는 완전한 구원의 때를 소망하며 거룩한 생활에 정진할 것을 권면하고 이어 구원받은 성도의 새로워진 생활 원리를 가르치고 있다.

배말뚝 위에 ○2(산소)라 써 있고 **망**으로 씌어 놓았다.   산소(○2) + 망 → 산 소망

1. 산 소망(3-4)
   - 우리 주 예수 그리스도의 아버지 하나님을 찬송하리로다 그의 많으신 긍휼대로 예수 그리스도를 죽은 자 가운데서 부활하게 하심으로 말미암아 우리를 거듭나게 하사 **산 소망**이 있게 하시며 썩지 않고 더럽지 않고 쇠하지 아니하는 유업을 잇게 하시나니 곧 너희를 위하여 하늘에 간직하신 것이라(3-4) - 산 소망의 산이 3과 발음이 비슷하므로 산 소망이 나오는 구절은 3절이 된다.
   - ※ 산 소망 - 이 땅에서는 하나님과 더 깊은 교제를 누리며, 장래에는 천국에서 영원한 삶을 누릴 소망
   닻줄의 매듭,   매듭 → 거듭

2. 거듭남(23)
   - 너희가 **거듭난** 것은 썩어질 씨로 된 것이 아니요 썩지 아니할 씨로 된 것이니 살아 있고 항상 있는 하나님의 말씀으로 되었느니라(23) - 거듭남은 다시 태어나는 것으로 낙태(23)와는 정반대다.
   닻줄은 결국 구원의 줄이다. 줄이 풀어지면 배는 망망대해로 사라져 버리기 때문이다.

3. 구원(5-12)
   - 너희는 말세에 나타내기로 예비하신 **구원**을 얻기 위하여 믿음으로 말미암아 하나님의 능력으로 보호하심을 받았느니라 그러므로 너희가 이제 여러 가지 시험으로 말미암아 잠깐 근심하게 되지 않을 수 없으나 오히려 크게 기뻐하는도다 너희 믿음의 확실함은 불로 연단하여도 없어질 금보다 더 귀하여 예수 그리스도께서 나타나실 때에 칭찬과 영광과 존귀를 얻게 할 것이니라 예수를 너희가 보지 못하였으나 사랑하는도다 이제도 보지 못하나 믿고 말할 수 없는 영광스러운 즐거움으로 기뻐하니 **믿음의 결국** 곧 **영혼의 구원**을 받음이라(5-9) - 결국의 국과 구원의 구가 9절을 나타낸다.
   - 이 **구원**에 대하여는 너희에게 임할 은혜를 예언하던 선지자들이 연구하고 부지런히 살펴서 자기 속에 계신 그리스도의 영이 그 받으실 고난과 후에 받으실 영광을 미리 증언하여 누구를 또는 어떠한 때를 지시하시는지 상고하니라 이 섬긴 바가 자기를 위한 것이 아니요 너희를 위한 것임이 계시로 알게 되었으니 이것은 하늘로부터 보내신 성령을 힘입어 복음을 전하는 자들로 이제 너희에게 알린 것이요 천사들도 살펴 보기를 원하는 것이니라(10-12)
   닻줄(구원의 줄)이 붉은 것은 **그리스도의 보배로운 피**가 묻어서 그렇게 된 것이다.

4. 너희가 알거니와 너희 조상이 물려준 헛된 행실에서 대속함을 받은 것은 은이나 금 같이 없어질 것으로 된 것이 아니요 오직 흠 없고 점 없는 어린 양 같은 **그리스도의 보배로운 피**로 된 것이니라(18-19) - 구원(18)의 줄(9)이 그리스도의 보배로운 피가 묻어서 붉어졌으므로 그리스도의 보배로운 피가 나오는 구절은 18-19절이 된다.

닻줄로 배말뚝의 허리를 동여매었다.

5. 그러므로 **너희 마음의 허리를 동이고**(각오를 새롭게 다지겠다는 의지의 표현) **근신**(삼가서 스스로 조심하여 절제함)하여 예수 그리스도께서 나타나실 때에 너희에게 가져다 주실 은혜를 온전히 바랄지어다(13) - 기둥(13) 같이 굵은 내 <u>허리</u>, 허리하면 기둥(13)이 된다.

    닻줄로 거룻배(돛을 달지 않은 작은 배)를 묶어 두었는데 거룻배의 줄임말은 거룻이며 거룻은 → 거룩이 된다. 따라서 닻줄로 거룻(거룩)을 묶어 두었다는 것은 거룩을 묶어 두었다는 것이며 거룩을 묶어 두었다는 것은 거룩한 생활을 하겠다는 의지를 나타내는 것이다.

6. <mark>거룩한 생활을 하라</mark>(13-25)
    - 너희가 순종하는 자식처럼 전에 알지 못할 때에 따르던 너희 사욕을 본받지 말고(14)
    - 오직 너희를 부르신 거룩한 이처럼 너희도 모든 행실에 거룩한 자가 되라(15)
    - 기록되었으되 **내가 거룩하니 너희도 거룩할지어다** 하셨느니라(16, 레 11:45)

    이 닻줄은 **두꺼워**서 **그네**(나그네)의 밧줄로 사용하면 좋다. 두꺼워 → 두려워

7. <u>외모</u>로 보시지 않고 각 사람의 행위대로 심판하시는 이를 너희가 아버지라 부른즉 너희가 나**그네**로 있을 때를 **두려움**으로 지내라(17) - 나그네는 강산(17)이 변하는 것을 제일 두려워한다. 왜냐하면 나그네는 정처 없이 떠도는 사람인데 강산이 변하면 어디가 어딘지 알 수 없기 때문이다.

    ※ 사람을 외모로 취하지 말라 - 신 10장(물이 <u>외</u>-바깥-로 모아져서 세면대 안으로 들어가고 있다), 행 10장(동물보자기에 그려 있는 동물들의 외모가 가지각색이다), 롬 2장(심판의 판에서 외모를 판단하지 말라), 갈 2장(철책망에 있는 못은 외못이다. 외못 → 외모), 엡 6장(부모와 자녀는 외모가 닮았다), 골 3장(새옷과 헌옷은 다 외모를 꾸미는데 사용된다), 약 2장(포수는 투수의 싸인을 받는데 투수가 잘 생겼으면 싸인을 잘 받아 주고 못 생겼으면 싸인을 무시하는 등 <u>차별</u>을 해서는 안 된다), 벧전 1장(배말뚝이 외못처럼 생겼다. 외못 → 외모)

    ※ 외못(징) - 신의 가죽 창이나 말굽·쇠굽 따위에 박는, 대가리가 크고 넓으며 길이가 짧은 쇠못

    항구의 벽에 <mark>불로 연단되는 금이</mark> 그려져 있다.

8. <mark>금보다 귀한 믿음</mark>(6-7)
    - 너희 믿음의 시련이(확실함은) **불로 연단하여도 없어질 금**보다 더 귀하여 예수 그리스도께서 나타나실 때에 칭찬과 영광과 존귀를 얻게 할 것이니라(7) - 믿음(♪)이 시련을 받는 것은 어깨가 쳐지듯 음표의 꼬리가 아래로 축 쳐진 모습을 상상할 수 있는데 이때 음표의 모양이 7자와 비슷하다.

    ※ 금은 불로 연단하면 불순물이 제거되어 보다 순수한 금이 된다. 그러나 금을 계속해서 불로 연단하게 되면 조금씩 없어져서 결국에는 사라져 버리고 만다. 믿음도 시련을 통해서 연단되어 더 순수하고 성숙해지나 **믿음이 금보다 더 귀한 이유**는 금은 계속해서 연단을 하게 되면 결국 사라져 버리지만 믿음은 연단 될수록 성도들을 더 성숙하고 온전하게 만들어 주기 때문이다.

    불은 뜨겁다.

9. 마음으로 **뜨겁게** 서로 사랑하라(22)

    어디서도 **보지 못하는** 항구의 벽화. 그야말로 예술이다. 예술 → **예수**

10. **예수를 너희가 보지 못하였으나 사랑하는도다** 이제도 보지 못하나 믿고 말할 수 없는 영광스러운 즐거움으로 기뻐하니 믿음의 결국 곧 영혼의 구원을 받음이라(8-9)

    항구는 습해서 돌 틈에 이끼와 함께 꽃과 풀이 잘 자란다.

11. 그러므로 모든 육체는 풀과 같고 그 모든 영광은 풀의 꽃과 같으니 풀은 마르고 꽃은 떨어지되 오직 주의 말씀은 세세토록 있도다 하였으니 너희에게 전한 복음이 곧 이 말씀이니라(24-25, 사 40:8) - 항구는 습해서 2끼는 4라지지 않고 5래간다. 따라서 이 구절은 24-25절이 된다.

베드로전서 2장		
배 경	배의 앞부분	
대제목	산 돌	

📖 베드로는 거듭난 성도의 영적 성장에 대하여 가르친 후 또한 성도는 이방인 국가의 권세, 상전 등 삶의 모든 영역에서 거룩을 추구해야 한다고 교훈하고 있다.

배안에는 물속에서 건져낸 산 돌(산호)이 가득 실려 있다.

1. 산 돌(4-12) - 예수님을 상징하는 말로 예수님께 영원한 생명이 있음을 의미한다.
   - 사람에게는 버린 바가 되었으나 하나님께는 택하심을 입는 보배로운 산 돌이신 예수께 나아가(4)
   - 너희도 산 돌 같이 신령한 집으로 세워지고 예수 그리스도로 말미암아 하나님이 기쁘게 받으실 신령한 제사를 드릴 거룩한 제사장이 될지니라(5) - 산호는 신령한 젖 색이므로(3번 참조) '신령한' 이 나오면 벧전 2장이 된다.
   - 성경에 기록되었으되 보라 내가 택한 보배로운 모퉁잇돌(건축물의 양 벽을 연결해주는 돌)을 시온에 두노니 그를 믿는 자는 부끄러움을 당하지 아니하리라 하였으니(6) - 사 28:16
   - 믿는 너희에게는 보배이나 믿지 아니하는 자에게는 건축자들이 버린 그 돌이 모퉁이의 머릿돌이 되고 또한 부딪치는 돌과 걸려 넘어지게 하는 바위가 되었다 하였느니라(7-8) - 시 118:22
   - 거류민과 나그네 같은 너희를 권하노니 영혼을 거슬러 싸우는 육체의 정욕을 제어하라(11)
   - 너희가 이방인 중에서 행실을 선하게 가져 너희를 악행한다고 비방하는 자들로 하여금 너희 선한 일을 보고 오시는 날에 하나님께 영광을 돌리게 하려 함이라(12, 마 5:16) - 순백의 하얀 산호는 선한 것을 떠 올리게 되므로 이 구절은 순백의 하얀 산호를 생각하면서 읽으면 많은 도움이 된다.
   ※ 산 돌이 나오면 모퉁이의 머릿돌도 같이 나온다.
   ※ 모퉁이의 머릿돌 - 마 21장, 막 12장, 눅 20장, 행 4장, 엡 2장, 벧전 2장, 시 118편

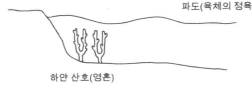

파도(육체의 정욕)

하얀 산호(영혼)

하얀 산호는 영혼을, 파도는 육체의 정욕을 나타내며 파도가 칠 때 이리저리 흔들리는 산호가 정처 없이 떠도는 나그네 같다.

2. 사랑하는 자들아 거류민과 나그네 같은 너희를 권하노니 영혼을 거슬러 싸우는 육체의 정욕을 제어하라(11) - 영혼을 나타내는 하얀 산호가 11자 모양이다.
   산호는 하얀색이지만 정확히는 신령한 젖 색에 가깝다.

3. 신령한 젖을 사모하라(1-3)
   - 갓난아기들 같이 순전하고 신령한 젖(가감이 없는 순수한 하나님의 말씀)을 사모하라 이는 그로 말미암아 너희로 구원에 이르도록 자라게 하려 함이라(2) - 젖은 2개이므로 신령한 젖이 나오는 이 구절은 2절이 된다 - 마치 갓 태어난 어린 아이가 엄마의 젖을 갈구하는 것처럼 영적으로 거듭난 자들이 성장하기 위해서는 필연적으로 말씀을 갈망해야 한다는 뜻.
   배의 앞부분에 '그리스도의 고난을 본받아' 라고 써 있다.

4. 그리스도의 고난을 본받아(18-25)

- 이를 위하여 너희가 부르심을 받았으니 **그리스도도 너희를 위하여 고난을 받으사 너희에게 본을 끼쳐 그 자취를 따라오게 하려 하셨느니라(21)** – '그리스도의 고난을 본받아' 라는 글씨는 난간(21)에 써 있다. 그리스도의 **고난**을 본받는 다는 것. 이 얼마나 **아름다운가**.

5. 부당하게 **고난**을 받아도 하나님을 생각함으로 슬픔을 참으면 이는 **아름다우나** 죄가 있어 매를 맞고 참으면 무슨 칭찬이 있으리요 그러나 선을 행함으로 **고난**을 받고 참으면 이는 하나님 앞에 **아름다우니라(19-20)**

   PPP호,   P=Power의 약자로 권세를 뜻한다.

6. 권세에 복종하라(13-17) – 롬 13장, 딛 3장
   - 인간의 모든 <u>제도</u>를 주를 위하여 순종하되 혹은 위에 있는 왕이나 혹은 그가 악행하는 자를 징벌하고 선행하는 자를 포상하기 위하여 보낸 총독에게 하라(13-14)

   PPP호에서 첫 번째 P는 권세가 되며 권세는 형상화하면 왕이 되고(형상화하는 법), 두 번째 P는 폰티펙스의 앞글자로 폰티펙스는 라틴어로 '다리 놓는 사람' 이란 뜻으로 다리 놓는 사람이란 제사장을 뜻하므로 P 2개를 합치면 왕 같은 제사장이 된다. 세 번째 P는 절을 나타내는데 P는 숫자 9를 닮았으므로 왕 같은 제사장은 9절이 된다.

7. 왕 같은 제사장(9)
   - 그러나 너희는 택하신 족속이요 **왕 같은 제사장**들이요 거룩한 나라요 그의 소유가 된 백성이니 이는 너희를 어두운 데서 불러 내어 그의 기이한 빛에 들어가게 하신 이의 아름다운 <u>덕</u>을 선포하게 하려 하심이라(9) – 세 번째 P가 숫자 9를 닮았으므로 '왕 같은 제사장' 이 나오는 이 구절은 9절이 된다. 뱃전에 사는 사람들(뱃사람)은 <u>뭍사람을</u> 동경한다.

8. <u>뭇 사람을 공경</u>하며 형제를 사랑하며 하나님을 두려워하며 왕을 존대하라(17) – 뱃전은 베드로전서가 되며 왕을 존대하라(6번 권세에 복종하라)가 2장을 나타낸다.

   난간의 앞부분이 종처럼 생겼다.

9. 종의 의무(18) – 엡 6장, 골 3장, 딤전 6장
   - 사환들아 범사에 두려워함으로 주인들에게 순종하되 선하고 관용하는 자들에게만 아니라 또한 까다로운 자들에게도 그리하라(18)

   이 종은 자유의 종 또는 하나님의 종이라 부른다.

10. 너희는 자유가 있으나 그 자유로 악을 가리는데 쓰지 말고 오직 하나님의 종과 같이 하라(16) – 종이 거북이(16) 등 같이 생겼다.

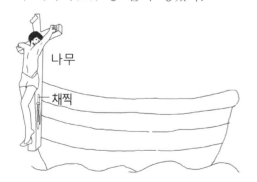

예수님께서 십자가에 못 박히신 그림을 암기를 위해서 배의 앞부분(벧전 2장)에 그려 넣었다.

11. 친히 **나무**에 달려 그 몸으로 우리 죄를 담당하셨으니 이는 우리로 죄에 대하여 죽고 의에 대하여 살게 하려 하심이라 그가 **채찍**에 맞음으로 너희는 나음을 얻었나니 너희가 전에는 양과 같이 길을 잃었더니 이제는 너희 <u>영혼의 목자와 감독</u> 되신 이에게 돌아왔느니라(24-25) – 친히 **나무**에 달려… 에서 이 나무는 느릅나무(24, 25)이다. 따라서 나무가 나오는 이 구절은 24-25절이 된다.

베드로전서 3장	
배 경	돛
대제목	정의를 위한 고난

📖 본문에서 사도 베드로는 아내와 남편을 위한 올바른 부부 윤리에 관해 조언하고 또한 핍박 가운데 거하는 성도들에게 적절한 교훈과 격려의 메시지를 주고 있다.

돛은 배가 항해를 하면서 온갖 고난을 다 받아 찢기고 상처가 났다. 정의를 위해 고난을 받은 돛. 돛에 정이 숨어 있으므로 '정의를 위한 고난'이 된다.

1. 정의를 위한 고난(8-22) - 너희 마음에 그리스도를 주로 삼아 거룩하게 하고 너희 속에 있는 소망에 관한 이유를 묻는 자에게는 대답할 것을 항상 준비하되 온유와 두려움으로 하고(15) - 뱃전(벧전)에 독(3)거미(15)가 앉아서 너희 속에 있는 소망에 관한 이유를 물어보면 대답할 것을 항상 준비하되 독을 가졌기 때문에 온유와 두려움으로 대해야 한다.
   돛의 그림 - 잉꼬부부(잉꼬-몸집이 작은 앵무새)

2. 남편의 의무(7) - 수컷잉꼬는(수닭처럼) 목소리가 생명인데 기도가 막혀서 소리를 내지 못하고 있다.
   • 남편들아 이와 같이 지식을 따라 너희 아내와 동거하고 그를 더 연약한 그릇이요 또 생명의 은혜를 함께 이어받을 자로 알아 귀히 여기라 이는 너희 기도가 막히지 아니하게 하려 함이라(7)
   ※ 남편과 아내 - 엡 5장, 골 3장, 벧전 3장

3. 아내의 의무(1-6) - 수컷에 비해 연약하며 부리에 실을 물고 있다. 실 → 행실
   • 아내들아 이와 같이 자기 남편에게 순종하라 이는 혹 말씀을 순종하지 않는 자라도 말로 말미암지 않고 그 아내의 행실로 말미암아 구원을 받게 하려 함이니(1)
   • 사라가 아브라함을 주라 칭하여 순종 한 것 같이 너희는 선을 행하고 아무 두려운 일에도 놀라지 아니하면 그의 딸이 된 것이니라(6)
   ※ 대표적인 잉꼬부부(벧전 3장)는 아브라함과 사라이므로 벧전 3장에 아브라함과 사라가 나온다.
   잉꼬부부의 눈이 서로를 향하고 있다.

4. 주의 눈은 의인을 향하시고 그의 귀는 의인의 간구에 기울이시되(12, 시 34:15)
   잉꼬부부도 싸울 때가 있다. 서로 싸울 때 내는 소리 '악악 욕욕'(새라서 이런 소리가 난다)

5. 악을 악으로, 욕을 욕으로 갚지 말고 도리어 복을 빌라 이를 위하여 너희가 부르심을 받았으니 이는 복을 이어받게 하려 하심이라(9) - 악쓰고 욕하는 잉꼬의 부리는 9자 모양이다.
   잉꼬부부가 싸울 때는 새장에다 물세례를 퍼부으면 싸움이 그친다.

6. 물은 예수 그리스도께서 부활하심으로 말미암아 이제 너희를 구원하는 표니 곧 세례 이는 육체의 더러운 것을 제하여 버림이 아니요 하나님을 향한 선한 양심의 간구니라(21)
   새장이 옥(獄) 같이 생겼으며 새장의 테두리가 동그란 것이 숫자 영과 같다.

7. 그가 또한 영으로 가서 옥(세상)에 있는 영들에게 선포하시니라 그들은 전에 노아의 날 방주를 준비할 동안 하나님이 오래 참고 기다리실 때에 복종하지 아니하던 자들이라(19-20) - 그리스도께서 성육신 전에 성령으로 노아를 통해 당시의 패역한 사람들을 살리기 위해 전도한 것을 말한다.

베드로전서 4장		
배　경	어부	
대제목	잘 관리하는 자	

📖　베드로는 그리스도의 고난을 근거로 종말의 때를 살아가는 성도들의 자세를 가르치고 또한 고난 중 인내할 수 있는 원동력을 제시하면서 고난 중에 취할 성도의 태도를 교훈한다.

　　어부는 배를 **잘 관리하는 자**이다. 그 배의 운명은 어부가 관리를 어떻게 하느냐에 달려있다.

1.　잘 관리하는 자(1-11) = 선한 청지기(주인의 재산을 주인의 뜻과 지시에 따라 관리하는 자)
　• 서로 대접하기를 원망 없이 하고 여러 가지 은혜를 맡은 선한 청지기 같이 서로 봉사하라(9-10) 어부의 옷이 많이 찢기고 탄 것은 고난을 많이 받았기 때문이며 특히 옷이 탄 것은 **불 시험**을 받았기 때문이다. **갑옷**을 입었다면 찢기거나 타지는 않았을 것이다.

2.　그리스도인의 고난(12-19)
　• 그리스도께서 이미 육체의 고난을 받으셨으니 너희도 같은 마음으로 **갑옷**(그리스도께서 지상 생활 속에서 고난당하시는 가운데 가지셨던 마음으로 무장해야 한다는 의미)을 삼으라 이는 육체의 고난을 받은 자는 죄를 그쳤음이니(1) - 출처가 벧전 2장 같으나 갑옷이 나오므로 벧전 4장이 된다.
　• 사랑하는 자들아 너희를 연단하려고 오는 **불 시험**을 이상한 일 당하는 것 같이 이상히 여기지 말고 오히려 너희가 그리스도의 고난에 참여하는 것으로 즐거워하라 이는 그의 영광을 나타내실 때에 너희로 즐거워하고 기뻐하게 하려 함이라(12-13) - 불 시험이 나오므로 벧전 2장이 아닌 벧전 4장
　• 그리스도인으로 고난을 받으면 부끄러워하지 말고 도리어 그 이름으로 하나님께 영광을 돌리라(16) 어부의 찢어진 옷 사이로 때가 많이 보이는데 어떤 때는 다 씻지 못하고 **남은 때**이고 어떤 때는 씻은 지 아주 오래 된 **지나간 때**이다.

3.　그 후로는 다시 사람의 정욕을 따르지 않고 오직 하나님의 뜻을 따라 육체의 **남은 때**를 살게 하려 함이라 너희가 음란과 정욕과 술 취함과 방탕과 향락과 무법한 우상 숭배를 하여 이방인의 뜻을 따라 행한 것은 **지나간 때**로 족하도다(2-3)

허다한 죄

　• 만물(萬物) → 트럭위에 많이 쌓인 물건
　• 만물의 마지막이 가까웠으니 → 트럭위에 많이 쌓인 물건(만물)의 끝이 사람과 아주 가깝다.
　• 그러므로 → ∴　　• 머리 위의 \// 표시(머리가 쭈뼛할 정도로)와 동그랗게 뜬 눈 → 정신을 차리고
　• 신(근신)을 잡고 기도하고 있다.　신 → 근신
　• ? → 무엇보다도　　• 등불 - 뜨겁게 열이 나는 것 상상 → 열심으로, 뜨겁게　　(출처) 미상

4.　만물의 마지막이 가까이 왔으니 그러므로 너희는 정신을 차리고 근신하여 기도하라 무엇보다도 뜨겁게 서로 사랑할지니 사랑은 허다한 죄를 덮느니라(7-8) - 번호판 : 777田888 ⇒ 田(밭전) → 벧전, 4명 → 4장, 번호 777 888 → 7-8절

베드로전서 5장		
배 경	배의 뒷부분	
대제목	양 무리를 돌보라	

📖 베드로는 먼저 교회의 장로와 일반 성도들에게 그들이 각각 지녀야 할 의무를 가르치고 말세의 때에 성도들이 악한 마귀와 치르는 영적 전투에서 어떻게 대처해야 할지를 제시한 후 문안과 축도로 끝을 맺는다.

선미에 양 무리가 많이 실려 있다. 그래서 배가 뒤쪽으로 약간 가라앉아 있다. 양 무리는 총 4마리로 장로 양과 젊은 양, 그리고 염려하는 양과 사자 같고 마귀 같은 양이 있다.

장로 양 - 수염이 나있으므로 장로 양이라는 것을 알 수 있다.

1. 장로의 의무(1-4) = 하나님의 양 무리를 돌보라
   - 너희 중에 있는 하나님의 양 무리를 치되 억지로 하지 말고 하나님의 뜻을 따라 자원함으로 하며 더러운 이득을 위하여 하지 말고 기꺼이 하며(2) - 양 무리가 나오면 벧전 5장이 된다.
   - 맡은 자들에게 주장하는 자세를 하지 말고 양 무리의 본이 되라(3)
   - 그리하면 목자장이 나타나실 때에 시들지 아니하는 영광의 관을 얻으리라(4) - 양 무리가 나오는 곳에 목자장도 나오므로 이 구절은 벧전 5장이 된다.

   장로 양이 나오므로 베드로전서 5장에서 베드로는 자신을 '장로 된 자'로 소개하고 있다.

2. 나는 함께 장로 된 자요 그리스도의 고난의 증인이요 나타날 영광에 참여할 자니라(1)

   젊은 양 - 장로 양의 아래에서 겸손으로 허리를 동이고 장로 양을 존경하는 눈으로 쳐다보고 있다.

3. 젊은이의 의무(5-6) - 장로들에게 순종하고 겸손할 것을 당부하고 있다.
   - 젊은 자들아 이와 같이 장로들에게 순종하고 다 서로 겸손으로 허리를 동이라 하나님은 교만한 자를 대적하시되 겸손한 자들에게는 은혜를 주시느니라(5)
   - 그러므로 하나님의 능하신 손 아래에서 겸손하라 때가 되면 너희를 높이시리라(6)

   장로 양과 젊은 양이 앞으로 조금만 더 가면 입을 맞출 정도로 가까이 있다.

4. 너희는 사랑의 입맞춤으로 서로 문안하라 그리스도 안에 있는 너희 모든 이에게 평강이 있을지어다(14) - 베드로전서의 마지막 구절

   염려하는 양 - 뱃전에 턱을 괴고 배가 가라 앉을까봐 염려하고 있다.

5. 너희 염려를 다 주께 맡기라 이는 그가 너희를 돌보심이라(7) - 염려하는 양이 입에 칫솔(07)을 물고 있으므로 염려가 나오는 이 구절은 7절이 된다.

   사자 같고 마귀 같은 양

6. 근신하라 깨어라 너희 대적 마귀가 우는 사자 같이 두루 다니며 삼킬 자를 찾나니(8) - 사자 같고 마귀 같은 양은 총(08)으로 쏴서 죽여야 한다. 참고로 '총'이라는 글씨 위에 점 하나만 찍어주면 0절이 되며 0절은 없으므로 아래에 점 하나를 더 찍어준다.

   ※ 베드로전서 5장에 나오는 신실한 형제 - 실루아노(실라) - 벧전에 짐을 **실라**
   ※ 바벨론에 있는 교회가 너희에게 문안하고 내 아들 마가도 그리하느니라(13) - 마가는 베드로의 제자

베드로후서 3장

* **배경** : 베드로후서는 **배 들어**오는 **후**방이 되며 배가 들어오는 후방은 어촌이 되므로 베드로후서는 어촌을 배경으로 한다.

* **수신자 암기법** : 베드로의 로가 오와 발음이 비슷하므로 베드로전서와 후서의 수신자는 소아시아의 다섯 지방(본도, 갈라디아, 갑바도기아, 아시아, 비두니아)이 되며 벧전 2장 11절 '사랑하는 자들아 거류민과 나그네 같은 너희를 권하노니 영혼을 거스려 싸우는 육체의 정욕을 제어하라'에서 나그네가 나오므로 베드로전서와 후서의 수신자는 '본도, 갈라디아, 갑바도기아, 아시아와 비두니아에 흩어진 나그네'가 된다 - 배(베드로)에서 요리를 하기 위해 아시아 비둘기(비두니아)의 갑바(가슴, 갑바도기아)를 본도(칼의 이름)로 가르고(갈라디아) 있다.

베드로후서 (3장)

저   자 : 사도 베드로

12사도 중의 한 사람. 본명은 시몬, 예수에 의해서 베드로(반석)라고 이름 붙여졌다. 그리스도의 초기 제자 중의 한 사람이고, 야곱, 요한과 함께 가장 사랑 받고 항상 그 옆에 있었다. 어부 출신으로서 바울처럼 교양이 있던 것은 아니었지만, 성격이 소박하고 정직했다. 그는 처음부터 그리스도에 의해 12사도의 우두머리가 되어, 교회의 기둥으로서 교회를 돌볼 사명을 부여받았다. 그리스도의 사후, 베드로는 예루살렘 교회의 중심인물로서 활동했고, 유태인뿐만 아니라 이방인들 또한 교화시켰다. 그가 유태교를 대하는 태도는 보수적이었을망정, 편협하지는 않았다. 전해 오는 바에 따르면, 로마로 가서 교화 작업을 하는 도중 네로 황제의 박해를 받아 순교했다.

주   제 : 거짓 교사들에 대한 경고

발 신 자 : 베드로

수 신 자 : 본도, 갈라디아, 갑바도기아, 아시아와 비두니아에 흩어진 나그네.

기록연대 : A.D. 66년경

기록장소 : 로마 - 베드**로**의 끝 자를 따서 장소가 **로**마임을 알 수 있다.

요   절 : 1:20-21, 2:1, 3:9-13

기록목적 : 그리스도인의 성장을 격려하고(벧후 1장), 거짓 교사에 대항하며(벧후 2장), 주님의 재림을 소망하며 항상 깨어 있을 것을 강조하기 위해 기록했다(벧후 3장).

특   징 : 베드로전서가 외적인 환란에 대한 성도의 자세를 다룬 반면 베드로후서는 당시 교회 안에 들어온 거짓 교사들에 대해 경고하고 있다.

베드로후서 1장	
배 경	어부의 부인
대제목	부르심

(그림: 신의 성품이라는 옷)

📖 문안 인사를 전한 후 베드로는 계속적인 성결의 삶을 통해 진정한 영적 성숙을 이루도록 권면하고 이어 영적 성숙의 기초가 되는 성경의 영감성과 신적 기원을 설명하고 있다.
예언을 통해 날씨가 **변하여** 태풍이 올 것을 알고 어부의 부인이 베드로를 **부르고** 있다.

1. 부르심과 택하심(1-21) - 그의 **신기한 능력**으로 생명(영생)과 경건에 속한 모든 것을 우리에게 주셨으니 이는 자기의 영광과 덕으로써 우리를 **부르신** 이를 앎으로 말미암음이라(3) - 예언을 통해 태풍이 올 것을 알았으니 신기한 능력이 된다.
   • 그러므로 형제들아 더욱 힘써 너희 **부르심**과 택하심을 굳게 하라 너희가 이것을(믿음의 열매를 맺게 하는 덕목들) 행한즉 언제든지 실족하지 아니하리라(10)

2. 예언(20-21) - 먼저 알 것은 성경의 모든 **예언**은 사사로이 풀 것이 아니니(20) - 사사로이는 4452가 되며 4452는 $(4+4)×5÷2=20$이 되므로 사사로이가 나오는 이 구절은 20절이 된다 - 벧후 3:16과 비슷하나 이곳은 예언이라는 말이 나오고 벧후 3:16절에는 예언이라는 말이 나오지 않는다.
   • 예언은 언제든지 사람의 뜻으로 낸 것이 아니요 오직 성령의 감동하심을 받은 사람들이 하나님께 받아 말한 것임이라(21) - 예언은 나긋나긋(21)하게 해야 한다. 그렇지 않으면 무서워서 도망가기 때문이다.

3. 변화산(16-18) - 마 17장, 막 9장, 눅 9장
   • 지극히 큰 영광중에서 이러한 소리가 그에게 나기를 이는 내 사랑하는 아들이요 내 기뻐하는 자라~ 이 소리는 우리가 그와 함께 거룩한 산에 있을 때에 하늘로부터 난 것을 들은 것이라(17-18)
   베드로를 부르고 있다는 것은 베드로의 죽음이 임박했음을 예고하는 것이다.

4. 내가 이 장막(육신)에 있을 동안에 너희를 일깨워 생각나게 함이 옳은 줄로 여기노니 이는 우리 주 예수 그리스도께서 내게 지시하신 것 같이 나도 나의 장막을 벗어날 것이 임박한 줄을 앎이라(14)
   어부의 부인이 입고 있는 옷은 신의 성품이라는 옷이다.

5. 이로써 그 보배롭고 지극히 큰 약속(성도들이 현세에서 누리는 구원과 은혜, 그리고 내세에서의 영원한 삶)을 우리에게 주사 이 약속으로 말미암아 너희가 정욕 때문에 세상에서 썩어질 것을 피하여 **신의 성품**(인격 자체가 하나님을 닮는 것, 즉 성화를 말함)에 참여하는 자가 되게 하려 하셨느니라(4)
   어부의 부인 머리 위에 ♪(믿음)의 열매가 맺어 있다.   ♪(음) → 믿음

6. 믿음의 열매를 맺게 하는 덕목들(5-9) - 8가지

   머리 : 어부의 부인 머리 위에 ♪(믿음)이 있다 - **믿음**
   이마 : 이마에 떡(덕)이 찰싹 붙어 있다 - 믿음에 **덕을**
   눈 : 눈에 넣어도 안 아픈 것이 자식(지식)이다 - 덕에 **지식을**
   코 : 눈 뜨고 코 베어가는(절개 → 절제) 세상이다 - 지식에 **절제를**
   입 : 입에서 입내(입내 → 인내)가 난다 - 절제에 **인내를**
   목 : 목이 경건하게 생겼다 - 인내에 **경건을**
   가슴 : 양쪽 가슴이 형제를 생각나게 한다 - 경건에 **형제 우애를**
   배 밑 : 배 밑에서 사랑을 공급한다 - 형제 우애에 **사랑을 공급하라.**

베드로후서 2장		
배 경	낯선 사나이	
대제목	거짓 선생	

📖 베드로는 거짓 교사들의 출현에 대해 강력히 경고한다. 즉 이단 사상을 전하는 거짓 교사들의 위험성과 그들의 각종 죄악상 및 거짓 이단에 의한 배교의 어리석음을 경고한다.
부인의 뒤에 한 낯선 남자(거짓 선생)가 수상한 모습으로 숨어 있다.

1. **거짓 선생**(1-22) - 그러나 백성 가운데 또한 거짓 선지자들이 일어났었나니 이와 같이 너희 중에도 거짓 선생들이 있으리라 그들은 멸망하게 할 이단을 가만히 끌어들여 자기들을 사신 주를 부인하고 임박한 멸망을 스스로 취하는 자들이라 여럿이 그들의 호색하는 것을 따르리니 이로 말미암아 진리의 도가 비방을 받을 것이요 그들이 탐심으로써 지어낸 말을 가지고 너희로 이득을 삼으니 그들의 심판은 옛적부터 지체하지 아니하며 그들의 멸망은 잠들지 아니하느니라(1-3)
   개 - 이성 없는 짐승

2. 이 사람들은 본래 잡혀 죽기 위하여 난 이성 없는 짐승 같아서 그 알지 못하는 것을 비방하고 그들의 멸망 가운데서 멸망을 당하며~ 낮에 즐기고 노는 것을 기쁘게 여기는 자들이니 점과 흠이라(12-13)
   개가 토해 놓은 것을 다시 먹고 있다.

3. 개가 그 토하였던 것에 돌아가고 돼지가 씻었다가 더러운 구덩이에 도로 누웠다(22) - 잠 26:11
   22절 개가 그 토하였던 것에 돌아가고는 세상으로 다시 돌아가는 것을 말하므로 배교가 된다.

4. **배교에 대한 경고**(20-22) - 만일 그들이 우리 주 되신 구주 예수 그리스도를 앎으로 세상의 더러움을 피한 후에 다시 그 중에 얽매이고 지면 그 나중 형편이 처음보다 더 심하리니(20) - 세상의 더러움을 피한 후에가 22절의 속담과 같으므로 여기에 나오는 배교는 벧후 2장이 된다.
   건조장은 3칸으로 되어 있으며 첫 번째 칸에서 범죄한 천사가 지상에 비(두 번째 칸 - 노아)와 유황불(세 번째 칸 - 소돔과 고모라)을 퍼붓고 있는 그림이 그려져 있다. 참고로 낯선 남자가 건조장을 잡고 있으므로 건조장은 2장에 속한다.

5. **범죄한 천사**(4) - 하나님이 범죄한 천사들을 용서하지 아니하시고 지옥에 던져 어두운 구덩이에 두어 심판 때까지 지키게 하셨으며(4)

6. **노아의 홍수**(5) - 옛 세상을 용서하지 아니하시고 오직 의를 전파하는 노아와 그 일곱 식구를 보존하시고 경건하지 아니한 자들의 세상에 홍수를 내리셨으며(5)

7. **소돔과 고모라**(6-8) - 소돔과 고모라 성을 멸망하기로 정하여 재가 되게 하사 후세에 경건하지 아니할 자들에게 본을 삼으셨으며 무법한 자들의 음란한 행실로 말미암아 고통당하는 의로운 롯을 건지셨으니(6-7) - 소돔과 고모라에 롯이 나온다.
   낯선 남자(거짓 선생)의 이마가 발랑 까져있다.   발랑 → 발람

8. **발람의 비유**(15-16) - 그들이 바른 길을 떠나 미혹되어 브올의 아들 발람의 길을 따르는도다 그는 불의의 삯을 사랑하다가 자기의 불법으로 말미암아 책망을 받되 말하지 못하는 나귀가 사람의 소리로 말하여 이 선지자의 미친 행동을 저지하였느니라(15-16) - 민 22:5-24:25

베드로후서 3장	
배 경	**건조장 뒤**
대제목	**재림의 약속**

📖 베드로는 그리스도 재림의 확실성을 강조하면서 주의 재림을 대망하는 성도들에게 영적 준비와 신앙의 성숙을 권면한 후에 축도로 편지를 끝맺고 있다.

건조장 뒤에서 주님이 재림할 것을 약속하고 있다.　　새끼손가락 → 약속

1. **재림의 약속**(1-13)

　예수님의 머리 위 - 지금의 하늘이 **새 하늘**이 되기 위해서 불에 **풀어지고** 있다.

2. **새 하늘과 새 땅**(10-13) - 사 65, 66장, 벧후 3장, 계 21장

• 주의 날이 도둑 같이 오리니 그 날에는 하늘이 큰 소리로 떠나가고 물질이 뜨거운 불에 **풀어지고** (파괴되고 녹아서 없어짐) 땅과 그 중에 있는 모든 일이 드러나리로다 이 모든 것이 이렇게 **풀어지리니** 너희가 어떠한 사람이 되어야 마땅하냐 거룩한 행실과 경건함으로 하나님의 날이 임하기를 바라보고 간절히 사모하라 그 날에 하늘이 불에 타서 **풀어지고** 물질이 뜨거운 불에 녹아지려니와(10-12)

• 우리는 그의 <u>약속</u>대로 의가 있는 곳인 <u>새 하늘과 새 땅</u>을 바라보도다(13) - 새 하늘과 새 땅은 몇 군데가 나오는데 그 중 이 구절은 약속이 나오므로 벧후 3장이 된다.

　풀어지고 있는 것을 성경을 억지로 푸는 것으로 해석해 보자.

3. **성경의 왜곡에 대한 경고**(14-18)

• 무식한 자들과 굳세지 못한 자들이 다른 성경과 같이 그것도 **억지로 풀다가** 스스로 멸망에 이르느니라(16) - 풀어지는 것이 가발(16) 같다. 딤후 3:16도 성경에 관한 구절이므로 혼동이 없기 바란다. 지금의 하늘이 불에 풀어지면서 새 하늘이 되어가고 있으며 새 하늘은 지금도 자라가는 중이다.

4. 오직 우리 주 곧 구주 **예수 그리스도의 은혜와 그를 아는 지식에서 자라 가라** 영광이 이제와 영원한 날까지 그에게 있을지어다(18) - 마지막 구절

　건조장에 냄새를 맡고 하루살이들이 날아다니고 있다. 참고로 하루살이는 하루와 천 년을 끌어내기 위해서 사용하였다. 여기서 천 년이란 긴 시간은 주께서 우리가 아무도 멸망하지 않고 다 회개하기에 이르도록 오래 참으시는 것을 나타낸다.

5. **하루살이**(8-9) - 사랑하는 자들아 주께는 **하루**가 천 년 같고 **천 년**이 하루 같다는 이 한 가지를 잊지 말라(8) - **하루**살이는 날**파**(8)리 라고도 부른다.

　(풀이) 하나님이 설정해 주신 제한된 인간의 시간 개념은 어떤 법칙이나 제한에 얽매이지 않는 영원한 하나님의 영원에 비추어볼 때 우리의 천 년은 하나님의 하루에 불과한 것이다(시 90:4).

• 주의 약속은 어떤 이들이 더디다고 생각하는 것 같이 더딘 것이 아니라 오직 주께서는 너희를 대하여 <u>오래 참으사</u> 아무도 멸망하지 아니하고 다 회개하기에 이르기를 원하시느니라(9)

• 우리 주의 <u>오래 참으심</u>이 구원이 될 줄로 여기라 우리가 사랑하는 형제 바울도 그 받은 지혜대로 너희에게 이같이 썼고(15) - 천 년은 오래 참으심을 나타내므로 이 구절은 벧후 3장에 나온다.

※ 천 년 - 시 90편(70년, 80년…… 천 년), 벧후 3장, 계 20장(천 년 왕국)

요한 1서 5장

* **배경** : 요한 1서는 줄여서 요일이 되며(베드로전서를 벧전이라고 하는 것처럼) 따라서 요한 1서는 요일 즉 일요일부터 목요일까지를 배경으로 한다.

* **기록장소 암기법** : 사도 요한은 사랑의 사도로 불리며 사랑은 에로스이고 에로스의 에에서 에베소를 끌어낸다. 따라서 사도 요한이 쓴 서신들은 기록장소가 에베소가 된다.

* **이름의 뜻 암기법** : 사도 요한은 사랑의 사도이므로 '여호와의 사랑하는 자'라는 뜻이 된다.

* **특징** : 요한 일서의 일서는 일수(본전에 이자를 합하여 일정한 액수를 날마다 거두어들이는 일)와 비슷하며 보통 '일수를 쓴다'고 말하므로 요한 일서는 '내가 너희에게 이것을 씀은'이라는 말을 자주 사용한다.

- 우리가 이것을 씀은(1:4)
- 나의 자녀들아 내가 이것을 너희에게 씀은(2:1)
- 자녀들아 내가 너희에게 쓰는 것은(2:12)
- 아비들아(청년들아) 내가 너희에게 쓰는 것은(2:13)
- 아이들아(아비들아, 청년들아) 내가 너희에게 쓴 것은(2:14)
- 내가 너희에게 쓰는 것은(2:21)
- 내가 하나님의 아들의 이름을 믿는 너희에게 이것을 쓰는 것은(5:13)

요한 1서 (5장)

저 자 : 사도 요한

　　　　예수님의 12제자 중 한 사람. 같은 제자인 야고보의 형제. 야고보와 함께 보아너게(우뢰의 아들)란 별명을 가졌는데 이는 그의 과격한 성격 때문인 듯하다(막 3:17, 눅 9:54-55). 그는 베드로 야고보와 더불어 예수님의 측근자였으며 중요한 일이 있을 때마다 예수님께 동반되었다(막 5:37, 9:2, 14:33). 예수님으로부터 특별히 사랑받던 제자로서(요 21:20) 십자가 아래까지 예수님을 따라갔다. 요한복음과 요한서신을 썼으며 그의 노년에 에베소에서 설교와 가르치는 것과 저작 활동에 전념하던 중 도미티안 황제(A.D. 81-96년)때 어떤 이유로 인해 밧모섬에 유배되어 18개월 간 지내며 환상을 보고 요한계시록을 썼다.

주 제 : 하나님과의 교제

발 신 자 : 사도 요한

수 신 자 : 사도 요한이 목회하던 소아시아에 흩어져 있는 교회들

기록연대 : A.D. 90년경

기록장소 : 사도 요한이 말년을 보낸 에베소

요 절 : 1:3-4, 5:11-13

기록목적 : 당시 기독교의 진리를 위협하면서 교회를 큰 혼란에 빠뜨렸던 이단사상(영지주의)을 경계하는 가운데 구원의 유일한 방편이신 그리스도에 관한 올바른 지식을 가르치기 위해서 기록하였다.

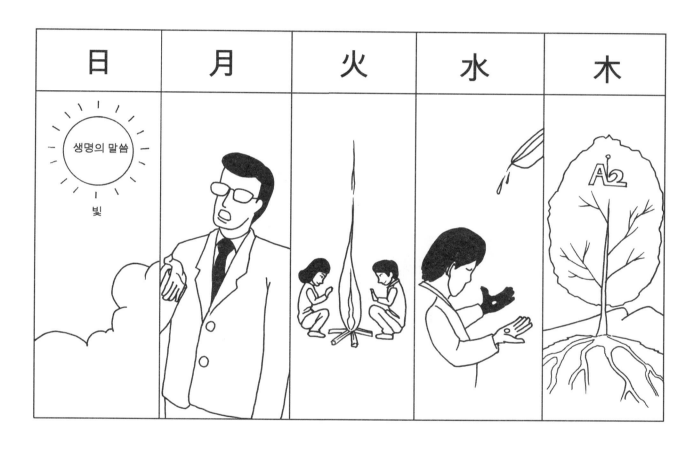

요한 1서 1장	
배 경	일요일
대제목	하나님은 빛이시라

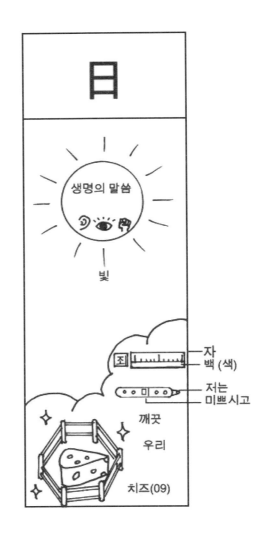

📖 사도 요한은 편지를 쓰게 된 동기를 밝힌 후 성도들에게 빛 가운데 행하며 죄를 자백함으로써 하나님과 참된 교제를 이룰 것을 권면한다.

일(日)요일의 일(日)은 태양이 된다(月은 달, 火는 불). 이 태양에서 빛이 나며 '생명의 말씀'이라고 써 있다. 참고로 태양의 태에서 태초를 끌어 쓴다.

1. 생명의 말씀(1-4)
   • 태초부터 있는 생명의 말씀에 관하여는 우리가 들은 바요 눈으로 본 바요 주목하고(자세히 보고) 우리의 손으로 만진 바라(1)
   • 이 생명이 나타내신바 된지라 이 영원한 생명을 우리가 보았고 증언하여 너희에게 전하노니 이는 아버지와 함께 계시다가 우리에게 나타내신바 된 이시니라(2)
   • 우리가 보고 들은 바를 너희에게도 전함은 너희로 우리와 사귐이 있게 하려 함이니 우리의 사귐은 아버지와 그의 아들 예수 그리스도와 더불어 누림이라(3)
   • 우리가 이것을 씀은 우리의 기쁨이 충만하게 하려 함이라(4)

2. 하나님은 빛이시라(5-10)
   • 우리가 그에게서 듣고 너희에게 전하는 소식은 이것이니 곧 하나님은 빛이시라 그에게는 어둠이 조금도 없으시다는 것이니라(5)
   • 우리가 하나님과 사귐이 있다 하고 어둠에 행하면 거짓말을 하고 진리를 행하지 아니함이거니와(6)
   • 그가 빛 가운데 계신 것 같이 우리도 빛 가운데 행하면 우리가 서로 사귐이 있고 그 아들 예수의 피가 우리를 모든 죄에서 깨끗하게 하실 것이요(7)
   • 만일 우리가 죄가 없다고 말하면 스스로 속이고 또 진리가 우리 속에 있지 아니할 것이요(8)
   • 만일 우리가 우리 죄를 자백하면 저는 미쁘시고 의로우사 우리 죄를 사하시며 우리를 모든 불의에서 깨끗하게 하실 것이요(9)
   • 만일 우리가 범죄하지 아니하였다 하면 하나님을 거짓말하는 이로 만드는 것이니 또한 그의 말씀이 우리 속에 있지 아니하니라(10)

※ 속사길 때는 귀에 대고 속사귐으로 사귐이 나오는 구절은 요일 1장이 된다.

태양 안의 귀, 눈, 주먹 쥔 손 그림 참조할 것.
귀 - 우리가 들은 바요
눈 - 눈으로 본 바요
주먹 쥔 손 - 주목하고 우리의 손으로 만진 바라. 주먹 → 주목

3. 태초부터 있는 생명의 말씀에 관하여는 우리가 들은 바요 눈으로 본 바요 주목하고(자세히 보고) 우리의 손으로 만진 바라(1) - 태초는 '하늘과 땅이 생겨난 맨 처음'이라는 뜻이므로 숫자로 하면 1이 된다. 따라서 '태초부터 있는 생명의 말씀에 관하여는'이라는 이 구절은 1절이 된다.

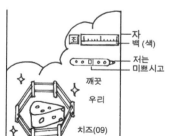

(출처) 한국 성경암송연구원 원장 박우기 목사

4. 만일 우리가 우리 죄를 자백하면 저는 미쁘시고 의로우사 우리 죄를 사하시며 우리를 모든 불의에서 깨끗하게 하실 것이요(9) - 치즈(09)

요한 1서 2장	
배 경	월요일
대제목	대언자 그리스도

📖 사도 요한은 하나님과 교제하는 자의 삶을 설명한 후 그것을 방해하는 세상과의 교제를 단절할 것을 권하고 나아가 이단의 성격을 밝히면서 이단을 막는 방법을 가르친다.

변호사의 넥타이가 월(月) 자 모양이며 변호사는 변호해 주는 사람으로 대언자가 된다.

1. 대언자 그리스도(1-6)
   • 나의 자녀들아 내가 이것을 너희에게 씀은 너희로 죄를 범하지 않게 하려 함이라 만일 누가 죄를 범하여도 아버지 앞에서 우리에게 대언자가 있으니 곧 의로우신 예수 그리스도시라(1)
   변호사들은 의뢰인들이 변호사협회에서 만든 규정(계명이나 말씀)을 지켜주기를 바란다.

2. 우리가 그의 계명을 지키면 이로써 우리가 그를 아는 줄로 알 것이요 그를 아노라 하고 그의 계명을 지키지 아니하는 자는 거짓말 하는 자요 진리가 그 속에 있지 아니하되(3-4)
   누구든지 그의 말씀을 지키는 자는 하나님의 사랑이 참으로 그 속에서 온전하게 되었나니(5)
   변호사의 붉은 넥타이 - 붉은 색은 적그리스도를 나타낸다.

3. 적그리스도(18-29) - 요일 2장, 4장, 요이
   변호사가 붉은 넥타이(적그리스도)를 신경 써서 빨았음에도 넥타이 마지막에 때가 묻어 있다.

4. 아이들아 지금은 마지막 때라 적그리스도가 오리라는 말을 너희가 들은 것과 같이 지금도 많은 적그리스도가 일어났으니 그러므로 우리가 마지막 때인 줄 아노라(18)
   변호사들은 믿었던 의뢰인들이 법정에서 거짓말하고 부인할 때(거짓증언) 적이 당혹스럽다.

5. 거짓말 하는 자가 누구냐 예수께서 그리스도이심을 부인하는 자가 아니냐 아버지와 아들을 부인하는 그가 적그리스도니(22)
   변호사는 입으로 먹고 사는 사람인데 사랑니가 세 개나 났다. 세 개 → 새 계명, 이는 한 자로 치(齒, 이 치)가 되므로 사랑니 → 사랑치가 된다. 따라서 사랑니 세 개 → 사랑치 세계가 되며 사랑치 세계(세상)는 '세상을 사랑치 말라'가 된다.

6. 새 계명(7-11) - 다시 내가 너희에게 새 계명을 쓰노니 그에게와 너희에게도 참된 것이라 이는 어둠이 지나가고 참빛이 벌써 비침이니라(8)

7. 세상을 사랑치 말라(12-17)
   • 이 세상이나 세상에 있는 것들을 사랑치 말라 누구든지 세상을 사랑하면 아버지의 사랑이 그 속에 있지 아니하니(15) - 사랑치가 나면 개미(15)가 깨무는 것 같이 아프다.
   사랑니 3개에 각각 '육신의 정욕·안목의 정욕·이생의 자랑'이라고 써 있다.

8. 이는 세상에 있는 모든 것이 육신의 정욕과 안목의 정욕과 이생의 자랑이니 다 아버지께로부터 온 것이 아니요 세상으로부터 온 것이라(16) - 밑줄 친 3가지를 '세상의 기쁨(16)'이라고 한다.
   ※ 숫자기억법에 기쁨이 2군데 나온다. ① 요 3:16 - 기쁨 독생자 ② 요일 2:16 - 세상의 기쁨
   변호사는 사무실이 있어야 하는데 변호사 사무실은 여기서부터 세 정거만 지나가면 있다.
   세 정거만 지나가면, 세 → 세상, 정 → 정욕, 거 → (영원히) 거하느니라

9. 이 세상도, 그 정욕도 지나가되 오직 하나님의 뜻을 행하는 자는 영원히 거하느니라(17) - 변호사 사무실은 가스차(17)로 가든 가솔린차(17)로 가든 세 정거만 지나가면 있다고 했으므로 17절이 된다.
   변호사의 안경은 형제지간으로 한쪽은 빛처럼 밝고 한쪽은 어두운 색이다.

10. 빛 가운데 있다 하면서 그 형제를 미워하는 자는 지금까지 어둠에 있는 자요 그의 형제를 사랑하는 자는 빛 가운데 거하여 자기 속에 거리낌이 없으나 그의 형제를 미워하는 자는 어둠에 있고 또 어둠에 행하며 갈 곳을 알지 못하나니 이는 그 어둠이 그의 눈을 멀게 하였음이라(9-11)
    일부 못된 변호사들은 거액의 수임료를 받기 위해 사형수들에게 생명을 약속하기도 한다.

11. 그가 우리에게 약속하신 것은 이것이니 곧 영원한 생명이니라(25)

요한 1서 3장	
배 경	화요일
대제목	하나님의 자녀와 마귀의 자녀

📖 　사도 요한은 먼저 하나님의 자녀 된 성도들의 영광스런 신분을 밝힌 후 하나님의 자녀 된 자의 특징과 삶을 소개하면서 적극적으로 사랑을 실천할 것을 권면하고 있다.

　불을 사이에 두고 앉아 있는 이 둘은 서로 사랑하는 사이다.

1. 　서로 사랑하라(13-24)
   • 그의 계명은 이것이니 곧~ 그가 우리에게 주신 계명대로 서로 사랑할 것이니라(23)

　서로 사랑하는 것의 반대는 형제를 미워하는 것이다.

2. 　그 형제를 미워하는 자마다 살인하는 자니 살인하는 자마다 영생이 그 속에 거하지 아니하는 것을 너희가 아는 바라(15)

　이 둘은 서로 사랑하는 사이다…… 　말과 혀로만.

3. 　자녀들아 우리가 말과 혀로만 사랑하지 말고 행함과 진실함으로 하자(18) - 말로만 나발 거리는 것들은 가위(18)로 혀를 잘라 버려야 한다. 따라서 말과 혀가 나오는 이 구절은 18절이 된다.

　위의 중요요절을 통해서 소제목이 '행함과 진실함으로 사랑하자'가 된다는 것을 알 수 있다.

4. 　행함과 진실함으로 사랑하자(13-24)
   • 누가 이 세상의 재물을 가지고 형제의 궁핍함을 보고도 도와 줄 마음을 닫으면 하나님의 사랑이 어찌 그 속에 거하겠느냐 자녀들아 우리가 말과 혀로만 사랑하지 말고 행함과 진실함으로 하자(17-18)

　둘이 서로를 향하여 마주보며 웃고 있다. 두 사람 아주 깨가 쏟아진다.

5. 　주를 향하여 이 소망을 가진 자마다 그의 깨끗하심과 같이 자기를 깨끗하게 하느니라(3)

　로미오와 줄리엣처럼 이 둘도 원수지간의 자녀들인데 하나는 하나님의 자녀이고 하나는 마귀의 자녀이다.

6. 　하나님의 자녀와 마귀의 자녀(1-12)
   • 보라 아버지께서 어떠한 사랑을 우리에게 베푸사 하나님의 자녀라 일컬음을 받게 하셨는가(1)
   • 사랑하는 자들아 우리가 지금은 하나님의 자녀라 장래에 어떻게 될지는 아직 나타나지 아니하였으나 그가 나타나시면 우리가 그와 같을 줄을 아는 것은 그의 참모습 그대로 볼 것이기 때문이니(2)
   • 죄를 짓는 자는 마귀에게 속하나니 마귀는 처음부터 범죄함이라 하나님의 아들이 나타나신 것은 마귀의 일을 멸하려 하심이라(8)
   • 이러므로 하나님의 자녀들과 마귀의 자녀들이 드러나나니 무릇 의를 행하지 아니하는 자나 또는 그 형제를 사랑하지 아니하는 자는 하나님께 속하지 아니하니라(10)

　이 둘은 자기의 목숨도 버릴 만큼 사랑한다.

7. 　그가 우리를 위하여 목숨을 버리셨으니 우리가 이로써 사랑을 알고 우리도 형제들을 위하여 목숨을 버리는 것이 마땅하니라(16) - 우리가 형제들을 위해 목숨을 버리면 우리의 아내는 과부(16)가 되고 만다.

　이 둘은 떳떳하다(순결하다는 뜻).

8. 　사랑하는 자들아 만일 우리 마음이 우리를 책망할 것이 없으면(떳떳하면) 하나님 앞에서 담대함을 얻고 무엇이든지 구하는 바를 그에게서 받나니 이는 우리가 그의 계명을 지키고 그 앞에서 기뻐하시는 것을 행함이라(21-22) - 떠떠가 뚜뚜(22)와 발음이 비슷하다.

　둘이 불을 찍고 있다. 　죅 → 죄

9. 　죄를 짓는 자마다 불법을 행하나니 죄는 불법이라(4)

　모닥불에서 불씨가 일어나고 있다.

10. 　하나님께로부터 난 자마다 죄를 짓지 아니하나니 이는 하나님의 씨가 그의 속에 거함이요(9)

　여자가 가수 가인같이 생겼다.

11. 　가인 같이 하지 말라 그는 악한 자에게 속하여 그 아우를 죽였으니(12)

요한 1서 4장	
배 경	수요일
대제목	하나님은 사랑이시라

📖 먼저 사도 요한은 하나님의 영과 적그리스도의 영을 분별할 것을 가르친 후 참 사랑이신 하나님을 소개하는 가운데 두려움 없는 온전한 사랑을 실천할 것을 장려하고 있다.

물(水, 물 수) 같이 넘치도록 부어주시는 하나님의 사랑

1. 하나님은 사랑이시다(7-21)
   - 사랑하는 자들아 우리가 서로 사랑하자 사랑은 하나님께 속한 것이니 사랑하는 자마다 하나님으로부터 나서 하나님을 알고(7)
   - 사랑하지 아니하는 자는 하나님을 알지 못하나니 이는 하나님은 사랑이심이라(8)
   - 하나님의 사랑이 우리에게 이렇게 나타난바 되었으니 하나님이 자기의 독생자를 세상에 보내심은 그로 말미암아 우리를 살리려 하심이라(9)
   - 사랑은 여기 있으니 우리가 하나님을 사랑한 것이 아니요 하나님이 우리를 사랑하사 우리 죄를 속하기 위하여 화목 제물로 그 아들을 보내셨음이라(10) - 우리가 하나님(1)을 사랑(♡)한 것이 아니요 → 1♡=10인데 아니라고 했으므로 0, 하나님(1)이 우리를 사랑(♡)하셨다고 했으므로 10절
   - 사랑하는 자들아 하나님이 이같이 우리를 사랑하셨은즉 우리도 서로 사랑하는 것이 마땅하도다 어느 때나 하나님을 본 사람이 없으되 만일 우리가 서로 사랑하면 하나님이 우리 안에 거하시고 그의 사랑이 우리 안에 온전히 이루어지느니라 그의 성령을 우리에게 주시므로 우리가 그 안에 거하고 그가 우리 안에 거하시는 줄을 아느니라 아버지가 아들을 세상의 구주로 보내신 것을 우리가 보았고 또 증언하노니 누구든지 예수를 하나님의 아들이라 시인하면 하나님이 그의 안에 거하시고 그도 하나님 안에 거하느니라 하나님이 우리를 사랑하시는 사랑을 우리가 알고 믿었노니 하나님은 사랑이시라 사랑 안에 거하는 자는 하나님 안에 거하고 하나님도 그의 안에 거하시느니라(11-16)
   - 이로써 사랑이 우리에게 온전히 이루어진 것은 우리로 심판 날에 담대함을 가지게 하려 함이니(17)
   - 사랑 안에 두려움이 없고 온전한 사랑이 두려움을 내쫓나니 두려움에는 형벌이 있음이라 두려워하는 자는 사랑 안에서 온전히 이루지 못하였느니라(18) - 두려움이 쫓겨나면서 자기를 쫓아낸 사랑에게 일팔(18)이라고 욕을 한다. 참고로 온전한+사랑이 나오면 요일 4장이 된다.
   - 우리가 사랑함은 그가 먼저 우리를 사랑하셨음이라(19)
   - 누구든지 하나님을 사랑하노라 하고 그 형제를 미워하면 이는 거짓말하는 자니 보는 바 그 형제를 사랑하지 아니하는 자는 보지 못하는 바 하나님을 사랑할 수가 없느니라(20)
   - 우리가 이 계명을 주께 받았나니 하나님을 사랑하는 자는 또한 그 형제를 사랑할지니라(21)
   (특징) 하나님과 사랑이 반복해서 나온다.
   손의 붉은 색은 적그리스도를, 하얀색은 하나님을, 손바닥의 동그라미는 영을 나타내며 손 → 속으로 바꾼다. 여기서 속은 속하는 것을 나타낸다.

2. 하나님의 영과 적그리스도의 영(1-6) = 성령과 악령
   - 영을 다 믿지 말고 오직 영들이 하나님께 속하였나 분별하라 많은 거짓 선지자가 세상에 나왔음이라(1)
   - 이로써 너희가 하나님의 영을 알지니 곧 예수 그리스도께서 육체로 오신 것을 시인하는 영마다 하나님께 속한 것이요(2)
   - 예수를 시인하지 아니하는 영마다 하나님께 속한 것이 아니니 이것이 곧 적그리스도의 영이니라 오리라 한 말을 너희가 들었거니와 지금 벌써 세상에 있느니라(3)
   - 자녀들아 너희는 하나님께 속하였고 또 그들을 이기었나니 이는 너희 안에 계신 이가 세상에 있는 자보다 크심이라(4)
   - 그들은 세상에 속한 고로 세상에 속한 말을 하매 세상이 그들의 말을 듣느니라(5)
   - 우리는 하나님께 속하였으니 하나님을 아는 자는 우리의 말을 듣고 하나님께 속하지 아니한 자는 우리의 말을 듣지 아니하나니 진리의 영과 미혹의 영을 이로써 아느니라(6)
   (특징) 영, 하나님의 영, 적그리스도의 영, 속하였다는 말이 반복해서 나온다.

요한 1서 5장	
배 경	목요일
대제목	영생

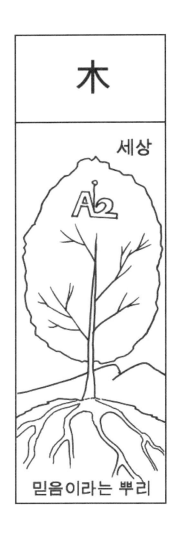

📖 　결론적인 교훈으로서 사도 요한은 형제 사랑을 권면하고 예수님께서 하나님의 아들이심을 밝힌다. 이어 사망에 이르는 죄와 불신앙의 죄를 경계한 후 믿음에 굳게 설 것을 가르친다. 이 나무(木, 목)는 소나무도 잣나무도 아닌 영생나무이다.

1. 영생(13-21)　　　　※ 요한 1서 5장은 '하나님께로부터 난 자' 라는 말이 많이 나온다.
   - 내가 하나님의 아들의 이름을 믿는 너희에게 이것을 쓴 것은 너희로 하여금 너희에게 영생이 있음을 알게 함이라(13) - 아들(5번)과 영생이 나오므로 이 구절은 요일 5장에 나온다.
   - 그를 향하여 우리가 가진 바 담대함이 이것이니 그의 뜻대로 무엇을 구하면 들으심이라 우리가 무엇이든지 구하는 바를 들으시는 줄을 안즉 우리가 그에게 구한 그것을 얻은 줄을 또한 아느니라(14-15)
   - **하나님께로부터 난 자**는 다 범죄하지 아니하는 줄을 우리가 아노라(18)
   영생나무도 '사망에 이르는 죄' 라는 병에 거리면 고사한다.

2. 누구든지 형제가 사망에 이르지 아니하는 죄 범하는 것을 보거든 구하라 그리하면 사망에 이르지 아니하는 범죄자들을 위하여 그에게 생명을 주시리라 사망에 이르는 죄가 있으니 이에 관하여 나는 구하라 하지 않노라 모든 불의가 죄로되 사망에 이르지 아니하는 죄도 있도다(16-17)
   믿음이라는 뿌리로부터 영양을 공급받아 가지가 세상을 향해 쭉쭉 뻗으면서 자라는데 이것은 가지가 세상이라는 공간을 점령해 나가는 것이므로 세상을 이기는 것이 된다. 그런데 세상을 이기게 된 것은 믿음이라는 뿌리로부터 영양을 공급받아서 이기게 된 것이므로 이 믿음은 '세상을 이기는 믿음' 이 된다.

3. 세상을 이기는 믿음(1-5)
   - 예수께서 그리스도이심을 믿는 자마다 **하나님께로부터 난 자**니 또한 낳으신 이를 사랑하는 자마다 그에게서 난 자를 사랑하느니라 우리가 하나님을 사랑하고 그의 계명들을 지킬 때에 이로써 우리가 하나님의 자녀를 사랑하는 줄을 아느니라(1-2)
   - 하나님을 사랑하는 것은 이것이니 우리가 그의 계명들을 지키는 것이라 그의 계명들은 무거운 것이 아니로다(3) - 무거운 고래와 연분을 맺어준다. 따라서 이 구절은 요일 5장에 나온다.
   - 무릇 **하나님께로부터 난 자마다** 세상을 이기느니라 세상을 이기는 승리는 이것이니 우리의 믿음이니라(4) - 믿음이라는 뿌리 4개로부터 영양을 공급받아 세상을 이겼으므로 이 구절은 4절이 된다.
   - 예수께서 하나님의 아들이심을 믿는 자가 아니면 세상을 이기는 자가 누구냐(5)
   가지가 쭉쭉 자라서 잎이 엄청 **담대**(淡大. 잎의 색이 맑고 크다)하므로 무엇이든지 **들 수 있다.**
   담대 - 담력이 매우 크다는 뜻이나 여기서는 잎의 색이 맑고 크다는 뜻으로 바꾸었다.
   들으심이라 - 기도를 들어주신다는 뜻이나 여기서는 물건을 드는 것으로 바꾸어 보았다.

4. 그를 향하여 우리가 가진 바 **담대**함이 이것이니 그의 뜻대로 무엇을 구하면 **들으심이라**(14) - 잎이 엄청 **담대**해서 고래(14)도 **들 수 있다.**
   A2 모양의 장식.　A=아,　2=둘이 되므로 A2는 아들이 된다.

5. 아들에 관한 증언(6-12)
   - 이는 물과 피로 임하신 이시니 곧 예수 그리스도시라 물로만 아니요 물과 피로 임하셨고 증언하는 이는 성령이시니 성령은 진리니라(6)
   - 증언하는 이가 셋이니 성령과 물과 피라 또한 이 셋은 합하여 하나이니라(7-8)
   - 하나님의 아들을 믿는 자는 자기 안에 증거가 있고 하나님을 믿지 아니하는 자는 하나님을 거짓말하는 자로 만드나니 이는 하나님께서 그 아들에 대하여 증언하신 증거를 믿지 아니하였음이라(10)
   - 증거는 이것이니 하나님이 우리에게 영생을 주신 것과 이 생명이 그의 아들 안에 있는 그것이니라(11)
   - 아들이 있는 자에게는 생명이 있고 하나님의 아들이 없는 자에게는 생명이 없느니라(12)
   (특징) 아들, 증언, 영생이 반복해서 나온다.

요한 2서 1장

✻ 배경 : 요한 이서 = **요한**과 **이서**이므로 이 두 단어를 배경으로 말을 만들면 다음과 같다.

"**요한**은 절대로 적그리스도와는 거래도 안하고 **이서**도 안 해주겠다고 다짐한다."

1:10절과 운율이 비슷하다.　⇩　이서 - 수표 뒤에 이름이나 주소를 적어 주는 것

누구든지 이 교훈을 가지지 않고 너희에게 나아가거든 그를 집에 들이지도 말고 인사도 하지 말라(10)

요한 2서 (1장)

저　　자 : 사도 요한
　　　　　세베대와 살로메의 아들로 형은 야고보, 사랑의 사도로 불림.
　　　　　계시록, 요한복음의 저자, 말년에 에베소에서 감독의 일을 맡음.
주　　제 : 그리스도의 교훈 안에서 생활하라
발 신 자 : 장로(사도 요한)
수 신 자 : 택하심을 받은 부녀와 그의 자녀들
기록연대 : A.D. 약 90년경
기록장소 : 에베소
요　　절 : 1:9-10
기록목적 : 진리와 사랑 가운데 거하게 하고 거짓 교사들을 경계하기 위하여 썼다.

📖 **문안 인사 후 사도 요한은 그리스도 안에서 형제 사랑을 돈독히 할 것과 영지주의 이단 사상을 가르치는 거짓 교사들을 경계할 것을 권한 후 마지막 인사말로 끝을 맺는다.**

　　요한은 절대로 (육체파) 적그리스도와는 거래도 안하고 이서도 안 해주겠다고 다짐한다.

1. 이는 예수 그리스도께서 육체로 오심을 부인하는 자라 이런 자가 미혹하는 자요 적그리스도니(7) 이서에서 이는 **진리** 할 때의 리와, 서는 **사랑**할 때의 사와 비슷하다. 또한 이서는 수표 뒤에 이름(명)을 적는 것을 말한다.　이름(명) → **계명**

2. 진리와 사랑(1-13)
   - 은혜와 긍휼과 평강이 하나님 아버지와 아버지의 아들 예수 그리스도께로부터 진리와 사랑 가운 데서 우리와 함께 있으리라 너의 자녀들 중에 우리가 아버지께 받은 계명대로 진리를 행하는 자 를 내가 보니 심히 기쁘도다 부녀여, 내가 이제 네게 구하노니 서로 사랑하라 이는 새 계명 같이 네게 쓰는 것이 아니요 처음부터 우리가 가진 것이라 또 사랑은 이것이니 우리가 그의 계명을 따 라 행하는 것이요 계명은 이것이니 너희가 처음부터 들은 바와 같이 그 가운데서 행하라 하심이 라(3-6) - 부녀, 자녀, 진리, 사랑, 계명이 나오면 요한 2서가 된다.
   - 누구든지 이 교훈(그리스도의 교훈)을 가지지 않고 너희에게 나아가거든 그를 집에 들이지도 말고 인사도 하지 말라(10) - 그를 집에 들이지도 말고 인사도 하지 말고 즉시 경찰(10)에 신고해야 한다. 수표는 종이고 이서는 먹으로 쓴다.

3. 내가 너희에게 쓸 것이 많으나 종이와 먹으로 쓰기를 원하지 아니하고 오히려 너희에게 가서 대 면하여 말하려 하니 이는 너희 기쁨을 충만하게 하려 함이라(12)
   - ※ 요한 2서와 3서의 발신자 - 장로, 요한 2서의 수신자 - 부녀와 그의 자녀들(자녀가 아들 딸 둘을 지칭하므로 요한 2서의 수신자는 부녀와 그의 자녀들이 된다)

요한 3서 1장

* **배경** : 요한이 '협력 반대, 협력 반대, 협력 반대' 란 글을 3번 써서 요한 3서(三書)라 한다.
* **수신자 암기법** : 협력이냐 반대냐 '**가이** 바위 **보**' 로 정하자. 따라서 수신자는 가이오가 된다.

요한 3서 (1장)

저　　자 : 사도 요한
　　　　　　세베대와 살로메의 아들로 형은 야고보, 사랑의 사도로 불림.
　　　　　　계시록, 요한복음의 저자, 말년에 에베소에서 감독의 일을 맡음.
주　　제 : 성도들을 영접하고 서로 사랑으로 대접하라
발 신 자 : 장로(사도 요한)
수 신 자 : 가이오
기록연대 : A.D. 약 90년경
기록장소 : 에베소
요　　절 : 1:8, 11
기록목적 : 순회 전도자들은 선하게 접대한 가이오를 칭찬하고 반대로 거만하고 악한 태도로
　　　　　　순회 전도자들을 배척한 디오드레베를 본받지 말 것을 권고하기 위해 기록했다.
* **가이오** : 진리에 대한 조력자.
* **디오드레베** : 악하고 건방진 교회의 감독자.
* **데메드리오** : 진리의 좋은 증거를 가진 자. 순회전도자 중 1명, 편지를 가이오에게 전했다.

📖 사도 요한은 먼저 가이오의 경건과 순회 전도자에 대한 그의 환대를 칭찬한 후 디오드레베의 악행을 책망하고 데메드리오의 선한 모범을 칭찬하면서 끝 인사로 마무리 짓는다.
　　배경에서 소제목이 '협력과 반대' 라는 것을 알 수 있다.

1. 협력과 반대(1-15)
   * 사랑하는 자여 네 영혼이 잘됨 같이 네가 범사에 잘되고 강건하기를 내가 간구하노라(2) - 이 말은 사도 요한이 복음 전도자들을 선하게 접대한 **가이오**에게 한 말이므로 요한 3서가 되며 네 영혼이 잘됨 같이 네가 범사에 잘되라고 잘될 것을 2번 강조했으므로 2절이 된다.
   * 내가 내 자녀들이 **진리 안에서 행한다** 함을 듣는 것보다 더 기쁜 일이 없도다(4) - 가이오(진리에 대한 조력자)와 데메드리오(진리의 좋은 증거를 가진 자)는 **진리 안에서 행하는** 자들이다.
   * 그들 중에 으뜸되기를 좋아하는 디오드레베가 우리를 맞아들이지 아니하니(9)
   * 사랑하는 자여 악한 것을 본받지 말고 선한 것을 본받으라 선을 행하는 자는 하나님께 속하고 악을 행하는 자는 하나님을 뵈옵지 못하였느니라(11) - 악한 태도로 순회 전도자들을 배척한 디오드레베를 본받지 말고 선하게 접대한 가이오를 본받으라고 권고하므로 이 구절은 요한 3서가 된다.
   * 데메드리오는 뭇 사람에게도, 진리에게서도 증거를 받았으매 우리도 증언하노니 너는 우리의 증언이 참된 줄을 아느니라(12)
   　가이오, 데메드리오, 디오드레베는 친구들의 이름이다.
2. 여러 친구가 네게 문안하느니라 너는 친구들의 이름을 들어 문안하라(15) - 마지막 구절
   ※ 드리는 것은 좋은 것이므로 데메드리오가 좋은 사람이고 디오드레베가 나쁜 사람이 된다.

유다서 1장

✱ 배경 : 유다서의 저자는 예수님의 12제자 중 한명인 가룟 유다와 이름이 같으므로 소제목은
가룟 유다와 같은 '거짓 교사들이 받을 심판' 이 된다.
✱ 주제 암기법 : 유다는 유**도**와 비슷하므로 주제는 '믿음의 **도**를 위하여 힘써 싸우라' 가 된다.

유다서 (1장)

저　　자 : 유다
　　　　　예수님의 육신적 형제, 야고보의 동생, 예루살렘 교회의 지도자.
주　　제 : 믿음의 **도**를 위하여 힘써 싸우라
발 신 자 : 유다
수 신 자 : **부르**심을 받은 자(가룟 유다는 지옥에서 **부르**르 떨고 있다)
기록연대 : A.D. 70-80년경
요　　절 : 1:3
기록목적 : 이단과 거짓교훈에 동요됨 없이 믿음을 굳게 지킬 것을 권면하기 위해 기록하였다.

📖 　유다는 이단사상을 가르치는 거짓교사들을 규탄하면서 이단사상을 경계할 것을 권하고 있다.
　　　가룟 유다와 이름이 같으므로 소제목은 가룟 유다와 같은 '거짓 교사들이 받을 심판' 이 된다.

1. 거짓 교사들이 받을 심판(1-25) - 성도에게 단번에 주신 **믿음의 도를 위하여 힘써 싸우라**는
   편지로 너희를 권하여야 할 필요를 느꼈노니 이는 가만히 들어온 사람 몇이 있음이라 그들은 옛적
   부터 이 판결을 받기로 미리 기록된 자니 ① 경건하지 아니하여 ② 우리 하나님의 은혜를 도리어
   방탕한 것으로 바꾸고 ③ 홀로 하나이신 주재 곧 우리 주 예수 그리스도를 부인하는 자니라(3-4)

   • 또 자기 지위를 지키지 아니하고 자기 처소를 떠난 천사들을 큰 날의 심판까지 영원한 결박으로
   흑암에 가두셨으며 소돔과 고모라와 그 이웃 도시들도 그들과 같은 행동으로 음란하며 다른 육체
   를 따라 가다가 영원한 불의 형벌을 받음으로 거울이 되었느니라(6-7)

   • 천사장 미가엘이 모세의 시체에 대하여 마귀와 다투어 변론할 때에 감히 비방하는 판결을 내리지
   못하고 다만 말하되 주께서 너를 꾸짖으시기를 원하노라 하였거늘(9)

   • 화 있을진저 이 사람들이여, 가인의 길에 행하였으며 삯을 위하여 발람의 어그러진 길로 몰려 갔으
   며 고라의 패역을 따라 멸망을 받았도다(11) - 3명의 배교자를 들어서 거짓 교사들을 향해 경고함.

   • 아담의 7대 손 에녹이 이 사람들에 대하여도 예언하여 이르되(14)

   • 이 사람들은 ① 분열을 일으키는 자며 ② 육에 속한 자며 ③ 성령이 없는 자니라(19) - 예수님을
   판 가룟 유다가 성령이 없는 자이므로 이 구절은 유다서에 나온다. 성령(0)이 없는 자=공차(19)

   • 사랑하는 자들아 너희는 너희의 지극히 거룩한 믿음 위에 자신을 세우며 성령으로 기도하며(20)

   - ♪(믿음) 위에 유도(유다)할 때 신는 **자색신**이 세워져 있고 그 위에서 비둘기(성령)가 기도하고 있다.

   • 또 어떤 자를 불에서 끌어내어 구원하라 또 어떤 자를 그 육체로 더럽힌 옷까지도 미워하되 두려움
   으로 긍휼히 여기라(23) - 유도(유다)는 옷을 끌어당겨서 넘어트리는 경기이므로 옷이 더러워진다.

   • 능히 너희를 보호하사 거침이 없게 하시고(24) - 유도(유다)는 거침이 없는 경기이다.

   • 곧 우리 구주 홀로 하나이신 하나님께 우리 주 예수 그리스도로 말미암아 영광과 위엄과 권력과
   권세가 영원 전부터 이제와 영원토록 있을지어다 아멘(25) - '홀로 하나이신 하나님' 은 유일 신
   을 나타내므로 이 구절은 유다서의 축도가 되며 마지막 구절이다.

요한계시록 22장

* **배경** : 요한계시록은 '계시도록' 즉 편히 계시도록으로 바꾼다. 편히 계시도록 하려면 안방·거실·승용차를 드려야 한다. 따라서 요한계시록은 안방·거실·승용차를 배경으로 하며 안방·거실·승용차에 각각 7장씩 21장과 나머지 1개는 승용차의 뒷부분에 따로 결부시켜 총 22장으로 한다.
* **이름의 뜻 암기법** : 사도 요한은 사랑의 사도이므로 '여호와의 사랑하는 자' 라는 뜻이 된다.
* **요한계시록의 구조** :

  1장 : 요한이 본 것(인자 같은 이, 7별, 7촛대)
  2-3장 : 지금 있는 일(7교회에 보내는 편지)
  4-22장 : 장차 될 일

요한계시록 (22장)

저   자 : 사도 요한
  예수님의 12제자 중 한 사람. 같은 제자인 야고보의 형제. 야고보와 함께 보아너게(우뢰의 아들)란 별명을 가졌는데 이는 그의 과격한 성격 때문인 듯하다(막 3:17, 눅 9:54-55). 그는 베드로 야고보와 더불어 예수님의 측근자였으며 중요한 일이 있을 때마다 예수님께 동반되었다(막 5:37, 9:2, 14:33). 예수님으로부터 특별히 사랑받던 제자로서(요 21:20) 십자가 아래까지 예수님을 따라갔다. 요한복음과 요한서신을 썼으며 그의 노년에 에베소에서 설교와 가르치는 것과 저작 활동에 전념하던 중 도미티안 황제(A.D. 81-96년)때 어떤 이유로 인해 밧모섬에 유배되어 18개월 간 지내며 환상을 보고 요한계시록을 썼다.

주   제 : 예수 그리스도의 계시

발 신 자 : 사도 요한

수 신 자 : 아시아에 있는 일곱 교회(당시에 존재했던 교회뿐만 아니라 전체 교회의 대표격)

기록연대 : A.D. 96년경

기록장소 : 밧모섬

요   절 : 1:19, 19:11-15

기록목적 : 당시 큰 환난과 핍박 중에 있는 교회들에게 사탄의 멸망과 그리스도의 최후 승리를 확신시켜 줌으로써 신앙의 정절을 지키고 주님의 재림을 소망하도록 권면하기 위해 기록하였다.

***밧모섬** : 에베소의 남서쪽 90 킬로, 에게해의 스포라데스에 속하는 작은 섬이다. 남북의 길이가 약 16km, 넓이가 약 10km, 주위 약 60km로 2000년 인구로 2500명이다. 지표는 모두 화성암으로 이루어져 불모지이고 밀이나 포도나무의 재배가 약간 이루어진다. 로마 제국시대에 종교, 정치범을 귀양 보냈던 유배지였다.

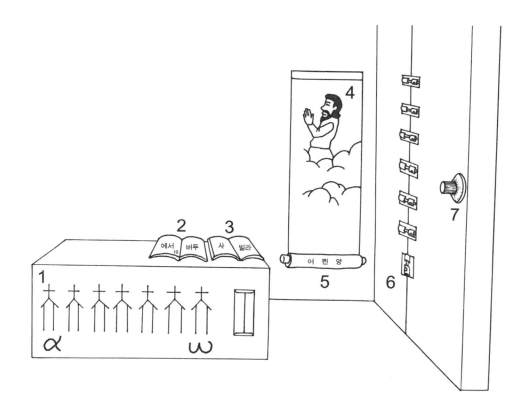

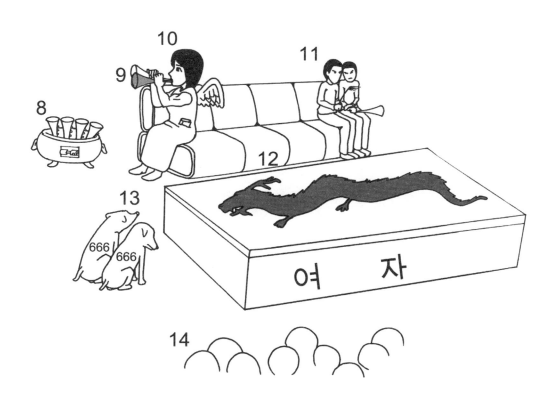

소아시아의 일곱 교회

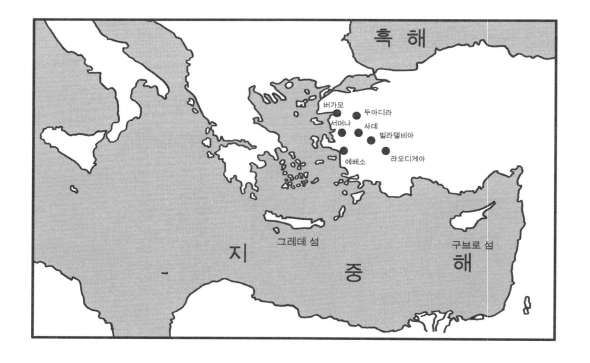

요한계시록 1장		
배 경	안방의 문갑	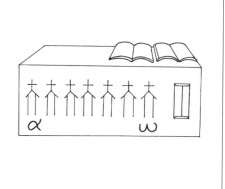
대제목	일곱 교회에 보낸 편지	

📖 사도 요한은 소아시아의 일곱 교회를 향해 문안 인사를 한 후 밧모섬에서 본 그리스도에 관한 환상을 소개하고 있다.

편히 '계시도록' 준비한 안방의 문갑은 **일곱 교회**가 새겨진 문갑이다. 그리고 문갑에 새겨진 일곱 교회 옆에는 **편지**가 붙어 있다.

1. <u>일곱 교회에 보낸 편지</u>(4-20)
   - 예수 그리스도의 계시라(1)
   - 요한은 하나님의 말씀과 예수 그리스도의 증거 곧 자기가 <u>본 것</u>을 다 증언하였느니라(2)
   - 요한은 아시아에 있는 일곱 <u>교회</u>에 편지하노니 이제도 계시고 전에도 계셨고 장차 오실 이와 그의 보좌 앞에 있는 일곱 <u>영</u>과(4)
   - 그의 아버지 하나님을 위하여 우리를 나라와 제사장으로 삼으신 그에게 영광과 능력이 세세토록 있기를 원하노라 아멘(6)
   - 볼지어다 그가 구름을 타고 오시리라 각 사람의 눈이 그를 보겠고 그를 찌른 자들도 볼 것이요 땅에 있는 모든 족속이 그로 말미암아 애곡하리니 그러하리라 아멘(7)
   - 나 요한은 너희 형제요 예수의 환난과 나라와 참음에 동참하는 자라 하나님의 말씀과 예수를 증언하였으므로 말미암아 <u>밧모</u>라 하는 섬에 있었더니(9)
   - <u>주의 날</u>에 내가 성령에 감동되어 내 뒤에서 나는 나팔 소리 같은 큰 음성을 들으니(10)
   - 이르되 네가 보는 것을 책(두루마리)에 써서 에베소, 서머나, 버가모, 두아디라, 사데, 빌라델비아, 라오디게아 등 일곱 교회에 보내라 하시기로(11)
   - 볼지어다 이제 세세토록 살아 있어 **사망과 음부의 열쇠를 가졌노니**(18)
   - 그러므로 네가 본 것과 지금 있는 일과 장차 될 일을 기록하라(19)

   문갑의 처음과 끝에 새겨진 **α**(알파, 헬라어의 첫 글자)와 **ω**(오메가, 헬라어의 마지막 글자)

2. 주 하나님이 이르시되 나는 알파와 오메가라 이제도 있고 전에도 있었고 장차 올 자요 전능한 자라 하시더라(8) - **α**(알파)의 우측에 반원을 그리면 8이 되고 **ω**(오메가)의 터진 곳을 연결하면 8이 되므로 알파와 오메가가 나오는 이 구절은 8절이 된다.

   편지 봉투를 여니 편지지에는 '복주머니 안에 **자**가 3개 들어있는 그림'이 그려져 있다.

3. 이 예언의 말씀을 **읽는 자**와 **듣는 자**들과 그 가운데에 기록한 것을 **지키는 자**는 복이 있나니 때가 가까움이라(3) - 복주머니 안에는 읽는 자와 듣는 자, 지키는 자가 3개 들어 있다. 따라서 3절 읽는 자 듣는 자 지키는 자

   (암기방법) 읽는 자, 듣는 자, 지키는 자의 앞글자만 따서 읽으면 **읽·듣·지**가 되는데 이것을 이용해서 기억하기 쉽게 말을 만들면 다음과 같다. "편지를 **읽·든·지** 말든지"

   ※ 요한이 본 예수님에 대해 묘사한 부분 중 주의할 것은 오른손에 일곱 별을 들고 있으며 촛대가 교회를 상징하므로 촛대는 주님이 그 사이에 계시거나 그 사이로 지나가는 것으로 묘사한다.

배 경	요한계시록 2장	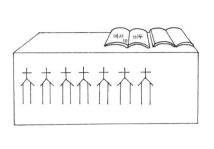
	문갑 위	
대제목	일곱 교회에 보내는 말씀	

문갑 위에는 일곱 교회에 보내는 말씀이 적힌 책이 펼쳐져 있으며 책에 써진 글을 이용하여 말을 만들면 다음과 같다. 필요 없는 물건이 너무 많아 **에** **써** **버려** **두** 사버린다.
에베소 서머나 버가모 두아디라

사버린다는 사투리로 **사** **빌** **라** 가 되므로 **에 써 버려 두 사 빌 라**가 된다.
사데 빌라델비아 라오디게아 계 2장 계 3장

1. 에베소 교회에 보내는 말씀(1-7)

암기방법	에베소 → 예배소(예배소=교회이며 교회에는 목사님이 있다) • 오른손에 있는 일곱 별(목사)을 붙잡고 일곱 금촛대(교회) 사이를 거니시는 이가 이르시되(1)
칭 찬	**에**베소 → **에**로스(사랑)이므로 고전 13장 '사랑장'을 이용한다. • 사랑은 **오래 참고** 사랑은 온유하며(고전 13:4) → 네 행위와 수고와 네 **인내**를 알고(2) • 사랑은 악한 것을 생각지 아니하며(고전 13:5) → 악한 자들을 용납하지 아니함(2) • 사랑은 시험하지 않으며 → 자칭 사도라 하는 자들을 시험하여 거짓된 것을 드러냄(2) • 사랑은 모든 것을 **참으며**… 모든 것을 **견디느니라**(고전 13:7) → 또 네가 **참고** 내 이름을 위하여 **견디고** 게으르지 아니한 것을 아노라(3) • 사랑의 반대는 미움 → 네가 니골라 당의 행위를 미워하는도다 나도 이것을 미워하노라(6)
책 망	**에**베소 → **에**로스(사랑) - 첫사랑 버림(4) • 그러나 너를 책망할 것이 있나니 너의 **처음 사랑**을 버렸느니라 그러므로 어디서 떨어졌는지를 생각하고 회개하여 <u>처음 행위</u>를 가지라 만일 그리하지 아니하고 회개하지 아니하면 내가 네게 가서 네 촛대(교회)를 그 자리에서 옮기리라(4-5)
이기는 자	**에**베소 → **애**플(열매) • 내가 하나님의 낙원에 있는 생명나무의 **열매**를 주어 먹게 하리라(7)

2. 서머나 교회에 보내는 말씀(8-11)

암기방법	서머나 → 죽으려면 **서**쪽 **머**나먼 **나**라에 가서 **죽어라** 아니면 악착 같이 **살던지** • 처음이며 마지막이요 **죽었다가 살아나신** 이가 이르시되(8)
칭 찬	• 내가 네 환란과 **궁핍**을 알거니와 [실상은] 네가 **부요한** 자니라(9) - 고향을 떠나 서쪽 머나먼 나라로 가는 이유는 [실상은] 너무 **궁핍**해서 **부요**하게 살기 위해서이다. • 자칭 유대인이나 [실상은] 사탄의 회당이라(9) - [실상은]이 나오면 서머나 교회가 된다. • 볼지어다 <u>마귀</u>가 장차 너희 가운데에서 몇 사람을 옥에 던져 시험을 받게 하리니 너희가 **10일** 동안 환난을 받으리라(10) - 책의 '서' 자 밑에 10이라고 써 있다. 서 → 서머나
책 망	없음
이기는 자	• 둘째 **사망**의 해를 받지 아니하리라(11) - 죽었다가 살아나셨으므로

- 네가 **죽도록** 충성하라 그리하면 내가 **생명**의 관을 네게 주리라(10) – '죽도록'과 '생명'이 서머나(죽으려면 서쪽 머나먼 나라에 가서 **죽어라** 아니면 악착같이 **살던지**) 라는 것을 말해주며 그림에서 보듯이 서머나의 약자인 '서' 자 밑에 10이라고 써 있으므로 이 구절은 10절이 된다.

3. 버가모 교회에 보내는 말씀(12-17)

암기방법	버가모 → **버**들**가지 모**양 • 좌우에 날선 검을 가지신 이가 이르시되(12) – 버들가지를 검으로 벤다고 생각하자.
칭 찬	• **순교**(안디바의 죽음)의 핍박 가운데서도 믿음을 굳게 지킴(13) – 버들가지가 검에 의해서 베어진 것은 **순교**를 뜻한다.
책 망	• 네게 두어 **가지** 책망할 것이 있나니(14) – 가지는 버들가지(버가모)를 말함. • (버들가지 모양 지조 없는) **발람의 교훈**을 지키는 자들이 있도다(14) 　　　　　　　　　　↓ • 이와 같이 네게도　　　　 **니골라 당의 교훈**을 지키는 자들이 있도다(15) 발람의 교훈과 니골라 당의 교훈을 지키는 자들은 사탄이 사는 곳에 산다. • 네가 어디에 사는지를 내가 아노니 거기는 **사탄의 권좌**가 있는 데라 네가 내 이름을 굳게 잡아서 내 충성된 증인 안디바가 너희 가운데 곧 **사탄이 사는 곳**에서 죽임을 당할 때에도 나를 믿는 믿음을 저버리지 아니하였도다(13) • 회개하라 그리지 아니하면 내가 네게 속히 가서 내 입의 **검**으로 그들과 싸우리라(16)
이기는 자	• 만나와 흰 돌을 주리라(17) – 버들가지에 만나와 흰 돌이 매달려 있다고 생각하자. • 흰 돌 위에 새 이름으로 기록하였는데 받는 자 밖에는 알지 못함(17)

4. 두아디라 교회에 보내는 말씀(18-29)

암기방법	두 아디라 → 두 아드라 → 두 아들아 • 그 눈이 불꽃같고 그 발이 빛난 주석과 같은 하나님의 **아들**이 이르시되(18)
칭 찬	• 내가 네 사업과 사랑과 믿음과 섬김과 인내를 아노니 네 **나중 행위가 처음 것보다 많도다**(19) – 마 21:28-32에 두 아들의 비유가 나오는데 그중 둘째 아들이 오늘 포도원에 가서 일하라 하였으나 처음에는 싫소이다 하다가 나중에 뉘우치고 갔으므로 두아디라(두 아들아)에서 네 **나중 행위가 처음 것보다 많도다** 라는 말이 나온다.
책 망	아들이 나오면 여자(이세벨)가 나오는 것은 당연하다. • 자칭 선지자라 하는 여자 **이세벨**을 네가 용납함이니 그가 내 종들을 가르쳐 꾀어 행음하게 하고 우상의 제물을 먹게 하는도다(20) • 내가 그를 침상에 던질 터이요(22) • 내가 사망으로 그의 자녀를 죽이리니(23) – 자녀=두 아들(두아디라) • 내가 너희 각 사람의 행위대로 갚아 주리라(23) – 이세벨과 침상과 행위를 연관시킬 것 • 다른 짐으로 너희에게 지울 것은 없노라(24) – 노년에 두 아들에게 짐이 되기는 싫다.
이기는 자	• (이세벨이 나라를 다스렸듯이) 만국을 다스리는 권세(26)와 • 새벽 별을 주리라(28) – 이세벨 → 새벽별

📖　본문은 그리스도께서 소아시아의 일곱 교회(에베소, 서머나, 버가모, 두아디라, 사데, 빌라델비아, 라오디게아)에게 보내는 편지로서 각 교회의 형편을 감찰하고 계신 그리스도의 칭찬과 책망과 충고와 약속들로 구성되었다.

요한계시록 3장		
배 경	문갑 위	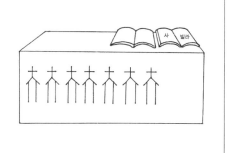
대제목	일곱 교회에 보내는 말씀	

사 빌 라 - 계 2장 참조

1. 사데 교회에 보내는 말씀(1-6)

암기방법	사데 : 사 → 사랐다 하는 **이름**은 가졌으나, 데(데쓰 = 죽음) → **죽은 자**로다 • 내가 네 행위를 아노니 네가 살았다 하는 **이름**은 가졌으나 **죽은 자**로다(1) - 여기서의 죽은 자는 **영**적으로 죽은 자를 말한다. • 하나님의 일곱 **영**과 일곱 별을 가지신 이가 이르시되(1) • 네 행위의 온전한 것을 찾지 못하였노니(2) - 행위가 온전치 못하면 **싸대기**를 갈겨야 한다.
칭 찬	• 그러나 사데에 그 **옷**을 더럽히지 아니한 자 몇 명이 네게 있어 **흰 옷**을 입고 나와 함께 다니리니 그들은 합당한 자인 연고라(4) - 흰 옷이 싸데(사데).
책 망	• 내가 네 행위를 아노니 네가 살았다 하는 **이름**은 가졌으나 **죽은 자**로다(1) • 회개하지 아니하면 내가 도둑같이 오리라(3) - 도둑질하는 놈들은 **싸대기**를 갈겨야 한다.
이기는 자	• **흰 옷**을 입을 것이요 내가 그 **이름**을 생명책에서 결코 지우지 아니하고 그 **이름**을 내 아버지 앞과 그의 천사들 앞에서 시인하리라(5)

2. 빌라델비아 교회에 보내는 말씀(7-13)

암기방법	빌라델비아 → **빌라** 대피(**델비**) 아래로 - 빌라 아래로 대피하라는 뜻 빌라는 집이므로 문·**열쇠**·기둥이 나온다. • 다윗의 **열쇠**를 가지신 이 곧 열면 닫을 사람이 없고 닫으면 열 사람이 없는 그가 이르시되 볼지어다 내가 네 앞에 **열린 문**을 두었으되 능히 닫을 사람이 없으리라(7-8) • 내가 속히 오리니 네가 가진 것을 굳게 잡아 아무도 네 면류관을 **빼앗지** 못하게 하라(11) - 내가 속히 오리니 - 빌라 아래에 대피하고 있으면 내가 속히 와서 구해주겠다. 따라서 내가 속히 오리니는 빌라델비아 교회에 나온다.
칭 찬	빌라는 아파트보다 **작다** • 네가 **작은** 능력을 가지고서도 내 말을 지키며 내 이름을 배반하지 아니하였도다(8) • 네가 나의 인내의 말씀을 지켰은즉 내가 또한 너를 지켜 시험의 때를 면하게 하리니(10) - 빌라 아래로 대피해서 시험의 때를 면한다고 생각하자.
책 망	없음
이기는 자	• 하나님 성전에 **기둥**이 되게 하며 내가 하나님 이름+새 예루살렘 이름+나의 새 이름을 그이 위에 기록하리라(12) → 바위나 기둥에 기념으로 자기 이름을 새겨 넣는 것을 생각.

3. 라오디게아 교회에 보내는 말씀(14-22)

암기방법	뜨겁지도 차지도 않은 기계 덩어리 라디오.　라디오 → 라오디게아 • **아멘**이시요 충성되고 참된 **증인**이시요 하나님의 창조의 근본이신 이가 이르시되(14) - 라디오는 말과 관계가 있으므로 잘 어울린다.
칭　찬	없음
책　망	• 네가 이같이 미지근하여 뜨겁지도 아니하고 차지도 아니하니 내 입에서 너를 토하여 버리리라(16) • 부요하지만 실상은 궁핍한 교회(17) - 서머나 교회와 반대. 　(암기방법) 옛날에는 라디오가 재산목록 1호였지만(부요) 지금은 흔해 터졌다(궁핍). • 내가 너를 권하노니 내게서 **불로 연단한 금**(시련을 통한 믿음)을 사서 부요하게 하고 **흰 옷**을 사서 입어 벌거벗은 수치를 보이지 않게 하고 **안약**을 사서 눈에 발라 보게 하라(18) - 라디오 매니아들은 라디오에 불로 연단한 금을 입히고 안약으로 광을 내며 애완 견에게 옷을 입히듯 라디오에 흰 옷을 입혀 라디오가 벌거벗은 수치를 보이지 않게 한다. • 그러므로 네가 열심을 내라 회개하라(19) - 옛날에는 라디오가 대부분 회색(회개)이었 으며 오래 틀면 열이 심하게 났다.
이기는 자	• 내가 내 **보좌**에 함께 앉게 하여 주기를 내가 이기고 아버지 **보좌**에 함께 앉은 것과 같 이 하리라(21) - 라디오는 비상시 의자(보좌)로도 사용된다. • 그는 나와 더불어 먹으리라(20) - 라디오 주위에 빙 둘러앉아 같이 먹는 모습을 생각하자.
특　징	칭찬 없이 책망만 있음.

라디오는 음성을 듣는 기계이다.

4. 볼지어다 내가 문 밖에 서서 두드리노니 누구든지 내 음성을 듣고 문을 열면 내가 그에게로 들어가 그와 더불어 먹고 그는 나와 더불어 먹으리라(20) - 라디오는 음성을 듣는 기계이므로 이 구절은 라 오디게아 교회에 나오며 예수님이 난초(20)를 들고 문을 두드리고 계시므로 20절이 된다.

※ 책망이 없는 교회 - 서머나, 빌라델비아 교회,　칭찬 없이 책망만 있는 교회 - 라오디게아 교회

※ 생명책

• 계 3장 - 이기는 자는~ 내가 그 **이름**을 생명책에서 결코 지우지 아니하고 그 **이름**을 내 아버지 앞과 그의 천사들 앞에서 시인하리라(5) - 사데 교회

• 계 13장 - 죽임을 당한 어린 양의 생명책에 창세 이후로 이름이 기록되지 못하고 이 땅에 사는 자들은 다 그 짐승에게 경배하리라(8) - 생명책에 666(13장)이라고 적혀 있다.

• 계 17장 - 창세 이후로 그 이름이 생명책에 기록되지 못한 자들이 이전에 있었다가 지금은 없으 나 장차 나올 짐승을 보고 놀랍게 여기리라(8) - 음녀(17장)들은 생명책에 기록되지 않는다.

• 계 20장 - 누구든지 생명책에 기록되지 못한 자는 불못에 던져지더라(15) - 생명책은 연필로 적 지 않고 불못(20장)으로 적는다.

• 계 21장 - 속된 것이나 가증한 일 또는 거짓말하는 자는 결코 그리로(새 예루살렘) 들어가지 못하 되 오직 어린 양의 생명책에 기록된 자들만 들어가리라(27) - 뒷바퀴를 새 타이어(21장)로 간 후 차계부 대신 생명책에 기록했다.

📖 본문은 그리스도께서 소아시아의 일곱 교회(에베소, 서머나, 버가모, 두아디라, 사데, 빌라 델비아, 라오디게아)에게 보내는 편지로서 각 교회의 형편을 감찰하고 계신 그리스도의 칭 찬과 책망과 충고와 약속들로 구성되었다.

요한계시록 4장	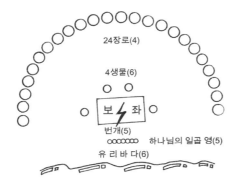
배 경	벽의 그림
대제목	하늘나라의 예배

📖 하늘 예배에 관한 내용으로 영광스런 보좌에 앉아 계신 하나님을 중심으로 보좌에 둘러선 24장로들과 네 생물에 관한 환상 및 그들의 장엄한 찬송으로 구성되었다. 이것은 천상 보좌의 영광에 대한 상징적인 기술로 하나님의 주권과 영광을 강조함으로서 그분이 종말의 심판주 이심을 드러내고 있다.

벽의 그림에는 하늘나라에서 예배드리는 모습이 그려있다.

1. 하늘나라의 예배(1-11) = 천상예배

- 이 일 후에 내가 보니 하늘에 열린 문이 있는데 내가 들은 바 처음에 내게 말하던 나팔 소리 같은 그 음성이 이르되 이리로 올라오라 이 후에 마땅히 일어날 일들을 내가 네게 보이리라 하시더라 내가 곧 성령에 감동되었더니 보라 하늘에 **보좌**를 베풀었고 그 보좌 위에 앉으신 이가 있는데 앉으신 이의 모양이 벽옥과 홍보석 같고 또 무지개가 있어 보좌에 둘렸는데 그 모양이 녹보석 같더라 또 보좌에 둘려 **24 보좌**들이 있고 그 보좌들 위에 **24 장로**들이 흰 옷을 입고 머리에 금관을 쓰고 앉았더라 보좌로부터 **번개**와 음성과 우렛소리가 나고 보좌 앞에 켠 등불 일곱이 있으니 이는 **하나님의 일곱 영**이라 보좌 앞에 수정과 같은 **유리 바다**(하나님의 장엄함과 거룩함)가 있고 보좌 가운데와 보좌 주위에 **네 생물**이 있는데 앞뒤에 눈들이 가득하더라(1-6)

- 그 첫째 생물은 <u>사자</u> 같고 그 둘째 생물은 <u>송아지</u> 같고 그 셋째 생물은~ <u>사람</u> 같고 그 넷째 생물은~ <u>독수리</u> 같은데 네 생물은 <u>각각 6날개</u>를 가졌고 그 안과 주위에는 눈들이 가득하더라 그들이 밤낮 쉬지 않고 이르기를 거룩하다 거룩하다 거룩하다 주 하나님 곧 전능하신 이여 전에도 계셨고 이제도 계시고 장차 오실 이시라 하고 그 생물들이 보좌에 앉으사 세세토록 살아 계시는 이에게 영광과 존귀와 감사를 돌릴 때에 24 장로들이 보좌에 앉으신 이 앞에 엎드려 세세토록 살아 계시는 이에게 경배하고 자기의 관을 보좌 앞에 드리며 이르되 우리 주 하나님이여 영광과 존귀와 능력을 받으시는 것이 합당하오니 주께서 만물을 지으신지라 만물이 주의 뜻대로 있었고 또 지으심을 받았나이다 하더라(7-11)

※ 4생물의 순서 – 사자, 송아지, 사람, 독수리 – 사자는 송아지를 물고, 송아지는 살려고 사람의 다리를 붙잡고, 사람은 독수리의 다리를 잡고, 독수리는 이들을 다 들고 날아오르면서 <u>계시</u>(계시록)를 받는다.

요한계시록 5장	
배 경	**벽의 족자**
대제목	**두루마리**

📖 일곱 인(印)으로 봉해진 두루마리 책(종말에 성취될 하나님의 비밀)을 어린 양이 취하자 네 생물과 24장로들과 천사들이 찬양하는 장면이다.

벽의 족자는 두루마리 식으로 아래 부분이 말려있다.

1. **두루마리**(1-5)
   - 내가 보매 보좌에 앉으신 이의 오른손에 두루마리가 있으니 안팎으로 썼고 일곱 인으로 봉하였더라(1)
   - 또 보매 힘 있는 천사가 큰 음성으로 외치기를 누가 그 두루마리를 펴며 그 인을 떼기에 합당하냐 하나(2)
   - 하늘 위에나 땅 위에나 땅 아래에 능히 그 두루마리를 펴거나 보거나 할 자가 없더라(3)
   - 그 두루마리를 펴거나 보거나 하기에 합당한 자가 보이지 아니하기로 내가 크게 울었더니(4)
   - 장로 중의 한 사람이 내게 말하되 울지 말라 유대 지파의 사자 다윗의 뿌리가 이겼으니 그 두루마리와 그 일곱 인을 떼시리라 하더라(5)

   이 두루마리를 펼치자 향냄새가 확 풍겨 나온다.

2. 그 두루마리를 취하시매 네 생물과 이십사 장로들이 그 어린 양 앞에 엎드려 각각 거문고와 향이 가득한 금 대접을 가졌으니 이 향은 성도의 기도들이라(8)

   ※ 계 8장에도 향(성도의 기도)이 나온다.

   족자 아래 말린 부분에 '어린 양' 이라고 써 있다.

3. **어린 양**(6-14)
   - 보좌와 네 생물과 장로들 사이에 한 어린 양이 서 있는데 일찍이 죽임을 당한 것 같더라 그에게 일곱 뿔과 일곱 눈이 있으니 이 눈들은 온 땅에 보내심을 받은 하나님의 일곱 영이더라(6)
   - 그 어린 양이 나아와서 보좌에 앉으신 이의 오른손에서 두루마리를 취하시니라(7)
   - 그 두루마리를 취하시매 네 생물과 이십사 장로들이 그 어린 양 앞에 엎드려 각각 거문고와 향이 가득한 금 대접을 가졌으니 이 향은 성도의 기도들이라(8)
   - 그들이 새 노래를 불러 이르되 두루마리를 가지고 그 인봉을 떼기에 합당하시도다 일찍이 죽임을 당하사 각 족속과 방언과 백성과 나라 가운데에서 사람들을 피로 사서 하나님께 드리시고(9)
   - 그들로 우리 하나님 앞에서 나라와 제사장들을 삼으셨으니 그들이 땅에서 왕 노릇하리로다(10)
   - 내가 또 보고 들으매 보좌와 생물들과 장로들을 둘러 선 많은 천사의 음성이 있으니 그 수가 만만이요 천천이라(11)
   - 큰 음성으로 이르되 죽임을 당하신 어린 양은 능력과 부와 지혜와 힘과 존귀와 영광과 찬송을 받으시기에 합당하도다 하더라(12)
   - 내가 또 들으니 하늘 위에와 땅 위에와 땅 아래와 바다 위에와 또 그 가운데 모든 피조물이 이르되 보좌에 앉으신 이와 어린 양에게 찬송과 존귀와 영광과 권능을 세세토록 돌릴지어다 하니(13)
   - 네 생물이 이르되 아멘 하고 장로들은 엎드려 경배하더라(14)

요한계시록 6장	
배 경	문의 자물쇠
대제목	일곱 봉인

📖 성부 하나님께로부터 일곱 인으로 봉해진 두루마리 책을 취하신 그리스도께서 굳게 봉해진 두루마리 인봉을 첫째부터 여섯째까지 떼시는 장면이 소개된다.

안방에는 일곱 교회가 그려진 문갑과 그 위에 놓여진 두 권의 책, 하늘의 예배가 그려진 그림, 두루마리 식 족자 등 귀중한 물건들이 많아서 도난당할까봐 무려 7개나 자물쇠를 채워서 문을 봉인했다.

1. **일곱 봉인**(1-17)
   일곱 개의 인 중 마지막 일곱째 인의 모양이 삐딱한데 이는 일곱째 인은 다음에 나오고 첫째에서 여섯째 인 까지만 나온다는 것을 암시한다.

2. **첫째 인**(1-2)
   • 이에 내가 보니 **흰 말**이 있는데 그 탄 자가 활을 가졌고 면류관을 받고 나아가서 이기고 또 이기려고 하더라(2) 흰 말 - 거짓평화, 그 위에 탄 자 - 그리스도를 가장한 적그리스도

3. **둘째 인**(3-4)
   • 이에 다른 **붉은 말**이 나오더라 그 탄 자가 허락을 받아 땅에서 화평을 제하여 버리며 서로 죽이게 하고 또 큰 칼을 받았더라(4). 붉은 말 - 피 즉 전쟁을 나타냄. 첫째 기수의 본 목적이 드러남.

4. **셋째 인**(5-6)
   • **검은 말**이 나오는데 그 탄 자가 손에 저울을 가졌더라(5) 검은 말 - 기근(전쟁의 결과)
   ※ 저울은 양식의 무게를 달기 위한 것으로 큰 흉년과 기근의 때를 암시한다.

5. **넷째 인**(7-8)
   • 내가 보매 **청황색 말**이 나오는데 그 탄 자의 이름은 사망이니 음부가 그 뒤를 따르더라 그들이 땅 1/4의 권세를 얻어 검과 흉년과 사망과 땅의 짐승으로써 죽이더라(8) 청황색 말 - 사망(기근의 결과)

6. **다섯째 인**(9-11) - 순교자들의 탄원(7년 대환난 전 3년 반 동안 첫 순교자들)
   • 다섯째 인을 떼실 때에 내가 보니 하나님의 말씀과 그들이 가진 증거로 말미암아 죽임을 당한 영혼들이 **제단** 아래에 있어 큰 소리로 불러 이르되 거룩하고 참되신 대주재여 땅에 거하는 자들을 심판하여 우리 피를 갚아 주지 아니하시기를 어느 때까지 하시려 하나이까 하니 각각 그들에게 흰 두루마기를 주시며 이르시되 아직 잠시 동안 쉬되 그들의 동무 종들과 형제들도 자기처럼 죽임을 당하여 그 수가 차기까지 하라 하시더라(9-11)

7. **여섯째 인**(12-17) - 천재지변
   • 큰 **지진**이 나며 해가 검은 털로 짠 상복 같이 검어지고 달은 온통 피 같이 되며(12)
   • 하늘의 별들이 무화과나무가 대풍에 흔들려 설익은 열매가 떨어지는 것 같이 땅에 떨어지며(13)
   • 하늘은 두루마리가 말리는 것 같이 떠나가고 각 산과 섬이 제 자리에서 옮겨지매 땅의 임금들과 왕족들과 장군들과 부자들과 강한 자들과 모든 종과 자유인이 굴과 산들의 바위틈에 숨어(14-15)

요한계시록 7장	
배 경	**문의 다이알**
대제목	**인침을 받은 144,000명**

📖 본문은 구원의 인침을 받은 144,000명의 주의 백성들과 각 나라에서 온 구원의 흰 옷을 입은 큰 무리들이 소개된 장면이다.

7개의 자물쇠로도 부족해서 문에 다이알을 달았는데 이 방문을 열려면 다이알을 144,000번으로 맞춰야 한다.

1. 인침을 받은 144,000명(1-8) - 이 땅에서 구속받은 그리스도인 전부를 가리킨다.

   • 이 일 후에 내가 네 천사가 땅 네 모퉁이에 선 것을 보니 땅의 사방의 바람을 붙잡아 바람으로 하여금 땅에나 바다에나 각종 나무에 불지 못하게 하더라 또 보매 다른 천사가 살아 계신 하나님의 인을 가지고 해 돋는 데로부터 올라와서 땅과 바다를 해롭게 할 권세를 받은 네 천사를 향하여 큰 소리로 외쳐 이르되 우리가 우리 하나님의 종들의 이마에 인치기까지 땅이나 바다나 나무들을 해하지 말라 하더라 내가 인침을 받은 자의 수를 들으니 이스라엘 자손의 각 지파 중에서 인침을 받은 자들이 십사만 사천이니(1-4)

   ※ 12지파 중 단 지파만 인을 맞지 않음.

   다이알은 0~9까지의 숫자가 있는데 이 10개의 숫자로 셀 수 없이 많은 수를 만들 수 있다.

2. 셀 수 없이 많은 수의 무리들(9-17) - 이 땅에서 구속받은 그리스도인 전부를 가리키는 십사만 사천 명과 동일인이며 구원의 문이 모든 민족에게 열려있음을 나타내기 위해 중복적으로 표현했다.

   • 이 일 후에 내가 보니 각 나라와 족속과 백성과 방언에서 아무도 능히 셀 수 없는 큰 무리가 나와 흰 옷을 입고 손에 종려 가지를 들고 보좌 앞과 어린 양 앞에 서서(9)

   • 큰 소리로 외쳐 이르되 구원하심이 보좌에 앉으신 우리 하나님과 어린 양에게 있도다 하니(10)

   • 장로 중 하나가 응답하여 나에게 이르되 이 흰 옷 입은 자들이 누구며 또 어디서 왔느냐(13)

   • 내가 말하기를 내 주여 당신이 아시나이다 하니 그가 나에게 이르되 이는 큰 환난에서 나오는 자들인데 어린 양의 피에 그 옷을 씻어 희게 하였느니라(14)

   • 그러므로 그들이 하나님의 보좌 앞에 있고 또 그의 성전에서 밤낮 하나님을 섬기매 보좌에 앉으신 이가 그들 위에 장막을 치시리니 그들이 다시는 주리지도 아니하며 목마르지도 아니하고 해나 아무 뜨거운 기운에 상하지도 아니하리니 이는 보좌 가운데에 계신 어린 양이 그들의 목자가 되사 생명수 샘으로 인도하시고 하나님께서 그들의 눈에서 모든 눈물을 씻어 주실 것임이라(15-17)

   셀 수 없이 많은 무리들이 앞 뒤 할 것 없이 아멘 아멘을 외치고 있다.

3. 아멘 찬송과 영광과 지혜와 감사와 존귀와 권능과 힘이 우리 하나님께 세세토록 있을지어다 아멘(12) - 아멘이 앞과 뒤에 나오며 실제는 모든 천사가 하나님께 경배하며 한 찬송이다.

＊ 보충설명 : 첫 번째 중간계시(7장)

   일곱째 인의 개봉이 잠시 중지되고 마지막 날에 대한 계시가 주어지기 전에 성도들을 위로하기 위하여 주신 중간 계시다 - 요한은 대환란을 견딜 수 있는 자가 과연 누구냐(계 6:17)는 질문을 했는데 본문은 그에 대한 해답이며 성도들을 위로하기 위하여 주신 장이다.

요한계시록 8장		
배 경	마루	
대제목	금향로	

📖 어린 양 곧 그리스도께서 마지막 일곱 번째 인을 떼자 제2의 재앙인 '일곱 나팔의 재앙' 이 전개되는 장면으로 첫 번째 재앙에서 네 번째 재앙까지 소개되었다.

마루에 나와 보면 값비싼 금 향로 한 개가 놓여있다. 참고로 금 향로는 동글동글 하므로 8장에 나온다.

1. 금 향로(3-5) - 금향로에는 성도들의 기도가 담겨있다.
   • 또 다른 천사가 와서 제단 곁에 서서 금 향로를 가지고 많은 향을 받았으니 이는 모든 성도의 기도와 합하여 보좌 앞 금 제단에 드리고자 함이라 향연이 성도의 기도와 함께 천사의 손으로부터 하나님 앞으로 올라가는지라(3-4)

   ※ 계 5장에도 향(성도의 기도)이 나온다.
   금 향로에 마지막 일곱째 인이 붙어있다.

2. 일곱째 인(1-2) - 마지막 일곱째 인을 떼자 제 2재앙인 '일곱 나팔의 재앙' 이 시작된다.
   • 일곱째 인을 떼실 때에 하늘이 반 시간쯤 고요하더니(1) - 큰 환란 직전의 두렵고 엄숙한 상태를 말함.
   금 향로에 4개의 나팔이 들어있다.

3. 첫째 나팔재앙(7) - 땅에 대한 재앙
   • 첫째 천사가 나팔을 부니 피 섞인 우박과 불이 나와서 땅에 쏟아지매 땅의 삼분의 일이 타 버리고 수목의 삼분의 일도 타 버리고 각종 푸른 풀도 타 버렸더라(7)

4. 둘째 나팔재앙(8-9) - 바다에 대한 재앙
   • 둘째 천사가 나팔을 부니 불붙는 큰 산과 같은 것이 바다에 던져지매 바다의 삼분의 일이 피가 되고 바다 가운데 생명 가진 피조물들의 삼분의 일이 죽고 배들의 삼분의 일이 깨지더라(8-9)

5. 셋째 나팔재앙(10-11) - 강에 대한 재앙
   • 셋째 천사가 나팔을 부니 횃불 같이 타는 큰 별이 하늘에서 떨어져 강들의 삼분의 일과 여러 물 샘에 떨어지니 이 별 이름은 쓴 쑥이라 물의 삼분의 일이 쓴 쑥이 되매 그 물이 쓴 물이 되므로 많은 사람이 죽더라(10-11) - 쑥이 삼과 비슷하므로 쑥은 셋째 나팔재앙에 나온다.

6. 넷째 나팔재앙(12-13) - 해, 달, 별에 대한 재앙
   • 넷째 천사가 나팔을 부니 해 삼분의 일과 달 삼분의 일과 별들의 삼분의 일이 타격을 받아 그 삼분의 일이 어두워지니 낮 삼분의 일은 비추임이 없고 밤도 그러하더라(12)
   • 내가 또 보고 들으니 공중에 날아가는 독수리가 큰 소리로 이르되 땅에 사는 자들에게 화, 화, 화가 있으리니 이는 세 천사들이 불어야 할 나팔 소리가 남아 있음이로다 하더라(13) - 세 천사들이 불어야 할 나팔 소리가 남아 있다고 했으므로(나팔재앙은 총 7개) 이 구절은 넷째 천사가 나팔을 불 때 일어난 사건이다.

   ※ 나팔의 밸브가 3개이므로 삼분의 일만 피해를 보며 나팔재앙과 대접재앙의 장소는 ① 땅 ② 바다 ③ 강 ④ 하늘(해, 달, 별)의 순으로 이루어지며 유브라데 강은 육 번째 나팔(대접)재앙에 나온다.

요한계시록 9장		
배 경	소파 좌측	
대제목	다섯째, 여섯째 나팔재앙	

📖 제2의 재앙인 '일곱 나팔의 재앙'이 전개되는 장면으로 다섯 번째 재앙에서 여섯 번째 재앙까지 소개되었다.

소파 좌측에 천사가 나팔 2개를 불고 있다.

1. 다섯째 나팔재앙(1-12) - 다섯째 나팔이 황색인데 황색은 황충을 나타내며 다섯째 나팔이므로 다섯 달 동안만 사람들을 해할 권세를 갖는다.

   • 다섯째 천사가 나팔을 불매 내가 보니 하늘에서 땅에 떨어진 별 하나가 있는데 그가(사탄이나 천사) 무저갱의 열쇠를 받았더라 그가 무저갱을 여니 그 구멍에서 큰 화덕의 연기 같은 연기가 올라오매 해와 공기가 그 구멍의 연기로 말미암아 어두워지며 또 황충이 연기 가운데로부터 땅 위에 나오매 그들이 땅에 있는 전갈의 권세와 같은 권세를 받았더라(1-3)

   • 그들에게 이르시되 땅의 풀이나 푸른 것이나 각종 수목은 해하지 말고 오직 이마에 하나님의 인침을 받지 아니한 사람들만 해하라 하시더라 그러나 그들을 죽이지는 못하게 하시고 다섯 달 동안 괴롭게만 하게 하시는데 그 괴롭게 함은 전갈이 사람을 쏠 때에 괴롭게 함과 같더라(4-5)

   • 그 날에는 사람들이 죽기를 구하여도 죽지 못하고 죽고 싶으나 죽음이 그들을 피하리로다(6)

   • 황충들의 모양은 전쟁을 위하여 예비한 말들 같고 그 머리에 금 같은 관 비슷한 것을 썼으며 그 얼굴은 사람의 얼굴 같고 또 여자의 머리털 같은 머리털이 있고 그 이빨은 사자의 이빨 같으며 또 철 호심경 같은 호심경이 있고 그 날개들의 소리는 병거와 많은 말들이 전쟁터로 달려 들어가는 소리 같으며 또 전갈과 같은 꼬리와 쏘는 살이 있어 그 꼬리에는 다섯 달 동안 사람들을 해하는 권세가 있더라(7-10)

   • 그들에게 왕이 있으니 무저갱의 사자라 히브리어로는 그 이름이 아바돈이요 헬라어로는 그 이름이 아볼루온이더라(11)

2. 여섯째 나팔재앙(13-21) - 유브라데강에서 일어나는 전쟁으로 불신자의 1/3이 죽임을 당한다.

   • 여섯째 천사가 나팔을 불매 내가 들으니 하나님 앞 금 제단 네 뿔에서 한 음성이 나서 나팔 가진 여섯째 천사에게 말하기를 큰 강 유브라데에 결박한 네 천사를 놓아주라 하매 네 천사가 놓였으니 그들은 그 년 월 일 시에 이르러 사람 삼분의 일을 죽이기로 준비된 자들이더라 마병대의 수는 이만만이니 내가 그들의 수를 들었노라(13-16)

   • 이같이 환상 가운데 그 말들과 그 위에 탄 자들을 보니 불빛과 자주빛과 유황빛 호심경이 있고 또 말들의 머리는 사자 머리 같고 그 입에서는 불과 연기와 유황이 나오더라(17)

   • 이 세 재앙 곧 자기들의 입에서 나오는 불과 연기와 유황으로 말미암아 사람 삼분의 일이 죽임을 당하니라 이 말들의 힘은 입과 꼬리에 있으니 꼬리는 뱀 같고 또 꼬리에 머리가 있어 이것으로 해하더라 이 재앙에 죽지 않고 남은 사람들은 손으로 행한 일을 회개하지 아니하고 오히려 여러 귀신과 또는 보거나 듣거나 다니거나 하지 못하는 금, 은, 동과 목석의 우상에게 절하고 또 그 살인과 복술과 음행과 도둑질을 회개하지 아니하더라(18-21)

   ※ 유브라데의 유에서 유브라데 강이 나오는 재앙은 육 번째 나팔재앙에 나온다는 것을 알 수 있다.

요한계시록 10장	
배 경	소파 좌측
대제목	힘 센 천사와 작은 책

📖 본문은 작은 책(두루마리)을 가진 힘 센 천사가 등장하는 장면과 하나님의 명령으로 사도 요한이 그 작은 책을 받아 먹은 장면이다.

2개의 나팔을 힘 센 천사가 불고 있으며 천사의 주머니에는 작은 책이 있다(주머니에 들어가므로 작은 책이 된다). 참고로 이 천사가 힘 센 천사라는 것을 알 수 있는 것은 팔뚝의 근육과 또 1개의 나팔을 불기도 힘든데 2개의 나팔을 분다는 데서 알 수 있다.

1. 힘 센 천사와 작은 책(1-7)
   • 내가 또 보니 힘 센 다른 천사가 구름을 입고 하늘에서 내려오는데 그 머리 위에 무지개가 있고 그 얼굴은 해 같고 그 발은 불기둥 같으며 그 손에는 펴 놓인 작은 책(두루마리)을 들고 그 오른발은 바다를 밟고 왼발은 땅을 밟고 사자가 부르짖는 것 같이 큰 소리로 외치니 그가 외칠 때에 일곱 우레가 그 소리를 내어 말하더라 일곱 우레가 말을 할 때에 내가 기록하려고 하다가 곧 들으니 하늘에서 소리가 나서 말하기를 일곱 우레가 말한 것을 인봉하고 기록하지 말라 하더라 내가 본 바 바다와 땅을 밟고 서 있는 천사가 하늘을 향하여 오른손을 들고 세세토록 살아계신 이 곧 하늘과 그 가운데 있는 물건이며 땅과 그 가운데 있는 물건이며 바다와 그 가운데 있는 물건을 창조하신 이를 가리켜 맹세하여 이르되 지체하지 아니하리니 일곱째 천사가 소리 내는 날 그의 나팔을 불려고 할 때에 하나님이 그의 종 선지자들에게 전하신 복음과 같이 하나님의 그 비밀이 이루어지리라 하더라(1-7)

2. 요한이 작은 책을 받아먹다(8-11)
   • 하늘에서 나서 내게 들리던 음성이 또 내게 말하여 이르되 네가 가서 바다와 땅을 밟고 서 있는 천사의 손에 펴 놓인 책(두루마리)을 가지라 하기로 내가 천사에게 나아가 작은 책(두루마리)을 달라 한즉 천사가 이르되 갖다 먹어 버리라 네 배에는 쓰나 네 입에는 꿀 같이 달리라 하거늘 내가 천사의 손에서 작은 책(두루마리)을 갖다 먹어버리니 내 입에는 꿀 같이 다나 먹은 후에 내 배에서는 쓰게 되더라 그가 내게 말하기를 네가 많은 백성과 나라와 방언과 임금에게 다시 예언하여야 하리라 하더라(8-11)

   ※ 작은 책(두루마리)을 먹는 장면이 나오는데 이것은 예언자적 선포 사역의 중요성을 암시하는 것이다. 선지자는 독초와 같이 쓴 심판의 메시지(10절)까지라도 전파해야 할 임무를 받은 자이다. 하나님 말씀이라 입에는 다나 심판의 메시지가 담겨있으므로 배에는 쓰다.

   ＊ 보충설명 : 두 번째 중간계시(10장, 11:1-13)
   10장 - 천사와 작은 책(두루마리)의 환상
   11장 - 두 증인의 환상
   일곱째 나팔재앙을 앞두고 땅에서 고난당하는 성도들에게 위로를 주고 결국 하나님이 승리하실 것을 깨우치고 있다.

요한계시록 11장		
배 경	소파 우측	
대제목	두 증인	

📖 두 증인의 순교 및 부활에 관한 환상이 소개된 후 뒤이어 일곱 번째 천사가 나팔을 불고 새로운 제3의 재앙 곧 '일곱 대접의 재앙'이 일어나려고 준비되는 장면이다.

소파의 우측에는 두 증인이 천사의 옆에 비좁게 앉아있다. 참고로 두 증인이 11자 모양이므로 두 증인은 11장에 나온다.

1. 두 증인(3-14) - 말세에 고통당할 성도의 상황과 승리를 나타낸다. 전 3년 반
   - 내가 나의 두 증인에게 권세를 주리니 그들이 굵은 베옷을 입고 **1260일**을 예언하리라 그들은 이 땅의 주 앞에 서 있는 두 감람나무와 두 촛대니 만일 누구든지 그들을 해하고자 하면 그들의 입에서 불이 나와서 그들의 원수를 삼켜 버릴 것이며 누구든지 그들을 해하고자 하면 반드시 그와 같이 죽임을 당하리라 그들이 권능을 가지고 하늘을 닫아 그 예언을 하는 날 동안 비가 오지 못하게 하고 또 권능을 가지고 물을 피로 변하게 하고 아무 때든지 원하는 대로 여러 가지 재앙으로 땅을 치리로다 그들이 그 증언을 마칠 때에 무저갱으로부터 올라오는 짐승이 그들과 더불어 전쟁을 일으켜 그들을 이기고 그들을 죽일 터인즉 그들의 시체가 큰 성 길에 있으리니 그 성은 영적으로 하면 소돔이라고도 하고 애굽이라고도 하니 곧 그들의 주께서 십자가에 못 박히신 곳이라 백성들과 족속과 방언과 나라 중에서 사람들이 그 시체를 사흘 반 동안을 보며 무덤에 장사하지 못하게 하리로다 이 두 선지자가 땅에 사는 자들을 괴롭게 한고로 땅에 사는 자들이 그들의 죽음을 즐거워하고 기뻐하여 서로 예물을 보내리라 하더라 삼일 반 후에 하나님께로부터 생기가 그들 속에 들어가매 그들이 발로 일어서니 구경하는 자들이 크게 두려워하더라 하늘로부터 큰 음성이 있어 이리로 올라오라 함을 그들이 듣고 구름을 타고 하늘로 올라가니 그들의 원수들도 구경하더라 그 때에 큰 지진이 나서 성 십분의 일이 무너지고 지진에 죽은 사람이 칠천이라 그 남은 자들이 두려워하여 영광을 하늘의 하나님께 돌리더라(3-13)
   한 사람은 갈대를 들고 있으며 이 갈대로 성전을 측량한다.
2. 성전측량(1-2) - 불신자에게 임할 하나님의 심판을 나타낸다. 전 3년 반
   - 또 내게 지팡이 같은 갈대를 주며 말하기를 일어나서 하나님의 성전과 제단과 그 안에서 경배하는 자들을 측량하되 성전 바깥 마당은 측량하지 말고 그냥 두라 이것을 이방인에게 주었은즉 그들이 거룩한 성을 **42달**(7년 환난 중 전 3년 반, 1260일) 동안 짓밟으리라(1-2)
   한 사람은 마지막 나팔인 일곱째 나팔을 들고 있다.
3. 일곱째 나팔(15-19) - 일곱째 나팔이 불고 새로운 '일곱 대접의 재앙'이 일어나려고 준비되는 장면.
   - 일곱째 천사가 나팔을 불매 하늘에 큰 음성들이 나서 이르되 세상 나라가 우리 주와 그의 그리스도의 나라가 되어 그가 세세토록 왕 노릇 하시리로다 하니(15)
   - 이에 하늘에 있는 하나님의 성전이 열리니 성전 안에 **하나님의 언약궤**가 보이며(19)
   ※ '일곱 대접의 재앙'은 제 3중간 계시인 12-14장을 거쳐 15장에서 일곱 대접의 재앙이 최종 준비된 후 16장에서 본격적으로 나온다.

요한계시록 12장		
배　경	탁자	
대제목	여자와 붉은 용	여　자

📖　본문은 일곱 대접의 재앙이 전개되기 직전에 삽입된 환상으로서 여자로 상징된 교회가 용으로 상징된 사탄에게 맹렬한 핍박을 받는 장면이다.

　　탁자에는 여자라고 써 있으며 그 위를 붉은 용이 기어가고 있다.

1.　여자와 붉은 용(1-17) - 전 3년 반

- 하늘에 큰 이적이 보이니 해를 옷 입은 한 여자(교회)가 있는데 그 발 아래는 달이 있고 그 머리에는 **12별의 관**을 썼더라 이 여자가 아이를 배어 해산하게 되매 아파서 애를 쓰며 부르짖더라 하늘에 또 다른 이적이 보이니 보라 한 큰 붉은 용이 있어 머리가 일곱이요 뿔이 열이라 그 여러 머리에 일곱 왕관이 있는데 그 꼬리가 하늘 별 삼분의 일을 끌어다가 땅에 던지더라 용이 해산하려는 여자 앞에서 그가 해산하면 그 아이를 삼키고자 하더니 여자가 아들(메시야)을 낳으니 이는 장차 철장으로 만국을 다스릴 남자라 그 아이를 하나님 앞과 그 보좌 앞으로 올려가더라 그 여자가 광야로 도망하매 거기서 **1260일** 동안 그를 양육하기 위하여 하나님께서 예비하신 곳이 있더라 하늘에 전쟁이 있으니 **미가엘**과 그의 사자들이 용으로 더불어 싸울새 용과 그의 사자들도 싸우나 이기지 못하여 다시 하늘에서 그들이 있을 곳을 얻지 못한지라 큰 용이 내쫓기니 옛 뱀 곧 마귀라고도 하고 사탄이라고도 하는 온 천하를 꾀는 자라 그가 땅으로 내쫓기니 그의 사자들도 그와 함께 내쫓기니라 내가 또 들으니 하늘에 큰 음성이 있어 이르되 이제 우리 하나님의 구원과 능력과 나라와 또 그의 그리스도의 권세가 나타났으니 우리 형제들을 참소하던 자 곧 우리 하나님 앞에서 밤낮 참소하던 자가 쫓겨났고 또 우리 형제들이 어린 양의 피와 자기들이 증언하는 말씀으로써 그를 이겼으니 그들은 죽기까지 자기들의 생명을 아끼지 아니하였도다 그러므로 하늘과 그 가운데에 거하는 자들은 즐거워하라 그러나 땅과 바다는 화 있을진저 이는 마귀가 자기의 때가 얼마 남지 않은 줄을 알므로 크게 분내어 너희에게 내려갔음이라 하더라 용이 자기가 땅으로 내쫓긴 것을 보고 남자를 낳은 여자를 박해하는지라 그 여자가 큰 독수리의 두 날개를 받아 광야 자기 곳으로 날아가 거기서 그 뱀의 낯을 피하여 한 때와 두 때와 반 때를 양육 받으매 여자의 뒤에서 뱀이 그 입으로 물을 강 같이 토하여 여자를 물에 떠내려 가게 하려 하되 땅이 여자를 도와 그 입을 벌려 용의 입에서 토한 강물을 삼키니 용이 여자에게 분노하여 돌아가서 그 여자의 남은 자손 곧 하나님의 계명을 지키며 예수의 증거를 가진 자들과 더불어 싸우려고 바다 모래 위에 서 있더라(1-17)
- ※ 미가엘 - 유 1장, 계 12장(미가엘이 용과 싸우므로 미가엘은 계 12장에 나온다)
- ※ 면류관 - 빌 4장(나의 기쁨이요 면류관, 1), 살전 2장(전도사님은 우리에게 자랑이요 면류관, 19), 딤후 4장(의의 면류관, 8), 약 1장(시험을 참는 자에게 생명의 면류관을 주심, 12), 벧전 5장(목자장이 나타나실 때에 시들지 아니하는 영광의 관을 얻음, 4) 계 2장(생명의 관, 10), 12장(12별의 관, 1)

＊ **보충설명 : 세 번째 중간 계시(12-14장)**

　　12장 - 7년 대환난 중 전 3년 반 ┐
　　13장 - 7년 대환난 중 후 3년 반 ┘─ 교회의 수난
　　14장 - 그 후 교회의 승리를 다루고 있다.

요한계시록 13장		
배 경	탁자 옆	
대제목	두 짐승	

📖 본문은 사탄의 하수인으로서 교회를 핍박하는 두 짐승 곧 바다에서 나온 짐승과 땅에서 올라온 짐승에 관한 환상이다.

탁자 옆에는 두 짐승이 앉아 있다.

1. 두 짐승(1-18) - 후 3년 반

• 내가 보니 바다에서 한 짐승이 나오는데 뿔이 열이요 머리가 일곱이라 그 뿔에는 열 왕관이 있고 그 머리들에는 신성 모독 하는 이름들이 있더라 내가 본 짐승은 **표범**과 비슷하고 그 발은 **곰**의 발 같고 그 입은 **사자**의 입 같은데 용이 자기의 능력과 보좌와 큰 권세를 그에게 주었더라 그의 머리 하나가 상하여 죽게 된 것 같더니 그 죽게 되었던 상처가 나으매 온 땅이 이상히 여겨 짐승을 따르고 용이 짐승에게 권세를 주므로 용에게 경배하며 짐승에게 경배하여 이르되 누가 이 짐승과 같으냐 누가 능히 이와 더불어 싸우리요 하더라 또 짐승이 과장되고 신성 모독을 말하는 입을 받고 또 **42달** 동안 일할 권세를 받으니라 짐승이 입을 벌려 하나님을 향하여 비방하되 그의 이름과 그의 장막 곧 하늘에 사는 자들을 비방하더라 또 권세를 받아 성도들과 싸워 이기게 되고 각 족속과 백성과 방언과 나라를 다스리는 권세를 받으니 죽임을 당한 어린 양의 **생명책**에 창세 이후로 이름이 기록되지 못하고 이 땅에 사는 자들은 다 그 짐승에게 경배하리라 누구든지 귀가 있거든 들을지어다 사로잡힐 자는 사로잡혀 갈 것이요 칼에 죽을 자는 마땅히 칼에 죽을 것이니 성도들의 인내와 믿음이 여기 있느니라(1-10)

• 내가 보매 또 다른 짐승이 땅에서 올라오니 어린 양 같이 두 뿔이 있고 용처럼 말을 하더라 그가 먼저 나온 짐승의 모든 권세를 그 앞에서 행하고 땅과 땅에 사는 자들을 처음 짐승에게 경배하게 하니 곧 죽게 되었던 상처가 나은 자니라 큰 이적을 행하되 심지어 사람들 앞에서 불이 하늘로부터 땅에 내려오게 하고 짐승 앞에서 받은바 이적을 행함으로 땅에 거하는 자들을 미혹하며 땅에 거하는 자들에게 이르기를 칼에 상하였다가 살아난 짐승을 위하여 우상을 만들라 하더라 그가 권세를 받아 그 짐승의 우상에게 생기를 주어 그 짐승의 우상으로 말하게 하고 또 짐승의 우상에게 경배하지 아니하는 자는 몇이든지 다 죽이게 하더라(11-15)

두 짐승의 몸에 666 마크가 찍혀 있다.

2. 666(16-18)

• 그가 모든 자 곧 작은 자나 큰 자나 부자나 가난한 자나 자유인이나 종들에게 그 <u>오른손에나</u> <u>이마</u>에 표를 받게 하고 누구든지 이 표를 가진 자 외에는 매매를 못하게 하니 이 표는 곧 짐승의 이름이나 그 이름의 수라(16-17)

• <u>지혜</u>가 여기 있으니 총명한 자는 그 짐승의 수를 세어 보라 그 것은 사람의 수니 그의 수는 <u>666</u>이니라(18)

※ 요한계시록에서 42달이나 1260일이 나오는 장 - 계 11장, 12장, 13장

※ 생명책 - 계 3장, 13장, 17장, 20장, 21장 - 자세한 것은 계 3장 참조

		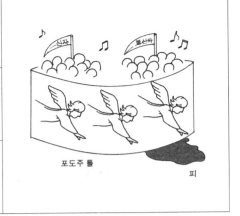
요한계시록 14장		
배 경	탁자 아래	
대제목	144,000명이 부르는 노래	

📖 본문은 짐승의 핍박에 굴복하지 않고 마침내 순교당한 성도들이 얻게 될 영광스런 보상과 짐승을 경배한 배교자들이 받게 될 무시무시한 심판에 대해 소개하고 있다.

포도주 틀을 밟으면서 144,000명이 노래를 부르고 있다. 참고로 144,000명은 14장에 나온다.

1. **144,000명이 부르는 노래**(1-5) – 7장의 144,000명과 동일인들이지만 사건은 7장보다 훨씬 진전되어 있다. 즉 7장에서는 단순히 인치심을 받은 자로 표현되었던 144,000명이 여기서는 이미 구원된 자로 나타나 있다.

- 보라 어린 양이 시온 산에 섰고 그와 함께 144,000이 있는데(용이 바다 모래에 서 있는 것과 대조된다. 계 12:17) 그들의 이마에는 어린 양의 이름과 그 아버지의 이름을 쓴 것이 있더라 내가 하늘에서 나는 소리를 들으니 많은 물소리와도 같고 큰 우렛소리와도 같은데 내가 들은 소리는 거문고 타는 자들이 그 거문고를 타는 것 같더라 그들이 보좌 앞과 네 생물과 장로들 앞에서 새 노래를 부르니 땅에서 속량함을 받은 144,000 밖에는 능히 이 노래를 배울 자가 없더라(1-3)
- 이 사람들은 여자로 더불어 더럽히지 아니하고 순결한 자라 어린 양이 어디로 인도하든지 따라가는 자며 사람 가운데서 속량함을 받아 처음 익은 열매로 하나님과 어린 양에게 속한 자들이니 그 입에 거짓말이 없고 흠이 없는 자들이더라(4-5)
- ※ 요한계시록에서 144,000명이 나오는 장 – 계 7장, 14장
  144,000명이 낫을 들고 있는데 낫은 추수를 의미하여 낫에 '신자와 불신자'라 써 있다.

2. **신자들을 구원하기 위한 추수**(14-16)
- 또 내가 보니 흰 구름이 있고 구름 위에 <u>인자</u>와 같은 이가 앉으셨는데 그 머리에는 <u>금 면류관</u>이 있고 그 손에는 예리한 <u>낫</u>을 가졌더라(14)
- 또 다른 천사가 성전으로부터 나와 구름 위에 앉은 이를 향하여 큰 음성으로 외쳐 이르되 당신의 낫을 휘둘러 거두소서 땅에 곡식이 다 익어 거둘 때가 이르렀음이니이다 하니 구름 위에 앉으신 이가 낫을 땅에 휘두르매 땅의 곡식(신자)이 거두어지니라(15-16)

3. **불신자들을 심판하기 위한 추수**(17-20)
- 천사가 낫을 땅에 휘둘러 땅의 포도(불신자)를 거두어 하나님의 진노의 큰 포도주 틀에 던지매 성 밖에서 그 틀이 밟히니 틀에서 피가 나서 말굴레에까지 닿았고 1600 스다디온에 퍼졌더라(19-20)
- ※ 1 스다디온 = 185m , 1600 스다디온 = 296km
  포도주 틀의 세 천사 그림

4. **세 천사들의 전갈**(6-13)
- 첫째 천사 – **영원한 복음을 선언**(6-7) – 하나님을 두려워하고 그에게 영광을 돌리라는 것.
- 둘째 천사 – **바벨론의 멸망을 선언**(8)
- 셋째 천사 – **짐승 숭배자들에 대한 심판 선언**(9-11) – 하나님의 진리를 배척하고 육신의 생명을 보존하기 위해 짐승을 숭배한 자에게 임할 하나님의 심판을 선언한다.

요한계시록 15장		
배 경	차의 앞부분	
대제목	일곱 대접의 재앙을 준비하다	

📖 **일곱 대접을 가진 일곱 천사의 등장으로 일곱 대접의 재앙이 최종 준비되는 장면이다.**

차의 앞에는 **임시 번호판**이 있다. 임시 번호판이란 정식 번호판을 달기 전 자동차가 내 앞으로 되기 위해서 등기나 서류가 **준비**되는 기간 동안만 운행할 수 있는 번호판이다. 16장이 일곱 대접의 재앙이 시작되므로 15장은 일곱 대접의 재앙을 준비하는 것이 된다.

1. <mark>일곱 대접의 재앙을 준비하다</mark>(1-8)
   - 또 하늘에 크고 이상한 다른 이적을 보매 일곱 천사가 일곱 재앙을 가졌으니 곧 마지막 재앙이라 하나님의 진노가 이것으로 마치리로다(1)
   - 또 내가 보니 불이 섞인 유리 바다 같은 것이 있고 짐승과 그의 우상과 그의 이름의 수를 이기고 벗어난 자들이 유리 바다 가에 서서 하나님의 거문고를 가지고(2)
   - 하나님의 종 모세의 노래, 어린 양의 노래를 불러 이르되 주 하나님 곧 전능하신 이시여 하시는 일이 크고 놀라우시도다 만국의 왕이시여 주의 길이 의롭고 참되시도다(3)
   - 주여 누가 주의 이름을 두려워하지 아니하며 영화롭게 하지 아니하오리이까 오직 주만 거룩하시니이다 주의 의로우신 일이 나타났으매 만국이 와서 주께 경배하리이다 하더라(4)
   - 또 이 일 후에 내가 보니 하늘에 증거 장막의 성전이 열리며(5)
   - 일곱 재앙을 가진 일곱 천사가 성전으로부터 나와 맑고 빛난 세마포 옷을 입고 가슴에 금띠를 띠고(6)
   - 네 생물 중의 하나가 영원토록 살아 계신 하나님의 진노를 가득히 담은 금 대접 일곱을 그 일곱 천사들에게 주니(7)
   - 하나님의 영광과 능력으로 말미암아 성전에 연기가 가득 차매 일곱 천사의 일곱 재앙이 마치기까지는 성전에 능히 들어갈 자가 없더라(8)

   차의 앞부분이 부딪혀서 라이트가 깨져 **유리** 파편이 바닥(**바다**)에 떨어져 있으며 차에서는 **불**이 나고 있다.   바닥 → 바다

2. <mark>불이 섞인 유리 바다</mark>(2-4)
   - 또 내가 보니 **불이 섞인 유리 바다** 같은 것이 있고 짐승과 그의 우상과 그의 이름의 수를 이기고 벗어난 자들이 유리 바다 가에 서서 하나님의 거문고를 가지고(2)

   유리 파편은 보통 세모꼴이므로 유리 파편이 나오는 15장에 모세의 노래가 나오며 성경기억법에서 세모는 모세로 약속한다(고후 3장, 히 3장 참조).   세모 ↔ 모세

3. <mark>모세의 노래</mark>(2-4) = 어린 양의 노래
   - 하나님의 종 **모세의 노래**, 어린 양의 노래를 불러 이르되 주 하나님 곧 전능하신 이시여 하시는 일이 크고 놀라우시도다 만국의 왕이시여 주의 길이 의롭고 참되시도다(3)
   - 주여 누가 주의 이름을 두려워하지 아니하며 영화롭게 하지 아니하오리이까 오직 주만 거룩하시니이다 주의 의로우신 일이 나타났으매 만국이 와서 주께 경배하리이다 하더라(4)

요한계시록 16장	
배 경	차의 덮개
대제목	일곱 대접의 재앙

📖 본문은 지상에 전개될 마지막 재앙인 '일곱 대접의 재앙'이 마침내 전개되는 장면이다. 앞선 재앙의 경우처럼 처음 네 가지 재앙이 앞서고 뒤이어 세 가지 재앙이 뒤따르고 있다. 차의 덮개 위에 진노의 대접이 올려져 있다. 저 진노의 대접이 쏟아지기만 하면 승용차는 녹아버리고 말 것이다. 여기서 진노의 대접은 **일곱 대접의 재앙**을 말한다.

1. **일곱 대접의 재앙**(1-21)

   일곱 대접을 다 그리면 조잡해지므로 차의 덮개 위에 일곱째 대접만 그렸으며 첫째부터 여섯째 대접 재앙은 아래의 그림을 통해서 외우도록 하자. 참고로 대접은 부엌에서 쓰는 물건이므로 일곱 대접의 재앙은 부엌을 배경으로 했다.

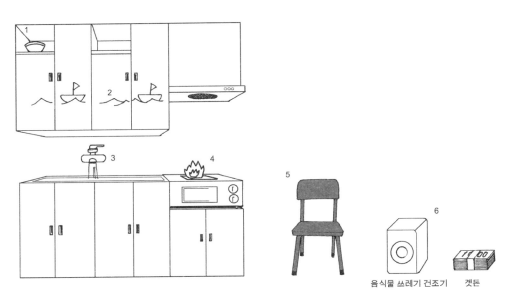

① 찬장 안 – **종기 그릇**(땅) : 첫째 대접 재앙
② 찬장 문 – **바다 그림** : 둘째 대접 재앙
③ 수도꼭지 – **강·물의 근원** : 셋째 대접 재앙
④ 가스렌지 – **불**(태양) : 넷째 대접 재앙
⑤ 검은 의자(보좌) – **어두움** : 다섯째 대접 재앙
⑥ 음식물 쓰레기 건조기 – **유브라데 강물이 마름** : 여섯째 대접 재앙

※ 일곱 나팔의 재앙과 거의 흡사하다.

2. **첫째 대접 재앙**(2)

   • 첫째 천사가 가서 그 대접을 **땅**에 쏟으매 짐승의 표를 받은 사람들과 그 우상에게 경배하는 자들에게 악하고 독한 종기가 나더라(2)

3. **둘째 대접 재앙**(3)
- 둘째 천사가 그 대접을 **바다**에 쏟으매 바다가 곧 죽은 자의 피같이 되니 바다 가운데 모든 생물이 죽더라(3)

4. **셋째 대접 재앙**(4-7)
- 셋째 천사가 그 대접을 **강과 물 근원**에 쏟으매 피가 되더라(4) - 물이 피로 변한 이유는 그들이 성도들과 선지자들의 피를 흘렸으므로 그들에게 피를 마시게 하기 위함이다(6절).

5. **넷째 대접 재앙**(8-9)
- 넷째 천사가 그 대접을 **해**에 쏟으매 해가 권세를 받아 불로 사람들을 태우니 사람들이 크게 태움에 태워진지라 이 재앙들을 행하는 권세를 가지신 하나님의 이름을 비방하며 또 회개하지 아니하고 주께 영광을 돌리지 아니하더라(8-9)

6. **다섯째 대접 재앙**(10-11)
- 또 다섯째 천사가 그 대접을 **짐승의 보좌**(왕좌)에 쏟으니 그 나라가 곧 어두워지며 사람들이 아파서 자기 혀를 깨물고 아픈 것과 종기로 말미암아 하늘의 하나님을 비방하고 그들의 행위를 회개하지 아니하더라(10-11)

7. **여섯째 대접 재앙**(12-16)
- 또 여섯째 천사가 그 대접을 **큰 강 유브라데**에 쏟으매 강물이 말라서 **동방에서 오는 왕들의 길이** 예비되었더라 또 내가 보매 개구리 같은 세 더러운 영이 용의 입과 짐승의 입과 거짓 선지자의 입에서 나오니 그들은 <u>귀신의 영</u>이라 이적을 행하여 온 천하 왕들에게 가서 하나님 곧 전능하신 이의 큰 날에 있을 전쟁을 위하여 그들을 모으더라 보라 내가 도둑같이 오리니 누구든지 깨어 자기 옷을 지켜 벌거벗고 다니지 아니하며 자기의 부끄러움을 보이지 아니하는 자는 복이 있도다 세 영이 히브리 음으로 <u>아마겟돈</u>이라 하는 곳으로 왕들을 모으더라(12-16)
차의 덮개에 일곱째 대접이 있으며 그 위에 큰 우박이 떨어져서 차 덮개가 3갈래로 갈라졌다. 갈라진 모양이 지진이 나서 땅이 갈라지는 모양과 같으므로 차 덮개가 3갈래로 갈라지는 것은 큰 지진이 나서 큰 성(예루살렘 성)이 3갈래로 갈라지는 것을 나타낸다.

8. **일곱째 대접 재앙**(17-21)
- 일곱째 천사가 그 대접을 **공중**에 쏟으매 큰 음성이 성전에서 보좌로부터 나서 이르되 되었다 하시니 번개와 음성들과 우렛소리가 있고 또 <u>큰 지진</u>이 있어 얼마나 큰지 사람이 땅에 있어 온 이래로 이같이 큰 지진이 없었더라 <u>큰 성이 세 갈래로 갈라지고</u> 만국의 성들도 무너지니 큰 성 바벨론이 하나님 앞에 기억하신바 되어 그의 맹렬한 진노의 포도주 잔을 받으매 각 섬도 없어지고 산악도 간 데 없더라 또 무게가 한 달란트나 되는 **큰 우박**(45kg)이 하늘로부터 사람들에게 내리매 사람들이 그 우박의 재앙 때문에 하나님을 비방하니 그 재앙이 심히 큼이러라(17-21)
- ※ 1달란트 = 100파운드(1파운드 = 0.453kg) = 45kg
음식물 쓰레기 건조기 옆에 겟돈이 놓여 있다. 겟돈 → 아마**겟돈**, 참고로 겟돈(아마겟돈)이 음식물 쓰레기 건조기(여섯째 대접 재앙) 옆에 있으므로 '아마겟돈'은 '여섯째 대접 재앙'에 포함된다.

9. **아마겟돈**(13-16)
- 또 내가 보매 개구리 같은 세 더러운 영이 용의 입과 짐승의 입과 거짓 선지자의 입에서 나오니 그들은 <u>귀신의</u> 영이라 이적을 행하여 온 천하 왕들에게 가서 하나님 곧 전능하신 이의 큰 날에 있을 전쟁을 위하여 그들을 (아마겟돈으로) 모으더라 보라 내가 도둑같이 오리니 누구든지 깨어 자기 옷을 지켜 벌거벗고 다니지 아니하며 자기의 부끄러움을 보이지 아니하는 자는 복이 있도다 세 영이 히브리 음으로 아마겟돈이라 하는 곳으로 왕들을 모으더라(13-16)

요한계시록 17장	
배 경	**운전수**
대제목	**음녀의 멸망**

📖 본문은 그리스도 재림 직전의 삽화적 계시로 붉은 짐승을 탄 큰 음녀의 등장과 그녀의 정체 및 멸망에 관한 내용이다.

음녀가 운전석에 앉아 승용차를 몰고 있다.

1. <mark>음녀의 멸망</mark>(1-18) - 음녀(타락한 종교)가 짐승을 타고 있는 것은(3절) 짐승 즉 적그리스도를 정치적으로 이용하여 종교통일을 이룬 것을 말한다. 짐승 또한 음녀를 정치적으로 이용한다. 그런데 짐승을 타고 있는 이 음녀의 운명은 아주 비참하다. 적그리스도가 강해져서 자기를 신으로 추앙하여 우상을 세운 다음 모든 종교 단체 즉 음녀를 박멸하여 버린다(16절).

   • 또 일곱 대접을 가진 일곱 천사 중 하나가 와서 내게 말하여 이르되 이리 오라 많은 물 위에 앉은 큰 음녀가 받을 심판을 네게 보이리라 땅의 임금들도 그와 더불어 <u>음행</u>하였고 땅에 사는 자들도 그 음행의 포도주에 취하였다 하고 곧 성령으로 나를 데리고 광야로 가니라 내가 보니 여자가 붉은 빛 짐승을 탔는데 그 짐승의 몸에 하나님을 모독하는 이름들이 가득하고 일곱 머리와 열 뿔이 있으며 그 여자는 자주 빛과 붉은 빛 옷을 입고 금과 보석과 진주로 꾸미고 손에 금잔을 가졌는데 가증한 물건과 그의 음행의 더러운 것들이 가득하더라 그의 이마에 이름이 기록되었으니 <u>비밀</u>이라, 큰 <u>바벨론</u>이라, 땅의 음녀들과 가증한 것들의 <u>어미</u>라 하였더라 또 내가 보매 이 여자가 성도들의 피와 예수의 증인들의 피에 취한지라 내가 그 여자를 보고 놀랍게 여기고 크게 놀랍게 여기니 천사가 이르되 왜 놀랍게 여기느냐 내가 여자와 그가 탄 일곱 머리와 열 뿔 가진 짐승의 비밀을 네게 이르리라 네가 본 짐승은 전에 있었다가 지금은 없으나 장차 무저갱으로부터 올라와 멸망으로 들어갈 자니 땅에 사는 자들로서 창세 이후로 그 이름이 생명책에 기록되지 못한 자들이 이전에 있었다가 지금은 없으나 장차 나올 짐승을 보고 놀랍게 여기리라(1-8)

   • 지혜 있는 뜻이 여기 있으니 그 일곱 머리는 여자가 앉은 <u>일곱 산</u>이요 또 일곱 왕이라 다섯은 <u>망</u>하였고 하나는 있고 다른 하나는 아직 이르지 아니하였으나 이르면 반드시 잠시 동안 머무르리라 전에 있었다가 지금 없어진 짐승은 여덟째 왕이니 일곱 중에 속한 자라 그가 멸망으로 들어가리라 네가 보던 열 뿔은 <u>열 왕</u>이니 아직 나라를 얻지 못하였으나 다만 짐승과 더불어 임금처럼 한 동안 권세를 받으리라 그들이 한 뜻을 가지고 자기의 능력과 권세를 짐승에게 주더라 그들이 어린 양과 더불어 싸우려니와 어린 양은 만주의 주시오 만왕의 왕이시므로 그들을 이기실 터이요 또 그와 함께 있는 자들 곧 부르심을 받고 택하심을 받은 진실한 자들도 이기리로다 또 천사가 내게 말하되 네가 본 바 음녀가 앉아 있는 물은 백성과 무리와 열국과 방언들이니라 네가 본 바 이 열 뿔과 짐승은 음녀를 미워하여 망하게 하고 벌거벗게 하고 그의 살을 먹고 불로 아주 사르리라(9-16)

   • 또 네가 본 그 여자는 <u>땅의 왕들을 다스리는 큰 성</u>이라 하더라(18)

＊ 보충설명 : 네 번째 중간계시(17-18장)

   17장 - 음녀(바벨론)의 멸망, 18장 - 바벨론(하나님을 배반하는 우상제국을 통칭)의 멸망

   17장과 18장은 둘 다 바벨론의 멸망을 다루고 있으며 동일한 사건을 다른 각도에서 다룬 것이다. 즉 17장은 종교적 바벨론(음녀)을, 18장은 정치·경제적 바벨론을 주제로 했다.

요한계시록 18장	
배 경	운전석
대제목	바벨론의 멸망

📖 본문은 큰 음녀의 성 바벨론에 관한 내용인데 먼저 천사가 등장하여 바벨론의 멸망을 선언하고 이어 바벨론 멸망에 대한 애가가 불려지며 또한 바벨론의 멸망 상황이 언급된다. 운전석 의자는 바벨탑처럼 생겼다.

1. 바벨론의 멸망(1-24)

- 이 일 후에 다른 천사가 하늘에서 내려오는 것을 보니 큰 권세를 가졌는데 그의 영광으로 땅이 환하여지더라 힘찬 음성으로 외쳐 이르되 무너졌도다 무너졌도다 큰 성 바벨론이여 귀신의 처소와 각종 더러운 영이 모이는 곳과 각종 더럽고 가증한 새들이 모이는 곳이 되었도다 그 음행의 진노의 포도주로 말미암아 만국이 무너졌으며 또 땅의 왕들이 그와 더불어 음행하였으며 땅의 상인들도 그 사치의 세력으로 치부하였도다 하더라 또 내가 들으니 하늘로부터 다른 음성이 나서 이르되 내 백성아, 거기서 나와 그의 죄에 참여하지 말고 그가 받을 재앙들을 받지 말라 그의 죄는 하늘에 사무쳤으며 하나님은 그의 불의한 일을 기억하신지라 그가 준 그대로 그에게 주고 그의 행위대로 갑절을 갚아주고 그가 섞은 잔에도 갑절이나 섞어 그에게 주라 그가 얼마나 자기를 영화롭게 하였으며 사치하였든지 그만큼 고통과 애통함으로 갚아 주라 그가 마음에 말하기를 나는 여왕으로 앉은 자요 과부가 아니라 결단코 애통함을 당하지 아니하리라 하니 그러므로 하루 동안에 그 재앙들이 이르리니 곧 사망과 애통함과 흉년이라 그가 또한 불에 살라지리니 그를 심판하시는 주 하나님은 강하신 자이심이라 그와 함께 음행하고 사치하던 땅의 왕들이 그가 불타는 연기를 보고 위하여 울고 가슴을 치며 그의 고통을 무서워하여 멀리 서서 이르되 화 있도다 화 있도다 큰 성, 견고한 성, 바벨론이여 한 시간에 네 심판이 이르렀다 하리로다 땅의 상인들이 그를 위하여 울고 애통하는 것은 다시 그들의 상품을 사는 자가 없음이라 그 상품은 금과 은과 보석과 진주와 세마포와 자주 옷감과 비단과 붉은 옷감이요 각종 향목과 각종 상아 그릇이요 값진 나무와 구리와 철과 대리석으로 만든 각종 그릇이요 계피와 향료와 향과 향유와 유향과 포도주와 감람유와 고운 밀가루와 밀이요 소와 양과 말과 수레와 종들과 사람의 영혼들이라 바벨론아 네 영혼이 탐하던 과일이 네게서 떠났으며 맛있는 것들과 빛난 것들이 다 없어졌으니 사람들이 결코 이것들을 다시 보지 못하리로다 바벨론으로 말미암아 치부한 이 상품의 상인들이 그의 고통을 무서워하여 멀리 서서 울고 애통하여 이르되 화 있도다 화 있도다 큰 성이여 세마포 옷과 자주 옷과 붉은 옷을 입고 금과 보석과 진주로 꾸민 것인데 그러한 부가 한 시간에 망하였도다 모든 선장과 각처를 다니는 선객들과 선원들과 바다에서 일하는 자들이 멀리서서 그가 불타는 연기를 보고 외쳐 이르되 이 큰 성과 같은 성이 어디 있느냐 하며 티끌을 자기 머리에 뿌리고 울며 애통하여 외쳐 이르되 화 있도다 화 있도다 이 큰 성이여 바다에서 배 부리는 모든 자들이 너의 보배로운 상품으로 치부하였더니 한 시간에 망하였도다 하늘과 성도들과 사도들과 선지자들아, 그로 말미암아 즐거워하라 하나님이 너희를 위하여 심판을 행하셨음이라 하더라 이에 한 힘센 천사가 큰 맷돌 같은 돌을 들어 바다에 던져 이르되 큰 성 바벨론이 이같이 비참하게 던져져 결코 다시 보이지 아니하리로다(1-21)

※ 큰 성 바벨론이란 말이 나오는 장 - 계 17장, 18장

요한계시록 19장		
배 경	뒷좌석	
대제목	어린 양의 혼인잔치	

📖 온 세상의 심판주이신 그리스도의 재림과 그로 인해 전개될 짐승의 멸망을 다루고 있다. 즉 주의 재림으로 어린 양의 혼인 잔치가 열리고 이어 주께서 짐승의 세력을 쳐부순다.

차의 뒷좌석에 어린 양이 앉아 혼인 잔치를 즐기고 있다.

1. 어린 양의 혼인 잔치(6-10)
   - 어린 양의 혼인 기약이 이르렀고 그의 아내가 자신을 준비하였으므로 그에게 빛나고 깨끗한 세마포 옷을 입도록 허락하셨으니 이 세마포 옷은 **성도들의 옳은 행실**이로다 하더라(7-8)
   - 천사가 내게 말하기를 기록하라 어린 양의 혼인 잔치에 청함을 받은 자들은 복이 있도다 하고 또 내게 말하되 이것은 하나님의 참되신 말씀이라 하기로(9)

   뒷좌석의 천정(하늘)에 달린 스피커(음성)에서 하나님을 찬양하는 음악이 나오고 있다.

   천정(天頂, 맨 꼭대기) → 하늘,   스피커 → 음성

2. 하나님을 찬양하는 하늘의 음성(1-5) - 바벨론의 멸망에 대한 감사와 찬양.
   - 이 일 후에 내가 들으니 하늘에 허다한 무리의 큰 음성 같은 것이 있어 이르되 할렐루야 구원과 영광과 능력이 우리 하나님께 있도다 그의 심판은 참되고 의로운지라 음행으로 땅을 더럽게 한 큰 음녀를 심판하사 자기 종들의 피를 그 음녀의 손에 갚으셨도다 하고 두 번째로 할렐루야 하니 그 연기가 세세토록 올라가더라(1-3)

   뒷좌석의 시트는 **백**색(**백**마를 나타냄)이고 **탄자**국이 있다.

3. 백마를 탄 자(11-21)
   - 또 내가 하늘이 열린 것을 보니 보라 백마와 그것을 탄 자(예수 그리스도)가 있으니 그 이름은 충신과 진실이라 그가 공의로 심판하며 싸우더라 그 눈은 불꽃 같고 그 머리에는 많은 관들이 있고 또 이름 쓴 것 하나가 있으니 자기밖에 아는 자가 없고 또 그가 피 뿌린 옷을 입었는데 그 이름은 하나님의 말씀이라 칭하더라 하늘에 있는 군대들이 희고 깨끗한 세마포를 입고 백마를 타고 그를 따르더라 그의 입에서 예리한 검이 나오니 그것으로 만국을 치겠고 친히 그들을 철장으로 다스리며 또 친히 하나님 곧 전능이신 이의 맹렬한 진노의 포도주 틀을 밟겠고 그 옷과 그 다리에 이름을 쓴 것이 있으니 만왕의 왕이요 만주의 주라 하였더라(11-16)

   뒷좌석의 시트는 **아마**로 만들었다.   아마 → 아마겟돈, 참고로 아마는 아마과의 일년생 재배풀로 원산지는 유럽이며 껍질의 섬유로 실을 짜고 아마유로는 인쇄잉크나 인주를 만든다.

4. 아마겟돈(17-21) = 최후의 전쟁 - 16장에도 아마겟돈이 나오며 19장과 연결된다.
   - 또 내가 보매 그 짐승과 땅의 임금들과 그들의 군대들이 모여 그 말 탄 자와 그의 군대와 더불어 전쟁을 일으키다가 짐승이 잡히고 그 앞에서 표적을 행하던 거짓 선지자도 함께 잡혔으니 이는 짐승의 표를 받고 그의 우상에게 경배하던 자들을 표적으로 미혹하던 자라 이 둘이 산 채로 유황불 붙는 못에 던져지고 그 나머지는 말 탄 자의 입으로부터 나오는 검에 죽으매 모든 새가 그들의 살로 배불리더라(19-21)

	요한계시록 20장
배 경	뒷문
대제목	천년왕국

📖 본문은 사탄의 최종심판을 다루고 있다. 즉 천년왕국 이후 잠시 풀려난 사탄이 최종심판을 받아 불못에 던져지고 이어 최후의 흰 보좌 심판으로 악인들이 둘째 사망을 당한다.
차의 뒷문에는 천년왕국이라는 프랭카드가 붙어있는데 천년왕국을 향해 가고자 목적지를 표시해 둔 것이다.

1. 천년왕국(1-10)
   • 또 내가 보니 예수를 증언함과 하나님의 말씀 때문에 목 베임을 당한 자들의 영혼들과 또 짐승과 그의 우상에게 경배하지 아니하고 그들의 이마와 손에 그의 표를 받지 아니하는 자들이 살아서 그리스도와 더불어 천년 동안 왕 노릇하니[그 나머지 죽은 자들은 그 천년이 차기까지 살지(육체적인 부활을) 못하더라] 이는 첫째 부활이라~ 둘째 사망이 그들을 다스리는 권세가 없고 도리어 그들이 하나님과 그리스도의 제사장이 되어 천년 동안 그리스도와 더불어 왕 노릇 하리라(4-6)
   ※ 첫째 부활 - 성도들의 부활,   둘째 부활 - 둘째 사망(불못)을 위한 불신자들의 부활
   첫째 사망은 성도나 불신자들이 공통적으로 겪지만 둘째 사망은 오직 불신자들만이 겪는 죽음이다.
   이 프랭카드는 흰 보자기로 만들었다.   흰 보자 → 흰 보좌

2. 최후의 흰 보좌 심판(11-15)
   • 또 내가 크고 흰 보좌와 그 위에 앉으신 이를 보니 땅과 하늘이 그 앞에서 피하여 간 데 없더라 또 내가 보니 죽은 자들이 큰 자나 작은 자나 그 보좌 앞에 서 있는데 책들이 펴 있고 또 다른 책이 펴졌으니 곧 생명책이라 죽은 자들이 자기 행위를 따라 책들에 기록된 대로 심판을 받으니(11-12)
   프랭카드의 왼쪽은 단단히 결박해 놓았으나 오른쪽은 결박이 풀려있다.

3. 사탄의 결박(1-3) - 천년왕국 직전
   • 또 내가 보매 천사가 무저갱의 열쇠와 큰 쇠사슬을 그 손에 가지고 하늘로부터 내려와서 용을 잡으니 곧 옛 뱀이요 마귀요 사탄이라 잡아서 천년동안 결박하여 무저갱에 던져 넣어 잠그고 그 위에 인봉하여 천년이 차도록 다시는 만국을 미혹하지 못하게 하였는데 그 후에는 반드시 잠깐 놓이리라(1-3)

4. 사탄이 잠깐 결박에서 풀려나다(7-10) = 사단의 패망 - 천년왕국 직후
   • 천년이 차매 사탄이 그 옥에서 놓여 나와서 땅의 사방 백성 곧 곡과 마곡을 미혹하고 모아 싸움을 붙이리니 그 수가 바다의 모래 같으리라 그들이 지면에 널리 퍼져 성도들의 진과 사랑하시는 성을 두르매 하늘에서 불이 내려와 그들을 태워버리고 또 그들을 미혹하는 마귀가 불과 유황 못에 던져지니 거기는 그 짐승과 거짓 선지자도 있어 세세토록 밤낮 괴로움을 받으리라(7-10)
   ※ 마곡 - 하나님을 대적하는 나라,   곡 - 하나님을 대적하는 나라의 우두머리
   프랭카드를 고정시켜주는 못은 붉은 못이므로 불못이라 한다.

5. 불못(14-15) - 사망과 음부도 불못에 던져지니 이것은 둘째 사망 곧 불못이라 누구든지 생명책에 기록되지 못한 자는 불못에 던져지더라(14-15) - 생명책은 연필로 적지 않고 불못으로 적는다.

요한계시록 21장	
배 경	뒷바퀴
대제목	새 하늘과 새 땅

📖 옛 질서가 사라지고 복되고 영광스런 새 하늘과 새 땅이 도래하는 장면과 그 곳의 도성(都城)인 거룩한 성 새 예루살렘에 대하여 세밀한 묘사가 언급된 부분이다.

뒷바퀴가 닿은 땅은 얼마 전에 개간한 **새 땅**이다. 새 땅이 나오면 새 하늘이 같이 나온다.

1. 새 하늘과 새 땅(1-8)

• 또 내가 새 하늘과 새 땅을 보니 처음 하늘과 처음 땅이 없어졌고 <u>바다</u>도 다시 있지 않더라~ 내가 들으니 보좌에서 큰 음성이 나서 이르되 보라 하나님의 <u>장막</u>이 사람들과 함께 있으매 하나님이 그들과 함께 계시리니 그들은 하나님의 백성이 되고 하나님은 친히 그들과 함께 계셔서 모든 눈물을 그 눈에서 닦아 주시니 다시는 사망이 없고 애통하는 것이나 곡하는 것이나 아픈 것이 다시 있지 아니하리니 처음 것들이 다 지나갔음이러라 보좌에 앉으신 이가 이르시되 **보라 내가 만물을 새롭게 하노라** 하시고 또 이르시되 **이 말은 신실하고 참되니 기록하라** 하시고 또 내게 말씀하시되 이루었도다 나는 알파와 오메가요 처음과 마지막이라 내가 생명수 샘물로 목마른 자에게 값없이 주리니 이기는 자는 이것들을 상속으로 받으리라 **나는 그의 하나님이 되고 그는 내 아들이 되리라** 그러나 두려워하는 자들과 믿지 아니하는 자들과 흉악한 자들과 살인자들과 음행하는 자들과 점술가들과 우상 숭배자들과 거짓말하는 모든 자들은 불과 유황으로 타는 못에 던져지리니 이것이 <u>둘째 사망</u>이라(1-8)

뒷바퀴는 새 타이어로 갈았는데 새 타이어에 '새 예루살렘'이라고 써 있다.

2. 새 예루살렘(9-27)

• 일곱 대접을 가지고 마지막 일곱 재앙을 담은 <u>일곱 천사 중 하나</u>가 나아와서 내게 말하여 이르되 이리 오라 내가 신부 곧 어린 양의 아내를 네게 보이리라 하고 성령으로 나를 데리고 크고 높은 산으로 올라가 하나님께로부터 하늘에서 내려오는 거룩한 성 예루살렘을 보이니(9-10)

• 크고 높은 성곽이 있고 12문이 있는데 문에 12천사가 있고 그 문들 위에 이름을 썼으니 이스라엘 자손 12지파의 이름들이라 동쪽에 세 문, 북쪽에 세 문, 남쪽에 세 문, 서쪽에 세 문이니 그 성의 성곽에는 12기초석이 있고 그 위에는 어린 양의 12사도의 12이름이 있더라(12-14)

• 그 성은 네모가 반듯하여 길이와 너비가 같은지라 그 갈대 자로 그 성을 측량하니 <u>만 이천 스다디온</u>이요 길이와 너비와 높이가 같더라 그 성곽을 측량하매 144 규빗이니 사람의 측량 곧 천사의 측량이라 그 **성곽은 벽옥**(성곽=성벽이므로 벽옥)으로 쌓였고 그 성은 <u>정금</u>인데 맑은 유리 같더라(16-18)

• 그 12문은 <u>12진주</u>니 각 문마다 1개의 진주로 되어 있고 <u>성의 길</u>은 맑은 유리 같은 정금이더라(21)

• **성 안에서 내가 성전을 보지 못하였으니 이는~ 전능하신 이와 및 어린 양이 그 성전이심이라**(22)

• 그 성은 해나 달의 비침이 쓸데 없으니 이는 하나님의 영광이 비치고 어린 양이 그 등불이 되심이라(23)

• 낮에 성문들을 도무지 닫지 아니하리니 거기에는 <u>밤</u>이 없음이라(25)

• 속된 것이나 가증한 일 또는 거짓말하는 자는 결코 그리로 들어가지 못하되 오직 어린 양의 **생명책**에 기록된 자들만 들어가리라(27) - 새 예루살렘에는 어린 양의 생명책에 기록된 자만 들어간다.

요한계시록 22장		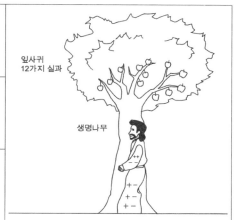
배 경	차 뒤편	
대제목	주 예수여 오시옵소서	

잎사귀
12가지 실과

생명나무

📖 본문은 새 예루살렘 성 내에 있는 생명수의 강과 생명나무를 소개한 후에 재림의 확실성과 임박성을 강조하면서 우리를 새 예루살렘으로 초대하는 것으로 환상을 마무리 짓고 있다. 차 뒤편에서 주 예수님이 오시고 계신다.

1. 주 예수여 오시옵소서(6-21)
   - 보라 내가 속히 오리니 이 두루마리의 예언의 말씀을 지키는 자는 복이 있으리라 하더라(7) - '속히 오리니' 가 계시록 마지막 장(22장)임을 말해준다.
   - 보라 내가 속히 오리니 내가 줄 상이 내게 있어 각 사람에게 그가 행한 대로 갚아 주리라(12)
   - 자기 두루마기를 빠는 자들은 복이 있으니 이는 그들이 생명나무에 나아가며 문들을 통하여 성에 들어갈 권세를 받으려 함이로다(14) - 두루마기를 빠는 것은 사람들이 죄로 인하여 더럽혀진 옷을 그리스도의 피로 씻어 그리스도의 구속에 참여하는 것을 나타낸다.
   - 개들과 점술가들과 음행하는 자들과 살인자들과 우상 숭배자들과 및 거짓말을 좋아하며 지어내는 자는 다 성 밖에 있으리라(15)
   - 나(예수님)는 다윗의 뿌리요 자손이니 곧 광명한 새벽 별이라 하시더라(16)
   - 이것들을 증언하신 이가 이르시되 내가 진실로 속히 오리라 하시거늘 아멘 주 예수여 오시옵소서(20)
   - 주 예수의 은혜가 모든 자들에게 있을지어다 아멘(21) - 마지막 구절. 아멘으로 끝을 맺는다.
   생명수의 강 좌우에 생명나무가 자라고 있다. 생명수의 강은 그림에서는 보이지 않는다.

2. 생명나무와 생명수의 강(1-5)
   - 또 그가 수정 같이 맑은 생명수의 강을 내게 보이니 하나님과 및 어린 양의 보좌로부터 나와서(1)
   - 길 가운데로 흐르더라 강 좌우에 생명나무가 있어 열두 가지 열매를 맺되 달마다 그 열매를 맺고 그 나무 잎사귀들은 만국을 치료하기 위하여 있더라(2) - 생명나무가 강의 좌·우에 있으므로 2절
   - 다시 밤이 없겠고 등불과 햇빛이 쓸 데 없으니 이는 주 하나님이 그들에게 비치심이라 그들이 세세토록 왕 노릇 하리로다(5)
   예수님 옷의 무늬 : ++, --

3. 내가 이 두루마리의 예언의 말씀을 듣는 모든 사람에게 증언하노니 만일 누구든지 이것들 외에 더하면(+) 하나님이 이 두루마리에 기록된 재앙들을 그에게 더하실(+) 것이요 만일 누구든지 이 두루마리의 예언의 말씀에서 제하여 버리면(-) 하나님이 이 두루마리에 기록된 생명나무와 및 거룩한 성에 참여함을 제하여(-) 버리시리라(18-19) - 여기에 기록된 하나님의 말씀들 외에 더하거나 빼는 자는 10중 89 지옥에 떨어진다. 따라서 이 구절은 18-19절이 된다.
   ※ 생명수
   - 계 7장 - 수에 관한 장은 7장이므로 생명수는 7장에 나온다(17).
   - 계 21장 - 새로 개간한 이 땅은 일반 물을 주면 안 되고 오직 생명수라야 한다(6).
   - 계 22장 - 생명수의 강 좌우에 생명나무가 있다(1).

지 은 이 김진택

- 전 삼진 교육개발원장
- 전 한국 두뇌개발원장
- 전 웅변가 대중연설가 강사
- 전 전국 3천여 교육기관 대학 정부기관 특강강사
- 전 기독교방송 전국2백여교회 신학대학 특강강사
- 전 육군위촉 선교사
- 전 진리교회 담임목사
- 현 필리핀 선교활동 중
- 전남대학교 법과대학 졸업
- 서울장신대 신학과 졸업
- 장로회 신학대학교 신대원 졸업

저서 : JT성경기억법(신약)
　　　　천재기억법
　　　　성령님의 기도인도
　　　　강단의 힘
　　　　하나님이 주신 성경기억법(신약)

지 은 이 이성권

- 하나님이 주신 성경기억법(신약)
- 하나님이 주신 성경기억법(구약)
- 픽쳐바이블 아카데미 원장
- 고양시 원당반석교회

초판 1쇄 발행 2015년 12월 25일

지 은 이 : 김진택 이성권
펴 낸 이 : 조유선
펴 낸 곳 : 누가 출판사
편   집 : 이성권

주소 : 서울특별시 강서구 공항대로 637 B-102(염창동, 현대아이파크 상가)
전화 : 02-826-8802
팩스 : 02-2655-8805

등록일 : 2013. 5. 7. 제315-2013-000030호
이메일 : sunvision@hanmail.net
블로그 : blog.naver.com/ant0212
정 가 : 22,000원
ISBN 979-11-85677-08-8